北方阳光系列丛书

管理学原理与实践

主　编　王　博　张　红　曾　婧
副主编　桂　颖　蔡晓娟　刘　玲

科学出版社
北　京

内 容 简 介

本书是武汉工程科技学院经济与管理类专业基础课教材编写委员会编写的专业基础课教材之一，其体系结构以管理的职能为线索来进行设计，既介绍了经典的管理理论，又融合了现代的管理思想，也展示了精彩的管理实践。本书涉及管理和管理学概述、管理理论的形成与发展、管理决策、计划、组织、领导、激励、沟通、控制和管理创新等章节。各章后面包括本章小结、思考与练习题等内容，便于学生学习，具有较强的实用性与针对性。

本书适合作为应用型本科院校经济与管理类专业本专科学生学习使用，同时也可作为成人教育和高职高专院校学生的教材和参考书。

图书在版编目（CIP）数据

管理学原理与实践 / 王博，张红，曾婧主编. —北京：科学出版社，2016
（北方阳光系列丛书）
ISBN 978-7-03-049532-7

Ⅰ. ①管… Ⅱ. ①王… ②张… ③曾… Ⅲ. ①管理学-高等学校-教材 Ⅳ. ①C93

中国版本图书馆 CIP 数据核字（2016）第 187019 号

责任编辑：胡云志　滕亚帆/责任校对：贾娜娜　彭珍珍
责任印制：徐晓晨/封面设计：华路天然设计工作室

科 学 出 版 社 出版
北京东黄城根北街 16 号
邮政编码：100717
http://www.sciencep.com
北京中石油彩色印刷有限责任公司 印刷
科学出版社发行 各地新华书店经销
*
2016 年 8 月第 一 版　开本：787×1092 1/16
2018 年 1 月第二次印刷　印张：26 1/2
字数：630 000
定价：59.20 元
（如有印装质量问题，我社负责调换）

序

随着时代的发展，各类高等院校办学规模的不断扩大，人才培养质量成为衡量各院校办学水平的主要指标，而教材作为实现人才培养目标的载体，对各类高等院校的发展和人才培养质量具有举足轻重的作用。

对于应用型本科院校来讲，应根据此类院校应用型专业人才的培养目标，使教材建设工作做到“面向应用、面向职业、面向能力、面向实践”，重视教材的适用性、实用性、思想性和生动性。教师编写和课堂选用的教材，应符合学生层次，既能调动学生的学习热情，又能切实提高学生动手能力、分析能力和可持续发展能力，满足独立学院培养应用型专业人才的定位要求。武汉工程科技学院经济与管理学部的中青年教师在资深教师的指导与带动下，基于多年的教学工作，不断学习，亲历实践，编写了一套适用于应用型本科院校经济与管理类专业本专科学生学习的管理学教材。

管理学是比较年轻的跨学科边缘科学和应用科学，融合了自然科学领域的数学、统计学、信息学、运筹学和计算机科学，社会科学领域的社会学、心理学、行为科学、人类学、政治学和经济学，以及其他科学的知识。在各类社会组织（如政府机关、社会团体、宗教团体、学校、医院和工商企业）中，都存在管理问题，管理无所不在，无处不有。

管理学理论的基本内容都来自实践，是从丰富的管理实践中概括和总结出的普遍规律、基本原理和一般方法，因此管理学具有很强的实践性。然而，在教学实践过程中，我们发现很多学生把管理学作为一门理论课来学习，这与课程的名称和内容设置有密切的关系。

该书正是基于这样的背景，在任课教师多年的“管理学原理与实践”教学实践的基础上编写而成。该书的体系结构以管理的职能为线索来进行设计，既介绍了经典的管理理论，又融合了现代的管理思想，也展示了精彩的管理实践，最大限度地向学生呈现“管理之道”在于“权变”。该书涉及管理和管理学概述、管理理论的形成与发展、管理决策、计划、组织、领导、激励、沟通、控制和管理创新等章节。在编写过程中，作者充分考虑到应用型人才培养的特点，在国际化视野、实践能力和创新能力方面加大力度，希望通过“实训环节”让学生的计划能力、沟通能力、协调能力和创新能力落到实处，满足企业对用人的能力需要。

武汉工程科技学院

经济与管理类专业基础课教材编写委员会

2016 年 4 月 15 日

前　言

《管理学原理与实践》是武汉工程科技学院经济与管理类专业基础课教材编写委员会编写的专业基础课教材之一。在武汉工程科技学院、科学出版社、武汉工程科技学院经济与管理学院的领导和同仁们的鼎力支持和帮助下，由武汉工程科技学院经济与管理学院工商管理教研室部分教师编写的《管理学原理与实践》一书终于和读者见面了。此时此刻，我们的心情既激动又忐忑。激动的是，我们一年多的心血就要变成文字，伴随读者走进管理学的天空，去领略管理学无尽的风光；忐忑的是，我们的教材即将接受读者的严格检验，生怕有一点闪失就会影响读者的学习。

本教材编写特色如下。

（1）专业培养中的定位：依据培养应用型人才的教学要求，经济管理专业在武汉工程科技学院的发展中起着极其重要的地位，而“管理学原理与实践”课程则是该学科最为基础性的课程，人才培养目标是培养动手能力强的综合性应用型人才，管理学在强化学生的综合素质教育和实践能力培养方面发挥着基础性的作用，所以被武汉工程科技学院确定为全校本科生的学科基础课，在大学一年级就开设，为各专业学生学习专业基础课、专业核心课奠定基础。

（2）课程目标定位：通过本课程的学习，使学生能够全面掌握管理学的基本理论、基本方法、基本内容和主要应用领域；了解管理学发展的最新动态和前沿问题；同时具备较强综合分析能力和解决问题能力，成长为综合素质较高的高层次应用型经济管理人才。

为实现上述课程目标，长期以来，本课程积极借鉴国内外先进经验，在思想性、生动性、丰富性等方面不断完善教学内容，并综合运用案例教学、多媒体教学、网络教学等教学方式和手段提高学生的知识接受能力和创新能力，同时尝试考核方式的改革，以期在本专业深厚学术功底的基础上，将本课程建设成为全国同类课程中的经典版本。

（3）本教材在总结之前自编教材《管理学原理与实践》（第一版）、《管理学原理与实践》（第二版）、《管理学概论》的经验，在结合周三多版本《管理学原理与实践》的基础上，按武汉工程科技学院的教学特色和要求编写，全书按照“本章导读—知识目标—能力目标—章节单元”的体例设置，在内容体系构建上每章按照“学习目标—管理情景—理论与实践—本章小结—课后自测—案例分析—项目训练—能力测试”的结构进行编写，在阐述相关知识的同时，以“专家视野”“管理故事”“管理箴言”“阅读材料”“课堂思考”“案例探析”“管理启示”“管理探讨”等助学小组栏目穿插其中，细化所论及的具体内容，增加教材的可读性和应用性，同时扩展学生的知识面，帮助读者迅速掌握知识架构和重要知识点，迅速把握管理学的精髓。

新的教材以基于工作过程的管理学课程建设为核心，以与管理学课程配套的教材建设为重点，依托以前课程研究项目进一步开展教学研究，探讨符合应用技术型人才培养要求的教学内容、课程体系和人才培养模式。

编写特色考虑以下三个方面。

适用性：本书适用于独立学院经济管理类本科专业学生。在编写过程中我们要注意：一是理论上比高职高专系统、全面、有一定深度；二是在实践上内容比全日制一类本科、二类本科强。我们学生的定位应该是理论上高于高职高专、实践上强于全日制一类本科、二类本科。

应用性：除了学习原理、夯实基础之外，更要强调学以致用，将所学的理论运用于实践。独立学院就是以培养应用型人才为目的的。以应用为导向，让学生学完每一章节后知道在具体工作中是如何应用的。将现在企业中常用的管理工具、管理流程和管理方法，特别是适合我们学生就业的中小企业的应用状况，把“三会三有”的教学理念体现到教学实处。

先进性：注意学习借鉴近 10 年的成果，在教材中有所体现。这是与时俱进的需要，也是为考研的学生提供更好的学习用书的需要。

本书由王博负责总体框架设计及写作的组织和总纂工作，张红负责日常协调。本书参加编写人员的具体分工是：王博编写前言、第三章、第四章；曾婧编写第一章；张红编写第二章；桂颖编写第五章、第九章；刘玲编写第六章、第十章；蔡晓娟编写第七章、第八章。

本书在编写过程中，参考了国内外大量的研究成果，谨对这些文章和论著的作者表示衷心的感谢。由于作者们知识水平和掌握的资料有限，要想实现以“培养应用型人才”为目的的写作初衷，还有很大的困难。本书中论述的观点和内容难免有不足之处，还望读者不吝赐教，以便我们在日后的再版时做出必要的修正。

本书是集体工作的结晶，是作者多年从事管理学原理与实践教学和科研工作的总结。在本书的编写过程中，得到了武汉工程科技学院、科学出版社的大力支持，在此一并表示诚挚的感谢！

编　者

2016 年 4 月

目　　录

第一章 管理和管理学概述

管理，从根本上说，意味着用智慧代替鲁莽，用知识代替习惯，用合作代替强制。

——彼得·德鲁克

教学目标

学完本章后，你应该能够：

1. 掌握管理的基本内涵，了解不同学者对管理的不同定义。
2. 掌握管理的职能。
3. 掌握管理者的含义和角色。
4. 掌握不同层次管理者的基本职责和技能。
5. 了解管理学的研究内容和研究方法。

技能目标

1. 在实践中应用管理的职能。
2. 学会对现实组织中的管理者进行分类。
3. 明确不同类型的管理者对三种管理者技能的不同要求。

案例导入

管理的“魔力”

Campell Soup 和 Quaker Oats 公司是美国两个较大的、知名度较高的视频制造商。然而 1990 年它们的表现却有天壤之别。当 Campell Soup 公司业绩和股票价格不断上升时，Quaker Oats 公司却走向衰退。分析家们认为，两个公司不同的表现源于不同的管理方法和领导风格。

Campell Soup 公司的首席执行官、最高的管理者是大卫·W. 约翰森，他是一位宽容、平易近人、喜欢与雇员共处的澳大利亚人。例如，在一次聚会中，他披上红斗篷，自诩为“超人”来激励员工。约翰森是一位善于同管理者和员工交流组织目标并支持他们实现目标的领导者。

首先，约翰森为管理者们设立了一种富有活力的“伸缩性”目标，如寻找降低成本的新方法，或者利用公司现有资源开发出受顾客欢迎的新产品。然后，他授权给管理者，让他们负责制订实施计划以实现目标。他严密地监控着下属的行动，关注着营业额与利润的每一次变化，因为这些变化直接反映了下属们的努力成果。同时，Campell Soup 公司的 1200 多名管理者的奖金与公司的业绩挂钩。约翰森细致巧妙的管理方法的成功，可以从有关数字上清晰地看到。在约翰森的领导下，Campell Soup 公司的盈利每年增长 19%，股票价格上升 2 倍多。

由于 Quaker Oats 公司较低的业绩，首席执行官威廉・D. 史密斯博格勉强保住他的位置。公司的股票价格已经有 5 年没有上升，专家们认为公司发展停滞的主要原因是史密斯博格的管理方法存在问题。他的管理方法与约翰森的明显不同，他采取的是冷淡、疏远员工的方法。

之前，史密斯博格运用极强的分析能力制定了出色的战略决策。例如，Quaker Oats 公司曾经买断经营运动饮料的 Gatorade 公司，并使其成为最畅销的品牌。他力求这种成功再次应验，1994 年用 17 亿美元买下一国外水果品种为原料的果汁饮料公司 Snapple。由于当时的果汁饮料极度流行，几个月内，Coca Cola 和 Pepsico 系列果汁先后上市，几乎同时 Snapple 销量开始下降。

约翰森和史密斯博格这样的管理者都曾经制定重大的决策，虽然由其他管理者实施他们的决策，但是当出现在 Snapple 面前的问题日益严重时，史密斯博格却开始日复一日地增加对实施决策部门管理的干涉，隐瞒部门中出现的问题并试图取缔执行者们的领导权。当该部门问题恶化后，他便解雇部门的管理梯队并全权掌管这个产品的管理工作。

史密斯博格全然无所顾忌 Quaker Oats 公司管理者的行为，使分析家们开始怀疑他是否具有处理公司中人际关系的技能。多数人认为 Snapple 的价值最多 7 亿美元，为什么史密斯博格要用 17 亿美元将其买断？分析家们认为他自己对饮料行业的了解太过于自信，并希望再次获得像收购 Gatorade 那样的成功。1997 年，Quaker Oats 公司将 Snapple 公司以 3 亿美元的价格卖给了 Triarc 公司，又是一次巨大的损失。

（资料来源：王毅捷. 管理学案例 100. 上海：上海交通大学出版社，2013）

第一节　管理的概念

一、管理的概念

管理是人类基本的社会活动之一，也是人类特有的一种社会现象。德鲁克曾经说过，在人类历史上，还很少有什么事比管理的出现和发展更为迅猛，对人类具有更为重大和更为激烈的影响。他还说，在当今世界，管理者的素质、能力决定企业的成败存亡，管理者及其管理活动应放在公司运营的核心地位。可以说，管理已经成为支撑现代社会存

在和发展的重要力量。然而，什么是“管理”？

自 20 世纪初管理学作为一门新兴学科形成发展以来，专家学者们对管理的定义做了大量的研究，提出了众多关于管理的定义，但由于考虑问题角度的差异，人们对内涵的解释众说纷纭，关于管理的定义仍未得到统一。

（一）不同学者对管理的定义

管理理论最早出现在西方，一般我们将管理理论发展的进程划分为古典管理理论、行为科学管理理论、现代管理理论三个阶段。随着社会经济的进步，生产社会化的程度日益提高，先后出现了古典学派、行为学派、社会系统学派、决策理论学派、经验主义学派、权变理论学派和管理科学学派等，各学派的代表人物对管理的定义有不尽相同的诠释，具有代表性的有以下几种。

科学管理之父费雷里克·温斯洛·泰罗（Frederick Winslow Taylor）认为，管理就是确切地知道你要别人去干什么，并设法使他们用最好、最节约的方法去完成它。

现代管理理论创始人亨利·法约尔（Henri Fayol）认为，管理就是实行计划、组织、指挥、协调和控制。

决策理论学派代表人赫伯特·西蒙（H.A.Simon）认为，决策贯穿管理的全过程,管理就是决策。决策行为是管理的核心，组织是作为决策者个人所组成的系统，要对决策的过程、决策的准则、程序化的决策和非程序化的决策、组织机构的建立同决策过程的联系等做分析。

现代管理学之父彼得·德鲁克（Peter F.　Drucker）认为，管理是一种工作，它有自己的技巧、工具和方法；管理是一种器官，是赋予组织以生命的、能动的器官；管理是一门科学，一种系统化的并到处使用的知识；同时，管理也是一种文化。

管理科学学派代表人埃尔伍德·斯潘塞·伯法（Elwood Spencer Buffa）认为，管理就是利用数学模式和程序来表示计划、组织、控制、决策等合乎逻辑的程序，求出最优的解答，以达到企业的目标。

（二）管理的定义

为了准确概括管理的定义，首先我们要了解管理的内涵和本质。

（1）管理的载体是组织。管理是在特定组织中发生、发展，直至结束。组织既包括国家机关、政治党派、社会团体、企事业单位，还包括宗教组织等。

（2）管理的目的是为了实现既定目标。一般而言,集体的目标单凭个人的力量无法实现，只能建立组织，通过群体实现。同时目标是管理活动追求的结果和起点，也是管理工作成效的考核标准和依据。

（3）管理的职能活动包括信息、决策、计划、组织、领导、控制和创新。通过职能活动可以把管理过程划分为几个相对独立的部分，有助于实际的管理工作。

（4）管理的对象是一切可调用的资源。例如，原材料、人力、资本、土地、厂房、设备、顾客、信息等均属于可调用的资源。当然，在这些资源中，人员是最重要的，因此管理要以人为中心。

（5）管理的本质是合理分配和协调各种资源的过程或活动。管理是为了实现组织目标而有意识、有目的地对资源进行分配、协调的一系列相互关联、连续进行的活动或过程。

（6）管理追求有效率和有效果。

效率是指输入和输出，或投入与产出之间的比例关系。追求效率是手段，目标是资源利用的最少浪费。管理就是要使资源成本最小化、效率最大化。效率涉及做事的方式，即以最佳的方式做事，也叫“正确地做事”。

效果是指实现组织目标的程度，也就是实际工作与组织目标之间的距离，它强调结果。管理必须使活动实现组织预定的目标，即追求活动的效果。管理者实现了组织的目标，就说他是有效果的。反之，就是没有效果的。效果通常指的是“做正确的事”。

做任何事情，我们都必须把“效果”放在首位，在“效果”优先的情况下，才能去谈“效率”，否则将会犯“主次矛盾不分”的错误。只有先有效果，明确目标，然后尽量最大化地提高效率才是正确的做事方法！效率（do things right），重点在于过程的管理，在于选择合适的路径以最短的时间接近目标。效果（do right things），重点在于事情本身，在于对目标的关注。

综合前人观点，我们认为管理的概念可以做这样的表述：管理是在社会组织中，管理者在一定的环境条件下，通过实施计划、组织、领导和控制等职能，以人为中心来协调各种资源，以便有效率和有效果地实现组织目标的过程。

管理的重要性

马克思说：“一切规模较大的直接社会劳动或共同劳动，都或多或少地需要指挥，以协调个人的活动，并执行生产总体的运动——不同于这一总体独立器官的活动——所产生的一般职能。一个单独的提琴手是自己指挥自己，一个乐队就需要一个乐队指挥。”所以管理是伴随着组织的出现而产生的，是协作劳动的必然产物。

管理是人类社会最基本、最重要的活动之一；管理促进了人类社会的进步和科学技术的发展；管理是合理开发利用资源的重要因素。

二、管理的特征

为了更好地理解管理，就要了解其区别于其他活动的特征。一般而言，管理具有组织性、科学性、艺术性、人本性和创新性等特征。

（一）组织性

管理的“载体”是组织。组织是由两个或两个以上的人组成的、为一定目标而进行协作活动的集体。管理活动在人类社会生活中广泛存在，管理总是存在于一定组织之中，对于任何一个组织，资源的有效配置决定了该组织的成败。不同具体形式的组织，它所能支配的内部资源也不尽相同，但一般而言，组织的内部资源都涉及人、财、物，它们

是具有普遍意义的管理对象。对任何性质、任何类型的组织，都要保证组织中各种资源要素的合理配置，从而实现组织目标，这就需要在组织中实施管理。管理就是在组织中，由一个或若干人通过行使各种管理职能，使组织中以人为主体的各种要素得以合理配置，从而达到实现组织目标而进行的活动。

（二）科学性

管理的科学性是指管理作为一项活动过程，存在着其自身运动发展的客观规律，人们通过各种社会实践和科学研究，不断总结经验，提出问题，验证推理，从中抽象总结出一系列反映管理活动过程中客观规律的管理理论和一般方法。人们利用这些理论和方法来指导社会实践，又以管理活动的结果来衡量管理过程中所使用的理论和方法是否正确，使管理的科学理论和方法在实践中不断得到验证和丰富。要成为优秀的管理者，就必须通过系统的管理知识的学习和训练，否则就只能停留在感性认识的阶段，不能触类旁通和融会贯通。

（三）艺术性

管理的艺术性是指在掌握一定理论和方法的基础上，灵活运用这些知识和技能的技巧和诀窍。管理者在管理活动中，既要用到管理知识，又不能完全依赖于管理知识，必须发挥创造性，根据不同情况采取不同的方法。管理的艺术性强调的是管理人员必须在管理实践中发挥积极性、主动性和创造性，因地制宜地将管理知识与具体管理活动相结合，从而行之有效地进行管理。管理不仅要制定具有普遍意义的科学原则，运用能解决规律性问题的科学方法，而且还要有随机应变的能力和灵活多样的艺术。如果不考虑具体情景，生搬硬套管理理论和原则，就不会有管理的最佳效果。

（四）人本性

管理的人本性是指在管理过程中以人为中心，把理解人、尊重人、调动人的积极性放在首位，把人视为管理的重要对象及组织最重要的资源。管理的主体是人，而管理主体在管理中处于主导地位。从管理者和被管理者的关系来看，管理者的管理能力直接影响组织管理的水平，同时如果被管理者的素质过低，无法如实接受和理解管理者发出的各种管理信息也不能保证管理的实施有效；从管理过程中人与物的关系来看，物的要素的数量和质量很大程度上受人的要素的影响，因为物的要素再先进，如果没有人来使用和管理，就无从发挥作用；从人与科学技术的关系来看，科学技术的成果是人类智慧的结晶，如果离开人的实践与思维活动，就不会有科学技术。所以说，管理的核心是处理各种人际关系，在管理过程中，只有注重人本性，把人这一要素作为根本，才能协调好其他要素，实现高水平的管理。

（五）创新性

管理的创新性是指管理本身是一种不断变革、不断创新的社会活动，管理的变革可以推动社会和经济的发展，在一定条件下，管理还可以创造新的生产力。当前，社会经济的快速发展，管理只有采用特定的方式和方法才能达到组织目标，这就决定了管理方式和方法不能墨守成规、一成不变，应该探寻成效更好、适应能力更强的管理方式和方法。因此，一名优秀的管理者应该不断根据具体环境、实际条件的变化情况，灵活地选择或创造更为科学的管理方式和方法。

三、管理的性质

管理最基本的意义是在社会化生产过程中指挥和监督，它既与生产力相联系，又与生产关系相联系，所以管理具有二重性。而管理活动的过程要求既要遵循管理客观规律的科学性，又要体现管理实践中灵活创新的艺术性，所以管理具有科学性和艺术性。

（一）管理的二重性

管理的根本属性在于管理具有二重性。马克思在《资本论》中指出：凡直接生产过程具有社会结合过程的形态，而不是表现为独立生产者的孤立劳动的地方，都必然会产生监督劳动和指挥劳动。不过管理具有二重性。管理的二重性就是，管理既有同生产力、社会化大生产相联系的自然属性，又有同生产关系、社会制度相联系的社会属性。

1. 管理的自然属性

管理的自然属性也称为管理的生产力属性，它是由一定的生产力状况决定的。任何社会，只要有共同劳动，就需要管理；凡是共同劳动就必然要分工协作。这种由共同劳动、分工协作而产生的管理职能，体现了不同社会制度下管理的共同性，就是自然属性。

2. 管理的社会属性

管理的社会属性也称为管理的生产关系属性，它是指管理与生产关系、社会制度相联系，反映一定生产关系的性质和要求，表现为维护和发展生产关系的特殊职能，体现了不同社会制度下管理的个性。

在管理的过程中。管理的自然属性和社会属性有机统一在一起。

（二）管理的科学性和艺术性

1. 管理的科学性

科学是人们关于自然、社会和思维的知识体系。科学的实质在于揭示事物的本质和规律。管理活动本身是有规律可循的，既有规律必具科学性。持科学观点的管理学者们提出了以下证据：①现代管理建立在科学的基础之上（如泰勒的工序和时间研究）。②管理有一些经典的原则、方法和工具（如统一指挥原则等）。③管理知识可以通过书本学习、传授。④可以用计算机、数理等方法进行研究。⑤管理是理性弧，是有规律（原理–原

则 – 方法）可循的。

2. 管理的艺术性

所谓艺术，就是用高度的形象来反映现实。管理的艺术性主要指管理者在管理活动中要凭技艺（技巧、才能）来处理管理问题。持艺术观点的管理学者们提出了以下证据：①管理凭直感、创造力和经验。②管理是技巧的运用，没有在任何条件下都能实现的准则。③管理是一种意识，对人本身的素质有一定的要求。

3. 管理既是科学，也是艺术

经过一百多年的探索、研究、总结和发展，已经形成了比较系统的管理理论，它们反映了管理工作中的客观规律，所提出的管理原理、原则、方法等使我们能够对具体的管理问题进行具体的分析，并获得科学的结论，这就是管理的科学性。但是，与自然科学相比，管理学是一门不十分精确的学科，管理学所提供的管理手段与方法十分有限，面对复杂、多变的环境，管理者在管理实践中必须运用各种管理技巧、经验来解决具体的管理问题，这就是管理的艺术性。可见，管理既是一门科学，又是一门艺术。有效的管理者，多半是既懂得管理的理论和方法，又具有高超的管理艺术。

第二节　管理的职能

一、管理职能的概念

所谓管理职能，是管理过程中各项行为的内容的概括，是人们对管理工作应有的一般过程和基本内容所作的理论概括。

二、管理职能的划分

即使人类对管理职能的研究已有近百年的历史，关于管理的职能的划分，各国学者的观点却不尽相同。早在20世纪初，法国著名管理学家法约尔出版的《工业管理与一般管理》一书中就提出了企业经营的六项职能中含有管理的职能，但管理职能只是作为社会组织的手段和工具，其他职能涉及原料和机器，而且把管理划分为五项职能：计划、组织、指挥、控制和协调。法约尔重点强调计划职能的重要性，他认为组织职能是为实现组织的既定目标提供一切所需条件的过程；指挥职能是管理者对下属给予指导的过程；控制职能是为了实现计划而对实际工作进行控制和调整的过程；协调职能是为实现组织目标而协调人的行为和利益关系及一切工作的过程。20 世纪 30 年代后，由于出现了人际关系学说，管理从重视技术因素转向重视人的因素，因而有人提出把人事、激励、沟通等作为管理职能。西蒙等创立了决策理论后，有人为了强调决策的重要性，又把决策从计划职能中分离出来，列为一项管理职能。20 世纪 50 年代，美国的哈罗德 · 孔茨（Harold Koontz）和奥 · 唐内尔（O.Donnell）在教科书中将管理的职能划分为计划、组织、人员配备、指导和控制，这一划分得到了很多学者的认同，如今大部分流行的教科书仍按这套体系编写。

本书将综合专家学者们的观点，结合前面对管理下的定义，将管理职能划分为：计划职能、组织职能、领导职能、控制职能和创新职能。

（一）计划职能

计划是指制定目标并确定为达成这些目标所必需的行动。计划是管理的首要职能，一个组织要想达到预定的目标首先就必须要有科学的计划。组织中所有层次的管理者都必须为组织制订科学的工作计划，才能有效地实施管理。其主要包括以下内容。

1. 预测

预测是计划的准备阶段，是由已知来推断未知,由过去和现在推断未来。

2. 对策

对策是计划的核心问题，是自备选的几个目标或者方案中进行择优的活动。要想制订出科学的计划，就必须对计划目标和实施办法等要素进行科学合理的决策。

3. 战略规划

战略规划是为实现组织的目标，在分析外在的机遇与挑战、内在的优势与劣势的基础上来制订的，其内容涉及市场范围、竞争优势、成长方向等内容的总体性行动计划。

4. 计划编制

计划编制要求在计划过程中首先需要管理人员确定该计划所需要的资源，其次进行人员配备，然后分析计划工作的前提条件，最后确定标准，作为衡量计划完成程度的工具。

（二）组织职能

管理的组织职能是管理者为实现组织目标而建立有效的有机系统的过程，它既是管理活动的根本职能，也是其他一切管理活动的保证和依托。组织职能是通过组织结构的设计和人员的配备表现出来的，其内容包括设计和建立组织机构、合理分配职权和明确职责、选拔与配备各岗位的人员、进行组织的协调与变革。为了完成好这些工作，就要求按照目标来设置机构、明确岗位、配备人员、规定权限、赋予职责，建立一个统一的组织系统，同时要求按计划和进程组织人、财、物，并进行合理匹配，以保证管理取得效益。

（三）领导职能

管理的领导职能是管理者通过指挥、激励下属，积极开展沟通，从而使组织目标得到有效实现的活动过程。领导职能通过领导者和被领导者的关系表现出来，其内容包括：

选择正确的领导方式，运用权威，实施指挥；激励下属，充分调动其积极性；积极而有效地开展沟通；等等。由于领导职能的重心是做人的工作，所以各个层级的管理者，都需要实施领导职能，并学会在管理过程中科学、艺术地运用。

（四）控制职能

管理的控制职能就是监视管理的各项活动，以保证按计划进行，并不断纠正重要偏差的过程。控制职能通过对偏差的识别和纠正表现出来，它既是为实现组织目标而必须实施的职能，也是管理活动取得成效的保障。管理者要根据计划来检查其执行情况如何，并及时发现各种随机或突然因素的影响给计划实施带来的偏差，及时了解和分析原因，找出问题的症结，并及时采取措施进行调整。

（五）创新职能

随着科学技术的发展、经济活动的繁荣、市场需求的变化、劳动关系的复杂，管理者每天都会遇到新挑战、新难题。不创新就没有办法适应社会经济的发展，难以担负管理者的使命。管理的创新职能就是在动态环境中不断调整组织系统活动的内容和目标，以适应环境变化的要求。

第三节　管　理　者

一、管理者的定义

（一）管理者的概念

随着管理实践的快速发展，现代社会的各种组织和工作正持续发生变革，团队建设、结构扁平化、参与管理、自主管理等管理技术和方法蓬勃发展，组织中管理者的作用日益凸显。

传统观点认为，管理者就是对其他人的工作富有责任的人，或是指一个组织中主要从事指挥其他人工作的人，这一观点以正式职位和权力为基础来区分管理者和被管理者，具体表现为管理者有下属，而被管理者则没有。管理学家德鲁克在《管理：任务、责任和实践》一书中指出，在一个组织中，谁是负有管理责任的人，最首要的标志并不是谁有权力命令别人。他认为是否为管理者的核心标志是责任，即对组织做出贡献的责任，这样可以将专业人员列入管理者的范畴之内。同时德鲁克也指出这些专业人员是指做出决策能够影响组织成果的少数成员，并非所有的专业人员都是管理者。用现代管理标准来衡量，管理者既指拥有正式管理职位并能进行指挥的人，又指通过影响决策等管理工作对组织做出贡献的人。

因此，我们定义管理者是组织中作决策、分配资源、知道别人的行为、监督别人的活动并对目标负有责任的人。

（二）管理者的类型

众所周知，每个管理者的管理精力和能力都是有限的，当处于规模比较庞大的组织中时，进行组织内分工，划分相应的管理层次就显得十分必要。通过划分组织内的管理层次，既能使高层次的管理者通过委派工作给下级管理者来保证工作的有效性，又能使自己管理的下属保持合理的工作量，保证组织目标的实现。

奥利佛·威廉姆森（Oliver Williamson）曾提出最优科层理论，即可以根据在组织中承担的责任和权利的不同将管理者分为决策层、中间层、操作层。与之相对应的管理主体为：高层管理者、中层管理者与基层管理者（图 1.1）。

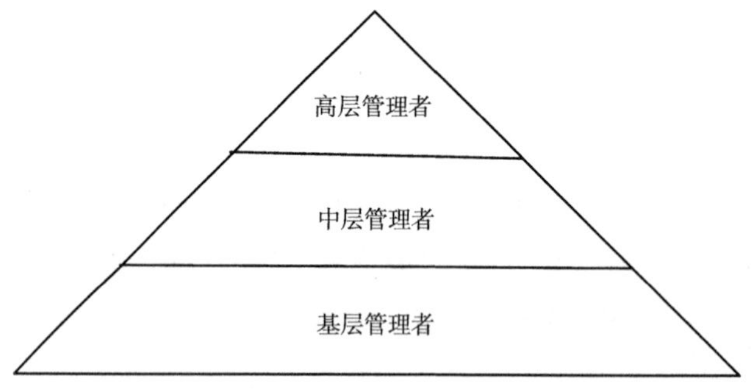

图 1.1　组织中管理者分类

1. 高层管理者

高层管理者是指对整个组织的管理富有前面责任的管理者。高层管理者的主要职责是制定组织的总目标、总战略，并计划未来的发展方向。常见的有首席执行官（chief executive officer，CEO）、首席财务官（chief financial officer，CFO）、首席营运官（chief operating officer，COO）、首席技术官（chief technology officer，CTO）、首席信息官（chief information officer，CIO）等职位。在我国厂长、公司董事长、学校校长、医院院长等都属于高层管理者。他们确定组织的发展目标，做出关系组织的兴衰存亡的重大决策。作为组织的代言人，他们还要负责协调与其他组织的关系，并对组织所造成的社会影响负责。高层管理者把握宏观局势的综合分析能力、与人沟通交流能力尤为重要，要求有较高的综合素质。

2.中层管理者

中层管理者是指处于高层和基层管理者之间的位于中间层次的管理者。中层管理者的主要职责是贯彻执行高层管理者所指定的重大决策，制订具有可操作性的实施计划，监督和协调基层管理者的工作。工厂生产主管、公司部门经理、学校人事处长、医院外科主任等都属于中层管理者。中层管理者的组织协调能力要强，要具有较强的管理日常事务的能力。

3. 基层管理者

基层管理者又称一线管理者，主要负责直接指挥和督导实际作业人员的工作。工厂

生产线的小组长、公司的科长、学校人事科长等都属于基层管理者。他们的主要任务是执行上级的指示、计划，分配具体工作任务，协调下属活动，反映下属要求。他们工作的好坏直接关系到计划的落实情况和目标的实现程度。基层管理者的专业技术能力要求较高，统筹全局的能力要求较低。

上述三个不同层次的管理人员，其工作职责和要求存在很大的差别。基层管理者所负责的主要是具体的战术性工作，中层管理者所负责的主要是较具体的衔接性工作，而高层管理者所负责的主要是抽象的战略性工作。

二、管理者的角色

管理者的角色是指特定的管理行为类型。亨利・明茨伯格（Henry Mintzberg）的研究发现，管理者扮演着多种角色。在大量观察的基础上，明茨伯格将管理者在计划、组织、领导和控制的过程中需要履行的特定职责简化为十种角色（表 1.1），并且将这十种角色归为为三大类：人际角色、信息角色和决策角色。管理者往往同时扮演上述几种角色。

表 1.1　管理者的角色

角色		描述	特征活动
人际关系	1. 挂名首脑	象征性首脑；必须履行许多法律性或社会性的例行义务	迎接来访者；签署法律文件
	2. 领导者	负责激励下属；负责人员分配；培训及有关的职责	实际上从事所有的有下级参与的活动
	3. 联络者	维护自行发展起来的外部关系和消息来源，从中得到帮助和信息	发感谢信；从事外部委员会的工作；从事其他有外部人员参与的活动
信息传递	4. 监听者	寻求获取各种内部和外部信息，以便透彻地理解组织与环境	阅读期刊和报告；与有关人员保持私人接触
	5. 传播者	将从外部人员和下属那里获取的信息传递给组织的其他成员	举行信息交流会；用打电话的方式传达信息
	6. 发言人	向外界发布组织的计划、政策、行动、结果等	召开董事会；向媒体发表信息
决策制定	7. 企业家	寻求组织和环境中的机会，制订“改进方案”以发起改革	组织战略制定和检查会议，以开发新项目
	8. 混乱驾驭者	当组织面临重大的、意外的混乱时，负责采取纠正行动	组织应对混乱和危机的战略制定和检查会议
	9. 资源分配者	负责分配组织的各种资源并制定和批准所有有关的组织决策	调度、授权、开发预算活动、安排下级的工作
	10. 谈判者	作为组织的代表参加重要的谈判	参加与工会的合同谈判

资料来源：Mintzberg H. The Nature of Managerial Work. New York:Harper&Row, 1973

（一）人际关系角色

为了达到管理目标，实现和组织成员协作互动，为员工提供导向并对工作进行监督管理，管理者需要扮演人际关系型角色。具体分为下列三种。

1. 挂名首脑角色

挂名首脑是管理者所在组织的象征，作为组织的代表，管理者将行使一些具有礼仪性质的职责，如代表组织出席会议、参加社会活动或宴请重要客户等。此时，管理者扮演着代表人的角色。

2. 领导者角色

为了鼓励员工发挥绩效，管理者还要扮演领导者的角色。领导者的角色要求管理者必须充分履行其领导职责，协调组织目标与个人目标，有计划地培训、指导下级、激发员工的潜能得到最大程度的发挥。

3. 联络者角色

管理者在管理活动中要经常对组织内外个人和群体的行为进行联系并协调，此时管理者发挥的是联络者角色。管理者不仅要在组织内部协调不同部门之间的活动，还要维护组织外部的关系网络，与供应商、消费者、政府等保持良好的关系，为组织争取更多的有利组织目标实现的资源。

（二）信息角色

管理职能的性质决定了管理者必须既是其单位的信息传递中心，也是外单位的信息传递渠道，这就是管理者要扮演的信息角色。信息角色要求管理者必须确保和其一起工作的人能够得到足够的信息。具体而言，要发挥以下三种信息角色。

首先，管理者要发挥监听者角色，对组织内外环境的变化进行关注，并对各种信息进行分析，从而有效地组织、控制人力资源和其他资源。

其次，管理者要发挥传播者角色，把监督获得的有用信息分配给有关的组织成员，当然，在一些特定情况下由于特殊目的，管理者也会隐藏一些特定的信息。

最后，管理者要发挥发言人的角色，运用信息提升组织的形象，以使组织内部和外部的人都能对组织有积极的反应。

（三）决策角色

明茨伯格确定的第三类管理者角色就是决策角色，在决策角色中，管理者处理信息并得出相关结论。管理者负责做出决策，并分配资源以保证决策方案的实施。管理者的决策性角色与管理者所从事的战略规划、资源应用等工作密切相关。

1. 企业家角色

作为企业家，管理者必须决定将从事何种项目或计划，以及怎样利用资源以提高组织绩效。管理者对所发现的机会进行投资并利用这种机会，如开发新产品、发明新工艺、

提供新服务等。

2. 混乱驾驭者角色

任何组织在运行过程中都会遇到问题和冲突，这就要求管理者要善于解决问题和冲突，采取积极措施，及时有效地处理可能会影响组织运营的突发事件，从而化解危机。

3. 资源分配者角色

作为资源分配者，管理者决定组织资源用于哪些项目。资源分配集中体现了管理者职位的权限，要求管理者对资金、时间、信息、事件、材料、设备、人力资源等方面进行合理的分配，从而提高组织的整体绩效。

4. 谈判者角色

为了便于与组织内外部各种人员在资源分配方面达成共识，同时为本组织争取利益，管理者必然要发挥谈判者的角色。管理者通过和员工、客户、供应商及其他组织进行谈判来达到上述目的。

三、管理者的技能

管理者只有真正具备了管理所需的相应管理技能，才能有效地开展管理工作，达到组织目的。根据罗伯特・卡茨（Robert L. Katz）的研究，管理人员应具备技术技能、人际技能和概念技能，这也是管理中最重要的三大技能。

（一）技术技能

技术技能（technical skill）是指使用某一专业领域内有关的工作程序、技术和知识完成组织任务的能力。对于管理者而言，需要了解并初步掌握与其管理的专业领域相关的基本技能，才能对他所管辖的业务范围内的各项管理工作进行指导。技术技能对各层次管理的重要性可以用图 1.2 来表示。一般而言，技术技能对于高层管理较不重要，对于中层管理较重要，对于基层管理最重要。

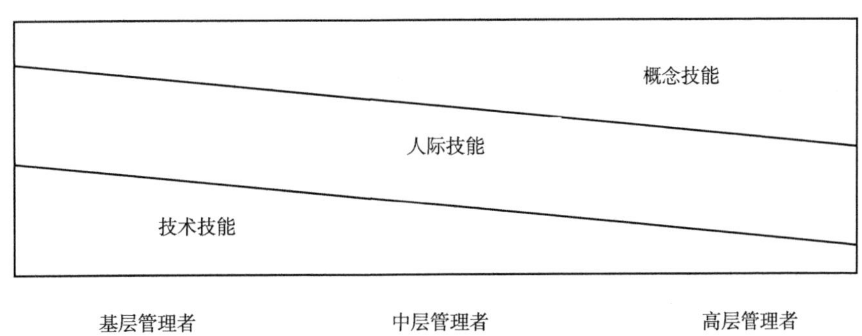

图 1.2　不同层级管理者对三种管理技能的不同要求

（二）人际技能

人际技能（human skill）是与处理人事关系有关的技能，是指成功地与别人打交道并与别人沟通的能力。这种能力既包括领导能力，也包括处理各种关系的能力。如图 1.2 所示，人际关系对于各层次管理的重要性大体相同，因为不管是高层管理者、中层管理者，还是基层管理者都要通过人际技能才能实现上下左右协调平衡，通力合作，最终完成组织目标。

（三）概念技能

概念技能（conceptual skill）是指产生新想法并加以处理，以及将关系抽象化的思维能力。概念技能的内容较广泛，既包括发现事物的关联性、找出关键影响因素的能力，还包括权衡不同方案优劣和内在风险、确定和协调各方面关系的能力等。要具备概念技能，管理者首先要把组织看成一个有机的整体，预测其决策将会对其他人和其他部门产生何种影响，其次是要有创新思维，能够从凌乱的现象中判断事实的本质，并进行加工和概括等。

管理者的技能

卡莉·费奥瑞纳（Carly Fiorina）担任惠普首席执行官时只有 44 岁，没有任何计算机方面的背景。来惠普之前，她只是朗讯公司全球服务供应部的总裁，对计算机行业了解不深。惠普董事局的一位董事认为："技术背景并不是一个最主要的原因，郭士纳（IBM 掌门人）和戴尔（Dell 掌门人）都没有技术背景，我们要的是在工业界有杰出领导能力的人，而不是工程师学位。"惠普之所以选择卡莉，是由于她有着极强的制定发展战略并予以实施的能力，是由于她有着与客户、合作伙伴和媒体进行很好沟通的能力，是由于她喜欢挑战、勇于变革，并在过去的工作中有着很好的业绩。对计算机行业的了解并非不重要，但是，"这些对她来讲一点也不困难，因为她非常聪明，学习很快，这对她来说不是一个问题"。惠普公司的董事迪克·汉克保(Dick Hackbom)这样说道。

（资料来源：倪杰.管理学原理. 北京:清华大学出版社，2011）

不同层次的管理者对管理技能的需要具有差异性。对于高层管理者，最重要的是概念技能，对于基层管理者，最重要的是技术技能。由于管理者的工作对象是人，所以人际技能对各个层次的管理者来说都是重要的。

卡茨有关管理人员技能的理论，不仅确立了管理者应具备的能力类型，而且指出了在管理者地位变化的过程中技能要求的变化，也告诉了管理者在管理工作的生涯中，应如何科学地转换自我的能力结构，以适应工作和自我发展的需要。

四、管理者的素质

管理者素质，是指管理者在先天素质的基础上，经过后天学习、锻炼形成，并在管理活动中发挥作用的内在要素。管理者素质是管理者实施科学管理必须要具备的基本条

件，是管理者履行各项管理职能的基础，具体可分为以下几种。

（一）品格素质

管理者的品格素质是指管理者的基本道德素质。作为管理者，仅有好的谋略和技术是无法起到激励员工、带领员工出色地完成组织任务的作用。只有具备优秀品格的管理者上级领导才能信任，同级同事才愿意合作，下属员工才愿意追随，因此，管理者应该注意修炼自身品德，不断提高个人修养。

（二）能力素质

管理者的能力素质是指管理者把管理知识和业务知识应用于实践，解决实际问题的能力。具体可以归纳为以下能力。

1. 决策能力

管理者除了要具备制订备选行动方案的能力，更要具备从多个备选方案中选择最优方案的决策能力。在组织内部出现不同意见时，管理者要果敢、智慧地进行决策，促进组织的目标实现。

2. 组织能力

管理者必须具备优秀的组织能力，能够对资源进行合理分配，组织和选派能够胜任工作的人员完成相应的组织目标。

3. 分析能力

管理者只有具备良好的分析能力，才能对所搜集到的信息进行准确分析，找出问题的实质和起因，做好相应的管理工作。

4. 协调能力

管理者在管理中时常要发挥承上启下、平行协调的作用，因此，只有具有优秀的协调能力，才能协调内部关系，处理日常问题，处理突发情况和危机。

5. 表达能力

管理者必须具备一定的表达能力，能将组织任务和要求等运用合适的方式准确地传达给他人，能在对外推介和对内协调中准确地表达组织或个人的意见。

（三）知识素质

管理者应当具有扎实的知识素质。知识素质包括基础知识和完善的知识结构：基础知识是指对社会、对世界的基本认识方面的知识，涵盖自然科学知识和人文社科知识；知识结构是指个人拥有的各项知识的组成情况。

管理者应当具备较为均衡、丰富的知识面。一个好的管理者不仅要懂得管理学的一般原理和方法，而且要熟悉本行业特殊规律和方法；不仅要具备基本的人、财、物及信息管理的能力，而且要不断学习现代管理的技术。如今的社会知识可谓日新月异，组织发展中也将面临不断变换的新环境，这就要求管理者除了要拥有丰富的知识外，还要具备持续学习、不断更新知识的能力，这也是具备知识素质的重要方面。

（四）身体素质

身体素质是指身体的健康状况，包括生理素质和心理素质。良好的身体素质，可以让管理者精力充沛、思维敏捷、具备强大的抗压能力。管理者要保持良好的身体素质，除了要注意营养饮食、养成良好的锻炼习惯外，还要注意劳逸结合、合理安排休息时间。此外，管理者还要注意心理素质的培养，只有养成良好的心理素质，才能胸襟宽广、敢于决断，在面对突发情况和危机时仍能冷静客观地处理问题。

管理者的素质

一位销售经理给他手下的销售员很多指导，他花费了70%的时间和下属一起去看市场、跑订单、做客户拜访等。做“实地教练”时，销售经理从来不在客户面前替销售员做销售，哪怕他很着急，眼看订单可能拿不到了，但是他仍然要等到事后再指出销售员有哪些错误，应怎样做可能会更好。在经理的指导下，他手下的销售员进步得非常快，对这位销售经理也非常感激，整个团队的业绩不断提高。

正如德鲁克所说：“如果一个企业运转不动了，我们当然是要去找一个新的总经理，而不是另雇一批工人。”可见，管理者的素质对组织的生存发展起着至关重要的作用。

第四节　管　理　学

一、管理学的研究内容

管理学的研究对象是管理活动的基本规律、基本关系和一般方法，其研究内容十分广泛，涉及人类活动的各个方面，当今管理学界研究的主要内容为以下几点。

（一）管理的概念体系、原理和原则的研究

界定学科的各个基本概念的内涵和外延，建立完整的概念体系属于学科发展的基础工作。对管理学而言，提炼和归纳具有普遍适用意义的原理和原则，对指导管理实践具有极为重要的作用。

（二）管理思想和理论的研究

在研究已积累和创立的管理经验、思想和理论的基础上，结合现实的管理实践和问题总结新的管理经验，提炼出新的管理思想，创新管理理论，是管理学最核心的研究内容。

（三）管理方法的研究

管理方法的研究涉及管理的各个领域，科学的管理方法对指导管理实践有着重大意义。恰当的管理方法一旦运用于管理实践，将能迅速提高管理的科学性和有效性，促进管理目标的实现。

（四）管理技术的研究

管理技术的更新与运用有利于取得管理成效，发明和创造新的技术能够提高管理的效率和成效。

（五）管理绩效的诊断与评价研究

管理的目的是实现组织目标，绩效是管理实现组织目标的程度。绩效的诊断与评价可以准确衡量绩效、总结历史经验、发现新的问题、提出应对措施，对组织目标的实现来说尤为关键。

二、管理学的学科性质

管理学是一门系统地研究管理活动基本关系、基本规律和一般方法的科学。具体而言：管理的基本关系包括管理与管理对象的关系，管理的隶属关系，协作关系，人、财、物、信息和技术之间的关系；管理活动的基本规律包括管理信息运动规律、人的行为规律、物流规律等；管理的一般方法包括人们在管理活动中所采取的管理方式、程序和手段的总和。在管理中正确处理好管理的基本关系，掌握管理活动的基本规律，运用管理的一般方法将有利于管理的科学性和有效性，有利于实现组织的目标。

管理学科是一门介乎于社会科学与自然科学之间的边缘科学，这就决定了它具有如下的特点。

（一）综合性

管理学是一门交叉学科，它要综合利用经济学、数学、心理学、工程技术学等学科的成果，才能发挥出自己的作用。同时，由于管理学需要从社会生活的各个领域和方面，以及各种不同类型组织的管理活动中概括和抽象出对各门具体管理学科都有普遍指导意义的管理思想、原理和方法，这就使得它的研究对象呈现多样性和复杂性。这些都决定了管理学具有综合性的特点。因此，广博的知识面、优良的综合素质和能力成为管理者有效地从事管理工作的重要条件。

（二）实践性

管理学是一门实用学科，它的理论、原则和方法是从实践经验中归纳、总结、升华出来的，同时这些理论、原则和方法只有运用于实践才能产生更大的经济效益和社会效益，因此，必须把管理的理论和实践有机结合，才能充分发挥管理学的作用。目前，国外的管理理论和思想已经较为成熟，但生搬硬套国外理论和思想无法完全解决中国企业和单位管理中遇到的问题，只有博采众长，在借鉴和学习国外和我国前人的管理思想和理论的基础上，结合中国的国情，才能总结出适合中国企业和单位管理的理论和经验。

（三）一般性

管理学研究的是管理的基本关系、基本规律和方法，它是研究所有管理活动中的共性原理，是一种基础理论学科。与人力资源管理、行政管理、公共事业管等其他管理学科不同，管理学是各门具体、专门的管理学科的共同基础，其他管理学科需要以管理学的原理作为专业基础来进行学习研究，所以管理学具有一般性的特点。

三、管理学的研究方法

为了更好地掌握管理学，就要运用适当的方法进行研究。根据管理学的研究对象和特点，我们认为主要的研究方法有以下几种。

（一）比较研究法

比较研究法是通过对不同国家在不同社会制度、环境、历史条件下产生的管理理论、技术和方法及其应用效果进行横向比较研究的方法。进行管理学研究时，不仅要有纵向的历史考察，还要进行横向的比较研究。当代世界各国都十分重视管理和管理学的研究，各自形成了有特色的管理科学，通过对不同国家或地区，以及不同部门或组织的管理进行比较分析，研究不同社会政治制度、不同经济体制、不同组织变化条件下的管理思想、理论、方法与管理效果，探索管理的共同规律和可移植性，对理论欠缺、方法和手段还比较落后的我国管理更具有现实意义，可以达到洋为中用的目的。我们既要吸收发达国家管理中科学性的东西，又要避免盲目照搬或克服全盘否定，既要从我国国情出发加以取舍和改造，有分析、有选择地学习和吸收西方管理的理论和实践经验，又做到兼收并蓄，丰富我国管理学的内容，建立具有中国特色的管理科学体系。

（二）历史研究法

历史研究法是对前人的管理实践、管理思想和管理理论予以总结概括，从中找出带有规律性的东西，实现古为今用的方法。通过利用古今中外的管理理论与实践的历史文献，全面考察管理的起源、历史演变、管理思想和理论，来发掘管理规律和管理学的发展趋势，寻求普遍适用的管理原则、原理、方式和方法。任何管理现象都不是孤立的，都有其产生的历史背景及形成、发展的演变过程，只有把某一管理思想或管理理论放在一定的历史条件下，从其产生和发展的过程中去考察，才能掌握它的来龙去脉，了解其实质之所在。

（三）实验研究法

实验研究法，是指有目的地在设定的环境下认真观察研究对象的行为特征，并有计划地变动试验条件，反复考察管理对象的行为特征，从而揭示出管理的规律、原则和艺

术的方法。实验是可以让管理研究者为了检验某种管理理论或假设，在一定控制条件下进行的相关操作或从事探索性的活动。它通过对实验资料进行分析、综合和归纳，寻求普遍适用的管理原理和方法。在管理学发展史上，泰罗的科学管理原理、霍桑实验都是运用实验法进行管理学研究获得重大发现的。

（四）案例研究法

管理学的案例研究法是指通过对有代表性的案例进行剖析，从中发现可资借鉴的经验、方法和原则，或将自己置身于模拟的管理情景中，运用所学的管理原理、原则和方法去指导管理实践，提高管理技能和水平。例如，经验主义流派的代表人物德鲁克等提出的目标管理思想，就来自大量的案例分析。案例研究方法的优点是能够体现理论联系实际的原则，使抽象的一般管理原理建立在大量的实际案例分析的基础之上，是当代管理科学比较发达的国家在管理学教学中广为推行的学习研究方法。

（五）非介入性研究法

非介入性研究可以使管理学研究者无需身处实地来研究管理活动，而且不会在研究过程中影响到研究对象。非介入性研究包含内容分析、话语分析和符号分析这三种类型：内容分析是对管理学媒介所承载的文本信息进行系统分析，发现和预测管理变化趋势的一种研究方法；话语分析是对使用中的语言进行分析，揭示管理者如何才能更好地沟通；符号分析是针对符号性资料进行分析，并从中发现管理意义的方式。非介入性研究依赖于现有的文献资料、成文文件及历史记录，因此，其缺点在于局限于记录下来的内容，而且还存在效度和信度问题，但是它具有经济、安全和能够研究较长阶段内发生的事件等优势，因此在管理学研究中广为使用。

本章小结

（1）管理是在社会组织中，管理者在一定的环境条件下，通过实施计划、组织、领导和控制等职能，以人为中心来协调各种资源，以便有效率和有效果地实现组织目标的过程。

（2）管理具有组织性、科学性、艺术性、人本性和创新性等五个特性。

（3）管理职能包括计划、组织、领导、控制和创新。

（4）管理者主要分为高层管理者、中层管理者和基层管理者。

（5）管理者的工作可以概括为 10 种角色。

（6）作为一名管理者应该具备的管理技能包括技术技能、人际技能和概念技能，不同层次的管理者对三种技能的要求不同。

（7）管理学是一门系统地研究管理活动基本关系、基本规律和一般方法的科学。

（8）管理学的研究方法主要包括比较研究法、历史研究法、实验研究法、案例研究法和非介入性研究法。

案例一 升任公司总裁后的思考

郭宁最近被所在的生产机电产品公司聘为总裁。在准备接任此职位的前一天晚上，他浮想联翩，回忆起他在该公司工作20多年的经历。

他在大学时学的是工商管理，大学毕业后就到该公司工作，最初担任液压装配单位的助理监督。他当时感到真不知道如何工作，因为他对液压装配所知甚少，在管理工作上也没有实际经验，他感到几乎每天都手忙脚乱。可是他非常认真好学，一方面仔细参阅该单位所订的工作手册，并努力学习有关的技术知识；另一方面监督长也对他主动指导，使他渐渐摆脱了困境，胜任了工作。经过半年多的努力，他已有能力担任液压装配的监督长工作了。可是，当时公司没有提升他为监督长，而是直接提升他为装配部经理，负责包括液压装配在内的四个装配单位的领导工作。

他在担任助理监督时主要关心的是每日的工作管理，其技术性很强。而当他担任装配部经理时发现自己不能只关心当天的装配工作状况，他还得做出此后数周或数月的规划，还要完成许多报告和参加许多会议。他没有多少时间去从事他过去所喜欢的技术工作。担任装配部经理不久，他就发现有的装配工作手册已基本过时，因为公司已安装了许多新的设备，引入了一些新的技术，这令他花了整整一年时间去修订工作手册，使之切合实际。在修订手册过程中，他发现要让装配工作与整个公司的生产作业协调起来是需要很多讲究的。他还主动到几个工厂去访问，学到了很多新的工作方法，他也把这些吸收到的方法修订到工作手册中去。由于该公司的生产工艺频繁发生变化，工作手册也不得不经常修订，郭宁对此都完成得很出色。他工作了几年后，不但自己学会了这些工作，而且还学会如何把这些工作交给助手去做，教他们如何做好，这样，他可以腾出更多时间用于规划工作和帮助他的下属工作得更好，以及花更多时间去参加会议、批阅报告和完成自己向上级的工作汇报。

当他担任装配部经理六年之后，正好该公司负责规划工作的副总裁辞职应聘于其他公司，郭宁便主动申请担任此职务。在同另外五名竞争者较量之后，郭宁被正式提升为规划工作副总裁。他自信拥有担任此新职位的能力，但由于此高级职务工作的复杂性，仍使他在岗接任时碰到了不少麻烦。例如，他感到很难预测一年之后的产品需求情况。可是一个新工厂的开工，乃至一个新产品的投入生产，一般都需要在数年前做出准备。而且，在新的岗位上他还要不断处理市场营销、财务、人事、生产等部门之间的协调，这些他过去都不熟悉。他在新岗位上越来越感到：越是职位上升，越难于仅仅按标准的工作程序去进行工作。但是，他还是渐渐适应了，做出了成绩，以后又被提升为负责生产工作的副总裁，而这一职位通常是由该公司资历最深的、辈分最高的副总裁担任的。到现在，郭宁又被提升为总裁。他知道，一个人当上公司最高主管职位之时，他应该自信自己有处理可能出现的任何情况的才能，但他也明白自己尚未达到这样的水平，因此，他不禁想到自己明天就要上任了，今后数月的情况会是怎样？他不免为此而担忧！

（资料来源：董卫民. 管理学. 北京：中国市场出版社，2006）

问题

1. 你认为郭宁是个成功的管理者吗？为什么？

2. 郭宁在担任助理监督、装配部经理、规划工作副总裁和总裁这四个职务时，其管理职责各有何不同？你能概括其变化的趋势吗？请结合基层、中层、高层管理者的职能进行分析。

3. 如果你是郭宁，你认为担任公司总裁后自己应该拥有哪些才能才会使公司取得更好的业绩？

案例二 阿里巴巴精神控制术——马云打造职场乌托邦

阿里巴巴团队魔力来源的核心，是关于人性的深层秘密。对此，有一位通晓心理学的商界人士解释——“阿里巴巴一直在有意无意维护马云的‘神坛’形象，以实现类似崔健《一块红布》中叙述的神秘控制。”

这个判断似乎得到了佐证。大部分员工事先听说过马云的传奇，而在其此后的职业生涯中，马云的神话、价值观和理想在公司的各种场合被宣讲、重复，然后无孔不入地蔓延。而当一个团队对领导者产生图腾崇拜的心理时，它内在循环所产生的力量，将导致遇敌时的所向披靡。

根据美国心理学家利夫顿对“精神控制”的分析，除核心的“神秘控制”外，其方式还包括发展一套内部术语用于交流与思考，以强化个体对所倡导价值的使用。

在这里，每个淘宝雇员都有一个“花名”，它们来自马云看的金庸小说。最近，这个“花名”正逐渐向中国神话小说《西游记》的角色拓展。

“符号是一种自我定位。”员工们说，当这些“令狐冲”“黄蓉”和“孙悟空”在一起，把每次平淡的业绩冲刺幻化为热烈的小组竞争。而马云判断员工优劣的思维，已在公司广而告之——有业绩没团队合作精神的属“野狗”，应当被坚决清除；老好人但没业绩的属“小白兔”，会被逐步淘汰；有业绩也有团队精神的属“猎犬”，这才是阿里巴巴最需要的。

与此同时，员工保持着忙碌状态，这些雇员除要共同冲刺高标准的部门业务指标外，个人还要接受公司安排的各种培训，这些必须修满学分的科目包括“阿里课堂”“阿里夜谈”“百年大计”“百年诚信”和“百年阿里”等。

“这已经是阿里巴巴团队的一个定式。”一位老财经媒体人说，忙碌被认为是实现“精神控制”的必要条件——因为忙碌将导致员工们没有时间深入思考集团内部的事，不能分身接受更多信息，因此对身边一切习以为常。

但不少淘宝员工说，“精神控制”并不是“蒙蔽”。他们的理解是——“马云通过团队培训和一系列潜移默化的训导，让员工在他的价值观和体系面前选择，否则能力再强，也不能待在阿里巴巴。”

不过，两者在解读阿里巴巴团队魔力的另一入口——“一个严厉的制度设置”时，取得了一致。

的确，这里除了有每年10%的淘汰率外，还有一个与众不同的考核制度——50%是业绩考核，另外50%则以“六脉神剑”为参照的价值观打分。又如，这个公司奖罚分明，曾有一位销售冠军因对客户“过度承诺”伤害“诚信”一条，而被驱逐。

这里的员工还被热情告之，他们拥有一个特别的“安全保障”：一个人对公司的“不满”除可以向上司沟通外，还有来自人力资源部门一位负责点对点的“员工关系”职员。

但在另一些人看来，这又是一种“头脑”监管。“我尝试的结果是更坏，而不是更好。”阿里巴巴某个老雇员说，“虽然提倡民主，但实际上，我们的文化之一就是服从，因为上司总是对的”。

（资料来源：杨琳桦. 阿里巴巴精神控制术：马云打造职场乌托邦. http://tech.sina.com.cn/i/2007-01-04/09411318456.SHTML[2007-01-04]）

问题

结合案例，谈谈作为一名管理者应该具备哪些管理技能才能有利于组织目标的实现。

实务训练

（一）示范案例

为新学期制定目标并且希望目标可视化

有人总结出从普通员工成长为管理者的秘笈，它主要包括：不找借口、尝试新事物、学会自我激励、使目标可视化、寻找一位导师、与领导和同事建立信任关系等。

新学期的目标可以有学习方面、生活方面、交友方面、社会实践、社团活动等多方面的，但是目标不能太多，一般3～5项比较合适。以学习为例，学习方面除了完成学校安排的任务，应该有考证的目标，如通过英语四级考试、考取教师资格证等。把证书模板打印出来，挂在书桌前，或者床头，下面标出考试日期，复习进度安排。这样就可以时时处处提醒自己，按照计划达成目标。

（二）习作案例

为学习以外的计划制定目标并且使目标可视化。

思考与练习题

一、单项选择题

1. 提出“管理就是决策，决策贯穿管理的全过程”的学者是（　　）。

A. 费雷里克 · 温斯洛 · 泰罗　　B. 彼得 · 德鲁克

C. 赫伯特 · 西蒙　　D. 亨利 · 法约尔

2. 管理学应属于（　　）。

A. 社会科学　　B. 边缘科学　　C. 经济学　　D. 自然科学

3. 在管理过程中以人为中心，把理解人、尊重人、调动人的积极性放在首位，这是强调管理的（　　）。

A. 组织性　　B. 艺术性　　C. 有效性　　D. 人本性

4. 管理者的角色有（　　）种。

A. 6　　B. 10　　C. 8　　D. 2

二、多项选择题

1. 管理者在管理过程中承担的职能是（　　）。

A. 计划　　B. 组织　　C. 人员配备

D. 指导和领导　　E. 控制

2. 管理学的研究方法有（　　）。

A. 比较研究法　　B. 历史研究法　　C. 实验研究法

D. 案例研究法　　E. 非介入性研究法

三、判断题

1. 管理学同时具有科学性和艺术性。（　　）
2. 对于中层管理者而言，最重要的技能是人际技能。（　　）
3. 生产主管是工厂的基层管理者。（　　）
4. 管理的目的是为了实现既定目标。（　　）
5. 组织是管理的载体。（　　）

四、问答题

1. 如何理解管理的基本含义？
2. 管理有哪些基本职能？
3. 什么是管理者？如何对其分类？
4. 管理者应具备哪些技能？不同层次的管理者对管理技能的要求有什么区别？
5. 管理学有哪些研究内容？

参考文献

彼得·德鲁克. 1989. 有效的管理者. 屠端华, 张晓宇译. 北京: 工人出版社.

彼得·圣吉. 1998. 第五项修炼. 张成林译. 上海: 上海三联书店.

周三多, 陈传明. 2014. 管理学. 北京: 高等教育出版社.

周三多, 蒋俊, 陈传明. 1992. 管理学原理. 南京: 南京大学出版社.

第二章 管理理论的形成与发展

管理只有恒久的问题，没有终结的答案。

——斯图尔特·克雷纳

教学目标

学完本章后，你应该能够：

1. 了解中国古代主要管理思想与西方早期管理思想的代表人物和主要观点。
2. 掌握古典管理理论、行为科学理论、现代管理理论的主要代表人物及其理论要点。
3. 了解知识型管理、学习型组织、企业再造等现代管理理论的最新思潮。

技能目标

通过本章学习，学生应该在了解中、西方管理思想和理论的发展过程中，懂得管理思想和理论来自实践，并且是在一定的社会、组织背景下产生的，在实践中应用，在实践中发展，因此要想提高管理能力，唯一的方法是实践。锻炼实践能力要从现在开始，在你遇到的每一个问题中去寻找解决方案。

1. 学习应用科学管理方法寻找最佳办事的方法。
2. 在实践中应用：经济人假设和社会人假设下的不同管理方式。
3. 建立终身学习的理念。

案例导入

王石拿什么夺回万科？

王石给全国人民造了那么多房子，现在自己的老房子却着火了。宝能系这个门口的野蛮人往房子里一连扔了七八个火把，万科股权之争的战火越烧越旺。

参加这场大战的都有哪几路大军呢？

守方：自然是以王石、郁亮为首的万科管理层，代表万科事业合伙人的盈安合伙持有 4.57 亿万科 A 股，占总股本的 4.14%，友军华润占股 15.29%，两者相加占股 19.43%。攻方则是以钜盛华及其一致行动人前海人寿为代表的宝能系，通过连续举牌，宝能系目

前已占股22.45%。攻守双方之外，尚有一个举足轻重的角色，安邦保险，占股5%，安邦究竟是单骑救主的骑士还是等着火中取栗的猴子呢，形势扑朔迷离。

如何应对宝能系的野蛮入侵和安邦保险的虎视眈眈，是毒丸计划，还是焦土战略，是围魏救赵，还是联吴抗曹？一场资本撕逼的大戏正在开幕，究竟鹿死谁手，只能拭目以待。

最新的情况是，王石2015年12月18日已经带领万科一众管理层奔赴香港。另据相关媒体从知情人士处获悉，2015年12月17日郁亮已先亲赴华润置地商谈，具体细节尚不详。

18日午后，万科发布公告称，因万科企业股份有限公司正在筹划股份发行，用于重大资产重组及收购资产，根据《深圳证券交易所股票上市规则》的有关规定，经公司申请，该公司股票（证券简称：万科A），证券代码：000002自2015年12月18日下午13：00起停牌，待公司刊登相关公告后复牌。

12月17日，沉默已久的王石站了出来，称“宝能系存有赌徒心态，信用不够，万科不欢迎”。而在次日，万科股票紧急停牌，同时宣布发行股份用于资产重组及收购资产等。其后，王石及郁亮马不停蹄地四处奔走，寻找投资者。

“停牌及发行股份是‘王石们’唯一有效防御宝能系继续增持的措施。”12月19日，一大型券商分析人士向《长江商报》记者表示，宝能系耗巨资增持万科的资金成本较高，长时间停牌可能会“拖死”宝能系。

而同时，市场传闻称，“王石们”已经拜会中信、华润等，请他们帮助赶走“野蛮人”。

不过，《长江商报》记者调查发现，宝能系动用资金超过300亿元，万科股价已经高达24.43元/股，能够帮忙的必定是实力雄厚的资本大佬，而截至目前，尚无一家公司回应“王石们”的奔走。

曾经让王石引以为傲的股份制模式，突然间变得那么可怕，对手在不知不觉中就想取而代之。

（资料来源：刘雨明. 王石拿什么夺回万科. 腾讯财经[2015-12-18]）

问题

1. 万科的股份制有哪些优点？
2. 万科的股份制有什么风险？
3. 万科如何预防风险？

在人类发展的历史长河中，有很多伟大的工程，诸如埃及金字塔的建造、万里长城的施工、人类登月计划，它们的实施过程非常复杂。20世纪管理的最大挑战之一是制造原子弹的“曼哈顿计划”，实施这个计划需要大量卓越的、聪明的、有创造力的科学家和工程师。指挥“曼哈顿计划”的将军是莱斯利·格鲁夫斯，他的过人之处在于用公平竞争代替了管理直觉。作为管理者，他提供了一个让所有想法公平竞争的平台，最后的结果是最合适的想法一定会被保留下来。

本章介绍的对管理思想做出过巨大贡献的思想家、管理专家、管理者，都有自己独到的见解，他们在实践中不断总结完善自己的思想，对管理理论的发展做出了突出的贡献，并逐渐发展形成了当代的一些新的管理理论。

第一节　中西方早期管理思想

管理思想经过多年的发展已经形成系统的知识体系，一切管理活动都会接受管理思想的指导，管理思想是在管理实践中不断总结经验产生的。

一、中国古代的管理思想

中国作为四大文明古国之一，是一个具有五千年文明史的国家，中国古代管理思想主要体现在先秦到汉代的诸子百家思想中，如儒家、道家、法家等。我国古代各族人民以自己的智慧和辛勤劳动创造了许多令现代人叹为观止的著名的管理实践和极为丰富的管理思想，如由李冰父子主持修建的集分洪、灌溉、排沙诸功能于一体的都江堰水利工程；秦朝大将蒙恬“役40万众”建造的万里长城；隋唐人工挖建的京杭大运河等，这些伟大工程，无不凝聚了我们祖先的管理才能和光彩夺目的管理思想。在浩瀚的古史卷中，也蕴涵着十分丰富的管理思想，如《论语》《易经》《老子》《孙子兵法》《资治通鉴》《史记》《西游记》《菜根谭》等经典著作，至今仍备受世界各国管理界的推崇。下面介绍中国古代著名的战略管理思想、经营理财思想和儒家管理思想。

（一）战略管理思想

《孙子兵法》主要体现了管理者在人事、决策、环境、组织等方面的战略思想。“运筹帷幄之中，决胜千里之外。”（《史记·高祖本记》）这句古代名言充分说明我们的祖先为了在竞争和对抗活动中获胜，十分重视运筹思想与战略决策方法的应用。“田忌赛马”的故事是孙膑运用运筹思想的生动反映。诸葛亮也是一位具有非凡决策能力的思想家和军事家，他的《隆中对》就是一个高瞻远瞩、善于审时度势的决策典范。而孙武创作的《孙子兵法》不仅是我国军事文化遗产中的瑰宝，而且对现代战略管理具有多方面的启迪作用。

1. 系统论思想

《孙子兵法》开篇就提出了“经五事，校七计”的系统思想。战争的胜败取决于各个方面的因素和情况，但关键的是“经五事”，即“道、天、地、将、法”五个方面的因素。“道者，令民与上同意也”，即要使老百姓和统治者同心同德，也即“人和”。“天者，阴阳、寒暑、时制也”，即“时机”或“天时”。“地者，高下、远近、险易、广狭、死生也”，即地理位置或“地利”。“将者，智、信、仁、勇、严也”，即将要有智有谋、诚信、仁慈、无私、勇敢、严明。“法者，曲制、官道、主用也”，即强调编制与制度规范。同时还要“校七计”，“主孰有道？将孰有能？天地孰得？法令孰行？兵众孰强？士卒孰练？赏罚孰明？吾以此观之，知胜负也”，即要比较哪一方统治者更清明？哪一方将帅更有才能？哪一方拥有更好的天时地利？哪一方法令能够贯彻执行？哪一方武器装备精良？哪一方士兵训练有素？哪一方更能做到赏罚分明？通过这七个方面的观察与比较，就可以预测战争的胜败。

《孙子兵法》提出的“经五事、校七计”的系统论思想，对现代组织的战略管理有着极强的指导意义，为现代管理提出了战略上的基本思路：必须指明组织的发展目标与发展方向，建设组织文化，以此来凝聚人心；抓住组织发展的有利时机；摆正组织在激烈竞争中自己所处的位置；高度重视人才并培养组织的人才；引进先进的技术设备；注重对员工的培训；建立健全组织内部的各项规章制度，依法进行规范管理；等等。

2. 人才论思想

《孙子兵法》中对“将”的要求，对我们重视人才、选拔人才、使用人才也有启示作用。“将者，智、信、仁、勇、严也”。将领，要有智有谋；要讲诚信，要取信于下属；要仁慈，即对下属要友好、友善且公正、公平、无私；要勇敢，即要勇于开拓、勇于创新、勇于承担责任、敢冒风险；要严于律己，又严格要求下属。这里孙子把“将”的首要素质要求定位在“智”，即把知识和才能能放在首位，值得我们深思。现代管理非常强调人才的重要性，但什么是人才？人才的衡量标准和基本素质是什么？什么素质最重要？我们可以从中获得启发。现代管理亦要求管理者必须具备思维、规划、判断、独创和洞察等能力，应具备“信赖感”“诚实”“品德超人”“勇于负责”“敢于创新”“敢冒风险”“公平”“严于律己”等基本素质。

3. 对策论思想

《孙子兵法》强调要有预见性，要进行正确的决策和计划：“夫未战而庙算胜者，得算多也；未战而庙算不胜者，得算少也。多算胜，少算不胜，而况无算乎！”开战之前就预测到能够取胜，是因为事前筹划周密，胜利的条件充分；开战前就预计不能取胜，是因为营谋筹划不够，胜利的条件不足。筹划周密、营谋充分，条件充足就能取胜；筹划疏漏、条件不足就会失败，更何况不作筹划、毫无准备呢？这对现代管理强调计划管理、战略管理、事前控制有十分重要的启迪意义。

4. 信息论思想

《孙子兵法》中虽然没有“信息”这样的术语，但其对信息的重视对我们现代管理也有些深刻的启示，如“知己知彼，百战不殆；不知彼而知己，一胜一负；不知彼，不知己，每战必殆”。

（二）经营理财思想

1. 重视预测

在《货殖列传》一书中，司马迁记述了春秋末年范蠡、白圭等的市场预测思想。他们认为“六岁穰，六岁旱，十二岁一大饥”，主张要“乐观时变”“水则资车，旱则资舟”“人弃我取，人取我予”“欲长钱，取下谷”的待乏原则。

2. 专业化分工

古人根据自己从事手工业生产的经验，认为专业化分工协作有利于提高人们的工作效率。

战国时期的墨子就提出了劳动分工的思想，主张“各事其能”。孟子也认为劳动分工是非常重要的，“且一人之身，而百工之所为备，如必自为而后用之，是率天下而路也”（《孟子·滕文公上》）。一个人什么事都自己去做，就会疲惫不堪，而以自己之有余以换不足，则大家都受益。

3. 理财之道

古代理财思想中最著名的莫过于陶朱公的理财十二则和十二戒。陶朱公，据说就是春秋末期越国的名臣范蠡，他在帮助越王勾践灭亡吴国之后弃官出走，先到齐国经商，后又到了卫国的定陶定居，化名陶朱公。陶朱公经商有方，屡获巨利，他把自己的经营之术称之为“计然之策”。其中有理财的十二则和十二戒。十二则：能识人，能用人，能知机，能倡率，能整顿，能敏捷，能接纳，能安业，能辩论，能辩货，能收账，能还账。理财的十二戒：莫悭吝，莫浮华，莫畏烦，莫优柔，莫狂躁，莫固执，莫贪赊，莫懒收，莫痴货，莫昧时，莫争趋，莫怕蓄。

（三） 儒家管理思想

儒家管理思想崇尚“和”，一切以“和为贵”，但是坚持“和而不同”。

儒家思想的核心是：仁、义、礼、智、信、恕、忠、孝、悌。核心之核心是“仁”，孔子说：仁以处人，有序和谐。

儒家的管理方法是“德礼之治”。孔子说“道之以政，齐之以刑，民免而无耻；道之以德，齐之以礼，有耻且格”。

“德治”就是主张以道德去感化教育人。

“礼治”就是主张贵贱、尊卑、长幼各有其行为规范。儒家认为用“礼”来规范约束人们的行为，就可以实现社会管理的目标。

“中庸之道”是孔子学说的一个重要观点。中是指综合各种倾向而反映出来的事物的现实状态，它最接近客观事物的本身；庸就是做事的原则和方法；中庸就是追求卓越的法则。中庸思想在管理实践中广泛应用，如集权与分权的把握、组织规模的大小、管

理幅度的宽窄等，无不反映“适度有效”的管理智慧。

（四）中国古代管理思想的特点

中国古代光彩夺目的管理实践和管理思想还可列举很多，通观中国古代管理实践和管理思想有下列特点。

1. 源发历史长

中国古代管理实践和管理思想可追溯到春秋战国时代。

2. 涵盖内容广

中国古代管理思想涉及政治、经济、军事、文化、工程等各个领域。

3. 适用层次多

中国古代管理思想微观可应用于家庭、家族的日常事务管理，宏观可作为“治国平天下”之文韬武略。

4. 辐射影响大

中国古代管理思想广泛流传海内外，特别是日本、韩国及东南亚地区。

5. 思想凝练精

《孙子兵法》的格言早就被日本、美国等发达国家应用于企业管理，被一些企业家奉若神明，视为“商界竞争必胜之武器”。

但是中国古代的管理思想比较零散，缺乏系统的整理、总结和提高，没有形成系统的管理理论。特别是到了近代以后，中国经济、政治、社会、科技、文化与西方国家的差距不断扩大。

二、西方早期的管理思想

国外有记载的管理实践和管理思想可以追溯到六千多年前，一些文明古国（如古埃及、古巴比伦、古罗马等）在组织大型工程的修建、指挥军队作战、教会组织的管理和治国施政中都体现出了大量高深的管理实践和管理思想。

古埃及人在公元前 2600 年左右开始建造的金字塔，是世界上最伟大的管理实践之一。其中最大的胡夫金字塔，高 146 米，相当于 40 层大厦高，塔身是用 230 万块巨石堆砌而成，大小不等的石料重达 1.6～160 吨，动用了 10 万人力，费时 20 年得以建成。现代著名管理学家彼得·德鲁克认为那些负责修建埃及金字塔的人是历史上最优秀的管理者，因为他们当时在时间短、交通工具落后及科学手段缺乏的情况下创造了世界上最伟大的奇迹之一。

公元前 1792～前 1750 年，古巴比伦国王汉谟拉比曾经颁布《汉谟拉比法典》（又名《石柱法》，因是用楔形文字刻在石柱上得名）。这部法典共有 282 款法律，规范了商业行为和管理其他社会事务的方法。例如，其中对责任的承担、借贷、最低工资、货物的交易、会计和收据的处理、贵金属的存放等，都作了明确的规定。法典中规定“如果一个人在另一个人那里存放金银或其他东西，必须有一个证人，并拟订契约，然后再存放”，“如果某家的房屋倒塌，并压死了人，那么造房子的人要被处以死刑”等。

古罗马帝国的长期兴盛也为我们留下了管理方面的宝贵遗产。公元284年，狄奥克利雄大帝登上王位后，发现古罗马帝国过于庞大，属下人员太多，难以管理，于是建立了层次分明的中央集权组织，这种组织按地理区域划分基层组织，并采用效率很高的职能分工，还在各级组织中配备了参谋人员。古罗马帝国当时之所以能迅速扩张并延续统治几个世纪，在很大程度上应归功于狄奥克利雄大帝卓越的组织才能。

15世纪，意大利的著名思想家和历史学家马基雅维利在他的《君主论》《谈话录》中阐述了许多管理思想，其中影响最大的是他提出了四项领导原理。

（1）群众的认可：领导者的权威来自群众。

（2）内聚力：领导者必须维持并加强组织的内聚力，否则组织不可能长期存在。

（3）求生存的意志：领导者必须具备坚强的生存意志力，以免被推翻。

（4）领导能力：领导者必须具有崇高的品德和非凡的能力。

这些领导原理，与现代管理学尤其是领导科学理论有高度的相关性与一致性。

另外，15世纪世界最大的几家工厂之一的威尼斯兵工厂，在当时就采用了流水线作业；建立了早期的成本会计制度；实行了管理分工，工厂的管事、指挥、领班和技术顾问全权管理生产，而工厂的计划、采购、财务事宜由市议会通过一个委员会来负责。这些都体现了现代管理思想的雏形。

18世纪中叶，西方国家相继发生了工业革命。工业革命大大推动了生产技术的进步，使人力资源与自然资源的大规模结合成为可能，以手工技术为基础的资本主义工场手工业开始过渡到以机器大生产为特征的资本主义工厂制度。工厂制度的产生，导致生产规模的扩大、专业化协作的发展、投入生产的资源增多等，这就带来一系列迫切需要解决的新问题，如工人的组织、分工、协作、配合问题，工人与机器、机器与机器间的协调运转问题，劳资纠纷问题，劳动力的招募、训练与激励问题，劳动纪律的维持问题，等等。在这种形势下，一些管理先驱者从不同角度对管理进行了理论研究，其中对以后管理理论的形成有较大影响的代表人物有亚当·斯密、罗伯特·欧文、查尔斯·巴贝奇等。

（一）亚当·斯密的劳动分工与“经济人”思想

英国古典政治经济学家亚当·斯密在1776年发表的代表作《国民财富的性质和原因的研究》中，最早对劳动分工进行了研究。他以工人制造大头针为例，详细阐述了劳动分工可以极大地提高劳动生产率：如果一名工人没有受过专门的训练，恐怕一天也难以制造出一枚针来，如果把制针的程序分为若干专门操作，平均每人“一日也能成针十二磅”（大约48 000枚）。他还进一步阐述了劳动分工之所以能提高劳动生产率的原因。

（1）劳动分工可以使劳动者专门从事一种单纯的操作，从而提高工人技术的熟练程度。

（2）劳动分工可以减少由于变换工作而损失的时间。

（3）分工使劳动简化，可以使人们把注意力集中到一种特定的对象上，有利于发现

比较方便的工作方法和改进机器和工具。

亚当·斯密还提出了“经济人”的观点，认为人们在经济活动中追求的是个人利益，社会利益是由于个人利益之间的相互牵制而产生的。亚当·斯密的分工理论和“经济人”观点，对后来西方管理理论的形成有巨大而深远的影响。

（二）罗伯特·欧文的人事管理思想

英国空想社会主义代表人物之一的罗伯特·欧文，从 18 岁创办他的第一个工厂开始，就一直致力于工厂管理的研究。他最早注意到了工厂中人力资源的重要性，并对人力资源的利用提出了独特的见解。在欧文以前，工厂的老板大多把工人看成是呆板的机器和工具，而欧文把他们看成是有感情的人，他认为工厂要获利，就必须注意对人的关心，在人际关系方面取得和谐一致。他在给他的工厂总管的信中写道：“你们对无生命的机器给予良好的保养，能够产生有利的结果，那么要是对构造奇妙的有生命的机器——人给予同样关心的话，那还有什么不能指望的呢？”他在自己管理的工厂中进行了一系列改革，如禁止招收童工，送他们去学校读书；着手改善工人的生产条件和生活条件；缩短劳动时间；禁止对工人进行惩罚；工人对任何人有抱怨，都可向他直接诉说；等等。所有这些使他赢得了工人的信任，他的棉纺厂的事业也蒸蒸日上。由于欧文对人力资源的重视和开拓性研究，后人把他称为人事管理的先驱。

（三）查理·巴贝奇的科学管理

查理·巴贝奇是英国有名的数学家和机械专家，他在科学管理方面做了许多开创性工作，他曾花几年的时间到英、法等国的工厂调查与研究管理问题。他在 1832 年出版的代表作《论机器和制造业的经济》一书中，对专业分工、科学工作方法、机器与设备的有效使用、成本的记录与核算等问题进行了深入论述。此外，他还发展了亚当·斯密的劳动分工思想，第一次指出脑力劳动和体力劳动一样，也可以进行劳动分工。他还对劳动报酬问题进行研究，提出固定工资加利润分享制度，即应该根据工人的效率和工厂的成功而按比例付给工人奖金，以谋求劳资双方的调和。巴贝奇主张通过科学研究来提高机器工具、材料、工人的工作效率，这已展示出了科学管理的萌芽，因此后人把巴贝奇称为科学管理的先驱。

当然，这个阶段的管理理论尚处于萌芽时期，企业的管理者一般就是企业的所有者，企业主大权独揽，完全凭个人的能力和经验，来制定企业的大政方针并实施管理。各类人员主要采取师傅带徒弟和自己摸索的经验来操作，没有统一的操作规程、没有统一的管理方法。研究的管理问题也着重在企业内部，管理内容主要局限于生产管理、成本管理、工资管理等方面，还没有形成系统化的管理理论。

第二节　古典管理理论

工业的迅速增长和大公司的建立导致了任务分工和组织部门化的发展。工人不再做所有的工作，而是只承担其中的几项任务，这就需要管理人员协调、整合，使工作流程标准化、系统化。如果一个公司生产数千种零部件，那么生产一个零部件花费的时间就显得非常重要。基于上述形势的客观需要，出现了以泰罗、法约尔等为代表的着眼于寻找科学组织生产，提高劳动生产率的古典管理理论。

一、泰罗的“科学管理理论”

弗雷德里克·W. 泰罗（1856～1915），出身于美国费城一个富有的律师家庭，中学毕业后考上哈佛大学法律系，但不幸因眼病终止了学习。之后，到一家机械厂当徒工，1878 年进入费城的米德维尔钢铁厂当学徒，曾任机修工、机修工主管、车间主管、负责维修全厂机器设备的机械师、总工程师。完成整个职务的荣升只用了短短的六年时间。在该厂工作的数年中，泰罗与各个阶层工人一起工作，并观察他们的行为。泰罗发现，很多工人并非尽了自己百分之百的努力，泰罗把这种故意减少产量的做法叫做“磨洋工”，他决定找出工人“磨洋工”的原因。泰罗很快发现，工人们几乎没有什么理由生产更多的产品，因为工人的工资制度一般是由出勤和任职岗位决定。泰罗认为，如果标准公平，计件工资制应该是有效改善“磨洋工”的好方法。泰罗希望用科学的、经验的方法取代制定工作标准的传统习惯，努力开创了真正的科学管理。1898～1901 年，泰罗受雇于宾夕法尼亚州的伯利恒钢铁公司。1901 年以后，他把大部分时间用在写作和演讲上。他的代表著作有：《计件工资制》（1895 年）、《车间管理》（1903 年）和《科学管理原理》（1911 年）等。泰罗在这些书中提出的管理理论奠定了科学管理的理论基础，标志着管理科学的正式形成，泰罗也因此被西方管理学界称为“科学管理之父”。泰罗提出的管理制度主要包括以下八个方面的内容。

（一）工作定额原理

泰罗认为，提高工人劳动生产率的潜力非常大。工人之所以“磨洋工”，是由于雇主和工人对一个人一天究竟能做多少工作都心中无数，而且工人工资太低，多劳也不能多得。为了发掘工人的劳动生产率潜力，就必须制定出科学的操作方法和有科学依据的“合理的日工作量”。为此，必须进行“时间—动作”的研究。方法是挑选合适且技术熟练的工人，把他们的每一个动作、每一道工序及所使用的时间记录下来，然后进行分析研究，消除其中多余的不合理的部分，得出最有效的操作方法作为标准。然后，累计完成这些基本动作的时间，加上必要的休息时间和其他延误时间，就可以得到完成这些操作的标准时间，据此制定一个工人的“合理的日工作量”。

（二）标准化原理

泰罗认为，企业要用标准操作方法训练工人，使工人掌握标准化的操作方法。同时企业还要使用标准化的工具、机器和材料，并且使作业环境也标准化。用标准操作方法进行操作，工人每天搬运生铁的数量提高了 3.8 倍。

（三）挑选和训练“第一流的工人”

泰罗指出，为了提高劳动生产率，必须为工作挑选第一流的工人。第一流的工人，是指他的能力最适合做这种工作而且他又愿意干这项工作的人，并不是指体力超过常人的“超人”。泰罗认为健全的人事管理的基本原则是：要根据工人的能力把他们分配到相应的工作岗位上，并进行培训，教会他们科学的工作方法，使他们成为第一流的工人，激励他们尽最大的力量工作。

（四）有差别的计件工资制

泰罗认为，工人磨洋工的一个重要原因是报酬制度不合理。计时工资不能体现劳动的数量，计件工资虽能体现劳动的数量，但工人又担心劳动效率提高后，雇主会降低工资率。针对这种情况，泰罗提出了一种新的报酬制度——有差别的计件工资制。这种工资制度主要通过制定合理的工作定额，实行有差别的计件工资制来鼓励工人完成或超额完成工作定额。也即按照完成工作定额的不同情况规定差别工资率：完成定额的以正常工资率付酬，未达到工作定额标准的以低工资率付酬，超过工作定额标准的则以高工资率付酬。这种工资制度，促使工人掌握科学的操作方法，不断提高劳动生产率。

（五）计划职能和执行职能相分离

泰罗认为，应该用科学的工作方法取代经验工作方法。工人凭经验很难找到科学的工作方法，而且他们也没有时间和能力研究这一方面的问题，所以应该将计划同执行分离开来。计划由管理当局负责，并设立专门的计划部门来承担，这样才能把分散在工人手中的手工艺知识和实践经验集中起来，使之条理化、系统化、标准化，然后要工人执行，并且对工人执行计划的情况进行控制。而工人就是服从管理当局的命令，从事执行的职能，并且根据执行的情况领取工资。

（六）实行职能工长制

泰罗主张实行职能管理，即把管理工作进行细分，使每一位管理者只承担一两种管理职能。泰罗将原来由一个工长负责的工作细分为八个职能工长负责，其中四个在计划部门分别负责纪律、工时成本、工作程序、指令卡四项职能；另外四个在车间分别负责工作分配、速度、检验、维修四项职能。每个职能工长在其职能范围内，可以直接向工人发布命令，这样一个工人同时要从几个职能工长那里接受命令 。后来的实践证明，这种多头领导的职能工长制，容易引起混乱，因而没有得到推广。但是泰罗的这种职能管理思想，对以后职能部门的建立和管理专业化提供了思路。

（七）例外原则

泰罗认为，规模较大的企业组织的管理，需要运用例外原则，即企业的高层管理人员为了减轻处理纷繁事务的负担，把例行的一般日常事务授权给下级管理人员去处理，自己只保留对例外事项（或者重大事项）的决策权和监督权。这种以例外原则为依据的管理控制原理，以后发展成为管理上的分权化原则和实行事业部制的管理体制。

（八）劳资双方的“精神革命”

泰罗认为，雇主和工人两方面都必须来一次“精神革命”，认识到提高效率对双方都是有利的。双方应把原来的相互对立变为互相协作，共同为提高劳动生产率而努力。双方应把注意力从过去的注意剩余的分配，转移到如何增加剩余上来，要把剩余这张“饼”做得足够大，以致没有必要为“饼”的如何分配而争吵。

泰罗的上述理论，在今天看来也许是平常的，但在19世纪末20世纪初，泰罗的理论使企业管理掀起了一场声势浩大的革命，开创了科学管理的新阶段。从此，企业管理从只凭经验管理走上了科学管理的道路。列宁对此的评价是：泰罗制也同资本主义其他一切进步的东西一样，有两个方面：一方面是资产阶级剥削的最巧妙的残酷手段；另一方面是一系列的最丰富的科学成就。

现代管理学家彼得·德鲁克认为：泰罗的发现是一个转折点，在泰罗以前人们认为取得更多产出的唯一途径是增加劳动强度和劳动时间，但是泰罗发现，要取得更多产出的方法是工作得更聪明一些，也就是更具有生产力。他发现使工作具有生产力的责任不在于工人，而在于管理人员。

这一时期，对科学管理做出贡献的还有另一些人，如吉尔布雷斯夫妇创立的动作研究；甘特发明的用于制订生产作业计划和控制计划执行的“甘特图”；亨利·福特（Henry. Ford）创立的汽车工业的流水线生产，促进了生产组织工作的进一步标准化，并为生产自动化创造了条件等。

这一时期泰罗等所研究的科学管理，以工厂内部的生产管理为重点，以提高生产效率为中心，主要研究和解决生产组织方法的科学化和生产程序的标准化问题，没有超出车间管理的范围。

二、法约尔的一般管理理论

亨利·法约尔（1841～1925），法国人，被称为“经营管理之父”。法约尔19岁从圣艾蒂安国立高等矿业学校毕业后进入一家大型采矿冶金公司担任工程师，很快显露出他的管理才能，28岁就担任了公司总经理。他与泰罗不同，泰罗从企业底层开始研究管理问题，着重研究生产过程中的工作管理，而法约尔位居高层，是从企业上层开始研究管理问题，着重研究企业的经营管理问题。1916年出版的代表作《工业管理和一般管理》是法约尔一生的管理经验和管理思想的总结。法约尔被公认为是第一位概括和阐述一般管理理论的管理学家，他的管理理论主要体现在以下三个方面。

（一）明确区分经营和管理

法约尔认为，企业的全部经营活动可以归结为六项基本活动，这六项基本活动分别

是技术活动、商业活动、安全活动、财务活动、会计活动和管理活动。可见，管理只是经营六项活动中的一项活动。在经营的六项基本活动中，管理活动处于核心地位，不但企业本身需要管理，而且其他五项活动也需要管理。

（二）指出管理的五个职能

法约尔认为，管理包括计划、组织、指挥、协调和控制五个职能或要素。计划，是对未来的预测和对未来的行动安排，是管理的首要职能；组织，是指建立企业的物质结构和社会结构，并通过这些结构对人力、物力、财力等资源进行合理配置；指挥，是让已经组建的组织发挥作用；协调，是指企业人员团结一致，使企业中的所有活动和努力得到统一与和谐；控制，是保证企业中进行的一切活动符合所制订的计划和所下达的命令，保证计划得以实现。

（三）首次提出管理的14条原则

1. 分工

通过专业化分工使人们的工作更有效率。

2. 职权与职责

职权是管理者命令下级的权力和要求服从的威望。但是，责任与权力是相对应的，凡是行使职权的地方，就应当承担相应的责任。

3. 纪律

用统一、良好的纪律来规范人们的行为可以提高组织的有效性，人们必须遵守和尊重组织的规则，违反规则的行为应受到惩罚。

4. 统一指挥

每一个下属应当只接受来自一位上级的命令。

5. 统一领导

围绕同一目标的所有活动，只能有一位管理者和一个计划，多头领导将造成管理的混乱。

6. 个人利益服从整体利益

任何个人或小群体的利益，不应当置于组织的整体利益之上。当两者不一致时，个人利益服从整体利益。

7. 个人报酬

报酬与支付方式要公平合理，对工作成绩和工作效率优良者给予奖励，但奖励应有一个限度，尽可能使职工和公司双方都满意。

8. 集权与分权

集权与分权反映的是下属参与决策的程度。集权与分权可以不同程度地存在，管理者的任务在于根据组织的情况找到两者的平衡点。

9. 等级链

从组织管理的最高层到最低层之间应建立关系明确的职权等级系列，它是组织内部权力等级的顺序和信息传递的途径。但当组织的等级太多时，会影响信息的传递速度，此时同一层级的人员在有关上级同意的情况下可以通过“跳板”（“法约尔桥”）进行信息的横向交流，以便及时沟通信息，快速解决问题。

10. 秩序

秩序包括“人”的秩序和“物”的秩序，就是要求每个人和每一物品都处在恰当的位置上。

11. 公平

管理者应当公平善意地对待下属。

12. 人员的稳定

人员的高流动率会导致组织的低效率，为此，管理者应当制订周密的人事计划，当发生人员流动时，要保证有合适的人接替空缺的职务。

13. 首创精神

首创精神指人们在工作中的主动性和积极性。当组织允许人们发起和实施他们的计划时，将会调动他们的极大热情。

14. 团体精神

企业应该提倡团体精神，在组织中建立起和谐、团结、协作的氛围。

法约尔强调，这些原则不是死板的概念，而是灵活的，是可以适应于一切需要的，关键是要懂得如何根据不同的情况灵活运用。

法约尔的一般管理理论对管理科学的形成与发展做出了重要贡献，主要体现在以下三个方面。

一是提出了“管理”的普遍性。法约尔不再把管理局限于某一个特定的范围内，即不是把管理看成是某一类组织的活动，而是认为所有的组织都需要实行管理。同时，他把管理活动从经营中单独列出来，作为一个独立的功能和研究项目。这种对管理“普遍性”的认识和实践，在当时是一个重大的贡献。

二是提出了更具一般性的管理理论。由于泰罗是以工厂管理这一具体对象为出发点的，因此，泰罗的科学管理理论非常富有实践性，但缺乏一般的理论性。与泰罗的科学管理理论相比较，法约尔的管理理论是概括性的，所涉及的是带普遍性的管理理论问题，其形式和对象均是在极其普遍的条件下得出的有关管理的一般理论，所以更具理论性和一般性。

三是为管理过程学派奠定了理论基础。法约尔的主张和术语在现代的管理文献中使用得很普遍。这说明一般管理理论对现代管理理论有重要的影响。他所开创的一般管理

理论，后来成为管理过程学派的理论基础。

三、马克斯·韦伯的“理想的行政组织体系理论”

德国社会学家马克斯·韦伯（1864～1920）的研究主要集中在组织理论方面，被后人称为“组织理论之父”。他的代表作是 1921 年出版的《社会组织和经济组织》。他的主要贡献是提出了所谓理想的行政组织体系理论（也称官僚行政组织理论），这一理论的核心是：组织活动要通过职务或职位而不是通过个人或世袭地位来管理。他所讲的“理想的”，不是指最合乎需要，而是指现代社会最有效和最合理的组织形式。

韦伯的理想的行政组织体系具有以下特点。

1. 明确的分工

每个职位的权利和义务都应有明确的规定，人员按职业专业化进行分工。

2. 形成自上而下的等级体系

一个组织应遵循等级原则，上一级部门应控制和管理下一级部门，直到每一个成员都被控制为止，形成一个自上而下的指挥链或等级体系。

3. 人员的任用

人员任用应通过正式选拔，要完全按照职务的要求，通过考试和教育训练来实行。

4. 职业管理人员

组织中的管理人员是专业的公职人员，而不是该组织的所有者。这些管理人员有固定的薪水和明文规定的升迁考核制度。

5. 正式的规则和纪律

管理人员必须严格遵守组织中规定的规则和纪律，明确办事的程序。

6. 非人格化

组织中成员之间的关系以理性准则为指导，只受职位关系而不受个人情感的影响。这种公正不倚的态度，不仅适用于组织内部，而且也适用于组织与外界的关系。

韦伯认为，这种体现劳动分工原理的、有着明确定义的等级和详细的规则与制度，以及非个人关系的组织模型最符合理性的原则，是组织达到目标、提高劳动生产率的最有效的形式，并在精确性、稳定性、纪律性及可靠性等方面均优先于其他组织。这种组织模式能够消除管理者的主观判断，即使是人事变动也不会影响组织的正常运行。同时，这种组织模式对人没有偏见，无论是上级还是下属，顾客还是员工，都应当一视同仁地遵守规则，使得领导的权威更多地来源于位置而不是个人。这样，组织可以更加公正有效地运作。所以它适用于所有的大型组织，如教会、国家机构、军队、政党、经济企业和各种团体。

四、古典管理理论评析

（一）古典管理理论的特点

1. 以提高生产效率为主要目标

泰罗等从事的一系列企业管理科学研究，都是以提高生产效率为目标。

2. 以科学求实的态度进行调查研究

科学管理这一名称本身就蕴涵了泰罗等对企业管理问题研究的科学求实精神。为了提高劳动生产率，泰罗等运用科学方法对生产方法的改进作了长时间的、大量的调查研究。例如，泰罗进行了著名的“铁块搬运试验”“金属切削试验”，吉尔布雷斯对砌砖工人动作与效率的关系进行了大量的调查研究。

3. 强调以物质利益为中心，重视个人积极性的发挥

泰罗认为，生产效率的提高主要取决于工人个人积极性的发挥，而物质利益则是刺激工人劳动积极性的唯一有效的手段。

4. 强调规章制度的作用

泰罗等人在企业管理实践中，通过大量调查研究总结出一套科学管理的方法，如职能分工、劳动定额、操作规程、作业标准化、计件工资等，并主张把科学管理的措施形成企业规章制度，以约束工人在生产经营活动中的行为，并区别表现的好坏，给予一定的奖罚；强调组织中上下级的关系必须遵从规章制度，把规章制度作为企业组织重要的管理工具。可见，在企业管理工作中，应当重视规章制度对职工行为的约束功能和导向功能。

（二）古典管理理论的贡献与局限性

1. 古典管理理论的贡献

古典管理理论学家们建立了管理研究和实践的科学基础。他们把提高组织效率作为其研究的目标，把科学的方法运用到管理活动和管理过程中，使管理学成为一个独立的研究领域，使管理活动能够在科学的基础上进行，从而使管理者能够管理大型的、复杂的组织。

2. 古典管理理论的局限性

第一，对组织中人的因素的研究不够，一般只是把人看成“经济人”。

第二，主要强调对组织内部有效运行问题的研究，而忽略了或较少地分析有关外部环境对组织的影响问题。

第三，对解决管理实践中的协调问题及为贯彻各种管理职能提供服务方面较少涉及。

第三节　行为科学理论

一、行为科学

行为科学是研究人的行为或人类集合体的行为，在心理学、人类学、社会学、经济学、政治学和语言学等的边缘领域协作的一门科学。其研究内容涉及思考过程、交往、消费者行为、经营行为、社会的和文化的变革、国际关系政策的拟定等广泛的课题。

按照《管理百科全书》的定义：行为科学是运用自然科学的实验和观察方法，研究自然和社会环境中人的行为及低级动物行为的科学，已经确认的学科包括心理学、社会学、社会人类学和其他学科类似的观点和方法。按照这一定义，行为科学的应用范围几乎涉及人类活动的一切领域，形成了众多的分支学科，如组织管理行为学、医疗行为学、犯罪行为学、政治行为学、行政行为学等。

行为科学广泛应用于企业管理，研究如何激发人的工作积极性、提高劳动生产率、改善并协调人与人之间的关系、缓和劳资矛盾。很多心理学家、社会心理学家、社会学家围绕这些问题进行研究，这些人被统称为行为科学家，如马斯洛等。行为科学不同于心理学中的行为主义派别，行为主义拒绝意识或把意识等同于行为，行为科学虽然标榜研究人的行为规律，但它结合人的主观世界来研究行为规律，广泛接受传统心理学上用来描述人们主观世界的观念，如需要动机、性格、爱好、心理机制等。

二、行为科学的发展历史

行为科学作为一种管理理论，开始于 20 世纪 20 年代末 30 年代初的霍桑实验，而真正发展却是在 20 世纪 50 年代。它正式被命名为行为科学，是在 1949 年美国芝加哥的一次跨学科的科学会议上。

20 世纪 30 年代以前，很多管理学派对管理方法的研究都是以“事”为中心，忽视了对人的研究。行为科学研究起源于 20 世纪 50 年代的美国，行为科学的英文原名有单复数之分，以复数表示的行为科学为广义的行为科学，是一个学科群。现在管理学中所讲的行为科学专指狭义的行为科学，即指应用心理学、社会学、人类学及其他相关学科的成果，是研究管理过程中的行为和人与人之间关系规律的一门科学。

行为科学的产生是生产力和社会矛盾发展到一定阶段的必然结果，也是管理思想发展的必然结果。行为科学的产生既有政治背景，也有经济背景和文化背景。在泰罗科学管理理论建立以后，社会经济、政治、文化的发展变化导致了行为科学的兴起。

行为科学的研究，基本上可以分为两个时期。

前期研究以人际关系学说（或人群关系学说）为主要内容，从 20 世纪 30 年代梅奥的霍桑试验开始，到 1949 年在美国芝加哥跨学科的科学会议上第一次提出行为科学的概念为止。1953 年在美国福特基金会召开的各大学科学家参加的会议上，该项研究正式定名为行为科学，这视为行为科学研究时期。

今天的行为科学之所以成为根深叶茂的学科大树，在很大程度上得益于梅奥及其霍桑实验对人性的探索。其实，在霍桑实验之前就有一些管理学家对人的心理和人的行为做了一些研究，并建立起工业心理学，对管理学的发展起着相当大的推动作用，只不过在当时没有成为古典管理理论的主流。下面是几位著名的研究学者。

（1）美国的管理学家福莱特。她的主要著作有《新国家》《动态的管理》《自由和协作》等。其有关利益结合、形势规律的论述与泰罗的精神革命、职能管理是一致的；关于协作、相互影响等论述与人际关系学说创始人梅奥等的论点相似。可以说，她把这两个时期联系了起来，成为两者之间的过渡。

（2）原籍德国的美国心理学家，工业心理学的创始人之一芒斯特伯格。芒斯特伯格先后发表了《心理学和工业效率》《一般心理学和应用心理学》《企业心理学》等著作，是最先提出心理学能应用于工业以提高劳动生产率的心理学家，并最早确定工业心理学的范围和方法。

（3）比利时心理学家，工业心理学的首创人之一索利尔。他的代表作是《应用心理学：研究工作中人的因素的技术的导论》。他还发表论文 150 篇以上，许多是讨论工业中人的因素的。索利尔是工业心理学在比利时的先驱者之一，对发展和传播工业心理学做出了较大贡献。

（4）美国心理学家，工业心理学的奠基人之一斯科特。他善于人事管理研究，先后发表了《提高人的效率》《广告心理学的理论和实际》《人事管理：理论、实务和观点》等著作。他最早把心理学应用于工业中的激励和生产率提高等问题中，把心理学基本原理应用于工商业的经营管理方法中，促进了管理心理学的发展和完善。

（5）英国心理学家，工业心理学在英国的先驱者迈尔斯。迈尔斯 1918 年发表了《心理学在今日的应用》、1925 年发表了《英国的工业心理学》、1932 年发表了《工商企业合理化》等著作。他在职业生涯的早期把心理学从课堂转移到实验室，在其职业生涯的后期又把心理学从实验室转移到办公室和工厂的现场。

（6）澳大利亚的心理学家穆齐西奥。他是工业心理学的先驱者之一，曾在澳大利亚和英国从事研究工作。主要著作有《工业心理学报告集》《疲劳可以测定吗？》《职业指导：文献评述》等。他和其他早期的工业心理学家的研究为以后对人的因素的更深入的研究提供了某些基础和条件。

（7）英国的企业家和管理学家本杰明·西博姆·朗特里。他对企业中人的因素问题作了较多的研究和实践。主要著作有《企业中人的因素：工业民主的试验》《董事会和企业的目标》《工业中的经济条件》等。

（8）英国的管理学家谢尔顿。谢尔顿强调管理中人的因素，并把人的因素同科学管理相结合。他先后发表了《管理的哲学》《作为一种职业的管理》《经营和组织的职能》等著作。他在管理思想上强调了管理中人的因素和对社会的责任，强调了管理的整体性及管理作为一种独立的职业在社会上的地位，并提出了管理哲学的十条基本原则。

（9）美国的企业家和管理学家亨利·丹尼森。他在注重人的因素和推行科学管理方面作出了较大的贡献，先后发表了《职工的利润分享和股权所有》《组织工程学》《现

代竞争和企业政策》等著作。

（10）美国的管理学家和管理咨询工作者克拉克。他在关心人和工人的工作条件、推广甘特图等方面做出了贡献。主要著作有《工长技术》《甘特图》《生产手册》等。他写的《甘特图》曾在14个国家中翻译出版，曾获得甘特奖章和其他一些荣誉称号。

此外，对行为科学的早期研究比较有影响的还有甘特、哈特内斯、布卢姆菲尔德、蒂德、巴布科克、霍普夫及刘易森等。

行为科学已与管理科学并列而成为现代管理学发展的两大支柱，成为举足轻重的一大管理学派。从20世纪60年代末期开始，各种理论渗透合流，人们把企业逐渐看成是一个技术－社会－心理的多元系统。

行为科学是历史进步的产物，它是西方现代管理科学的一个学派，与泰罗制相比是个进步而不是倒退。泰罗制是在第一次世界大战前出现的“科学管理”制度。工人阶级的觉悟提高后，他们用有组织的罢工、怠工等方法抵制资本家的剥削，泰罗制的定额奖惩法因此失灵。由于生产发展的需要，许多学者探索比泰罗制先进的管理办法，他们进行种种提高劳动生产率的实验，试图通过改变劳动条件的办法找到提高劳动生产率的决定性因素。结果证明，企业中人的因素比物的因素更重要，工人并不是只关注经济利益的“经济人”，而是有感情、有理智的“社会人”，职工劳动生产率的高低，在很大程度上取决于社会和心理因素影响的工作情绪。这种理论促进人们去研究人群关系，研究如何激励“士气”，如何创造心情舒畅的工作环境，此后发展成为行为科学。由此看来，行为科学对泰罗制来说无疑是进一步的发展。

（一）霍桑试验

霍桑实验是心理学史上最有名的实验之一，在美国芝加哥西部电器公司所属的霍桑工厂进行的一系列心理学研究由哈佛大学的心理学教授梅奥主持（图2.1）。

图2.1　乔治·埃尔顿·梅奥

霍桑工厂是一个制造电话交换机的工厂，具有较完善的娱乐设施、医疗制度和养老制度，但工人们仍愤愤不平，生产成绩很不理想。为找出原因，美国国家研究委员会组织研究小组开展实验研究。

霍桑实验共分四阶段。

1. 照明实验

时间从1924年11月至1927年4月。

当时关于生产效率的理论占统治地位的是劳动医学的观点，认为也许影响工人生产效率的是疲劳和单调感等，于是当时的实验假设便是“提高照明度有助于减少疲劳，使生产效率提高”。经过两年多的实验发现：当实验组照明度增大时，实验组和控制组都增产；当实验组照明度减弱时，两组依然都增产，甚至实验组的照明度减至0.06烛光时，其产量亦无明显下降，直至照明减至如月光一般，实在看不清时，产量才急剧降下来。研究人员面对此结果感到茫然，失去了信心。

从1927年起，以梅奥教授为首的一批哈佛大学心理学工作者将实验工作接管下来，继续进行。

2. 福利实验（继电器装配室实验）

时间是从1927年4月至1929年6月。

实验目的总的来说是研究福利待遇的变换与生产效率的关系。经过两年多的实验发现，不管福利待遇如何改变（包括工资支付办法的改变、优惠措施的增减、休息时间的增减等），都不影响产量的持续上升，甚至工人自己对生产效率提高的原因也说不清楚。

进一步的分析发现，导致生产效率上升的主要原因如下。

（1）参加实验的光荣感。实验开始时有 6 名参加实验的女工曾被召进部长办公室谈话，她们认为这是莫大的荣誉。这说明被重视的自豪感对人的积极性有明显的促进作用。

（2）成员间良好的相互关系。

3. 访谈实验

研究者在工厂中开始了访谈计划。此计划的最初想法是要工人就管理当局的规划和政策、工头的态度和工作条件等问题提出意见，但这种规定好的访谈计划在进行过程中却得到意想不到的效果。工人想就访谈提纲以外的事情进行交谈，工人认为重要的事情并不是公司或调查者认为意义重大的那些事。访谈者了解到这一点，及时做出了相应的调整，访谈不规定内容，并且每次访谈的平均时间从30分钟延长到1～1.5小时，多听少说，详细记录工人的不满和意见。访谈计划持续了两年多，工人生产的产量大幅提高。

工人们长期以来对工厂的各项管理制度和方法存在许多不满，无处发泄，访谈计划的实行刚好为他们提供了发泄的机会。工人们发泄过后心情舒畅，士气提高，使生产产量得到提高。

4. 群体实验（接线板接线工作室实验）

在这个试验中，研究人员选择了 14 名男工人在单独的房间里从事绕线、焊接和检验工作，并且对他们实行特殊的计件工资制度。

研究人员原来设想，实行这套奖励办法会使工人更加努力工作，以便得到更多的报酬。但结果是，产量只保持在中等水平，每个工人的日产量平均都差不多，而且工人并不如实地报告产量。深入调查发现，这个班组为了维护他们的群体利益，自发地形成了一些规范。他们约定，谁也不能干得太多而突出自己，谁也不能干得太少而影响全组的产量，并且约法三章，不准向管理当局告密，如有人违反这些规定，轻则挖苦谩骂，重则拳打脚踢。进一步调查发现，工人们之所以维持中等水平的产量，是担心产量提高，管理当局会改变现行奖励制度，或裁减人员，使部分工人失业，或者会使干得慢的伙伴受到惩罚。

这一实验表明，为了维护班组内部的团结，工人会放弃物质利益的引诱。由此研究

人员提出“非正式群体”的概念，认为在正式的组织中存在着自发形成的非正式群体，这种群体有自己的特殊的行为规范，这些规范对人的行为起着调节和控制作用。同时，这种非正式群体加强了组织内部的协作关系。

实验结论：①改变工作条件和劳动效率没有直接关系。②提高生产效率的决定因素是员工情绪，而不是工作条件。③关心员工的情感和员工的不满情绪，有助于提高劳动生产率。

通过霍桑试验，梅奥等提出了人际关系学说，其主要论点如下。

第一，职工是“社会人”。古典管理理论把人看成“经济人”，他们只是为了追求高工资和良好的物质条件而工作。因此，对职工只能用绝对的、集中的权力来管理。梅奥等提出了与“经济人”观点不同的“社会人”观点。其要点是：人重要的是同别人合作；个人是为保护其集团的地位而行动；人的思想行为更多的是由感情来引导。工作条件和工资报酬并不是影响劳动生产率的唯一原因。对职工的新的激励重点必须放在社会、心理方面，以使他们之间更好地合作并提高生产率。

第二，正式组织中存在着“非正式组织”。所谓正式组织，就是为了有效地实现企业的目标，规定组织各成员之间相互关系和职责范围的一定组织管理体系，其中包括组织机构、方针政策、规划、章程等。但人是社会的动物，在组织内共同工作的过程中，人们必然发现相互之间的关系，形成非正式团体。在这个团体里，人们形成了共同的感情，进而构成一个体系，这就是所谓非正式组织。

非正式组织对人起着两种作用。首先，它保护工人免受内部成员忽视所造成的损失，如生产得过多或过少。其次，它保护工人免受外部管理人员的干涉所造成的损失，如降低工资率或提高产量标准。至于非正式组织形成的原因，并不完全取决于经济发展情况，而是同更大的社会组织有联系。不能把这种在正式组织中形成的非正式组织看成是一种坏事，而必须看到它是必然的现象。它同正式组织相互依存，并对生产率的提高有很大影响。

第三， 新的领导能力在于提高职工的满足度和士气。金钱或经济刺激对促进工人提高劳动生产率只起第二位的作用，起重要作用的是工人的情绪和态度，即士气。而士气又同工人的满足度有关，这个满足度在很大程度上是社会地位决定的。所谓职工的满足度，主要是指为获取安全的感觉和归属的感觉这样一些社会需求的满足度。工人满足度越高，士气越高，劳动生产率也就越高。工人的满足度取决于两个因素：一是个人情况，即工人由于自身的个人经历、家庭生活和社会生活所形成的个人态度；二是工作环境，即工人相互之间或工人与上级之间的人际关系。

所谓新的领导能力，是指能够区分事实和感情，能够在生产效率和职工们的感情之间取得平衡的能力。这种新的领导能力可以弥补古典管理理论的不足，解决劳资之间乃至工业社会的种种矛盾，从而提高劳动生产率。新的领导能力既然能够通过提高职工的满足度，来提高职工的士气，最后达到提高生产率的目的，那么管理者就要转变管理方式，重视“人的因素”，采用以“人”为中心的管理方式，代替古典管理理论以“物”为中心的管理方式。

（二）X 理论和 Y 理论

麦格雷戈在他所著的《企业的人性方面》一书中，提出了有名的“X 理论-Y 理论”的人性假定。

麦格雷戈认为，每一位管理人员对职工的管理都基于一种对人性看法的哲学，或者都有一套假定。他把传统管理对人的观点和管理方法叫做“X 理论”，其要点是如下。

（1）一般人的天性都是好逸恶劳的，只要可能，就会设法逃避工作。

（2）人几乎没有什么进取心，不愿承担责任，而宁愿被别人领导。

（3）人天生就反对变革，把安全看得高于一切。

（4）要使人们真正想干活，那就必须采用严格的控制、威胁，并且需要经常不断地施加压力。

Y 理论是建立在对人性和人的行为动机更为恰当的认识基础上的新理论。其要点如下。

（1）人并不是天生就厌恶工作，工作对人们来讲，正如娱乐和休息一样自然。

（2）控制和威胁并不是促使人们为实现组织目标而努力的唯一办法，人对自己所参与的目标能实现自我指挥和自我控制。

（3）对目标做出贡献是与获得成就的报酬直接相关的，这些报酬中最重要的是自尊和自我实现需要的满足，它们能促使人们为实现组织目标而努力。

Y 理论给管理人员提供了一种对于人的乐观主义的看法，这种乐观主义的看法对争取职工协作和热情支持是必需的。有人指出，Y 理论有些过于理想化了。所谓自我指导和自我控制，并非人人都能做到。人固然不能说生来就是懒惰而不愿负责任的，但是，在实际生活中也的确有些人是这样的，而且坚决不愿改变。对于这一些人，采用 Y 理论进行管理，难免会失败。

（三）马斯洛需求理论

需求层次理论，由美国著名犹太裔人本主义心理学家亚伯拉罕·马斯洛（Abraham Maslow）提出，是研究组织激励时应用最广泛的理论。

马斯洛认为，人类价值体系存在两类不同的需要：一类是沿生物谱系上升方向逐渐变弱的本能或冲动，称为低级需要和生理需要；另一类是随生物进化而逐渐显现的潜能或需要，称为高级需要。

人都潜藏着五种不同层次的需要，但在不同的时期表现出来的各种需要的迫切程度是不同的。人的最迫切的需要才是激励人行动的主要原因和动力。人的需要是从外部得来的满足逐渐向内在得到的满足转化。

在高层次的需要充分出现之前，低层次的需要必须得到适当的满足。

马斯洛坚信人有能力造出一个对整个人类及每个人来说是更好的世界，坚信人有能力实现自己的潜能和价值，即达到自我实现。在心理学上，他的最大的贡献在于他领导了著名的第三思潮运动。他的需要层次理论和自我实现理论成为人本主义心理学最重要的理论之一。

（四）赫茨伯格的双因素理论

双因素理论（two factor theory），也称作激励保健理论（motivator-hygiene theory），由美国心理学家弗里德里克·赫茨伯格于20世纪50年代末提出。

20世纪50年代末期，赫茨伯格和同事们对匹兹堡附近一些工商业机构的约200位专业人士作了一次调查。在调查访问后他发现，使职工感到满意的都是属于工作本身或工作内容方面的；使职工感到不满的，都是属于工作环境或工作关系方面的。他把前者叫做激励因素，后者叫做保健因素。

保健因素的满足对职工产生的效果类似于卫生保健对身体健康所起的作用，它不能直接提高健康水平，但有预防疾病的效果；它不是治疗性的，而是预防性的。保健因素包括公司政策、管理措施、监督、人际关系、物质工作条件、工资、福利等。当这些因素恶化到人们认为可以接受的水平以下时，就会产生对工作的不满意。但是，当人们认为这些因素很好时，它只是消除了不满意，并不会导致积极的态度，这就形成了某种既不是满意又不是不满意的中性状态。

激励因素是那些能带来积极态度、满意和激励作用的因素，这是那些能满足个人自我实现需要的因素，包括成就、赏识、挑战性的工作、增加的工作责任及成长和发展的机会。如果这些因素具备了，就能对人们产生更大的激励。从这个意义出发，赫茨伯格认为传统的激励假设，如工资刺激、人际关系的改善、提供良好的工作条件等，都不会产生更大的激励。它们能消除不满意，防止产生问题，但这些传统的“激励因素”即使达到最佳程度，也不会产生积极的激励。按照赫茨伯格的意见，管理当局应该认识到保健因素是必需的，不过它一旦与不满意中和以后，就不能产生更积极的效果。只有“激励因素”才能使人们有更好的工作成绩。

赫茨伯格和他的助手们又对各种专业性和非专业性的工业组织进行了多次调查，他们发现，由于调查对象和条件的不同，各种因素的归属有些差别，但总的来看，激励因素基本上都是属于工作本身或工作内容的，保健因素基本都是属于工作环境和工作关系的。但是，赫茨伯格注意到，激励因素和保健因素都有若干重叠现象，如赏识属于激励因素，基本上起积极作用；但当没有受到赏识时，又可能起消极作用，这时又表现为保健因素。工资是保健因素，但有时也能产生使职工满意的结果。

三、行为科学的基本内容

（一）个体行为研究

个体行为研究是行为科学分析研究企业组织中人们行为的基本单元。在个体行为这个层次中，行为科学主要是用心理学的理论和方法研究两大类问题：一类是影响个体行为的各种心理因素；另一类是关于个性的人性假说。

（二）动机与激励理论

社会心理学家和行为科学家认为人的行为都是由动机引起的，而动机是由于人们本身内在的需要而产生的，能满足人的需求活动本身就是一种奖励。

（三）群体行为研究

群体行为在组织行为学中是一个重要的问题，它主要探讨群体是一种非正式组织、群体的特征、群体的内聚力等。

（四）组织行为

行为科学家认为，一个人的一生大部分时间是在组织环境中度过的。人们在组织中的行为称为组织行为，它建立在个体行为和群体行为的基础上。通过研究人的本性和需要，行为动机及在生产组织中人与人之间的关系的研究，总结出人类在生产中行为的规律。

第四节　现代管理理论

西方现代管理理论的形成标志着西方管理理论进入了第三个发展阶段。它是在第二次世界大战后，随着社会生产力的发展及社会学、系统科学、电子计算机技术在管理领域中日益广泛的应用而逐渐形成的。人们通常所说的西方现代管理理论不是一种管理理论，而是对各种不同管理学派理论的统称。

一、主要管理学派理论介绍

（一）管理过程学派

管理过程学派认为管理是一个过程，是在有组织的集体中让别人和自己一起去实现既定的目标。该学派最初的代表人物就是法约尔。管理人员在管理活动中执行着计划组织、领导、控制等若干职能。管理是一个循环的过程，从计划到控制，再从控制到计划，表明了过程的连续性。控制职能确保组织达到其计划的目标。

（二）社会系统学派

管理该学派认为，人的相互关系就是一个社会系统，它是人们在意见、力量、愿望及思想等方面的一种合作关系。管理人员的作用就是要围绕着物质的、生物的和社会的因素去适应总的合作系统。

社会系统学派最早的代表人物是美国的巴纳德。巴纳德的主要贡献如下。

（1）提出了社会的各种组织都是一个协作系统的观点。他认为，组织的产生是人们协作愿望导致的结果。人们个人办不到的许多事，协作就可办到。

（2）分析了正式组织存在的三种要素，即成员协作的意愿、组织的共同目标及组织内的信息交流。

（3）提出了权威接受理论。过去的学者是从上到下解释权威的，认为权威都是建在

等级系列活组织地位基础上。而巴纳德则是从下到上解释权威，认为权威的存在必须以下级的接受为前提。至于怎样才能接受，需具备一定的条件。

（4）对经理的职能进行了新的概括。经理应主要作为一个信息交流系统的联系中心，并致力于实现协作努力工作。

（三）决策理论学派

决策理论学派的主要代表人物是美国的赫伯特·西蒙。决策理论的主要论点如下。

（1）强调了决策的重要性。该理论认为，管理的全过程就是一个完整的决策过程，即决策贯穿于管理的全过程，管理就是决策。

（2）分析了决策过程中的组织影响。上级不是代替下级决策，而是提供给下级决策前提，包括价值前提和事实前提，使之贯彻组织意图。价值前提是对行动进行判断的标准，而事实前提是对能够观察的环境及环境作用方式的说明。

（3）提出了决策应遵循的准则。主张用“令人满意的准则”去代替传统的“最优化原则”。

（4）分析了决策的条件。管理者决策时，必须利用并凭借组织的作用，尽量创造条件，以解决知识的不全面性、价值体系的不稳定性及竞争中环境的变化性问题。

（5）归纳了决策的类型和过程。把决策分成程序化决策和非程序化决策两类。程序化决策是指反复出现和例行的决策，非程序化决策是指那种从未出现过的，或者其确切的性质和结构还不很清楚或相当复杂的决策。

（四）系统管理理论学派

强调管理的系统观点，要求管理人员树立全局观念、协作观念和动态适应观念，既不能局限于特定领域的专门职能，也不能忽视各自在系统中的地位和作用。

系统管理理论学派的代表人物是理查德·约翰逊、卡斯特和罗森茨韦克。

（五）经验主义学派

经验主义学派的主要代表人物是德鲁克。通过案例研究，向一些大企业的经理提供在相同情况下管理的经验和方法。基本观点是，否认管理理论的普遍价值，主张从“实例研究”“比较研究”中导出通用规范；由经验研究来分析管理。他们特别重视关于某个公司组织结构、管理职能和程序等方面的研究。

（六）管理科学学派

管理科学学派也被称为管理数理学派或管理计量学派。这一学派的主要代表人物是美国的埃尔伍德·斯潘塞·伯法（Elwood Spencer Buffa）等。他们认为“管理”就是用数学模型及其符号来表示计划、组织、控制、决策等合乎逻辑的程序，求出最优解，以达到企业目标。因此，他们认为管理科学就是制定用于管理决策的数学和统计模型，并将这些模型通过电子计算机应用于管理实践中。

（七）权变理论学派

权变理论是一种较新的管理思想。权变的意思，通俗地讲，就是权宜应变。该学说认为，在企业管理中，由于企业内外部环境复杂多变，管理者必须根据企业环境的变化而随机应变，没有什么一成不变、普遍适用的"最佳"管理理论和方法，要求管理者根据组织的实际情况来选择最好的管理方式。

二、现代管理理论的主要特点

与传统科学管理相比，现代管理已发生了很大变化，主要表现出以下几个特点。

（一）现代管理的中心由物向人转变，管理方式由刚向柔发展

在传统管理中，大生产以机器为中心，工人只是机器系统的配件，因此人被异化为物，管理的中心是物。但是，随着社会的发展和生产力水平的提高，个人因素如创造性、个性、才能等，在生产活动中越来越显出重要作用。这就促使管理部门日益重视人的因素，管理工作的中心也从物转向人。在管理方式上，现代管理则更强调用柔的方法，注重强调职工参与管理、民主管理、人力资源开发和职工激励。例如，实行"民主化管理""扩大工作范围和内容""弹性工作时间""提案制度""目标管理""培育企业文化"，重视非正式组织，重视员工的培训和继续教育，用情感手段和办法去做"人"的工作，协调人际关系，想方设法激发职工的工作干劲。这种尊重个人的价值和能力，通过激励、关心人，以感情调动职工积极性、主动性和创造性的管理方法，充分体现了现代管理"以人为本"的管理新理念。

（二）现代管理理论十分强调系统、权变、创新等管理观点

现代管理理论认为，管理的对象是一个系统，因此必须运用系统思想和系统分析方法来指导管理实践活动，解决和处理管理的实际问题。而且管理所处的环境系统是十分复杂和多变的，因此已经没有一套固定的管理模式能适应各种组织的发展，每个组织必须根据自己的特点，根据现代管理的基本法则来创造性地形成自己的管理特色，这就要求管理者必须具有权变和创新的思想，不断丰富管理实践，不断推动管理理论、方法和手段的发展。

（三）现代管理的组织形式呈现多样化、扁平化发展趋势

现代管理的组织形式多样化，并且随着社会经济的发展，正进行着不断的变革和完善。在组织形式上，一些新的组织形式不断推出，如事业部制、矩阵制、立体三维制、柔性化经营管理特征的"虚拟组织"及与资产重组和一体化相适应的控股、参股等管理组织模式等；在组织的结构方面，借助于信息技术，组织的层次逐渐减少，从金字塔形组织结构逐步向扁平化柔性化的组织结构转变，柔性化的组织结构的有形界限逐渐模糊，有利于借用外力和整合外部资源；在组织成员的配备上，组织中各类人员的比例发生了明显的变化，管理者和业务专家的比例大大提高，他们对组织的影响力也起来越强。

（四）现代管理的目标发生了转变

被誉为“经营之神”的日本松下电器公司董事长松下幸之助曾说，如果要扩大自己的公司，仅想赚钱是不够的，着眼点要放在更高的地方，要与社会共同发展，或对社会有所裨益。只有如此，才会产生梦想与希望的力量。实践证明，企业发展与履行社会职责，从长远看，是一致的。仅仅谋求最大利润管理目标已经显得过时，与社会共同发展，重视员工和顾客的利益，越来越成为企业经营的强有力信念。

（五）现代管理十分重视对组织环境的研究，以提高管理者的工作成效

组织不是一个封闭的系统，它必然要与周围各种环境发生相互作用。管理者的工作成效通常取决于他们对周围环境的了解、认识和掌握程度，取决于他们是否能够正确、及时地做出反应。现代管理理论，特别是权变管理理论，十分强调环境对管理决策和管理行为的重要性，并对影响管理的环境因素进行了探讨。

（六）现代管理广泛运用现代自然科学新成果和现代化管理工具

现代管理广泛运用运筹学、数学、统计学及电子计算机等现代科学技术和工具，来提高管理工作的效率和经济效益。例如，运用概率论、线性规划、排队论、对策论、网络技术、预测技术、价值工程等，将经营管理中的复杂问题编制成数学模型，通过计算求解、定量分析，作为制订各种可行的较为满意方案的依据。运用电子计算机进行工资管理、成本核算、存贮控制、订货管理、编制生产计划等。而且，信息技术的发展进一步促使管理方法和手段得到完善，并得到更加深入的应用。例如，20 世纪 70 年代后出现的管理信息系统、人工智能技术、分布式数据库技术、虚拟技术、办公自动化系统、专家系统、决策支持系统、经理信息系统、计算机集成制造系统等管理手段得到不断发展和完善，并在管理各个领域中得到更加广泛和深入的应用。

第五节　管理思想的新发展

现代管理理论的基本目标是要在不断急剧变化的社会中，保持一个充满活力的组织，使之能够持续地低消耗、高产出，完成组织的使命，履行其社会责任，因而要求管理理论不断发展和完善。自 20 世纪 90 年代以来，经济全球化、信息化和知识化迅猛发展，现代组织所面临的经营环境日益复杂多变，竞争越来越烈。众多管理者，不断探索，提出了许多新的管理观念、原则和方法。

一、知识管理

20 世纪 90 年代，美国经济的高速发展，引发了对知识推动经济增长作用的新认识。利用知识资本获得真正的竞争优势正在成为一种全新的管理理念。因此，对知识的管理

变得日益重要。

知识管理是使信息转化为可被人们掌握的知识，并以此来提高特定组织的应变能力和创新能力的一种新型管理形式。知识管理重在培养集体的创造力，并推动组织的创新。而创新是知识经济的核心内容，是企业活力之源。技术创新、制度创新、管理创新、观念创新及各种创新的相互结合、相互推动，将成为企业经济增长的引擎。

从国内外知识管理的实践来看，知识管理项目可分为四类。

一是内部知识的交流和共享，这是知识管理最普遍的应用。

二是企业的外部知识管理，这主要包括供应商、用户和竞争对手等利益相关者的动态报告，专家、顾客意见的采集，员工情报报告系统，行业领先者的最佳实践调查等。

三是个人与企业的知识生产。

四是管理企业的知识资产，这也是知识管理的重要方面，它主要包括市场资产（来自客户关系的知识资产）、知识产权资产（纳入法律保护的知识资产）、人力资产（知识资产的主要载体）和基础结构资产（组织的潜在价值）等几个方面。

二、学习型组织

彼得·圣吉（Peter M. Senge）于1990年出版了名为《第五项修炼——学习型组织的艺术与实务》的著作，这本著作一出版立即引起了轰动。彼得·圣吉用全新的视野来考察人类群体危机最根本的症结所在，认为人们片面和局部的思考方式及由此所产生的行动，造成了目前切割而破碎的世界，为此需要突破线性思考的方式，排除个人及群体的学习障碍，重新就管理的价值观念、管理的方式方法进行革新。

彼得·圣吉提出了学习型组织的五项修炼，认为这五项修炼是学习型组织的技能。

第一项修炼：自我超越。自我超越的修炼是指学习不断深入，并加深个人的真正愿望，集中精力，培养耐心，并客观地观察现实。它是学习型组织的精神基础。自我超越需要不断认识自己，认识外界的变化，不断地赋予自己新的奋斗目标，并由此超越过去，超越自己，迎接未来。

第二项修炼：改善心智模式。心智模式是指根深蒂固于每个人或组织之中的思想方式和行为模式，它影响人或组织如何了解这个世界，以及如何采取行动的许多假设、成见，甚或是图像、印象。个人与组织往往不了解自己的心智模式，故而对自己的一些行为无法认识和把握。第二项修炼就是要把镜子转向自己，先修炼自己的心智模式。

第三项修炼：建立共同愿景。如果有任何一项理念能够一直在组织中鼓舞人心，凝聚一群人，那么这个组织就有了一个共同的愿景，就能够长久不衰。例如，宝丽来公司的“立即摄影”，福特汽车公司的“提供大众公共运输”、苹果电脑公司的“提供大众强大的计算能力”等，都是为组织确立共同努力的愿景。

第四项修炼：团体学习。团体学习的有效性不仅在于团体整体会产生出色的成果，而且其个别成员学习的速度也比其他人的学习速度快。团体学习的修炼是“深度会谈”。“深度会谈”是一个团体的所有成员提出心中的假设，从而实现真正一起思考的能力。“深

度会谈”的修炼也包括学习找出有碍学习的互动模式。

第五项修炼：系统思考。组织与人类其他活动一样是一个系统，受到各种细微且息息相关的行动的牵连而彼此影响着，这种影响往往要经年累月才完全展现出来。我们作为群体的一部分，置身其中而想要看清整体的变化，非常困难。因此第五项修炼，是要让人与组织形成系统观察、系统思考的能力，并以此来观察世界，从而决定我们正确的行动。

三、企业再造

从 20 世纪 80 年代初到 90 年代，西方发达国家（包括日本）的经济发展经过短暂复苏后又纷纷跌进衰退和滞胀的泥潭，国际竞争已达白热化程度。同时企业规模越来越大，组织结构臃肿，生产经营过程复杂，最终导致“大企业病”产生并日益严重。1993 年美国的迈克尔·汉默（Michael Hammer）和詹姆斯·钱皮（James Champy）为了改变这种状况，提出了“企业再造”理论，并于 1994 年出版了《企业再造》一书，该书一出版便引起管理学界和企业界的高度重视，迅速流传开来。所谓企业再造指“根本重新思考，彻底翻新作业流程，以工作流程为中心，重新设计企业的经营、管理及运营方式，使变革与创新成为可能。

企业再造理论认为，英国经济学家亚当·斯密（Adam Smith）在其著作《国富论》中创立的劳动分工论是建立在大量生产基础上的，而现在是“后工商业”时代，市场需求多变，企业不能再以量求胜，而是以质、以品种求胜，按劳动分工论组建起来的公司无法发挥高度的弹性和灵活性及市场应变能力，因为社会大生产的发展，使劳动分工越来越精细、协作越来越紧密，相应地企业行政管理结构和生产经营组织结构也越来越复杂，这样管理及生产经营成本不断上升，管理效率不断下降，企业应付市场挑战的能力越来越呆滞。所以要求“彻底抛弃亚当·斯密的劳动分工论，而面对市场需要，在拥有科技力量的状况下，去重新组织工作流程和组织机构”。在重组中，强调将过去分割开的工作按工作流程的内在规律，并在良好的企业文化基础上重新整合和恢复起来，通过水平和垂直压缩，合并工作、扁平组织、简化流程、提高效率、节约开支，从而达到企业减肥和增强竞争能力的作用。

四、虚拟组织

所谓虚拟组织是指两个以上的独立的实体，为迅速向市场提供产品和服务，在一定时间内结成的动态联盟。它不具有法人资格，也没有固定的组织层次和内部命令系统，而是一种开放式的组织结构。因此可以在拥有充分信息的条件下，从众多的组织中通过竞争招标或自由选择等方式精选出合作伙伴，迅速形成各专业领域中的独特优势，实现对外部资源的整合利用，从而以强大的结构成本优势和机动性，完成单个企业难以承担的市场功能，如产品开发、生产和销售。

虚拟组织中的成员可以遍布在世界各地，彼此也许并不存在产权上的联系，不同于一般的跨国公司，相互之间的合作关系是动态的，完全突破了以内部组织制度为基础的传统的管理方法。虚拟企业的特征表现在以下几个方面。

（1）虚拟组织具有较强适应性，在内部组织结构与规章制度方面具有灵活性和便捷性。

（2）虚拟组织共享各成员的核心能力。

（3）虚拟组织中的成员必须以相互信任的方式行动。

随着信息技术的发展、竞争的加剧和全球化市场的形成，没有一家企业可以单枪匹马地面对全球竞争，所以由常规组织向虚拟组织过渡是必然的，虚拟组织日益成为公司竞争战略“武器库”中的核心工具。这种组织形式有着强大的生命力和适应性，它可以使企业准确有效地把握住稍纵即逝的市场机会。对于小型企业来说尤为重要。例如，一家名字为 Tekpad 的小型公司，最初生产手写型电脑输入设备，后来扩展到多媒体输入系统。这家小公司使用著名设计公司的设计，让 IBM 公司生产，仅仅使用 28 个临时工、4 个长期雇员，在 12 个月内就成功地推出了 4 种新产品。当 Tekpad 说 IBM 公司加工他们的产品，并且他们与其他大公司有业务联系时，他们就在业务融资、展示实力、实现承诺的能力上获得了重要的信誉。

五、商业生态系统理论

长期以来，人们形成了一种商场如战场的观念。在这个没有硝烟的战场上，企业与企业之间、企业的部门之间乃至顾客之间、销售商之间都存在着一系列的冲突。

美国学者詹姆士·穆尔（James F.Moore）1996 年出版的《竞争的衰亡》一书，标志着竞争战略理论的指导思想发生了重大突破。作者以生物学中的生态系统，这一独特的视角来描述当今市场中的企业活动，但又不同于将生物学的原理运用于商业研究的狭隘观念。后者认为，在市场经济中，达尔文的自然选择似乎仅仅表现为最合适的公司或产品才能生存，经济运行的过程就是驱逐弱者。而穆尔提出了“商业生态系统”这一全新的概念，打破了传统的以行业划分为前提的竞争战略理论的限制，力求“共同进化”。穆尔站在企业生态系统均衡演化的层面上，把商业活动分为开拓、扩展、领导和更新四个阶段。商业生态系统在作者理论中的组成部分是非常丰富的，他建议高层经理人员经常从顾客、市场、产品、过程、组织、风险承担者、政府与社会等七个方面来考虑商业生态系统和自身所处的位置；系统内的公司通过竞争可以将毫不相关的贡献者联系起来，创造一种崭新的商业模式。在这种全新的模式下，作者认为制定战略应着眼于创造新的微观经济和财富，即以发展新的循环以代替狭隘的以行业为基础的战略设计。

商业生态系统能有效地利用生态观念制定企业的策略。这些策略如下。

1. 鼓励多样化

具有多种生命形态的生态系统是最坚强的生态系统。同样地，多样化的公司是最有创造力的公司。这种多样化不仅表现在公司业务内容与业务模式上，而且表现在用人政策上。

2. 推出新产品

在生态系统中，生命靠复制来繁衍，每一代生产下一代，以确保物种生存。产品寿

命有限，不论今天多么成功，终将被下一代产品取代，因此需要不断地推出新产品。

3. 建立共生关系

共生是指两种或多种生物互相合作，以提高生存能力。传统企业视商业为零和竞争，从不考虑互利或共生关系，主张“绝对别把钱留在桌面上”。新型企业总是寻求双赢的共生关系，既在合作中竞争，又在竞争中合作。由此产生了一个新词汇：竞合。例如，“苹果”公司与“微软”公司的关系就是一种竞合关系。

六、企业整体策略理论

美国耶鲁大学企业管理学教授威维·科利斯与哈佛大学企业管理学教授辛西姬·蒙哥马利在《哈佛商业评论》双月刊上撰文指出，有些企业在多元化的发展上一帆风顺，而有些企业则惨遭失败，其成败关键就在于企业整体策略。他们在“资源竞争论”的基础上，进一步提出“以资源为核心的企业整体策略，指导企业创造更大的整体竞争优势。卓越的企业整体策略能够通过协调多元事业来创造整体的价值，让 1+1 大于 2，而不仅是零散的事业集合。企业要制定卓越的整体策略，首先要有整合观念。制定卓越的策略，是许多企业经理人努力的目标。有些人从核心能力着手，有些重整事业组合，有些则努力建立学习型组织。但是，这些做法都只是在单一要素上着力，而没有将资源、事业与组织三项因素合为一个整体。以策略创造企业整体优势的精髓，就是将资源、事业与组织这三项构成“策略金三角”的要素合为整体。

在卓越的整体策略中，资源是串联事业与组织结构的线，是决定其他要素的要素。企业的特殊资产、技术、能力都是企业的资源。不同的资源需要不同的分配方式（转移或是共享），也需要配合不同的控制系统（财务表现控制或是营运过程控制）。卓越的企业整体策略不是随意的组合，而是精心设计的整体系统，指挥企业要发展什么资源，要在什么事业上竞争，要以什么组织形态实行策略。

七、模糊经营理论

模糊与数学、控制等名词连为一体，产生出许多新鲜的概念。如今，随着网络技术和虚拟一体化的发展，模糊经营的新观念在电脑等行业中日趋流行。

美国《纽约时报》载文指出，电脑制造商、经销商和零售商之间的界线正在变得模糊：制造商仅仅承担设计产品和品牌宣传而委托别人装配；零售商面临种种新的竞争者，如因特网销售商成为直接向客户出售产品的制造商；而原本已被认为将要随市场机制变化而淘汰的中间商，现正以崭新的姿态异常活跃起来，他们往往从制造商和零售商那里把储存和搬运商品的种种后勤工作包揽过来。

随着因特网的发展，制造商逐渐走到前台，直接面对用户。例如，美国戴尔计算机公司，它通过电话和因特网得到客户的直接订货并在 7 个工作日之内交付产品的做法，开创了电脑业一种新的经营模式。这种经营模式没有制造商、经销商与零售商的区别，然而，该公司却表现出比电脑业界平均水平高 3～4 倍的发展速度。

纵观经营方式的演变历程，可以发现，日本人 20 世纪 70 年代开创的“准时生产”

方法，使人们感到无库存经营成为可能；今天，新的模糊方法则使人们的视线转向“利用别人时间”的方法。利用这种新方法，库存的负担就落在生产链条中的其他参与者身上。正如一些未来学家所设想的，21 世纪产品开发商、制造商和经销商将通过数据网络紧密联系在一起，以致库存的必要性大大减少。

本 章 小 结

在漫长的管理实践活动中，人们积累了大量的管理经验，并逐步形成了管理思想。随着社会生产力的发展，人们把各种管理思想加以归纳、总结，形成了管理理论。人们又运用这些理论去指导管理实践，并在实践中验证和不断完善这些理论。

本章重点内容简要概括如下。

（1）中国古代管理思想的特点：源发历史长、涵盖内容广、适用层次多、辐射影响大、思想凝练精。但令人遗憾的是，中国古代的管理思想比较零散，缺乏系统的整理、总结和提高，没有形成系统的管理理论。特别是到了近代以后，中国经济、政治、社会、科技、文化开始全面衰落，与西方国家的差距不断扩大，这种落后必然导致并反映到管理思想与管理理论上。

（2）15 世纪，意大利的马基雅维利的四项领导原理：①群众的认可，领导者的权威来自群众；②内聚力，领导者必须维持并加强组织的内聚力，否则组织不可能长期存在；③求生存的意志，领导者必须具备坚强的生存意志力，以免被推翻；④领导能力，领导者必须具有崇高的品德和非凡的能力。这些领导原理，与现代管理学尤其是领导科学理论有高度的相关性与一致性。

（3）亚当·斯密的“经济人”思想：认为人们在经济活动中追求的是个人利益，社会利益是由于个人利益之间的相互牵制而产生的。亚当·斯密的分工理论和“经济人”观点，对后来西方管理理论的形成有巨大而深远的影响。

（4）西方早期的管理思想的代表包括：①亚当·斯密的劳动分工与“经济人”思想；②罗伯特·欧文的人事管理思想；③查尔斯·巴贝奇的科学管理。

（5）古典管理理论的代表：①泰罗的“科学管理理论”；②法约尔的一般管理理论；③马克斯·韦伯的“理想的行政组织体系理论”。

（6）管理的 14 条原则：分工、职权与职责、纪律、统一指挥、统一领导、个人利益服从整体利益、个人报酬、集权与分权、等级链、秩序、公平、人员的稳定、首创精神、团体精神。

（7）古典管理理论的特点：①以提高生产效率为主要目标；②以科学求实的态度进行调查研究；③强调以物质利益为中心，重视个人积极性的发挥；④强调规章制度的作用。

（8）古典管理理论的贡献：古典管理理论家们建立了管理研究和实践的科学基础。他们把提高组织效率作为其研究的目标，把科学的方法运用到管理活动和管理过程中，使管理学成为一个独立的研究领域，使管理活动能够在科学的基础上进行，从而使管理

者能够管理大型的、复杂的组织。

（9）古典管理理论的局限性如下。

第一，对组织中人的因素的研究不够，一般只是把人看成“经济人”。

第二，主要强调对组织内部有效运行问题的研究，而忽略了或较少地分析有关外部环境对组织的影响问题。

第三，对解决管理实践中的协调问题以及为贯彻各种管理职能提供服务方面较少涉及。

（10）行为科学：行为科学是研究人的行为或人类集合体的行为，在心理学、人类学、社会学、经济学、政治学和语言学等的边缘领域协作的一门科学。其研究对象涉及思考过程、交往、消费者行为、经营行为、社会的和文化的变革、国际关系政策的拟定等广泛的课题。

（11）行为科学发展的两个时期：前期以人际关系学说（或人群关系学说）三条结论为主要内容，从20世纪30年代梅奥的霍桑试验开始，到1949年在美国芝加哥讨论会上第一次提出行为科学的概念为止。在1953年美国福特基金会召开的各大学科学家参加的会议上，正式定名为行为科学，是行为科学研究时期。

（12）“社会人”：古典管理理论把人看成“经济人”，他们只是为了追求高工资和良好的物质条件而工作。因此，对职工只能用绝对的、集中的权力来管理。梅奥等提出了与“经济人”观点不同的“社会人”观点。其要点是：人重要的是同别人合作；个人是为保护其集团的地位而行动；人的思想行为更多地是由感情来引导。工作条件和工资报酬并不是影响劳动生产率高低的唯一原因。对职工的新的激励重点必须放在社会、心理方面，以使他们之间更好地合作并提高生产率。

（13）“非正式组织”：在组织内共同工作的过程中，人们必然发现相互之间的关系，形成非正式团体。在这团体里，又形成了共同的感情，进而构成一个体系，这就是所谓非正式组织。

（14）非正式组织对人起着三种作用。

首先，它保护工人免受内部成员忽视所造成的损失，如生产得过多或过少。

其次，它保护工人免受外部管理人员的干涉所造成的损失，如降低工资率或提高产量标准。

最后，新的领导能力在于提高职工的满足度，以提高职工的士气，从而提高劳动生产率。

（15）X理论-Y理论：在麦格雷戈看来，每一位管理人员对职工的管理都基于一种对人性看法的哲学，或者就有一套假定。他把传统管理对人的观点和管理方法叫做“X理论”，Y理论是建立在对人性和人的行为的动机更为恰当的认识基础上的新理论。

（16）马斯洛需求理论：需求层次理论是研究组织激励时应用最广泛的理论。马斯洛认为，人类价值体系存在两类不同的需要：一类是沿生物谱系上升方向逐渐变弱的本能或冲动，称为低级需要和生理需要；另一类是随生物进化而逐渐显现的潜能或需要，称为高级需要。马斯洛将需求划分为五级：生理的需要、安全的需要、感情的需要、尊重的需要、自我实现的需要。

（17）赫茨伯格的双因素理论：使职工感到满意的都是属于工作本身或工作内容方面的；使职工感到不满的，都是属于工作环境或工作关系方面的。他把前者叫做激励因素，后者叫做保健因素。

（18）现代管理理论主要管理学派理论包括：管理过程学派、社会系统学派、决策理论学派、系统管理理论学派、经验主义学派、管理科学学派、 权变理论学派。

（19）现代管理的主要特点。与传统科学管理相比，现代管理已发生了很大变化，主要表现出以下几个特点：①现代管理的中心由物向人转变，管理方式由刚向柔发展。②现代管理理论十分强调系统、权变、创新等管理观点。③现代管理的组织形式呈现多样化、扁平化发展趋势。④现代管理的目标由传统的单纯追求利润转向追求企业、员工、顾客、社会各方利益的共同满足。⑤现代管理十分重视对组织环境的研究，以提高管理者的工作成效。⑥现代管理广泛运用现代自然科学新成果和现代化管理工具。

（20）知识管理：知识管理是使信息转化为可被人们掌握的知识，并以此来提高特定组织的应变能力和创新能力的一种新型管理形式。知识管理重在培养集体的创造力，并推动组织的创新。而创新是知识经济的核心内容，是企业活力之源。技术创新、制度创新、管理创新、观念创新及各种创新的相互结合、相互推动，将成为企业经济增长的引擎。

（21）学习型组织的五项修炼：第一项修炼，自我超越；第二项修炼，改善心智模式；第三项修炼，建立共同愿景；第四项修炼，团体学习；第五项修炼，系统思考。

案例分析

柳传志：十年 PE[①]布“局”

2001 年，柳传志将联想集团交托给杨元庆，开启了他人生的又一次创业，15 年后，他手中的联想控股已经成长为另一个完全不同的上市公司。

事实上，2001 年 4 月成立联想投资以来，历经十年，联想投资、弘毅投资、联想控股、融科置地四大投资平台，打造了一个从实业资本延伸到“实业+投资”航母的成功典范。 2008 年年初，柳传志在联想控股内部发起了两次讨论：联想公司未来到底是干什么的？我们要往哪个方向走？

“放出这个话题来让大家讨论，实际上是带有试探性的。”联想控股董事长兼总裁柳传志坦言：他自己当时已经明确“要形成自己的产业”。抛出问题旨在让公司上下能够步调一致。

2009 年 9 月，联想控股宣布新战略，在已有的两家股权投资机构之外，其自身也要“以资本为平台，通过价值创造，在多个领域打造自己的核心运营资产”。所谓“新”战略，其实是联想控股实现其自身愿景、持续性探索的延续。2003 年提出的联想控股愿景：在多个行业打造领先企业。这缘于柳传志众所周知的一个情结：他希望利用联想多

① PE 即 private equity，私募股权投资。

年做实业积累的经验和资金，在现有的平台上能够生长出更多的成功公司。2001年联想投资的成立，也是柳传志“产业报国”计划的一部分。“从总体做电脑到决心在电脑业务以外做专业投资，这是第一步。”柳传志说，“这些都是实验”。2003年扩大投资范围是第二步，那就是弘毅投资的创办。在弘毅投资筹备会上，柳传志曾经说：唯有助跑才能更好地腾空而起。这句话或许不单单是对联想投资审慎筹备的期望，或许也是对其在产业报国计划中重要性的界定。或许这是一代人的选择。

与联想控股相类，诸多产业领袖都在往投资方向走,至少很多人都在探索投资控股公司的可行性。“中国公司若想做大，这是相对容易成功的一条路。”柳传志分析：纵深发展难度太大。“这样就形成了今天的格局，恰恰也由于中国还有很多值得投资的领域。”但是柳传志也指出：毕竟隔行如隔山，企业是否真的有能力投资？又是否有能力给予被投公司以帮助？

2008年的那场讨论中，首要的问题就是：如果要做核心资产投资，钱从哪里来？联想投资及弘毅投资的创办，恰恰解开了这个死扣。“这两家投资机构将提供主要资金”。无论是1998年成立的联想投资还是2001年创办的弘毅投资，都慢慢实现了收益。其一期基金都来自联想控股，这些钱及收益除一部分循环投入新基金外，“更大部分就要用于联想控股的核心资产投资”。在整个联想体系，柳传志也形象地把弘毅投资比喻成“护卫舰”，为联想控股做直投起到保驾护航的作用。“他们的第二个贡献，就是提供投资经验”。其中包括了选择什么样的行业、以何种路径进入等，甚至在相关行业中有哪些专业人才，能够对行业发展起怎样的作用？但这两家机构所能起的作用远非如此。弘毅投资已然是国内最好的PE机构之一，而就在2008年的联想投资CEO Club上，柳传志也认为“联想投资有能力在未来坐上中国VC领域头把金交椅的潜质”。这种已经形成的品牌影响力也可以为联想控股所用，如在联想控股此前对物美及对汉口银行的投资，实际上都借力于弘毅投资。联想控股能够拿来就用的，还有增值服务及如何做增值服务，这些联想投资和弘毅投资都已经验证过。

信心很足的柳传志却又发现了一个死扣。“企业管理三要素等一系列经验性的东西，其实大部分都集中在我身上。”但是要做投资就需要有一大批拥有这些经验的人。即使是已经运作了好几年的联想投资和弘毅投资，“怎样通过老带新的方式、通过各种会议及自己的案例，让那些没有企业经验的员工对管理的基本问题有所了解”仍是其目前要解决的问题。柳传志说联想控股新战略的第一枪是“从机制改革悄悄开始的”。首先是推动国有大股东中国科学院把29%的股份卖给了泛海，使得联想控股变成一个产权结构更合理的企业，这一动作产生的直接意义是可以解决联想控股的长期激励问题，“让公司骨干也成为企业真正的主人”。但诸多的小股东，何以能成为一支“蚂蚁雄兵”？柳传志说，联想控股员工持有其35%的股份，“未来会改制成一个员工持股公司”。但这个公司有一个特殊的规定：公司的股东们只享有分红权，却永远不能买卖其名下的股权。“他们拥有投票权，能选出代表他们说话的人。”柳传志说：而这些人就代表他们永远在联想控股内部行使主人的权力。

（资料来源：柳传志：十年PE布“局”. http: //www. docin. com/p-119200788. html[2011-01-20]）

问题

1. 为什么要创立联想控股？
2. 为什么要多元化投资？

实务训练

（一）示范案例

找出最好的方法

泰罗科学管理理论的核心是提高劳动生产率。为此，泰罗不断做动作和时间研究，确定工作的最佳方法。假如你分配了一项简单的工作，打扫教室清洁，要求课桌、椅子、地面和黑板得到全面清扫，你能够设计一个最好的方法吗？

参考步骤：①观察同学打扫过程，做出动作-时间记录；②设计三套修改方案，再实验；③比较结果，完善打扫流程。

（二）习作案例

为新学期学习目标的实现找出最佳方案。

思考与练习题

一、单项选择题

1. 在墓碑上铭刻“科学管理之父”的人是（　　）。

　A. 泰罗　　B. 法约尔　　C. 韦伯　　D. 马斯洛

2. 被誉为“经营管理理论之父”的人是（　　）。

　A. 韦伯　　B. 梅奥　　C. 法约尔　　D. 马斯洛

3. 决策管理理论是（　　）提出的。

　A. 德鲁克　　B. 西蒙　　C. 巴纳德　　D. 孔茨

4. 古典管理理论认为，人是（　　）。

　A. 自我实现人　　B. 复杂人　　C. 社会人　　D. 经济人

5. 彼得·德鲁克是（　　）的代表人物。

　A. 决策理论学派　　B. 经验主义学派

　C. 社会系统学派　　D. 权变理论学派

二、简答题

1. 泰罗的科学管理理论的主要观点是什么？
2. 法约尔对管理学发展的主要贡献是什么？
3. 霍桑试验的结论有哪些？
4. 管理的权变理论的主要内容是什么？

5. 如何理解孔子的中庸思想?

三、判断题

1. 古典管理理论认为人不仅有物质需要，还有精神需要。 (　　)
2. 中庸思想在现代管理中的应用就是适度管理。 (　　)
3. 管理具有科学性，这是强调管理的灵活性与创造性。 (　　)
4. 权变管理理论就是以不变应万变。 (　　)
5. 梅奥是科学管理理论的创始人。 (　　)

参考文献

爱德华·海能. 1990. 企业文化——理论和实践的展望. 北京: 知识出版社.
彼得·德鲁克. 1989. 有效的管理者. 北京: 工人出版社.
彼得·德鲁克. 2002a. 公司的概念. 上海: 上海人民出版社.
彼得·德鲁克. 2002b. 工业人的未来. 上海: 上海人民出版社.
彼得·圣吉. 1998. 第五项修炼. 北京: 三联书店.
经济合作与发展组织. 1997. 以知识为基础的经济. 北京: 机械工业出版社.
斯蒂芬·罗宾斯. 2001. 管理学. 北京: 中国人民大学出版社.
约翰·法约尔. 1998. 工业管理与一般管理. 北京: 中国社会科学出版社.
周三多. 2008. 管理学. 3 版. 上海: 复旦大学出版社.
朱镕基. 1985. 管理现代化. 北京: 企业管理出版社.

第三章 管理决策

决策是管理的心脏，管理是由一系列决策组成的，管理就是决策。

——赫伯特·西蒙

教学目标

学完本章后，你应该能够：

1. 了解信息的概念及信息系统、管理决策的类型和特点。
2. 理解管理决策的理论。
3. 掌握管理决策的类型。
4. 掌握管理决策的理论与方法。

技能目标

如何分析决策的类型与特点、如何分析决策过程中的影响因素、如何采用合理的决策方法。

案例导入

小米科技的四次战略转型

2015年4月6日，在紧张筹备五周年庆典的间隙，小米创始人、董事长兼首席执行官雷军发出一条微博，慨叹创业五年的心路历程："五年前的今天，2010年4月6日，北京中关村保福寺桥银谷大厦807室，14个人，一起喝了碗小米粥，一家小公司就开张了。小米就这样悄悄创办了……"

当小米家喻户晓以后，人们对雷军"站在台风口，猪都能飞上天"的理念深信不疑，并希望借鉴经验找准风口"飞上天"，其实小米既是"风口"更是"伤口"。1992年1月，雷军经求伯君邀请加盟金山公司，直到2007年年底离开，整整16年。2007年10月16日，八年间五次冲击首次公开募股（initial public offerings，IPO）的金山终于在香港联合交易所有限公司（简称香港联交所）挂牌上市，融资6.261亿港元，但雷军黯然神伤：2004年腾讯拿到15.5亿港元，2005年百度在纳斯达克融资39.58亿美元，2007年阿里巴巴在香港拿到15亿美元。眼看着马化腾、李彦宏这些昔日小弟变身为带头大佬，

雷军痛彻心扉地仰天叩问:“金山就像是在盐碱地里种草。为什么不在台风口放风筝呢?”苦等三年，当移动互联网时代到来、iPhone 问世，雷军决定创办小米。

46 岁的雷军看上去志得意满，他最近多次手持自拍杆出现在全球媒体视野中，小米不仅刷新中国互联网企业成长速度，而且开创一种全新的商业模式和战略路径，引发海内外媒体关注。越来越多的人在研究小米，质疑指责声亦此起彼伏，许多人批评雷军玩“饥饿营销”，并倾向于“小米是一家营销公司”的观点。可实际上，小米是一家战略驱动型公司。而且，2010～2015 年小米成长并非一帆风顺，而是坎坷曲折，雷军不断调整战略布局，以变革、创新保持竞争优势。

雷军最早的战略布局是“流量分发，服务增值”。在创办小米之前，雷军以天使投资人身份一口气投资了凡客、乐淘、拉卡拉等几十家公司，涵盖移动互联网、电子商务和社交三大领域，2011 年又成立顺为基金，投资了无忧英语、阿姨帮、雷锋网等互联网公司，涵盖在线教育、移动电商、医药垂直平台等热门领域。作为创始合伙人兼董事长，投资方向和领域都由雷军掌控大局。围绕小米的战略布局，金山软件、猎豹移动、欢聚时代等“雷军系”都可能成为小米流量入口、应用软件、增值服务的棋子，即使小米手机不赚钱，靠系统内的业务支撑也能实现盈利。这项战略成功的标志事件是 2011 年 8 月 16 日小米手机发布会暨 MIUI 周年粉丝庆典，MIUI 用户突破 50 万人。

在这个战略中，MIUI、米聊两款软件是雷军最为倚重的支撑点。然而微信横空出世，并且在一年内注册用户量突破 3 亿人，而米聊还不足其 1/10。雷军被迫调整战略，学习苹果走单品扩张之路，一年内陆续推出电视盒子、路由器、智能电视、平板电脑，其中标志性举措是 2013 年 7 月 31 日发布红米手机，雷军为此不惜食言“不考虑中低端的配置”。与此同时，小米先后进军香港和台湾市场，并布局新加坡、马来西亚、印度尼西亚、泰国等国家，在六七个区域全面铺开。结果扩张并不成功，路由器、智能电视、平板电脑都没有获得“期待中的成功”，海外市场也举步维艰，小米陷入混乱与麻烦之中。

好在这段时间持续不长，虽然雷军公开鼓励“互联网+”，却在战略上开始做“互联网–”，收缩战线，转而打造“生态链”。2014 年 11 月，雷军宣布“未来 5 年将投资 100 家智能硬件公司，小米模式是完全可以复制的”。一个月后，2014 年 12 月，小米以不超过 12.66 亿元入股美的。另外，雷军还请来新浪总编辑陈彤负责内容投资和内容运营，并入股优酷、爱奇艺、荔枝 FM 等公司。至此，小米边界分明，只做手机、电视、路由器三大产品线，掌控小米网、MIUI、供应链等核心环节，形成软件、硬件、服务、内容等“生态链”系统。

2014 年 12 月，金山、小米联合向世纪互联注资近 2.3 亿美元，这意味着小米已瞄准未来的战略方向——云服务和大数据。小米通过“生态链”系统连接一切可以连接的智能设备。大量终端数据汇聚小米，最终建成一个数据采集、服务中心。小米将成为一家数据公司。

作为一家“现象级”公司，小米的样本意义并不在于估值 450 亿美元或手机年出货量 6112 万台、销售额 743 亿元，也不是“铁人三项”“参与感”营销或“风口论”，而是雷军的战略创新。尤其是进入2015年以后，小米的“生态链”“云服务”战略是乔布斯都未曾走过的路，凶险、坎坷不言而喻。

这是小米成为伟大公司的开始，当然，也有可能衰败、没落。无论如何，小米都会被铭记，它的成败得失注定将凝聚成后来者前进的力量。

（资料来源：小米科技的四次战略转型. 光明日报, 2015-05-20）

第一节　决策的概念

决策是管理的核心。可以认为，整个管理过程都是围绕着决策的制定和组织实施而展开的。无论是确定目标，还是制订计划，管理者都需要做出决策。不仅领导工作需要决策，其他各项管理工作都需要决策。诺贝尔经济学奖得主西蒙甚至强调：管理就是决策，决策贯穿于整个管理过程。决策在管理中的重要地位由此可见。

一、决策的定义

“决策”一词的英语表述为decision making，意思就是做出决定或选择。时至今日，对决策概念的界定不下上百种，但仍未形成统一的看法，诸多界定归纳起来，基本有以下三种理解。

一是把决策看成是一个包括提出问题、确立目标、设计和选择方案的过程。这是广义的理解。

二是把决策看成是从几种备选方案中做出最终抉择的过程，是决策者的拍板定案。这是狭义的理解。

三是认为决策是对不确定条件下发生的偶发事件所做的处理决定。这类事件既无先例，又没有可遵循的规律，做出选择要冒一定的风险。也就是说，只有冒一定的风险的选择才是决策。这是对决策概念最狭义的理解。以上对决策概念的解释是从不同的角度做出的，要科学地理解决策概念，有必要考察决策专家赫伯特·西蒙在决策理论中对决策内涵的看法。

一般理解，决策就是做出决定的意思，即对需要解决的事情做出决定。按汉语习惯，“决策”一词被理解为“决定政策”，主要是对国家大政方针做出决定。但事实上，决策不仅指高层领导做出决定，也包括人们对日常问题做出决定。例如，某企业要开发一个新产品、引进一条生产线， 某人选购一种商品或选择一种职业，都带有决策的性质。可见，决策活动与人类活动是密切相关的。

许多管理学家都对决策的定义进行过探讨，尽管众说纷纭，但基本内涵大致相同，区别主要在于决策概念作狭义的理解还是广义的理解。从狭义上讲，决策是在几种行为方案中进行选择，从广义上说，决策还包括在做出最后选择之前必须进行的一切活动。所以，决策就是人们为了达到一定目标，运用科学的方法拟订并评估各种方案，从两个以上的可行方案中选择一个合理的方案的分析判断过程。

二、决策的原则

管理者在决策时离不开信息。信息的数量和质量直接影响决策水平。这要求管理者在决策之前及决策过程中尽可能地通过多种渠道收集信息，作为决策的依据。但这并不是说管理者要不计成本地收集各方面的信息。管理者在决定收集什么样的信息、收集多少信息及从何处收集信息等问题时，要进行成本-收益分析。只有在收集的信息所带来的收益（因决策水平提高而给组织带来的利益）超过因此而付出的成本时，才应该收集信息。

决策的基本原则包含以下信息。

1. 差距、紧迫和“力及”原则（在确定决策目标时运用）

差距：现实与需要之间的差距问题。

紧迫：决策目标不但是需要解决的差距性问题，并且具有紧迫性，是影响工作的主要矛盾。

力及：解决是力所能及的，主客观条件允许的，有解决的可实现性。

2. 瞄准和差异原则（在准备备选方案时运用）

瞄准：方案必须瞄准决策目标。

差异：备选方案所采取的路线、途径和实施必须是互不相同的。

3.“两最”、预后和时机原则（在方案选优时运用）

两最：利益最大、弊失最小和可靠性最大、风险最小。

预后：有应变性的预防措施，对可能出现的威胁的预测和对策。

时机：决策应该在信息充分或根据充足的时机做出。

4. 跟踪和反馈原则（在决策实施过程时运用）

跟踪：决策实施后要随时检验查证。

反馈：当决策不适应客观情况时，要及时采取措施，进行必要的修改和调整。

5. 外脑和经济原则（在决策的全过程必须运用）

外脑：在决策过程中必须重视利用参谋、顾问、智囊团等。发挥集体智慧，防止个人专断，把决策建立在科学的基础上。

经济：决策全过程要求节约人、财、物力。

同时，在决策过程中，还应该遵守以下原则。

（1）系统原则。应用系统理论进行决策，是现代科学决策必须遵守的首要原则。

（2）信息原则。信息是决策的基础。

（3）可行性原则。决策能否成功，取决于主客观等方面的成熟，科学决策不仅要考虑市场的组织发展的需要，还要考虑到组织外部环境和内部条件各方面是否有决策实施的可行性。

（4）满意原则。由于决策者不可能掌握很充分的信息和做出十分准确的预测，对未来的情况也不能完全肯定的，因此，决策者不可能做出“最优化”的决策。

三、决策的理论

（一）古典决策理论

古典决策理论又称规范决策理论，是基于“经济人”假设提出来的，主要盛行于20世纪50年代以前。古典决策理论认为，应该从经济的角度来看待决策问题，即决策的目的在于为组织获取最大的经济利益。

古典决策理论的主要内容如下。

（1）决策者必须全面掌握有关决策环境的信息情报。

（2）决策者要充分了解有关备选方案的情况。

（3）决策者应建立一个合理的自上而下的执行命令的组织体系。

（4）决策者进行决策的目的始终都是使本组织获取最大的经济利益。

古典决策理论假设，作为决策者的管理者是完全理性的，决策环境条件的稳定与否是可以被改变的，在决策者充分了解有关信息情报的情况下，是完全可以做出完成组织目标的最佳决策的。古典决策理论忽视了非经济因素在决策中的作用，这种理论不一定能指导实际的决策活动，从而逐渐被更为全面的行为决策理论代替。

（二）行为决策理论

行为决策理论的发展始于20世纪50年代。对古典决策理论的“经济人”假设发难的第一人是赫伯特·A.西蒙，他在《管理行为》一书中指出，理性的和经济的标准都无法确切地说明管理的决策过程，进而提出“有限理性”标准和“满意度”原则。其他学者对决策者行为作了进一步的研究，他们在研究中也发现，影响决策者进行决策的不仅有经济因素，还有其个人的行为表现，如态度、情感、经验和动机等。

行为决策理论的主要内容如下。

（1）人的理性介于完全理性和非理性之间，即人是有限理性的，这是因为在高度不确定和极其复杂的现实决策环境中，人的知识、想像力和计算力是有限的。

（2）决策者在识别和发现问题中容易受知觉上的偏差的影响，而在对未来的状况做出判断时，直觉的运用往往多于逻辑分析方法的运用。所谓知觉上的偏差，是指由于认知能力的有限，决策者仅把问题的部分信息当成认知对象。

（3）由于受决策时间和可利用资源的限制，决策者即使充分了解和掌握有关决策环境的信息情报，也只能做到尽量了解各种备选方案的情况，而不可能做到全部了解，决策者选择的理性是相对的。

（4）在风险型决策中，与经济利益的考虑相比，决策者对待风险的态度起着更为重要的作用。决策者往往厌恶风险，倾向于接受风险较小的方案，尽管风险较大的方案可能带来较为可观的收益。

（5）决策者在决策中往往只求满意的结果，而不愿费力寻求最佳方案。导致这一现象的原因有多种。

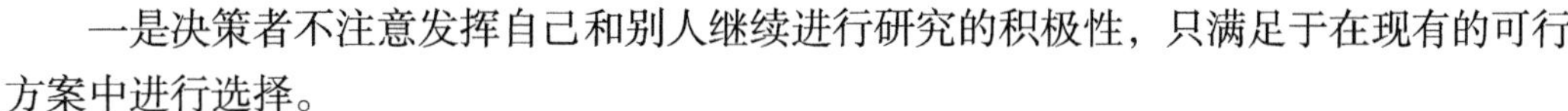

一是决策者不注意发挥自己和别人继续进行研究的积极性，只满足于在现有的可行方案中进行选择。

二是决策者本身缺乏有关能力，在有些情况下，决策者出于个人某些因素的考虑而做出自己的选择。

三是评估所有的方案并选择其中的最佳方案，需要花费大量的时间和金钱，这可能得不偿失。

行为决策理论抨击了把决策视为定量方法和固定步骤的片面性，主张把决策视为一种文化现象。例如，威廉·大内（William Ouchi）在其对美日两国企业在决策方面的差异所进行的比较研究中发现，东西方文化的差异是导致这种决策差异的一种不容忽视的原因，从而开创了决策的跨文化比较研究。

除了西蒙的“有限理性”模式，林德布洛姆的“渐进决策”模式也对“完全理性”模式提出了挑战。林德布洛姆认为决策过程应是一个渐进过程，而不应大起大落（当然，这种渐进过程积累到一定程度也会形成一次变革），否则会危及组织内的稳定，给组织带来结构、心理倾向和习惯等的震荡和资金困难，也使决策者不可能了解和思考全部方案并弄清每种方案的结果（这是由于时间的紧迫和资源的匮乏）。因此，“按部就班、修修补补的渐进主义决策者或安于现状的人，似乎不是一位‘叱咤风云’的英雄人物，而实际上是能够清醒地认识到自己是在与无边无际的宇宙进行搏斗的足智多谋的解决问题的决策者”。这说明，决策不能只遵守一种固定的程序，应根据组织内外环境的变化进行适时的调整和补充。

（三）当代决策理论

继古典决策理论和行为决策理论之后，决策理论有了进一步的发展，即产生了当代决策理论。当代决策理论的核心内容是：决策贯穿于整个管理过程，决策程序就是整个管理过程。

组织是由作为决策者的个人及其下属、同事组成的系统。整个决策过程从研究组织的内外环境开始，继而确定组织目标、设计可达到该目标的各种可行方案、比较和评估这些方案进而进行方案选择（即做出择优决策），最后实施决策方案，并进行追踪检查和控制，以确保预定目标的实现。这种决策理论对决策的过程、决策的原则、程序化决策和非程序化决策、组织机构的建立同决策过程的联系等作了精辟的论述。

对当今的决策者来说，在决策过程中应广泛采用现代化的手段和规范化的程序，并以系统理论、运筹学和电子计算机为工具，辅之以行为科学的有关理论。这就是说，当代决策理论把古典决策理论和行为决策理论有机地结合起来，它所概括的一套科学行为准则和工作程序，既重视科学的理论、方法和手段的应用，又重视人的积极作用。

第二节　决策的类型与特点

决策根据其解决问题的性质和内容不同，可分成许多类型。不同类型的决策，需要采用不同的决策方法。为了正确进行决策，必须对决策进行科学分类。

一、决策的类型

（一）按决策的重要程度划分，可分为战略决策、战术决策和业务决策

战略决策是根本性决策，战略决策解决的是“干什么”的问题，是事关企业兴衰成败，带有方向性、全局性、长远性的大政方针的决策。例如，企业的方针、目标与计划，技术改造和引进，组织结构改革等，都属于战略决策。这类决策主要由企业最高领导行使。

战术决策又称管理决策或策略决策，战术决策是执行决策，解决的是“如何干”的问题，它是指为了实现战略目标，而做出的带有局部性、较短时期内的具体活动方式的决策，如企业财务决策、销售计划的制订、产品开发方案的制订等。战略决策是战术决策的依据，战术决策是战略决策的落实、是在战略决策的指导下制定的，它主要由企业中层领导行使。

业务决策又称日常管理决策，属于日常活动中有关提高效率和效益、合理组织业务活动等方面的决策。这类决策主要由企业基层管理者负责进行。

（二）从决策主体来看，可分为群体决策与个人决策

1. 集体决策的优点

集体制定决策的一个最大优点，是群体可能比任何单个成员具有更广泛的知识和经验。这势必有利于确定问题和制订备选方案，并且能够更严格地分析所制定的决策。此外，群体参与制定决策，还能够使人们更好地了解所制定的决策，特别当参与决策制定的群体还负有实施决策的责任时，可增加群体中每个成员对决策许诺的可能性。

2. 群体决策的缺点

决定群体参与决策效果的主要限制因素是由于存在“从众现象”所产生的。所谓“从众现象”，是指个人由于真实的或假想的群体心理压力，在认知或行动上不由自主地趋向于跟多数人相一致的现象。在正式组织里，上下级关系会导致下级方面并非真正参与决策，下级为了迎合上级，宁愿顺着上级的意图而不提出自己的真正的意见。此外，用花费的总时间来衡量，群体一般比个人要花费更多的时间才能做出一个决策。

个人决策的优缺点正好和集体决策相反。因此，二者应结合使用。

（三）按决策的重复程度划分，可分为程序化决策和非程序化决策

程序化决策又称常规决策或重复决策。它是指经常重复发生，能按原已规定的程序、处理方法和标准进行的决策。其决策步骤和方法可以程序化、标准化，能够重复作用。业务决策如任务的日常安排、常用物资的订货与采购等，均属此类。

非程序化决策又称非常规决策或例外决策。它是指具有极大偶然性、随机性，又无先例可循且具有大量不确定性的决策活动，其方法和步骤也是难以程序化、标准化，不

能重复使用的。这类决策在很大程度上依赖于决策者的知识、经验、洞察力、逻辑思维判断及丰富的实践经验来进行，如新产品开发决策等。

（四）按决策的可靠程度分类，可分为确定型、风险型和不确定型三种

确定型决策是指各种可行方案的条件都是已知的，自然状态是唯一的，并能较为准确地预测它们各自的后果，一个方案仅有一个确定的结果，易于分析、比较和抉择的决策。

风险型决策是指各种可行方案的条件大部分是已知的，但每个方案可能出现多种自然状态，因而每个方案都可能出现几种结果，各种结果的出现有一定的概率，决策的结果只有按概率来确定，决策存在着风险。

不确定型决策与风险型决策类似，每个方案的执行都可能出现不同的后果，但可能出现的自然状态是未知的或各种结果出现的概率是未知的，完全凭决策者的经验、感觉和估计做出的决策。

（五）从决策需要解决的问题来看，可分为初始决策与追踪决策

初始决策是指组织对从事某种活动或从事该种活动的方案所进行的初次选择；追踪决策则是在初始决策的基础上对组织活动方向、内容或方式的重新调整。如果说初始决策是在对内外环境的某种认识的基础上做出的话，追踪决策则是由于这种环境发生了变化，或者是由于组织对环境特点的认识发生了变化而引起的。显然，组织中的大部分决策当属追踪决策。

与初始决策相比，追踪决策具有如下特征。

1. 回溯分析

初始决策是在分析当时条件与预测未来基础上制定的，而追踪决策则是在原来方案已经实施,并发现环境发生了重大变化或与原先认识的环境有重大区别的情况下进行的。因此，追踪决策必须从回溯分析开始。回溯分析，就是对初始决策的形成机制与环境进行客观分析，列出失误的原因，以便有针对性地采取措施。当然，追踪决策是一个扬弃的过程，对初始决策的“合理内核”还应保留。因此，回溯分析还应挖掘初始决策中的合理因素，以之作为调整或改变的基础，而不应“倒洗澡水连婴儿一起倒掉”。

2. 非零起点

初始决策是在有关活动尚不运行，对环境尚未产生任何影响的前提下进行的。追踪决策则不然，它所面临的条件与对象，已经不是处于初始状态，而是初始决策已经实施，因而受到了某种程度的改造、干扰与影响。也就是说，随着初始决策的实施，组织已经消耗了一定的人力、财力、物力等资源，环境状况因此发生了变化。

并且，随着初始决策的实施，组织内部的有关部门和人员投入相应活动。随着这种活动的不断进行，这些部门和人员不仅对自己的劳动成果（或初步成果），对这种劳动本身产生了一定的感情，而且他们在组织中的未来也可能在很大程度上与这种活动的继

续命运相联系，因此，如果改变原先的决策，会在不同程度上遭到外部协作单位及内部执行部门的反对。由于这种反对，这些单位和部门可能在追踪决策时提供并非客观的信息和情报。

3. 双重优化

初始决策是在已知的备选方案中择优，而追踪决策则需双重优化，也就是说，追踪决策所选的方案，不仅要优于初始决策方案（因为只有在原来的基础上有所改善，追踪决策才有意义），而且要在能够改善初始决策实施效果的各种可行方案中，选择最优或最满意者。第一重优化是追踪决策的最低要求，后一重优化是追踪决策应力求实现的根本目标。

二、决策的特点

组织决策具有以下主要特点。

（一）目标性

决策目标就是决策所需要解决的问题，只有在存在问题的情况下，而且决策者认为此问题必须解决的时候才会有决策，决策是通过解决某些问题来达到目标。任何组织决策都必须首先确定组织的活动目标,目标是组织在未来特定时限内完成任务程度的标志。没有目标，人们就难以拟订未来的活动方案，评价和比较这些方案就没有了标准，对未来活动效果的检查也就失去了依据。无目标的决策或目标性不明的决策往往会导致决策无效甚至失误。

（二）可行性

决策所作的若干个备选方案应是可行的，这样才能保证决策方案切实可行。“可行”是指：①能解决预订问题，实现预订目标。②方案本身具有实行的条件，如技术上、经济上都是可行的。③方案的影响因素及效果可进行定性和定量的分析。

（三）选择性

决策的实质是选择，没有选择就没有决策。决策必须具有两个以上的备选方案，通过比较评定来进行选择，如果无法制订方案或只有一个方案，那就失去决策的意义。而要能有所选择，就必须提供可以相互替代的多种不同的活动，这些活动在资源要求、可能结果及风险程度等方面均有所不同。因此，不仅有选择的可能，而且有选择的必要。

（四）超前性

任何决策都是针对未来行动的，是为了解决现在面临的、待解决的新问题及将来可能出现的问题，所以决策是行动的基础。这就要求决策者要具有超前意识，思想敏锐，目光远大，能够预见事物的发展变化，适时做出正确的决策。

（五）过程性

决策是一个过程，而非瞬间行动，决策既非单纯的“出谋划策”，又非简单的“拍板定案”，而是一个多阶段、多步骤的分析判断过程。决策的重要程度、过程的繁简及所费时间长短固然有别，但都必然具有过程性。

决策的过程特点可以从两方面去考察。

（1）组织决策不是一项决策，而是一系列决策的综合。通过决策，组织不仅要选择业务活动的内容和方向，还要决定如何组织业务活动的具体展开，同时还要决定资源如何筹措、结构如何调整、人事如何安排。只有当这一系列的具体决策已经制定，相互协调，并与组织目标相一致时，才能认为组织的决策已经形成。这一系列的决策本身就是一个过程，从活动目标的确定，到活动方案的拟订、评价和选择，这本身就是一个包含了许多工作、由众多人员参与的过程。

（2）作为过程，决策是动态的，决策是一个不断循环的过程。它没有真正的起点，也没有真正的终点。这就要求决策者时刻监视并研究外部环境的变化，从中找到可以利用的机会，并据此调整组织的活动，实现组织与环境的动态平衡。

（六）科学性

科学决策并非易事，它要求决策者能够透过现象看到事物的本质，认识事物发展变化的规律性，做出符合事物发展规律的决策。科学性并非否认决策有失误、有风险，而是要善于从失误中总结经验教训，要尽量减少风险，这是决策科学性的重要内涵。

第三节 决策的过程

一、决策的定义

决策作为管理的一种活动，包括了一定的步骤和程序，虽然决策的具体过程不尽相同，但就一般决策而言，主要分六个阶段。

（一）发现问题

问题是决策的起点。任何管理组织的进步、管理活动的发展都是从发现问题开始，然后做出变革而实现的。这里所说的问题，是指应有状况和实际状况之间的差距。应有状况，是指根据现有条件应当也能够做到的事情或达到的水平。发现问题比较难，必须不断地对组织与环境适应情况进行深入调查研究和创造性思考才能做到。发现问题后还必须对问题进行分析，包括弄清问题的性质、范围、程度、影响、后果、起因等各个方面，为决策的下一程序做准备。可以认为，决策就是发现问题、分析问题和解决问题的过程。

（二）确定目标

目标是指管理者在特定的条件下所要达到的一定结果。显然，目标与管理者追求有效管理的效果是相联系的。目标是决策的开始，而实现目标，即取得预期的管理效果是决策的终点。

目标具有三个明显的特征：方向性、时间性和可分解性。为了在既定的时间内实现既定的目标，必须将组织目标分解于这个结构系统的各个方面、各个层次、各个时间段，形成与组织结构相对应的、保证目标实现的目标结构系统。

1. 确定目标的要求

其一，目标应明确而具体。决策目标的制定是为了实现它，因而要求决策目标定得准确，首先是要求概念必须明确，即决策目标的表达应当是单义的，并使执行者能够明确地领会含义。如果一个目标的含义，怎样理解都可以，那么，无法做出有效的决策，也无法有效地执行。

其二，目标要分清主次。有的目标是必须达成的，有的目标是希望达成的。这样可以使实现目标的严肃性和灵活性更好地结合起来。在决策过程中，目标往往不止一个，多个目标之间既有协调一致的时候，有时也会发生矛盾。例如，要求商品物美价廉就有矛盾，物美往往要增加成本；价廉就得降低成本，有时还会影响质量。因此在处理多目标问题时，一般应遵循下列两条原则：①在满足决策需要的前提下尽量减少目标的个数，因为目标越多，选择的标准就越多，选择方案越多越增加选择的难度；②要分析各个目标的重要程度，分清主次，先集中力量实现必须达成的重要目标。

其三，要规定目标的约束条件。决策目标可以分为有条件目标和无条件目标两种，凡给目标附加一定条件者称为有条件目标，而所附加的条件则称为约束条件；不附加任何条件的决策目标为无条件目标。约束条件一般分为两类：一类是指客观存在的限制条件，如一定的人力、物力、财力条件；另一类是目标附加一定的主观要求，命名如目标的期望，以及不能违反国家的政策、法令等。凡是有条件目标，只有在满足其约束条件的情况下达到目标时，才算真正实现了决策目标，不顾约束条件，即使达成目标，后果也可能适得其反。

其四，决策目标要有时间要求。决策目标中必须包括实现目标的期限。即使将来在执行过程中有可能会因情况变化而对实现期限作一定修改，但确定决策目标时必须把预定完成期限规定出来。

其五，决策目标的数量化。就是要给决策目标规定出明确的数量界线。有些目标本身就是数量指标，如产值、产量、利润等。在订立决策目标时要明确规定增加多少，而不要用大幅度和比较显著之类的词。有些属于组织问题、社会问题、质量问题等方面的决策，目标本身不是数量指标，可以用间接测定方法，如产品质量可以用合格品率、废品率等说明。

2. 确定目标的步骤

其一，必须认清所要解决问题的性质、特点、范围，找到问题的症结所在及其产生的原因。寻找问题的症结的办法是以差距的形式把它反映出来，即通过分析内部和外部的情况，把需要和现实之间所有的差距摆出来，进而抓住关键性的差距，并找出产生差距的原因。

其二，全面研究所要解决问题的需要和可能。决策者之所以要订立决策目标，是因为发现现实与要求之间存在着差距，并且这种差距已经达到不能满意的程度，才值得付出代价去消灭或缩小它。但决策时又不能仅仅考虑这么几个直接诱因，而应全面考虑上下左右各个方面的需求与可能，应当估计到有条件来实现这个目标，否则目标将成为空想。

其三，对于初步设想的目标，仍需要进行正反两面的论证，然后审慎地把决策目标确定下来。

（三）拟订可行方案

好与坏、优与劣，都是在比较中发现的。因此，只有拟出一定数量和质量的可行方案供对比选择，决策才能做到合理。如果只拟订一个方案，就无法对比，就难于辨认其优劣，也就没有选择的余地。所以有人说："没有选择就没有决策。"国外的决策人员常用这样的格言来提醒自己："如果你感到似乎只有一条路可走，那很可能这条路就是走不通的。"对于复杂的决策问题，往往要分成以下两个阶段：设想阶段和精心设计阶段。

设想阶段的重点是保证备选方案的多样性，即从不同角度和多种途径，设想出各种各样的可能方案来，以便为决策者提供尽可能广阔的思考与选择的余地。新方案的设想与构思，其关键在于要打破传统思想框框，大胆条件环境。能否创新，取决于他们的知识、能力和精神三个方面条件。对于所研究问题的广博知识是创新的基础。有较强的创新能力，多谋善断，头脑敏锐，是创新的保证。具有坚实的知识基础和旺盛的创新能力之后，还必须有敢于冲破习惯势力与环境压力束缚的精神。拟订方案人的精神面貌如何，取决于本人的事业心、进取心、强烈的求新欲，取决于决策环境，取决于决策的组织者创造一种有利于参加拟订方案的人们产生创造性思维的人际环境和信息环境。心理学和社会学的研究表明，有两种主要的心理障碍会影响创新：①社会障碍，指有些人会自觉地或不自觉地向社会上看齐，人云亦云；②思想认识障碍，即思想上的因循守旧。

如果说设想阶段特别需要勇于创新的精神和丰富的想象力，那么精心设计这一步正好相反，更需要冷静的头脑和求实的精神，需要进行严格的论证、反复的计算和细致的推敲，其目的是要在方案的创造性基础上保持其针对性。精心设计阶段主要包括两项工作：①确定方案的细节；②预测方案的实施结果。方案细节，包括制定政策、组织作业、安排日程、配备人员、落实经费等，通过设计把方案变成具体的行动规划，决策才能付诸实施。估计方案的执行结果，是对方案的优劣进行评估，以便最后抉择。估计方案的结果时，应注意几点：①必须预计到明显影响决策目标的全部后果；②对决策方案执行后果的正反两个方面都应做出正确的评价，既要对长处作充分估计，也要对短处充分估计；③在预测方案的执行结果时，不能仅仅作技术上的推论，应当充分估计人的因素在执行中所起的作用。

（四）选择方案

拟订出各种备选方案后，就要根据目标的要求评估各种方案可能的执行后果，看其对决策目标的满足程度，然后从中选出一个优化方案来执行，这一工作又称决断。这是决策全过程的关键阶段。

1. 方案选择的基本要求

（1）谁决断，谁就要对决策后果负全责。按照管理权限划分，谁对某项工作负责，谁就有权对该项工作中的相关问题做出决策。

（2）选择方案要重新回到问题和目标上去，审视决策方案对解决问题、实现目标的满足程度，比较择优。

（3）选择方案要充分思考方案实施的后果。决策者要从深层去考虑对下属利益的调整、心理承受力、波及相关的社会影响等，同时还应考虑对可能出现的突然事变的应变措施的准备。

（4）选择方案要考虑付诸实施的时机。

（5）决策者既要重视智囊、信息人员的工作成果，重视他们的工作在保证决策性方面的作用，又不能被智囊所左右，要充分利用自己的经验、智慧、胆量、魄力，做出优化决断。

2. 方案选择的基本标准

（1）价值标准问题。决策的目的是为了实现一定的决策目标，因此，越是符合目标的要求就越好，这就是决策方案的价值标准。

（2）“最优标准”问题。最优标准在理论上是适用的，但是最优标准是个理想化的标准，实际生活中往往不易达到，尤其是复杂的管理决策更是如此，绝对的最优化是不存在的。为此，西蒙提出一个现实的标准，即“满意标准”，认为只要决策“足够满意”即可。

（3）不确定条件下的决策标准。决策有确定型与不确定型之分，对于确定型决策者来说，有了上述方面标准就可以进行方案选择了。但对于不确定型决策来说，具备上述标准后，还必须选好期望值。所谓期望值，又称均值，即按各种客观状况的出现概率计算的平均值，而概率就是出现可能性的计量。

3. 方案选择的具体方法

（1）经验判断方法。决策者根据以往的经验和掌握的材料，经过权衡利弊，做出决断，这里决策者个人的素质、性格、知识和能力起着决定性的作用。

（2）数学分析方法。在控制变量属于连续型情况下，经验判断方法很难直接找到最优方案，需要借助于数学工作。在决策中应用数学方法，可使决策达到准确优化。

（3）试验方法。即先取试点进行试验的方法。经验判断、数学分析和试验三种方法各有优缺点，有赖于决策者根据具体情况灵活运用，才能对决策方案做出尽量合理的评价和最后的选择。

值得注意的是，不能把决策程序当成教条来看待，在具体决策过程中，各个阶段也可能有所交叉；由于决策对象不同，各个阶段的比例也不尽一致，在某些决策中，省略某个阶段也是可以的。总之，要视决策者的经验多少，决策对象及手段的不同等情况来定，这也就是对待决策步骤的灵活性问题。

二、决策的影响因素

（一）环境

环境从两个方面对决策施加影响。

（1）环境的特点影响着组织的活动选择。就企业而言，如果市场相对稳定，则今天的决策基本上是昨天决策的翻版与延续；而如果市场急剧变化，则需要经常对经营方向和内容进行调整。处在垄断市场上的企业，通常将经营重点放在内部生产条件的改善、生产规模的扩大及生产成本的降低上；而处在竞争市场上的企业，需要密切关注竞争对手的动向，不断推出新产品，努力改善促销宣传，建立健全销售网络。

（2）对环境的习惯反应模式也影响着组织的活动选择。对于相同的环境，不同的组织可能做出不同的反应。而这种调整组织与环境关系的模式一旦形成，就会趋于稳固，限制着决策者对行动方案的选择。

（二）过去决策

今天是昨天的继续，明天是今天的延伸。历史总要以这种或那种方式影响着未来。在大多数情况下，组织中的决策不是在一张白纸上进行的初始决策，而是对初始决策的完善、调整或改革。

过去的决策是目前决策的起点；过去方案的实施，给组织内部状况和外部环境带来了某种程度的变化，进而给“非零起点”的目前决策带来了影响。

过去的决策对目前决策的影响程度取决于过去决策与现任决策者的关系情况。如果过去的决策是由现在的决策者做出的，决策者考虑到要对自己当初的选择负责，就不会愿意对组织活动作重大调整，而倾向于将大部分资源继续投入到过去方案的实施中，以证明自己的一贯正确。相反，如果现在的决策者与过去的决策没有什么关系，重大改变就可能被其接受。

（三）决策者对风险的态度

人的理性是有限的。决策者对未来的预知不可能与实际发生的情况完全一样，导致方案实施后未必能产生期望的结果。就是说，决策是有风险的（在现实世界中，确定型决策是少之又少的）。

决策者对风险的态度会影响其对方案的选择。喜好风险的人通常会选取风险程度较高但收益也较高的行动方案；而厌恶风险的人通常会选取较安全同时收益水平也较低的行动方案。

（四）伦理

决策者是否重视伦理及采用何种伦理标准会影响其对待行为或事物的态度，进而影响其决策。

不同的伦理标准会对决策产生影响，可以从下面这个例子中看出：不同的国家可能有不同的伦理标准。例如，在巴西，一个人可能认为，只要金额较小，贿赂海关官员在伦理上就是可接受的。因为他想的是："海关工作人员需要这笔钱，我国政府是根据他们可以捞一点外快来规定他们工资的。"可见，其伦理标准是以对社会最佳为出发点的，因此无可厚非。而在美国，人们却认为这样做不符合伦理，因为他们信奉的是："只有每个人都变得诚实，制度才会更加有效。"这种伦理标准也是以对社会最佳为出发点的，因此也是值得肯定的。在前一种伦理标准下，人会做出以较小的金额贿赂海关官员的决策，以加快货物的通关速度；而在后一种伦理标准下，人会采取其他办法来达到同样的目的。

（五）组织文化

组织文化会影响到组织成员对待变化的态度，进而影响到一个组织对方案的选择与实施。

在决策过程中，任何方案的选择都意味着对过去某种程度的否定，任何方案的实施都意味着组织要发生某种程度的变化。决策者本人及其他组织成员对待变化的态度会影响方案的选择与实施。在偏向保守、怀旧、维持的组织中，人们总是根据过去的标准来判断现在的决策，总是担心在变化中会失去什么，从而对将要发生的变化产生怀疑、害怕、抗御的心理与行为；相反，在具有开拓、创新精神的组织中，人们总是以发展的眼光来分析决策的合理性，总是希望在可能发生的变化中得到什么，因此渴望变化、欢迎变化、支持变化。很明显，欢迎变化的组织文化有利于新方案的通过与实施；而抵御变化的组织文化不利于那些对过去作重大改变的方案的通过，即使决策者费经周折让方案勉强通过，也要在正式实施前，设法创建一种有利于变化的组织文化，这无疑增加了方案的成本。

（六）时间

美国学者威廉·R.金和大卫·I.克里兰把决策划分为时间敏感型决策和知识敏感型决策。时间敏感型决策是指那些必须迅速做出的决策。战争中军事指挥官的决策多属于此类。这类决策对速度的要求甚于一切。例如，一个走在马路上的人突然看到一辆疾驶的汽车向他冲来时，最需要做的就是迅速跑开，至于跑向马路的哪一边更近，对此时的他来说不够重要。

而知识敏感型决策是指那些对时间要求不高、而对质量要求较高的决策。在作这类决策时，决策者通常有宽裕的时间来充分用各种信息。组织中的战略决策大多属于知识敏感型决策。

三、决策的标准

什么是有效的决策？什么是正确的抉择？其判断标准是什么？除了根据决策实施的效果来判断以外，在方案抉择阶段还有没有更直接的判断标准？对于这个问题，有三种代表性的观点。

第一种观点是由科学管理的创始人泰罗首先提出的，并成为运筹学家和管理学家们一贯坚持的“最优”标准。

在泰罗看来，任何一项管理工作，都存在一种最佳的工作方式。他认为：“管理这门学问注定会具有更富于技术的性质。那些现在还被认为是在精密知识领域以外的基本因素，很快都会像其他工程的基本因素那样标准化，制成表格，被接受和利用。”泰罗对管理技术所下的定义是：“确切知道要别人干什么，并注意他们用最好最经济的方法去干。”应该肯定，追求最佳是决策者的一种优良的心理品质。但必须指出的是，并非所有的管理问题和管理工作都能够数字化、标准化、模型化，从而求出其最优解来。管理既是科学，又是艺术。对决策来说，也是如此。所谓“最优”，只能是有条件的，并且是在有限的、极为严格的范围与条件下达到的。

第二种代表性观点，是西蒙提出的“满意”标准。

西蒙对运筹学家们的“最优”决策标准提出了尖锐的批评，指出：“所谓‘最优'是指在数学模型范围内的最优决策而言……热衷于‘运筹学’的人很容易低估这种方法的适用条件的严格性。这可导致一种名为‘数学家失语症’的病。病人将原始问题加以抽象直到数学难点或计算难点被抽象掉为止（并失去了全部真实的外观），并且将这一简化了的新问题加以求解，然后假装认为这就是他一直想要解决的问题。”

西蒙因此提出了他的“满意”标准，他认为：“对于使用‘运筹学’方法来说，不需要什么精确性——只要能够给出一个近似的比不用数学而单靠常识得出的那种结果要更好的结果来。而这样的标准是不难达到的。”

然而，西蒙在提出他的“满意”决策标准之后，也注意到了这个概念的模糊性，容易使人们对决策产生某种误解，他于是补充说：“如果认为某事物在本质上就是定性的，在应用数学家做出尝试之前不能简化为数学形式，否则这将是危险的。”

第三种有代表性的观点是美国管理学家哈罗德·孔茨提出“合理性”决策标准。他对合理性决策标准的解释如下。

首先，他们必须力图达到如无积极的行动就不可能达到的某些目标。

其次，他们必须对现有环境和限定条件下依循什么方针去达到目标有清楚的了解。

再次，他们必须有情报资料的依据，并有能力根据所要达到的目标去分析和评价抉择方案。

最后，他们必须有以最好的办法解决问题的强烈愿望，并选出能最满意地达到目标的方案。

由于决策的外来环境包括不肯定因素，做到完全合理是很难的。孔茨认为，主管人员必须确定的是有一定限度的理性，是“有限合理性”。尽管如此，主管人员还是应该在合理性的限度内，根据各种变化的性质和风险大小而尽其所能地做出最好的决策。

孔茨的合理性决策标准的实质，是强调决策过程各个阶段的工作质量最终决定了决策的正确性和有效性，而不仅仅在于进行方案抉择时采用“最优”还是“满意”的标准。这个观点是很有指导意义的。

第四节　决策的方法

科学的决策，必须运用科学的方法。决策的方法很多，涉及的技术领域也很广，怎样对组织未来行动方案做出判断，怎样从若干个方案中比较出最优方案，是科学决策的关键。

一、决策的定性方法

（一）德尔菲法

1. 德尔菲法简介

德尔菲法是在20世纪40年代由赫尔姆（Helmer）首创，经过戈登（Gordon）和兰德公司进一步发展而成的。德尔菲这一名称起源于古希腊有关太阳神阿波罗的神话。传说中阿波罗具有预见未来的能力。因此，这种预测方法被命名为德尔菲法。1946年，兰德公司首次用这种方法用来进行预测，后来该方法被迅速广泛采用。

德尔菲法依据系统的程序，采用匿名发表意见的方式，即专家之间不得互相讨论，不发生横向联系，只能与调查人员发生关系，多轮次调查专家对问卷所提问题的看法，反复征询、归纳、修改，最后汇总成专家基本一致的看法，作为预测的结果。这种方法具有广泛的代表性，较为可靠。

2. 德尔菲法的特征

一是资源利用的充分性，由于吸收不同的专家与预测，充分利用了专家的经验和学识；二是最终结论的可靠性，由于采用匿名或背靠背的方式，能使每一位专家独立地做出自己的判断，不会受到其他繁杂因素的影响；三是最终结论的统一性，预测过程必须经过几轮反馈，使专家的意见逐渐趋同。

德尔菲法以上这些特点，使它在诸多判断预测或决策手段中脱颖而出。这种方法的优点主要是简便易行，具有一定科学性和实用性，可以避免会议讨论时产生的害怕权威随声附和，或固执己见，或因顾虑情面不愿与他人意见冲突等弊病；同时也可以使大家发表的意见较快收剑，参加者也易接受结论，具有一定程度综合意见的客观性。

3. 德尔菲法的具体实施步骤

（1）组成专家小组。按照课题所需要的知识范围，确定专家。专家人数的多少，可根据预测课题的大小和涉及面的宽窄而定，一般不超过20人。

（2）向所有专家提出所要预测的问题及有关要求，并附上有关这个问题的所有背景材料，同时请专家提出还需要什么材料。然后，由专家做书面答复。各个专家根据他们所收到的材料，提出自己的预测意见，并说明自己是怎样利用这些材料并提出预测值的。

（3）将各位专家第一次判断意见汇总，列成图表，进行对比，再分发给各位专家，让专家比较自己同他人的不同意见，修改自己的意见和判断。也可以把各位专家的意见加以整理，或请身份更高的其他专家加以评论，然后把这些意见再分送给各位专家，以便他们参考后修改自己的意见。

（4）将所有专家的修改意见收集起来，汇总，再次分发给各位专家，以便做第二次修改。逐轮收集意见并为专家反馈信息是德尔菲法的主要环节。收集意见和信息反馈一般要经过三四轮。在向专家进行反馈的时候，只给出各种意见，但并不说明发表各种意见的专家的具体姓名。这一过程重复进行，直到每一个专家不再改变自己的意见为止。

（5）最后对专家的意见进行综合处理。

4. 德尔菲法的优缺点

德尔菲法同常见的召集专家开会、通过集体讨论、得出一致预测意见的专家会议法既有联系又有区别。德尔菲法能发挥专家会议法的优点：①能充分发挥各位专家的作用，集思广益，准确性高；②能把各位专家意见的分歧点表达出来，取各家之长，避各家之短。

德尔菲法又能避免专家会议法的缺点：①权威人士的意见影响他人的意见；②有些专家碍于情面，不愿意发表与其他人不同的意见；③出于自尊心而不愿意修改自己原来不全面的意见。

德尔菲法的主要缺点是过程比较复杂，花费时间较长。

（二）名义群体法

1. 名义群体法简介

名义群体法是指在决策过程中对群体成员的讨论或人际沟通加以限制，但群体成员是独立思考的。像召开传统会议一样，群体成员都出席会议，但群体成员首先进行个体决策。

2. 名义群体法的步骤

（1）成员集合成一个群体，但在进行任何讨论之前，每个成员独立地写下他对问题的看法。

（2）经过一段沉默后，每个成员将自己的想法提交给群体。然后一个接一个地向大家说明自己的想法，直到每个人的想法都表达完并记录下来为止（通常记在一张活动挂图或黑板上）。所有的想法都记录下来之前不进行讨论。

（3）群体现在开始讨论，以便把每个想法搞清楚，并做出评价。

（4）每一个群体成员独立地把各种想法排出次序，最后的决策是综合排序最高的想法。

3. 名义群体法的优缺点

名义群体法的主要优点在于，使群体成员正式开会但不限制每个人的独立思考，但是又不像互动群体那样限制个体的思维,而传统的会议方式往往做不到这一点。

名义群体法的缺点见表 3.1。

表 3.1　各种决策方法比较

效果标准/决策方法	头脑风暴法	名义群体法	德尔菲法	电子会议法
观点的数量	中等	高	高	高
观点的质量	中等	高	高	高
社会压力	低	中等	低	低
财务成本	低	低	低	高
决策速度	中等	中等	低	高
任务导向	高	高	高	高
潜在的人际冲突	低	中等	低	低
成就感	高	高	中等	高
对决策结果的承诺	不适用	中等	低	中
群体凝聚力	高	中等	低	低

（三）头脑风暴法

1. 头脑风暴法简介

头脑风暴法是由美国创造学家 A.F.奥斯本于 1939 年首次提出、1953 年正式发表的一种激发性思维的方法。此法经各国创造学研究者的实践和发展，至今已经形成了一个发明技法群，如奥斯本智力激励法、默写式智力激励法、卡片式智力激励法等，其目的在于产生新观念或激发创新设想。

在群体决策中，由于群体成员心理相互作用影响，易屈于权威或大多数人意见，形成所谓的“群体思维”。群体思维削弱了群体的批判精神和创造力，损害了决策的质量。为了保证群体决策的创造性，提高决策质量，管理上发展了一系列改善群体决策的方法，头脑风暴法是较为典型的一个。

采用头脑风暴法组织群体决策时，要集中有关专家召开专题会议，主持者以明确的方式向所有参与者阐明问题，说明会议的规则，尽力创造融洽轻松的会议气氛。主持者一般不发表意见，以免影响会议的自由气氛。由专家们“自由”提出尽可能多的方案。

2. 头脑风暴法的激发机理

头脑风暴何以能激发创新思维？根据奥斯本本人及其他研究者的看法，主要有以下几点。

第一，联想反应。联想是产生新观念的基本过程。在集体讨论问题的过程中，每提出一个新的观念，都能引发他人的联想，相继产生一连串的新观念，产生连锁反应，形成新观念堆，为创造性地解决问题提供了更多的可能性。

第二，热情感染。在不受任何限制的情况下，集体讨论问题能激发人的热情。人人自由发言、相互影响、相互感染，能形成热潮，突破固有观念的束缚，最大限度地发挥创造性思维能力。

第三，竞争意识。在有竞争意识情况下，人人争先恐后，竞相发言，不断地开动思维机器，力求有独到见解，新奇观念。心理学的原理告诉我们，人类有争强好胜心理，在有竞争意识的情况下，人的心理活动效率可增加 50%或更多。

第四，个人欲望。在集体讨论解决问题过程中，个人的欲望自由，不受任何干扰和控制，是非常重要的。头脑风暴法有一条原则，不得批评仓促的发言，甚至不许有任何怀疑的表情、动作、神色。这就能使每个人畅所欲言，提出大量的新观念。

3. 头脑风暴法的原则

头脑风暴法应遵守如下原则。

（1）庭外判决原则。对各种意见、方案的评判必须放到最后阶段，此前不能对别人的意见提出批评和评价。认真对待任何一种设想，而不管其是否适当和可行。

（2）欢迎各抒己见，自由鸣放。创造一种自由的气氛，激发参加者提出各种荒诞的想法。

（3）追求数量。意见越多，产生好意见的可能性越大。

（4）探索取长补短和改进办法。除提出自己的意见外，鼓励参加者对他人已经提出的设想进行补充、改进和综合。

4. 头脑风暴法的流程

头脑风暴法的系统化处理程序如下。

（1）对所有提出的设想编制名称一览表。

（2）用通用术语说明每一设想的要点。

（3）找出重复的和互为补充的设想，并在此基础上形成综合设想。

（4）提出对设想进行评价的准则。

（5）分组编制设想一览表。

5. 头脑风暴法的优缺点

头脑风暴法可以排除折中方案，对所讨论问题通过客观、连续的分析，找到一组切实可行的方案，因而头脑风暴法在军事决策和民用决策中得出了较广泛的应用。例如，在美国国防部制订的长远科技规划中，曾邀请 50 名专家采取头脑风暴法开了两周会议。参加者的任务是对事先提出的长远规划提出异议。通过讨论，得到一个使原规划文件变为协调一致的报告，在原规划文件中，只有 25%～30%的意见得到保留。由此可以看到头脑风暴法的价值。

头脑风暴法的缺点是实施的成本（时间、费用等）很高，另外，头脑风暴法要求参与者有较好的素质。这些因素是否满足会影响头脑风暴法实施的效果。

（四）电子会议分析法

1. 电子会议分析法简介

电子会议分析法（electronic meetings）是一种名义群体法与复杂的计算机技术结合的群体决策方法。在使用这种方法时，先将群体成员集中起来，每人面前有一个与中心计算机相连接的终端。群体成员将自己有关解决政策问题的方案输入计算机终端，然后再将它投影在大型屏幕上。

2. 电子会议分析法的特点

电子会议法的特点如下。

一是匿名。参与公共政策决策咨询的专家采取匿名的方式将自己的政策方案提出来，参与者只需把个人的想法输入键盘就行了。

二是可靠。每个人做出的有关解决公共问题的政策建议都能如实的、不会被改动地反映在大屏幕上。

三是快速。在使用计算机进行政策咨询时，不仅没有闲聊，而且人们可以在同一时间中互不干扰地交换见解，它要比传统的面对面的决策咨询的效率高出许多。

3. 电子会议分析法的局限性

电子会议分析法也有如下局限性。

一是对那些善于口头表达，而运用计算机的技能却相对较差的专家来说，电子会议会影响他们的决策思维。

二是在运用这种预测方法时，由于是匿名，所以无法对提出好的政策建议的人进行奖励。

三是人们只是通过计算机来进行决策咨询的，从而是“人-机对话”，其沟通程度不如“人-人对话”那么丰富。

（五）各种决策方法比较

各种决策方法比较如表 3.1 所示。

二、有关活动方向的决策方法

管理者有时需要对企业或企业某一部门的活动方向进行选择，可以采用的方法主要有经营单位组合分析法和政策指导矩阵等。

（一）经营单位组合分析法

该法由美国波士顿咨询公司建立，其基本思想是，大部分企业都有两个以上的经营单位，每个经营单位都有相互区别的产品-市场片，企业应该为每个经营单位确定其活动方向。

该法主张，在确定每个经营单位的活动方向时，应综合考虑企业或该经营单位在市

场上的相对竞争地位和业务增长情况。相对竞争地位往往体现在企业的市场占有率上，它决定了企业获取现金的能力和速度，因为较高的市场占有率可以为企业带来较高的销售量和销售利润，从而给企业带来较多的现金流量。

业务增长率对活动方向的选择有两方面的影响。

（1）它有利于市场占有率的扩大，因为在稳定的行业中，企业产品销售量的增加往往来自竞争对手市场份额的下降。

（2）它决定着投资机会的大小，因为业务增长迅速可以使企业迅速收回投资，并取得可观的投资报酬。

根据上述两个标准——市场占有率和业务增长率，可把企业的经营单位分成四大类，如图 3.1 所示。企业应根据各类经营单位的特征，选择合适的活动方向。

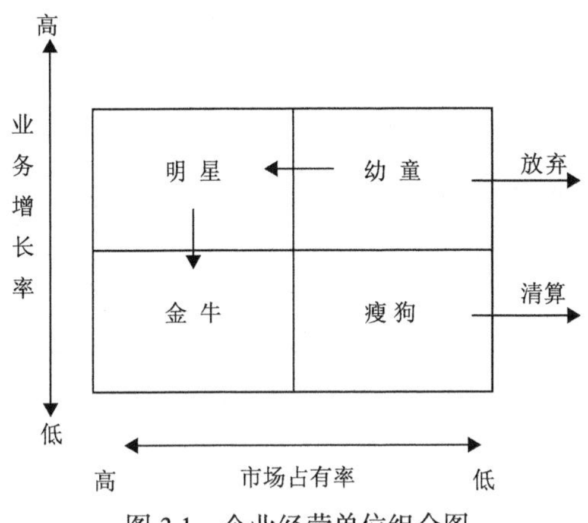

图 3.1 企业经营单位组合图

（1）“金牛”经营单位的特征是市场占有率较高，而业务增长率较低。较高的市场占有率为企业带来较多的利润和现金，而较低的业务增长率需要较少的投资。“金牛”经营单位所产生的大量现金可以满足企业的经营需要。

（2）“明星”经营单位的市场占有率和业务增长率都较高，因而所需要的和所产生的现金都很多。“明星”经营单位代表着最高利润增长率和最佳投资机会，因此企业应投入必要的资金，增加它的生产规模。

（3）“幼童”经营单位的业务增长率较高，而目前的市场占有率较低，这可能是企业刚刚开发的很有前途的领域。由于高增长速度需要大量投资，而较低的市场占有率只能提供少量的现金，企业面临的选择是投入必要的资金，以提高市场份额，扩大销售量，使其转变为“明星”，或者如果认为刚刚开发的领域不能转变成“明星”，则应及时放弃该领域。

（4）“瘦狗”经营单位的特征是市场份额和业务增长率都较低。由于市场份额和销售量都较低，甚至出现负增长，“瘦狗”经营单位只能带来较少的现金和利润，而维持生产能力和竞争地位所需的资金甚至可能超过其所提供的现金，从而可能成为资金的陷阱。因此，对这种不景气的经营单位，企业应采取收缩或放弃的战略。

经营单位组合分析法的步骤通常如下：①把企业分成不同的经营单位；②计算各个经营单位的市场占有率和业务增长率；③根据其在企业中占有资产的比例来衡量各个经

营单位的相对规模；④绘制企业的经营单位组合图；⑤根据每个经营单位在图中的位置，确定应选择的活动方向。

经营单位组合分析法以“企业的目标是追求增长和利润”这一假设为前提。对拥有多个经营单位的企业来说，它可以将获利较多而潜在增长率不高的经营单位所产生的利润投向那些增长率和潜在获利能力都较高的经营单位，从而使资金在企业内部得到有效利用。

（二）政策指导矩阵

该法由荷兰皇家壳牌石油公司创立。顾名思义，政策指导矩阵即用矩阵来指导决策。具体来说，从市场前景和相对竞争能力两个角度来分析企业各个经营单位的现状和特征，并把它们标示在矩阵上，据此指导企业活动方向的选择。市场前景取决于赢利能力、市场增长率、市场质量和法规限制等因素，分为吸引力强、中等、弱三种；相对竞争能力取决于经营单位在市场上的地位、生产能力、产品研究和开发等因素，分为强、中、弱三种。根据上述对市场前景和相对竞争能力的划分，可把企业的经营单位分成九大类（图 3.2），据此指导企业活动方向的选择。

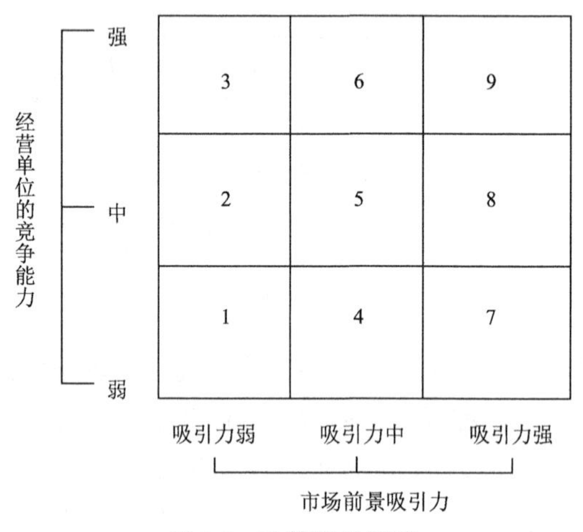

图 3.2　政策指导矩阵

处于区域 1 和区域 4 的经营单位竞争能力较强，市场前景也较好。应优先发展这些经营单位，确保它们获取足够的资源，以维持自身的有利市场地位。处于区域 2 的经营单位虽然市场前景较好，但企业利用不够，这些经营单位的竞争能力不够强。应分配给这些经营单位更多的资源以提高其竞争能力。

处于区域 3 的经营单位市场前景虽好，但竞争能力弱。要根据不同的情况来区别对待这些经营单位：最有前途的应得到迅速发展，其余的则需逐步淘汰，这是由企业资源的有限性决定的。

处于区域 5 的经营单位一般在市场上有 2～4 个强有力的竞争对手。应分配给这些经营单位足够的资源以使它们随着市场的发展而发展。

处于区域 6 和区域 8 的经营单位市场吸引力不强且竞争能力较弱，或虽有一定的竞争能力（企业对这些经营单位进行了投资并形成了一定的生产能力）但市场吸引力较弱。

应缓慢放弃这些经营单位，以便把收回的资金投入到赢利能力更强的经营单位。

处于区域7的经营单位竞争能力较强但市场前景不容乐观。这些经营单位本身不应得到发展，但可利用它们的较强竞争能力为其他快速发展的经营单位提供资金支持。

处于区域9的经营单位市场前景暗淡且竞争能力较弱。应尽快放弃这些经营单位，把资金抽出来并转移到更有利的经营单位。

三、有关活动方案的决策方法

管理者选好组织的活动方向之后，接下来需要考虑的问题自然是如何到达这一活动方向。由于到达这一活动方向的活动方案通常不止一种，所以管理者要在这些方案中做出选择。在决定选哪一个方案时，要比较不同的方案，而比较的一个重要标准是各种方案实施后的经济效果。由于方案是在未来实施的，所以管理者在计算方案的经济效果时，要考虑到未来的情况。根据未来情况的可控程度，可把有关活动方案的决策方法分为三大类：确定型决策方法、风险型决策方法和不确定型决策方法。

（一）确定型决策方法

在比较和选择活动方案时，如果未来情况只有一种并为管理者所知，则必须采用确定型决策方法。常用的确定型决策方法有线性规划和量本利分析法等。

1. 线性规划

线性规划是在一些线性等式或不等式的约束条件下，求解线性目标函数的最大值或最小值的方法。运用线性规划建立数学模型的步骤如下。

（1）确定影响目标大小的变量，列出目标函数方程。

（2）找出实现目标的约束条件。

（3）找出使目标函数达到最优的可行解，即为该线性规划的最优解。

例 3.1 某企业生产两种产品：桌子和椅子，它们都要经过制造和装配两道工序，有关资料如表3.2所示。假设市场状况良好，企业生产出来的产品都能卖出去，试问何种组合的产品使企业利润最大?

表 3.2 某企业的有关资料

项目	桌子	椅子	工序可利用时间/小时
在制造工序上的时间/小时	2	4	48
在装配工序上的时间/小时	4	2	60
单位产品利润/元	8	6	—

这是一个典型的线性规划问题。

第一步，确定影响目标大小的变量。在本例题中，目标是利润，影响利润的变量是桌子数量 T 和椅子数量 C。

第二步，列出目标函数方程：$\pi = 8T+6C$。

第三步，找出约束条件。在本例题中，两种产品在一道工序上的总时间不能超过该道工序的可利用时间，即制造工序 $2T+4C\leqslant48$，装配工序 $4T+2C\leqslant60$。除此之外，还有两个约束条件，即非负约束：$T\geqslant0$，$C\geqslant0$。从而线性规划问题成为，如何选取 T 和 C，使 π 在上述四个约束条件下达到最大。

第四步，求出最优解——最优产品组合。通过图解法（图 3.3），求出上述线性规划问题的解为 $T'=12$ 和 $C'=6$，即生产 12 张桌子和 6 把椅子使企业的利润最大。

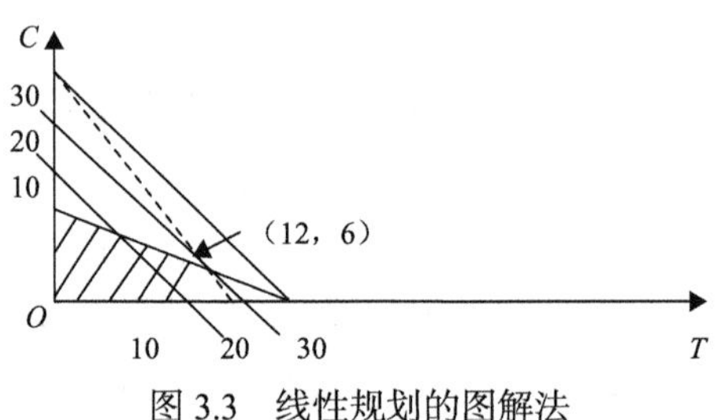

图 3.3　线性规划的图解法

2. 量本利分析法

量本利分析法又称保本分析法或盈亏平衡分析法，是通过考察产量（或销售量）、成本和利润的关系及盈亏变化的规律来为决策提供依据的方法。

在应用量本利分析法时，关键是找出企业不盈不亏的时候的产量（称为保本产量或盈亏平衡产量，此时企业的总收入等于总成本），而找出保本产量的方法有图解法和代数法两种。

1）图解法

图解法是用图形来考察产量、成本和利润的关系的方法。在应用图解法时，通常假设产品价格和单位变动成本都不随产量的变化而变化，所以销售收入曲线、总变动成本曲线和总成本曲线都是直线。

例 3.2　某企业生产某产品的总固定成本为 50 000 元，单位变动成本为每件 1.8 元，产品价格为每件 3 元。假设某方案带来的产量为 100 000 件，问该方案是否可取?

利用例子中的数据，在坐标图上画出总固定成本曲线、总成本曲线和销售收入曲线，得出量本利分析图，如图 3.4 所示。从图 3.4 中可以得出以下信息，供决策分析之用。

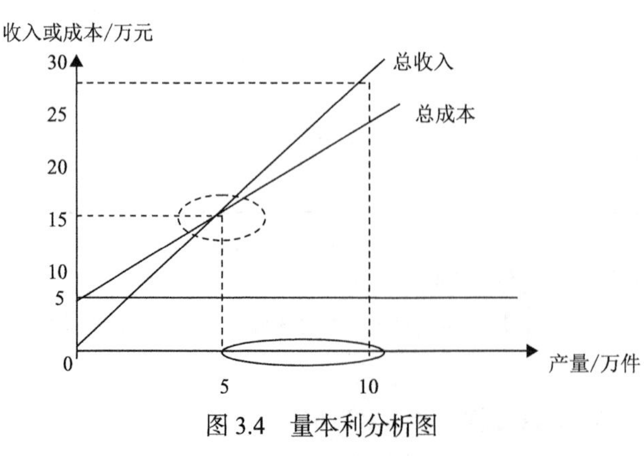

图 3.4　量本利分析图

（1）保本产量，即总收入曲线和总成本曲线交点所对应的产量（本例题中保本产量为 5 万件）。

（2）各个产量上的总收入。

（3）各个产量上的总成本。

（4）各个产量上的总利润，即各个产量上的总收入与总成本之差。

（5）各个产量上的总变动成本，即各个产量上的总成本与总固定成本之差。

（6）安全边际，即方案带来的产量与保本产量之差[本例题中安全边际为 5（=10–5）万件]。

在本例题中，由于方案带来的产量（10 万件）大于保本产量（5 万件），所以该方案可取。

2）代数法

代数法是用代数式来表示产量、成本和利润的关系的方法。

假设 P 代表单位产品价格，Q 代表产量或销售量，F 代表总固定成本，V 代表单位变动成本，π 代表总利润，C 代表单位产品贡献（$C=P-V$）。

（1）求保本产量。企业不盈不亏时，$PQ=F+VQ$，所以保本产量 $Q=F/(F-V)=F/C$。

（2）求保目标利润的产量。

设目标利润为 π，则 PQ：$F+VQ+\pi$，所以保目标利润 π 的产量 $Q=(F+\pi)/(P-V)=(F+\pi)/C$。

（3）求利润。利润 $\pi=PQ-F-VQ$。

（4）求安全边际和安全边际率。

$$安全边际=方案带来的产量-保本产量$$

$$安全边际率=安全边际/方案带来的产量$$

（二）风险型决策方法

在比较和选择活动方案时，如果未来情况不止一种，管理者不知道到底哪种情况会发生，但知道每种情况发生的概率，则必须采用风险型决策方法。常用的风险型决策方法是决策树法。

决策树法是用树状图来描述各种方案在不同情况（或自然状态）下的收益，据此计算每种方案的期望收益从而做出决策的方法。下面通过举例来说明决策树的原理和应用。

在实际工作中，当比较和选择活动方案时，如果未来情况不确定，但知道每种情况发生的概率，则需要用风险型决策方法。风险型决策是最常见的。由于风险型决策问题大多复杂且零乱，所以为了避免出错，惯常用一种简明的图示形式来辅助决策，即决策树法。决策树方法简便明了，容易掌握，尤其是在方案众多或需要作多级决策的情况下，决策树方法更显出其优点。

决策树是决策过程中的一种有序的概率图解表示，决策者根据决策树所构造出来的决策过程的有序图示，不但能纵观决策过程的全局，而且能系统地对决策过程进行合理的分析，从而得到较好的决策结果。决策树由节点和分枝组成，表现为一个树状图示，如图 3.5 所示，节点有两种：一种叫决策点，用□表示，从决策点引出的分枝称为方案分枝；另一种节点叫状态点，用○表示，从状态点引出的分枝叫概率分枝。每一概率分枝表示一种自然发生的状态，在概率分枝的末端标明相应方案在该状态下的损益值，在概率分枝上注明不同状态可能发生的概率大小，在状态点上注明该方案计算所得的期望值。

例 3.3 某公司拟投资建厂扩大生产规模，现有三个互斥的可选方案。

方案一，新建大厂。需一次性投资 1000 万元，据预算，若经济景气，每年可获利 200 万元；若经济不景气，每年会亏损 50 万元。

方案二，新建小厂。需一次性投资 500 万元，若经济景气，每年可获利 120 万元；若经济不景气，每年会亏损 20 万元。

方案三，改建老厂。需一次性投资 200 万元，若经济景气，每年可获利 50 万元，若经济不景气，每年仍可获利 20 万元。

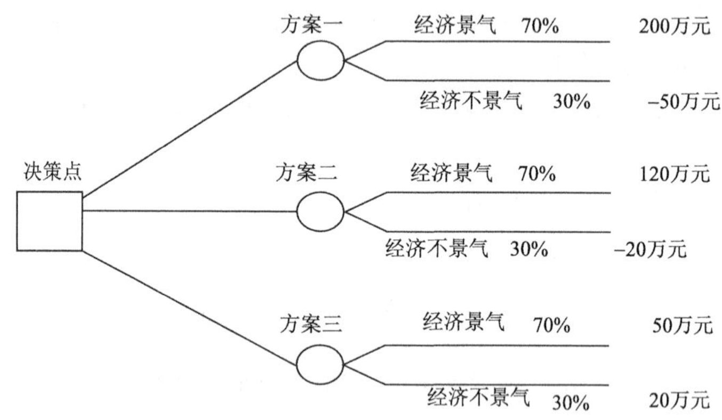

图 3.5 投资建厂决策树示意图

假设经济繁荣的可能性为 70%，经济不景气的可能性为 30%，资产的使用期为 10 年，在不考虑税收、资金时间价值的情况下，请选择一可行方案。

首先画出决策树，如图 3.5 所示。

根据决策树图上的数据可以算出各种方案的期望收益：

方案一的期望收益为

$$(200\times70\% - 50\times30\%)\times10 - 1000 = 250\text{（万元）}$$

方案二的期望收益为

$$(120\times70\% - 20\times30\%)\times10 - 500 = 280\text{（万元）}$$

方案三的期望收益为

$$(50\times70\% + 20\times30\%)\times10 - 200 = 210\text{（万元）}$$

计算结果表明，方案二的期望收益最大，因此，在不考虑资金时间价值等因素的情况下，会选择方案二作为实施方案。

（三）不确定型决策方法

在比较和选择活动方案时，如果管理者不知道未来情况有多少种，或虽知道有多少种，但不知道每种情况发生的概率，则必须采用不确定型决策方法。常用的不确定型决策方法有小中取大法、大中取大法和最小最大后悔值法等。下面通过举例来介绍这些方法。

例 3.4 某企业打算生产某产品。据市场预测，产品销路有三种情况：销路好、销路一般和销路差。生产该产品有三种方案：方案 A 改进生产线；方案 B 新建生产线；方案 C 与其他企业协作。据估计，各方案在不同情况下的收益见表 3.3。问企业选择哪个方案？

表 3.3 各方案在不同情况下的收益 单位：万元

方案＼自然状态	销路好	销路一般	销路差
方案 A 改进生产线	180	120	–40
方案 B 新建生产线	240	100	–80
方案 C 与其他企业协作	100	70	16

1. 小中取大法

采用这种方法的管理者对未来持悲观的看法，认为未来会出现最差的自然状态，因此不论采取哪种方案，都只能获取该方案的最小收益。采用小中取大法进行决策时，首先计算各方案在不同自然状态下的收益，并找出各方案所带来的最小收益，即在最差自然状态下的收益，然后进行比较，选择在最差自然状态下收益最大或损失最小的方案作为所要的方案。

本例题中，方案 A 的最小收益为–40 万元，方案 B 的最小收益为–80 万元，方案 C 的最小收益为 16 万元，经过比较，方案 C 的最小收益最大，所以选择方案 C。

2. 大中取大法

采用这种方法的管理者对未来持乐观的看法，认为未来会出现最好的自然状态，因此不论采取哪种方案，都能获取该方案的最大收益。采用大中取大法进行决策时，首先计算各方案在不同自然状态下的收益，并找出各方案所带来的最大收益，即在最好自然状态下的收益，然后进行比较，选择在最好自然状态下收益最大的方案作为所要的方案。

在例题中，方案 A 的最大收益为 180 万元，方案 B 的最大收益为 240 万元，方案 C 的最大收益为 100 万元，经过比较，方案 B 的最大收益最大，所以选择方案 B。

3. 最小最大后悔值法

管理者在选择了某方案后，如果将来发生的自然状态表明其他方案的收益更大，那么他（或她）会为自己的选择而后悔。最小最大后悔值法就是使后悔值最小的方法。采用这种方法进行决策时，首先计算各方案在各自然状态下的后悔值（某方案在某自然状态下的后悔值 = 该自然状态下的最大收益–该方案在该自然状态下的收益），并找出各方案的最大后悔值，然后进行比较，选择最大后悔值最小的方案作为所要的方案。

在例题中，在销路好这一自然状态下，方案 B（新建生产线）的收益最大，为 240 万元。在将来发生的自然状态是销路好的情况下，如果管理者恰好选择了这一方案，他就不会后悔，即后悔值为 0。如果他选择的不是方案 B，而是其他方案，他就会后悔（后悔没有选择方案 B）。比如，他选择的是方案 C（与其他企业协作），该方案在销路好时带来的收益是 100 万元，比选择方案 C 少带来 140 万元的收益，即后悔值为 140 万元。

各个后悔值的计算结果见表 3.4。

表 3.4　各方案在各自然状态下的后悔值　　单位：万元

自然状态 / 方案	销路好	销路一般	销路差
方案 A 改进生产线	60	0	56
方案 B 新建生产线	0	20	96
方案 C 与其他企业协作	140	50	0

由表 3.4 中看出，方案 A 的最大后悔值为 60 万元，方案 B 的最大后悔值为 96 万元，方案 C 的最大后悔值为 140 万元，经过比较，方案 A 的最大后悔值最小，所以选择方案 A。

本 章 小 结

决策是人们为实现一定的目标而制订的行动方案，进行方案选择并准备方案实施的活动，是一个提出问题、分析问题、解决问题的过程。包含着以下这些特性：决策是行动的基础；决策有明确的目的；决策有两个以上可行的方案；决策需要因果分析和综合评价；决策要经过方案的优选过程。

决策是管理的首要职能，决策的正确性和科学性对管理活动的成败起着决定性的作用，直接关系到企业或一个组织的生存和发展。

本章重点内容简要概括如下。

（1）决策的概念：不同的学者有不同的看法，但其基本内涵大致相同，主要区别在于对决策概念做狭义的还是广义的定义。狭义地说，决策是在几种行动方案中进行选择的一个过程。广义地说，决策就是人们在掌握充分的信息和对有关情况进行深刻分析的基础上，确定目标，并用科学的方法拟订、评估各种可行方案，从中优选出合理方案并予以实施的过程。

（2）决策的原则：管理者在决策时离不开信息。信息的数量和质量直接影响决策水平。这要求管理者在决策之前及决策过程中尽可能地通过多种渠道收集信息，作为决策的依据。决策遵循的是满意原则，而不是最优原则。

（3）决策的类型：可按不同的标准对决策进行分类。具体包括：①长期决策与短期决策；②战略决策、战术决策与业务决策；③集体决策与个人决策；④初始决策与追踪决策；⑤程序化决策与非程序化决策；⑥确定型决策、风险型决策与不确定型决策。

（4）决策的过程：①识别机会或诊断问题；②识别目标；③拟订备选方案；④评估备选方案；⑤做出决定；⑥选择实施战略；⑦监督和评估。

（5）决策的影响因素：环境、过去决策、决策者对风险的态度、伦理、组织文化、时间。

（6）决策的标准如下。

第一种观点是由科学管理的创始人泰罗首先提出的，并为运筹学家和管理学家们一贯坚持的“最优”标准。

第二种代表性观点，是西蒙提出的“满意”标准。

第三种有代表性的观点是美国管理学家哈罗德·孔茨提出的“合理性”决策标准。

（7）德尔菲法：依据系统的程序，采用匿名发表意见的方式，即专家之间不得互相讨论，不发生横向联系，只能与调查人员发生关系，通过多轮次调查专家对问卷所提问题的看法，经过反复征询、归纳、修改，最后汇总成专家基本一致的看法，作为预测的结果。这种方法具有广泛的代表性，较为可靠。

（8）名义群体法：指在决策过程中对群体成员的讨论或人际沟通加以限制，但群体成员是独立思考的。像召开传统会议一样，群体成员都出席会议，但群体成员首先进行个体决策。

（9）在群体决策中，由于群体成员心理相互作用影响，易屈于权威或大多数人意见，形成所谓的“群体思维”。群体思维削弱了群体的批判精神和创造力，损害了决策的质量。为了保证群体决策的创造性，提高决策质量，管理上发展了一系列改善群体决策的方法，头脑风暴法是较为典型的一个。

（10）电子会议分析法：是一种名义群体法与复杂的计算机技术结合的群体决策方法。在使用这种方法时，先将群体成员集中起来，每人面前有一个与中心计算机相连接的终端。群体成员将自己有关解决政策问题的方案输入计算机终端，然后再将它投影在大型屏幕上。

（11）经营单位组合分析法：大部分企业都有两个以上的经营单位，每个经营单位都有相互区别的产品-市场片，企业应该为每个经营单位确定其活动方向。该法主张，在确定每个经营单位的活动方向时，应综合考虑企业或该经营单位在市场上的相对竞争地位和业务增长情况。相对竞争地位往往体现在企业的市场占有率上，它决定了企业获取现金的能力和速度，因为较高的市场占有率可以为企业带来较高的销售量和销售利润，从而给企业带来较多的现金流量。企业应根据各类经营单位的特征，选择合适的活动方向。

（12）政策指导矩阵：即用矩阵来指导决策。具体来说，从市场前景和相对竞争能力两个角度来分析企业各个经营单位的现状和特征，并把它们标示在矩阵上，据此指导企业活动方向的选择。市场前景取决于赢利能力、市场增长率、市场质量和法规限制等因素，分为吸引力强、中等、弱三种；相对竞争能力取决于经营单位在市场上的地位、生产能力、产品研究和开发等因素，分为强、中、弱三种。根据上述对市场前景和相对竞争能力的划分，可把企业的经营单位分成九大类。

（13）有关活动方案的决策方法：管理者在计算方案的经济效果时，要考虑到未来的情况。根据未来情况的可控程度，可把有关活动方案的决策方法分为三大类：确定型决策方法、风险型决策方法和不确定型决策方法。

（14）确定型决策方法：在比较和选择活动方案时，如果未来情况只有一种并为管理者所知，则必须采用确定型决策方法。

（15）风险型决策方法：在比较和选择活动方案时，如果未来情况不止一种，管理者不知道到底哪种情况会发生，但知道每种情况发生的概率，则必须采用风险型决策方法。

（16）决策树法：用树状图来描述各种方案在不同情况（或自然状态）下的收益，据此计算每种方案的期望收益从而做出决策的方法。

（17）不确定型决策方法：在比较和选择活动方案时，如果管理者不知道未来情况有多少种，或虽知道有多少种，但不知道每种情况发生的概率，则必须采用不确定型决策方法。常用的不确定型决策方法有小中取大法、大中取大法和最小最大后悔值法等。

思考与练习题

一、单项选择题

1. 决策目标所要解决的问题带有全局性，影响重大的，就是（　　）。

   A. 确定型决策　B. 风险型决策　C. 战略决策　D. 不确定型决策

2. 在经营决策时，由于受社会经济因素影响较大，其所含因素错综复杂，所以采用的主要决策方法是（　　）。

   A. 主观决策法　B. 计量决策法　C. 盈亏平衡法　D. 优选法

3. 重点解决如何组织、动员企业内部力量的具体决策属于（　　）。

   A. 高层决策　B. 非程序性决策　C. 战略决策　D. 战术决策

4. 在日常管理中，以相同或基本相同的形式重复出现的决策，称为（　　）。

   A. 管理决策　B. 程序化决策　C. 风险型决策　D. 非程序化决策

5. 解决重复性的程序性决策问题，通常宜采用（　　）。

   A. 定性决策法　B. 计量决策法　C. 软技术法　D. 德尔菲法

6. 决策的方案有多种后果，每种方案都有客观的概率，这是指（　　）。

   A. 风险型决策　B. 非确定型决策　C. 确定型决策　D. 等概率决策

7. 以下风险型决策的特点中，错误的是（　　）。

   A. 存在着可以以决策者主观意志为转移的两种以上的自然状态

   B. 存在着决策者根据有关资料事先估计或计算出来的各种自然状态将会出现的概率

   C. 存在着可以具体计算出来的不同行动方案在不同自然状态下的损益值

   D. 存在着决策者希望达到的一个或一个以上明确的决策目标

8. 即使计划保持严肃性，又具有适应性和现实性的是（　　）。

A. 应急计划法　　B. 滚动计划法
C. 年度计划法　　D. 长期计划

9. 当客观情况发生重大变化，企业为适应外部环境变化宜采用（　　）。

A. 滚动计划法　　B. 在制品定额法
C. 累计编号法　　D. 应变计划法

10. 采用最大收益值中最小的那个方案进行决策时，其立足点是（　　）。

A. 损失最小　　B. 收益最大
C. 后悔值最小　　D. 成本最低

11. 对每种自然状态的概率为“1”的决策是（　　）。

A. 风险型决策　　B. 确定型决策
C. 非确定型决策　　D. 追踪决策

二、多项选择题

1. 企业决策按所解决问题在企业经营活动中的广度和深度可分为（　　）。

A. 非确定型决策　　B. 战略决策　　C. 风险型决策
D. 战术决策　　E. 随机决策

2. 按照决策的可靠程度，可把决策分为（　　）。

A. 单项决策　　B. 系列决策　　C. 确定型决策
D. 过程决策　　E. 风险型决策

3. 按决策层次划分，决策可分为（　　）。

A. 战略决策　　B. 管理决策　　C. 业务决策
D. 随机决策　　E. 系列决策

4. 经营决策的方法，可概括为（　　）两大类。

A. 确定型决策法　　B. 主观决策法　　C. 风险型决策法
D. 计量决策法　　E. 不确定型决策法

5. 经常对计划运行情况进行修订和调整，一般采用的方法有（　　）。

A. 滚动计划法　　B. 优选计划法　　C. 在制品定额法
D. 累计编号法　　E. 应变计划法

三、简答题

1. 简要分析决策的过程。
2. 方案的实施过程中通常要注意的地方是哪些？
3. 决策的影响因素是什么？
4. 头脑风暴法的特点是什么？
5. 简要说明德尔菲的优缺点。

四、计算题

1. 某企业经销一种产品，产品的单位变动费用 50 元，售价 100 元，每年固定费用 90 万元。此企业盈亏平衡点的产量为多少？如果企业现有生产能力为 2.4 万件，问每年能获得利润多少？为满足市场对产品需要，扩大生产，拟购置一条生产线，每年增加固定费用 20 万元，但可节约变动费用 10 元/件，与此同时，为了扩大产品销售计划，拟降低售价 10%，问此方案是否可行?

2. 预计今后几年市场对公司产品的需求会扩大（概率为 0.7），但也存在减少的可能（概率为 0.3）。公司面临几种可能的选择：

（1）扩建厂房更新设备，若以后公司产品的需求量扩大，公司将成为市场的领先者；若需求量减少，公司将亏损。

（2）使用老厂房，更新设备，无论需求量大小，公司都有一定收益，只是收益大小问题。

（3）先更新设备，若销路好，一年后再考虑扩建厂房，主要问题是两次投资总和大于一次投资。具体情况见下表。

单位：万元

方案	投资	获利		服务年限
		需求量大	需求量小	
1	700	300	-50	5
2	400	100	60	5
3	800	300	—	4

要求：采用决策树进行方案决策

参 考 文 献

波特. 2001. 竞争战略. 陈小锐译. 北京: 华夏出版社.
戴淑芬. 2002. 管理学原理. 北京: 北京大学出版社.
德鲁克. 1989. 有效的管理者. 章岩译. 北京: 工人出版社.
法约尔. 1999. 工业管理与一般管理. 周安华, 林宗锦, 展学仲, 等译. 北京: 中国社会科学出版社.
海格, 杰克逊. 2000. 市场调研: 计划、方法与评估. 陈石进译. 北京: 中国标准出版社.
胡昌平. 2002. 管理学基础. 武汉: 武汉大学出版社.
凯兹纳. 2002. 项目管理: 计划、进度和控制的系统方法. 杨爱华, 王丽珍, 石一辰, 等译. 北京: 电子工业出版社.
克利夫顿, 法伊夫. 1986. 计划的可行性分析. 陈石进译. 台北: 超越企管顾问股份有限公司.
李金, 孙兴明, 付俊红. 2004. 管理学原理. 北京: 北京工业大学出版社.
林建煌. 2003. 管理学. 上海: 复旦大学出版社.
罗宾斯. 2001. 管理学（英文影印版）. 7 版. 孙建敏译. 北京: 清华大学出版社.
罗宾斯, 库尔特. 2004. 管理学. 孙建敏译. 北京: 中国人民大学出版社.
MBA 必修核心课程编译组. 1997. MBA 情景案例. 北京: 中国国际广播出版社.
莫寰, 邹艳春. 2005. 新编管理学. 北京: 清华大学出版社.
纽曼, 萨默. 1995. 管理过程——概念、行为和实践. 李柱流译. 北京: 中国社会科学出版社.
西蒙. 1988. 管理行为. 詹正茂译. 北京: 北京经济学院出版社.
邢以群. 2005. 管理学. 2 版. 杭州: 浙江大学出版社.
余敬. 2000. 管理学案例. 武汉: 中国地质大学出版社.
朱月煌, 赵祥云. 1993. 计划的组织与调控. 北京: 中国物资出版社.

第四章 计 划

凡事预则立，不预则废。

——《礼记·中庸》

教学目标

学完本章后，你应该能够：

1. 了解计划在管理中的地位。
2. 了解计划的基本内容。
3. 掌握计划的工作步骤。
4. 掌握计划的概念、性质及类型。
5. 了解计划的工作原理，掌握制订计划的方法。

技能目标

1. 计划的类型。
2. 计划的编制过程。
3. 掌握计划编制的具体方法。
4. 计划的实施与管理。

案例导入

洛克威尔公司的艰难决策

在20世纪90年代，洛克威尔公司（Rockwell International）感觉到了美国军事费用缩减所带来的压力。随着苏联的解体和冷战的结束，五角大楼的武器和设备（如导弹、坦克、卫星等）的购买量仅为20世纪80年代购买量的50%。这样的组织外部环境给洛克威尔公司的业绩带来了严重的威胁，管理者必须找到一项新的战略以应对这一威胁，改善公司业绩。

在公司CEO唐纳德·比尔的领导下，洛克威尔公司采取了一项带领公司进入21世纪的新战略。他是公司从主要依赖军事工业向民用工业转型战略的主要推动者。例如，通过购买诸如Allen Bradly和Reliance Electric等实力强大的公司，比尔使洛克威尔公司进入工业自动化领域。每当洛克威尔购买一个新公司以后，比尔都会为新公司提供洛克威尔公司拥有的大量技术和电子领域的支持,从而使新公司变得更加强大和富有竞争力。洛克威尔公司曾设计建造了B-1轰炸机、阿波罗太空飞船、航天飞机。这家公司在新产品创新方面拥有大量的技术和技能，并拥有一支富有创造力的工程师队伍。比尔的目标是将洛克威尔公司在军事领域所积累的技术应用于众多新领域的产品开发。

一些分析人士对比尔所做的收购持批评的态度，认为比尔没有一贯的目标和愿景。他们声称,在很多公司决定集中于某一专一领域的时候,比尔建立了一个包括军事电子、自动化产品、印刷出版、航天飞机发动机、传真机芯片、塑料、通信等众多领域的多元化王国。分析人士认为比尔也许过高估计了他运营这样一种高度多元化业务组织的能力。同时，他们也怀疑洛克威尔公司是否仅仅依据其在军事工业的成功，就一定具有成功运作如此众多业务的能力。

比尔则表示，他和他的管理团队对于洛克威尔公司进入何种业务有着明确的评价决策标准。首先，他们只收购明显处于领导者地位的行业业务。其次，他们依据长期盈利机会（长达10年或10年以上）概念与技术对每项业务进行评价。批评人士则回应说，环境是高度不确定的，比尔和他的管理团队不可能预测相关项目未来的回报情况。

但是，洛克威尔进入自动化领域的行动获得了成功。在洛克威尔公司将其高新技术和资源注入Allen Bradly和Reliance Electric等公司后，这些公司获得了工业电子市场30%的市场份额。现在，这些公司的利润占到了洛克威尔公司利润来源的50%以上。这仅仅是一种运气，还是使洛克威尔公司成为高科技领头羊的一系列战略行动胜利的开始呢?

（资料来源：洛克威尔公司的艰难决策. MBA智库[2014-07-01]）

问题

1. 根据决策程序，评价比尔的行动。

2. 你认为比尔所带领的洛克威尔公司正沿着正确的道路前进吗?将来他可能遇到怎样的机会或风险?

第一节　计划的概述

管理，作为一项有意识的活动，必须经过周密的规划与运筹。任何管理者，要实施有效管理，都必须执行计划职能。计划是管理的首要职能，计划工作有广义和狭义之分。广义的计划工作是指制订计划、执行计划和检查计划执行情况三个紧密衔接的工作过程。狭义的计划工作则是指制订计划，也就是说，根据实际情况，通过科学预测，权衡客观的需要和主观的可能，提出在未来一定时期内要达到的目标，以及实现目标的途径。它是使组织中各种活动有条不紊地进行的保证。计划工作还是一种需要运用智力和发挥创造力的过程，它要求高瞻远瞩地制定目标和战略，严密地规划和部署，把决策建立在反复权衡的基础之上。

一、计划的概念

在管理学中，计划具有两重含义：一是计划工作，是指根据对组织外部环境与内部条件的分析，提出在未来一定时期内要达到的组织目标及实现目标的方案途径。二是计划形式，是指用文字和指标等形式所表述的组织及组织内不同部门和不同成员，在未来一定时期内关于行动方向、内容和方式安排的管理事件。无论是计划工作还是计划形式，计划都是根据社会的需要及组织的自身能力，通过计划的编制、执行和检查，确定组织在一定时期内的奋斗目标，有效地利用组织的人力、物力、财力等资源，协调安排好组织的各项活动，取得最佳的经济效益和社会效益。

在管理的各项职能中，计划是首要的和关键的一项职能，管理者通过计划工作，合理运用其权限范围内的可用资源，协调组织各方面的力量，从而达到预期的目的。

计划工作包括调查研究、设置目标、预测未来、制订计划、贯彻落实、监督检查和修正等内容；而计划则是计划工作中计划制订的成果，贯彻实施和监督检查的对象。

可以把计划的内容简要地概括为六个方面，即做什么（What to do it）、为什么做（Why to do it）、何时做（When to do it）、何地做（Where to do it）、谁去做（Who to do it）、怎么做（How to do it），简称为“5W1H”。

现代管理学中又提出来一个“H”：（How much），见表 4.1。

表 4.1 计划的方面

“5W2H” + 一个前提+ 应变措施		
要素	所要回答的问题	内容
前提	该计划在何种情况下有效	预测、假设、实施条件
目标	做什么，what	最终结果、工作要求
目的	为什么要做，why	理由、意义、重要性
战略	如何做，how	途径、基本方法、主要战术
责任	由谁做，who	人选、奖惩措施
时间表	何时做，when	起止时间、进度安排
范围	涉及哪些部门、何地，where	组织层次或地理范围
预算	需要投入多少资源，how much	费用、代价
应变措施	实际与前提不相符怎么办	最坏情况的计划

以上要素对于一切计划来说，是缺一不可的。一旦出现计划前提与事实不一致时，依据目的来确定放弃计划还是创造条件实施计划。

二、计划的性质

计划工作的性质可以概括为五个主要方面，即目标性、领先性、普遍性、效率性和创新性。

（一）目标性

每一个计划都是旨在促使组织总目标和一定时期目标的实现。计划工作是最明白地显示出管理的基本特征的主要职能活动。

（二）领先性

计划工作相对于其他管理职能处于领先地位，它影响贯穿于组织工作、人员配备工作、指导与领导工作和控制工作中（图 4.1）。因此，主管人员必须首先制订计划，然后才知道需要什么样的组织结构和什么素质的人员，如何最有效地去领导员工，以及采用什么样的控制。因此，如果要使所有其他管理职能发挥效用，必须首先制订好计划。

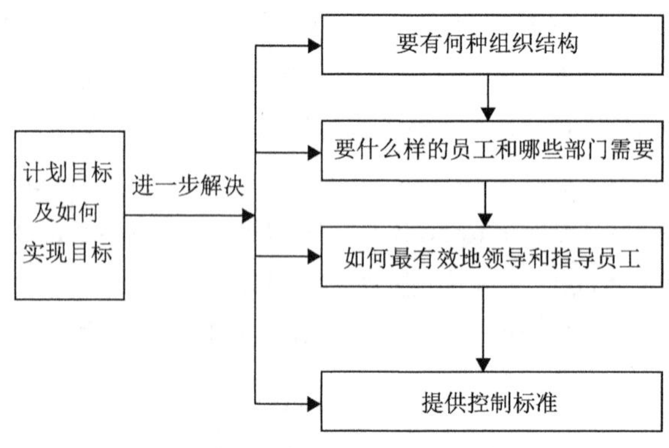

图 4.1　计划具有领先性

（三）普遍性

虽然计划工作的特点和范围随着各级主管人员的职权的不同而不同，但计划工作是全体主管人员的一项共同职能。所有的主管人员，无论是总经理还是班组长都要从事计划工作。为了有效地做好计划工作，必须给予不同的主管人员一定程度的自主权和制订计划的责任，否则，他们就不是名副其实的真正主管人员了。

（四）效率性

计划工作的任务，不仅是要确保实现目标，而且是要从众多方案中选择最优的资源配置方案，以求得合理利用资源和提高效率。用通俗的语言来表达，就是既要“做正确的事”又要“正确地做事”。计划工作的效率，是以实现企业的总目标和一定时期的目标所得到的利益，扣除为制订和执行计划所需要的费用和其他预计不到的损失之后的总额来测定的。

效率这个概念的一般含义是指投入和产出之间的比率，但在这个概念中，不仅包括人们通常理解的按资金、工时或成本表示的投入产出比率，如资金利润率、劳动生产率和成本利润率等定量的客观指标，还包括组织成员个体和群体的动机和满意度等主观的评价标准。因此，只有能够实现收入大于支出，才能真正体现出计划的效率。许多主管人员编制了费用大于所能获得的收入的计划。例如，一家航空公司，以费用超过收入的代价购买某种飞机；一些公司尽力设法推销市场不能接受的产品，为此付出高昂的代价，以至于得不偿失。这都不符合计划的效率性要求。

（五）创新性

计划工作总是针对需要解决的新问题和可能发生的新变化、新机会而做出决定的，因而它是一个创新性的过程。计划有点类似于一项产品或一项工程的设计，它是对管理活动的设计。正如一种新产品的成功在于创新一样，成功的计划也依赖于创新。

三、计划的作用

随着生产技术日新月异、生产力水平的提高、生产规模的不断扩大、分工与协作的程度空前提高，社会组织的活动不但受到内部环境的影响，还要受到外来许多因素的影响和制约，组织要不断地适应这种复杂的、变化的环境，只有科学地制订计划才能协调与平衡多方面的活动，求得本组织的生存和发展。一个好的计划即科学性、准确性很强的计划，对于我们的工作将起到事半功倍的作用；相反，若是一个科学性、准确性很差的计划，则会使我们的工作事倍功半，甚至一无所得。因此，制订计划的工作是十分重要的。具体地说，计划的作用主要表现在以下四个方面。

（一）计划是管理者开展活动的有力依据，有利于各级管理人员和全体职工把注意力集中实现整体目标

管理者开展活动要根据计划来进行。他们分派任务，根据任务确定下级的权力和责任，促使组织中的全体人员的活动方向趋于一致而形成一种复合的、巨大的组织行为，这都需要根据计划来进行。正是由于周密细致全面的计划工作统一了部门之间的活动，才使主管人员从日常的事务中解脱出来，而将主要精力放在随时检查、修改、扩大计划及组织整体目标的实现上。

（二）计划是管理者降低风险的手段，有利于减少不肯定性因素和变化带来的不利影响

当今世界正处于剧烈变化的时代，社会在进步，组织在变革，科学技术日新月异，人们的价值观念在不断变化，国家的方针政策在不断调整。这些变化对管理而言，既可能是机会也可能是风险，管理者可以通过科学有效的计划来降低风险、掌握主动。管理者可以针对未来的变化进行预测，根据过去的和现在的信息来推测将来可能出现哪种变化，这些变化将对达成组织目标产生何种影响，在变化确定发生的时候应该采取什么对策，并制订出一系列的备选方案，一旦出现变化，就可以及时采取措施，不至于无所适从。通过计划工作，进行科学的预测可以把将来的风险降低到最低程度，抓住机会，保持主动，减少不肯定性因素和变化带来的不利影响。

（三）计划是管理者提高效益的重要方法，有利于更经济地进行管理

有了计划，它用共同的目标、明确的方向来代替不协调的、分散的活动，用均匀的

工作流程代替不均匀的工作流程，以及用深思熟虑的决策代替仓促草率的判断，从而实现对各种生产要素的合理分配，使人力、物力、财力紧密结合，取得更大的经济效益。计划工作有利于用最短的时间完成工作，减少迟滞和等待时间，减少盲目性所造成的浪费，促使各项工作能够均衡稳定的发展。计划将组织活动从时空角度进行分解来对现有资源的使用进行合理分配，通过规定组织的不同部门在不同时间从事何种活动、告诉人们何地需要多少数量的资源，从而为组织筹集资源提供依据，使组织的可用资源充分发挥作用，并降低成本，有利于更经济地进行管理。

（四）计划为管理者进行控制提供标准，有利于控制

计划和控制是一个事物的两个方面，它们是管理的一对孪生子。未经计划的活动是无法控制的，因为控制就是纠正脱离计划的偏差，以保持活动的既定方向。主管人员如果没有计划规定的目标作为测定的标准，就无法检查其下级完成工作的情况；如果没有计划作为标准，就无法测定控制活动。计划为控制工作提供了标准，没有计划指导控制就会变得毫无意义（图 4.2）。

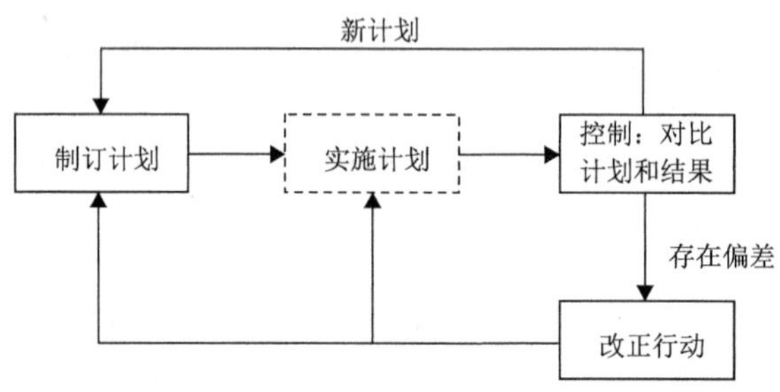

图 4.2　计划是控制的基础

四、计划的特征

（一）预见性

这是计划最明显的特点之一。计划不是对已经形成的事实和状况的描述，而是在行动之前对行动的任务、目标、方法、措施所做出的预见性确认。但这种预想不是盲目的、空想的，而是以上级部门的规定和指示为指导，以本单位的实际条件为基础，以过去的成绩和问题为依据，对今后的发展趋势做出科学预测之后做出的。可以说，预见是否准确，决定了计划写作的成败。

（二）针对性

计划一是根据党和国家的方针政策、上级部门的工作安排和指示精神而定；二是针对本单位的工作任务、主客观条件和相应能力而定。总之，从实际出发制订出来的计划，才是有意义、有价值的计划。

（三）可行性

可行性是和预见性、针对性紧密联系在一起的，预见准确、针对性强的计划，在现

实中才真正可行。如果目标定得过高、措施无力实施，这个计划就是空中楼阁；反过来说，目标定得过低，措施方法都没有创见性，实现虽然很容易，并不能因而取得有价值的成就，那也算不上有可行性。

（四）约束性

计划一经通过、批准或认定，在其所指向的范围内就具有了约束作用，在这一范围内无论是集体还是个人都必须按计划的内容开展工作和活动，不得违背和拖延。

第二节 计划的类型

根据划分标准的不同，计划可以区分为各种不同的类型。表 4.2 列出了按不同的标准划分的计划类型。

表 4.2 计划的类型

分类标准	类型
职能	业务计划、财务计划、人事计划
时间期限的长短	短期计划、中期计划、长期计划
计划内容的详尽程度	具体计划、指导性计划
综合性程度（涉及经营范围和时间长短）	战略计划、战术计划
不同的表现形式	宗旨、目标、战略、政策、规则、程序、规划、预算

一、按职能分类

按职能分类，可以将计划分为业务计划、财务计划及人事计划。

我们通常用“人财物，供产销”六个字来描述一个企业所需的要素和企业的主要活动。业务计划的内容涉及“物、供、产、销”，财务计划的内容涉及“财”，人事计划的内容涉及“人”。组织是通过从事一定业务活动立身于社会的，业务计划是组织的主要计划，作为经济组织，企业业务计划包括产品开发、生产及销售等内容。而财务计划研究如何从资本提供和利用上促进业务活动的有效进行，人事计划则分析如何为业务规模的维持或扩大提供人力资源的保证。财务计划与人事计划是为业务计划服务的，也是围绕着业务计划而展开的。

二、按时间期限分类

按时间期限的长短，可以将计划分为短期计划（short-term plans）、中期计划（middle-term plans）划和长期计划（long-term plans）。长、中、短期计划只是一个相对的概念，没有规定明确的时间期限。现有的习惯做法是将一年及其以内的计划称为短期计划，一年以上到五年以内的计划称为中期计划，五年以上的计划称为长期计划。但是对一些环境变化很快、本身节奏很快的组织活动，其计划分类也可能一年计划是长期计划、季度计划是中期计划、月计划是短计划。

在这三种计划中，通常长期计划主要是方向性和长远性的计划，它主要回答的是组织的长远目标与发展方向及大政方针问题，通常以工作纲领的形式出现。中期计划是根据长期计划制订的，它比长期计划较具体，是考虑了组织内部与外部的条件与环境变化情况后制订的可执行计划。短期计划则比中期计划更加详细具体，它是指导组织具体活动的行动计划，一般是中期计划的分解与落实。

三、按计划内容的详尽程度分类

按计划内容的详尽程度分类，可以将计划分为具体计划（specific plans）和指导性计划（directional plans）。具体计划具有明确规定的目标，不存在模棱两可。例如，企业一位销售部经理打算使企业销售额在未来一年中增长 20%，为此，他制定出明确的程序、预算分配方案及日程进度表，这便是具体计划。指向性计划只规定某些一般性的方针和行动原则，给予行动者较大自由处置处，它指出行动的重点但并不限定在具体的目标上，也不规定特定的行动方案。例如，一个旨在增加利润的具体计划，可能要明确规定在未来一年中利润要增加 10%；而指向性计划也许只提出未来一年中利润增加 10%～15%。显然，具体性计划易于执行、考核及控制，指向性计划具有内在灵活性的优点。

四、按综合性程度分类

按经营范围和时间长短分类，可将计划分为战略计划（strategic plans）和战术计划（operational plans）。战略计划是关于企业活动总体目标和战略方案的计划。它所包含的时间跨度长，涉及范围广；计划内容抽象、概括、不要求直接的可操作性；不具有既定的目标框架作为计划的着眼点和依据；计划方案往往是一次性的，很少能在将来得到再次或重复的使用；计划的前提条件多是不确定的，计划执行结果也往往带有高程度的不确定性。

战术计划是有关组织活动具体如何运作的计划，对企业来说，就是指各项业务活动开展的作业计划。战术计划主要用来规定企业经营目标如何实现的具体实施方案和细节。如果说战略计划侧重于确定企业要做“什么事”（what）及“为什么”（why）要做这事，则战术计划是规定需由“何人”（who）在“何时”（when）、“何地”（where），通过“何种办法”（how），以及使用“多少资源”（how much）来做这事。简单地说，战略计划的目的是确保企业“做正确的事”，而战术计划则旨在追求“正确地做事”。

五、按不同的表现形式分类

哈罗德·孔茨和海因·韦里克从抽象到具体，按不同的表现形式，将计划分为宗旨、目标、战略、政策、规则、程序、规划和预算等，这几类计划的关系可描述为一个由上到下的等级层次，如图 4.3 所示。

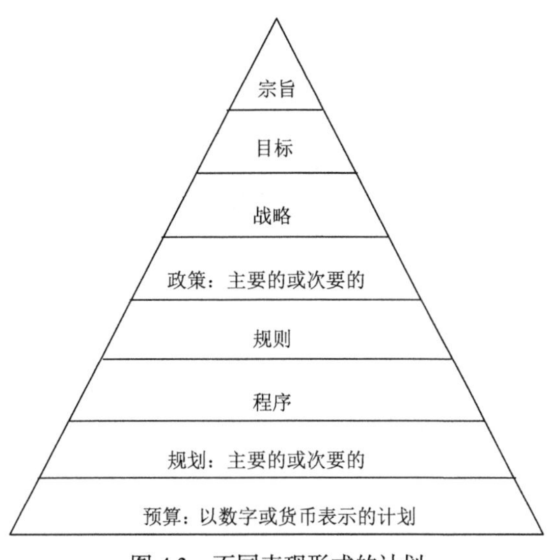

图 4.3 不同表现形式的计划

（一）宗旨

任何组织都有其特定的宗旨（purpose）。宗旨规定了组织生存的目的和使命，这种目的和使命反映社会对该组织的基本要求。例如，研究院所的宗旨是科学研究、大学的宗旨是教书育人和科学研究、医院的宗旨是治病救人、企业的宗旨是从事生产和服务。对于旨在为社会提供有经济价值的产品或服务而开展经营活动的企业组织说，有关宗旨主要包括以下两方面。

（1）经营理念。经营理念，亦称经营哲学，它为企业的经营活动规定了价值观、信念和指导原则。例如，企业在经营过程中是否应该“利润唯上”，还是要兼顾社会责任；“义”与“利”的关系应该遵循什么样的原则来处理；等等。企业经营哲学的确定，一方面取决于企业创办者的意图；另一方面也与整个社会的商业伦理有关。

（2）使命。使命规定这家企业究竟从事的是什么事业，经营业务的范围多大。确定企业的使命，应当明确而仔细地规定出这一企业应该干什么和不应该干什么。例如，一家中型企业将它的使命表述为：“我们的业务是在世界范围内向非家用空调市场提供空调系统的部件和维修服务。”从该企业的使命陈述中可以看出，这家企业并不供应空调系统，也不介入家用的空调市场。经营成功的企业首先要有明确的使命。例如，英特尔公司的使命是“英特尔公司的目标是在工艺技术和营业这两方面都成为并被承认是最好的、是领先的、是第一流的”。康柏计算机公司的使命是“成为所有客户细分市场上个人电脑和个人电脑服务最主要的供应商”。中国平安人寿保险公司的使命是“对客户负责，服务至上，诚信保障；对员工负责，生涯规划，安家乐业；对股东负责，资产增值，稳定回报；对社会负责，回馈社会，建设国家”。企业使命或经营范围的确定需要综合考虑各产业领域的潜力与前景，尤其是顾客需求变化产生的市场容量和结构的变化，以及在有关领域中成功经营所需要条件和关键要素与企业自身拥有的资源和实力状况的匹配程度等各方面的因素。

（二）目标

目标（objective）是在宗旨指导下，具体规定组织及其各个部门的经营管理活动在一定时期要达到的具体成果。例如，教书育人和科学研究是一所大学的宗旨，但一所大学在完成自己宗旨时会进一步具体化不同时期的目标和各院系的目标，如最近五年培养多少人才、完成多少科研课题、发表多少学术论文等。

（三）战略

战略（strategy）是指企业为实现其宗旨和目标而确定的组织行动方向和资源配置纲要。战略是指导全局和长远发展的方针，是要指明方向、重点和资源分配的优先次序，不是要具体地说明企业如何实现目标。

（四）政策

政策（policy）是组织在决策或处理问题时，用来指导和沟通思想与行动的方针和明文规定。例如，某企业的一项人事目标是“在五年内大大提高职工的素质”，相应的人事政策是“在今后五年中仅招收学有专长的职工”。政策的实质是承认存在着自主权，是组织为达到目标而制订的一种限定活动范围的计划。政策要规定范围和界限，但其目的不是要约束下级使之不敢擅自决策，而是鼓励下级在规定的范围内自由处理问题，主动承担责任，将一定范围内的决策权授予下级。

（五）规则

规则（rule）是针对具体场合和具体情况允许采取某种特定行动的规定，即每一步骤工作时所应遵循的原则和规章。它对人的行为具有最强大的约束力。例如，“厂内禁止吸烟”就是一条规则。规则不同于政策。政策的目的是指导行为，并给执行人员留有酌情处理的余地；而规则虽然也起指导行动的作用，但是在运用规则时，执行人员没有自行处理权。规则也不同于程序。规则指导行动但不说明时间顺序。

（六）程序

程序（procedure）规定了如何处理那些重复发生的例行问题的标准方法。程序的实质是对所要进行的活动规定时间顺序，是用来指导行动的一系列工作步骤。可以把程序看成是一系列规划的总和。程序是多种多样的，可以这样说，组织中所有重复发生的管理活动都应当有程序。程序是一种工作步骤，并按时间顺序对必要的活动进行排列。例如，在组织的上层主管部门应当有重大决策程序、预算审批程序、会议程序等；在组织的中层职能管理部门，应当有各自的业务管理程序。

程序还是一种经过优化的计划，它是对大量日常工作过程及工作方法的提炼和规范化。管理程序化水平是管理水平的重要标志，制定和贯彻各项管理工作的程序是组织的一项基础工作。

（七）规划

规划（programme）是为实现既定方针所必需的目标、政策、规则、程序、任务分配、执行步骤、使用资源及其他要素的复合体。因此，规划工作的各个部分彼此协调需要有严格的管理技能，以及系统思考和行动的方法。

（八）预算

预算（budget）被称为数字化的计划。预算可以帮助组织或企业的上层和各级管理部门的主管人员，从资金和现金收支的角度，全面、细致地了解企业经营管理活动的规模、重点和预期成果。例如，某企业的财务预算包括利税计划、流动资金计划、财务收支计划、财务收支明细计划表和成本计划等，其中财务收支明细计划表详细地列出企业各管理部门的主要收支项目的金额数量。预算是控制组织经营活动不可缺少的内容，是使组织的各级计划协调统一的重要手段。

第三节 计划的程序

任何计划工作都要遵循一定的程序或步骤。虽然小型计划比较简单，大型计划复杂些，但是，管理人员在编制计划时，其工作步骤都是相似的，依次包括以下内容。

一、认识机会

认识机会先于实际的计划工作开始以前，严格来讲，它不是计划的一个组成部分，但却是计划工作的一个真正起点，是制订计划的第一个步骤。因为它预测到了未来可能出现的变化，清晰而完整地认识到组织发展的机会，搞清了组织的优势、弱点及所处的地位，认识到组织利用机会的能力，意识到不确定因素对组织可能发生的影响程度等。

认识机会，对做好计划工作十分关键。一位经营专家说过："认识机会是战胜风险求得生存与发展的诀窍。"诸葛亮"草船借箭"的故事流传百世，其高明之处就在于他看到了三天后江上会起雾，而曹军有不习水性不敢迎战的机会，神奇般地实现了自己的战略目标。企业经营中也不乏这样的例子。

二、确定目标

制订计划的第二个步骤是在认识机会的基础上，为整个组织及其所属的下级单位确定目标，目标是指期望达到的成果，它为组织整体、各部门和各成员指明了方向，描绘了组织未来的状况，并且作为标准可用来衡量实际的绩效。计划的主要任务，就是将组织目标进行层层分解，以便落实到各个部门、各个活动环节，形成组织的目标结构，包括目标的时间结构和空间结构。

三、确定前提条件

确定前提条件是制订计划的第三个步骤。所谓计划工作的前提条件就是计划工作的假设条件，简言之，即计划实施时的预期环境。负责计划工作的人员对计划前提了解得越细越透彻，并能始终如一地运用它，则计划工作也将做得越协调。

按照组织的内外环境，可以将计划工作的前提条件分为外部前提条件和内部前提条件；还可以按可控程度，将计划工作的前提条件分为不可控的、部分可控的和可控的三种前提条件。外部前提条件大多为不可控的和部分可控的，而内部前提条件大多数是可控的。不可控的前提条件越多，不肯定性越大，就越需要通过预测工作确定其发生的概率和影响程度的大小。

四、拟订可供选择的可行方案

编制计划的第四个步骤是寻求、拟订、选择可行的行动方案。“条条道路通罗马”，描述了实现某一目标的方案途径是多条的。通常，最显眼的方案不一定就是最好的方案，对过去方案稍加修改和略加推演也不会得到最好的方案，一个不引人注目的方案或通常人提不出的方案，效果却往往是最佳的，这里体现了方案创新性的重要。此外，方案也不是越多越好。编制计划时没有可供选择的合理方案的情况是不多见的，更加常见的不是寻找更多的可供选择的方案，而是减少可供选择方案的数量，以便分析最有希望的方案。即使使用数学方法和计算机，我们还是要对可供选择方案的数量加以限制，以便把主要精力集中在对少数最有希望的方案的分析方面。

五、评价可供选择的方案

在找出了各种可供选择的方案和检查了它们的优缺点后，下一步就是根据前提条件和目标，权衡它们的轻重优劣，对可供选择的方案进行评估，这是制订计划的第五个步骤。评估实质上是一种价值判断，它一方面取决于评价者所采用的评价标准；另一方面取决于评价者对各个标准所赋予的权重。第一个方案看起来可能是最有利可图的，但是需要投入大量现金，而回收资金很慢；第二个方案看起来可能获利较少，但是风险较小；第三个方案眼前看没有多大的利益，但可能更适合公司的长远目标。应该用运筹学中较为成熟的矩阵评价法、层次分析法、多目标评价法，进行评价和比较。

如果唯一的目标是要在某项业务里取得最大限度的当前利润，如果将来不是不确定的，如果无需为现金和资本可用性焦虑，如果大多数因素可以分解成确定数据，这样条件下的评估将是相对容易的。但是，由于计划工作者通常都面对很多不确定因素，资本短缺问题及各种各样无形因素，评估工作通常很困难，甚至比较简单的问题也是这样。一家公司主要为了声誉而想生产一种新产品；而预测结果表明，这样做可能造成财务损失，但声誉的收获是否能抵消这种损失，仍然是一个没有解决的问题。因为在多数情况下，存在很多可供选择的方案，而且有很多应考虑的可变因素和限制条件，评估会极其困难。

评估可供选择的方案，要注意考虑以下几点：第一，认真考察每一个计划的制约因素和隐患；第二，要用总体的效益观点来衡量计划；第三，既要考虑到每一个计划的有形的可以用数量表示出来的因素，又要考虑到无形的、不能用数量表示出来的因素；第四，要动态地考察计划的效果，不仅要考虑计划执行所带来的利益，还要考虑计划执行所带来的损失，特别注意那些潜在的、间接的损失。

六、选择方案

计划工作的第六步是选定方案。这是在前五步工作的基础上，做出的关键一步，也是决策的实质性阶段——抉择阶段。可能遇到的情况是，有时会发现同时有两个以上可取方案。在这种情况下，必须确定出首先采取哪个方案，而将其他方案也进行细化和完善，以作为后备方案。

七、制订派生计划

制订派生计划是制订计划的第七步。基本计划还需要派生计划的支持。比如，一家公司年初制订了“当年销售额比上年增长15%”的销售计划，与这一计划相连的有许多计划，如生产计划、促销计划等。再如，当一家公司决定开拓一项新的业务时，这个决策需要制订很多派生计划作为支撑，如雇佣和培训各种人员的计划、筹集资金计划、广告计划等。

八、编制预算

在做出决策和确定计划后，计划工作的最后一步就是把计划转变成预算，使计划数字化。编制预算，一方面是为了计划的指标体系更加明确；另一方面是使企业更易于对计划执行进行控制。定性的计划往往可比性、可控性和进行奖惩方面比较困难，而定量的计划具有较硬的约束。

从上述可见，计划的基本步骤可用图4.4来表示。

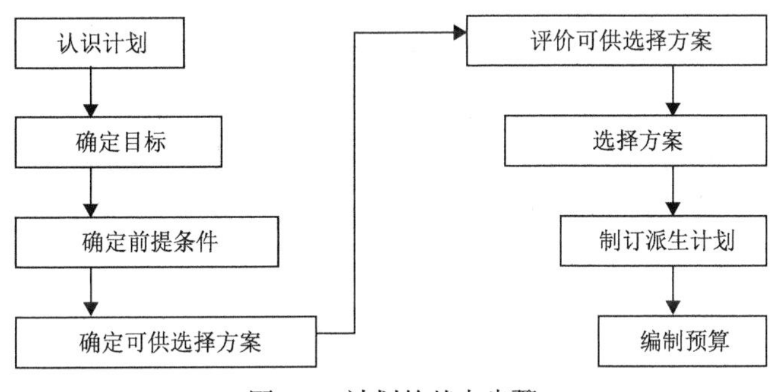

图4.4 计划的基本步骤

第四节 目 标 管 理

“目标管理”的概念是管理专家彼得·德鲁克1954年在其名著《管理实践》中最先提出的，其后他又提出“目标管理和自我控制”的主张。德鲁克认为，并不是有了工作才有目标，而是相反，有了目标才能确定每个人的工作。所以“企业的使命和任务，必须转化为目标”，如果一个领域没有目标，这个领域的工作必然被忽视。因此，管理者应该通过目标对下级进行管理，当组织最高层管理者确定了组织目标后，必须对其进行有效分解，转变成各个部门及各个人的分目标，管理者根据分目标的完成情况对下级进行考核、评价和奖惩。

目标管理提出以后，便在美国迅速流传。时值第二次世界大战后西方经济由恢复转向迅速发展的时期，企业急需采用新的方法调动员工积极性以提高竞争能力，目标管理的出现可谓应运而生，遂被广泛应用，并很快为日本、西欧国家的企业所仿效，在世界管理界大行其道。

目标管理的具体形式各种各样，但其基本内容是一样的。所谓目标管理乃是一种程序或过程，它使组织中的上级和下级一起协商，根据组织的使命确定一定时期内组织的总目标，由此决定上、下级的责任和分目标，并把这些目标作为组织经营、评估和奖励每个单位和个人贡献的标准。

目标管理指导思想上是以Y理论为基础的，即认为在目标明确的条件下，人们能够对自己负责。具体方法上是泰勒科学管理的进一步发展。它与传统管理方式相比有鲜明的特点，可概括为以下内容。

（1）重视人的因素。目标管理是一种参与的、民主的、自我控制的管理制度，也是一种把个人需求与组织目标结合起来的管理制度。在这一制度下，上级与下级的关系是平等、尊重、依赖、支持，下级在承诺目标和被授权之后是自觉、自主和自治的。

（2）建立目标锁链与目标体系。目标管理通过专门设计的过程，将组织的整体目标逐级分解，转换为各单位、各员工的分目标。从组织目标到经营单位目标，再到部门目标，最后到个人目标。在目标分解过程中，权、责、利三者已经明确，而且相互对称。这些目标方向一致、环环相扣、相互配合，形成协调统一的目标体系。只有每个人员完成了自己的分目标，整个企业的总目标才有完成的希望。

（3）重视成果。目标管理以制定目标为起点，以目标完成情况的考核为终结。工作成果是评定目标完成程度的标准，也是人事考核和奖评的依据，是评价管理工作绩效的唯一标志。至于达成目标的具体过程、途径和方法，上级并不过多干预。所以，在目标管理制度下，监督的成分很少，而控制目标实现的能力却很强。

一、目标管理的特点

目标管理的特点，主要表现在下述几个方面。

（一）明确目标

研究人员和实际工作者早已认识到制定个人目标的重要性。美国马里兰大学的早期研究发现，明确的目标要比只要求人们尽力去做有更高的业绩，而且高水平的业绩是和高的目标相联系的。人们注意到，在企业中，目标技能的改善会继续提高生产率。然而，目标制定的重要性并不限于企业，而且在公共组织中也是有用的。在许多公共组织里，普遍存在的目标的含糊不清对管理人员来说是一件难事，但人们已在寻找解决这种难题的途径。

（二）参与决策

目标管理中的目标不是像传统的目标设定那样，单向由上级给下级规定目标，然后分解成子目标落实到组织的各个层次上，而是用参与的方式决定目标，上级与下级共同参与选择设定各对应层次的目标，即通过上下协商，逐级制定出整体组织目标、经营单位目标、部门目标直至个人目标。因此，目标管理的目标转化过程既是“自上而下”的，又是“自下而上”的。

（三）规定时限

目标管理强调时间性，制定的每一个目标都有明确的时间期限要求，如一个季度、一年、五年，或在已知环境下的任何适当期限。在大多数情况下，目标的制定可与年度预算或主要项目的完成期限一致。但并非必须如此，这主要是要依实际情况来定。某些目标应该安排在很短的时期内完成，而另一些则要安排在更长的时期内。同样，在典型的情况下，组织层次的位置越低，为达成目标而设置的时间往往越短。

（四）评价绩效

目标管理不断地将实现目标的进展情况反馈给个人，以便他们能够调整自己的行动。也就是说，下属人员承担为自己设置具体的个人绩效目标的责任，并具有同他们的上级领导人一起检查这些目标的责任。每个人因此对他所在部门的贡献就变得非常明确。尤其重要的是，管理人员要努力吸引下属人员对照预先设立的目标来评价业绩，积极参加评价过程，用这种鼓励自我评价和自我发展的方法，鞭策员工对工作的投入，并创造一种激励的环境。

二、目标管理的类型

（一）业绩主导型目标管理和过程主导型目标管理

这是依据对目标的实现过程是否规定来区分的。目标管理的最终目的在于业绩，所以从根本上说，目标管理也称业绩管理。其实，任何管理其目的都是要提高业绩。

（二）组织目标管理和岗位目标管理

这是从目标的最终承担主体来分的。组织目标管理是一种在组织中自上而下系统设立和开展目标，从高层到低层逐渐具体化，并对组织活动进行调节和控制，谋求高效地实现目标的管理方法。

（三）成果目标管理和方针目标管理

这是依据目标的细分程度来分的。成果目标管理是以组织追求的最终成果的量化指标为中心的目标管理方法。

三、目标管理的功能

由于目标管理是超前性的管理、系统整体的管理和重视成果的管理及重视人的管理，所以有以下功能。

（一）克服传统管理的弊端

传统管理主要有两大弊端：一是工作缺乏预见和计划，没事的时候，尽可悠闲自得，一旦意外事件发生，就忙成一团，成天在事务中兜圈子；二是不少组织中的领导信奉传统官僚学的理论，认为权力集中控制才能使力量集中、指挥统一和效率提高。

（二）提高工作成效

目标管理不同于以往的那种只重视按照规定的工作范围和工作程序和方法进行工作的做法，而是在各自目标明晰、成员工作目标和组织总目标直接关联的基础上，鼓励组织成员达成目标。同时，目标同客观的评价基准和奖励相配套。这有利于全面提高管理的绩效。

（三）使个体的能力得到激励和提高

在管理目标建立的过程中，成员可以各抒己见，各显其能，有表现其才能、发挥其潜能的权利和机会；工作成员为了更好地完成其职责和个人目标，必然加强自我训练和学习，不断充电，提高能力；目标管理的确定，既根据个人的能力，又具有某种挑战性，要达到目标，必须努力才有可能。

（四）改善人际关系

根据目标进行管理，组织的上下级沟通会有很大的改善，原因在于：第一，目标制定时，上级为了让员工真正了解组织希望达到的目标，必须和成员商量，必须先有良好的上下沟通和取得一致的意见，这就容易形成团体意识。第二，目标管理理念是每个组织成员的目标，是为组织整体完成并且根据整体目标而制定的。

四、目标管理的基础工作

（一）目标管理基础工作的含义和特点

目标管理基础工作就是为建立目标管理制度而所做的起点性工作，是为建立目标管理制度和发挥各项专业管理的作用而提供的必不可少的经常性工作。由于组织系统担负的任务不同，不同行业、不同部门、不同单位基础工作的内容必然各有侧重，不尽相同。但基本的内容应该包括：基础知识教育、标准化和信息工作三项。其中基础知识教育是前提，标准化是依据，信息工作是关键。它们组成一个有机整体，缺一不可。目标管理基础工作具有以下三个主要特点。

1. 先行性、连续性和稳定性

基础工作大都建立在各项专业管理之前，并贯穿于整个管理活动过程。例如，标准化，在推行目标管理中，确定目标应以标准为依据，实施目标和绩效审核也同样离不开标准，所以标准化应先行，且应保持连续性和稳定性。

2. 空间上的低层次性和群众性

基础工作一般发生或作用于较低层次的具体工作中。这是因为，它是各项专业管理职能发挥作用的前提和依据。所以必须围绕管理组织系统和总目标踏踏实实地去做，应设置相应的组织机构或配备专职管理人员，做到基础工作扎实可靠。

3. 内容上的多维性和多层次性

多维性是指基础工作包括多种不同的角度和多个方面，它们互相交叉、互相渗透，又能各自单独地发挥作用。多层次则是指其工作内容涉及管理组织系统的各个层次、各个岗位、各类人员。因此，全体人员必须共同努力才能做好基础工作。

（二）目标管理工作中的信息处理

1. 信息工作的基本要求

现代管理系统离不开信息，特别是随着科学技术的进步和社会生产力的不断发展，对信息工作的要求越来越高。信息的基本要求有以下几点。

第一，适用。适用要求所提供的信息是有用的、适合需要的。这是搜集信息要注意的首要问题。

第二，及时。及时要求能够灵敏、迅速地发现和提供管理活动所需要的各种信息。

第三，准确。

第四，经济。

2. 做好信息工作应注意的问题

第一，注意提高原始记录的质量。

第二，做好统计工作。统计工作是指搜集、整理、分析研究各种信息统计资料并对之进行推论的工作。

第三，运用现代信息技术。随着电子计算机和现代化通信技术的大力运用，政务电子化、网络化势在必行，建立现代化的信息系统十分必要。

五、目标管理的基本程序

目标管理的具体做法分三个阶段：第一阶段为目标的设置；第二阶段为实现目标过程的管理；第三阶段为总结和评价所取得的成果。

（一）目标的设置

这是目标管理最重要的阶段，这一阶段可以细分为四个步骤。

（1）高层管理预定目标，首先，这是一个暂时的、可以改变的目标预案。即可以上级提出，再同下级讨论；也可以由下级提出，上级批准。无论哪种方式，必须共同商量决定。其次，领导必须根据企业的使命和长远战略，估计客观环境带来的机会和挑战，对本企业的优劣有清醒的认识，对组织应该和能够完成的目标心中有数。

（2）重新审议组织结构和职责分工。目标管理要求每一个分目标都有确定的责任主体。因此预定目标之后，需要重新审查现有组织结构，根据新的目标分解要求进行调整，明确目标责任者和协调关系。

（3）确立下级的目标。首先下级明确组织的规划和目标，然后商定下级的分目标。在讨论中上级要尊重下级，平等待人，耐心倾听下级意见，帮助下级发展一致性和支持性目标。分目标要具体量化，便于考核；分清轻重缓急，以免顾此失彼；既要有挑战性，又要有实现可能。每个员工和部门的分目标要和其他的分目标协调一致，支持本单位和组织目标的实现。

（4）上级和下级就实现各项目标所需的条件及实现目标后的奖惩事宜达成协议。分目标制定后，要授予下级相应的资源配置的权力，实现权责利的统一。由下级写成书面协议，编制目标记录卡片，整个组织汇总所有资料后，绘制出目标图。

（二）实现目标过程的管理

目标管理重视结果，强调自主、自治和自觉，但这并不等于领导可以放手不管，相反由于形成了目标体系，一环失误，就会牵动全局。因此，领导在目标实施过程中的管理是不可缺少的。首先，进行定期检查，利用双方经常接触的机会和信息反馈渠道自然地进行；其次，要向下级通报进度，便于互相协调；最后，要帮助下级解决工作中出现的困难问题，当出现意外、不可测事件严重影响组织目标实现时，也可以通过一定的手续，修改原定的目标。

（三）总结和评估所取得的成果

达到预定的期限后，下级首先进行自我评估，提交书面报告；然后上下级一起考核目标完成情况，决定奖惩；同时讨论下一阶段目标，开始新循环。如果目标没有完成，应分析原因总结教训，切忌相互指责，以保持相互信任的气氛。

六、目标管理体制的评价

目标管理是以相信人的积极性和能力为基础的，企业各级领导者对下属人员的领导，不是简单地依靠行政命令强迫他们去干，而是运用激励理论，引导职工自己制定工作目标、自主进行自我控制、自觉采取措施达成目标、自动进行自我评价。目标管理的最大特征是通过诱导启发职工自觉地去干、激发员工的生产潜能、提高员工的工作效率来促进企业总体目标的实现。

目标管理与其他任何事物一样具有两个方面，既有积极的优点，又有本身的局限性。它与传统管理方法相比有许多优点，概括起来主要有以下几个方面。

（一）目标管理的优点

1. 管理强化，水平提高

扼要地讲，目标管理最大的好处就是它能导致管理水平的提高。以最终结果为导向的目标管理，它迫使各级管理人员去认真思考计划的效果，而不仅是考虑计划的活动。

为了保证目标的实现，各级管理人员必然要深思熟虑实现目标的方法和途径，考虑相应的组织机构和人选，以及需要怎样的资源和哪些帮助。许多经理认为，有一套目标体系，有一套评价标准，就激励和控制来讲，没有比这更能推动有效管理了。

2. 成果导向，结构优化

目标管理的另一个好处，是促使管理人员根据目标去确定组织的任务和结构。目标作为一个体系，规定了各层次的分目标和任务，那么，在允许的范围内，组织机构要按照实现目标的要求来设置和调整，各个职位也应当围绕所期望的成果来建立，这就会使组织结构更趋合理与有效。为了取得成果，各级管理人员必须根据他们期望的成果授予下属人员相应的权力，使其与组织的任务和岗位的责任相对应。

3. 任务承诺，责任明确

目标管理还有一个重要好处，是由各级管理人员和工作人员去承担完成任务的责任，从而让各级管理者和工作人员不再只是执行指标和等待指导，而成为专心致志于自己目标的人。他们参与自己目标的拟订，将自己的思想纳入计划之中，他们了解自己在计划中所拥有的自主处置的权限，能从上级领导那里得到多少帮助，自己应承担多大的责任，他们就会把管理工作做得更好。

4. 监督加强，控制有效

目标管理能使责任更明确，由此就不难推理，它会使控制活动更有效。控制就是采取措施纠正计划在实施中出现与目标的偏离，确保任务的完成。有了一套可考核的目标评价体系，监督就有了依据，控制就有了准绳，也就解决了控制活动最主要的问题。

（二）目标管理的局限性

目标管理有许多优点，但它也有缺陷，这是一个事物的两个方面。有些缺陷是方式本身存在的，有些缺陷是在实施过程中因工作没到位而引起的。

1. 目标难确定

真正可考核的目标是很难确定的，尤其是要让各级管理人员的目标都具有正常的“紧张”和“费力”程度，即“不跳够不到”“跳一跳够得到”的合理程度，是非常困难的。而这个问题恰恰是目标管理能否取得成效的关键。为此，目标设置要比开展工作和拟订计划做更多的研究。

根据先进性、可行性、可量化、可考核等要求确定管理目标体系，会对各级管理人员产生一定的压力。为了达到目标，各级管理人员有可能会出现不择手段的行为。为了防止选择不道德手段去实现目标的可能性，高层管理人员一方面要确定合理的目标；另一方面还要明确表示对行为的期望，给道德的行为以奖励，给不道德的行为以惩罚。

2. 目标短期化

几乎在所有实行目标管理的组织中，确定的目标一般都是短期的，很少有超过一年的。其原因是组织外部环境的可能性变化，各级管理人员难以做出长期承诺。短期目标的弊端在管理活动中是显而易见的，短期目标会导致短期行为，以损害长期利益为代价，换取短期目标的实现。为防止这种现象的发生，高层管理人员必须从长远利益来设置各级管理目标，并对可能出现的短期行为做出某种限制性规定。

3. 目标修正不灵活

目标管理要取得成效，就必须保持目标的明确性和肯定性，如果目标经常改变，说明计划没有深思熟虑，所确定的目标是没有意义的。但是，如果目标管理过程中，环境发生了重大变化，特别是上级部门的目标已经修改，计划的前提条件或政策已变化的情况下，还要求各级管理人员继续为原有的目标而奋斗，显然是愚蠢的。然而，由于目标是经过多方磋商确定的，要改变它就不是轻而易举的事，常常修订一个目标体系与制定一个目标体系所花费的精力和时间是差不多的，结果很可能不得不中途停止目标管理的进程。

综上所述，目标管理可能看起来简单，但要把它付诸实施，管理者必须对它有很好的领会和理解。

首先，管理者必须知道什么是目标管理，为什么要实行目标管理。如果管理者本身不能很好地理解和掌握目标管理的原理，那么，由其来组织实施目标管理也是一件不可能的事。

其次，管理者必须知道组织的总目标是什么，以及他们自己的活动怎样适应这些目标。如果组织的一些目标含糊不清、不现实、不协调、不一致，那么主管人员想同这些目标协调一致，实际上也是不可能的。

再次，目标管理所设置的目标必须是正确的、合理的。所谓正确，是指目标的设定应符合组织的长远利益，和组织的目的相一致，而不能是短期的。合理的，是指设置目标的数量和标准应当是科学的，因为过于强调工作成果会给人的行为带来压力，导致不择手段的行为产生。为了减少选择不道德手段去达到这些效果的可能性，管理者必须确定合理的目标，明确表示行为的期望，使得员工始终具有正常的“紧张”和“费力”程度。

最后，所设目标无论在数量或质量方面都具备可考核性，也许是目标管理成功的关键。任何目标都应该在数量上或质量上具有可考核性。有些目标，如“时刻注意顾客的需求并很好地为他们服务”或“使信用损失达到最小”或“改进提高人事部门的效率”等，都没多大意义，因为在将来某一特定时间没有人能准确地回答他们实现了这些目标没有。如果目标管理不可考核，无益于对管理工作或工作效果进行评价。

正因为目标管理对管理者的要求相对较高，且在目标的设定中总是存在这样、那样的问题，使得目标管理在付诸实施的过程中，往往流于形式，在实践过程中有很大的局限性。于是，管理学者们顺应管理学的不断发展，根据不同发展时期对人性的不同认识，提出了相应的管理方式。

第五节　经营战略管理

所谓经营战略管理，是指经营战略从制定到实施，包括制定、执行、控制和调整的全过程。它是一套应付环境变化的谋划和对策，包括战略方针、战略目标和战略措施。表现为全局性、长远性、导向性、竞争性和风险性五个特征。通常按不同的标准分为稳定型战略、发展型战略、紧缩型战略；或分为成本领先战略、产品差异战略、市场集中战略；或分为保守型战略、可靠型战略、风险型战略；或分为单一经营战略、多元经营战略等。常见的有名牌战略、多元化经营战略、经营服务形象战略、国际化经营战略等。

企业经营战略管理是企业根据内部和外部环境的情况分析，拟定企业目标和经营指导方针，并且制定有效的战略，使企业达到经营目标的一系列管理决策与行动。

经营战略管理过程是企业基于内外部环境分析，确定战略目标，并将目标付诸实施和对战略实施过程进行控制和评价的动态过程。经营战略管理是企业高层管理人员最重要的职责。

一、经营战略的制定

制定企业经营战略的程序如下。

（1）分析企业的外部环境和内部条件，寻找发挥本企业优势的机会。企业外部环境主要包括政治、经济、科学技术、文化和自然环境。它一般具有变动性和不确定性。企业制定经营战略时，需要及时、准确、全面地掌握和分析这些环境对自己生存发展的影响。

掌握和分析行业环境是分析外部环境的主要内容。行业环境主要包括行业寿命周期、规模、技术状况、战略集团等行业现状和发展前景，以及行业中的竞争结构。美国著名战略学家迈克尔·波特指出："在任何产业里，无论是在国内还是国外，无论是生产一种产品，还是提供一种服务，竞争规则都属于以下五种力量之中，即新竞争者的加入、替代品的威胁、购买方的讨价还价能力、供应方的讨价还价能力，以及现有企业之间的竞争。"这五种竞争力量，它们之间相互影响和相互制约，就形成了行业中的竞争结构。

企业内部条件主要是指企业的综合实力。它主要包括：产品实力，如产品性能、质量、品种、销售、服务、技术水平的获利能力；战略优势，如技术、成本、资源、品牌、企业文化和形象等方面。

（2）确定企业经营的方向和目标。经营方向是指企业的发展方向、业务范围和经营领域。发展方向说明企业应满足顾客哪些需要，也可称为战略方针。业务范围表明企业经营几个行业的业务或生产。经营领域表明在一个行业内具体应为哪一类特定顾客提供产品或服务的经营场所。

（3）制订战略方案。这就是要制订为实现企业目标服务的对策或措施方案。战略方案可以推动企业在自己所确定的经营领域中获得优势，从而保证企业目标的实现。一般应当选择在现有产品和市场领域内能促进销售、降低成本、改善资金运用等方面的战略方案。这样比较容易且风险较小。如果这方面的战略方案尚不足以实现目标，就得在新的产品和市场领域里进一步寻找有效的战略方案，如开辟新市场、发展新产品、开展多种经营等。

（4）选择战略方案。为了最后决定应采取的最优战略，对已经制订的各种战略方案要进行评价和选择。评价时主要从两方面加以探讨：第一，看战略方案的效果如何，即对实现企业目标的影响程度如何。第二，看战略方案实现的可能性如何。一般要选择效果好（如利润率高、市场占有率高等）又易于实现（如不需要多投资、不用新的专门人员等）的战略方案作为企业首选的战略。

二、经营战略的执行

企业在经营战略的执行过程中，要做好以下三项工作。

（1）战略方案的分解。为了使每一个经营单位都明确自己在一定时期内的任务，应将战略方案中规定的总目标进行分解。首先是按单位分解，即把企业目标分解到各车间、各科室，各车间再把目标分解到各个班组，班组还可把目标分解到各个工人。其次是按时间分解，即把长期的总目标分解成短期的目标，使之具体化。目标层层落实后，还要与考核和奖励制度结合起来，以便调动广大职工群众执行战略的积极性。

（2）行动计划的编制。经营战略只是规定了企业经营的方向、目标和基本措施，它是比较原则的、粗略的。为了使经营战略得以顺利执行，还得编制具体的行动计划。通过编制行动计划，可以进一步规定任务的轻重缓急和时机，可以明确每一战略项目的工作量、起止时间、资源保证、负责人等。

（3）组织机构的调整。战略是由一定的组织机构来执行的，机构是为实施战略服务的，有什么样的战略，就应该有什么样的机构。应当根据战略的要求把企业的组织机构调整好。当企业经营由单一生产改为多种生产或跨行业经营时，原来的职能式机构就按产品大类设立若干个分部或事业部，在各个分部下再设立职能机构。当企业采用了开拓国际市场的战略后，就要设立外销科或国际经营部门等，以适应战略的需要。调整机构时应考虑企业的规模和人员的素质。

三、经营战略的控制

战略控制是实施战略中重要的一环。战略控制过程是指将战略的执行结果与既定的战略目标进行对比，发现偏差、分析原因、采取措施并加以克服的整个过程。战略控制的基本环节有三个。

（1）战略评价标准。要从战略目标中确定几个评价标准。评价标准可以是定性的，如战略与环境的一致性、战略与资源的配套性等，但最好是定量的，以便于对比。常用的定量评价标准有利润总额或利润增长幅度、销售利润率、资金利润率、市场占有率等。

（2）实际工作成果。这就是战略的实际执行结果。为了获得准确的资料，除建立有效的管理信息系统外，还要采用一定的控制方法。常用的方法有两种：产出控制，即对产量、销售量、资金等定量数据的测定，用以证明工作成绩；行为控制，即直接对个人的行为进行观察，用以提高工作效率。

（3）发现和纠正偏差。将实际工作成果与预定的目标或评价标准进行对比，就会发现偏差，特别是实际成果达不到目标要求的情况。这就要进一步分析造成偏差的原因，究竟是战略本身的问题（如原定的战略目标过高等），还是执行不力、方法不妥、互相脱节等行动方面的问题。然后针对存在的问题，进行战略修订或调整，纠正偏差。

四、经营战略的调整

战略调整是战略管理的最后一个环节。当偏差原因属于战略本身时，就要对战略进行调整或修订。由于企业的外部环境经常在变，战略决策人员的水平也有限，不可能对几年后的发展预计得很准确，从而产生了战略不够准确的状况。战略调整可按调整范围的大小分为以下两类。

（1）局部战略调整。这就是按照影响战略的因素对战略进行局部性的小修改，而不涉及方向性的变化。由于这种调整并不影响总体战略，可由执行单位加以调整。

（2）总体战略调整。这是涉及全局的长期战略方向的调整，要慎重处理，掌握足够的论据以后再改变。这种调整应由综合部门提出调整方案交企业领导研究决定。

第六节　计划的制订

计划工作的效率高低和质量的好坏在很大程度上取决于所采用的计划方法。现代计划方法为制订这种切实可行的计划提供了手段。在计划的质量方面，现代计划方法可以确定各种复杂的经济关系，提高综合平衡的准确性，能够在众多的方案中选择最优方案，还能够进行因果分析，科学进行预测，在效率方面，由于采用了现代数学工具并以计算机技术作为基础，大大加快了计划工作的速度，这就使得管理者从繁杂的计划工作中解脱出来，能够集中精力考虑更重要的问题。总之，现代计划方法具有许多优点，已经逐渐为更多的计划工作所采用，下面介绍其中几种主要方法。

一、滚动计划法

（一）滚动计划法的含义

滚动计划法是按照“近细远粗”的原则制订一定时期内的计划，然后按照计划的执行情况和环境变化，调整和修订未来的计划，并逐期向后移动，把短期计划和中期计划结合起来的一种计划方法。

滚动计划（也称滑动计划）是一种动态编制计划的方法。它不像静态分析那样，等一项计划全部执行完了之后再重新编制下一时期的计划，而是在每次编制或调整计划时，均将计划按时间顺序向前推进一个计划期，即向前滚动一次，按照制订的项目计划进行施工，这对保证项目的顺利完成具有十分重要的意义。但是由于各种原因，在项目进行过程中经常出现偏离计划的情况，因此要跟踪计划的执行过程，以发现存在的问题。另外，跟踪计划还可以监督过程执行的费用支出情况，跟踪计划的结果通常还可以作为向承包商部分支付的依据。然而，计划却经常执行得很差，甚至会被完全抛弃。

其编制方法是：在已编制出的计划的基础上，每经过一段固定的时期（如一年或一个季度，这段固定的时期被称为滚动期）便根据变化了的环境条件和计划的实际执行情况，从确保实现计划目标出发对原计划进行调整。每次调整时，保持原计划期限不变，而将计划期顺序向前推进一个滚动期。

（二）滚动计划法的制定流程

滚动计划法是根据一定时期计划的执行情况，考虑企业内外环境条件的变化，调整和修订出来的计划，并相应地将计划期顺延一个时期，把近期计划和长期计划结合起来的一种编制计划的方法。在计划编制过程中，尤其是编制长期计划时，为了能准确地预测影响计划执行的各种因素，可以采取近细远粗的办法，近期计划订得较细、较具体，远期计划订得较粗、较概略。在一个计划期终了时，根据上期计划执行的结果和产生条件、市场需求的变化，对原订计划进行必要的调整和修订，并将计划期顺序向前推进一期，如此不断滚动、不断延伸。例如，某企业在 2000 年年底制定了 2001～2005 年的五年计划，如采用滚动计划法，到 2001 年年底，根据当年计划完成的实际情况和客观条件的变化，对原订的五年计划进行必要的调整，在此基础上再编制 2002～2006 年的五年计划。其后依此类推，如图 4.5 所示。

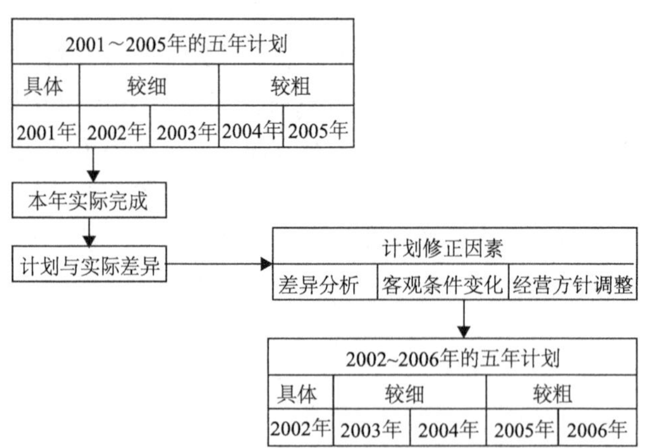

图 4.5　滚动计划法的制定流程

可见，滚动式计划法能够根据变化了的组织环境及时调整和修正组织计划，体现了计划的动态适应性。而且，它可使中长期计划与年度计划紧紧地衔接起来。

滚动计划法，既可用于编制长期计划，也可用于编制年度、季度生产计划和月度生产作业计划。不同计划的滚动期不一样，一般长期计划按年滚动，年度计划按季滚动，月度计划按旬滚动等。

（三）滚动计划法的优点

滚动计划法虽然使得计划编辑工作的任务量加大，但在计算机已被广泛应用的今天，其优点十分明显。

（1）把计划期内各阶段及下一个时期的预先安排有机地衔接起来，而且定期调整补充，从而从方法上解决了各阶段计划的衔接和符合实际的问题。

（2）较好地解决了计划的相对稳定性和实际情况的多变性这一矛盾，使计划更好地发挥其指导生产实际的作用。

（3）采用滚动计划法，使企业的生产活动能够灵活地适应市场需求，把供产销密切结合起来，从而有利于实现企业预期的目标。

需要指出的是，滚动间隔期的选择，要适应企业的具体情况，如果滚动间隔期偏短，则计划调整较频繁，好处是有利于计划符合实际，缺点是降低了计划的严肃性。一般情况是，生产比较稳定的大量大批企业宜采用较长的滚动间隔期，生产不太稳定的单件小批生产企业则可考虑采用较短的间隔期。

采用滚动计划法，可以根据环境条件变化和实际完成情况，定期地对计划进行修订，使组织始终有一个较为切合实际的长期计划作指导，并使长期计划能够始终与短期计划紧密地衔接在一起。

二、网络计划法

网络计划技术是指用于工程项目的计划与控制的一项管理技术。它是 20 世纪 50 年代末发展起来的，依其起源有关键路径法（critical path method，CPM）与计划评审法（project evaluation and review technique，PERT）之分。1956 年，美国杜邦公司在制订企业不同业务部门的系统规划时，制订了第一套网络计划。这种计划借助于网络表示各项工作与所需要的时间，以及各项工作的相互关系。通过网络分析研究工程费用与工期的相互关系，并找出在编制计划及计划执行过程中的关键路线。

（一）网络计划技术的基本思路

运用网络图的形式表达一个计划项目中各种活动（作业、工序）之间的先后次序和相互关系，在此基础上进行网络分析，计算网络时间，确定关键活动和关键路线；然后利用时差，对网络进行工期、资源和成本进行优化；在实施过程中，通过信息反馈进行监督和控制，以确定计划目标的实现。

（二）网络计划图

例如，某飞机发动机维修项目，包括以下作业：A 拆卸，5 天；B 电子器件检查，8 天；C 机械零件检查，10 天；D 机械零件更换，6 天；E 机械零件维修，15 天；F 电子器件更换，9 天；G 组装，6 天；H 试车，3 天（图 4.6）。

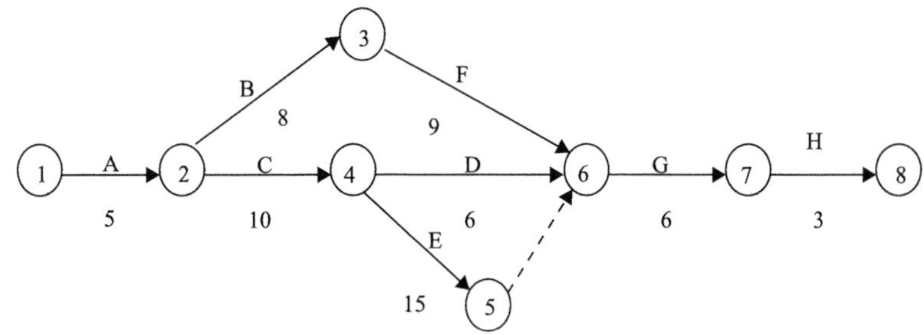

图 4.6　某飞机发动机维修项目网络计划图

1. 网络图的构成

1）活动

活动（或作业或工序）是一项需要消耗资源，经过一定时间才能完成的具体工作，网络图上用箭线“→”表示。对箭线前后的结点进行编号，分别表示活动开始和结束。活动名称或代号一般写在箭线上方，而活动所消耗的时间或其他资源一般置于箭线下方。相邻排列的活动，前活动是后活动的近前（紧前）活动。

2）事项（或事件或结点）

事项（或事件或结点）表示两项活动的连接点，既不消耗资源，也不占用时间，只表示前一活动的开始、后一活动结束的瞬间。

3）路线

路线是网络图中由始点活动出发，沿箭线方向前进，连续不断地到达终点活动的一条通道，表示一个独立的工作流程。网络图中一般有多条路线，其中消耗时间最长的一条称为关键路线（用双箭线表示），它决定总工期。

通过计算网络图中的时间参数，求出工程工期并找出关键路径。在关键路线上的作业称为关键作业，这些作业完成的快慢直接影响着整个计划的工期。在计划执行过程中关键作业是管理的重点，在时间和费用方面则要严格控制。

2. 网络图绘制的规则

（1）箭线一般均指向右边，不允许出现反向箭头。

（2）任一箭线的箭尾结点编号必须小于箭头结点编号（图 4.7）。

（3）整个网络图中的编号不能重复，编号可以不连续。

（4）两个结点之间只能有一条箭线，如果有两项平行活动，则应用虚箭线保证此规则不被破坏。箭线不可交叉（图 4.8）。

（5）一个网络图只应有一个起点和一个终点。

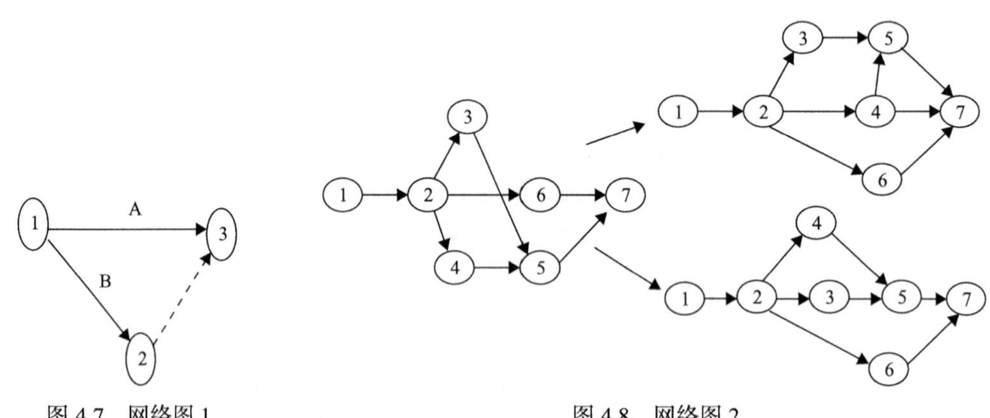

图 4.7　网络图 1

图 4.8　网络图 2

3. 网络图的绘制步骤

（1）任务分解与分析：确定完成项目必须进行的每一项活动，并确定活动之间的逻辑关系。

（2）根据活动之间的关系绘制网络图（草图、美化图、结点编号）。

（3）估计和计算每项活动的完成时间。

（4）计算网络图的时间参数并确定关键路线。

（5）进行网络图优化。

（三）网络计划技术的评价

（1）网络计划技术能清晰地表明整个工程的各个活动的时间顺序和相互关系，并指出了完成任务的关键环节和路线。

（2）可对工程的时间进度与资源利用实施优化。

（3）可事先评价到达目标的可能性。

（4）便于组织和控制。

（5）易于操作，并有广泛的应用范围。

（四）网络图的优化

网络优化，是指根据关键路线法，通过利用时差，不断改善网络计划的初始方案，在满足一定的约束条件下，寻求管理目标达到最优化的计划方案。网络优化是网络计划技术的主要内容之一，也是较之其他计划方法优越的主要方面。

网络优化可分为以下几种类型：时间优化、时间-成本优化、时间-资源优化。

1. 时间优化

在人力、物力、财力等基本条件有保证的前提下，满足最短工期要求——向关键工序要时间，向非关键工序要资源。

（1）采取技术措施：流程再造、优化、规范化、增加高效率设备、原有设备采用新工艺、提高自动化程度。

（2）采取管理措施：将非关键工序的部分人力、物力抽调到关键工序。

2. 时间-成本优化

缩短整个工期后，使相对成本最低，关键是缩短费用率最低的工序时间。

$$\text{费用率}=\frac{C_a-C_b}{T_b-T_a}=-\frac{\Delta C}{\Delta T}$$

其中，C_a表示最短工期费用；C_b表示正常工期费用；T_b表示正常工期；T_a表示缩短后的工期。

3. 时间-资源优化（统筹法）

资源包括人力、物力、财力。向非关键路线要资源，确保关键路线的完成。

优化：在确保资源供给的情况下，使工期最短；在确保工期的情况下，使投入资源最少。

时间——人力优化：确保工期，使投入人员最少。

时间——财力优化：确保工期，合理利用周转资金。

时间——物力优化：确保工期，使投入使用物资（含工具）最少。

本 章 小 结

在管理学中，计划具有两重含义：一是计划工作，是指根据对组织外部环境与内部条件的分析，提出在未来一定时期内要达到的组织目标及实现目标的方案途径。二是计划形式，是指用文字和指标等形式所表述的组织及组织内不同部门和不同成员，在未来一定时期内关于行动方向、内容和方式安排的管理事件。无论是计划工作还是计划形式，计划都是根据社会的需要及组织的自身能力，通过计划的编制、执行和检查，确定组织在一定时期内的奋斗目标，有效地利用组织的人力、物力、财力等资源，协调安排好组织的各项活动，取得最佳的经济效益和社会效益。

本章重点内容简要概括如下。

（1）计划工作：包括调查研究、设置目标、预测未来、制订计划、贯彻落实、监督检查和修正等内容；而计划则是计划工作中计划制订的成果，贯彻实施和监督检查的对象。

（2）计划的根本目的：在于保证管理目标的实现。

（3）计划的性质：①计划的普遍性；②计划的首位性；③计划的科学性；④计划的有效性。

（4）计划的作用：①计划是组织生存与发展的纲领；②计划是组织协调的前提；③计划是指挥实施的准则；④计划是控制活动的依据。

（5）计划的类型：①从综合性程度分类，可以将计划分为战略计划和战术计划；②按计划的时期界限分，分为长期计划、中期计划和短期计划；③根据计划内容的详尽程度，可以将计划分为具体计划和指导性计划；④从抽象到具体，按不同的表现形式，把计划划分为宗旨、目标、战略、政策、规则、程序、规划及预算。

（6）计划的程序：①认识机会；②确定目标；③确定前提条件；④拟订可供选择的可行方案；⑤评价可供选择的方案；⑥选择方案；⑦制订派生计划；⑧编制预算。

（7）目标管理：所谓目标管理乃是一种程序或过程，它使组织中的上级和下级一起协商，根据组织的使命确定一定时期内组织的总目标，由此决定上、下级的责任和分目标，并把这些目标作为组织经营、评估和奖励每个单位和个人贡献的标准。

（8）目标管理的特点：明确目标、参与决策、规定时限、评价绩效。

（9）目标管理的类型：①业绩主导型目标管理和过程主导型目标管理；②组织目标管理和岗位目标管理，这是从目标的最终承担主体来分的；③成果目标管理和方针目标管理。

（10）目标管理的功能。由于目标管理是超前性的管理、系统整体的管理和重视成果的管理及重视人的管理，所以有以下功能：①克服传统管理的弊端；②提高工作成效；③使个体的能力得到激励和提高；④改善人际关系。

（11）目标管理的基本程序。目标管理的具体做法分三个阶段：第一阶段为目标的设置；第二阶段为实现目标过程的管理；第三阶段为测定与评价所取得的成果。

（12）目标管理的优点 ：①管理强化，水平提高；②成果导向，结构优化；③任务承诺，责任明确；④监督加强，控制有效。

（13）目标管理的局限性：①目标难确定；②目标短期化；③目标修正不灵活。

（14）制定企业经营战略的步骤：①分析企业的外部环境和内部条件，寻找发挥本企业优势的机会；②确定企业经营的方向和目标；③制订战略方案；④选择战略方案。

（15）滚动计划法。基本思想：根据计划的执行情况和环境变化情况定期修订未来的计划，并逐期向前推移，使短期计划、中期计划有机地结合起来。

滚动计划法评价：计划更加切合实际，并且使战略性计划的实施也更加切合实际；

滚动计划方法使长期计划、中期计划与短期计划相互衔接，短期计划内部各阶段相互衔接；滚动计划方法大大加强了计划的弹性。

（16）网络计划技术。

产生：网络计划技术于20世纪50年代后期在美国产生和发展起来。这种方法包括各种以网络为基础制订计划的方法，如关键路径法、计划评审技术、组合网络法等。

基本原理：网络计划技术的原理，是把一项工作或项目分成各种作业，然后根据作业顺序进行排列，通过网络图对整个工作或项目进行统筹规划和控制，以便用最少的人力、物力、财力资源，用最高的速度完成工作。

基本构成：网络图、工序、实工序、虚工序、路径、关键路径。

案例分析

案例一 商业银行的困境

20世纪90年代中期，国家进行了大规模金融体制改革，原有的几大国有银行纷纷开始向商业银行转变，在这种形势下，各银行纷纷打算拓展自己的业务。某银行也制订了一个长远规划：通过不断增设营业部，在五年之内，把每年的储蓄额提高到200亿元。规划中的另一个目标是，一旦每年的储蓄额达到200亿元，那么年利润要达到20亿元。经过几年的努力，该银行在各地开设了200个营业部，而且在规定的时间内也达到储蓄额为200亿元的目标，但不是赚了20亿元，而是亏损了近5000万元，使自身陷入了困境。在其他银行快速发展、综合实力不断扩大的情况下，该银行只能勉强维持生存，连掉头的机会也微乎其微。

问题

什么原因使得该银行在生死攸关的利润指标上判断失误，而且差距如此之大？

案例二

某工程由六道作业构成，有关资料如下表所示。

作业	紧前作业	完成时间/天
A	—	20
B	—	25
C	A	10
D	A	12
E	B，C	5
F	D，E	10

要求画出工程网络图并求出工程完工期及关键作业线路。

思考与练习题

一、单项选择题

1. 目标管理的特点是（　　）。
   A. 强调管理　　B. 强调过程控制　　C. 参与试管理　　D. 权利集中
2. 某企业确定了上半年的目标，这种目标是（　　）。
   A. 长期目标　　B. 短期目标　　C. 中期目标　　D. 战略目标
3. 计划指定中的滚动计划法是动态的、灵活的，它的主要特点是（　　）。
   A. 按前期计划执行情况和内外环境变化，定期修订已有计划
   B. 不断逐期向前推移，使短、中期考虑有机结合
   C. 按近细远粗的原则来指定，避免对不确定性远期计划过早过死的安排
   D. 以上三方面都是
4. 目标管理最突出的特点就是强调（　　）。
   A. 计划与执行相分离　　B. 过程管理和全面控制
   C. 成果管理和自我控制　　D. 自我考评和全面控制
5. 目标管理的基本精神是（　　）。
   A. 以自我管理为中心　　B. 以监督控制为中心
   C. 以岗位设置为中心　　D. 以人员编制为中心
6. 计划是控制的（　　）。
   A. 纽带　　B. 保证　　C. 前提　　D. 展开
7. 在行动或工作之前预先拟订组织目标和行动方案是管理的（　　）。
   A. 计划职能　　B. 组织职能　　C. 领导职能　　D. 控制职能
8. 计划功能的使命是使决策方案（　　）。
   A. 整体化　　B. 稳定化　　C. 连续化　　D. 具体化

9. 计划职能的主要任务就是确定（ ）。
   A. 组织的领导方式　　B. 组织结构
   C. 组织的目标及实现目标的途径　　D. 组织目标的实现程度
10. “跳一跳，摘桃子”，说明目标必须具有（ ）。
   A. 可接受性　B. 挑战性　C. 可考核性　D. 多样性

二、判断题

1. 控制过程只要分为三个步骤：衡量实际绩效；将绩效与标准进行比较；采取行动纠正偏差。（ ）
2. 一般来讲控制必须从计划中产生,计划必须先于控制。（ ）
3. 严格的控制,会使实际工作过程缺乏灵活性,极大地限制员工的工作积极性。（ ）
4. 没有计划和控制系统,就无法实现组织中的沟通,组织中信息流就会中断。（ ）
5. 控制工作的实质是纠正偏差。（ ）
6. 对于一个不确定性决策的问题，以小取大法与大中取大法可能得到不同的结论。（ ）
7. 企业生产计划的制订属于战略性决策。（ ）

三、名词解释

1. 计划
2. 5W1H
3. 战略性计划
4. 战术性计划
5. 目标管理
6. 网络计划法
7. 滚动计划法

四、简答题

1. 什么是计划？计划工作的特征有哪些？
2. 简述计划工作的程序。
3. 目标管理的基本程序有哪些？
4. 目标管理主要有哪些特点？
5. 简述网络计划法的优点。

参 考 文 献

孔茨. 2001. 管理学. 陈石进译. 北京：经济科学出版社.
罗宾斯. 2005. 管理学. 孙建敏译. 北京：机械工业出版社.
苏慧文. 2004. 管理学教程与案例. 青岛：青岛海洋出版社.
周三多. 2008. 管理学. 3 版. 上海：复旦大学出版社.
朱镕基. 1985. 管理现代化. 北京：企业管理出版社.

第五章 组　织

没有组织就没有管理，而没有管理也就没有组织。管理部门是现代组织的特殊器官，正是依靠这种器官的活动，才有职能的执行和组织的生存。

——彼得·德鲁克（现代管理学之父）

纵者，合众弱以攻一强也；横者，事一强以攻众弱也。

——《韩非子》

组织的必要是因为个人能力有限，组织的目的就是要团结一致，是为了合理分工；当你自己可以全盘控制的时候，你就不需要增加层级。

——曾仕强（台湾交通大学教授、管理大师）

组织结构的设计应明确谁去做什么，谁要对结果负责，并且消除由于分工含糊造成的执行中的障碍，还要提供能反映和支持企业目标决策和沟通网络。

——哈罗德·孔茨

教学目标

学完本章后，你应该能够：

1. 理解和掌握组织、组织职能、组织设计、组织结构等概念。
2. 理解非正式组织的作用。
3. 掌握劳动分工、统一指挥、分权与集权、直线与参谋、幅度与层次及部门化等相关理论。
4. 理解职权与职责二者的关系。
5. 理解组织结构设计的基本原则，影响组织结构设计的因素，了解组织结构设计的一般过程。
6. 了解机械型组织和有机型组织。
7. 掌握按照部门划分组织的五种主要方式。
8. 掌握组织结构的主要形式及其优缺点与适用范围。
9. 掌握岗位设计模型和四种岗位设计的主要方法。
10. 明确人员配备的原则与主要内容。

技能目标

1. 培养有效整合资源的能力。
2. 培养分工、授权、冲突处理和合作协调的能力。
3. 具备分析、设计和评价组织结构的能力。
4. 能够绘制组织结构图。

组织文化管理包括组织文化理论、组织文化建设及企业组织跨文化管理的内容及方法。

本章用大量的篇幅介绍了静态组织设计理论，但我们知道，组织的环境和能力是在不断变化的，因而组织活动、岗位设计及其组合也需要不断进行调整，组织必须适时地进行变革以应对内外环境的挑战，这就涉及组织运行、组织变革与发展、组织文化管理的相关内容。

有兴趣的同学可以深入学习或研究以上内容，也可以在《组织行为学》这门课程中了解相关理论知识。

第一节 组织概述

案例导入

华为、“海底捞”与“我们的组织”

“海底捞”的故事已经火了几年了，前两天，央视商道栏目又对“海底捞”火锅店进行了一次跟踪报道。因为是回访和跟踪调查，这次节目将关注点聚焦在了员工身上——海底捞的员工为什么这么努力、这么认真工作。员工们为什么这么尽心尽力、这么艰苦奋斗却任劳任怨、乐此不疲？要说这个主题本身并没有什么新鲜的，不过，采访过程中揭示出的一些新的理念、经验和感悟却还真是值得与大家分享分享。

众所周知，“海底捞火锅”成功的一个重要原因就是员工的工作方式、工作状态与众不同。员工每天的工作量、工作强度、工作的创新和精细度也是同行业里有目共睹的，也得到了顾客的高度认同。然而，海底捞付给员工的工资却只是行业的平均水平，换句话说，海底捞并不仅仅是依靠高工资、高奖金收入来激励员工的。那么，又是什么其他原因促使这些员工心甘情愿地、长期处于这样一种高昂的工作状态？

这次访谈节目中，商道栏目从一个比较新颖的角度帮我们挖掘出了答案——海底捞是“我们的组织”。在整个节目的访谈和采访过程中，无论是老板、管理层或是普通员工，都在以自己的方式告诉你，“海底捞”是我们自己的组织，我们的组织在帮助我们“用自己的双手改变自己的命运”，我们也是在自己的组织工作、为自己的前途和梦想在工作。

怎么理解这个回答？在采访节目中，老板张勇从公司员工的构成对这个问题做出了解答。由于海底捞的员工基本上都由“农民工”组成的，包括老板张勇本人，虽然这些

"农民工"也希望自己能够在北京这样的大城市里有个落脚之地，也希望将来自己的子女能够到北京接受良好教育，希望自己的家庭父母能够过上大城市的生活。但是，无论这种愿望多么强烈，大家也很清楚明白地知道，光靠自己个人的力量是不可能实现这些梦想的，要想到达这样的境地，大家必须组织起来，必须借助"组织的力量"来实现自己的美好愿望，必须打造属于"我们自己的组织"。

拥有这种共同的梦想、共同的需求、共同的处境和能力特征的员工群体，为海底捞的建立、发展奠定了一个强大的文化基础，为海底捞后来一系列的组织设计、管理机制、文化建设、领导力发展给出了明确的指导思想——"打造我们自己的组织，帮助成员用双手改变自己的命运"。也正是在这样一个指导思想和管理机制的推动下，"海底捞"各级员工的思维和行为与组织的目标、理念、系统、规则、环境形成了积极有效、及时一致的动态协同，确保了组织竞争力和市场地位的持续提升。

说到这里，不由得想起了当年的解放军。其实，只要回顾一下 60 多年前新中国建立过程中人民解放军的勇猛顽强、艰苦奋斗、前赴后继、不怕牺牲的精神，就不难理解，一个拥有这种使命感的企业组织，它拥有的战斗力、竞争力和学习创新能力将会是怎样一个令人振奋的状态。

本来，企业就是组织，就是大家一起来实现集体梦想的地方。那么，与其他的企业组织相比，海底捞这个"我们的组织"真的有什么与众不同的地方吗？其实，我觉得区别也不是很大，简单来讲就是一点——"我们的组织"在为着全体成员共同的目标、共同的愿望而奋斗，而目前的大多数企业，尤其是民营企业，在为着老板们的目标与梦想，或者只为着一部分高管们的梦想在运作，这个大概就是根本上的区别。具体来讲，从组织文化建设的角度，有以下几个方面也是值得关注的。

（1）理念明确——"海底捞"是一个有着明确目标、共同使命的组织。与我们常见的民营企业不同，这个组织不仅是老板、股东赚银子的工具，它真的是在为员工谋福利的，它的成长壮大与员工的切身利益的确紧密相关，它是一个承载着大家"共同理想"的组织。最重要的是，他的使命感是深入人心的、是大家共有的，不是某个人写下来贴在墙上作秀的。

（2）机制公平——"海底捞"在努力营造组织的归属氛围和公平发展机制。尽管不同能力、不同级别的员工获得的报酬不同，但是，每个人都会得到与其贡献相应的报酬，都会得到作为一个组织成员有尊严的生活条件、工作与学习支持、成长发展机会和辅导教育等各种"组织关怀"，员工们的工作、生活、家庭条件的确在与组织共同进步，分享着组织的成功与成长的回报。

（3）文化有效——"海底捞"建立了与"农民工"特征相适应的组织文化。师徒制、传帮带、家庭观念、群众监督、集体智慧、最佳实践、集体荣誉这些当年在火红年代里被证明实用、有效、符合国人文化习惯的管理方法，都被"海底捞"移植了过来，并发扬光大、落地生根。而海底捞大学的建立，更是在实现大家"大学梦"的同时，实现了将这些最佳实践与现代企业案例教学有效结合的"与时俱进"。

（4）以人为本——明确了组织能力、员工队伍建设作为核心能力的价值理念。"海底捞"能够客观、清醒地看待资本、员工、文化、组织、领导力这些组织发展要素对企业发展战略的价值，能够静下心来，一心一意从组织内功的角度考虑企业的稳步发展，从员工队伍、领导力建设和管理机制、流程体系、文化传承体系等方面做好基础建设，以实现整合资本资源、社会资源来发展组织的目的，而不是被资本和市场机会整合掉。

当然，“海底捞”建设“我们的组织”的实践经验，不同的人从不同的角度还可以得出更多的启示，这其实也是“海底捞火锅”这个大众化案例真正的价值所在，我们也希望有更多的“海底捞们”能够用自己的成功实践来演绎“我们的组织”带给普通员工、平头百姓的梦想成真。

事实上，“海底捞”这个案例揭示的“我们的组织”的价值，其指导思想早已被中国另一个国际知名企业——华为公司所采纳并成功实践，并且做得更加彻底、更有其自身的行业特色。在华为公司里，虽然你很难找到像“海底捞”这么温馨的家庭氛围、对员工工作和家庭生活如此的关怀，但是，股份比例高达 98.5%的员工持股、良好的学习成长环境、严酷的竞争磨炼平台等措施，同样帮助一部分中国年轻人实现了依靠组织获得成功的愿望。虽然两家企业成员的群体构成不同、采用的管理方式和文化机制不同，但是都从各自的角度诠释了“我们的组织”的意义，为企业界提供了有效的最佳实践范本，值得国人骄傲。

真心希望，类似“海底捞”、华为这些由截然不同的两个社会群体演绎的成功案例，能够带给中国民营企业家们一些触动，使得更多的社会群体能够借助“我们自己的组织”实现大家共同的梦想，也帮助老板们成就更大的事业，而不仅仅是挣几个小钱儿。

（资料来源：华为 VS 海底捞：我们的组织. http://blog.renren.com/share/352663174/14075255948[2013-12-01]）

组织之所以存在，是因为它能够满足人们在日常生活和社会活动中的种种需要，这些需要日趋复杂化、多样化，仅仅通过孤立的个体活动无法自我满足，于是出现了人们的群体活动。在群体活动中，为了协调不同个体的行为，就会按照一定的关系建立特定的规则。这种活动正式化、稳定化与规则化的结果就导致了组织的出现。

一、组织的概念

组织，可分为静态意义上的组织和动态意义上的组织。静态意义上的组织包括一般意义上的组织和管理学意义上的组织。

一般意义上的组织指组织系统，它是由两个或两个以上的个人为了实现共同的目标而协同行动的有机整体。这里的“有机整体”一词特别强调的是：构成组织的要素，如人员、设备、无形资源（如信息或知识等），这些要素是一种经过主观思考后特别安排的，为达到特定目的的群体组合，如企业、机关、学校等。

管理学意义上的组织，指按照一定的目标和程序而组成的一种权责角色结构，包括职权、职责、负责（上级对下级的工作进行指导、下级对上级汇报工作）和组织结构图。

动态意义上的组织，即组织活动或组织工作。它是管理的一项职能，是一个组织结构的创造和设计过程。组织职能的目的是通过任务结构和权力关系的设计来协调个体的努力，建立一个适于组织成员相互合作发挥各自才能的良好环境，从而消除由于工作或职责方面所引起的各种冲突，使组织成员能在各自的岗位上为组织目标的实现做出应有的贡献。

组织的定义还有很多，随着人类实践的向前发展和组织类型、组织规模、组织结构的不断变化，人们对组织的认识还将进一步演变和深化。

二、组织的特点

（一）组织是由人组成的集合

组织是由人构成的，同时组织活动也需要一定的物质资源。因此，组织既有物质结构，又有社会结构。组织活动的资源配置是通过人来完成的，正是人群形成了组织，没有人群就没有组织。

（二）组织有明确的使命和目标

任何组织都有其具体的使命和目标，企业是为了生产产品、提供服务来满足顾客需要，教育机构是为了培养人才，医院的存在是为了给患者提供健康服务等。组织的使命和目标说明了组织存在的理由。

（三）组织具有专业的分工和协作

组织的存在是由于自身的使命和目标，这些使命和目标是社会必需的，但单个人又不能完成的。为了完成自己的目标，组织必须开展实际的业务活动（统称作业工作），如医院的诊治、学校的教学、工业企业的生产等。组织是直接通过作业活动来完成组织目标的，而作业活动的开展离不开相应的人力资源（员工）、物力资源（原材料和机器设备）、财力资源（资金）和信息资源（各种数据和情报）等的运用，否则作业活动就成了“无米之炊”。形成分工关系的个人、群体、部门是组织的一部分，他们相互作用、密切配合才能保证组织整体目标的实现。这就使协作成了必要，否则组织内部各自为政的混乱便在所难免。因此，组织是通过分工和协作来实现目标的。

（四）组织是一个有机的系统整体

组织作为有特定目标的整体或单位之所以存在是为了实现一定的职能，并合理和有效地协调群体成员的活动。组织形成和发展的过程中会产生复杂的关系，它是组织中各个环节、组织群体成员个人之间的联系在实现组织职能过程中所形成的相互配合、行政隶属和责任依从的关系，及其相互承担义务的职责体系。这一体系将组织的各个环节、职能和成员统一起来。而有效地发挥组织职能，不仅需要专业的分工，更有赖于由组织的整体性、团结性和心理凝聚力所表征的整合程度和聚合水平。

三、组织的功能

组织是由人群构成的有形实体，而事实上作为个体的人与作为组织成员的个人在行为特征上有着极大的差别，所以不能将组织功能简单地理解成个体行为的叠加。组织所追求的特殊功效是：利用一定的制度和文化，通过对个体力量的有效整合，寻求一种放大效应。

（一）简单聚合功能

这是组织形成初期的功能。在早期分工条件下，当人们由于个人能力的局限性而无法达到目的时，即产生将分散的个体聚合成集体、实行协作的要求，于是组织应运而生。例如，作坊手工业时代，人们聚集在工场共同劳动：一是为了学习、掌握专门技艺，二是为了提高工具的利用效率等。这种简单聚合功能表现在分工的日益深化和规模的日益扩大。可见，聚合功能是组织的基本功能。

（二）力量放大功能

在简单聚合功能基础上，通过进一步的职权关系与责任制度的设置，还可以产生比简单聚合更大的力量，即产出大于投入效应，这就是组织的力量放大功能。随着时代的发展、生产力的进步，这种聚合能量不断加大，推动社会生产力的进步，所以力量放大功能是组织发展壮大的核心功能。

（三）定位功能

在人、财、物等基本要素具备以后，组织的运行首先必须解决两个问题：第一，任务定位，将任务的整体分解成若干相互联系的部分，哪部分在前，哪部分在后，哪部分居中，应当使其各在其位；第二，人员定位，把全部员工配置到各个工作岗位，人人有岗，各司其职。组织职能，正好解决上述两个问题。“部门结构设计”完成了“任务定位”，“人员结构设计”完成了“人员定位”。

（四）目标功能

组织职能操作过程中的“职位结构设计”，实质上是对组织员工行为目标的指示。在此位，不在彼位，干这事，不干那事，这种目标是具体的、明确的。有了这种目标导向，员工就不会无所适从，就不会相互碰撞。

（五）制约功能

只有对组织整体中的部门、个人有适当的制约，组织才能井然有序。制约的基本手段有两个：一是严格限制权力范围，不许超越权限用权；二是明确职责，防止职责不明。管理活动中这种“制约”手段，在组织职能的运用中得到了恰当的体现：“职权结构设计”形成了“权力制约”，“职责结构设计”形成了“职责制约”。

（六）协调功能

组织是一个复杂的整体，其中存在着部门之间、个人之间左右交错的各种关系，只有进行有效的协调，组织才能成为一个完整的、和谐的、有机的统一体。作为组织职能实施内容之一的“信息结构设计”正是对组织内部协调要求的有效满足，它通过组织内部信息沟通渠道的建立，为组织内部各方面的协调一致提供了切实的保障。

四、组织的类型

（一）按组织目标分类

组织是为了实现既定的目标而结合在一起的有机整体。根据目标不同，可以把组织分为：①互益组织，如工会、俱乐部、政党等；②工商组织，如工厂、商店、银行等；③服务组织，如医院、学校、社会机构等；④公益组织，如政府机构、研究机构、消防队等。

（二）按组织产生的依据分类

根据组织产生的依据，可以把组织分为正式组织和非正式组织。

（1）正式组织经过有计划的设计，将组织业务分配给各层次，做出系统的综合并由规则来支持职责，并且强烈地反映出管理者的思想和理念，但其成员并不一定重视或接受管理者的社会、心理和行政的假设，其特点是程序化。

（2）非正式组织是在满足需要的心理推动下，比较自然地形成的心理团体，其中蕴藏着浓厚的友谊与感情的因素。他们的活动可以满足组织成员的共同需要，这种需要可能无法从正式组织中获得。比如，一起玩保龄球的伙伴、棋友、上午喝咖啡的常客等。非正式组织一旦产生，会产生各种行为规则，约束个人行为，这种规则可能与正式组织一致，也可能不一致，甚至发生抵触。

非正式组织往往与正式组织形成交错混合关系，它对正式组织会产生一定的影响。非正式组织的正面影响主要有以下内容。

（1）通过非正式组织活动，满足员工对正式组织的需求，消除员工对工作的抵触情绪，从而有利于正式组织的正常运行。

（2）通过非正式组织成员之间的情感交流，相互了解、相互信任，有利于组织成员间的协调与合作，加强集体凝聚力。

（3）可以促进信息沟通。当一个非正式组织同时包括不同等级的员工时，上级管理人员可以通过非正式组织的活动了解员工想法、态度、工作情况；下级员工也可以利用非正式组织向上级传递真实信息。这样避免了正式组织僵化所导致的信息沟通不畅的情况，同时也消除了上级和下级之间的等级鸿沟。

（4）非正式组织有利于利用本身的吸引力来提高员工的稳定度，保持组织的稳定和发展。

当然，如果非正式组织成员形成的习俗、信仰，与正式组织的目标、行为规范有差异，甚至背道而驰时，它将产生负面效应；各层管理人员没能处理好正式组织与非正式组织的关系，会导致非正式组织成员不愿意听从指挥，甚至故意破坏既定的组织制度。因此，管理人员应重视非正式组织的存在，避免与之对抗，让下属感到这两种组织的存在对双方有利，尽量利用非正式组织对正式组织的有利影响，避免其不利影响。

（三）按个人与组织的关系分类

个人与组织的关系主要体现在组织对成员的控制方式。根据控制方式的不同，可以把组织分为以下类型。

（1）功利型组织。这种组织在合法运转过程中，同时实行经济和物质等功利报酬手段，如工商企业、农场等。

（2）强制型组织。这种组织是以强制权力来加以控制的组织，如监护性精神病院、监狱、管教所等。

（3）规范型组织。这种组织是以内在价值及地位来回报加以控制的组织，如学校、医院、社会团体等。

第二节 组 织 职 能

案例导入

组织架构与职能创新——创造性满足客户需求的改革

中国经济的高速发展给不少企业带来了机遇，与此同时，企业业务、员工数量的迅猛增长也给企业带来了不少的管理层面上的问题，尤其以生产制造企业为主，如服装制造业。企业内部管理的松散、组织架构的滞后与不清晰，都会使员工效率和企业效益受到影响和损失。由此可知，组织架构的问题已经是不少服装制造业企业不可避免的了，那么服装制造业企业如何根据自身情况对组织架构进行调整优化和完善呢？人力资源专家——华恒智信在组织架构方面有着多年的关注和研究，本案例是华恒智信为某服装制造业企业实施的组织架构与职能创新的项目案例纪实。

亨达丽公司（化名）是一家位于江苏省，集服装设计、生产、销售于一体的服装公司。公司在上海浦东注册设立上海海逸国际贸易有限公司（化名）和上蝶飞服饰有限公司（化名），并且在上海设立全资子企业顺利良种棉加工厂（化名）。公司在上海设有国际贸易部、在苏州和无锡设有国内贸易部。公司和上海海逸国际贸易有限公司都具有进出口经营权。亨达丽公司近些年为很多国内公司及国际公司提供过产品，在国内同行中享有良好的信誉和口碑，已经成为当地服装行业的一面旗帜。

亨达丽公司的组织结构是传统金字塔式的“直线职能制”管理模式，目前的职能结构难以适应外部资源整合的需求，信息传递和事务处理效率低、协调不足，满足客户需求的能力较弱。外部竞争、成本压力、市场反应速度仅仅传递到组织领导者的身上，组织内部的结构模式不能传递压力，这样就导致领导层工作压力很大，但基层无压力的局面。

基于以上问题和分析，华恒智信建议：建立适应外部经营需要、大市场需要的组织模式，强化组织的“创新与营销”职能，真正发现和创造客户需要，优先建立强大的客户需求分析、研究和推广队伍，充分感知外部需求的变化，因此建议增设三个优秀能人配置的队伍：客户分析与产品研究中心、销售中心、内部客户响应中心。以上三个中心可以形成适应客户需求的流程链。

一、客户分析与产品研究中心

客户分析与产品研究中心从客户的业务链价值增加角度创造客户新需要与客户价值

增值；整合外部各种生产资源和要素，提升组织生产能力，满足关键客户的需要，并为客户提升深度价值服务；提供市场研究、用户调研、渠道研究、新产业进入策略及新产品定位、定价等专项调查。另外该部门还承担着客户信息管理与定期维护、新产品的研发、高新技术的引进和应用等作用。

二、销售中心

主要职能（初步规划）与目前销售部门基本一致。

三、客户响应中心

主要职能（初步规划）主要是履行客户需要转化成生产指令和跟踪检查的过程。主要职责包括：订单响应与满足，品种翻改与调度，资源整合与管理（外部资源的整合使用与考核），生产指令下达与跟踪，协调公司与外部关系的联系，加强内部各部门之间的沟通，保证生产、销售正常进行和资金的正常运转。

客户响应中心建议分成两个组：一个组为内部客户响应组（内部产品项目管理）；另一个是外部响应组（对外协调与考核）。内部响应组建议设产品经理岗位（类似项目经理的岗位），主要为了加强各车间在生产过程中，各工序之间、各车间之间的生产衔接、配合，同时进行品种翻改的管理及提高人力、资源的充分综合利用，保证半成品在工序之间正常、及时的供应，加强生产中信息的流通，对采购、生产计划、车间管理进行协调。

具体职能包括设计生产各工序流程并提供信息支持，保证生产有序；及时向车间班组长了解生产信息，为下月计划的制订和当月计划的调整提供依据；根据制订和调整的计划，和采购部门协商、确认原料的库存状况或采购需求；根据制订和调整的计划，负责个人管辖工序之间的半成品的顺畅流转与供应；等等。

营销导向的最终目的是实现企业利益的最大化，市场营销强调以顾客需求为中心展开整个企业的经营活动，而满足顾客需求的前提就是要充分了解顾客需求，并且将顾客需求真实地传导到企业内部，使得企业的管理决策及生产都围绕着顾客需求进行。客户分析与产品研究中心—销售中心—客户响应中心的组织架构，有利于企业对市场需求的把握，增加市场反应速度。

（资料来源：组织架构与职能创新——创造性满足客户需求的改革. http://www.ceconline. com/leadership/ma/8800057949/01/[2011-09-01]）

一、组织职能的概念

组织职能是指为了实现组织的目标而确定组织内各要素及相互关系（建立结构），进而推动组织协调运转的一系列活动。这是组织的动态概念。

管理者的组织职能主要包括以下几项工作内容：①设立合理的组织结构；②确定组织中的管理幅度与管理层次；③进行组织中的部门划分；④在组织中进行职权配置；⑤依据组织特征确定集权还是分权；⑥根据组织的具体情况和各种组织结构的优缺点来采取不同的组织结构形式；⑦进行组织的变革与发展工作。

二、组织职能的本质特征

组织通过分工与合作，以获取专业化优势，实现个人力量所无法达到的目标。组织是一种工具和手段，用得好，有利于目标实现；反之，会阻碍目标实现。没有分工与合作的群体不是组织，只有分工和合作结合起来才能实现较高的效率。

一个人并不能完成全部的工作。应将工作划分为若干步骤，由一个人单独完成其中某一个步骤。传统观点认为劳动分工是增加生产率的源泉。现代观点认为劳动分工并非越细越好。

劳动分工在专业化没有得到普遍推广的情况下，通常能带来更高的生产率。但在某一点上，由劳动分工产生的人员的非经济性（厌倦、疲劳、压力、低生产率、劣质品、旷工、高离职流动率等），会超过专业化带来的经济优势。

三、组织职能的原则

（1）目标至上原则。组织结构的设计，必须从组织要实现的目标、任务出发。组织结构只是落实组织目标或职能的手段。因此，管理者在进行组织设计工作时，无论决定选取何种形式的组织结构，都必须服从并服务于组织目标的实现。

（2）统一指挥原则。统一指挥是指组织的各级机构及个人必须服从一个上级的命令和指挥。只有这样，才能保证命令和指挥的统一，否则就会出现政出多门、命令不统一的情况。

（3）责权利对等原则。在进行组织设计时，既要明确每一个部门或职位的职责范围，同时也要赋予完成其职责所必需的管理权限，使职权和职责保持一致，并使其获得相应的利益。这是组织有效运行的前提，也是组织设计中的基本原则。

（4）集权与分权相结合的原则。为了保证有效的管理，必须实行集权和分权相结合的领导体制。该集中的权力集中起来，该下放的权力就应该分给下级，这样才能加强组织的灵活性和适应性。

（5）适度管理幅度原则。直接管理下属的数目过多，导致管理幅度过大，会造成指导监督不力，使组织陷入失控状态；管理幅度过小，又会造成管理人员配备增多，效率降低。

（6）弹性原则。不同时期组织的目标任务及任务量是不同的。组织结构的部门应该随着目标任务的变化而变化，即所谓的弹性原则。目前，全球化企业最大的优势就是在全球任何一个地方，能够在短时间内借助互联网将其生产和管理与企业的整体系统吻合起来，做到无缝连接，实现管理的快速复制。

四、组织职能的作用

组织职能的发挥是实现管理功能的保证。一般来说，组织职能有以下几个方面的作用。

（1）组织使一个成员充分认识到自己所进行的工作对达成组织目标的作用，从而使每个成员都能按照组织要求，保质保量地完成任务。

（2）组织能使其每一个成员了解在组织中的工作关系和隶属关系，并能正确处理各种关系。

（3）组织能使每一个成员了解自己的工作职责和义务，以及自己应有的权力，并能正确运用。

（4）组织能及时调整和改善自身结构，使各部门及工作人员的职责范围更加明确合理，以适应组织活动的发展和变化，适应外界客观环境的发展与变化。

五、组织职能的程序

管理者的组织职能主要包括组织设计、组织运行与组织变革三大部分内容。组织职能的基本程序包括以下内容。

（1）根据组织的宗旨、目标和主客观环境，确定组织结构设计的基本思路与原则。

（2）根据企业目标设置各项经营、管理职能，明确关键职能，并把组织总的管理职能分解为具体的管理业务和工作等。

（3）选择总体结构模式，设计与建立组织结构的基本框架。

（4）设计纵向与横向组织结构之间的联系与协调方式、信息沟通模式和控制手段，并建立完善的制度规范体系。

（5）为组织运行配备相应的管理人员和工作人员，并进行培训。

（6）对组织成员进行考核，并设计与实施奖酬体系。

（7）反馈与修正。要在组织运行过程中，加强跟踪控制，适时进行修正，使其不断完善。

（8）发动变革，打破原有组织定势，为建立新组织模式扫清道路。

（9）实施变革。这一环节与下一轮组织设计与组织运行相衔接。最后这两个环节为组织变革过程。

以上九项为连续过程，前四个环节为组织设计过程，中间三个环节为组织运行过程，最后两个环节为组织变革过程，如图5.1所示。

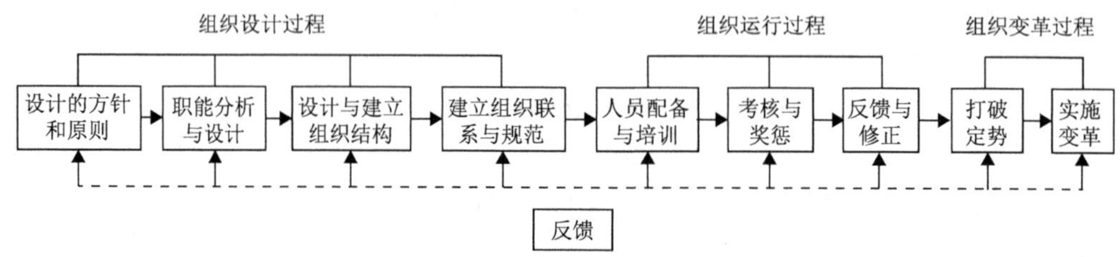

图5.1　组织职能的基本程序图

第三节　组 织 设 计

案例导入

重塑组织架构

同时入选世界经理人2012年度十大影响力人物的马化腾和方洪波，似乎做了两件

相反的事情。2012 年 5 月，马化腾宣布腾讯将进行架构调整，将原来的业务系统制升级为事业群制；8 月，方洪波在接手美的权杖的同时，也在推进美的组织架构调整，取消美的二级集团，由美的集团直接管辖各事业部。这两种看似相反的做法，实则体现了一致的领导力要求——让组织框架为企业战略服务。

一、组织框架随战略而变

管理学家钱德勒在《战略与结构》一书中指出："战略决定结构，结构追随战略。"

2005 年，腾讯上市之初，腾讯原组织框架由职能线、服务线、安全架构线、企业发展线、无线业务线、互联网业务线、互动娱乐线、网络媒体线这八大系统构成，每个系统内部为系统、部门、小组的三级体系。业务线的小组与部门开发并维护腾讯的每一款产品，在内部争抢 QQ 平台的渠道推广资源，在外部与市场上的同类产品竞争，员工的职业生涯则与产品命运息息相关。

中大咨询合伙人及咨询总监、组织变革专家白洪山认为，腾讯根据当时所关注的业务设立了这样的机构，使腾讯的业务单元有较强捕捉市场机会的能力。2005～2012 年，腾讯由 2000 人的公司扩张到 20 000 人，业务单元将市场敏感传递到决策层，并从决策层获得足够关注的链条也过长了，无法将价值链做强。同时，依靠单一的 QQ 平台去支撑五大业务线中几十个、上百个项目组，必然会导致内部资源的损耗。

早在 2010 年，马化腾就酝酿着腾讯架构的升级。尽管腾讯利用超过 7 亿人的庞大用户群优势，将其触角深入互联网的各领域，但其利润大部分来自游戏与虚拟增值业务。腾讯财报显示，腾讯 QQ 用户数量增速正在变缓，经营利润自 2010 年起连续六个季度下滑。与此同时，互联网手机、电子商务市场的迅速扩张等新的市场爆点也在触动着马化腾的神经。腾讯推出的移动互联网应用微信，在短短一年时间内就收获了 2 亿注册用户，这是腾讯的自我颠覆，也是极为生动的提醒：单靠 QQ 平台已经不足以支撑腾讯集团的发展与新市场机会的拓展。

从社区、Q+平台到微博平台，腾讯将用户账号体系、用户关系和流量不断开放，试图与创新企业一起捕捉互联网市场的新机会。但受到业务小组的体量限制，视频、搜索、电子商务等都无法成长为腾讯的核心业务。马化腾在内部邮件中指出："各个业务单元虽然也不断与时共进，但由于架构的限制，已经不能完全满足用户层出不穷的新需求了。"

变革必须发生。2012 年 5 月 18 日，马化腾宣布将业务线重组为企业发展事业群、互动娱乐事业群、移动互联网事业群、网络媒体事业群、社交网络事业群，成立电子商务控股公司专营电子商务业务。白洪山认为，这样的架构相当于形成了共生、开放的六大事业平台，用六大平台支撑其中的每个项目，可以增强机会产生效益的能力。

美的撤销二级集团，看似与腾讯相反，却同样是让组织架构随战略而变的选择。美的引入事业部制始于 1997 年，当时家电市场处于高速发展期，拥有空调、小家电、厨电共超过 200 种产品的美的需要整合产品经营资源，每个事业部拥有独立的市场、财务、服务职能系统，借此服务于产品的营销与市场机会的把握。2002 年美的跨入百亿俱乐部，事业部增至 8 个，为了进一步提升竞争能力，美的又进行了事业部向二级管理集团的集中。此次分权奠定了美的迅速扩张的基础。

随着市场环境的变化，美的已经无法靠外延式扩张维持企业发展。2012年4月，方洪波在股东大会上指出："伴随着年初家电政策陆续退出和房地产行业的低迷，行业连续几年来的高增长有所回落。在这种背景下，美的电器适时提出战略转型，将发展目标由过去单纯追求市场份额、降低成本提升到追求企业盈利的持续增长上来。"美的从追求规模走向追求效益，其组织框架调整为战略转型的深化奠定了基石。

白洪山认为，组织框架调整意味着根据战略做出权衡与取舍，在家电市场增速放缓的情况下，美的将四套二级平台的职能部门变为一套集团的支撑平台，虽然对市场一线的支持相对变少，但能够减少资源投入，专注于提升管理效率，符合在当前形势下的战略发展需求。

二、让组织架构调整落地

为了成为公司战略的承载，组织架构必须能够支撑公司新战略目标的业务路径与商业模式。对于拥有几百名中高层管理者的腾讯与美的而言，让所有领导都正确理解组织框架调整的目的，并在新的战略目标下组织公司运营并非易事。马化腾从开放腾讯平台，到投资易迅、好乐买等电子商务公司，进而在2012年实施事业群制，期间经历了2年的渐进式变革。

在组织架构调整破与立的过程中，缺乏合理的管控流程设计，就有可能会导致组织框架调整的失败。在华为最初以研发为核心再造业务流程时，没有设计好相应的人员职责、项目授权方式与新的绩效考核体系，就先行进行组织结构调整，导致工作一度陷入混乱之中。

美的所进行的分权改革可谓是成功组织变革的典范。在美的设立二级集团之前，何享健首创了《分权手册》，不仅提出了股东、董事会、经营团队"三权分立"的经营模式，更是对业务流程、人员职责、集团与下属事业部的职责均有了明确的规定。项目人力资源、研发管理、供应链管理运作过程中的每一项流程，在《分权手册》中均落实到具体责任人，使得组织框架调整得以成功实施，组织更具弹性，能够灵活应对市场需求。

2012年美的组织框架变革始于对营销体系的重新梳理，裁撤了部分区域营销公司，并将2.2万个产品型号精简至1.5万个。2012年8月，方洪波开始撤销美的二级集团，合并职能机构，进一步提升运营效率。

白洪山指出，组织变革必须落实到员工具体行为才能成功，必须在变革之前，就设计好精密的管控流程，通过完备的职责体系、绩效体系与激励体系指导员工行为(图5.2)。

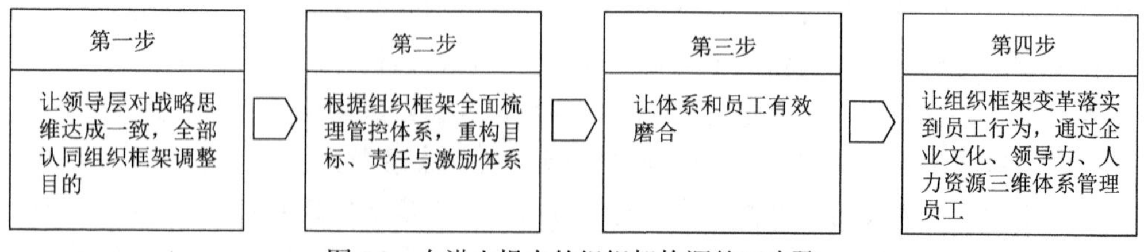

图5.2　白洪山提出的组织架构调整四步骤

（资料来源：重塑组织架构. http://www.ceconline.com/strategy/ma/8800065845/01/ [2013-01-01]）

管理学家哈罗德·孔茨指出："为了使人们能为实现目标有效地工作，就必须设计和维持一种职务结构，这就是组织管理职能的目的。"

一、组织设计的定义

组织设计是组织中最重要、最核心的一个环节，着眼于建立一种有效的组织结构框架，对组织成员在实现组织目标中的工作分工协作关系做出正式、规范的安排。组织设计的目的就是要形成实现组织目标所需要的正式的组织结构，这个正式的组织结构，明确规定了分工和合作的方式和方法。概括国内外学者的观点，组织设计是对组织的结构和活动进行创构、变革和再设计。

二、组织设计的内容

组织设计涉及两方面的工作内容：在职务设计的基础上进行横向的管理部门设计和纵向的管理层次设计。

组织横向结构设计的结果是组织部门化，即确定了每一部门的基本职能、每位管理人员的控制幅度、部门划分的标准及各部门之间的工作关系；组织纵向结构设计的结果是决策的层级化，即确定了由上到下的指挥链与链上每一级的权责关系，这种关系具有明确的方向性和连续性。

（一）职能设计

职能设计是以职能分析工作为核心，研究和确定组织的职能结构，为管理组织的层次、部门职务和工作的分工协作提供客观依据的工作。职能设计是整个组织设计的关键性步骤，关系到组织其他设计的成败。

（二）岗位设计

岗位设计（工作设计或职务设计）是指根据组织需要，并兼顾个人的需要，规定每个岗位的任务、责任、权力及组织与其他岗位关系的过程。它是把工作的内容、工作的资格条件和报酬结合起来，目的是满足员工和组织的需要。岗位设计问题主要是组织向其员工分配工作任务和职责的方式问题，岗位设计是否得当对于激发员工的积极性、增强员工的满意感及提高工作绩效都有重大影响。

（三）职权设计

职权是组织各个部门、各种职务在职责范围内决定和影响其他个人或集体行为的支配力。职权设计是正确处理组织内纵向与横向两个方面的职权关系，将不同类型的职权合理分配到各个层次和部门，建立起高度协调的职权结构。

（四）部门设计

对组织内部各种职能加以分类后所组成的专业化的亚单位称为部门。部门设计任务有两项：一是确定组织应该设置哪些部门；二是规定这些部门之间的相互关系，使之形成一个有机整体。

（五）管理幅度与层次设计

管理幅度是指一位主管人员所能直接有效地管辖的下级人数，它是部门设置中必须考虑的部门的规模问题。管理幅度的大小，实际上意味着一位主管人员直接控制和协调工作活动量的多少。管理层次是从组织最高一级管理组织到最低一级管理组织的各个组织等级，它是描述组织纵向结构特征的一个概念。管理层次实质上是组织内部纵向分工的表现形式，各个层次分别担负着不同的管理职能。管理幅度对管理层次的多少具有直接影响，并最终影响到组织结构的形式。

（六）纵横向联系设计

纵横向联系设计则是为了解决组织管理专业化分工与协调、信息沟通和控制之间的矛盾，达到在分工基础上加强协作、提高管理整体功能的目的。

（七）管理规范设计

管理规范是组织管理中各种管理条例、章程、制度、标准及办法的总称。它是用文字形式规定的管理活动的内容、程序和方法，是管理人员的行为规范和准则。

三、组织设计的程序

组织设计是一项工作量大、涉及面广、技术复杂的工作，应该按一定程序有步骤地进行，以提高组织设计的成效，组织设计的程序如下。

（一）确定目标

这是设计组织结构首先要解决的关键问题，其任务是：明确组织总目标；进行目标分解，形成各层次、各部门组织的目标；列出各级组织目标任务一览表。只有确定较好的目标系统，才能使组织设计有所依据。

（二）业务流程设计

组织内人员的逻辑关系叫业务关系。它是组织内权力传递、信息传递的路线。为了达到同一目标，可以有不同的业务流程。业务流程设计的任务是比较各种业务流程，从中选出路线最短、职务设置少、配备人员少、费用最省的业务流程；进行业务流程的总体平衡和总体优化；列出业务流程图。

（三）设立职位

职位是组织结构的基本要素，是业务流程的基本环节。设计职位的任务是：确定职位划分标准；划分职位；进行平衡；列出职位体系表。

（四）规定职位内容

对每个职位都应该明确规定该职位的职权范围，即告知该职位的任职者应做哪些工作，有多大权限，任职者对主要的最后成果应负的责任。该步骤的任务是：确定职权内容；建立考核指标；编写职位（岗位）职责说明书。

（五）设置组织结构

将组织目标、职权关系、职位内容、各职位的人员等各种因素进一步综合起来，形成一个整体，就构成了组织机构。该步骤的任务是：确定职位组合形式；成立职能部门；确定管理层次与管理幅度；划分权责关系；审议、修改组织形式，编制职权系统图和组织结构图。

以上六步组织设计的基本程序，如表 5.1 所示。

表 5.1 组织设计程序表

程序	任务	图表
1. 确定目标	确定总体目标；进行层层分析	组织目标任务一览表
2. 业务流程设计	设计业务流程；比较、选择总体平衡和优化	业务流程图
3. 设立职位	确定职位划分标准；划分职位；进行平衡	职位体系表
4. 规定职位内容	确定职权范围；建立考核指标体系	职位职责说明书
5. 设置组织结构	确定职位组合形式；设立职能部门；确定管理层次与管理幅度；划分权责关系；审议、修改、确定组织形式	职权系统图 组织结构图

四、组织设计的基本原则

组织结构形式多种多样，而且每一种结构形式都有各自的优缺点。地域特定的组织，可以采用不同的组织结构形式。但不论管理者决定采取何种结构，管理者都应遵循组织结构设计的基本原则。所谓基本原则就是对各种结构形式的组织设计普遍适用的要求，它也是评价组织结构合理与否的一般标准。

（一）分工协作原则

企业是两个以上的劳动者在一起进行分工劳动的集合体。企业生产过程包括许多不同的阶段，要求一定数量的参与者利用不同的技能和知识在不同时空进行或组织不同的活动。企业生产活动的复杂性决定了任何个人都不可能同时拥有现代工业生产所需的既有知识和技能，每个人都只能在有限的领域中掌握有限的知识和技能，从而相对有效率地从事有限的活动。专业化的分工是要把企业活动的特点和参与企业活动的员工特点结合起来，把每个员工都安排在适当的领域中积累知识，发展技能，从而不断地提高工作的效率。

专业化分工不仅适用于生产劳动领域，而且适用于管理劳动领域。管理劳动的专业化不仅有助于提高管理者的管理劳动生产率，而且有助于对需要履行不同职能的专职管理人员的培养。

从某种意义上讲，企业组织设计就是对管理人员的管理劳动进行分工：部门设计是根据相关性或相似性的标准对不同部门的管理人员的管理劳动进行横向分工；层级设计则是根据相对集权或相对分权的原则把与资源配置方向或方式选择相关的权力在不同层级的管理机构或岗位间进行纵向安排。

一般来说，分工越细，专业化水平越高，责任越明确，效率也越高，但容易出现机构增多、协作困难、协调工作量增加等问题。分工粗，则机构可以减少，易于培养多面手，但专业化水平低，且容易产生推诿责任的现象，组织设计时，要根据需要和可能合理确定分工程度。

（二）统一指挥原则

统一指挥原则就是每位下属应当而且只能向一个上级主管直接负责，在上下级之间形成一条清晰的指挥链，防止多头领导，否则，下属可能要面对来自多个主管的冲突要求或优先处理要求而无所适从。在组织设计的过程中，实施这一原则才能最大限度地防止政出多门、遇事相互推诿，才能保障有效地统一和协调各方面的力量和各部门的活动。

（三）控制幅度原则

控制幅度原则是指一个上级直接领导与指挥下属的人数应该有一定的控制限度，并且应该是有效的。法国的管理学者格拉丘纳斯曾提出一套数学公司，以说明了当上级的控制幅度超过六人时，其和下级之间的关系越来越复杂，以至于最后他无法驾驭。

（四）权责对等原则

组织中的每个部门和部门中的每个人员都有责任按照工作目标的要求保质保量地完成工作任务，同时，组织也必须委之以自主完成任务所必需的权力。职权与职责要对等。如果有责无权，或者权力范围过于狭小，责任方就有可能会因缺乏主动性、积极性而导致无法履行责任，甚至无法完成任务；如果有权无责，或者权力不明确，或者权力不明确，权力人就有可能不负责任地滥用权力，甚至助长官僚主义的习气，这势必会影响到整个组织系统的健康运行。

（五）柔性经济原则

所谓组织的柔性，是指组织的各个部门、各个人员都可以根据组织内外环境的变化而进行灵活调整和变动。组织的结构应该保持一定的柔性以减少组织变革所造成的冲击和震荡。组织的经济是指组织的管理层次与幅度、人员结构及部门工作流程必须设计合理，以达到管理的高效率，这是由于组织所拥有的资源是有限的。组织的柔性与经济是相辅相成的。只有这样，才能保障组织机构既精简又高效，避免形式主义和官僚主义作风的滋长和蔓延。

（六）目标原则

组织是为一定的目标服务的，因此必须根据组织目标来考虑组织结构的总体框架。明确该组织的发展方向、经营战略目标要求等，这是组织设计的前提。任何组织都有其特定的目标，组织及其每一部分都应当预期特定的任务目标相联系，组织的调整都应以其事都对实现目标有利为衡量标准。另外，要认真分析，为了保证组织目标的实现，必须做什么事、怎么才能做好等，然后以事为中心设计职务，建立机构，配备人员。

（七）信息畅通原则

在众多权力中，信息知晓权是基本的权力之一。组织中的人们只有通过相互之间的沟通，才能把组织的目标变成为组织成员的具体行动，沟通的作用就在于能把组织的总目标与那些愿意在组织中工作的人的行为结合起来。因此，在组织设计过程中，要保持最短的信息联系线；避免因划分过细而增加不必要的组织界限，影响信息沟通；要明确各部门之间的协作关系及各项跨部门工作的流程，防止因接口不清而导致责任不明；要有利于开展非正规讨论，有利于组织成员间的相互理解及和谐气氛的形成。

（八）人事匹配和有利于人才成长原则

人是组织中的灵魂，组织结构的建立只是为组织目标的实现创造了一定的条件，但若没有组织成员的加入，组织结构就显得毫无生气；进一步而言，如果没有组织承担和努力工作，也是不可能实现组织目标的。因此，组织结构的建立要充分考虑人员的可得性和人事匹配性，要有利于员工在工作中得到培养、提高与成长，有利于吸引人才，发挥员工的积极性和创造性。

根据这一原则，在组织结构设计时要根据不同的情况，采取按人定岗和按岗定人的方法。按人定岗是根据个人的各方面能力设置相应岗位，适用于各项工作量减少且可以兼顾的情况，这样有利于人尽其才、降低成本、减少内耗和调动员工积极性。按岗定人是根据岗位要求，选择最符合工作能力要求的人上岗，适用于工作量大且独立或工作性质要求专职的情况，它着眼于发挥每一个人的特长。

五、组织设计的影响因素

组织是在各种内外因素的综合作用下运行的，而这些内外因素总是处在不断的变化之中。因此，组织结构的设计必须考虑这些变化着的内外因素、权变因素，然后做出适应某种特定情境的组织结构设计。这实际上也要求组织的结构应保持一定的柔性以减少组织变革所造成的冲击和震荡。

所谓权变的组织设计是指以系统动态的观点来思考和设计组织，它要求把组织看成一个与外部环境有着密切联系的开放式组织系统。因此，权变的组织设计必须考虑战略、环境、规模、技术、规模与组织所处的发展阶段等一系列因素。

（一）战略

适应战略要求的组织结构，为战略的实施和组织目标的实现提供必要的前提。战略是实现组织目标的各种行动方案、方针和方向选择的总称。为实现同一目标，组织可以在多种战略中进行挑选。不同的战略要求不同的业务活动，从而影响管理职务的设计；战略重点的改变，会引起组织的重点工作及各部门与职务在组织中重要程度的改变，因此要求各管理职务和部门之间的关系做相应的调整。

（二）环境

人类社会是一个开放的系统，是整个社会大系统的一个组成部分。它与外部的其他社会子系统之间存在着各种各样的联系。这种影响主要表现在三个不同的层次上：对职务和部门设计的影响；对各部门关系的影响；对组织结构总体特征的影响。因此，依据组织所处的环境及其变化来设计组织机构，才有望做到科学、合理，组织才会有效率。

（三）技术

组织的活动需要利用一定的技术和反映一定技术水平的物质手段来进行。技术及技术设备的水平不仅会影响组织活动的效果和效率，而且会作用组织活动的内容划分、职务的设置和工作人员素质的要求。因此，在组织结构设计中要考虑技术对组织结构的影响并将其作为设计的一个依据。

（四）规模与组织所处的发展阶段

规模是影响组织结构的一个不容忽视的因素。适用于仅在某个区域市场销售产品的企业组织结构形态，不可能也适用于在国际经济舞台上从事经营活动的巨型跨国公司。组织的规模往往与组织的发展阶段相联系。伴随着组织的发展，组织活动的内容也会日趋复杂，人数也会增多，活动的规模会越来越大，组织的结构也需随之经常调整。

六、组织设计的成果

组织设计的任务就是建立组织结构和明确组织内部的相互关系，提供组织结构图、部门职能说明书和岗位职责说明书（图 5.3）。

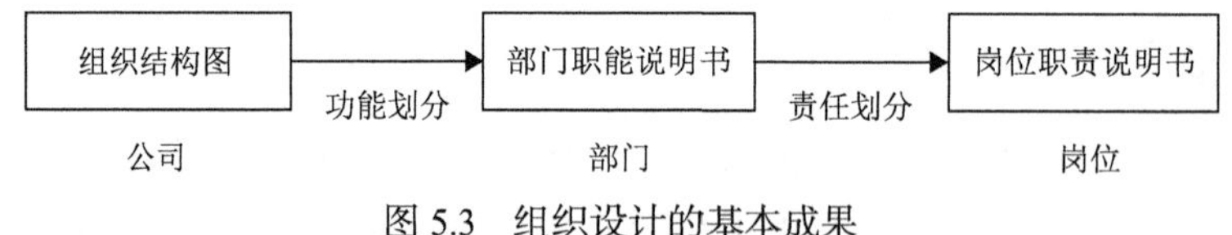

图 5.3　组织设计的基本成果

（一）组织结构及组织结构图

1. 组织结构

组织结构就是组织中正式确定的使工作任务得以分解、组合和协调的框架体系，它是对组织框架的一种概括性描述，是对完成组织目标的人员、工作、技术和信息所作的制度性安排。它阐明了组织各项工作如何分配、谁向谁负责和内部的协调机制，是关于组织内权力与职务关系的一套形式化系统。美国管理学家罗宾斯认为，组织结构与组织的关系可以类比为人类的骨骼之于人类体型的关系，这当然是一种形象性比喻。

通过三个要素，可大致了解一组织结构的基本情况（图 5.4）。

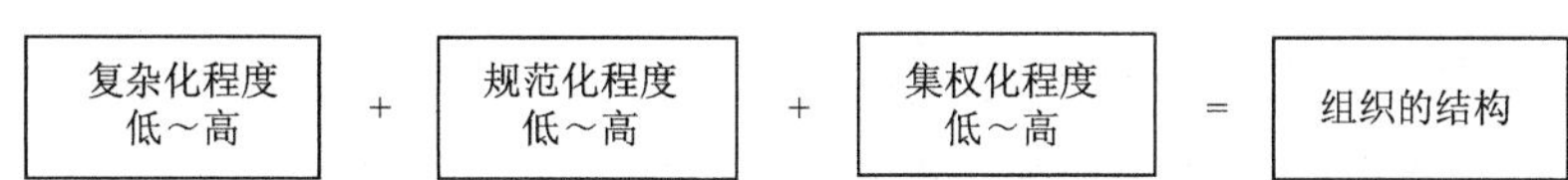

图 5.4　组织结构的描述

（1）复杂化程度。其是指组织内部结构的分化程度。随着劳动分工的扩大，组织纵向的等级增多，组织单位的地理分布更广泛，人员与活动的协调、控制就困难，我们称之为组织结构复杂化。

（2）规范化程度。其是指一个组织在多大程度上依靠规章制度来指导员工行为。在一个组织中，规章制度越是详细明确，组织结构越是显得正规。

（3）集权化程度。其是指组织的决策权在上层管理人员的集中程度。有的组织是高度集权：决策权集中在最高层，员工发现问题之后，由下至上请示，并由最高层管理者下达命令，由上而下服从。而有的组织将决策权下放——我们称之为分权。

2. 组织结构图

组织结构通常以组织结构图的形式表示出来，通过直观的图示方式表明组织中的部门设置情况和权力层次结构，直观反映了组织内部的分工和各部门的上下隶属关系。但图表只是组织结构的简化模式，并不代表真正的组织结构。图 5.5 是一家生产企业的组织结构图。

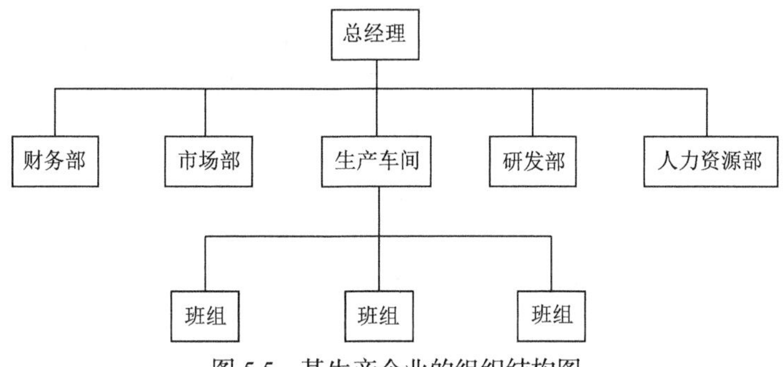

图 5.5　某生产企业的组织结构图

图 5.7 列出了该企业的各种职能领域，如生产、财务、研发等，在每一个职能领域下面都有可能还有几个层次，但图表并不能说明组织的所有方面，具体情况如表 5.2 所示。

表 5.2　组织结构图的解释

图表说明的	图表没有说明的
1. 分工	1. 职权和职责的程度
2. 谁是谁的上级	2. 职能成员与直线成员之间的关系
3. 工作的性质	3. 地位或重要性
4. 根据职能、地理位置、生产过程或产品进行分组	4. 沟通的路径
5. 管理的层次	5. 由职责、职权和分工形成的关系
	6. 非正式组织

资料来源：孔茨. 管理学精要. 北京：机械工业出版社，2005

（二）部门职能说明书

与组织结构图相对应的部门职能说明书，是关于该组织中各部门职能分工情况的书面说明。一般包括部门名称、上下隶属关系、协作部门、部门本职、部门宗旨、主要职能、岗位设置等内容。透过部门职能说明书可清楚地了解该组织中各部门之间的职能分工情况。

（三）岗位职责说明书

部门内部的分工情况可用岗位结构图表示，如图 5.6 所示。岗位结构图表明了该组织中各种职位之间的权力关系，各岗位的具体职责和上岗人员素质要求则可以在岗位职责说明书中表明。岗位职责说明书一般包括岗位名称、上下级关系、岗位本职、主要工作、直接责任、岗位权力、岗位素质要求等内容。

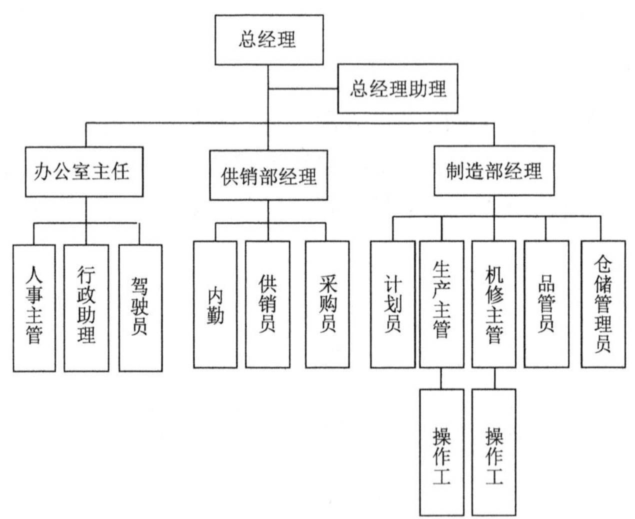

图 5.6　岗位结构示意图

第四节　部 门 设 计

案例导入

从万科企业组织演变谈企业组织建设

组织的定位是为了实现某一共同目标，经分工与合作，具有一定层次的权力和责任制度而构成的人群集合系统，它具有主要三个特征：组织必须具有目标、组织必须分工协作、组织要有不同层次的权力和责任制度。

组织的基本功用，就是避免集合在一起的个体力量相互抵消，而寻求对个体力量进行汇聚和放大效应，实现个人与机构之间的交换作用。组织管理的功能在纵向关系上主要体现了权力与责任，横向关系上体现了沟通与合作。

企业组织不是一成不变的，会随着社会发展、企业外部环境的变化、企业战略的调整，而不断演变。组织如同企业的骨架，制度和机制如同神经和血液，首先骨架健全了，才能保证这个企业的完整，再配以适合的制度和机制才得以健康发展。拿万科来说，目前已经居于房地产行业领头羊的位置，其组织结构也是随着企业的发展经历了不同的演变阶段。

1984 年创业之初，由于业务单一、规模较小，它采用了简单的直线组织结构形式，由总经理直接管理业务科、行政科、会计科，结构简单，权责清晰。随着业务的逐渐发展，到 20 世纪 90 年代，万科由单一业务向房地产、连锁零售、电影制片及激光影碟等新的领域投资，初步形成了商贸、工业、房地产和文化传播的四大经营架构。此时组织也随着企业发展的转变进行了调整，建立了事业部制结构。事业部是在集团宏观领导下，拥有完全的经营自主权，实行独立经营、独立核算的部门。总部主要在财务、人力资源方面进行监控和管理。各个不同产品线分属不同的事业部，这种组织结构适应企业同时开拓完全不同的产品市场模式。这种组织结构模式能够使组织更灵活，更能调动人的积极性和创造性，快速适应不同专业领域的竞争环境。

2001 年之后万科战略进行调整，向专一房地产业务发展，剥离其他与房产无关的业务，组织结构重新进行设计，形成了集团公司模式，管控模式实现了总部高度集权，总部定位在专业化管理和决策中心，地区公司自主权相对较小，共用集团专业平台。

2005 年之后，随着下属公司逐渐成熟，组织又进行了一次调整，集团总部定位转变为“战略与技术支持”，赋予区域中心更多的运营权力。随着业务的进一步发展和区域公司的管理水平更趋成熟，2008 年，万科总部重新定位为投资监管型，对投资、资金、人力资源、风险进行集权管理，对产品线侧重于支持及服务、创新及研发，组织架构再次进行了调整。

万科从 1984 年成立时还并未涉及房地产业，到 1988 年股份制改制开始涉足房产并进行多元化经营，再到 2001 年开始由多元向专一房地产业发展。组织从最初的直线职能式，到事业部制，再到集团模式，而集团管控模式也从最开始的操作型管控到战略管控再到现在的投资监控中心。从这些演变我们可以清晰地看到，万科的每一次战略调整，都带来组织的变化，正是因为组织的随需而变，保证了万科在激烈的市场竞争中走的别的竞争对手更快、更好!至今，万科已成为房地产行业的领导者和先行者，除了战略的关键性作用外，不得不说组织在其中也起到非常重要的作用。如何建立一个高效、精干、能快速响应市场的企业，尤其是在企业日渐庞大的情况下，还能够使企业持续处于竞争优势地位，组织的不断调整和设计在其中已变得重中之重。没有最好的组织，只有最合适的组织，市场千变万化，作为企业重要支撑系统的组织随需而变也将成为常态，只有拥有灵活的、随时能够接受变革的组织体系的企业才有可能在这个变化日渐迅速的市场保有基业长青!

（资料来源：从万科企业组织演变谈企业组织建设 http://club. ebusinessreview.cn/blogArticle-123362.html[2012-05-29]）

组织设计任务的实质是按照劳动分工的原则将组织中的活动专业化，而劳动分工又要求组织活动保持高度的一致性。协调的有效方法就是组织的部门化，即按照职能相似、任务活动相似性或关系紧密型的原则把组织中的专业技能人员分类集合在各个部门内，然后配以专职的管理人员来协调领导，统一指挥。

部门化可以依据不同的标准，如业务的职能、所提供的产品或服务、目标顾客、地区、流程等进行选择安排。其中职能部门化和流程部门化是按工作的过程标准来划分的，而其他的则是按工作的结果标准来划分的。

一、部门化的基本原则

（一）因事设职和因人设职相结合的原则

为保证组织目标的实现，必须将组织活动落实到每一个具体的部门和岗位上去，确保“事事有人做”。另外，组织中的每一项活动终归要由人去完成，组织部门设计就必须考虑人员的配置情况，使得“人尽其能”“人尽其用”。特别是，组织需要根据外部环境的变化进一步调整和再设计组织部门结构时，必须贯彻因事设职和因人设职相结合的原则，及时调整与组织环境不相适应的部门和人员，使组织内的人力资源能够得到有效的整合和优化。

（二）分工与协作相结合的原则

分工与协作是社会化大生产的必然结果，古典的管理理论强调分工是效率的基础。在组织的部门设计中，必须对每一个部门、每一个岗位进行必要的工作分析和关系分析，并按照分工与协作的要求进行业务活动的组合。部门设计者可以依据技能相似性的归类方法集合相关的业务活动，以提高专业分工的细化水平。但是，过分强调专业化分工也会造成管理机构增多、部门之间难以协调等问题，这反而会使得管理效率下降。这时，可以依据关系紧密性的归类方法，按照业务流程管理的逻辑顺序来集合业务活动，以达到紧凑、连续、利于协作的工作效果。

（三）精简高效的部门设计原则

部门精简高效是每一个部门设计者所追求的理想效果，作为一项基本的原则应当贯彻在部门设计的每一个阶段和每一项活动过程中。按照这一原则，部门设计应当体现局部利益服从组织整体利益的思想，并将单个部门效率目标与组织整体效率目标有机地结合起来。另外，部门设计应在保证组织目标能够实现的前提条件下，力求人员配置和部门设置精简合理，不仅要做到“事事有人做”，而且要“人人有事做”，工作任务充裕饱满，部门活动紧密有序。

二、部门化的基本形式

（一）职能部门化

职能部门化（按职能划分部门）是一种传统而基本的组织形式，它是按照基本活动相似或技能相似的要求，分类设立专门的管理部门，如生产、财务、营销、人事、研发部门等。一般而言，按职能划分的方法适用于所有组织，而且从部门的功能变化中可以看出组织目标的变化（图 5.7）。

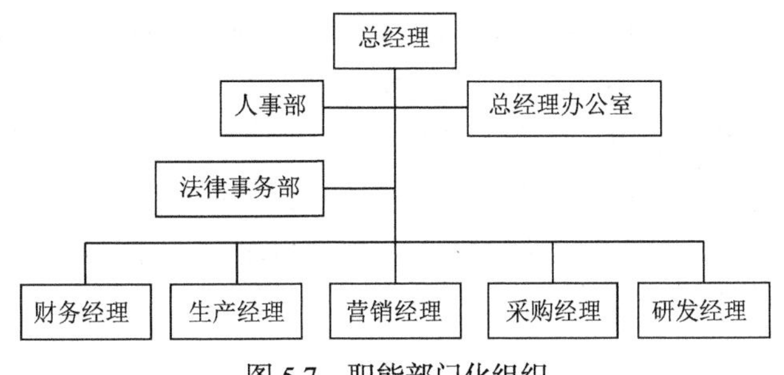

图 5.7　职能部门化组织

职能部门化的优点有：①有利于同类技术人员之间的沟通协作，减少摩擦，提高效率；②部门管理人员只需熟悉相对窄的技术职能，降低管理难度；③符合专业化原则，将同类专业人员放在同一组织有利于共享专业资源；④简化培训；⑤确保高层管理者的权力和威望。

但当组织规模扩大后，职能部门化又会带来不利影响：①职能部门繁多，决策变得缓慢及官僚主义严重；②各部门管理层的本位主义，使之只考虑到局部利益，从而影响企业总体目标的实现；③不同部门内的类似职能，会造成管理上的混乱；④人、财、物等资源过分集中，不利于开拓远区市场或按照目标顾客需求分工；⑤对环境变化的适应性差；⑥职权过分集中，部门主管容易得到锻炼，但不利于培养综合性管理人才，也不利于“多面手”式人才成长。

（二）产品或服务部门化

在品种单一、规模较小的企业，按职能进行组织分工是理想的部门化划分形式。然而，随着企业的进一步成长与发展，企业面临着增加产品线和扩大生产规模以获取规模经济和范围经济的经营压力，管理组织的工作也将变得日益复杂。这时，就有必要以业务活动的结果为标准来重新划分企业的活动。产品或服务部门化（按产品或服务划分部门），就是一种典型的结果划分法（图 5.8）。此种方法适用于多元化经营企业。

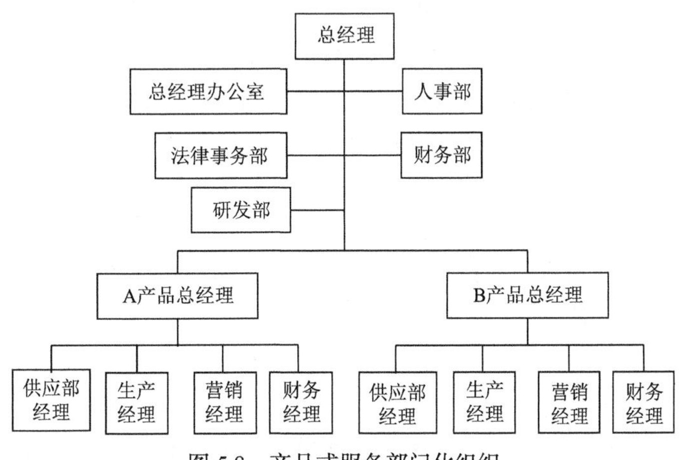

图 5.8　产品或服务部门化组织

产品或服务部门化的优点有：①专注产品或服务的经营，合理利用转移资产，提高专业化经营效率；②有助于比较不同部门对企业的贡献，有助于决策部门加强对企业产品和服务的指导和调整；③为“多面式”管理人才提供了较好的成长条件。

产品或服务部门化的缺点有：①各部门存在本位主义倾向，这势必会影响到企业总体目标的实现；②企业需要更多“多面手”式人才去管理各个产品部门；③部门中某些职能管理机构的重复会导致管理费用的增加，同时也增加了总部对“多面手”式人才的监督成本。

（三）地域部门化

地域部门化（按地域划分部门）就是按照地域的分散化程度划分企业的业务活动，继而设置管理部门管理其业务活动（图 5.9）。随着经济活动范围日趋广阔，企业特别是大型企业越来越需要跨越地域的限制去开拓外部的市场。不同的文化环境，造就出不同的劳动价值观，企业根据地域的不同设置管理部门，为的是更好地针对各地的特殊环境条件组织业务活动的发展。

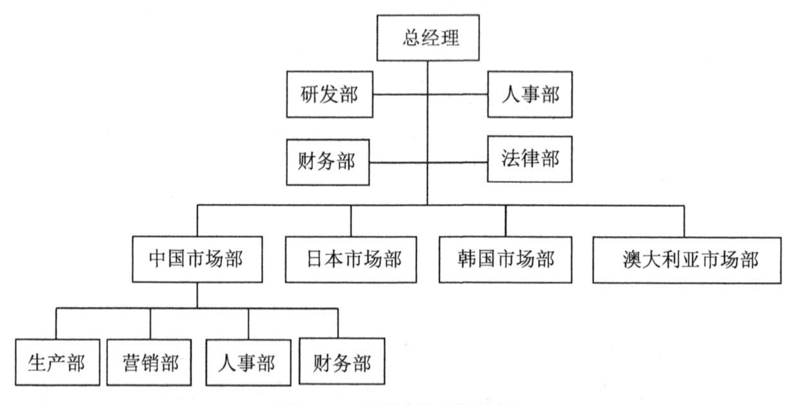

图 5.9　地域部门化组织

地域部门化的优点有：①高层管理人员将权力下放到地方，鼓励地方参与决策和经营，使自己可以集中研究公司总体战略；②地区事业部门管理人员更了解当地情况，对本地区环境变化的反应更迅速；③通过在当地招募职能部门人员，既可以缓解当地的就业压力，争取宽松的经营环境，又可以充分利用当地有效的资源进行市场开拓，同时减少了许多外派成本，也减小了不确定性风险。

地域部门化的缺点有：①企业所需的能够派赴各个区域的地区主管比较稀缺，且比较难控制；②各地区可能会因存在职能机构设置而导致管理成本过高；③权力下放，不利于总部高层管理的有效协调与控制；④地区部门经理只注意本地区发展，易忽视其他地区的良好发展前景，抑制了开拓精神。

（四）顾客部门化

顾客部门化（按顾客划分部门）就是根据目标顾客的不同利益需求来划分组织的业务活动（图 5.10）。在激烈的市场竞争中，顾客的需求导向越来越明显，企业应当在满足顾客需求的同时，努力创造顾客的未来需求，顾客部门化顺应了需求发展的这种趋势。

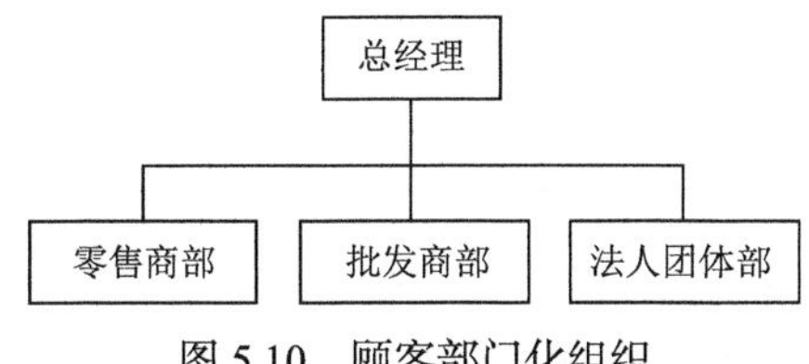

图 5.10 顾客部门化组织

顾客部门化的优点有：①通过设立不同的部门满足目标顾客各种特殊而广泛的需求，同时能有效获取用户真诚的反馈意见，这有利于企业不断改变自己的工作；②能够持续有效地发挥自己的核心专长，不断创造顾客的需求，以在这一领域建立持久性竞争优势。

顾客部门化的缺点有：①可能会增加与顾客需求不匹配而引发的矛盾和冲突；②需要更多能妥善和处理与顾客关系的管理人员和一般人员；③顾客需求偏好的转移，可能使企业无法时刻都能明确顾客的需求分类，结果会造成产品或服务结构的不合理，影响对顾客需求的满足。

（五）流程部门化

流程部门化（按流程或过程划分部门）是指按照工作或业务流程来组织业务活动，人员、材料、设备比较集中或业务流程连续是实现流程部门化的基础（图 5.11）。例如，一家发电厂的生产流程经过燃煤输送、锅炉燃烧、汽轮机冲动、电力输送、电力配送等几个主要过程。

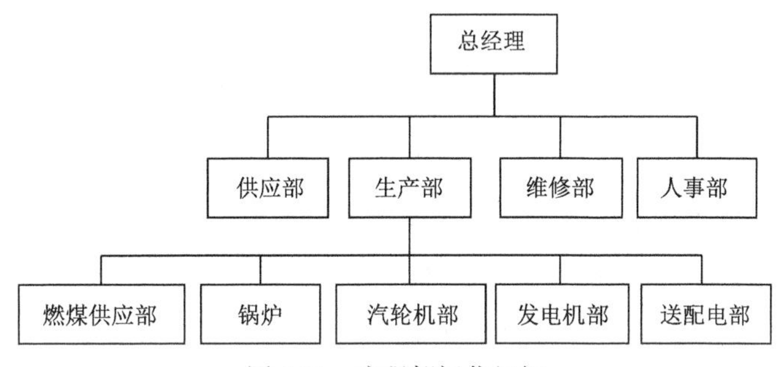

图 5.11 流程部门化组织

流程部门化的优点有：①充分利用集中的专业优势，易于协调管理，对市场需求的变动也能够快速敏捷地反应；②简化了培训，容易在组织内部形成良好的相互学习氛围，会产生较为明显的学习经验曲线效应。

流程部门化的缺点有：①部门之间的紧密协作有可能得不到贯彻，也会产生部门间的利益冲突；②权责相对集中，不利于培养出综合管理人才。

部门化的类型已有很多，以上介绍的只是五种常见的类型，除此之外，还有按时间、人数、项目等划分部门，这里不再赘述。另外，要指出的是，绝大多数大型组织在不同的组织层次上有不同的部门划分方法（图 5.12）。例如，一家大型制造企业按职能划分成若干部门。其中制造部门按其制造的程序划分子部门；营销部门按地区划分子部门，各个部门再按用户类型划分部门。

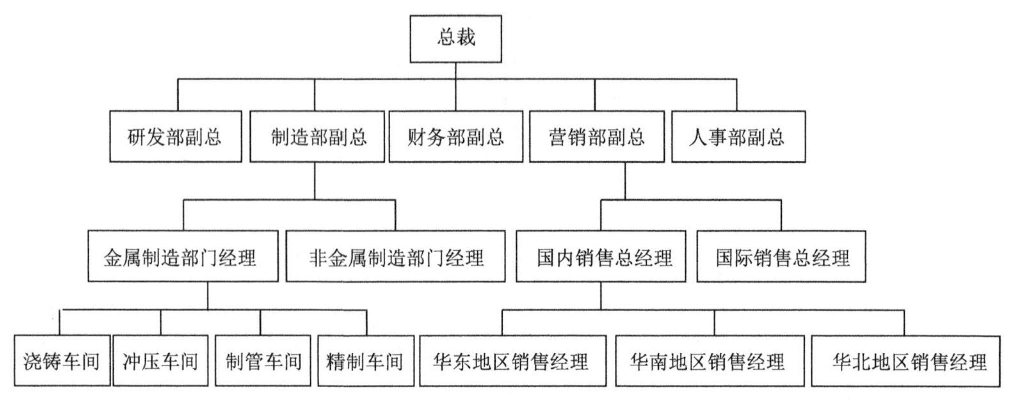

图 5.12　多种形式的部门化

第五节　层级设计

案例导入

商业银行组织体系创新

传统商业银行层级结构的优点是整个银行的组织体系具有超常规的稳定性；信息的传输量均匀地分布在每个阶层；体系的复杂性和体系的规模相对无关；一条权力的轴线始终贯穿在体系内部，权力关系使其中的每一个子系统都服从它所属的系统，并且可以达到传统组织设计所要求的指挥明确、命令统一、控制幅度适中、授权完全明确等原则。

但是，面对着金融产品的更新、客户服务的变化、同业的竞争、技术的创新、金融法规的实施及经济环境的变化，商业银行若要成功地适应这种环境而获得绩效，其经营组织体系必须采用相当分权化的组织结构，使结构具有一定的弹性，以便每一个成员直觉地、有责任地了解外在环境的发展，在发现新的机会时，能迅速地转移组织的重心。同时，为了组织具有效率，还应使组织的结构和态度均做适当的分化，以配合各部门特定的任务和标的。这种由外界经营环境推动的组织内部的分权、弹性和分化的内在要求，直接引发了经营组织体系创新的一对难以驾驭的矛盾——授权体制和监督机制的建立和设计。授权范围的扩大强化了组织的弹性，增强了组织的适应能力，但是，也面临监督约束软弱的风险。如何处理这对矛盾是体系创新又一关键。

（1）突破传统商业银行业务描述方式，按照经营要素的耦合程度、经营系统的能控性和能观性、市场应变需求的三维参照系，描述银行的经营状态，视不同的经营状态和过程采取分权、监督和控制等不同的管理手段，以求得在秩序和稳定的经营体系中不失效率和活力。

（2）对各分支机构的负责人实行委托代理的契约式管理。虽然，在层次组织体系中，行政命令的方式可以实现单纯的支配和完成自我强迫的协议。但是，支配忽略了彼此之间的依赖关系，强化了主从之间的冲突。有效的解决办法是在主从之间建立直率谈

判的机制，它是降低内部监督、控制和管理成本的最好的解决方案；而且，可以在主从对策中实现双方的均衡，既双方都承认彼此存在着相互依赖的关系，并在冲突之后，仍然需要在一起工作，进而将层次结构中的责任轴线与权利轴线紧紧地结合在一起。

（3）商业银行归属于服务性行业，依据客户的不同需要，确定以客户为中心、服务为导向的组织分化方向。在基层的经营单元中赋予经理双重职责，即对客户负责服务质量和对公司负责利润，以达到对客户实现个性化的、直接服务的目标。

[资料来源：薛峰，迟旭，张喜军. 现代商业银行经营组织体系的创新. 大连理工大学学报（社会科学版），2002，（4）：13]

一、组织的层级化

组织的层级化是指组织在纵向结构设计中需要确定层级数目和有效的管理幅度，需要根据组织集权化的程度，规定纵向各层级之间的权责关系，最终形成一个能够对内外环境要求做出动态反应的有效组织结构形式。

在职能与职务设计及部门划分的基础上，必须根据组织内外能够获得的现有人力资源情况，对初步设计的职能和职务进行调整和平衡，同时还要根据每项工作的性质和内容确定管理层次并规定相应的职责、权限，通过规范化的制度安排使各职能部门和各项职务形成一个严密、有序的活动网络。

需要特别指出的是，组织层级化涉及集权和分权，以及授权，它们是层级设计与职权设计交叉的部分，我们将在职权设计中展开详细介绍。

组织层级化设计的核心任务是确定完成任务需要设定的层级数目，有效的管理幅度是决定组织中层级数目的最基本因素。

二、管理层次与管理幅度

（一）管理层次

管理层次也称为组织层次，是指社会组织内部从高一级管理组织到低一级管理组织的各个组织等级。管理层次实际上反映的是组织内部纵向分工关系，各个层次将负担不同的管理职能，一般来说，管理层次分为上层（最高管理层次）、中层（中间管理层次）和基层（基层管理层次），并且每个层次都有明确的分工和具体的职能。

（二）管理幅度

管理幅度又叫管理跨度、管理宽度，它是一个主管人员能够直接指挥和监督的下级人员的数量。合理的管理幅度有利于管理的控制和沟通，可以加快上情下达和下情上达的传递速度，便于管理者及时做出决策，也有利于贯彻上级的决策意图。

（三）管理幅度与管理层次的关系

管理层次的数量取决于组织规模和管理幅度两个因素。

在管理幅度既定的情况下，组织规模与管理层次成正比例关系，即组织规模越多，管理层次越多；反之，组织规模越小，管理层次越少（图 5.13）。

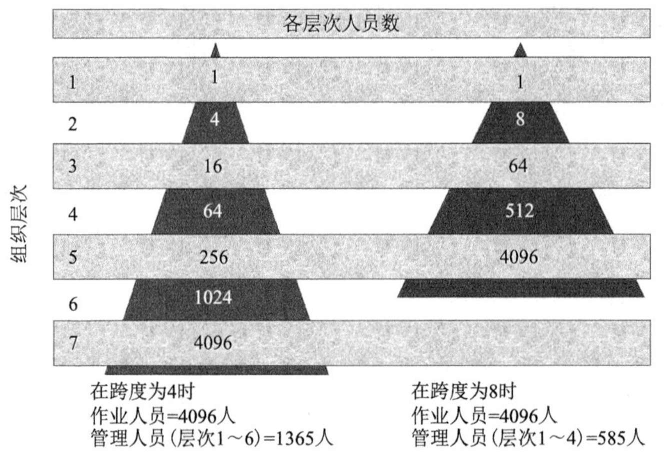

图 5.13　管理幅度与管理层级比较图

管理幅度是决定、影响管理层次的最基本因素，在组织规模既定的前提下，管理幅度与管理层次成反比关系，即管理幅度越大，管理层次少；反之，管理幅度小，管理层次多。

按照管理幅度与管理层次的关系，可将组织结构分为两种类型：扁平结构和塔式（高耸）结构。在理论上，把管理幅度小、管理层次多的组织结构称为直式的组织结构；把管理幅度大、管理层次少的组织结构称为扁平的组织结构。如图 5.14 与 5.15 所示。

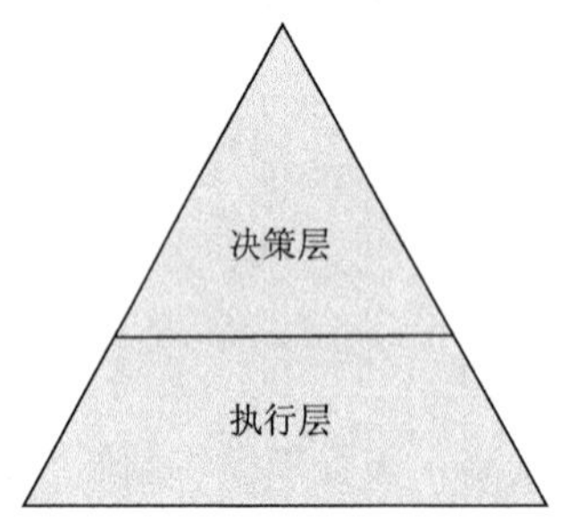

图 5.14　扁平的组织结构

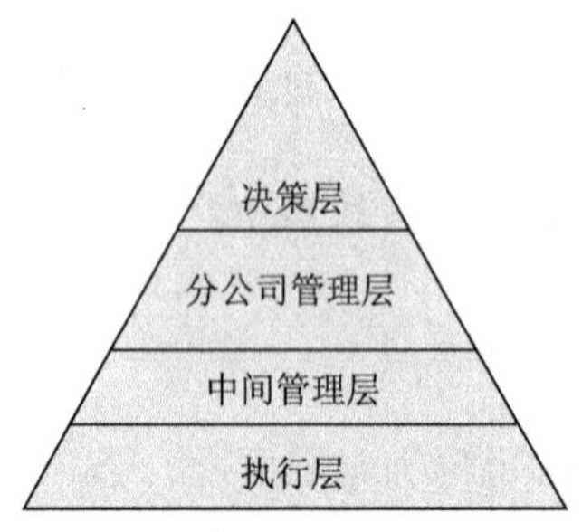

图 5.15　塔式组织结构

扁平式组织结构的优点是：由于管理的层级比较少，信息的沟通和传递速度比较快，信息失真度比较低；同时，上级主管对下属的控制也不会太呆板，这有利于发挥下属人员的积极性和创造性。

缺点是：过大的管理幅度增加了主管对下属的监督和协调控制的难度，同时，下属也缺少了更多的提升机会。

塔式组织结构的优点是：由于管理的层级比较多，管理幅度比较小，每一管理层级上的主管都能对下属进行及时的指导和控制；另外，层级之间的关系也比较紧密，这有利于工作任务的衔接，同时也为下属提供了更多的提升机会。

缺点是：过多的管理层级往往会影响信息的传递速度，信息失真度可能会比较大，这又会增加高层主管与基层之间的沟通和协调成本，增加管理工作的复杂性。

三、管理幅度设计的影响因素

有效的管理幅度受到诸多因素的影响，主要有管理者的能力、工作条件、工作环境、工作内容和性质四个方面。

（1）管理者的能力。管理者的综合能力、理解能力、表达能力强，就可以迅速地把握问题的关键，就下属的请示提出恰当的指导建议，并使下属明确理解，从而缩短与每一位下速的接触时间，管理幅度就可以大一些，反之则小。

（2）工作条件。如助手的配备情况、信息手段的配备情况等都会影响管理者从事管理工作所需的时间，若配备有助手、信息手段先进、工作地点相近，则管理幅度可大些。

（3）工作环境。组织环境稳定与否会影响组织活动内容和政策的调整频率与幅度。环境变化越快，变化程度越大，组织中遇到的新问题就越多，下属向上级的请示就越有必要、越频繁，而上级能用于指导下属的时间与精力却越少，因此他要花时间去关注环境的变化，考虑应变的措施。因此，环境越不稳定，管理者的管理幅度就越小。

（4）工作内容和性质。工作内容和性质包括主管所处的管理层次、下属工作的相似性、计划的完善程度和非管理实务的多少等方面。越接近组织高层，主管人员的决策职能越重要，其管理幅度较中层和基层管理人员小；下属从事的工作内容和工作性质相近，主管对每个人工作的指导和建议也大体相同，这种情况下，同一主管对较多下属的指挥和监督是不会有什么困难的；如果下属只是简单地执行计划，且计划本身制订得详尽周到，下属对计划的目的和要求明确，那么主管对下属指导所需的时间就不多，此时，主管管理幅度就大；专管作为组织不同层次的代表，往往必须用相当一部分时间去进行一些非管理事务。这种现象对管理幅度也会产生消极的影响。

以上列举的不是影响管理幅度的全部因素，但对有限的这几个因素的考察，表明必须根据组织自身的特点来确定适当的管理幅度，从而决定管理层次。

四、机械型组织与有机型组织

机械型组织，也称为官僚行政组织，是传统组织设计原理的产物，随着社会发展，组织向部门化、专业化方向发展，每一项工作变得越来越简单化、标准化。

在统一指挥原理指导下，组织内部等级制度越来越严格，组织层次越来越增加，管理幅度相对缩小，出现了高耸的、非人格化的结构。这种结构使组织的稳定性、高效率达到了相当的水平，但也导致了组织的僵化、反应迟钝的弱点。直线职能制组织结构、事业部制组织结构均属于有机型组织。

与机械型组织形成鲜明对照，有机型组织是松散的、灵活、具有高度适应性的组织（图 5.16）。这种组织结构朝低复杂化、非正规化、分权化方向发展。组织没有高度的标准化程序和严格的规章制度，而是根据需要可以随时做出调整的灵活结构。因为现代的员工大都是接受过良好的教育，并经过一定的职业培训，已经是职业化的员工，是可以随时应变处理突发问题的，取代层次控制的是员工之间的纵向、横向协调沟通，更注重人的创造性、人的自我价值的实现。

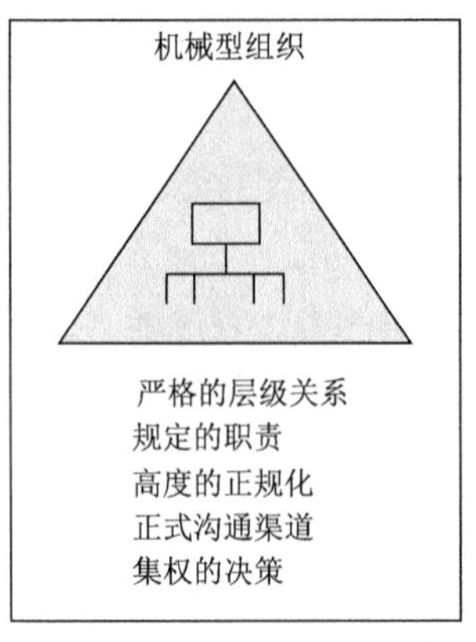

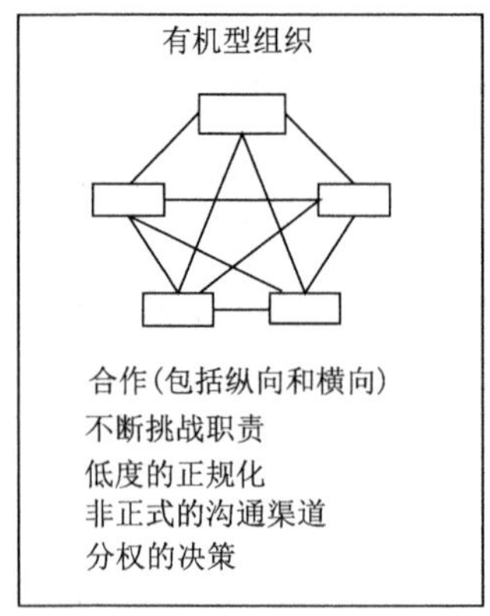

图 5.16　机械型组织与有机型组织

例如，对于一个电脑工程师来说，他的上级完全不必规定他何时上班、何时下班；哪一天做哪一项任务；这项任务通过哪些步骤完成等，他只需要告诉这位工程师在这段时间内他要完成哪一项任务。至于如何做、哪里做、何时做等细节问题完全由这位工程师决定，上司可以通过正式及非正式的沟通途径去了解员工的工程进度及状况。直线结构、矩阵结构、网络结构及任务小组就属于有机型组织。

第六节　职 权 设 计

案例导入

如何清晰授权巧妙避免职权冲突困境

新的一年又开始了。王总，L 公司的总经理，轻轻地合上了文件夹，陷入了沉思。这份由市场调查公司提供的行业调查报告显示，这一年行业的竞争有进一步激化的趋势，利润空间会明显降低；技术进一步同质化，客户关系与服务质量将会成为下一年行业竞争的主旋律。“看来又是一场恶战啊！”王总暗叹了一口气，不禁盘算起自己的人马来了。

李强，L 公司的营销总监，在公司工作了五年，从业务主管做起，老板信赖、下属敬服，销售业绩也年年出色完成；在王总眼中，李强是那种战略型的领导者，对重大事情的把握有天生的敏感性、判断准确，是不可多得的将材；但是，对日常的细节管理就差了一节，对下属部门过于放纵，没有系统完善的管理制度和管理套路。他所管理的业务部、技术服务部、市场部可以说是全公司最混乱的角落了——尤其是业务部：业务员满天飞，对业务报表的要求也不严格。以往王总对此也就睁只眼闭只眼了，但是一想到来年激烈的竞争环境，王总下决心把对李强所管理部门的规范化列为新年的第一件要务。希望通过规范化的管理，来降低业务运营成本和服务成本，提高客户满意度。

“靠李强是不行的，他下面的部门经理们又都没这方面的水平。也许这（不拘小节）

就是搞营销人的通病吧”，王总无奈地笑了笑，又低头看起了人员配置结构图，“王丰看来不错，就让他来帮李强一把吧！”

王丰，L公司的行政总监，Z大MBA的高材生。虽说在L公司只有两年，但做事条理性很强，为人又细致，对公司行政方面的事务管理井井有条，很少要王总操心。而且在王丰读MBA之前，也做过两年的销售管理工作，用他来辅助李强再合适没有了。唯一令王总担心的是，李强和王丰都是做事冲劲强、个性十足的人，若处理不好，可能会起冲突。不过自己多关照一些，应该没有问题！

打铁趁热，第二天王总就分别同李强和王丰谈话，李强和王丰都表示了认同，同时正式向全体员工公布了这一任命。然而，没过几天，让王总担心的事情还是发生了。一天，李强怒气冲冲地跑进了王总的办公室。

李：王总，这工作我没法做了！

王：有话慢慢说，别着急。

李：您到底是怎么给王丰谈的？我对他的工作定位可不怎么明确啊！

王：不是让他协助你做好部门管理和规范吗？

李：可我看他不怎么清楚吧！看来，他是来拆我的台，而不协助我管。

王：到底出什么事了？

李：这才几天工夫，就扣郭凡的工资。不就是因为郭凡没有按他的要求填写业务报表。这倒好，通知一出来，郭凡就提出了辞职。要知道郭凡一个人的销售量就是大客户部整体销售量的30%；而他也一直感到公司对他的待遇偏低，全靠我承诺为他争取他才愿意留下来的。您说我现在该怎么办？

王：王丰在这件事上是有点轻率了，但是他的出发点也是好的。要对业务人员进行规范化管理，这也是当初我们商定好的啊。

李：是啊。我认同我在规范化管理上有很大的不足，但是并不等于我就对此一窍不通。不是说管理是艺术吗，也要具体情况具体分析吧。没有郭凡，销售任务肯定受到影响，是不是他王丰帮我背销售额啊？

王：……

此案例是非常典型的事件，是多方面问题的集中爆发，解决的方案也不可能采用单一的方案来完成。可以从明星人员的管理方式、考核指标设置、晋升通道等多个方面来探讨，本案例仅侧重探讨授权体系的管理方面来进行剖析——通过更加完善的体系规划，避免陷入复杂的困境。

要了解授权体系的管理，首先要明确什么是授权？授什么权？如何授权？

所谓授权，就是对职权的再分配，即在分配工作的时候，赋予下属相应的权利，准许下属在一定范围内调度人力、物力和财力；同时在工作中，允许下属自行做出决定，以达成任务。

组织设计强调任务的分派和责任的明确，也会产生任务和责任的分派，必然地要进行权力的配置；权力的分布或委派是至关重要的，它是使每一个人得以履行其职责的必要条件。

职权是指由组织制度正式确定的，与一定管理职位相连的决策、指挥、分配资源和进行奖惩的权力。每个管理职位所具有的特定权力与担任该职务的个人没有直接关系，一个人离开了管理职位就不再享有该职位的任何权力，职权将由新的任职者行使。在一个组织内部，根据各个职位之间职权关系的指向、作用和范围不同，可划分为直线职权、参谋职权和职能职权三种基本类型。

在本案例中，王总将对某些部门进行规范化管理的工作交给王丰，请王丰协助李强进行管理——这实际上是一个授权过程。然而，由于对授权管理的经验不足，王总在授权过程中存在以下错误，从而将自己陷入了困境。

一、对所授职权的类型没有清晰明确

李强所管理的部门，如所有的组织一样，也同样存在三种职权：直线职权、参谋职权、职能职权。让我们来看一下，授权前后这三种职权的分布：

对于授权前，李强拥有直线职权、王丰拥有职能职权，相信大家都没有意见。

由于王总的授权过程不够明确，王丰认为王总是将对部门的直线职权授予了自己。稍有点管理知识的人都知道：在组织设计中必须坚持一人只对一人负责、一人向一人汇报工作的原则，不能多头领导，以免使下级无所适从，造成指挥的混乱。在此情景下，王丰认为同李强一样拥有直线管理的权利，同时也不归属李强领导；在没有同李强商议的情况下，自行对郭凡进行处罚，从而造成了管理的混乱。

事实上，王总授予王丰的是参谋职权，是让他协助李强进行管理。王丰实际上相当于李强的助理，应听从李强的指挥，而不应该单独做出决策并向下一级发布命令。在这种情况下，王丰无权处罚郭凡。

或许也有人争议：王总是否有权对王丰进行参谋职权的授予，应该是李强才有这种权利。答案是肯定的。根据人事权"逐级汇报，隔级任免"的原则，王总可以任免王丰为李强的助理，而王丰则必须向李强汇报。

二、授权的程序不够规范

在整个授权过程中，王总表现得过于随意，仅根据个人的判断就决定了进行授权。虽然在授权之前，也同李强和王丰进行了谈话，但是由于王总已对此下了决定，此次谈话也就并不能起到应有的效果了。

一个有效的授权过程，必须要在事前、事中、事后进行周密安排；根据事情发生的前后将授权过程分为五个步骤，并完成如下工作。

在组织活动中，经常发生直线职权与参谋职权发生矛盾，从而影响到组织的运行效率，无论是直线专权，还是参谋越权都有可能造成指挥不灵或多头命令等不良后果。因此，我们在授予职能职权时就必须对过程和内容做清晰规定，审慎地处理各类职权相互协调配合的问题，预防可能带来的混乱。

（资料来源：如何清晰授权巧妙避免职权冲突困境. http://www.ceconlinebbs.com/FORUM_POST_900001_900004_890628_0.HTM [2008-06-25]）

职权是一个与组织同生共长的概念，也就是说，职权的产生是与组织的产生同时发生的。组织职权设计就是关于组织职位间的职权关系的设计，涉及每一职位其权力的来源与权力大小问题等。部分岗位职权应该是通过岗位描述确定的，实际的职权远比明文规定的复杂，更多的职权是通过上一级领导的授权和长期运行的惯例来执行。

一、职权的性质与特征

所谓职权是指组织内部授予的指导下属活动及其行为的决定权，这些决定一旦下达，下属必须服从。职权跟组织层次化设计中的职位紧密相关，跟个人特质无关。

传统的观点认为，所谓职权，就是指管理者凭借其职位而获得的发布命令、监督执行（包括奖惩）的权力。这里，理解职权的关键在于，这是一种与职位紧密联系在一起的影响力，它来源于组织的顶层，职权的发展是由上至下的，然后贯穿于整个组织的。换句话说，职位是确保职权的唯一基础。职权的这种传统观点支持这种组织哲学：赋予某人一定的职位，那么他（她）就将获得相应的影响力。

管理中的职权来源于以下三个方面：①在层级组织中居于某一特殊职位所拥有的命令指挥权；②由于个人具备某些核心专长或高级技术知识而拥有的技术能力职权；③由于个人能够有效地激励、领导和影响他们而拥有的管理能力职权。

需要指出的是，一个人获得权力的同时就必须负担起责任，这种责任就叫做职责。职责与职权是有区别的。职权是一种权力，其合法性来自组织中的职位，职权需要围绕工作而展开。另外，职权预示着下属必须完成被指派的任务，而职责则预示着下属所完成的任务必须符合上级所规定的标准。因此，权责必须一致，权责必须分明。有职权而无职责必然会导致职权的滥用，而有职责无职权也必然导致执行者无所适从。

二、直线、参谋与职能职权

基于管理中的相关者之间的职权关系，将管理者的职权（或者说岗位的权力）划分为直线职权、参谋职权和职能职权三种形式。所谓直线职权是指管理者直接指导下属工作的职权，这种职权由组织的顶端开始，延伸向下至最底层形成所谓的指挥链。在指挥链上，拥有直线职权的管理者有权领导和指挥其下属工作。当组织规模逐渐增大且日渐复杂时，直线主管发现他们在时间、技术知识、精力和资源等各方面都不足以圆满完成任务，这时必须创造出参谋职权，以支持和弥补直线主管在能力方面的缺陷和障碍。所谓参谋职权是指管理者拥有某种特定的建议权或审核权，评价直线职权的启动情况，进而提出建议或提供服务。而职能职权则是一种权益职权，是由直线管理者向自己辖属以外的个人或部门授权，允许他们按照一定的制度在一定的职能范围内行使的某种职权。职能职权的设立主要是为了发挥专家的核心作用，减轻直线主管的任务负荷，提高管理工作的效率。

（一）“直线”的概念

管理学中的直线是对组织目标的实现直接做出贡献的管理者或单位。假设一个制造公司有生产、营销两大部门，其管理人员通常被认为是直线管理者，如图 5.17 所示。

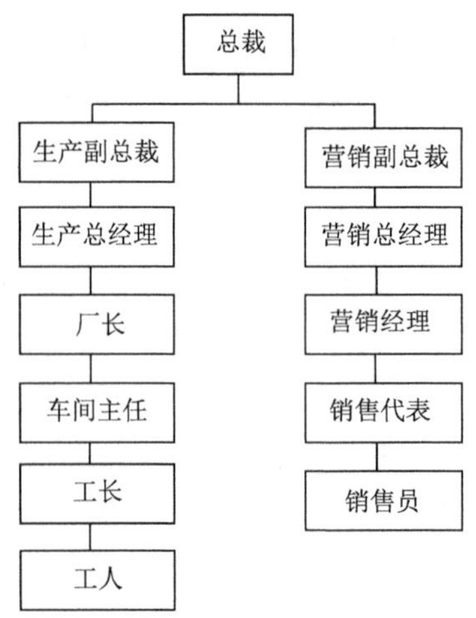

图 5.17　指挥链系统（直线关系）

生产部门自上而下分为：总裁—生产副总裁—生产总经理—厂长—车间主任—工长—工人。

营销部门自上而下分为：总裁—营销副总裁—营销总经理—营销经理—销售代表—销售员。

生产和营销两大部门各自形成自己的指挥链，在指挥链上的各层人员被称为直线人员，他们之间的关系就是直线关系。所谓直线关系就是命令与服从的关系。例如，总裁与副总裁，厂长与车间主任之间的关系就是直线关系。

直线管理人员所拥有的指挥下属下级的权力被称为直线职权。从图 5.17 中可以看出，各直线人员都拥有自己相应的直线职权。相应的，由上至下形成的各自的直线责任。

（二）参谋的概念

参谋是帮助直线工作的。随着组织规模的扩张，管理工作日益复杂。处在直线上的管理人员（尤其是高层管理人员）无法把所有的工作都承担下来，需要建立一些部门为他提供咨询和服务支持，以减轻压力。这些辅助直线部门的工作就被称为“参谋”。

孔茨认为，纯粹参谋身份人员的职能是进行调查、研究并向直线管理人员提出建议。具体可以分为：①顾问性质，如企业聘用的法律、税务咨询专家；②服务性质，如采购部门；③协调性质，如计划部门；④控制性质，如财务部门。

参谋人员所拥有的为直线人员提供支持、协助，提出建议的权力称为参谋职权。参谋职权仅限于一种顾问的性质，可以把其观点、意见“推销”给其服务对象，而不能像直线人员那样具有行使命令的权力。

设立参谋部门的好处包括以下内容。

（1）参谋人员都是某一领域的专家，有丰富的实践经验，在需要高度专门知识进行决策的地方，由各位参谋对备择方案及可能发生的后果进行详细说明，省去直线人员学习了解专门知识所需时间。

（2）直线人员忙于事物，没有足够的时间去考虑某一专门问题，更没有时间去收集资料，而参谋人员可以专心去做这些工作。特别是上层管理人员，他们很少有时间或不愿意拿出时间去做那些参谋人员或助理们做得好的事情。

（3）参谋们不仅可以参与方案的制订，一旦被采纳后还可以专心地去推行，担任业务指导的角色，这完全有利于方案的成功。

参谋职能的缺点包括以下内容。

（1）参谋没有职责。参谋提出可供选择的方案，但决策是直线人员做出的，所以，参谋没有责任。

（2）参谋可能“投其所好”。参谋为讨好直线人员，有可能按照直线人员的意愿去行事，这是危险的。为防止这种现象发生，现在出现了独立的咨询机构，他们可以独立、客观行事，北京、上海等大城市都有上千家这种咨询机构。

（3）有削弱直线职权的危险。比如，一位高级参谋提出了有价值的点子，或者提出好方案，经理采纳了，并帮助推行，在推行的始终，谁都知道高级参谋起了关键作用，如果这个方案取得成功，高级参谋的地位将大大提高。

（三）直线与参谋的关系

传统的定义也把直线与参谋看成部门的类型，把那些对完成企业目标有直接影响的部门职能（如制造部门）称为直线职能，其他起协调作用的职能（如财务部门、采购部门）称为参谋职能。这种分法有时会引起混乱。究竟什么样的职能对企业目标有直接影响呢？像采购部门、质量控制部门，你能说他们对于达到企业目标真的不太重要吗？

管理学家孔茨认为：虽然某一部门相对于其他部门来说确实有处于直线职能或参谋职位之分，不过区别直线与参谋用的是职权关系而非人们干什么的办法。例如，人们可以把采购部门看成参谋部门，因为管理人员认为采购部门是起支持作用的，但是采购部门内部仍有直线关系（采购部经理与其下属仍然是命令与服从的关系）。与此相反，我们可以看出，生产部副总裁与总裁是直线关系，但当总裁向副总裁咨询有关生产方面的问题，副总裁向总裁提出一系列建议和方案时，这种关系就是参谋关系了。事实上，一个部门在不同企业有不同作用，可以是直线性质，也可以是参谋性质；即使在同一部门，它可主要起直线作用，但有时它可以就某一问题提出建议，起参谋作用。

当然在通常情况下，为方便起见，人们习惯于根据部门主要活动的性质将其定为直线部门和参谋部门。图 5.18 是一个制造企业的直线与参谋组织图。

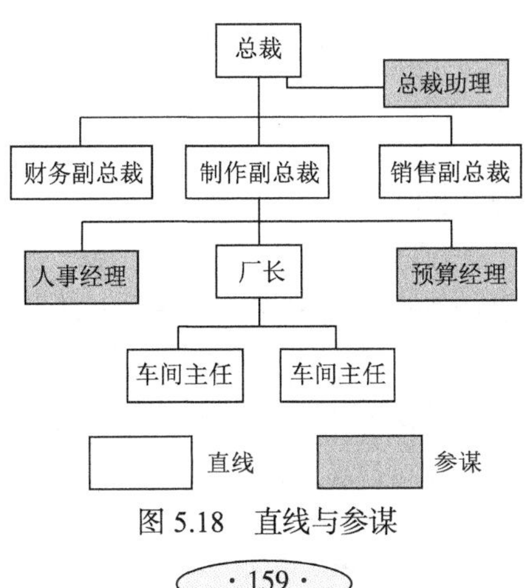

图 5.18 直线与参谋

特别要注意的是：直线职权不等于直线部门，参谋职权不等于参谋部门。例如，政策研究所部是明显的参谋部门，但其主任对其下属来说仍然居直线职权位置。

（四）职能职权

职能职权是指委派给个人或部门的权力（职能部门的权力），通常是直线主管分给的与本职能业务有关的部分决策指挥权。一般来说，职能职权较多的由参谋部门负责人来行使，因为这些部门通常是由专业人员组成的，他们具有获得这些职权的必要。

职能部门的职权通常是有范围限制的，权力一般限于“如何办”的方法问题，很少规定何时办或由谁办等具体问题。

职能部门设置过多，而且权力越来越大，在组织内部形成条块分割的壁垒，增加了上层管理人员协调的工作量。所以，现代有机组织在削弱职能部门的界限，强调合作，同时增加参谋部门。

职能职权的广泛采用会使职权关系变得复杂，以图 5.19 为例，产品分公司经理除了有一个直线上级之外，可能还有好几个职能主管（销售副总裁、财务副总裁等）。当他收到来自不同方式职能职权的约束时（特别是这些指令相互矛盾时），他将感到无所适从，或者按照管理的“分贝制”方法来办，即只注意制造“噪声”最大的职能主管。解决这个问题的办法便是维护一定程度的统一指挥，即职能职权仅仅可用于该职权原始拥有者的下一级管理人员行使。在图 5.21 中表现为财务副总裁的职能职权不能超出产品分公司经理这一层次，以利于直线主管人员的统一指挥。

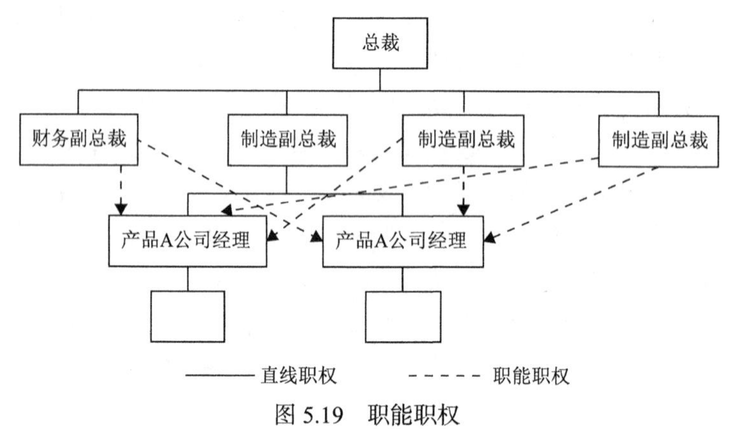

图 5.19　职能职权

（五）直线与参谋的冲突

直线与参谋的冲突主要表现在以下几个方面。

（1）年龄、教育等因素。与直线人员比较，参谋人员一般都直接来自学校，年龄较轻，受教育程度高，并对自己的专业过分关注，这些因素常常都是产生冲突的可能来源。

（2）知识、经验等因素。直线主管人员往往年龄较大而学历不高，他们依靠的是长期工作所积累的丰富经验；而参谋人员都一般接受过系统教育、知识丰富，但缺乏经验。当两者在知识、经验差距很大时，双方就会彼此产生怀疑，或者不满。直线人员认为参谋人员缺乏经验，只会纸上谈兵，或者觉得在知识上与他们差距太大，听不懂他们的建议，因此产生怀疑；参谋人员则认为直线人员缺乏时代创新精神，老是凭一贯的经验办事，过于经验主义。

（3）职权因素。通常直线人员把参谋管理人员看成对自身权力的威胁。当组织聘用专家时，直线管理人员会觉得他们丧失了某种职能权力，虽然他们也承认专业参谋有知识和专长，但他们不愿这些专家来告诉自己“做什么”和“如何做”，所以直线管理人员可能决定不去利用参谋人员的专长，而参谋人员也因此常常抱怨他们没有充分发挥作用的空间。

（4）观念因素。观念不同也是导致直线与参谋冲突的一个因素。直线人员认为参谋的意见脱离现实，太理想主义；而参谋人员又常常认为直线管理人员太过于经验主义，不易接受新思想。

以上矛盾有以下几种解决方法。

（1）分清职责。直线与参谋人员应该面临各自的职责，避免互相干扰与冲突。直线人员可以做出最后的决定，对基本目标负责；而参谋人员可提供建议与服务。直线人员在做出决定之前应该听从参谋人员的建议，但是如果有适当的理由，可以拒绝采纳；同样，参谋人员不必等待直线人员的咨询请求，可以主动从旁协助。

（2）建立责任。直线和参谋对各自的活动都需要负责。如果直线由于不能有效利用参谋的专长而做出错误决策时，主管部门应提醒他引以为戒；同样参谋人员提供不适当或不正确的建议和信息时，也应该被告知所造成的结果。

（3）应该把直线与参谋活动结合起来，双方共同工作组成具有良好协调能力的团队。

三、集权与分权

集权和分权是组织层级化设计中的两种相反的权力分配方式。在现代组织管理中，已经没有绝对意义上的集权和分权了，它们是相对的，集权是指决策权在组织中的较高层次上的相对集中；分权则是指决策权在组织中的较低层次上的相对分散。这里讲的集权和分权只是两种倾向，其关系如图 5.20 所示。

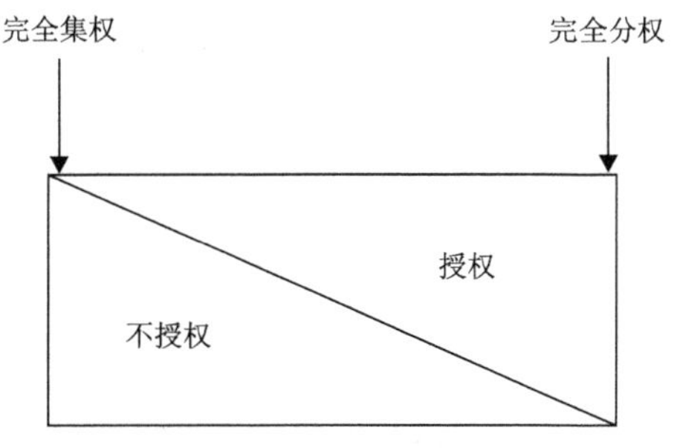

图 5.20 集权与分权

一个组织的分权化程度宜高还是宜低，并没有绝对的结论。分权程度低，即集权程度高，主要好处是便于从整个组织的目标出发处理问题，避免局部利益行为，可使组织的有限资源得到更有效的利用，并有助于确保组织政策和行动的一致性，提高组织的控制力。过分分权的主要弊端是，可能降低决策的质量和速度，影响组织的应变能力，并容易挫伤低层人员的积极性和主动性,同时高层管理者也难以集中精力处理重大的问题。分权程度高，虽然可能克服集权的弊端，但也丧失了集权的好处。因此，集权和分权的程度应该有多大，企业需要根据具体情况来定，并在表 5.3 列出了被确认为对组织的集权与分权程度有重要影响的一些因素。

表 5.3　影响集权与分权的因素

强化集权	强化分权
环境稳定	环境复杂且不确定
低层管理者不具有高层管理者那样做出决策的能力或经验	低层管理者拥有做出决策的能力和经验
低层管理者不愿意介入决策	低层管理者要参加决策
决策的影响力	决策的影响相对小
组织正面临危机或失败的危险	企业文化容许低层管理者对所发生的事有发言权
企业规模大	公司各部在地域上相当分散
企业战略的有效执行依赖于高层管理者对所发生的事拥有发言权	企业战略的有效执行依赖于低层管理者的参与及制定决策的灵活性

在层级化设计中，影响组织分权程度的主要因素有以下几个方面。

（1）组织规模的大小。组织规模增大，管理的层级和部门数量就会增多，信息的传递速度和标准性就会降低。因此，组织需要及时分权，以减缓决策层的工作压力，使其能够集中精力于最重要的实务。

（2）政策的统一性。如果组织内部各个方面的政策是统一的，集权最容易达到管理目标的一致性。然而，一个组织所面临的环境是复杂多变的，为了灵活应对这种局面，组织往往会在不同的阶段、不同的场合采取不同的政策，这虽然会破坏组织政策的统一性，却可能有利于激发下属的工作热情和创新精神。

（3）员工的数量和基本素质。如果员工的数量和基本素质能够保证组织任务的完成，组织可以更多的分权；组织如果缺乏足够的受过良好训练的管理人员，其基本素质不能符合分权式管理的基本要求，分权将会受到很大的限制。

（4）组织的可控性。组织中各部门的工作性质大多不同，有些关键的职能部门，如财务会计等部门往往需要相对地集权，而有些区域部门或者是业务部门，如研发、市场管理部门，却需要相对的分权。组织需要考虑的是围绕任务目标的实现，如何对分散的各类活动进行有效控制。

（5）组织所处的成长阶段。在组织成长的初级阶段，为了有效管理和控制组织的运行，组织往往采取集权的管理方式；随着组织的成长，管理的复杂性逐渐增强，组织分权的压力就比较大，管理者对权力的偏好就会减弱。

在集权与分权的问题上，一些国际上的大企业一般安排如下。

计划：目标集中决定而实现目标的具体途径由各个部门决定。

生产：权力分散，因为一般日常生产发生的问题，基层了解得最清楚。

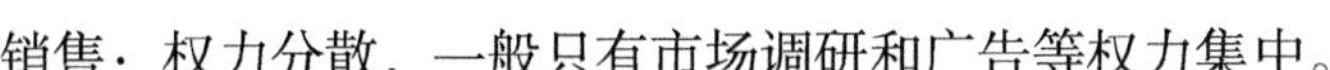

销售：权力分散，一般只有市场调研和广告等权力集中。

财务：财务一般都集中，它被认为是最少下放的。

统计：收集统计资料分散，但汇总、分析工作集中。

人事：劳资谈判合同及其实施是高度集中的，人事政策、骨干人员的任免、选拔关键管理人员等集中；而招工、升级、调职和实施劳动纪律则分散。

采购：集中的情况为多，占成本很大比例的主要材料的采购几乎总是集中办理的，但是各分厂地区分布较远，或按不同产品系列划分的部门可分散采购。

法律：一般是集中的。

四、授权

（一）授权的概念

授权是指上级把职权委任给下级的过程。它和分权是有区别的。分权的含义更广泛，所谓分权，就是现代企业组织为发挥低层组织的主动性和创造性，而把生产管理决策权分给下属组织，最高领导层只集中少数关系全局利益和重大问题的决策权。它反映了组织和管理的基本原理，需要谨慎选择，把哪些决策权赋予组织结构的下层，哪些决策权保留在最高层，如何制定方针以指导决策，选择和培训人员及适当的监督，授权是分权的一种重要形式，它是各级管理者都应该掌握的一门艺术。

职权既可以授出，又可以收回。因此，授权者不必担心因授权而导致自身权力的削弱。管理者应根据不同情况，以实现组织目标、提高工作效率为根本原则进行授权、收回和重新授权。

（二）授权的好处

授权的好处表现在以下几个方面：①减轻上级工作负担；②发挥下属的专长；③培养人才；④改善关系，授权一方面表明上级对下级的信任，另一方面又得到下级的主动支持，使上下级之间关系更加融洽，增强能力；⑤提高工作效率，上级通过授权，明确责任，从而调动下属积极性，简化上下级沟通的程序，从而加快了行动的速度。

（三）授权的过程

（1）分派职责。上级对下级分配任务和相应的义务。例如，人事部经理将招聘工厂技术人员的任务交给下属员工。

（2）委任职权。上级授予下级相应的权力，使之可以运用原本不可运用的权力，以完成上级赋予的任务。例如，该经理允许该员工指挥一个小组进行招聘工作，允许他读取有关资料等。

（3）建立责任。下级在正确行使权力和履行职责上要对上级负责。就拿上一个例子来说，那位被授予职权和职责的下属员工应该要求完成指派的任务，及时向人事经理汇报任务的执行情况与执行结果。

（四）有效授权的要素

（1）信息共享。组织中的信息作为一种共享资源。组织如果能够使员工充分地获取必要的信息资料，就会大大提高员工的积极性和工作的主动性。

（2）授权对象的知识与技能。组织必须对员工进行及时、有效的培训，以帮助他们获取必需的知识和技能。这种培训能够有效地帮助员工进行自主的决策，提高他们参与组织活动的能力，并为组织的团队合作和组织目标的实现打下扎实的基础。

（3）充分放权。组织若要充分发挥团队的作用，就必须真正地放权给团队中的各个专家和基层人员，使每个成员都能根据工作过程实际情况进行适当的安排，这样，各种类型的权力才能够得到充分的发挥。

（4）奖励绩效。组织应该制定合理的绩效评估和奖励系统，对组织成员的绩效贡献给予奖励。这种奖励系统应该既包括工资和利润提成，也包括一定的股权比例，如职工持股计划等。

（五）有效授权的原则

（1）重要性原则。组织授权必须建立在相互信任的基础上。所授权限不能是一些无关紧要的部分，要敢于把一些重要的权力或职权下放，使下级充分认识到上级的信任和管理工作的重要性。

（2）适度原则。组织授权还必须建立在效率的基础上。授权过少往往造成管理者工作负担增大，授权过多又会造成下层工作杂乱无序，甚至失控，所以不能无原则放权。

（3）权责一致原则。组织在授权的同时，必须向被托付人明确所授任务的目标、责任及权力范围，权责必须一致，否则被托付人要么会滥用职权导致形式主义，要么会对任务无所适从造成工作失误。

（4）级差授权原则。组织只能在工作关系紧密的层级上进行级差授权。越级授权可能会造成中间层次在工作上的混乱和被动，并有可能导致管理机构的失衡，进而破坏管理的秩序。

第七节　传统组织结构形式

案例导入

腾讯组织变革的梳理与启示

成立初期的腾讯组织设置并不复杂，人心齐、规模小、管理简单，因此为职能式组织架构。职能式的组织架构保证了腾讯在各专业职能领域的深入发展与经验积累，组织运作效率在当时的组织规模下也发挥到了最优，为腾讯业务的快速成长打下了坚实的基础。

至上市前，腾讯的业务部门已增至 30 多个，人员规模也达到两三千人。在这种规模下，当时的组织架构已经无法跟上组织发展的步伐，致使公司在管理上出现一系列问题。与此同时，在外部市场环境方面，网络游戏、网络媒体、移动互联网等市场机会均已出现，对此，腾讯管理层果断进行了新业务布局，并制定了“打造一站式在线生活平台”的战略发展方向。

一、由职能式向业务系统制

2005 年，以上市为分水岭，腾讯提出了“二次创业”的概念，并对组织架构进行了第一次大规模调整，由原来的以职能分工为特征的职能式组织架构调整为以产品为导向的业务系统制组织架构。

如果将组织看成是由横向业务分工与纵向决策分工构成的双重分工系统，那么从横向上看，腾讯调整后的组织架构共分为八大系统。

这种以产品为基础的组织架构成为当时业务发展的重要助推器，帮助公司形成了一套非常坚固的产品体系，使其超预期达成了当初设定的战略目标，得到了用户的广泛认可。但随着业务的发展，这种组织架构也为腾讯带来了困扰。

（1）各部门产品依赖腾讯软件作为资源导入，在激烈争夺资源的过程中，严重破坏了腾讯的品牌形象与用户体验，也导致部门矛盾和创新不足。

（2）庞杂的业务集中分布在四大主要部门，导致部门组织决策复杂、层级过多、业务关系混乱、部门设置重复；高层领导拉帮结派，部门官僚气氛严重，各自为政。

（3）移动互联网时代出现的很多新的产品与领域难以被清晰划归到某一业务系统，出现不同产品团队争夺某一产品的现象，致使很多新产品在研发初期严重内耗。

（4）与此同时，腾讯的业务发展也遇到瓶颈，除游戏业务持续贡献收入外，当时的腾讯在新业务上并没有太多亮点，如果再不主动谋变，将注定失去未来。

二、由业务系统制向事业群制

基于上述管理与业务问题，面对用户新需求、新技术、新业务模式层出不穷的市场环境，2012 年 5 月 18 日，腾讯对自身组织架构进行了 7 年以来最大规模的调整，从原来的以产品为导向的业务系统制升级为事业群制，对原有业务进行了较为彻底的梳理与重构。

这次组织架构调整根据各个业务的属性，对组织单元的边界划分更加清晰，减少了业务重叠而产生的部门矛盾，更加深刻理解并快速响应用户需求。此外，互动娱乐、移动互联、网络媒体、社交网络、电子商务五大业务在技术工程与企业发展两个事业群的技术支撑与资源供给下更加协同，充分发挥了“一个腾讯”大平台的整合优势。

同时，这次组织架构调整也推动腾讯核心业务从社交一个方向向社交、游戏、网媒、无线、电商和搜索六个方向突进，这样腾讯一直以来赖以生存的根本由一变六。这六块业务也将借此进一步打造开放平台，在各自专业领域纵深发展，通过扶持产业链上的合作伙伴，构建一个开放共赢的有机生态系统。

三、公司级组织的升级与分拆

之后腾讯又分别在 2013 年 1 月、3 月和 9 月连续对旗下几大事业群的架构进行了一系列调整优化，其中变化较大的是对移动互联网事业群相关业务的分拆，使其聚焦于浏览器、安全、搜索、应用平台等平台型业务。但发生于2014年5月的组织架构调整则体现了腾讯再造一个企鹅帝国的决心。

面对公司整体增长放缓的现状及移动互联网社交产品微信迅速崛起的机会，2014年5月6日，腾讯宣布成立微信事业群，并撤销腾讯电商控股公司，将其实物电商业务并至2014年3月刚刚入股的京东，O2O业务并至微信事业群。此次调整使微信由一支产品升级为战略级的业务体系，并承担起腾讯在移动互联时代战略转型与业务持续增长的重任。

继2014年5月组织架构调整后的5个月时间里，腾讯同样持续了一系列组织架构微调，包括7月撤销网络媒体事业群的腾讯微博事业部，10月调整互动娱乐事业群自研游戏组织体系等。由于变革的效果往往存在滞后性，这一系列调整带来的得失将等待时间去验证。

四、腾讯组织变革的启示

纵观腾讯成立以来的历次组织架构调整，作为企业管理咨询从业者的我们，也可从中得到如下启示。

（1）难以一步达成，贵在逐步到位。组织变革往往是对公司政治权力的再次分配，其间阻力重重。如果仅凭一腔热情抑或理想主义，很难产生预期收益。腾讯经历的大规模组织调整并非每次都能做到一步到位，而是通过后续一系列"小步快跑"式的调整优化，才使变革不断接近马化腾心中的预期，这里面既有对外部环境缺乏清晰的判断，也有对内部权力存在的妥协平衡。因此，管理咨询师在对企业进行组织架构调整时，切勿过于激进，应当对组织准备度进行充分评估，顺势而为，必要时需要具备"曲线救国"的心态，在持续的动态优化中缓冲变革阻力，达成变革预期。

（2）有得必将有失，但求问心无愧。组织是由不同要素构成的复杂系统，往往牵一发而动全身。2012年11月与2013年1月，腾讯两位创业级元老，同为公司高级执行副总裁的李海翔、刘成敏纷纷离职，官方发布称因家庭原因离职，但不得不令人联想是因为腾讯前期对两位元老所掌管的搜索、移动互联业务的拆分重组。两位元老离职带来公司元气损伤的同时，也是对马化腾人性与内心的巨大考验。变革必将付出代价，只要组织以长远发展为根本出发点，秉承一颗公平公正的心，变革产生的沉痛终将随风消散。

腾讯的组织架构似乎并不怎么互联网化，甚至还比较传统，但这并不妨碍腾讯成为最成功的互联网公司。这告诉我们，组织变革不能成为形式上的变革，本质上是要满足用户需求。组织变革中，人是最为关键的因素，最大的动力在于人，最大的阻力也在于人。除了处理好利益分配、权责分配和激发组织活力三大关键问题外，适当的妥协也是达成组织变革目标的重要手段。

（资料来源：腾讯组织变革的梳理与启示 投资银行在线. http://mt.sohu.com/20150531/n414164953.shtml [2015-05-31]）

一、直线制

直线制，又称单线制或军队式组织结构，是最简单、最基本的企业组织结构形式。

在一个组织中，从最高层领导到基层一线人员，通过一条纵向的、直接的指挥链连接起来，上下级之间关系是直线关系，即命令与服从关系。在组织内部不设参谋部门。直线结构的组织方式使得管理人员任务比较繁重，重大决策权都集中在高层管理人员，如图 5.21 所示。

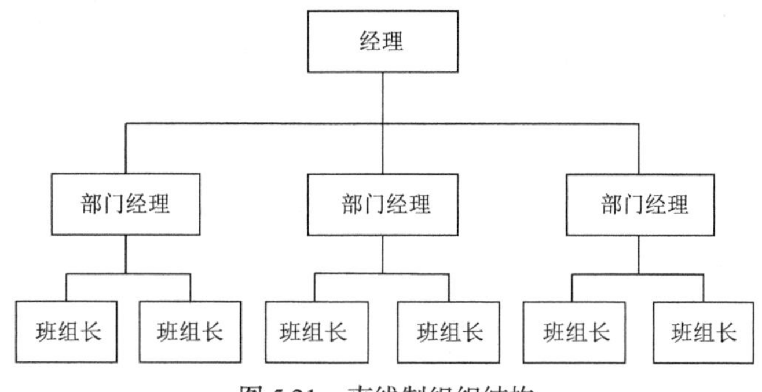

图 5.21 直线制组织结构

直线结构的优点有：①组织关系简明，便于统一指挥；②组织中成员的目标明确，责权明晰，易于评价员工的业绩；③组织灵活，结构简单，易于适应环境的变化；④管理成本低；⑤决策迅速。

直线结构的缺陷有：①随着组织规模扩大，高层管理人员管理幅度过宽，易于出现决策失误；②权力过分集中，易造成滥用职权，另外，掌权者突然离去将会给组织造成重大打击；③在层次较多的情况下，横向信息沟通较困难；④各层领导机构实行综合管理，无专业化分工，不易提高专业化管理水平；⑤由于直线指挥与职能管理不分，对领导者的知识和能力要求较高。

直线结构适用于以下条件：①雇员人数较少；②组织刚刚成立不久，其规模较小，且分布集中；③产品单一、生产过程简单的小型企业；④组织面临的环境简单不多变。

二、职能制

职能制，又称多线制，是指在最高主管下面设置职能部门，各职能部门在其专项业务分工范围内都有权向下级下达命令和指示，直接指挥下属单位。下属单位既服从直线主管的命令指挥，又服从上级各职能部门的命令指挥。例如，部门经理（车间主任）既接受经理（厂长）的指挥，又接受职能部门（科室）的领导，班组长又同时要接受部门经理（车间部门）和职能组的领导。

职能制由于设置了职能部门，吸引了专家参与管理，这不仅有利于直线主管有更多的精力考虑行政业务的重大问题，而且大大提高企业管理的专业化程度和专业水平。

其优点有：①有效地利用资源并产生规模经济；②专业化管理具体深入，效率高，并能减轻管理者的工作负担；③能够适应工业技术复杂和分工细致的特点；④与专长和培训相一致的任务分派；⑤高质量地解决技术问题；⑥职能部门内部的深度培训和技能开发；⑦职能部门内部清晰的职业生涯。

其缺点是：多头领导，政出多门，命令不统一，本位主义，容易使下属无所适从。

职能部门和职能人员多，不仅增加了统一管理工作的难度，而且协调起来困难，这种问题被称为职能灯罩问题，即职能间缺乏沟通、协调与问题的解决的方法。在这种情况下，职能团队的成员形成了自我中心和狭隘的视觉，变得与其他职能部门不能合作，失去全局的系统观点。当问题发生在其他职能部门时，他们通常喜欢让较高层次来解决问题，而不是在问题发生的层次直接予以解决，这会延缓决策的制定和问题的解决，并可能导致竞争优势的丧失。职能结构的其他问题包括成本控制责任的模糊不清，生产或服务的质量与及时性问题，以及适应环境变化的创新等问题。

因此，这种组织结构形式在企业的作业性工作岗位上是适用的。因为作业性工作是分工明确的重复性劳动，采用职能型易于提高作业的专业性和操作技术水平。在企业高层管理则不适用，如图 5.22 所示。

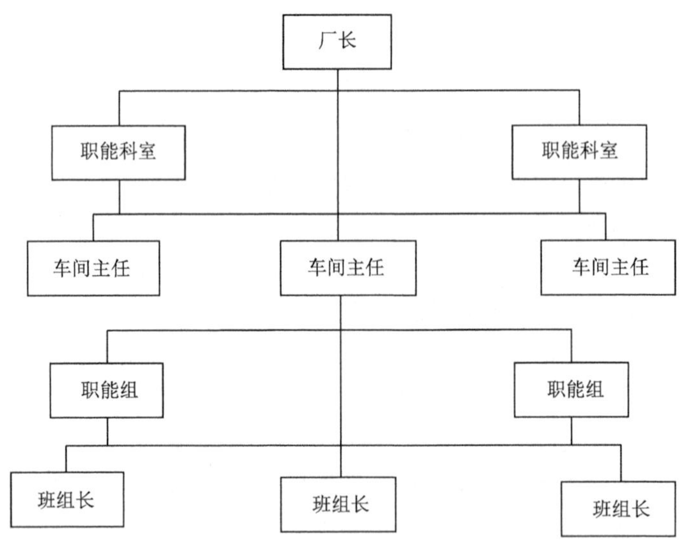

图 5.22　职能制组织结构

三、直线职能制

直线职能制，又被称为 U 形结构，它是建立在直线制和职能制基础上的。这种组织形式的特点是：以直线为基础，在各级行政领导之下设置相应的职能部门（如财务部、质检科）从事专业管理。在这种组织模式中，直线部门（如一车间、一班组）担负着实现组织目标的直接责任，并拥有对下属的指挥权；职能部门只是上级直线管理人员的参谋与助手，他们主要负责提建议、提供信息，对下级机构进行业务指导，但不能对下级直线管理人员发号施令，除非上级直线管理人员授予他们某种职能权力。

职能制组织结构的优点有：①它既保留了直线制集中统一指挥的优点，又吸取了职能制发挥专业管理职能作用的长处，具体地说，这种结构指挥权集中，决策迅速，容易贯彻到底；②分工细密，职责分明；③由于各职能部门仅对自己应做的工作负有责任，既可减轻直线管理人员的负担，又充分发挥专家的特长；④容易维持组织纪律，保持组织秩序，在外部环境变换不大的情况下，易发挥组织的集团效率。

直线职能制的缺点有：①不同的直线部门和职能部门之间的目标不易统一，相互之间容易产生不协调或矛盾，从而增加高层管理人员的协调工作量；②由于职能组织促使职能管理人员只重视与其相关的专业领域，所以不利于组织内部培养熟悉全面情况的管理人才；③由于分工细、规章多，所以反应比较慢，不易迅速适应新情况；④职能部门划分会产生“隧道视野”。所谓“隧道视野”，即职能部门的专业人员除了本身的技能外，其他专业都无法通晓，以致有了“见树不见林，知偏不知全”的弊病，难以从内部培养熟悉全面情况的管理人员；⑤有可能形成部门的“本位主义”的观念，部门之间互通情报少，形成沟通阻碍；⑥权力过于集中。

当企业组织的外部环境相对稳定，而且组织内部不需要进行太多的跨越职能部门的协调时，这种组织结构模式对企业组织而言是最有效的，这种组织结构形式目前在中小型企业使用最为广泛，如图 5.23 所示。

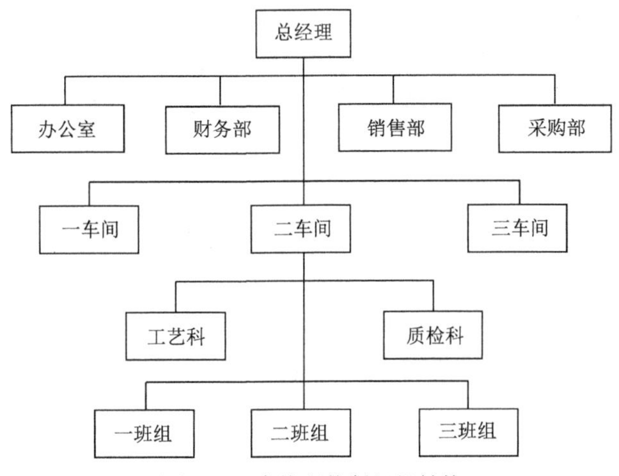

图 5.23　直线职能制组织结构

四、事业部制

事业部制，又称为分权制或 M 形结构，最早是由美国通用汽车公司总裁斯隆于 1924 年提出的，故有“斯隆模型”之称，也叫“联邦分权化”。它是指在集权的直线职能制中通过分权管理而形成的大型现代企业企业组织结构形式。即在总公司统一领导下，按产品、地区或市场划分几个经营单位即事业部，各事业部实行相对独立经营、独立核算，具有从生产到销售的全部职能。这是在总公司控制下的各个利润中心，以各事业部为单位分别制订利润计划。

事业部制是现代企业组织规模不断扩大的产物，是发达国家大型企业和跨国公司普遍采取的一种企业组织结构形式。

事业部制结构具有以下特点：①公司实行“集中政策、分散经营”的管理体制，即在集中领导下进行分权管理；②公司相应分为三个层次，即投资决策中心（公司总部）、利润中心（各事业部）、成本中心（事业部内所设置的生产部门和相关职能机构）；③公司总部作为投资决策中心，负责公司的经营发展战略，不再参与具体的日常生产经营活动，总部主要抓住“用人权”和“财权”，即如何分配财力和如何控制各事业部经理，并利用利润等指标对事业部进行控制；④公司按产品或地区分别成立若干事业部，该产品或地区的全部业务，从产品的设计、原料的购买、成本核算、产品制造，一直到产品销售，均由事业部及其所属工厂负责，实行单独核算，独立经营。事业部的经理根据企业最高领导的指示进行工作，统一领导其所管的事业部和研制、技术等辅助部门。

事业部制组织结构的优点有：①总公司领导可以摆脱日常事务，集中精力考虑全部问题；②事业部实行独立核算，更能发挥经营管理的积极性，更有利于组织专业化生产和实现企业的内部协作；③各事业部相之间有比较、有竞争，这种比较和竞争有利于企业的发展；④事业部内部的供、产、销之间容易协调，不像在直线职能制下需要高级管理部门过问；⑤事业部经理要从事业部整体来考虑问题，这有利于培养和训练管理人才；⑥事业部以利润责任为核心，能够保证公司获得稳定的利润。

事业部制组织结构的缺点有：①各事业部往往只重视眼前利益，本位主义严重，影响事业部之间的协作，一些业务联系与沟通往往也被经济关系所替代；②管理部门重叠设置，管理费用增加；③由于各事业部相当于一个独立的企业，所以对事业部经理的综合素质要求较高；④总公司对各事业部的控制存在一定难度；⑤事业部间竞争激烈，可能发生内耗，协调也较困难。

为了克服事业部制存在的问题，使集权与分权更好地结合起来，可在公司最高领导与各事业部之间增设一个管理层次，形成超事业部制（也称为执行部制）。执行部制（相当于分公司）的特点是，在统筹和协调所属各事业部活动时，使管理体制在分权的基础上又适当地再度集权，从而使协调各个事业部活动时，克服本位主义与分散主义，更有效地利用公司的资源，并进一步减轻最高层领导的日常事务工作。

事业部和执行部只有在组织规模很大，且业务范围广或市场区域大时才比较适合，如图 5.24 所示。

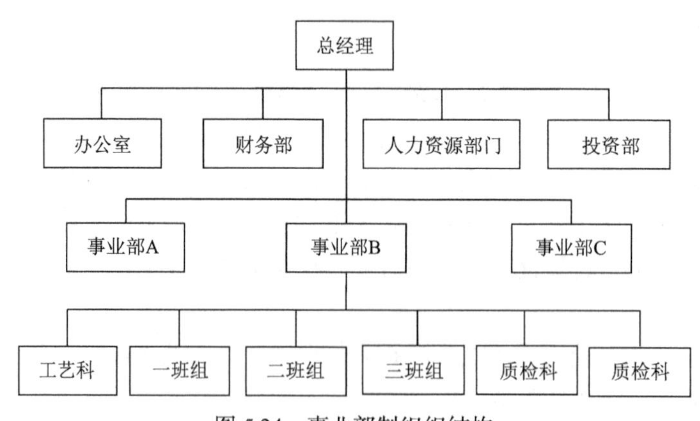

图 5.24　事业部制组织结构

五、模拟分权制

模拟分权是介于直线职能制度和事业部制之间的一种组织形式。随着组织规模的不断扩大，直线职能制逐渐难以适应这种发展，比较适用的是事业部制。但许多大企业，如连续生产的化工企业，由于产品品种或生产过程所限，无法分解成几种独立的事业部门。在这种情况下，就出现模拟分权制，如图 5.25 所示。

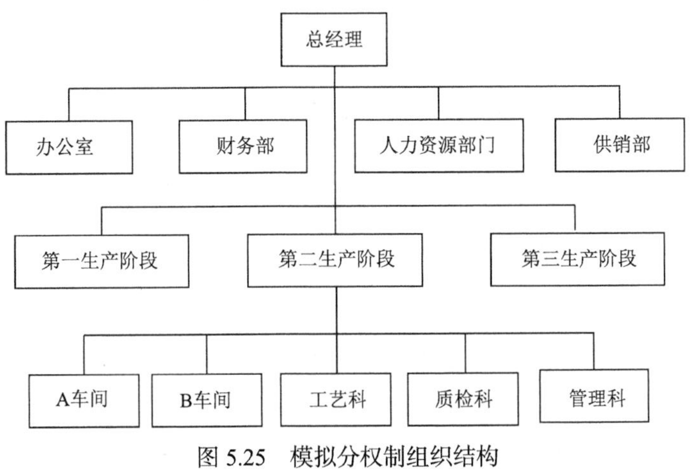

图 5.25 模拟分权制组织结构

模拟分权制的特点是模拟事业部制相对经营、独立核算的性能，以达到改善经营管理的目的。模拟分权制按生产区域或生产阶段把企业分成许多“组织单元”，这些“组织单元”拥有较大的自主权，有自己的管理机构，各个“组织单元”之间按内部的“转移价格”进行产品交换并计算利润，进行模拟性的独立核算，从而促进各“组织单元”改善经营管理。

模拟分权制的优点在于它解决了企业规模过大而不易管理的问题。这种组织形式中，最高层管理人员可以把权力授予各“事业部”，减小自己的行政工作，从而能够把精力集中于战略性问题的思考。

这种组织形式的缺点是，无法使组织中的每一个成员都能明确自身的任务，各个部门的领导人也不易了解整个组织的全貌，在沟通、决策权力分配上存在较大的问题。

模拟分权制主要适用于大型的化学工业、原材料工业和银行、医药等服务行业。

六、项目型组织

项目型组织是指为完成项目任务而由不同部门、不同专业人员组成的一个临时性特别组织。例如，电影制片厂的摄制组、企业中的技术革新小组、高校中的课题组等。

项目型组织结构的基本形式分为职能制组织、项目式组织和矩阵制组织。

（一）职能制组织

职能制组织结构是一种传统的、松散的项目组织结构，也是当今世界上最普遍的一种组织形式（图 5.26）。它的出现是社会化大生产、专业化分工的结果。在职能制组织里，项目经理可以有项目权力，但职能经理仍保留对分配到项目中的下属人员的行政和技术权力。由于项目团队里的各成员在行政上仍然由他们的职能经理管理，所以，项目负责人对团队并没有充分的管理权力。

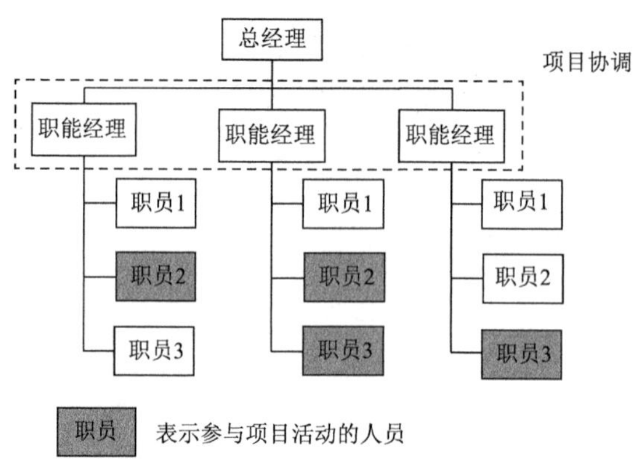

图 5.26　职能制项目组织结构

如果团队成员之间产生冲突，通常要通过职能部门负责人之间协商解决。但是各职能部门负责人往往总是从本部门的利益考虑，项目协调一般比较困难。由于没有专职的项目经理全局负责，团队成员一般忠诚于自己所在的职能部门，而非客户或项目。

职能制项目组织的优点：①有利于充分发挥资源集中优势；②在人员使用上具有较大的灵活性；③技术专家可同时参与不同的项目；④同一部门的专业人员在一起易于交流知识和经验；⑤当有人离开项目时，仍能保持项目的技术连续性；⑥可以为本部门的专业人员提供一条正常的升迁途径。

职能制项目组织的缺点：①更多地考虑自己的日常工作，而不是项目和客户的利益；②职能部门的工作方式是面向本部门的活动，而项目要成功，必须面向问题；③由于责任不明，容易导致协调困难和局面混乱；④由于在项目和客户之间存在多个管理层次，容易造成对客户的响应迟缓；⑤不利于调动参与项目人员的积极性；⑥跨部门的交流沟通有时比较困难。

职能制组织适合小型项目的管理。

（二）项目式组织

在项目式组织中，每个项目就像一个微型公司那样运行。完成每个项目目标所需的所有资源完全分配给这个项目，专门为这个项目服务。专职的项目经理对项目团队拥有几乎完全的项目权力和行政权力。由于每个项目团队严格致力于一个项目，项目式组织的设置完全是为了迅速、有效地对项目目标和客户需要做出反应。

采用项目式组织的公司不生产标准产品，它的经营业务就是项目。专职的项目经理对项目团队拥有完全的项目权力和行政权力。项目式组织无论从单个项目，还是整个公司来看，都是成本低效的。每个项目必须为专门工作的团队成员提供薪金，即使是在项目某些阶段他们的工作很轻松，也得如此。在项目式组织中，为了最大限度地利用项目资源，保证在预算范围内成功地完成项目，需要有详尽而准确的计划和一个有效的控制系统。

项目式组织的优点是：①项目经理对项目全权负责，享有较大的自主权，可以调用整个组织内外的资源；②命令单一，决策速度快；③团队精神得以充分发挥；④对客户的响应较快；⑤组织结构简单灵活，易于操作；⑥易于沟通协调。

项目式组织的缺点是：①每个项目都有自己独立的组织，资源不能共享，会造成一定程度的资源浪费；②项目与部门之间联系少，不利于与外界的沟通；③项目处于相对封闭的环境中，容易造成不同项目在执行组织规章制度上的不一致；④项目一旦结束，项目成员的工作没有保障，不利于员工的职业发展。

项目型组织结构适用于同时进行多个项目，但不生产标准产品的企业（图 5.27），常见于一些涉及大型项目的公司，如建筑业的施工与安装单位、航空航天业等。随着网络技术的发展，又进一步出现了不在同一地点工作的虚拟项目组形式。

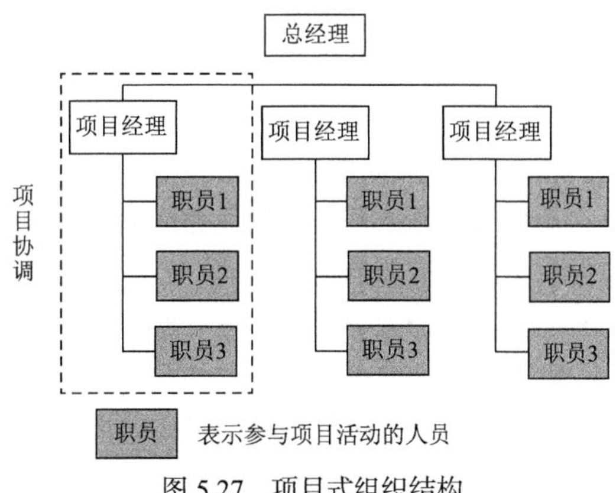

图 5.27 项目式组织结构

（三）矩阵制组织

矩阵制结构是指在垂直领导系统基础上，又加上了水平横向规划目标领导系统，形成了纵横交叉的双重指挥链的一种组织结构形式。矩阵制是为了适应在一个组织内同时有几个项目需要完成，每一个项目又需要具有不同专长的人在一起工作才能完成这一特殊需求而形成的，是职能制和项目式的混合体。

矩阵结构采用双重指挥链，它打破了统一指挥这一古典组织原理。一方面，专业分工带来了部门化的发展，出现了部门经理；另一方面，根据项目的具体要求，设置了项目经理。这种结构实际是将职能部门化与项目（产品）部门化两种因素交织在一起的一种组织结构形式（图 5.28）。

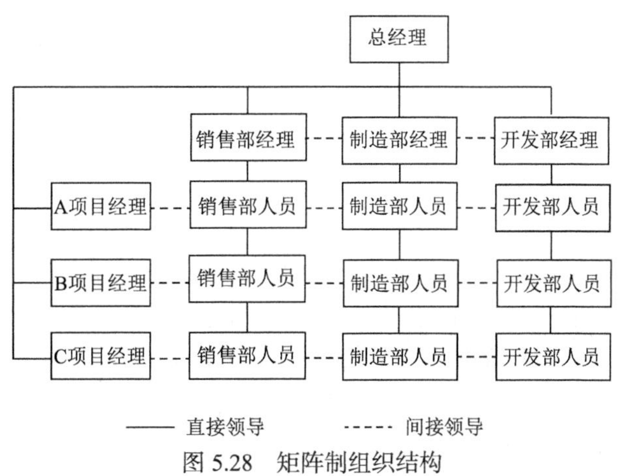

图 5.28 矩阵制组织结构

矩阵制组织结构的特点是：既有按管理职能设置的纵向组织系统，又有按产品、项目、任务等划分的横向组织系统。横向系统的项目组所需的人员从各职能抽调，他们既接受本职能部门的领导，又接受项目组的领导，一旦某一项目完成，该项目组即行撤销，人员回原部门工作。

矩阵制结构的出现是企业管理水平的一次飞跃。当环境一方面要求专业技术知识，另一方面又要求每个产品线能够快速做出变化时，就需要矩阵制结构的管理。如前文所述，智能型结构强调纵向的信息沟通，事业部型结构强调横向的信息流动，而矩阵制结构能够将这两种信息流动在企业内部同时实现。

在实际操作中，这种双重管理的结构建立和维持起来很困难，因为有权力的一方常常占据支配地位。因此，比较成熟的矩阵制管理模式为带有项目/产品小组性质的职能型组织。职能部门照常行使着管理职能，但公司的业务活动是以项目的形式存在。项目由项目经理全权负责，他向职能经理索要合适的人力资源，在项目期间，这些员工归项目经理管理，而职能经理的责任是保证人力资源合理有效的利用。

矩阵制的优点是：①将组织的横向与纵向关系相结合，有利于协作生产和适应环境变化的需要；②针对特定的任务进行人员配置，有利于发挥个体优势，集众家之长，提高项目完成的质量，提高劳动生产率；③各部门人员的不定期的组合有利于信息交流，增加互相学习机会，提高专业管理水平。

矩阵制的缺点是：①项目成员来自职能部门，故受职能部门控制，因而影响项目凝聚力；②如果管理人员身兼职管理多个项目，容易出现顾此失彼的情况；③项目成员接受双重领导，容易产生矛盾，无所适从；④组织形式复杂，容易造成沟通障碍；⑤项目经理与职能经理职责不清，互相推诿，争功夺利。

矩阵制结构最好应用于飞机制造和航天器械的生产项目中。职能部门包括研发、工程、安装、测试等。每个项目都需要全新的产品，如新型飞机、宇宙火箭等。这种组织结构主要适用于科研、设计、规划项目等创新较强，生产经营复杂多变的单位。现在，这种结构形式在跨国公司里普遍使用。

七、立体多维组织

立体多维组织又称为立体组织，是系统论在组织结构设计方面的具体运用，它是对矩阵制结构的进一步发展。“多维”是借用数学概念，意指多种因素、立体形态的组织结构形式。立体多维组织结构的一般包括三个维度：①以产品划分的事业部——产品利润中心；②以职能划分的专业参谋机构——专业成本中心；③以地区划分的管理机构——地区利润中心，如图 5.29 所示。

立体多维组织结构最大的特点是：在这种结构形式下，任一机构都不能单独决策，而要在三方面代表组成的产品事业委员会共同协商进行，这一方面从制度的规定性上要求以产品或地区划分的以利润为中心的管理部门必须与以成本为中心的职能管理部门相结合；同时，促使组织中的每一部门必须从整体利益协调角度提出问题、解决问题，尽量减少摩擦。这种组织结构由美国道科宁化学工业公司于 1967 年首先采用，是适合于大规模的跨国或跨地区公司的组织结构形式。

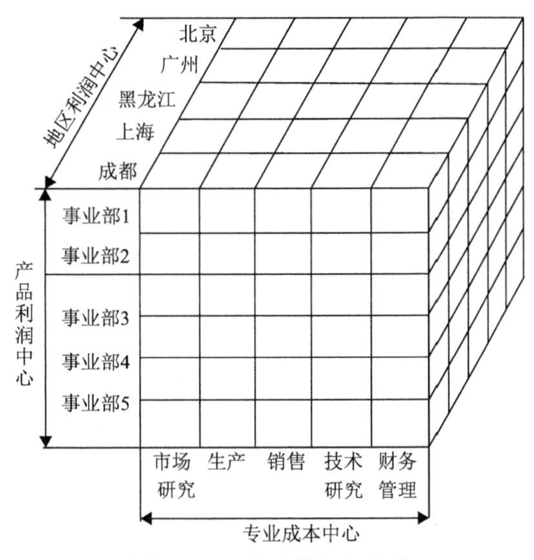

图 5.29 立体多维组织结构

八、H 形组织结构

H 形组织结构又被称为控股结构或控股公司结构，是组织内实行分权治理的一种结构形式，它相对于事业部是更为彻底的分权结构。控股型结构是在非相关领域开展多元化经营的企业所经常用的一种组织形式。

在采用控股型结构的企业中，其主导作用的是一个具有较强经济实力的控股公司，它通过控股、参股所拥有的控制权实现对成员企业的投资决策、人事安排、发展规划及生产、营销、开发等经营活动的控制和干预，协调和维持成员行为的一致性。成员企业之间根据相互控股、参股的程度和协作关系的不同，分为核心层企业、紧密层企业、半紧密层企业和松散层企业。核心层企业与紧密层企业之间是控股关系，核心层企业、紧密层企业与半紧密层企业之间是协约协作关系。核心层企业被称为控股公司或母公司。

如图 5.30 所示，母公司（亦称为集团公司）处于企业集团的核心层，故称之为集团的核心企业。相应地，各子公司、关联公司就是围绕核心企业集团的紧密层和半紧密层组成单位。此外，企业集团通常还有一些松散的组成单位，即协作企业，它们通过基于长期契约的业务协作关系而被联结到企业集团中。

与事业部型的结构相比，它具有以下特点。

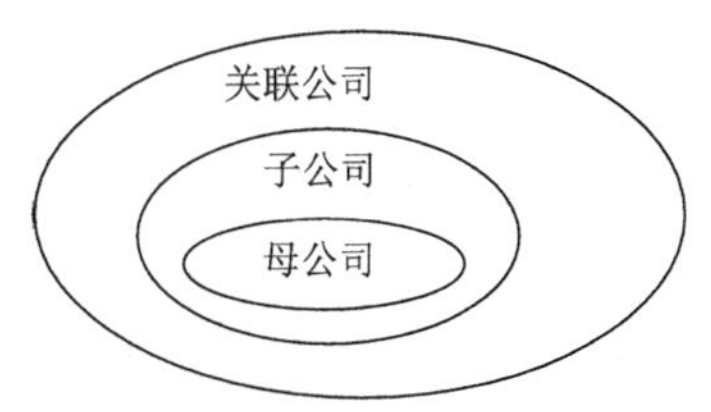

图 5.30 控股型组织结构

（1）母公司和子公司不是行政上的隶属关系，而是资产上的连接关系。母公司对子公司的控制，主要是凭借股权，在股东会和董事会的决策中发挥作用，并通过任免董事长和总经理来贯彻实施母公司的战略意图。

（2）子公司与事业部不同，在法律上是具有法人地位的独立企业。它有自己的公司名称和公司章程，其财产与母公司的财产彼此独立注册，各有自己的资产负债表。子公司自主经营、独立核算、自负盈亏，独立承担民事责任。

控股型结构的优点：与事业部相比，其优点是由于母公司与子公司各为独立法人，母公司无需承担子公司的债务责任，相对降低了经营风险；子公司无法吃母公司的“大锅饭”，使子公司有较强的责任感和经营积极性。

控股型结构的缺点：与事业部相比，其缺点是母公司对子公司不能直接行使行政指挥权力，对子公司的控制必须通过股东会和董事会的决策来发挥其影响作用；母公司与子公司各为独立的纳税主体，相互间的经营往来及子公司的盈利所得需双重纳税。

九、委员会

委员会也是一种常见的组织形式。它一般是由两个以上的人组成行使特定权力和履行特定职责的组织机构进行管理的组织结构。委员会多数是为了补充和加强直线组织而和直线组织结合起来建立的，是为了达到某种特定管理目的的组织结构。

委员会可以有多种形式，按时间长短分为常设委员会和临时委员会，前者是为了促进协调、沟通和合作，行使制定和执行重大决策的职能，如董事会；后者多是为了某一特定的目的而组成的，达到特定的目的后即解散，如项目鉴定委员会。委员会按职权分为直线式和参谋式的，直线式如董事会，它的决策下级必须执行；参谋式的委员会主要是为直线人员提供咨询和建议。如图 5.31 和图 5.32 委员会还有正式和非正式之分，凡是属于组织结构的一个组成部分并授予特定责权的委员会都是正式的，反之，就是非正式的委员会。

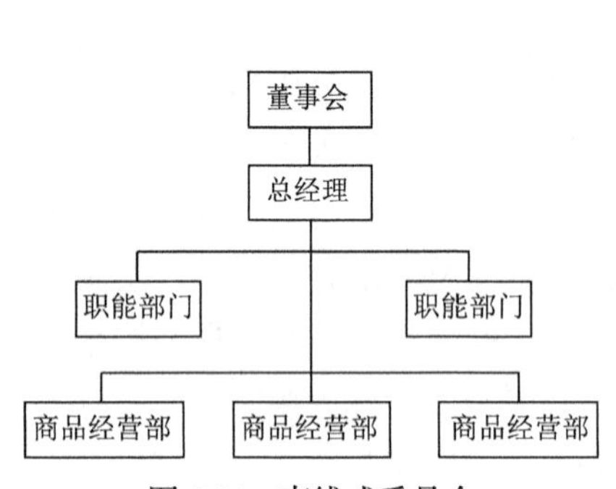

图 5.31　直线式委员会

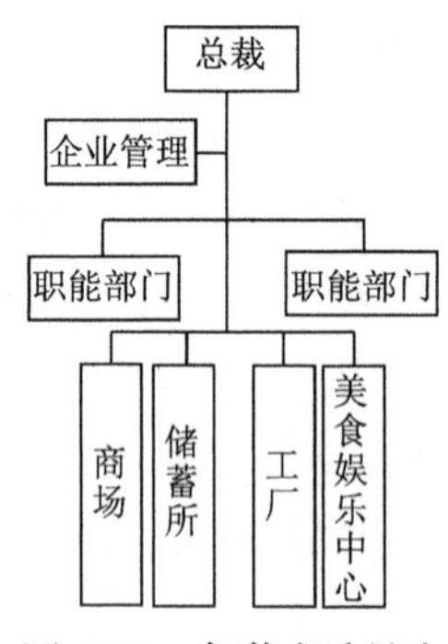

图 5.32　参谋式委员会

在组织的各个管理层次都可以成立委员会，在公司的最高层，一般叫做董事会。他们负责行使判定重大决策的职权。在中、下层，也有各种类型不同的委员会，负责贯彻落实上级决策，切实保证任务的完成。

作为经营管理的一种手段而设立的委员会，与其他组织结构明显不同的是，其活动特点是集体行动，其设立的目的主要是：①为了集思广益，产生解决问题的更好方案；②利用集体决策，防止个别人或部门权限过大，滥用权力；③加强沟通，了解和听取不同利益集团的要求，协调计划和执行的矛盾；④通过鼓励参与，激发决策执行者的积极性。

委员会的优点是：①可以充分发挥集体的智慧，避免个别领导人的判断失误；②少数服从多数，可防止个人滥用权力；③地位平等，有利于从多个层次、多个角度考虑问题，并反映各方面人员的利益，有助于沟通和协调；④可在一定程度上满足下属的参与感，有助于激发组织成员的积极性和主动性。

委员会的缺点是：①做出决定往往需要较长时间；②集体负责、个人责任不清；③有委曲求全、折中调和的危险；④有可能为某一特殊成员所把持，形同虚设。

处理权限争议问题和确定组织目标委员会组织是比较好的一种形式。

第八节 新型组织结构形式

案例导入

网络组织的生与死

一、在“合力”作用下达到目标

“蜂群的灵魂”在哪里……它在何处驻留？

早在 1901 年，作家墨利斯·梅特林克就发出了这样的疑问：“这里由谁统治，由谁发布命令，由谁预见未来……”

现在我们已经能确定统治者不是蜂王。当蜂群从蜂巢前面狭小的出口涌出时，蜂王只是“跟随者”，蜂王的女儿负责选择蜂群应在何时何地安顿下来。五六只无名工蜂在前方侦察，核查可能安置蜂巢的树洞和墙洞。它们回来后，用约定的舞蹈向休息的蜂群报告。在报告中，侦察员的舞蹈越夸张，说明它找到的地点越好。

接着，蜜蜂助手根据舞蹈的夸张程度核查竞选地点，并以加入侦察员旋转舞蹈的方式表示同意。更多跟风者前往占上风的候选地点视察，回来之后再加入看法一致的侦察员的舞蹈，表达自己的选择。

除去侦查员外，极少有蜜蜂会去探查多个地点。蜜蜂看到一条信息：“去那儿，那是个好地方。”它们去看过之后回来用舞蹈表达：“是的，真是个好地方。”由于重复强调，属意地点的探访者越来越多，于是更多的探访者加入进来。最后，最大的蜂群获胜。

不要担心，我们要讨论的仍然是企业的创新。请重读一遍上面的文字，这是节选于《连线》杂志的主编凯文·凯利在 1995 年发表的《失控》一书中的一段描写，它的中译本以“群体协作”的方式在“译言网”上由多名译者合力完成。

最早也不过是在 20 世纪 80 年代，人们才开始思考什么样的组织能够灵活地适应变化，有着不衰竭的创造力和活力，每个成员都乐在其中。其实，在我们身边，这些组织早已存在。只是我们当中最聪明的那些人，很晚才逐渐意识到这个秘密的存在。他们可能专长不同，但有一点相同：他们对混乱、失控、无序、不确定这些貌似负面的消息都有高度的兴趣和洞察力。

他们把这个秘密称为“上帝的管理方式”，制定一些简单的规则，然后让组织自己去演化。和一群蜜蜂如何决定搬家的过程一样，这不是一个“命令-控制”的过程，而是一个由全体参与、在沟通中达成共识、在混乱中产生智慧的复杂过程。这个过程保证了“网络组织”中最重要的那些规则都会被每个参与者自觉遵守，在他们可以自由加入和退出组织的前提下，发挥出每个“节点”的判断力、创造性、监督意识。整个组织也在“合力”作用下达成目标。

在工业时代，我们能创造出钟表，依靠的是像钟表一样的“机械”组织。我们一度认为，这就是管理的全部。当计算机将机械和重复的计算能力迅速提高到前所未有的水平之后，当我们想突破静态，让机器像人一样思考、创造、沟通、有应变能力的时候，我们发现以前的管理规则不适用了。

在这个新世界里，个体集结成群体，群体发生着变异；不存在中心控制，也没有失去方向；混乱是常态，效率却没有降低；每个个体都可以复制自己，扩张起来势不可挡；达到目标的方式是不确定的，没有人能预测下一步；权力高度分散，边界非常模糊；越受打击越顽强……

二、建立“活的”组织

对于明天的管理者来说，如何才能建立这样一个“活的”组织？既然我们已经知道，“网络组织”本身是“去中心化”的，权力已经被完全下放，那么管理者在哪里？甚至，当组织已经有了自己的生命，可以改变自己、应对变化的时候，它还可以被管理吗？对于这些值得探索的问题，我们没有“正确”答案。不过我们在已出现的网络组织中发现了一些规律。

在没有互联网，甚至连信息系统都还没有成型的时代，迪伊·霍克有意识地创建了一个“网络组织”并取得了巨大的成功——这就是VISA，世界上最大的支付系统。

他说：“VISA 的诞生完全是依靠观念、想法和信念的力量。”在信念的鼓舞下，他制定出清晰的让所有成员都感到兴奋的目标——建立一个超越银行的支付系统。其他的“网络组织”可能有着另外的目标，但都是清晰的、明确的。

例如，维基百科的目标是写出客观中立、内容包罗万象的“百科全书”；豆瓣网的目标是“让和你兴趣相投的人为你推荐”；本节开头的蜂群的目标是“找到适合筑巢的地方”。

在目标确立之后，网络组织的初创人开始制定规则，这些规则往往要强调开放、平等和分权等特性。如果是在互联网上制定规则，初创人可以用程序把规则固定下来，并利用计算机忠实地执行这些规则，这大概也是为什么在互联网诞生之后，在自然界中存在已久的网络组织才突然被人们认识的原因之一，程序员们必须想明白规则是怎样的才能把它写出来。

我们可以把组织的信念和规则对外公布，在吸引到第一个“认同者”的时候，当成组织的第一次扩张。网络组织的扩张更加依赖信任，因为网络组织中的参与者往往比控制型组织更自由，因此参与者与组织之间的“契约关系”就更明显。

参与者一旦感受到组织的规则和目标都是契合自己的，就会产生认同感和参与热情，他们会主动寻找和自己有类似需求的其他“游离分子”，并“以身作则”地展示组织的规则和目标。因此，网络组织的扩张可以非常迅速，因为每个参与者都像是可以复制自己的“细胞体”，他们不断“分裂”“扩张”，“分裂”出的每个新成员都带着同样的基因——对组织的规则和目标的认同。

在这一基础上，每个参与者主动地发挥自己的所长，贡献自己的力量，从整体看来，局面是混乱的，没有中央控制，参与者只需依照自己的直觉，做自己最擅长的事来达成他们的共同目标，这必然给外人一种“混乱不堪”的印象，和你第一次登上互联网的时候，发现它是没有中心的、没有限制的那种感受一样。

同时，参与者之间的沟通开始了，他们互相报告自己取得的成果，并把遇到的难题拿出来分享，在这个过程中，可能有短暂的“上下级”关系，全部都是为了解决问题、完成任务。一旦任务完成，这种临时的层级关系也就不存在了。有的任务只要参与者能够查询到前人留下的记录，在此基础上完善就可以了。

群体的力量逐渐让组织发生演化，尤其是遇到外界刺激的时候。通常外界的打击会让组织更加分散，他们是天生的“游击队员”。当分享 MP3 的音乐社区遭到起诉的时候，它们分散了储存 MP3 文件的服务器，接着连 P2P 软件代码也变成开源的，没有人对组织负责，而组织仍然存在并给成员提供音乐资源。也有可能，随着组织的成员越来越多，一部分成员有了新的想法，希望调整组织的原则，当新原则可以被其他成员接受的时候，组织就会发生变异。

2008 年 5 月 12 号，中国汶川发生特大地震后，志愿者自发赶到灾区救援，半年之后，救援任务基本完成后，志愿者将目标调整为重建。这种组织可以随着环境的变化来调整。有时候，组织的原则改变只有一部分成员接受，有的脱离了原来的组织，形成了新的组织。在互联网上，几乎每天都会出现原社区成员离开，“集体迁徙”到别的社区的情况。

还有一种方式可以有效地破坏网络——“病毒”。“病毒”利用网络组织的开放性加入到组织内部，然后专门做和组织目标、原则相反的事，破坏成员对组织的信任，通常病毒都有“伪装”，在有人监督的时候他们不暴露，专门在背后捣乱。少量的“病毒”就可以让组织的成员感到不安全，当不安全感开始蔓延而组织不能有效地打击“病毒”时，组织就会分崩离析。

网络组织“从生到死”，或者“从生到新生”的过程呈螺旋状。它之所以是一个螺旋，因为每个步骤都是从上一个步骤中“衍生”出来的。以上只是现在我们所能观察和总结出的规律，网络组织更多的秘密还等着我们去发现。

（资料来源：网络组织的生与死. http://www.ceconlinebbs.com/FORUM_BESTCOM_900001_900005_1037737_0.HTM [2013-09-01]）

一、团队组织

团队是构建更加扁平化的新型组织形式的基石。团队结构通过将公务发布给组织内的永久性和暂时性团队来完成任务。不管是全职的，还是临时的，各种类型的团队按照需要相互合作以解决问题和发掘机会。这些团队通常是由来自不同工作职责的职能领域的员工组成的跨职能团队，其目的在于打破职能灯罩，增强信息共享，并形成一种能有效提高解决问题能力和绩效的横向关系。

比如，在英特尔，大多数工人在团队领导的指导下，被分派到一个或多个项目中。相对于团队行为和项目执行，传统的组织层次则处于较次要的地位。团队成员有责任实现绩效目标并根据目标规划自己的行动。正如一位团队成员所说：“我们每个人相互报告。”

团队结构的潜在优势首先是能促进职能之间更好地沟通。组成团队有助于打破各部门之间的界限，并且由于来自组织不同部门的人可以更好地了解，它们还能够激励士气。因为团队关注于知识共享和解决具体问题的专门技能，所以在很多时候，他们还可以提高决策的速度和质量。当然，团队和团队工作的复杂性，也会造成一些潜在的劣势，包括团队成员对团队任务和职能任务忠诚度的相互冲突、时间管理的问题及人际关系和全体处理的困难等。

根据团队的目标、功能和特点，罗宾斯将团队分为三类：问题解决型团队、自我管理型团队和多功能型团队。但随着信息技术和管理技术的发展和进步，现代组织中出现了第四类团队，即虚拟团队。

（一）问题解决型团队

当团队刚刚兴起的时候，最多采用的就是这种问题解决型团队。这种团队是一种临时性的团队，为解决组织面临的一些专门性的问题而设立。这种团队一般由来自组织的5～12人组成，他们定期聚集在一起，就如何改进工作程序和工作方法来提高产品质量、生产效率和改善工作环境等交流看法和提出建议，但是成员通常没有根据这些建议单独采取行动的权力。

应用最广泛的问题解决型团队是质量管理小组，这种工作团队是由责任范围相同的员工和主管人员组成，一般由8～10人组成，他们定期聚会，讨论所面临的质量问题，调查问题的原因，提出解决问题的建议，并采取一些有效行动。

（二）自我管理型团队

自我管理型团队也称为自我指导团队，这种团队相对于问题解决团队而言，是独立自主的，它不仅能够提出问题解决方案，而且会执行解决问题的方案，并对结果承担责任。自我管理型团队一般由10～15人组成，被赋予相当的自主权，承担了过去由他们的领导所承担的责任。成员的责任范围包括控制工作节奏和进度、决定该工作任务的分配、安排工作休息时间等。完整意义上的自我管理团队甚至可以挑选自己的成员，并让成员之间相互进行绩效评估，这样一来，主管监督的重要性就下降了，甚至可以取消了。

自我管理型团队的优点是员工的工作弹性大、能更快地适应技术的变化，从而提高工作质量，改善工作态度和工作质量。但是对自我管理团队的效果总体研究表明，这种形式并不一定能带来积极的效果。因为自我管理团队往往不能很好地处理冲突，当出现争执时，成员的有效合作就会大打折扣，或者终止，降低团队绩效。同时，自我管理型团队成员的缺勤率和流动率都偏高。

（三）多功能型团队

多功能型团队是由来自同一等级、不同工作领域，为完成某项任务的员工组成的。这些员工在任务完成后又回到各自的部门，由于团队成员所属的职能部门都不完全相同，多功能团队也被称为跨职能团队。

多功能团队打破了职能部门之间的界限，促进组织内不同领域的员工之间的信息交流，有利于激发新的观点，协调解决新的、复杂的问题。但是，这种类型的团队在建立的时候，成员需要花费大量的时间学会处理多变的任务，同时，由于成员的知识背景、经历和观点不同，建立起信任和合作的态度也要消耗时间。在处理问题的过程中，团队成员之间也存在协调和配合的问题。

（四）虚拟团队

以上三种团队都是属于面对面交流的团队，随着计算机通信技术的飞速发展，不同地域的个人可以通过计算机技术来实现与其他成员的及时交流。这样的团队成员可能来自一个或多个组织，他们使用宽带网络、视频会议或电子邮件等方式作为沟通桥梁，为了共同的目标和任务一起工作。

虚拟团队在虚拟的工作环境下，同样可以完成信息共享、制定决策、执行任务等其他团队能做到的工作，而且能够提高效率、有效控制成本。但是虚拟团队成员之间缺乏直接的沟通交流，群体之间信任度比较低，从而使虚拟团队可能缺乏和谐的氛围。同时，以计算机为沟通媒介，可能增加决策制定的风险。

二、网络型组织

网络型组织结构，又称为虚拟组织，它是一种目前流行的组织设计形式，它可使管理人员面对新技术、新环境显示出极大的灵活应对性。网络型企业组织结构产生的本质在于现代信息科学技术高度发达，互联网技术的广泛扩展和利用，使得企业与外界的联系极大增强，企业的经营地理范围不再局限于一个国家、一个地区，而是通过互联网与世界相连，世界成为名副其实的“地球村”。正是基于这一条件，企业可以重新审视自身机构的边界，不断缩小内部生产经营活动的范围，相应地扩大与外部单位之间的分工协作。这就产生了一种基于契约关系的新型组织结构形式，即网络型组织结构。

网络型组织结构是只有很精干的中心结构，依靠其他组织的合作为基础进行制造、分销、营销或其他关键业务的经营活动。被联结在这一结构中的各组织之间并没有正式的资本所有关系和行政隶属关系，只是通过相对松散的契约（外包合同）纽带，以一种互惠互利、相互协作、相互信任和支持的机制来进行密切合作，如图 5.33 所示。

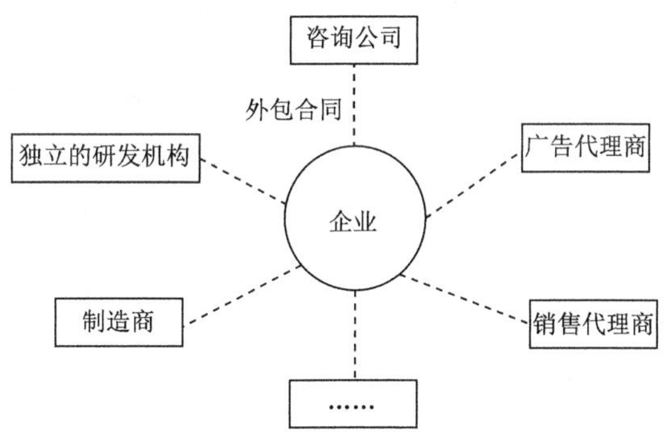

图 5.33 网络型组织结构

网络型结构的优点有：①降低管理成本，提高管理效益。②实现了企业全世界范围内供应链与销售环节的整合；③简化了机构和管理层次，实现了企业充分授权式的管理；④具有更大的灵活性和柔性，以项目为中心的合作可以更好地结合市场需求来整合各项资源，而且容易操作，网络中的各个价值链部分也随时可以根据市场需求的变动情况增加、调整或撤并；⑤大大减少管理层次，由于其大部分职能都是“外购”的，中心组织

就具有高度的灵活性，并能集中精力做自己最擅长的事，在实际中，采用网络结构的企业大部分将自己职能集中于设计或营销。

网络型结构的缺点有：①可控性太差，这种组织的有效动作是通过与独立的供应商广泛而密切的合作来实现的，由于存在着道德风险和逆向选择性，一旦组织所依存的外部资源出现问题，如质量问题、提价问题、及时交货问题等，组织将陷入非常被动的境地；②网络组织所取得的设计上的创新很容易被窃取，因为产品一旦交与其他企业生产，防止创新外泄将是十分困难的；③外部合作组织都是临时的，如果某个组织中的某一合作单位因故退出且不可替代，组织将面临解体的危险，网络组织还要求建立较高的组织文化以保持组织的凝聚力，然而，由于项目是临时的，员工随时都有被解雇的可能，员工对组织的忠诚度也比较低。

网络型结构既适用于小型组织，也适用于大型组织。例如，著名的耐克公司、卡西欧公司都采用了网络型结构。IBM 公司、美国电话电报公司、美孚石油公司也部分采用了网络型组织。但是，网络型组织并不是对所有企业都适用。一般来说，它比较适用于玩具和服装制造业，因为这两个行业都需要很高的灵活性及对时尚的变化做出迅速反应。网络型组织结构也适合于制造活动需要低廉劳动力的公司，这也是发达国家和地区的大公司较多采用网络型结构的主要原因之一。

三、无边界组织

无边界组织可以看成是团队结构和网络结构的复合体，并外加“临时性”。无边界组织消除了各组成部门之间的内部边界及与外部环境相连的外部边界。在内部关系中，团队工作和沟通——自发的、需要的而且大量的——取代了正式的权力关系。使组织各成员相互分离的那种传统的和结构性的界限已经不存在了。图 5.34 指出了内部和外部边界的消失是怎样有助于人们用一种无边界公司带来速度和灵活性的方式工作的。

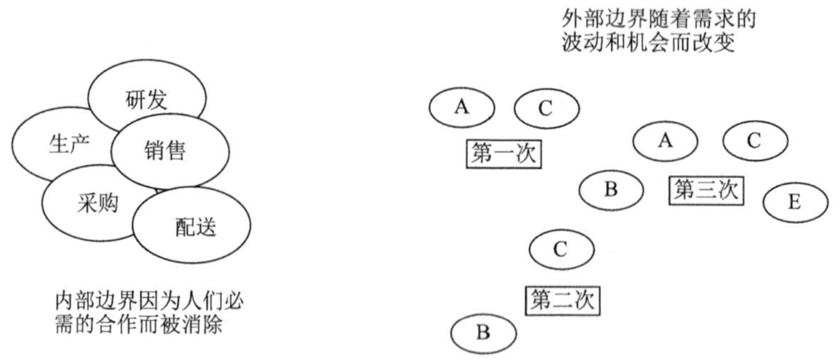

图 5.34　无边界组织消除了内部和外部边界

无边界组织的关键要求是没有层次、团队成员的授权、技术的利用和接受临时性。工作由经过授权的人们完成，他们自愿地暂时组合在一起，运用各自的技能共同完成同一项任务；他们通过各种可能的渠道集合其他的技能以成功地完成任务；只要任务仍是流程中的一项工作，他们就会一直合作下去。无边界形式的重点在于完成任务的能力，其假设条件是授权的人们可以在无官僚主义限制的情况下合作完成一些很重大的事情，这样的工作环境被认为可以激发创造性、质量和灵活性，而同时减少低效率现象并提高速度。

知识共享是无边界组织基本的组成部分，思考这一问题的方式之一是将其置于一个小公司内，或一个刚开业的公司内。在一个小公司内，每个人都努力根据需要帮助解决问题，并在恰当的时候做好事情。没有正式的任务分配和职务名称或职务描述的阻碍，有能力的人们根据需要一起合作将工作完成。从纯形式上来说，无边界组织就像是那样，而信息技术带来的巨大机会使这一切都成为可能。

除了以上新型组织结构形式外，还有学习型组织和战略联盟组织等。

四、组织结构变化的新趋势

（一）组织形式扁平化

目前许多企业组织结构已经开始由传统的金字塔向扁平化方向发展。所谓组织结构扁平化，就是通过减少管理层次、裁剪冗余人员来建立一种紧凑的扁平形组织结构，使组织变得灵活、敏捷，提高组织效率和效能。形成组织形式扁平化的原因主要有：计算机的广泛应用在某种程度上减少了对中层管理的管理；越来越多人认识到减少管理层有利于提高信息传递效率；更多人认为通过扁平化组织结构能为顾客提供更好的服务；能够节约管理费用，降低企业成本。这种扁平化组织结构带来的优势包括以下几项内容。

（1）管理幅度增宽，管理层次缩减，职工积极性提高，更多地不是依赖上级而是需要自己在工作中做出决策。

（2）信息流变得通畅。层次的减少及新技术的采用，都会在很大程度上促进信息流畅通。

（3）创造性、灵活性的增强。信息流的通畅使企业能灵敏、快捷地对顾客需求做出反应，有助于增强企业的灵活性与创造性。

（4）决策周期缩短。信息流畅通、分权加大、灵活性与创造性增强，都会缩短决策周期、提高决策质量。

（5）士气和生产率有所提高。新的组织给职工的工作提供了最大限度的自由，给他们扩展了表演舞台，必然导致职工士气增长、企业生产率提高。

（6）成本降低。管理层次和职工人数减少，工作效率提高，必然带来产品成本的降低。

（二）组织结构团队化

随着管理科学的不断进步，越来越多的企业正在逐渐舍弃垂直式功能化的组织结构，而转向以“团队”为核心的过程化组织模式。最为突出的代表是美国当今著名的微软公司，它的“团队化”组织结构效率高、创新强，成为世界高新技术企业的楷模。所谓“团队”就是让职工打破原有的部门界限，跳过原来的中间管理层次，直接面对顾客和公司总体目标，以群体和协作的优势赢得组织的高效率。团队组合的类型一般有两种：一类是“专案团队”，其成员主要来自公司各单位的专业人员，为解决某一特定问题而组织在一起，如新产品的开发、新技术的推广与应用，是为解决公司遇到的市场危机等组成的团队；另一类是具体工作团队，主要从事日常业务工作。长期存在的“团队”的运作一般具有如下特征。

1. 目标明确

共同的、明确的目标是团队得以存在的基础。任何一个团队的成员都愿意为共同的目标而努力工作，缺乏明确目标的团队无法开展工作，自然也就无法存在。

2. 界限分明

团队是由不同部门、不同技能的职工构成的，员工一旦进入团队后，就不再受原职能部门的管辖，而是根据团队的目标和工作标准自主开展工作，团队直接向总公司负责。

3. 角色分工

有效团队的成员必须在清楚的组织框架中，做好角色定位和分工，每个成员均应了解自己的定位与责任，团队中成员的角色有三种。

（1）以工作为导向的角色，主要任务是促成团队决策目标的实现，为此要主动分析、观察、审时度势，努力开展工作。

（2）以关系为导向的角色，主要任务是有效发展以团队为中心的各项组织活动，为此必须具备激励、交际、观察等能力。

（3）以自我为导向的角色，该角色往往注重自我价值目标的实现。

4. 规模适中

团队成员的人数一般视任务的工作量而定，理想的规模应为 3～7 人，最多不能超过 25 人。规模过大不便于成员间沟通交流，影响团队成员主动性、积极性的发挥。任何团队的发展过程都必须经过初始组成—达成共识—正常动作—适度解散四个阶段，企业和组织的领导人应有这样的观念和思想准备。

（三）组织规模精干化

西方许多企业的规模正向适度或精干的方向调整，因为面对激烈的市场竞争，使下属的生产经营单位规模适当，既可发挥小企业“船小好调头”的机动灵活的能力，又可依托于大企业科研开发的雄厚实力。同大公司相比，这些公司的销售额很有限，只在 2 亿～10 亿美元，但同小出口商相比，活力却非常惊人。这种“小而实，小而活”的公司在竞争中也常有其独到之处，表现出较强的生命力。

（四）组织发展创新化

西方组织在组织结构上的创新功能很强，许多跨国公司每 5～20 年往往就要重新调整一次组织结构，尽管这种组织结构上的大变动会引起组织的振荡，带来一定混乱，但若不进行调整，就会因老的组织结构的僵化而引起很多问题。目前西方一些发公司，更侧重于组织结构能根据内部、外部环境变化的需要不断地自我更新。这种自我更新的好处是：适应外界环境和市场的变化，保持持久的优势，减少甚至排除由于组织剧烈变化所引起的摩擦。

第九节 岗位设计

案例导入

“机器人化”给数百万计工作岗位带来冲击

从制造业到做决策，计算机所指导的自动化已经深入到各行各业。现在不仅是餐饮业员工的饭碗岌岌可危，仓库和物流中心的零售业工人也面临着被取代的风险，美国现在已经拥有技术让机器完成整理、检查、调度产品的工作。

根据《连线》杂志报道，全球最大的在线零售商亚马逊已经拥有成千上万的仓库机器人，在遍布全美的10个仓库或物流中心里完成工作。尽管亚马逊在2015年假日购物季雇佣了10万名临时工来补充已经非常庞大的仓库人力，但使用机器工作的便利还是显而易见的。机器人工作速度不会降低，他们不会疲劳，也不会受伤、注意力不集中或是生病。而且，他们也不需要支票或试图组织工会。

亚马逊的机器人由Kiva Systems公司发明，2012年亚马逊以7.75亿美元收购了这家公司。其原因是为了防止市场上的对手也通过机器人替代人力来增加效率和减少成本以增加竞争优势。

然而，市场上也开始不断出现类似的机器人提供商，这为其他在线零售竞商提供了相对的优势。这相对也给美国就业带来压力。Zerohedge认为，在运输业和仓储业，“机器人化”将会给2015年11月创下的791 200就业数带来冲击。

2015年11月，英国工业联合会调查显示，英国制造业产出规模很可能会在未来几个月出现下滑。同时来自英国国家统计局的初步统计表明，英国2015年10月GDP并不达三季度预期。同一时间，英国央行站出来警告说，面对各种产业不断自动化所带来的潜在性影响，美国和英国分别有8000万和1500万的工作岗位面临被取代风险。

英国央行的调查报告将受到影响的工作岗位分为三档：超过66%则为影响很大，33%～66%为影响一般，低于33%则为影响很小。由此得出这些工作岗位将占到未来从业人口的比率。

最终调查结果显示，最可能被取代的工作岗位是“管理岗位”“事务性工作”“产业工人”。同时，按行业来看，主要是医疗护理、客户服务及一些熟练工种等有可能80%被机器人所替代。

整个社会已经越来越意识，随着机器人技术的发展，越来越多的工厂及个人偏向于选择机器来解决问题。劳动力的机器化很可能会引发一部分人的失业，但科技革命和产业变革也将带动新商品的需求，这也将增加对相应劳动人员的需求，而且那些被取代下来的人员也可能会去从事其他职业。

机器人真的会抢占我们的工作吗？

近期，英国银行巨头巴克莱的最新研究表明，面对“机器人的崛起”，我们不应感到惧怕，而是应该去拥抱它。

英国制造业正在苦苦挣扎之际，巴克莱银行在上周一发布的报告“英国制造业的伟大蓝图”中称，自动化机器的投资可以保障英国数以千计的就业岗位，并且能够提振英国经济，其实，人们对智能化是否会造成大规模裁减的担心有点多余。

调研中，巴克莱称，截至 2025 年，如果对机器人额外投资 12.4 亿英镑，进一步发展自动化和其使用范围将有可能为行业乃至整个英国经济增加 605 亿英镑，这意味着每投资 1 英镑就能带来 49 英镑的经济产出。这将使英国的制造业规模扩大到经济衰退前水平而其市场价值也比现在增长 20%。

最终，未来 10 年内，机器人投资可能会进一步扩展整个英国制造产业规模至 1910 亿英镑。虽然自动化也会相应使部分人丢掉工作，但在供应链上将会产生更多的就业机会，维护岗位至少达 73 500 个。对于英国整个经济，巴克莱还表示，英国将有 105 800 个工作岗位被这类投资保留。

对于巴克莱的说法，业界似乎也表示赞同。巴克莱对其委任的 639 名制造业老总进行了调查，其中 76%的人表示他们相信有机会对自动化进行进一步投资。他们认为更好的外部资金渠道是促进改革创新的最大动力。这些制造商还特别指出市场上对可完成多项任务的机器需求还在不断增加。

另外，伦敦经济学院的 Guy Michaels 对 17 个发达国家进行了一次调查，主要研究工业机器人对制造业的影响。结果有些诡异，机器人似乎确实取代了一些低技能的工作，但是它们最大的影响是显著提升了工厂的生产效率，给工人们创造了更多新的就业机会。所以 Michaels 认为，没有证据表明机器人减少了整体的就业。

对于机器人投资，巴克莱制造业主管 Mike Rigby 认为，目前企业仍然需要解决很多障碍。“为了获得回报，我们需要解决一些投资壁垒，包括需要研发一些更人性化和更灵活的技术，同时解决行业内的技术壁垒，帮助相关产业生产商解决融资问题，并为他们提供一些机器人投资的信息。”

其实，在很长一段时间中，人们都有一种共识，即科技的进步会毁掉一些工作，但是它们会创造出更多、更新、更好的工作。现在的证据证明，技术确实是在毁掉工作机会，但是提供的是更新却也更少的工作机会，这是科技学者所需要考虑的事情。

伦敦经济学院教授 Anthony Atkinson 认为，科学技术的发展轨迹是无法避免的，更确切地说，这取决于政府、消费者的选择，因为这些决定了科学技术的研究和商业化，以及如何使用它们。

毕竟机器只是工具，它们被大家所共有，其主要目的还是为了提升自己的效率，同时增加收入。换句话说，正是增加社会财富的愿望，才推动了科技的发展。

（资料来源：“机器人化”真的会带来“零工作”时代？http://www.wtoutiao.com/p/1bbpY9P.html [2016-02-11]）

组织作为管理的一项基本职能，它的任务不仅包括组织设计、建立合理的组织结构，还包括：为组织内各层次各单位安排职务；确定职责范围及相应的职权；为职务配备合适的人员，明确各层次及单位中管理人员的相互关系；建立畅通的信息沟通渠道；根据内外环境的变化，适时调整组织等。如果把一个组织进行分解，可以分成成百上千项任务，每一项任务又可以再进一步分成若干职务。在组织中人们承担的职务并不是随机确定的，管理人员应对职务进行有意识的设计安排，以反映组织现有技术的要求及工作人员的技术、能力和偏好。只有这样才能充分发挥员工的潜力。

一、岗位设计的概念

岗位设计也称为职务设计或工作设计，是用一定的方法将各项任务结合起来，形成一组有限的工作，以构成一个完整的岗位的过程。有些岗位是常规性的，其任务是标准化和经常发生的，另一些职务则是非常规性的；有些岗位要求变化和多样性的技能，另一些只要求特定专业的技能；有些岗位限定员工遵循非常严格的程序，另一些则对员工如何做工作给予充分的自由；有些岗位以一组员工按团队的方式进行可取得更好的效果，另一些岗位让个人单独做可能会更好。

二、岗位特征模型

你了解岗位与岗位之间的区别吗？如何对一个岗位进行分析和设计呢？哈克曼（J.R.Hackman）提出的岗位特征模型给了我们实际的答案。该模型确定了五种主要的职务特征或者维度，分析了它们之间的关系及对员工生产率、工作动力和满足感的影响，包括以下内容。

（1）技能多样化。技能多样化是指一个岗位要求员工使用多种技能从事各种不同的行为的程度。

（2）任务的特性。一个岗位要求完成全部和具有同一性的任务的程序。

（3）任务重要性。一个岗位对其他人的工作和生活具有实质性影响的程度。

（4）工作自主性。一个岗位给予任职者在安排工作进度和决定工作方法方面提供实质性自由、独立和自主的程度。

（5）信息的反馈。任职者从事该岗位时所能获得的有关绩效信息的直接和清晰程度。

岗位特征模型指出（图 5.35），技能多样化、任务特征和任务重要性共同创造了有意义的工作，也就是说，当一个岗位具有以上三种特征时，可以预计任职者将会把他的岗位看成是重要的、有价值的和值得做的。另外，具有工作自主性的岗位会给任职者带来个人责任感，而如果该岗位能获得工作绩效反馈，则员工可以知道他所进行的工作效果。

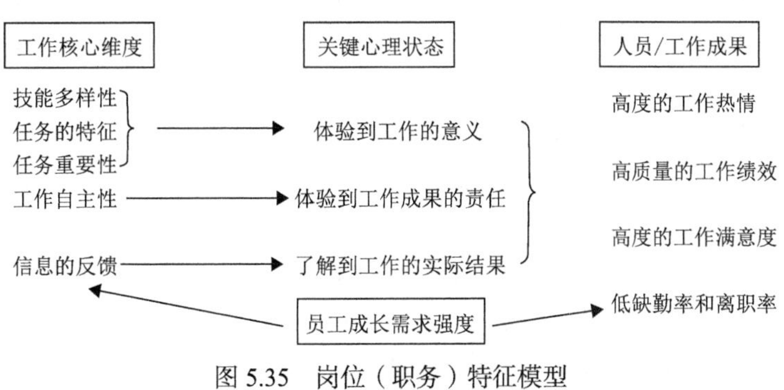

图 5.35 岗位（职务）特征模型

从激励的角度，岗位特征模型指出，当员工能够了解到工作绩效，并认为自己从事的是有意义的工作，自己应该对工作结果负责时，他就会获得一种内在的激励。这种内在的激励将提高员工的工作动机、工作绩效和工作满意度，并降低旷工和辞职的可能性。

模型还进一步指出，工作核心维度与这些结果度量之间的关系会受到个人成长需求强度（员工对自尊和自我实现的需要强度）的中和与调整。也就是说，具有高成长需求的员工，面对核心维度特征高的岗位，在心理状态上要比那些只有低成长需求的员工有更高程度的体验；而当这种心理存在时，高成长需求的员工也比低成长需求的员工能做出更为积极的反应（表 5.4）。

表 5.4　对不同工作核心维度的评价实例

工作核心维度	高	低
技能多样化	一家汽车维修店的维修人员的工作是电器维修、车身修理和为客户提供咨询服务	一个车辆维修厂的油漆工一天的工作就是给每辆需要修复车面的汽车喷漆
任务的特性	一个橱柜制造者设计一件家具、挑选木材、制造家具并把它完成得尽善尽美	一家家具厂的车工只负责操作车床制作桌面
任务重要性	看护医院中重症病房中的患者	擦医院的地板
工作自主性	刑警自主安排自己的工作，与人接触不受监督，并自主决定侦破方法	110 接线员必须按照一个非常具体的程序接听电话
信息的反馈	一个电器工厂的工人安装一个调制解调器，然后通过测试看它是否能正常运行	一个电器工厂的工人组装一个调制解调器，然后送交质检员，由质检员检测它是否能够正常运行

资料来源：Johns G. Organizational Behavior：Understanding and Managing life at Work. 4th ed. New York：Harper/Collins：204, 1996: 204

三、岗位设计的主要内容

岗位设计的主要内容包括工作内容、工作职责和工作关系的设计三个方面。

（一）工作内容

工作内容的设计是工作设计的重点，一般包括工作的广度、工作的深度、工作的完整性、工作的自主性及工作的反馈性五个方面。

（1）工作的广度。即工作的多样性。工作设计得过于单一，员工容易感到枯燥和厌烦，因此设计工作时，尽量使工作多样化，使员工在完成任务的过程中能进行不同的活动，保持工作的兴趣。

（2）工作的深度。设计的工作应具有从易到难的一定层次，对员工工作的技能提出不同程度的要求，从而增加工作的挑战性，激发员工的创造力和克服困难的能力。

（3）工作的完整性。保证工作的完整性能使员工有成就感，即使是流水作业中的一个简单程序，也要是全过程，让员工见到自己的工作成果，感受到自己工作的意义。

（4）工作的自主性。适当的自主权力能增加员工的工作责任感，使员工感到自己受到了信任和重视。认识到自己工作的重要，使员工工作的责任心增强，工作的热情提高。

（5）工作的反馈性。工作的反馈包括两方面的信息：一是同事及上级对自己工作意见的反馈，如对自己工作能力、工作态度的评价等；二是工作本身的反馈，如工作的质量、数量、效率等。工作反馈信息使员工对自己的工作效果有个全面的认识，能正确引导和激励员工，有利于工作的精益求精。

（二）工作职责

工作职责设计主要包括工作责任、工作权力、工作方法及工作中的相互沟通和协作等方面。

（1）工作责任。工作责任设计就是员工在工作中应承担的职责及压力范围的界定，也就是工作负荷的设定。责任的界定要适度，工作负荷过低，无压力，会导致员工行为轻率和低效；工作负荷过高，压力过大又会影响员工的身心健康，会导致员工的抱怨和抵触。

（2）工作权力。权力与责任是对应的，责任越大权力范围越广，否则二者脱节，会影响员工的工作积极性。

（3）工作方法。包括领导对下级的工作方法、组织和个人的工作方法设计等。工作方法的设计具有灵活性和多样性，不同性质的工作根据其工作特点的不同采取的具体方法也不同，不能千篇一律。

（4）相互沟通。沟通是一个信息交流的过程，是整个工作流程顺利进行的信息基础，包括垂直沟通、平行沟通、斜向沟通等形式。

（5）协作。整个组织是有机联系的整体，是由若干个相互联系、相互制约的环节构成的，每个环节的变化都会影响其他环节及整个组织运行，因此各环节之间必须相互合作、相互制约。

（三）工作关系

组织中的工作关系，表现为协作关系、监督关系等各个方面。

通过以上三个方面的岗位设计，为组织的人力资源管理提供了依据，保证事（岗位）得其人，人尽其才，人事相宜；优化了人力资源配置，为员工创造更加能够发挥自身能力、提高工作效率、提供有效管理的环境保障。

四、岗位设计的原则

（一）专业分工原则

专业分工原则追求深度知识与市场经验的积累，在此原则下的岗位设置是对组织细分的过程，岗位成为组织中工作内容自成体系、职责独立的最小业务单元。

关于组织细分，目前有流程优先与职能优先两种争论。本书倾向于前者，因为一级流程可以定义为企业的盈利模式。在此基础上，可以将流程分解或模块化，部门是一级流程分解的结果，是企业内部价值链具有一定使命的独立环节，而岗位是对部门，即一级流程分解下某一个模块的再分解。因此，在专业分工原则下，部门岗位设计的第一步骤为工作内容细分，其表现形式为岗位最小化。

（二）协调费用最小原则

协调费用最小原则是为减少不同职位间的协调，降低运作成本。其在岗位设计方面的应用通过工作关系分析和工作定量分析的步骤来实现。

进行工作关系分析而非工作定量分析，是为一人多岗做准备，其适用于公司发展较快、岗位工作量及职责具有较大的不确定性的情况。在这种不确定下，岗位不适宜合并，而可由工作内容具有相关性的岗位兼任。进行工作定量分析，则是在工作量不饱满的情况下，对职能细分或流程被分割的岗位予以合并。其应用结果为撤岗和并岗。

工作关系分析是对最小业务活动之间的工作相关性进行分析，确定适用的优化组合方案。从而通过对工作岗位、部门的相关性分析，使组织发挥系统和平衡的功能，达到分工合理、简洁高效和工作畅顺。而随着公司各项工作的稳定开展，结合对各岗位工作的定量分析，可以对工作量不足于80%的岗位，及时进行撤岗、并岗，保证每一个岗位的负荷，使所有工作尽可能集中，并降低人工成本。

（三）不相容职务分离原则

不相容职务分离的核心是内部牵制。古埃及时已在记录官、出纳官和监督官之间建立起内部牵制制度。内部牵制是一人不能完全支配账户，另一个人也不能独立地加以控制的制度。不相容职务是指那些如果由一个人担任，既可能发生错误和舞弊行为，又可能掩盖其错误和弊端行为的职务。

基于不相容职务分离原则的岗位设置需要在岗位间进行明确的职责权限划分，确保不相容岗位相互分离、制约和监督。企业经营活动中的授权、签发、核准、执行和记录等工作步骤必须由相对独立的人员或部门分别实施或执行。

（四）整分合原则

在企业组织整体规划下应实现岗位的明确分工，又在分工基础上有效地综合，使各岗位职责明确又能上下左右之间同步协调，以发挥最大的企业效能。

五、岗位设计的方法

岗位特征模型为管理者进行岗位设计提供了具体的指导。为了减少工作的枯燥感并提高员工的生产力，在管理实践中人们总结出以下几种岗位设计方法。

（一）工作专门化/职务专业化/职责专门化

工作专门化意味着岗位设计得尽可能简单，将工作划分得更细小和更专业化。根据亚当·斯密的劳动分工理论和泰勒的科学管理原理，专门化有助于提高员工的工作熟悉程度，从而取得更高的效率和更好的业绩。

根据工作专门化方法，人们将生产线上的工人分为各种操作工、装配工、质检员、包装工等，将会计工作划分为成本会计、核算会计、管理会计等。

尽管工作专门化确实可以在短期内提高工作效率，但过于专门化的工作同样会导致员工不满。由于每天重复从事狭窄的专业化活动，容易让人厌倦和沮丧。随着组织中知识性员工的日益增加，这种根据责任专门化方法设计的岗位越来越受到挑战。

（二）工作轮换/职务轮换

避免工作专业化及其缺陷的一种早期努力，是进行工作轮换。这一岗位设计方法使工人的活动得以多样化，从而避免厌倦情绪的产生。

在实践中有两种类型的工作轮换：纵向的和横向的。纵向轮换指的是升降或降职。但我们一般谈及工作轮换，都意味着水平方向上的多样变化。横向的工作轮换可以有计划地予以实施，如制订培训规划，让员工在一个岗位上从事两三个月时间的活动，然后再换到另一岗位，以此作为培训手段（图 5.36）。

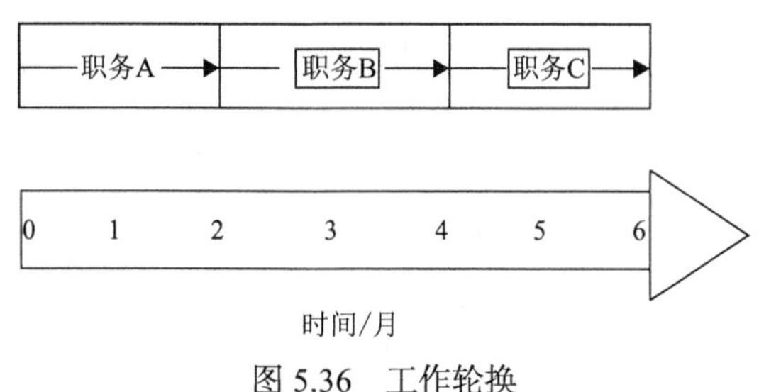

图 5.36 工作轮换

工作轮换的好处包括以下几个方面。

（1）拓宽了员工的工作领域，给予他们更多的工作体验。一个人在取得有效完成其任务所需的技能以后通常容易产生的厌倦和单调感，这会随着市场的工作轮换而得到减少。

（2）更广泛的工作体验也使得人们对组织中的其他活动有了更多的了解，从而为人们担任更大责任的职务，尤其是为高层职务做好了准备。因为随着一个人在组织职位的提高，他便需要全面了解错综复杂的、相互关联的活动，而这些技能通过组织内职务轮换可以更为迅速地取得。

工作轮换的局限性有以下几个方面。

（1）将一个工人从先前的岗位转入一个新的岗位，需要增加培训成本，还会导致生产效率下降，因为工人在先前岗位上的效率性正创造着组织的经济性，范围广泛的轮换规划，可能造成大量的工人被安置在他们经验很有限的工作岗位上。尽管这样的规划有可能带来显著的长期效益，但组织需要有良好的对策处理日常出现的问题，这些问题可能产生于让缺乏经验的员工去完成新的任务，也有可能产生于轮换后的经理人员对手头的工作缺乏经验就做出决策。

（2）可使那些聪明而富有进取心的员工的积极性受到影响，因为这些人喜欢在他们所选定的专业中寻找更大的、更具体的责任。有一些证明也表明，非自愿地对员工进行工作轮换，可能导致旷工和事故的增加。

（三）工作扩大化/职务扩大化/职责扩大化

在推行工作横向多样化的同时，会出现工作扩大化。工作扩大化是通过增加一个岗位所包含的不同任务的数目，从横向扩展岗位工作内容，从而减少该岗位中同一任务被重复执行的频率。

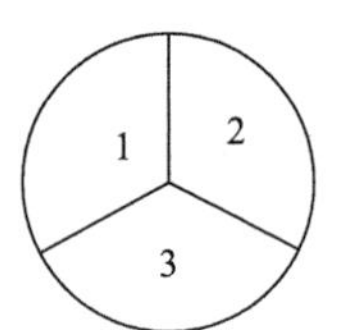

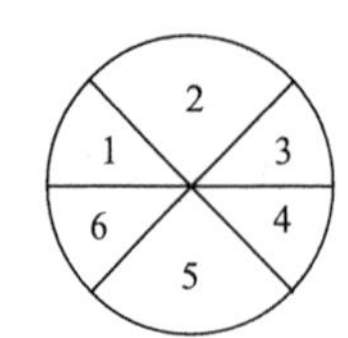

图 5.37 工作扩大化

如图 5.37 所示，通过工作扩大化，增加了该岗位不同性质的任务数量，从而促使工作多样化。例如，原来秘书岗位的职责就是打字，通过增加另外的任务（如接待来访者的客户、购买办公用品、分发邮件等）扩大其工作职责。管理者通过将原来划分过细的任务重新组合成一个内容广泛的新岗位，将使该岗位的工作技能多样化和任务的特性得到提高。在员工的能力没有被充分利用且员工渴望更多的挑战和责任时，根据工作扩大化方法设计岗位往往能使员工对岗位工作更满意。

工作扩大化的优点有：在避免工作专业化带来的效率低下的同时，增加了员工的工作成就感，但工作扩大化努力与取得的结果不尽如人意。如果员工本来就对自己的工作不满意，那么工作扩大化将使他更感到厌倦。

虽然工作扩大化确实可以克服过于专业化的工作缺乏多样性的缺点，但并不一定能够给员工提供多少挑战性和工作意义。有的员工可能会这样评论工作扩大化："以前我只有一项烦人的工作。现在，通过工作职责扩大化，我有了三份烦人的工作。"

（四）工作丰富化/职务丰富化/职责丰富化

为了克服工作扩大化的缺陷，进一步提出了工作丰富化，即通过增加工作的深度，如增加策划和评估职责，使员工得以对它们的工作实施更大的控制，从而将更多的工作意义和挑战增加到工作之中。例如，银行对柜台工作进行重新整合，由一名员工直接与顾客接触，从头到尾完成一项完整的交易，这样不仅可以改善工作质量，而且能提高员工的责任心和积极性。

工作丰富化意味着员工将被获准做一些通常由他们的主管人员完成的任务，如计划和评价自身的工作。丰富化后的岗位应当允许任职者有更大的自主权、独立性和责任感去从事一项完整的活动。当一个岗位被丰富化时，任职者有责任计划和完成自身工作，并对自身表现做出评估和纠正。

一般来说，工作丰富化使员工对工作更感兴趣，降低了缺勤率，但从生产率角度来看，在某些场合工作丰富化可以提高劳动生产率，但另一些情况下，工作丰富化却使生产率下降。

（五）工作团队

当合作对于完成一项任务非常重要时，围绕小组设计工作（而不是围绕个人）就是岗位设计的很好选择，这种设计结果就是形成了工作团队。团队是"由一小群技能互补的成员组成的人群结构，团队成员致力于共同的宗旨、绩效目标和通用方法，并且共同承担责任"。团队理论是 20 世纪 90 年代管理学的热点课题之一，它是组织变革的一大方向。

与传统职能部门相比，工作团队有如下几点特征：①每一个工作团队有明确的目标。②团队成员具有相互合作、相互沟通的文化氛围，并在交流过程中获得信息和知识，它具有学习的功能。③工作团队跨职能性。工作团队由来自不同部门、具有不同技能与背景且能互补的成员组成，它不是同一职能承担者的集合。④组织结构上不同。传统组织采用金字塔式结构，信息沟通是纵向的。工作团队组织构成则成网状，它强调沟通和协调，不仅有纵向联系，还包括组织成员间的横向联系和斜向联系，在这样的团队结构中，任何成员发现问题都可以提出合理建议，管理者不独占这些信息。所有的信息在各成员之间交换，发挥各成员的积极性和创造性。

岗位设计不仅包括岗位职责的明确，而且还应包括工作时间的安排。在这方面，除了传统的按固定时间上下班外，已经出现了弹性工作制、钟点工及让员工通过网络在家工作等多种形式。

第十节 人员配备

案例导入

中国历史上的七个人才典范案例

中国历史悠久，各种人才智慧的学说纷呈，而人才智慧的典范更是举不胜举。中国是一个智慧集大成的民族，人才智慧的经典案例，更让人拍案叫绝。

下面精选几例，供大家借鉴。

一、引才案例：秦昭王五跪得范睢

引才纳贤是国家强盛的根本，而人才，尤其是高才，并不那么容易引得到，纳得着。秦昭王雄心勃勃，欲一统天下，在引才纳贤方面显示了非凡的气度。范睢原为一隐士，熟知兵法，颇有远略。秦昭王驱车前往拜访范睢，见到他便屏退左右，跪而请教："请先生教我。"但范睢支支吾吾，欲言又止。于是，秦昭王第二次跪地请教，且态度更加恭敬，可范睢仍不语。秦昭王又跪，说："先生真的就不愿意教寡人吗？"这第三跪打动了范睢，道出自己不愿进言的重重顾虑。秦昭王听后，第四次下跪，说道："先生不要有什么顾虑，更不要对我怀有疑虑，我是真心向您请教的。"范睢还是不放心，就试探道："大王的用计也有失败的时候。"秦昭王对此指责并没有发怒，并领悟到范睢可能要进言了，于是，第五次跪下说："我愿意听先生说其详。"言辞更加恳切，态度更加恭敬。这一次范睢也觉得时机成熟，便答应辅佐秦昭王，帮他统一六国。后来，范睢鞠躬尽瘁，辅佐秦昭王成就了霸业，而秦昭王五跪得范睢的典故，千百年来被人们所称誉，成为引才纳贤的楷模。

今天的企业老板作何感想？将如何引才纳贤？

秦昭王五跪得范睢，是否有企业老板们也愿意这么做呢？

二、识才案例：一双筷子放弃了周亚夫

如果说引才，只需要态度友好就够了，识才却是很神秘的工作。所谓识才，不只是看看谁是人才，谁不是人才这么简单，而要从小的方面推断大的方面，从今天的行为推断以后的行为，得出用人策略。

周亚夫是汉景帝的重臣，在平定七国之乱时，立下了赫赫战功，官至丞相，为汉景帝献言献策，忠心耿耿。一天，汉景帝宴请周亚夫，给他准备了一块大肉，但是没有切开，也没有准备筷子。周亚夫很不高兴，就向内侍官员要了双筷子。汉景帝笑着说："丞相，我赏你这么大块肉吃，你还不满足吗？还向内侍要筷子，很讲究啊！"周亚夫闻言，急忙跪下谢罪。汉景帝说："既然丞相不习惯不用筷子吃肉，也就算了，宴席到此结束。"于是，周亚夫只能告退，但心里很郁闷。

这一切汉景帝都看在眼里，叹息道："周亚夫连我对他的不礼貌都不能忍受，如何能忍受少主的年轻气盛呢。"汉景帝通过吃肉这件小事，试探出周亚夫不适合做太子的辅政大臣。汉景帝认为，周亚夫应把赏他的肉，用手拿着吃下去，才是一个臣子安守本分的品德，而周亚夫要筷子是非分的做法。汉景帝依此推断，周亚夫如果辅佐太子，肯定会生出些非分的要求，趁早放弃了他做太子辅政大臣的打算。

识才的策略与传说贯穿中国五千年历史，汉景帝只是其中的一个代表。

今天的企业老板们是否也要向汉景帝学点什么？

识才的奥妙深着呢！

三、用才案例：神偷请战

用人之道，最重要的是要善于发现、发掘、发挥属下的一技之长。

用人得当，事半功倍。

楚将子发爱结交有一技之长的人，并把他们招揽到麾下。有个其貌不扬，号称"神偷"的人，也被子发待为上宾。有一次，齐国进犯楚国，子发率军迎敌。交战三次，楚军三次败北。子发旗下不乏智谋之士、勇悍之将，但在强大的齐军面前，就是无计可施。这时神偷请战，在夜幕的掩护下，他将齐军主帅的睡帐偷了回来。第二天，子发派使者将睡帐送还给齐军主帅，并对他说："我们出去打柴的士兵捡到您的帷帐，特地赶来奉还。"当天晚上，神偷又去将齐军主帅的枕头偷来，再由子发派人送还。第三天晚上，神偷连齐军主帅头上的发簪都偷来了，子发照样派人送还。齐军上下听说此事，甚为恐惧。齐军主帅惊骇地对幕僚们说："如果再不撤退，恐怕子发要派人来取我的人头了。"于是，齐军不战而退。

人不可能每一方面都出色，但也不可能每一方面都差劲，再逊的人也总有某方面的一技之长。企业老板们要能很清楚地了解每个下属的优缺点，千万不能夹杂个人喜好，也许你今天看不起的某个人，他日正是你事业转机的干将。

四、育才案例：纪渻子训鸡喻育才

一般情况下，人才到岗之后必须进行培训，即育才。育才是企业永久的工程，用才而不育才，人才便没有持续竞争力。

据传，周宣王爱好斗鸡，纪渻子是一个有名的斗鸡专家，被派去负责饲养斗鸡。10天后，周宣王催问道："训练成了吗？"纪渻子说："还不行，它一看见别的鸡，或听到别的鸡叫，就跃跃欲试。"又过了10天，周宣王问训练好了没有，纪渻子说："还不行，心神还相当活跃，火气还没有消退。"再过了10天，周宣王又问："怎么样？难道还没训练好吗？”纪渻子说：“现在差不多了，骄气没有了，心神也安定了，虽然别的鸡叫，它也好像没有听到似的，毫无反应，不论遇见什么突然的情况它都不动、不惊，看起来真像木鸡一样。这样的斗鸡，才算训练到家了，别的斗鸡一看见它，准会转身就逃，斗也不敢斗。”周宣王于是去看鸡的情况，果然呆若木鸡，不为外面光亮声音所动，可是它的精神凝聚在内，别的鸡都不敢和它应战，看见它就走开了。

今天的企业老板们从纪渻子训斗鸡的故事中得到了什么样的启发呢？

其实，我们的育才也正是遵循这样的规律。只有企业自己培育的人才，并且培育到一定程度，才能为企业带来更大的价值。

五、激才案例：墨子苦心激励耕柱

人才并不是天生一定要为某家企业作贡献，一定要尽全力作贡献的，关键是要适当激励，激才智慧在中国历史上不乏其例。

耕柱是一代宗师墨子的得意门生，但他老是挨墨子的责骂。有一次，墨子又责备了耕柱，耕柱觉得自己非常委屈，因为在许多门生之中，大家都公认耕柱是最优秀的，却偏偏常遭到墨子指责，让他感觉很没面子。一天，耕柱愤愤不平地问墨子：“老师，难道在这么多学生当中，我竟是如此地差劲，以至于要时常遭您老人家责骂吗？”墨子听后，毫不恼火地问：“假设我现在要上太行山，依你看，我应该用良马来拉车，还是用老牛来拖车？”耕柱答：“再笨的人也知道要用良马来拉车。”墨子又问：“那么，为什么不用老牛呢？”耕柱答：“理由非常的简单，因为良马足以担负重任，值得驱遣。”墨子说：“你答得一点也没错。我之所以时常责骂你，也只因为你能够担负重任，值得我一再地教导与匡正。”

激励人才是一种艺术，激励无定法，只有合适的激励才能产生期望的效果。墨子的激励措施并不是放之四海而皆准的法则，但可为今天的激才提供借鉴。

六、留才案例：刘备苦心留住徐庶心

分分合合，职场中已司空见惯。因此，引才难，留才也难。一个小单位留住高才难，而留住高才的心似乎难于上青天。刘备被曹操赶得到处奔波，好不容易安居新野小县，又得军师徐庶。有一天，曹操派人送来徐母的书信，信中要徐庶速归曹操。徐庶知是曹操用计，但他是孝子，执意要走。刘备顿时大哭，说道：“百善孝为先，何况是至亲分离，你放心去吧，等救出你母亲后，以后有机会我再向先生请教。”徐庶非常感激，想立即上路，刘备劝说徐庶小住一日，明日为先生饯行。第二天，刘备为徐庶摆酒饯行，等到徐庶上马时，刘备又要为他牵马，将徐庶送了一程又一程，不忍分别。感动得徐庶热泪盈眶，为报答刘备的知遇之恩，他不仅举荐了更高的贤士诸葛亮，并发誓终生不为曹操施一计谋。徐庶的人虽然离开了，但心却在刘备这边，故有“身在曹营心在汉”之说。徐庶进曹营果然不为曹设一计，并且在长坂坡还救了刘备的大将赵云一命。古往今来，凡是留才的案例，没有超出刘备的。

留才留心，只要能留住人才之心，即使人才在天涯海角，他依然会为你效命。企业老板们在人才竞争激烈的今天如何借鉴刘备的留才策略呢？

七、去才案例：曹操借刀杀祢衡

引才难，用才难，去才更难，去一个世人皆以为才，而不能所用的怪才是难上难。

东汉名士祢衡，是三国著名的一个狂士，志大才疏，口若悬河，能言善辩，在当时很有名气。建安七子之一的孔融向曹操推荐了祢衡，曹操派人叫来祢衡。见了面之后，曹操故意给祢衡点颜色看看，不让这位大学者落座。

祢衡："唉，天地虽阔，却没有一个人才啊！"

曹操："我手下有几十位优秀人才，都是当世英雄，怎么能说没有人才呢？"

祢衡："荀彧可使吊丧问疾，荀攸可使看坟守墓，程昱可使关门闭户，郭嘉可使白词念赋，张辽可使击鼓鸣金，许褚可使牧牛放马！"

曹操："那么你又有什么本领呢？"

祢衡："天文地理，无一不通；三教九流，无所不晓。往大里讲，我可以做尧、舜那样的明君；往小里讲，我的道德文章和孔子、颜回可有一比。我怎么能和你手下的那些凡夫俗子相提并论呢？"

曹操心里非常恼怒，知道祢衡只会一点耍嘴皮子的功夫，当然不会买他的账。部下张辽想杀掉祢衡，他却制止了，却任命祢衡做荆州的使臣，去说服刘表归降朝廷。后来祢衡去见刘表，积习难改，又激怒了刘表。刘表听说过祢衡多次辱骂曹操的事，知道曹操想借自己的手杀掉祢衡，担当"害贤"的恶名，便派他去见江夏的将军黄祖。黄祖是一个小军阀，素质没有达到曹操、刘表那个层次。祢衡见了黄祖，故伎重施，没有说几句，便把黄祖得罪了，黄祖勃然大怒，叫人把祢衡拉出去斩掉了。听说祢衡被黄祖杀掉了，曹操哈哈大笑起来："这个腐儒自己找死，根本用不着脏我的刀。"

尽管罗贯中在《三国演义》中有贬曹操心胸狭窄之意，但曹操去掉这位怪才的策略的确很高。今天的怪才、狂才也不少，我们的企业老板是如何去才的呢？想必最佳雇主的名声还是要顾及的吧！

中国历史绵绵不断，文化传承智慧闪烁，人才智慧更是夺人耳目。以上七个人才智慧案例，只是中国人才智慧园中的几个叶片。因此，要掌握符合中国传统文化的人才策略，必须研究中国人才历史，汲取中国人才历史中的精华。

（资料来源：中国历史上的 7 个人才典范案例. http://www.ceconlinebbs.com/FORUM_POST_900001_900004_1079870_0.HTM [2015-01-25]）

组织职能不仅要设计、构建组织结构体系，而且还必须为组织结构中的每一职位配备合适的人员。组织中任何一项管理职能的实现，任何一项任务或工作目标的完成都是要人来实现的，可以说，人是组织目标实现的直接推动力。因此，组织结构中每个职位的人员配备是每一组织都十分关系的问题，它直接关系到组织的活动是否有效、组织目标能否实现。

人员配备是组织设计的逻辑延续，这项工作的主要内容和任务是：通过对工作要求与人员素质的分析，谋求人员素质与工作的最佳组合，从而实现员工的不断成长和组织的持续发展。

一、人员配备的概念

人员配备是根据组织结构中所规定的职务的数量和要求，对所需人员进行恰当而有效的选择、考评和培训，其目的是为了配备合适的人员去充实组织中的各项任务，以保证组织活动的正常进行，进而实现组织目标。人员配备一般包括选拔、聘用、考评、培训、吸引等内容，也可以简单归纳为选人、用人、评人、育人和留人五个方面。

二、人员配备的基本要求

人员配备的目的是谋求人与事的最佳组合，因此，人员配备要求既能满足组织的需要，又能考虑到组织成员的需要。组织的需要应满足以下三方面要求。

（1）使组织系统得以运转。要使设计合理的组织结构有效运转，必须使组织中的每一个岗位都配备有符合相应岗位素质要求的人，从而使实现组织目标所必须开展的各项工作都有相应的人才去完成，这是人员配备的基本任务。

（2）为留住人才创造条件。人们总是力图获得最能发挥自己才能并能给自己带来最大利益的工作，而常用的方式就是通过流动来尝试不同的工作。流动对于组织成员个人而言也许是重要的，但对于一个组织而言，人员的不稳定，特别是优秀人才的外流，往往会导致组织出现知识真空，从而影响组织的正常运转和持续发展。因此，在人员配备过程中，要注意通过轮岗、转岗或岗位的重新设计，为员工才能的充分发挥和实现个人的发展目标创造良好的条件，从而维持员工对组织的忠诚，以留住人才。

（3）适应组织发展需要。组织是一个动态的系统，在 21 世纪，每一个组织都处在不断变化着的社会经济环境之中，组织的目标、战略都需要经常根据环境的变化和组织的发展做出适当的调整，由目标和战略决定的组织结构不仅会发生质的改变，而且在部门和岗位的设置数量上也会出现相应的增减。因此，在根据当前的组织结构配备相应的人员时，也要考虑组织结构和岗位设置将来可能发生的变化，通过建立客观的考核体系和制度化的培养体系，来适应组织未来发展的需要。

要做到人与事的最佳组合，人员配备还应考虑到组织成员的需要。人员配备必须能够充分发挥员工的才能，并使其自觉积极地履行好岗位职责，为实现组织目标而努力工作。为此，在人员配备过程中，要考虑组织成员个人的才能特点、兴趣爱好和需要，做好以下两个方面的工作。

（1）使每个人的知识和才能得到公正评价和运用。工作要求是否与自身能力相符，工作目标是否具有挑战性，工作内容是否符合兴趣爱好，是否“大材小用”使员工“怀才不遇”或“小材大用”使员工“不堪重负”，这些都会很大程度上影响人们在工作中的积极性、主动性，并进而影响工作绩效。

（2）使每个人的知识和能力得以不断发展和提高。知识与技能的提高，不仅可以满足人们较高层次的心理需要，而且也是组织成员得以不断晋升发展的基础。因此，在人员配备过程中，应使每个组织成员能看到这种机会和希望，从而有助于稳定人心、提高工作绩效和适应组织发展需要。

三、人员配备的原则

为求人与事的最优化组合，人员配备必须依据以下几点原则。

（一）因事用人的原则

用人的目的在于使其担当一定的职务，要求其从事与该职务相应的工作。因此，人员的配置应以职位的空缺情况和实际要求为出发点，以职位对人员的实际要求为标准，选拔、录用各类人员。因事用人是人员配置的首要原则。

（二）因才适用的原则

不同的工作要求不同的人去做，而不同的人也具有不同的能力和素质，能够从事不同的工作。从个人角度来考虑，只有根据每个人的特点来安排工作，才能使他们的潜能得到最充分的发挥，工作热情得到最大限度的激发。

（三）用人所长的原则

用人就要对人有一个正确的认识。任何一个管理者看人要客观、实事求是、一分为二，既要看到优点，又要看到缺点。看缺点，是为了对他做客观的评价，也是为了在人员配备时充分发挥他的优点。有效的管理者不是盲目地找通才，而是找最适合空缺岗位的人，然后把他放到最能发挥个人智慧并将缺点减少到最小的岗位上去。

（四）人与事动态平衡的原则

处在动态环境当中的组织是不断发展的，工作中的能力和知识是在不断提高和丰富的，同时，组织对其成员的素质认识也是不断完善的，因此人与事的配合需要进行不断的调整，使能力平平、不符合职务需要的人有机会进行力所能及的活动，使能力超强的人担当更重要的工作和更高的职务，以求使每一个人都能得到最合理的使用，实现人与工作的动态平衡。

四、人员配备的工作内容

（一）人力资源规划：确定人员的种类和数量

在人员配备过程中，首先要知道组织需要何种人员、各需要多少，为此，需要明确组织结构中的岗位设计情况。人员配备是在组织设计的基础上进行的，人员需要量的确定是以组织设计中的岗位类型和岗位定编为依据的。岗位类型说明了需要什么的人，岗位定编说明了每种岗位各需要多少人。

由于组织是发展着的，所需要设置的岗位和各岗位编制数也会随之发生变化。人力资源规划就是管理者为了确保在适当的时候，组织能够为所需要的岗位配备所需要的人员并使其能够有效地完成相应的岗位职责，而在事先所做的计划工作。人力资源规划主要包括三项工作：评价现有的人力资源配备情况；根据组织发展战略预估将来所需要的人力资源；制订满足未来人力资源需要的行动方案。如图 5.38 所示。

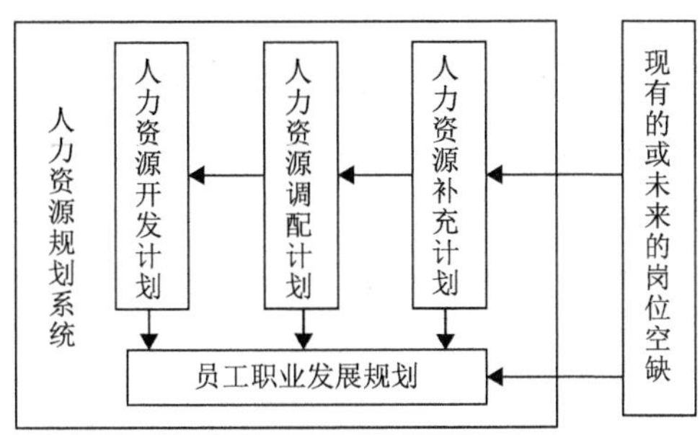

图 5.38 人力资源规划系统构成示意图

通过人力资源规划，可以明确为了实现组织发展目标，在什么时候需要哪些人员、各需要什么、通过什么途径获得，从而为人员招聘、选配和培养奠定基础。

（二）招聘与甄选：选配合适人员

岗位设计和分析指出组织中需要具备哪些素质的人，而为了获得符合岗位素质要求的人，就必须对组织内外的候选人进行筛选，以做出合适的选择，为此就要进行招聘与甄选。

招聘是指组织按照一定的程序和方法招募具备岗位素质要求的求职者担任相应岗位工作的系列活动。招聘的一般程序如图 5.39 所示。求职者可能来自组织内部，也可能来自组织外部。不管求职者来自哪里，为了招聘到合适的人员，都需要依据相应的岗位要求对求职者进行素质评价和选择。

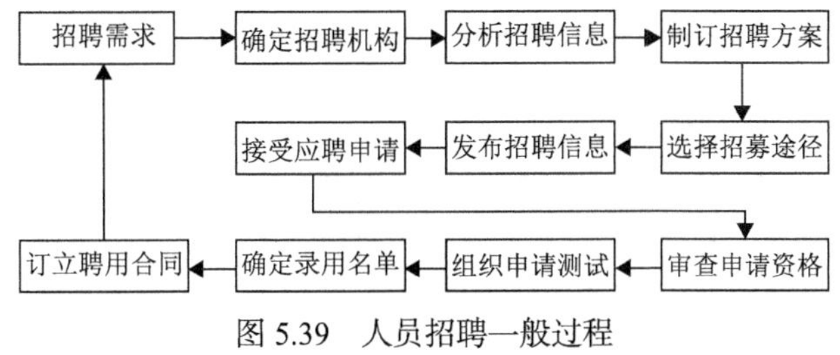

图 5.39 人员招聘一般过程

甄选就是依据既定的用人标准和岗位要求，对应聘者进行评价和选择，从而获得合格的上岗人员的活动。所以，从本质上而言，甄选是一种预测行为，它要求管理者设法预见到哪一位申请者能够胜任该岗位。常用的甄选手段与方法包括：应聘者申请表分析、资格审查、笔试与面试、体格检查等。

（三）培训与考核：使人员适应发展需要

培训是指为了实现组织自身和员工个人的发展目标，有计划地对员工进行辅导和训练，使之认同组织理念、获得相应组织和技能以适应岗位要求的活动。组织处于不断的发展过程中，对于组织在发展中所产生的人力资源需求，除了以招聘方式从外部吸引合适人员加以补充外，更主要的是通过开发组织现有的人力资源加以满足。人的思想的统一、技能的提高需要一定的时间，组织明天发展所需要的人员和技能需要在今天加以培训，培训是组织开发现有的人力资源、提高员工的素质和同化外来人员的基本途径。同时，为员工提供学习机会，使其看到在组织中的发展前途，是组织维持员工忠诚度的一个重要方面。因此，培训的最终目的既是为了适应组织发展的需要，也是为了实现员工个人的充分发展。

为了了解现有的员工是否仍然适合岗位要求，需要通过考核对组织现有的人力资源质量做出评估。所谓考核，亦称绩效评估或考评，是按照一定的方法及程序对在职人员在一段时间的岗位职责履行情况做出评价。考核的基本步骤如 5.40 所示。科学的考核有助于对在职人员做出客观的评估，从而为员工改进工作提供指导，为培训、奖惩和人事晋升提供客观依据。

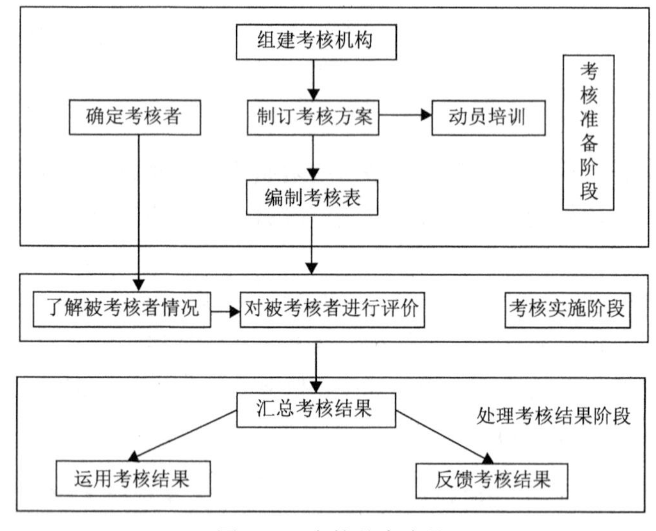

图 5.40　考核基本步骤

通过不断的培训和考核，不仅为组织获得合适的人员提供了保障，而且促使员工随着组织的发展不断成长，从而始终保持人与事的动态最佳组合，最终达到组织发展和员工成长的双重目的。

本 章 小 结

本章重点内容简要概括如下。

（1）组织的概念：组织，可分为静态意义上的组织和动态意义上的组织。静态意义上的组织包括一般意义上的组织和管理意义上的组织。一般意义上的组织指组织系统，它是由两个或两个以上的个人为了实现共同的目标而协同行动的有机整体。管理学意义上的组织，指按照一定的目标和程序而组成的一种权责角色结构，包括职权、职责、负责（上级对下级的工作进行指导、下级对上级汇报工作）和组织结构图。动态意义上的组织，即组织活动或组织工作。它是管理的一项职能，是一个组织结构的创造和设计过程。

（2）组织的特点：①组织是由人组成的集合；②组织有明确的使命和目标；③组织具有专业的分工和协作；④组织是一个有机的系统整体。

（3）组织的功能：简单聚合功能；力量放大功能；定位功能；目标功能；制约功能；协调功能。

（4）组织的类型：①按组织目标分来，组织分为互益组织、工商组织、服务组织和公益组织；②按组织产生的依据来分，组织分为正式组织和非正式组织；③按个人与组织的关系分，组织分为功利型组织、强制型组织和规范型组织。

（5）组织职能：指为了实现组织的目标而确定组织内各要素及相互关系（建立结构），进而推动组织协调运转的一系列活动。这是组织的动态概念。

（6）组织职能的原则有：①目标至上原则；②统一指挥原则；③责权利对等原则；④集权与分权相结合的原则；⑤适度管理幅度原则；⑥弹性原则。

（7）组织结构：是组织中正式确定的使工作任务得以分解、组合和协调的框架体系，它是对组织框架的一种概括性描述。它阐明了组织各项工作如何分配，谁向谁负责和内部的协调机制，是关于组织内权力与职务关系的一套形式化系统。

（8）组织结构的三大要素：复杂化程度、规范化程度和集权化程度。

（9）组织设计：对组织的结构和活动进行创构、变革和再设计。

（10）组织设计的三大任务：职能与职务的分析与设计；部门设计；层次设计。

（11）组织设计的原则：①分工协作原则；②统一指挥原则；③控制幅度原则；④权责对等原则；⑤柔性经济原则；⑥信息畅通原则；⑦人事匹配和有利于人才成长原则。

（12）组织设计的影响因素：①战略；②环境；③技术；④规模与成长阶段。

（13）部门化可以依据不同的标准进行选择安排，如业务的职能、所提供的产品或服务、目标顾客、地区、流程。

（14）组织的层级化：指组织在纵向结构设计中需要确定层级数目和有效的管理幅度，需要根据组织集权化的程度，规定纵向各层级之间的权责关系，最终形成一个能够对内外环境要求做出动态反应的有效组织结构形式。

（15）管理层次：也称为组织层次，是指社会组织内部从高一级管理组织到低一级管理组织的各个组织等级。

（16）管理幅度：又叫管理跨度、管理宽度，它是一个主管人员能够直接指挥和监督的下级人员的数量。

（17）管理层次与幅度的关系：管理幅度是决定、影响管理层次的最基本因素，在组织规模既定的前提下，管理幅度与管理层次成反比关系，即管理幅度越大，管理层次少；反之，管理幅度小，管理层次多。

（18）管理幅度设计的影响因素：①管理者的工作能力；②工作内容和性质；③工作条件；④工作环境。

（19）机械型组织也称为官僚行政组织，其特点有：①严格的层级关系；②固定的职责；③组织高度的正规化；④正式的沟通渠道；⑤集权的决策。

（20）有机型组织特点：①合作（包括纵向与横向）；②不断调整职责；③低度的

正规化；④非正式的沟通渠道；⑤分权的决策。

（21）直线制，又称单线制或军队式组织结构，是最简单、最基本的企业组织结构形式。在一个组织中，从最高层领导到基层一线人员，通过一条纵向的、直接的指挥链连接起来，上下级之间关系是直线关系，即命令与服从关系。

（22）职能制，又称多线制，是指在最高主管下面设置职能部门，各职能部门在其专项业务分工范围内都有权向下级下达命令和指示，直接指挥下属单位。下属单位既服从直线主管的命令指挥，又服从上级各职能部门的命令指挥。

（23）直线职能制，又被称为 U 形结构，它是建立在直线制和职能制基础上的。这种组织形式的特点是：以直线为基础，在各级行政领导之下设置相应的职能部门（如财务部、质检科）从事专业管理。

（24）事业部制，又称为分权制或 M 形结构，最早是由美国通用汽车公司总裁斯隆于 1924 年提出的，故有“斯隆模型”之称，也叫“联邦分权化”。它是指在集权的直线职能制中通过分权管理而形成的大型现代企业组织结构形式。即在总公司统一领导下，按产品、地区或市场划分几个经营单位即事业部，各事业部实行相对独立经营、独立核算，具有从生产到销售的全部职能。在总公司控制下的各个利润中心，以各事业部为单位分别制订利润计划。

（25）模拟分权是介于直线职能制度和事业部制之间的一种组织形式。随着组织规模的不断扩大，直线职能制逐渐难以适应这种发展，比较适用的是事业部制。但许多大企业，如连续生产的化工企业，由于产品品种或生产过程所限，无法分解成几种独立的事业部门。在这种情况下，就出现模拟分权制。

（26）项目型组织是指为完成项目任务而由不同部门、不同专业人员组成的一个临时性特别组织，其组织结构的基本形式分为：职能制组织、项目式组织和矩阵制组织三种。

（27）H 形组织结构又被称为控股结构或控股公司结构，是组织内实行分权治理的一种结构形式，它相对于事业部是更为彻底的分权结构。控股型结构是在非相关领域开展多元化经营的企业所经常用的一种组织形式。

（28）委员会也是一种常见的组织形式。它一般是由两个以上的人组成行使特定权力和履行特定职责进行管理的组织结构。委员会多数是为了补充和加强直线组织而和直线组织结合起来建立的，是为了达到某种特定管理目的的组织结构。

（29）根据团队的目标、功能和特点，罗宾斯将团队分为三类：问题解决型团队、自我管理型团队和多功能型团队。但随着信息技术和管理技术的发展和进步，现代组织中出现了第四类团队，即虚拟团队。

（30）网络型组织结构，又称为虚拟组织，它是一种目前流行的组织设计形式，它可使管理人员面对新技术、新环境显示出极大的灵活应对性。网络型组织结构是只有很精干的中心结构，而依靠其他组织合同为基础进行制造、分销、营销或其他关键业务的经营活动。被联结在这一结构中的各组织之间并没有正式的资本所有关系和行政隶属关系，只是通过相对松散的契约（外包合同）纽带，以一种互惠互利、相互协作、相互信任和支持的机制来进行密切合作。

（31）无边界组织可以看成是团队结构和网络结构的复合体，并外加“临时性”。

无边界组织消除了各组成部门之间的内部边界及与外部环境相连的外部边界。在内部关系中，团队工作和沟通——自发的、需要的而且大量的——取代了正式的权力关系，使组织各成员相互分离的那种传统的和结构性的界限已经不存在了。

（32）职权：是指组织内部授予的指导下属活动及其行为的决定权，这些决定一旦下达，下属必须服从。职权跟组织层次化设计中的职位紧密相关，跟个人特质无关。

（33）管理中的职权来源于以下三个方面：①在层级组织中居于某一特殊职位所拥有的命令指挥权；②由于个人具备某些核心专长或高级技术知识而拥有的技术能力职权；③由于个人能够有效地激励、领导和影响他们而拥有的管理能力职权。

（34）基于管理中的相关者之间的职权关系，将管理者的职权（或者说岗位的权力）划分为直线职权、参谋职权和职能职权三种形式。

（35）直线职权：是指管理者直接指导下属工作的职权，这种职权由组织的顶端开始，延伸向下至最底层形成所谓的指挥链。在指挥链上，拥有直线职权的管理者有权领导和指挥其下属工作。

（36）参谋职权是指管理者拥有某种特定的建议权或审核权，评价直线职权的后动情况，进而提出建议或提供服务。而职能职权则是一种权益职权，是由直线管理者向自己辖属以外的个人或部门授权，允许他们按照一定的制度在一定的职能范围内行使的某种职权。

（37）职能职权是指委派给个人或部门的权力（职能部门的权力），通常是直线主管分给的与本职能业务有关的部分决策指挥权。一般来说，职能职权较多由参谋部门负责人来行使，因为这些部门通常是由专业人员组成的，他们具有获得这些职权的必要。

（38）集权和分权是组织层级化设计中的两种相反的权力分配方式。在层级化设计中，影响组织分权程度的主要因素有以下几个方面：①组织规模的大小；②政策的统一性；③员工的数量和基本素质；④组织的可控性；⑤组织所处的成长阶段。

（39）授权的过程：①分派职责；②委任职权；③建立责任。

（40）有效授权的要素：①信息共享；②授权对象的知识与技能；③充分放权；④奖励绩效。

（41）有效授权的原则：①重要性原则；②适度原则；③权责一致原则；④级差授权原则。

（42）岗位设计也称为职务设计或工作设计，是用一定的方法将各项任务结合起来，形成一组有限的工作，以构成一个完整的岗位的过程。

（43）哈克曼提出的岗位特征模型包括：①技能多样化；②任务特性；③任务重要性；④工作自主性；⑤信息的反馈。岗位特征模型指出，技能多样化、任务特征和任务重要性共同创造了有意义的工作，也就是说，当一个岗位具有以上三种特征时，可以预计任职者将会把他的岗位看成是重要的、有价值的和值得做的。另外，具有工作自主性的岗位会给任职者带来个人责任感，而如果该岗位能获得工作绩效反馈，则员工可以知道他所进行的工作效果。

（44）岗位设计的主要内容包括工作内容、工作职责和工作关系的设计三个方面。工作内容的设计是工作设计的重点，一般包括工作的广度、工作的深度、工作的完整性、工作的自主性及工作的反馈性五个方面；工作职责设计主要包括工作责任、工作权力、工作方法及工作中的相互沟通和协作等方面。

（45）岗位设计的原则：①专业分工原则；②协调费用最小原则；③不相容职务分离原则；④整分合原则。

（46）岗位设计的方法：①工作专门化（职务专业化或职责专门化）；②工作轮换（职务轮换）；③工作扩大化（职务扩大化或职责扩大化）；④工作团队。

（47）人员配备是根据组织结构中所规定的职务的数量和要求，对所需人员进行恰当而有效的选择、考评和培训，其目的是为了配备合适的人员去充实组织中的各项任务，以保证组织活动的正常进行，进而实现组织目标。人员配备一般包括选拔、聘用、考评、培训、吸引等内容，也可以简单归纳为：选人、用人、评人、育人和留人五个方面。

（48）人员配备必须依据以下几点原则：①因事用人；②因才适用；③用人所长；④人与事动态平衡。

（49）人员配备的工作内容：①人力资源规划，确定人员的种类和数量；②招聘与甄选，选配合适人员；③培训与考核，使人员适应发展需要。

思考与练习题

一、单项选择题

1. 组织是管理的基本职能之一，它是由（　　）三个基本要素构成。
   A. 目标、原则和结构　　B. 目标、部门和效率
   C. 目标、部门和关系　　D. 目标、部门和人员
2. “大权独揽，小权分散”，这一常用语与管理的（　　）相接近。
   A. 分工原则　　B. 统一指挥原则　　C. 责权一致原则　　D. 分权原则
3. 提出组织的定义是“两人以上有意识地协调和活动的合作系统”的人是社会系统学派的代表人物（　　）。
   A. 巴纳德　　B. 韦伯　　C. 厄威克　　D. 古利克
4. 企业组织结构的核心内容是（　　）。
   A. 权责利关系　　B. 实现企业目标　　C. 分工合作关系　　D. 一项管理职能
5. 企业中体现企业目标所规定的成员之间职责的组织体系就是（　　）。
   A. 正式组织　　B. 非正式组织　　C. 企业结构　　D. 结构等级
6. 组织理论上把管理层次少而管理幅度大的结构称之为（　　）。
   A. 直式结构　　B. 扁平结构　　C. 直线结构　　D. 矩形结构
7. 确定合理的管理幅度是进行组织设计的一项重要内容。关于什么是合理的管理幅度，对于下列四种说法，你最赞同哪一种？（　　）
   A. 管理幅度越窄，越易控制，管理人员的费用也越低
   B. 管理幅度越宽，组织层次越少，但管理人员的费用会大幅度上升
   C. 管理幅度应视管理者能力、下属素质、工作性质等因素的不同而定
   D. 管理幅度的确定并不是对任何组织都普遍重要的问题，无需过多考虑

8. 下列对于组织的看法，你认为哪种正确？（ ）
 A. 正式组织中不存在非正式组织
 B. 正式组织中也存在非正式组织
 C. 非正式组织中通常会传递小道消息，因此应尽量消除非正式组织
 D. 非正式组织是由企业管理者用非正式的方式建立的
9. 组织各资源要素中占据首要地位的是（ ）。
 A. 财力资源 B. 文化资源 C. 物力资源 D. 人力资源
10. 以下关于组织的说法中不准确的是（ ）。
 A. 组织必须由两个或两个以上的人组成 B. 组织必须有一定的行为准则
 C. 组织必须有既定的目标 D. 任意一个群体都可称为一个组织
11. 以下哪一种作法不是较为分权的做法？（ ）
 A. 组织中较低层次决策设计的频度和数目度很大
 B. 组织中较低层次决策涉及的职能较多
 C. 组织中采取了减低上级领导工作负担的措施
 D. 高层对较低层次的决策不加控制
12. 人类社会需要正式的组织机构主要是因为（ ）。
 A. 便于发挥社会精英分子的才智 B. 社会在不断进步，不断变革
 C. 人们需要寻求最佳的组织结构 D. 人们需要有效协作以达成群体目标
13. 职能部门化的一个主要缺点是（ ）。
 A. 需要较多的综合管理人才 B. 易产生本位主义
 C. 管理成本上升 D. 增加高层管理部门管理难度
14. （ ）组织结构最早是由美国通用电气公司发展起来的，由铁路公司发展的高层管理方法和家族式企业发展的中层管理方法综合而成的。
 A. M 形 B. U 形 C. H 形 D. 矩阵形
15. 关于组织设计的基本原则，不正确的表述是（ ）。
 A. 在组织设计中，应当明确各部门的任务和责任，以及这些部门利用人、财、物及信息等权力
 B. 组织设计必须保证组织的目标能够层层分解，确保每个人都了解自己在总目标实现中应完成的任务
 C. 为了突出人的特点和人的能力，必须以“人人有事做”为原则
 D. 组织设计应注意组织的幅度不可过大，稳定性与适应性必须相结合
16. 长期以来，企业的组织结构大体上分为垂直式和扁平式，以下是关于这两种组织结构特点的比较，哪一种说法更为恰当（ ）。
 A. 垂直式组织更加倾向于集权，管理成本更高，适应环境变化能力更差
 B. 垂直式组织更加倾向于集权，管理成本更低，适应环境变化能力更差
 C. 垂直式组织更加倾向于分权，管理成本更高，适应环境变化能力更强
 D. 垂直式组织更加倾向于分权，管理成本更低，适应环境变化能力更强
17. 在事业部制组织结构中，事业部的性质是（ ）。

A. 完全独立的　　B. 半独立的

C. 没有独立性的　　D. 直接服从于组织总部的

18. 矩阵结构这种组织形式适用于（　　）。

A. 工作内容变动频繁的组织

B. 工作内容比较稳定的组织

C. 每项工作的完成需要技术知识比较单一的组织

D. 每项工作的完成需要人手较多的情况

19. 没有反映出管理专业化分工的组织结构为（　　）。

A. 职能型结构　B. 直线制结构　C. 事业部制型结构　D. 矩阵型结构

20. 政府行政管理部门，主要采用的组织结构是（　　）。

A. 职能式组织结构　　B. 产品组织结构

C. 矩阵式组织结构　　D. 包括上述 A、B、C

二、多项选择题

1. 影响组织设计的主要因素有（　　）。

A. 环境　B. 技术　C. 战略

D. 规模　E. 生命周期

2. 组织设计所应遵循的基本原则是（　　）。

A. 统一指挥原则　B. 柔性经济原则　C. 权责对等原则

D. 协调性原则　E.控制幅度原则

3. 有效的管理幅度设计应考虑的影响因素是（　　）。

A. 管理工作的内容和性质　　B. 下属人员的空间分布情况

C. 下属管理人员的意思　　D. 组织变革的时间

E. 信息沟通的情况

4. 组织部门的常用划分方法有（　　）。

A. 按照职能设计组织的部门　　B. 按照地域设计组织的部门

C. 按照顾客设计组织的部门　　D. 按照流程设计组织的部门

E. 按照产品或服务设计组织的部门

5. 动态网络型机构的优点是（　　）。

A. 组织结构具有更大的灵活性和柔性，以项目为中心的合作可以更好地结合市场需求来整合各项资源

B. 减低了设备和职能人员的重复性，减轻了高层管理者的责任压力

C. 各事业部独立经营，充分自主，可以更好地以顾客为中心促进资源的有效整合

D. 可跨越各职能部门获取所需要的各种支持活动，资源可以在不同产品之间灵活分配

E. 组织结构可以进一步扁平化，效率更高

6. 下列关于集权和分权的说法正确的是（　　）。

A. 在实际的组织中，集权和分权是相对的

B. 较低的管理层次做出的决策审核越少，分权程度就越小

C. 任何组织不可能形成绝对的集权或者绝对的分权状态

D. 特定的组织职权配置采取集权方式还是分权方式，受到许多复杂因素的影响

E. 组织的联合过程中容易形成职权分布的集权形式

7. 许多学者认为组织结构的特征可以描述为复杂性、正规化、职权层级和集权化。由此可以将组织结构形式分为（　　）。

A. 机械式组织　　B. 有机式组织　　C. 集权式组织　　D. 分权式组织

8. 矩阵组织是由纵横两套系统交叉形成的复合结构组织（　　）。

A. 纵向的是项目系统　　B. 横向的是职能系统

C. 纵向的是职能系统　　D. 横向的是项目系统

9. 过分集权可能造成的弊端是（　　）。

A. 影响组织总体政策的统一性　　B. 降低组织成员的工作热情

C. 降低决策的质量　　D. 降低组织的适应能力

10. 如果外部环境是稳定的，就可以采用刚性的、集权的机械式组织结构，如（　　）。

A. 网络型结构　　B. 直线职能制结构　　C. 职能制结构　　D. 直线制结构

三、判断题

1. 事业部制的优点之一是高层权力比较分散。（　　）
2. 组织层次过多，不利于组织内部的沟通。（　　）
3. 环境变化剧烈时，组织结构弹性应该大一些。（　　）
4. 参谋人员的职责不仅仅是建议，在很多场合还具有指挥与协调的作用。（　　）
5. 信息手段越先进，配备越完善，主管人员的管理幅度就越大。（　　）
6. 在矩阵制结构中，组织成员有可能接受双重或多重领导。（　　）
7. 管理幅度越宽，组织层次越多，组织结构呈狭长形态。（　　）
8. 矩阵结构是现代企业的最佳组织模式。（　　）
9. 大批量生产的企业生产专业化程度较高，产品品种少，主要进行标准化生产，对职工技术要求相对较低，适于采用分权式组织形式。（　　）
10. 让管理人员依次分别担任同一层次不同职务或不同层次相应的职务，全面培养管理者的能力，该方法就是管理人员培训方法中的职务培训。（　　）

四、简答题

1. 组织的特征和功能有哪些？
2. 组织设计的主要内容有哪些？
3. 组织设计的权变因素有哪些？
4. 部门化的类型有哪些？
5. 职权的种类有哪些？
6. 正式组织与非正式组织的优缺点有哪些？
7. 传统的组织结构形式有哪几种？各自的优缺点有哪些？
8. 岗位设计有哪几种方法？
9. 人员配备的内容有哪些？
10. 机械型和有机型组织的特点有哪些？

参 考 文 献

何尔锦, 沈雯敏, 钟杭州. 2014. 管理学——知识与技能. 北京: 高等教育出版社.
里奇・格里芬. 2007. 管理学. 8 版. 刘伟译. 北京: 中国市场出版社.
刘东. 2008. 管理学——理论 方法 工具. 北京: 科学出版社.
马义飞. 2008. 管理学. 北京: 清华大学出版社.
单凤儒. 2015. 管理学——互联网思维与价值链视角. 北京: 高等教育出版社.
小约翰・谢默霍恩. 2005. 管理学. 甘亚平译. 北京: 人民邮电出版社.
刑以群. 2012. 管理学. 2 版. 北京: 高等教育出版社.
袁凌, 吴文华, 熊勇清. 2015. 组织行为学. 北京: 高等教育出版社.
郑文哲. 2012. 管理学原理. 2 版. 北京: 科学出版社.
周临健. 2008. 管理学教程. 上海: 上海财经大学出版社.
周三多, 陈传明. 2015. 管理学. 4 版. 北京: 高等教育出版社.

第六章 领　导

一位最佳领导者，是一位知人善任者，而在下属甘心从事其职守时，领导要有自我约束力量，而不插手干涉他们。

——罗斯福

教学目标

学完本章后，你应该能够：

1. 了解领导的定义与作用。
2. 理解领导与管理、领导者与管理者的区别。
3. 熟悉领导权力的来源。
4. 了解领导的风格类型。
5. 掌握领导的特性理论和领导的行为理论，并学会运用。

技能目标

学会如何分析领导权力的来源、如何分析领导的风格类型、如何运用领导的特性理论和行为理论解决实际问题。

案例导入

任正非凭什么领导华为

2015年2月28日，一向被称为“低调、神秘”的任正非在达沃斯现场接受BBC采访时说：“我不神秘，又不懂技术、财务、管理。我就是坐在他们的车上，拉一拉，没有想象中的什么都有。我什么都没有……”

自谦“什么都没有”的任正非，领导着一个令世人瞩目的华为，尤其是近年来，华为不仅在业绩上的增长令人叹服，整体形象也正在成为中国最受尊敬的企业之一。

任正非是大气的，大气在于他的自我蜕变和转型。没有任正非的自我蜕变，就不可能有华为的今天。任正非选择的是“把任正非的华为，转变为华为的任正非”。而这一点，是无数家族企业创始人所难以逾越的障碍。

他又是小气的，小气在于他一直保持朴素品质。“以奋斗者为本，长期坚持艰苦奋斗”，这个听起来老掉牙的常识，却被任正非奉为真理，也被华为宣传为自己的核心价值观文化，并以极大的热忱和意志力将之传播，执行到了极致。

他是霸气的，独具卓越胆识。他在华为引入薇甘菊的概念。“我们做产品需要具备薇甘菊这样的能力，要在末端接入层成为霸主。”有这样的霸气，更需要有底气，他说：“要成为行业的薇甘菊，就必须具备实力，没有实力是做不了霸主的。”

任正非是静气的。看似华为在疯狂扩张、野蛮成长，但任正非，始终居安思危。过去20多年，任正非每天都在假定明天华为会垮掉。华为的德国顾问戴姆勒对此评价：“任先生能这么想，20年后的华为会活得更强大。德国能有今天，就是因为我们民族总有危机意识。”

领导者的个性特征和领导艺术决定了企业的价值观和发展方向。从华为的发展轨迹中，不难看出任正非本人所具备的领导力。

任正非一手创建的华为，无论从价值体系上还是从经营模式上都贯穿着他本人的个性特征。其思想、理念存在于华为的文化、制度、产品，以及每一次变革中。华为的理念激发员工为事业奋斗，华为的制度激励员工甘于奉献，组织中的每个人都在受到任正非的影响，并去影响他人。

一、大气：自我蜕变与转型

没有任正非的自我蜕变，就不可能有华为的今天。

过了不惑之年，才开始因无处就业而被迫创建华为的任正非，像当年很多创业的人一样，出发点是成为一个商人。但走过十年的创业初期阶段后，随着华为的不断发展壮大，任正非显然已经认识到：当企业成长到一定规模，特别是想做行业老大时，就必须从“机会决策”转向“战略决策”，尽力避免掉入机会主义陷阱。

二、小气：保持朴素品格

“以奋斗者为本，长期坚持艰苦奋斗”，这个听起来老掉牙的常识，却被任正非奉为真理，也被华为宣传为自己的核心价值观文化，并以极大的热忱和意志力将之传播、执行到了极致。

任正非出身贫寒，看到过父母人生辗转，体会过谋生路的艰辛。从老一辈身上继承了艰苦奋斗的精神意志。他认为，中国人从上一代继承的只有贫困与传统美德，要改变自己的命运，要改变组织的命运，只有一个选择——艰苦奋斗。所以“以奋斗者为本，长期坚持艰苦奋斗”是华为的核心价值观文化。这一价值观，也贯穿在《华为基本法》中，任正非将自己的经营理念和价值观传递给华为管理层。

在获得长期的高增长，华为如今已经可以放缓脚步的情况下，任正非依然屡次强调要“艰苦奋斗”，这与他一贯具有的危机意识不无关系。他认为，艰苦奋斗必然带来繁荣，繁荣以后不再艰苦奋斗，必然丢失繁荣。从任正非的身上也能看到，只有自己把艰苦奋斗落实到现实之中，并且经历过真正艰苦的人，才能理解它的价值，才会自始至终去贯彻它。在外界看来，华为的脚步坚实、低调、稳健，符合任正非的品格特征。他个人艰苦奋斗的思想与企业的价值观也完全融合，并引领了企业的文化。

三、霸气：独具卓越胆识

任正非在商业竞争中无不显露出的一种霸气，在相当程度上来自其拥有的政治家的谋略和胆识。

2010年，任正非首度在华为引入了薇甘菊的概念。薇甘菊是一种杂草，只需要很少的水和养分就能迅速成长，并抢光其他植物的资源，使自己生长的空间和范围很宽、很广。这种霸气的成长方式，使得它被称为“植物杀手”。“我们做产品需要具备薇甘菊这样的能力，要在末端接入层成为霸主。”有这样的霸气，更需要有底气，他说：“要成为行业的薇甘菊，就必须具备实力，没有实力是做不了霸主的。”

华为的确做到了“霸主”。创立以来，在任正非的带领下，研发出多项世界领先的、新的产品和技术，结网式的前进步伐已从中国走向海外。甚至有人称任正非带领下的华为人是“华为狼”。尽管遭遇中国社会的数次大变革，也在经济和政治的缝隙中生存过，但华为始终以霸气的风格赢得了市场话语权。

尽管任正非的战略目标霸气外露，为人却不霸道。他主张，让人人都能分享到公司成长的收益。在《我的父亲母亲》一文中，任正非谈到，困难时期饿得受不了，却不敢去粮食瓦缸里抓一把吃，因为那样可能会让一两个弟妹活不到今天。华为今天获得成功，与任正非不自私有很大关系。任正非非常重视分配。他曾说，华为薪酬激励要管理好拉车人和坐车人的分配比例，让拉车人比坐车人拿得多，拉车人在拉车时比不拉车的时候要拿得多。企业家的霸气风格结合分享财富的人文理念，成为华为战略和执行的有力驱动。

四、静气：为企业长鸣警钟

看似华为在疯狂扩张、野蛮生长，但经历过困难时期和中国社会变革的任正非，始终居安思危。

从任正非对未来的构想来看，他似乎是一个不可救药的理想主义者。他一直坚守自己的理想，不断地为华为提出更大的愿景，华为不断被新梦想驱动前进。但他的思想中有忧患思维或危机意识去“对冲”理想。

任正非的管理思想总是在两极之间激荡和平衡，这是他思维方式的一大特征。所以才有了《华为的冬天》一文，不断提醒员工们居安思危。任正非一直在不断地为华为制造假想敌，不断地为组织产生危机的能量。任正非说过，“假定”是人类最伟大的思维方式。“假定”令人有梦想，“假定”也令人居安思危。

过去20多年，任正非每天都在假定华为明天会垮掉，华为员工的神经早都被危机论打磨得很粗糙了。在一次国际咨询会议上，华为一位英国顾问期望任正非展望一下华为今后10年与20年的远景。任正非脱口而出：“20年以后的华为，我可以告诉你，两个字—‘坟墓’。”当时华为的德国顾问戴姆勒对此的评论是：“任先生能这么想，20年后华为会活得更强大，德国能有今天，就是因为我们民族总有危机意识，华为跟我们很相像。”

五、人气：做精神导师

迄今为止，任正非在华为内部文章共40余篇。每一篇文章都体现出任正非的个人价值观，指引着华为人。从1994年第一次写《致员工书》到2015年再次修订，任正非强调，华为公司共同的价值体系，就是要建立一个共同为世界、为社会、为祖国做出贡献的企业文化。这为现代年轻人进入华为提供了精神指引。

在管理学上，领导力是一种能够激发团队成员热情与想象力的能力，也是一种能够统率团队成员全力以赴去达成目标的能力。领导力的核心是影响力。从任正非身上我们看到华为精神,这种精神在华为内部蔓延。一个企业的形象也反映出企业家的精神特质。在互联网思维盛行的当口儿，华为发布了企业形象广告。广告引用的是“千年扫地僧”李小文先生照片。任正非亲自撰写的广告词:“华为坚持什么精神？努力向李小文学习。”“在大机会时代，千万不要机会主义。”无须多言，寥寥数语即可让华为上下认同并追随同一目标，这正是任正非领导力的最好体现。

（资料来源:任正非凭什么领导华为. http:tech.hexun.com/2015-02-28/173611001.html [2015-02-28]）

第一节　领导的含义

领导是一门科学，也是一门艺术，一个组织绩效的高低与领导行为有很大关系。从表面上看，领导者只是驾驭者、指挥者，实际上，一个领导者并不只是一个权力的管理者，他们用其经历、智慧、成就、人品、风度、魅力影响和带领下属为实现组织的目标而努力。

一、什么是领导

关于领导的内涵，表述各有不同。美国管理学家孔茨、奥唐纳等把领导概括为一种影响力。著名管理学家斯蒂芬·罗宾斯将领导定义为能够影响他人并拥有管理职权的人。而人际关系和行为科学理论则认为，领导是一个动态的行为过程，领导者通过其领导艺术对被领导者产生影响力，从而引导组织成员提高行为效率，达到实现组织目标的目的。

根据上述领导内涵的表述，我们可以看出“领导”有两种词性含义。一是名词属性的“领导”，即“领导者”的简称；二是动词属性的“领导”，即“领导行为”的简称，指“领导者”所从事的活动。

一般的，领导是领导者为了实现预定目标，运用其法定权力和自身影响力，采用一定的形式和方法，率领、引导、组织、指挥、协调、控制其被领导者以完成既定的总任务的过程。

上述定义包含了以下三个方面的含义。

第一层含义，领导的本质是影响力。正是靠着法定权力和自身的影响力，领导者才能指挥和率领下属实现预定的组织目标；靠着影响力，领导者能够将组织或群体中的人吸引到他周围、获取组织或群体成员的信任和支持。

第二层含义，领导包括领导者和被领导者两个方面。领导者是指能够影响他人并拥有管理的制度权力、承担领导职责、实施领导过程的人。领导是领导者和被领导者之间的一种相互依存、相互影响的关系。在领导过程中，下属都甘愿或屈从与领导者而接受其领导。

第三层含义，领导是一门艺术。领导艺术是利用领导者自身的知识、经验和智慧来处理组织中管理活动的领导技巧和能力。领导者每天会面临千变万化的组织或群体的内外部环境的变化，特别是面对各种各样的人，他们的学历不同、身份不同、背景不同、社会阅历不同、工作方式不同、文化背景不同等，他们在组织中所扮演的角色和需求各不相同，作为领导者如何去领导他们，实现组织目标呢？因此，领导需要不断地顺势而变，需要不断创新，领导者的工作效率和效果在一定程度上取决于领导艺术。

二、领导与管理的关系

长期以来，人们认为领导就是管理，领导者就是管理者，其实领导不等同于管理，领导与管理之间既相互联系，又相互区别，在组织中必须处理好二者的关系。

（一）领导与管理的联系

领导与管理的共同之处在于：从行为方式看，领导和管理都是一种在组织内部通过影响他人的活动，实现组织目标的过程。从权力的构成看，两者也都与组织层级的岗位设置有关。

（二）领导与管理的区别

虽然管理是为了实现组织的目标，领导也是为了实现组织的目标，但二者之间并不是等同的关系，领导与管理的区别具体如表 6.1 所示。

表 6.1 领导与管理的区别

项目	领导	管理
从职能上看	领导行为属于管理的范围	管理的范围大
从任务上看	给组织指引前进方向，为组织确定奋斗的目标	贯彻落实领导提出的路线、方针和政策，促使目标的实现
从岗位上看	领导者必定是管理者	管理者未必是领导者
从对象上看	对象是人及其组织，通过调动下属的热情和积极性，激发下属的潜在需求、价值观和情感，实现组织的目标	对象是事，虽然也包括人，但多为物、财、信息及管理系统
从时间观念上看	着眼于长远，其所确定的目标多在 3～5 年甚至更长	在计划和预算中注重几个月，多则 1～2 年
制订计划	建立方向，建立一种对未来（通常是较远的未来）的愿景及为实现这种愿景而制造变革的战略	管理和预算，制定实现目标的详细步骤和时间表，分配必要的资源
结果	在一定程度上实现预期计划，维持秩序	引起变革，并形成非常积极的变革潜力

（三）领导者与管理者的区别

从以上对领导和管理的分析我们也可总结出领导者和管理者的区别，在组织中必须处理好领导者和管理者的关系。两者之间的区别如表 6.2 所示。

表 6.2 领导者与管理者的区别

项目	领导者	管理者
上下级关系	群体-追随者	组织-下属
权力的特点	自发形成或依法任命	依法任命
权力的来源	威信-个人素质	职权-管理岗位
活动方式	指导、协调、激励	计划、组织、控制
工作手段	带领-在群众面前	鞭策-在群众后面

在现实中，一个人可以是管理者，也可以是领导者，而领导者和管理者相分离的情况也会存在。管理是一种程序化的控制工作，强调的是运用规章制度和职位权力来达到组织目标；而领导更像是一种催化剂的力量，强调运用非正式权力去引导和激励下属实现组织目标。组织既需要管理也需要领导。要充分发挥管理和领导的作用，为实现组织目标服务。

三、领导的作用

领导就是指挥、带领、引导和鼓励下属为实现目标而努力的过程，因此，领导的作用归纳起来主要体现在以下几个方面。

（一）指挥作用

领导者就好比是乐队指挥，乐队少了指挥无法演奏出动听的音乐，组织也一样，少了领导也无法实现预定的组织目标。而且，由于乐队指挥的才能不同，乐队也会做出不同的反响。所以，在组织活动中，也需要有头脑清醒、胸怀全局、高瞻远瞩、运筹帷幄的领导者帮助组织成员认清所处的内外部环境和形势，指明活动的目标和达到目标的途径。

（二）激励作用

领导者为了使组织内的所有人都最大限度地发挥其才能，以实现组织的既定目标，就必须关心下属，激励和鼓舞下属的斗志，发掘、充实和加强人们积极进取的动力。

（三）协调作用

在组织实现其既定目标的过程中，人与人之间、部门与部门之间难免会发生各种各样的矛盾和冲突，且在行动上也会出现偏离目标的情况。因此，领导者的任务之一就是协调各方面的关系和活动，保证各个方面都朝着既定的目标前进。

（四）沟通作用

领导者在信息传递方面发挥着重要作用，是信息的传播者、监听者、发言人和谈判者，在管理的各层次中起到上情下达、下情上达的作用，以保证管理决策和管理活动顺利地推进。

案例导入

“四块糖”故事的隐喻

故事说的是著名教育家陶行知在任校长时，有一次在校园里偶然看到王友同学用小石块砸别人，便当即制止了他，并令他放学后，到校长室谈话。

放学后，王友来到校长室准备挨骂。

可一见面，陶行知却掏出一块糖给他说：“这奖给你，因为你按时到这里来，而我却迟到了。”王友犹豫间接过糖，陶行知又掏出一块糖放到他手里说：“这块糖又是奖给你的，因为我教训你不要砸人时，你马上不砸了。”王友吃惊地瞪大眼睛，陶行知又掏出第三块糖给王友：“我调查过了，你用小石块砸那个同学，是因为他不守游戏规则，欺负女同学。”王友立即感动地流着泪说自己不该砸同学。陶行知满意地笑了，掏出第四块糖递过去说：“为你正确认识自己错误，再奖励你一块!我的糖发完了。”

阅罢，我沉默凝神良久，而内心却是热血翻涌。

一方面，也曾为童师的我，万分感叹与无比钦佩前辈大师陶行知对于教育的高境界与大智慧；另一方面，也由此对我们所谓“成年人”的管理，浮想联翩，豁然开朗。

我们过去都说“管理出效益”。这两年，出现另一个更时髦的词，那就是“领导力”。不错，领导力既是管理的核心，又是管理的升华。甚至由此，很多人都特意强调“领导”与“管理”的不同。

但是领导力是什么？有效的领导力又是什么？很多人都知道：是影响力。

那么，影响力又从何处来呢？

有的人立即想到了“权力”，谈任何事都最关心“谁拍板”。有的人立即想到了“是非”，认为只要自己一心为公、自恃扬善，便不怕鬼叫门。

但我觉得都不对。

动辄将领导等同于权力者，是鲁莽而肤浅的。否则，我们就无法解释为什么希特勒横扫欧洲，却迅速失败。迷信权力，只会让人走向崩溃，包括他的事业及他本人。

坚信领导来自正义者，则是简单与幼稚的。古今中外历次应运而生的变革最后却很多夭折，早已证明：内容往往不如方式更能决定事物最终的成败。比如，北宋的王安石变法。

而陶先生这一经典故事，则一举点破了我原先内心只是朦胧混沌的一个想法：“领导力的精要，是诱导……”

我之所以这样说，还是基于我们人所共知的一个道理，“以人为本”。管理也好，领导也罢，前提就是承认我们作为的对象是“人”。因此，管理与领导就必须基于人性。

而人性的一个重要特征，便是“以自我为中心”——最近也有个很有趣的概念，叫“自重感”。因此，除非是他发自内心愿意做的，其他最终都会阳奉阴违乃至适得其反。

所谓“愿意做”，其实就是我们常说的：“从要我做，到我要做。”而对此，权力是无能为力的。因为权力永远只是物性的，而不是人性的。

人性的另一特征，便是“非理性”。人是感情的动物，人们对事物的判断绝大多数是依据感情，而非道理。而能始终理性的人易成大事，正反证了多数人本能的非理性。因此，在当今，民粹主义越来越容易利用所谓民主机制大行其道。也因此，人们从理性上在看重你在上面做什么的时候，更从感性上看重你做事（不管是什么事）的方式。君不见，当今西方民主选举的一个重要内容就是下到基层无休止地握手拜票，而无需多说任何所谓主张。因为，对于多数人，受到尊重的心灵快慰，远重于对是非曲直的判断。

特别是作为领导，更应该明白：你所辖的部下对于是非曲直自有独立的判断，既不需要你去告诉他们什么是对的，你也几乎无法去从是非层面上改变他们的原有判断，只不过他们隐藏于心不表露出来罢了。

那么，作为领导者能做的、应做的是什么？就是诱导，利用人性去诱导。

回到陶先生的案例，我们看到陶先生自始至终都没有指出过那个孩子一丁点错误，反而一次又一次地夸奖他，就是利用了人性中“以自我为上”——原来我居然会有这么多值得自豪的优点!而当这些本性获得出乎意料地满足时，他们就会失去理智地迎合对方、忏悔自己。

应该说，他对自己错误的认识，完全来自自己的智力与判断力，与陶行知无关;但他对自己错误毫无保留地忏悔表达，则完全是情绪至上被陶行知诱导的结果!

而正是这种基于人性需求而被诱导出来的发自内心的认知，对他的影响力才是最巨大、最持久、最深远的!

（资料来源：“四块糖”故事的隐喻. http://news.163.com/1510625/117/ASVKCFPCOOO14Q4P.html[2015-06-25]）

第二节　领导方式

一、领导权力的来源

权力是一种无形的力量，它看不到，摸不着，但是在工作中我们可以切实感受到权力对我们的影响。领导的核心在于权力。领导权力通常是指影响他人的能力，在组织中就是指排除各种障碍完成任务、达成目标的能力。

所谓领导权力，就是领导者（权力所有人），遵循相关的法律法规，运用多种方法与手段，在实现特定目标的过程中，对被领导者（权力相对人）做出一定行为与施行一定影响的能力。

根据法兰西（John French）和雷恩（Bertram Raven）等的研究，领导的权力有五种来源。

（一）法定性权力

法定性权力是由个人在组织中的职位决定的。个人由于被任命担任某一职位，因而获得了相应的法定权力和权威地位。例如，在公司里面，作为公司的总经理，有权给下属布置相应的工作任务和目标让下属完成，下属在职责范围内必须听从总经理的指挥和命令，完成总经理交代的各项工作任务。法定性权力通常具有明确的隶属关系，从而形成组织内部的权力等级体制。

（二）奖赏性权力

奖赏性权力是指个人控制着对方所重视的资源而对其施加影响的能力。例如，上级在其职权范围内可以决定或影响下级的晋升、提拔、奖金、表扬等，通过这种精神和物质上的激励和安抚，影响下级的态度和行为。

但是奖赏性权力虽然是一个很好的对下属施加影响力的手段，但其作用发挥的是否得当，也要看在实施奖赏的时候有没有真切了解到下级的实际需要。例如，从马斯洛的需求层次来看，当前的员工处于生理需要这一层次，每天饭不饱肚，但是你在这时只给予他精神上的奖励，给其安抚、亲近，那么对于其实施奖赏性权力，其的效用发挥就不一定卓有成效了。所以人的需要是多种多样的，必须根据每个人的需要有针对性地采取奖赏的手段和方式才能取得良好的效果。

（三）惩罚性权力

惩罚性权力是指通过强制性的处罚或剥夺影响他人的能力。例如，在工作过程中，因下级工作开展不顺利，对下级实施批评、罚款、降职、降薪、撤职、辞退等处罚措施。这是建立在惩罚和使其失去既得利益基础上的，对不服从命令或要求、对任务和目标的完成不切实进行的人实施的惩治措施。

但是惩罚性权力也不可滥用，如果使用不当会造成十分消极的后果。例如，领导在工作中随意处罚下属，会造成下属消极怠工，甚至产生工人罢工、暴力事件等恶果。因此，在使用惩罚性权力的时候一定要慎重，要结合实际情况科学合理地使用，以达到影响下属工作能力、提高其工作积极性、改善工作绩效的目的。

（四）感召性权力

感召性权力是由于领导者拥有吸引别人的个性、品德、作风而引起人们的认同、赞赏、钦佩、羡慕而自愿地追随和服从他。例如，一个人无私工作、敬业奉献、不畏艰险、开拓创新等，拥有这些优良的品德自然会吸引和影响一些人追随其工作。

从以上的分析可以看出，感召性权力的大小与一个人的职务、职位、所从事的工作高低无关，而在于这个人的个性、品德、作风这些个人所具备的素质。因此，在组织中会出现有些没有职位的人拥有一批追随者，成为公司中的非正式组织的领袖，他们对组织中的个人施加的影响力可能要大于正式职位的领导者。所以组织要充分利用这些非正式组织的领袖，使其在施加影响力的时候朝着对组织有利的方向发展。

（五）专长性权力

专长性权力是知识的权力，指的是因为人在某一领域所特有的专长而影响他人的能力。例如，一位资深的工程师，有着卓越的电气自动化管理方面的技术，因而在公司里面拥有巨大的影响力；一位资深的教师，虽然没有任何的职位，但是因其长期从事高精尖的科研项目，而在学校里面受到其他老师的尊重和敬仰，同时在学生中也有着巨大的影响力。专长性权力都来自下级的信任，即下级感到领导者具有专门的知识、技能，并能够帮助他们排除障碍、克服困难、实现组织目标和个人目标。

组织中的各级领导者只有正确地理解领导权力的来源，精心营造和运用权力，才能成为真正有效的领导者。一个组织的成功必须依靠领导者和追随者的共同努力，不仅领导者要成为有效的领导者，追随者也要成为有效的追随者，而不是一味地盲从，只满足于循规蹈矩的工作，要有一定的创新和进取意识。

测一测

表 6.3 是描述领导者在组织中指导下属的行为的列表。阅读每项描述，看看你喜欢以哪种方式去影响其他人。在代表最接近你感觉的数字上做标记：1 表示强烈反对；2 表示反对；3 表示既不反对也不同意；4 表示同意；5 表示非常同意。

表 6.3　领导者在组织中指导下属的行为的列表

序号	行为	强烈反对	反对	既不反对也不同意	同意	非常同意
		1	2	3	4	5
1	提升他们的工资水平					
2	使他们感到有价值					
3	给他们不愿意做的工作					
4	令他们感到我对他们很满意					
5	令他们感到他们需要实现承诺					
6	令他们觉得自己被接受					
7	令他们感到自己很重要					
8	给他们一些很好的技术建议					
9	令工作对于他们来说比较困难					
10	与大家分享我的经验和所受的培训					
11	影响加薪					
12	令工作环境不愉快					
13	引起对工作的反感					
14	令他们觉得他们应该达到工作要求					
15	给他们提出一些中肯的、与工作相关的忠告					
16	提供特别的福利					
17	影响晋升					

续表

序号	行为	强烈反对	反对	既不反对也不同意	同意	非常同意
		1	2	3	4	5
18	令他们有责任要履行					
19	给他们提供必要的技术知识					
20	令他们认识到必须完成任务					

计分和解释：按下面程序计算这20个问题的得分：每一个标记的数字就是每个问题的得分。奖赏性权力——将1、11、16和17题的得分相加；惩罚性权力——将3、9、12和13题的得分相加；法定性权力——将5、14、18和20题的得分相加；感召性权力——将2、4、6和7题的得分相加；专长性权力——将8、10、15和19题的得分相加。

在这五项权力中，若其中一项得分大于等于16分，则表明你喜欢使用这种特定权力来影响其他人；若其中一项得分小于等于8分，则表明你不喜欢使用这种形式的权力去影响其他人。得分代表了你的权力概况。

（资料来源：马建会. 管理学. 北京：高等教育出版社，2015）

案例导入

领导者修炼：从承担开始

在这个竞争日益激烈的商业社会，组织领导者就是组织管理的核心所在，是权力和责任的承载体，能承担多大的责任就能拥有多大的权力。所以说，承担是领导者诞生的前提！一个领导者的成长过程就是其所承担的责任由小变大的过程，当一个人的内心深处真正具备了勇于承担的精神时，才是他作为一个领导者的真正开始。

多年的经商经验让李嘉诚深深体会到，面对激烈的市场竞争，企业在经营过程中有所失误是不可避免的。每当工作中出现失误时，李嘉诚都会将责任全部揽在自己身上，尽可能地不把失败的阴影留给下属。李嘉诚常说："员工犯错误，领导者要承担大部分的责任，甚至是全部的责任。员工的错误就是公司的错误，也就是领导者犯下的错误。"他的这些感悟来自他曾经的经历。

初到香港的李嘉诚，从茶楼辞职后就来到舅舅的钟表公司工作。少年时的他非常好强，做任何事情都想要超越他人。因此，自从加入钟表公司，他就非常勤奋地工作，甚至在别人下班休息时，他还在学习研究钟表之事。为此，他还认了一个师傅，只要有不懂的事情就去请教。师傅觉得李嘉诚不但非常聪明，还很好学，所以也特别愿意帮助他。

一次，李嘉诚看师傅不在就自己动手修起手表来了，但由于欠缺经验，不但没有修好，反而不小心把手表摔坏了。这下，李嘉诚知道自己闯了大祸，不但赔不起手表，还可能会丢掉这份工作。

但是，让李嘉诚没想到的是，师傅知道他把手表摔坏后，并没有责怪他，只是告诉他下次不要再犯类似的错误了。之后，师傅主动向李嘉诚的舅舅承担了全部的责任，解释说是自己的疏忽才把手表掉在地上摔坏的，并要求给予处分，根本没有提李嘉诚的事。

师傅为李嘉诚的错误承担了责任，这让李嘉诚觉得非常内疚。他向师傅道谢时，师傅告诉他说："记住，无论以后做什么工作，作为领导者就应该为自己的属下承担责任，部下地错就是领导者的错误，领导者就应该负起这个责任。"这件事情不但使李嘉诚得到了很大的教训，还给了他很深的启示。虽然当时的他年纪尚小，并没有完全领会师傅的意思，但他却记住了师傅的话——主动为部下承担过失的领导者，才是一个好的领导者。

[资料来源：王翠香，卢强. 从领导者自我修炼角度探讨提升领导力的对策. 企业家天地，2013，（8）：80-81]

二、领导风格类型

组织成败的 45%～65%变异量是由领导者所决定的，领导的行为不仅对下属的表现与发展产生很大的影响，而且与组织绩效密切相关。中国有句古话叫做"兵熊熊一个，将熊熊一窝"。这充分说明了领导的重要性。在组织中，不同的领导者有着不同的领导风格。

（一）按权力运用方式划分

1. 集权式领导者

所谓集权，是指领导者把权力进行集中的行为和过程。因此，所谓集权式领导者就是把管理的制度权力相对牢固地进行控制的领导者。这种领导者的优势在于通过完全的行政命令，使下属听从领导者的指挥和命令，可能获得较高的管理效率和良好的绩效。这对于组织在发展初期和组织面临复杂突变的环境时，是有益处的。但是，长期将下属视为某种可控制的工具，则不利于他们职业生涯的良性发展。

2. 民主式领导者

和集权式领导者形成鲜明对比的是民主式领导者。这种领导者的特征是向被领导者授权，鼓励下属的参与，并且主要依赖于其个人专长权和模范权影响下属。通过激励下属的需要，发展所需的知识，尤其是意会性或隐性知识，能够充分地积累和进化组织的能力，员工的能力结构也会得到长足提高。因此，相对于集权式领导者，这种领导者更能为组织培育 21 世纪越来越需要的人力资本。

（二）按创新方式划分

按领导者在领导过程中进行制度创新的方式，可以把领导风格分为魅力型领导者和变革型领导者。

1. 魅力型领导者

这种领导者有着鼓励下属超越他们预期绩效水平的能力。在实际工作中，这种领导者对下属往往拥有某种情感号召力，可以鲜明地拥护某种达成共识的观念，有未来眼光，而且能就此和下属沟通并激励下属，如华为公司的任正非。

2. 变革型领导者

这种领导者鼓励下属为了组织的利益而超越自身利益，并能对下属产生深远而不同寻常的影响，如阿里巴巴集团的马云。

（三）按思维方式划分

按领导者在领导过程中的思维方式，可以将领导者分为两类：事务型领导者和战略型领导者。

1. 事务型领导者

事务型领导者也可以称之为维持型领导者。这种领导者通过明确角色和任务要求，激励下属向着既定的目标活动，并且尽量考虑满足下属的社会需要，通过协作活动提高下属的生产率水平。

2. 战略型领导者

战略型领导者的特征是用战略思维进行决策。对企业来说，21 世纪的竞争将不只是产品之间或公司之间的竞争，更是组织管理人员思维方式之间和管理框架之间的竞争。管理人力资本的能力是战略领导者最重要的技能，能干的战略领导者有能力创造产生知识资本的社会结构，能提出组织创新的思想，能推动组织不断进步创新。

案例导入

柳传志财富不及马云千分之一为何却如此受其尊重？

不久前，联想控股在香港成功上市，柳传志再次站在香港交易所敲钟，柳传志再次登上了人生巅峰。之后的庆功会上，马云、王健林等商业大佬都共同出席了活动。创造了两家上市公司，柳传志的财富自然成为焦点，2015 年 02 月，70 岁的 IT 人柳传志接受专访，对网络传说在联想控股持股 3.4%，为最大自然股东，折算一下纸面财富超过四五十亿元的传闻做出了正面回应。其声称大概拥有联想集团的股份不到 1%。

不管哪种传闻是真的，柳传志的财富远远低于同为商界大佬的马云与王健林等，但是这并不妨碍柳传志成为中国的传奇商人。

柳传志是一个创业的传奇。这个传奇的意义，不仅在于他领导联想由 11 个人 20 万元资金的小公司成长为中国最大的计算机公司，更重要的是，他的传奇故事对许多立志创业的青年人来说，是一种激励。

柳传志走上创业之路，是因为“憋得不行”，“我们这个年龄的人，大学毕业正赶上‘文化大革命’，有精力不知道干什么好，想做什么都做不了，心里非常愤懑”。“突然来了个机会，特别想做事”。走上创业这一年，柳传志 40 岁，在中国科学院计算技术研究所外部设备研究室做了 13 年磁记录电路的研究。

1984 年，“两通两海”已经挺立在中关村，而柳传志的名字却像今天中关村众多小公司老板的名字一样，普通得让人容易忘记。当时典型做生意的办法有三种：一是靠批文；二是拿平价外汇；三是走私。拿到批文后，一台 XT 机器能卖 4 万多元。而柳传志不想这样做。1987 年、1988 年的时候，联想高层就此发生过一次讨论。柳传志认为，同样是卖馅饼，也可以有立意很高的卖法，如通过卖馅饼，开连锁店。

很多时候，问题的关键不在于做什么事情，而在于谁在做这些事情。联想一开始没有资金，也只能替人家卖机器。到 1987 年、1988 年，联想代理的 ASTPC，一个月能销售好几百台。打通了销售渠道以后，柳传志要自己生产。"因为我们是计算所的人，总觉得自己有这个能力做。但当时是计划经济，联想很小，国家不可能给我们生产批文，我们怎么说都没有用，因为潜在的能力没有人相信。我们决定到海外试试，海外没有计划管着你。就这样，我们把外向型和产业化并作一步跨了。"

1988 年，柳传志和几个热血汉子来到香港，手里只攥了 30 万港币，因此，他们到香港也只能和在国内一样，先从做贸易开始，通过贸易积累资金，了解海外市场。接着联想选择了板卡业务，然后打回国内，为联想 PC 的成功奠定了基础。1990 年左右是联想高速发展的时期，柳传志除了搞好公司内部管理之外，他还要费尽心思为联想找到更多的资金，财务成本非常重，联想 20 万元起家以后，完全是靠利润来滚动发展，发展很困难。

1994 年，成立微机事业部，全力支持 29 岁的杨元庆执掌联想 PC。1996 年以后，由于业务做得好，不断地配股融资，使企业拿到更多资金，大大地降低了财务成本。1996 年 3 月 15 日，联想率先发动了 PC 价格战，战胜了所有竞争对手，获得了中国 PC 冠军并一直保持。1997 年，北京联想与香港联想合并，柳传志先生出任联想集团主席。

2000 年，联想集团分拆出神州数码，并分拆联想集团，将两大块业务分别交给两个年轻人，接着联想控股多元化发展，让杨元庆、郭为、朱立南、赵令欢等各自成为几大业务的掌门人。2004 年，联想集团收购 IBM 的 PC 业务，柳传志辞去联想集团董事长职务，开始了第一次的退休。2009 年柳传志再次出山，带领联想再次走向高峰。

柳传志的个人财富在 IT 业界并不高，事实上，他的影响力并不来源于他有多少钱，而是因为他是一个时代的象征。联想的成立和崛起是中国科技企业兴起的重要标志，但因为特殊的历史背景，导致股权问题复杂，身为企业掌舵人的柳传志并不是大股东，而中国科学院计算技术研究所投资的 20 万元人民币却获得了数千倍的回报率。

（资料来源：柳传志财富不及马云千分之一为何却如此受其尊重？http://news.china.com/domestic/945/20151202/20860150_all.html[2015-12-02]）

第三节　领导理论

怎样才能成为一个合格的优秀的领导者，从实践到理论，有许多总结和研究，主要的就是领导在工作中怎样进行有效领导，也就是关于领导的有效性的理论，即领导理论。

一、领导特质理论

具备怎样的条件才能做一个好的领导呢？对领导有效性的研究最早集中在对于领

导特质的研究，即学者们希望通过长期的对大量个体的观察和分析归纳总结出对于这个问题的答案。

在这里，特质是指个体的内在或外在的性质与特点，如身体上的特征（身高、体重、长相、精力等），性格特征（如外向型、内向型、探索型等），技术、能力（智慧、知识、技术专长等）和社会因素（人际沟通技巧和社会经济地位等）。

在早期的研究中，存在着一种关于“伟人”的学说。这类理论认为，领导者生来就具有与众不同的独特品质，于是便成为领导者，如拿破仑、丘吉尔、甘地、斯大林、毛泽东等，这些人都是天生具有一些领导的特性，才能使他们成为有效的领导者。在这种思想的指导下，许多学者做了大量的调查研究，以求找出领导者的共性特质。例如，吉普（Gibb）的研究认为，天才的领导者应该具备以下特质：健谈、外表潇洒、智力过人、有自信心、心理健康、强烈的支配欲、外向而敏感。

20 世纪 70 年代以后，一些学者对早期的“伟人”学说产生了不同的见解，其认为作为领导者确实具有某些共同的特质，但这些特质不仅是生来就有的，还取决于后天环境的塑造和培养。

笔者认为，作为有效领导者具有的共同特性主要有以下几个要点。

（1）合作精神，即愿与他人一起工作，能赢得人们的合作，对人不是压服，而是感动和说服。

（2）决策能力，即依赖事实而非想象进行决策，具有高瞻远瞩的能力。

（3）组织能力，即能发掘部属的才能，善于组织人力、物力和财力。

（4）精于授权，即能大权独揽，小权分散。

（5）善于应变，即机动灵活，善于进取，而不抱残守缺、墨守成规。

（6）敢于求新，即对新事物、新环境和新观念有敏锐的感受能力。

（7）勇于负责，即对上级、下级的产品用户及整个社会抱有高度的责任心。

（8）敢担风险，即敢于承担企业发展不景气的风险，有创造新局面的雄心和信心。

（9）尊重他人，即重视和采纳别人的意见，不盛气凌人。

（10）品德高尚，即品德上为社会人士和企业员工所敬仰。

由于对有效领导的特质很难做出严密而全面的概括，而只能做一般性的外在描述，并且对应该具备的特质表现出来的行为方式很难做到统一，需达到多大的程度，也很难做出定量的分析，这正是领导特质理论的不足之处。

测一测

测试你是一个领导者，或是一个跟随者？根据题目结合自身情况回答“是”或“否”。

1. 别人拜托你帮忙，你很少拒绝吗？
2. 为了避免与人发生争执，即使你是对的，你也不愿发表意见吗？
3. 你遵守一般的法规吗？
4. 你经常向别人说抱歉吗？

5. 如果有人笑你身上的衣服，你会再穿它一遍吗？

6. 你永远走在时髦的前列吗？

7. 你曾经穿那种好看却不舒服的衣服吗？

8. 开车或坐车时，你曾经咒骂别的驾驶者吗？

9. 你对反应较慢的人没有耐心吗？

10. 你经常对人发誓吗？

11. 你经常让对方觉得不如你或比你差劲吗？

12. 你曾经大力批评电视上的言论吗？

13. 如果请的工人没有做好，你会反应吗？

14. 你惯于坦白自己的想法，而不考虑后果吗？

15. 你是个不轻易忍受别人的人吗？

16. 与人争论时，你总爱争赢吗？

17. 你总是让别人替你做重要的事吗？

18. 你喜欢将钱投资在财富上，而胜过于个人成长吗？

19. 你故意在穿着上吸引他人的注意吗？

20. 你不喜欢标新立异吗？

测试结果及分析：1、3、6、7、12、13、14 题答“是”得 1 分，其他题答“否”得 1 分。

分数为 14～20 分：

你是个标准的跟随者，不适合领导别人。你喜欢被动地听人指挥。在紧急的情况下，你多半不会主动出头带领群众，但你很愿意跟大家配合。

分数为 7～13 分：

你是个介于领导者和跟随者之间的人。你可以随时带头，或指挥别人该怎么做。不过，因为你的个性不够积极，冲劲不足，所以常常扮演跟随者的角色。

分数为 6 分以下：

你是个天生的领导者。你的个性很强，不愿接受别人的指挥。你喜欢使唤别人，如果别人不愿听从的话，你就会变得很叛逆，不肯轻易服从别人。

二、领导行为理论

领导行为理论试图研究领导者的行为特点与绩效的关系，来寻找最有效的领导风格。其中最突出的研究有密歇根大学和俄亥俄州立大学的研究、勒温的三种领导方式理论及管理方格论。

（一）密歇根大学与俄亥俄州立大学的研究

1. 密歇根大学的研究

密歇根大学的研究由 R.李克特（Rensis Likert）及其同事在 1947 年开始进行，试图比较群体效率如何随领导者行为的变化而变化。基于研究的基础上将领导行为分为两个维度：工作导向和员工导向。

员工导向型领导行为，这种领导者表现为关心员工、重视人际关系、考虑下属的需求和人与人之间的关系，关注的焦点是对员工的监管，而不是生产率的提高上。

工作导向型领导行为，这种领导者关心工作的过程和结果，把员工当成达成任务和目标的工具，群体任务的完成情况是领导行为的中心，很少关心员工及其需求。

密歇根大学的研究人员发现，在员工导向型领导的组织中，生产率要高于工作导向型领导的组织。且在群体的态度和行为上，员工导向型的组织中，员工的满意度要高于工作导向型的组织，离职率和缺勤率要低于工作导向型的组织。

2. 俄亥俄州立大学的研究

20 世纪 50 年代，美国俄亥俄州立大学的研究人员弗莱西（E.A.Fleishman）和他的同事们也在进行关于领导方式的研究。他们的研究是基于国家收割机公司的一家卡车生产厂进行的。研究者发现领导者的行为可以分为定规和关怀两个维度，这个理论也被称为俄亥俄理论或二维构面理论。

定规维度代表领导者构建任务、明察群体之间的关系和明晰沟通渠道的倾向，它强调的是组织认为的完成；关怀维度代表领导者对员工及领导者与追随者之间的关系，对相互信任、尊重和友谊的关注，它强调的是个人和人际关系。根据这样的分类进一步将领导者分为以下四种类型：高关怀-高定规、高关怀-低定规、低关怀-高定规、低关怀-低定规。

俄亥俄州立大学的研究发现，两个维度都高的领导者（高关怀-高定规），一般更能使下级产生高绩效和高满意度。但是高关怀-高定规的领导者并不总能产生积极的效果，这类研究缺少领导的环境因素的分析，故很难得出让人们共同接受的结论。

（二）勒温的三种领导方式理论

美国心理学家勒温根据领导者如何运用职权，把领导者在领导过程中表现出来的极端的工作作风分为三种类型。

1. 专制型

具有这种作风的领导者从不考虑别人的意见，所有决策都由自己做出；领导者预先安排一切工作程序和方法，从不把消息告诉下级，要求下级只有服从，奉命行事；很少参加群体的社会活动，与下级保持相当的心理距离；他主要依靠行政命令、纪律约束；罚多奖少，下级没有权力；没有参与决策的机会，只能服从。

2. 民主型

具有这种作风的领导者鼓励下属参与决策，下属个人有相当大的工作自由和灵活性；在领导工作中主要应用个人权力和威信，而不是靠职位权力和命令使人服从；在分配工作时尽量照顾到个人的能力、兴趣和爱好；积极参加团体活动；与下级没有任何心理上的距离。

3. 放任型

这种领导者把权力完全给予组织成员或群体，自己对工作尽量不参与，也不主动干涉，毫无规章制度，工作进行几乎全赖于组织成员自行负责。

勒温根据实验认为，放任型领导效率最低，只能达到社交目标，而完不成工作目标。专制型领导虽然通过严格管理达到了工作目标，但组织成员没有责任感，情绪消极、士气低落。民主型领导工作效率最高，不但完成了工作目标，而且组织成员关系融洽，工作积极主动、有创造性。

（三）管理方格论

密歇根大学和俄亥俄州立大学的研究结果发表后，引起了对理想的领导方式的广泛讨论。美国得克萨斯大学的布莱克（Blake）和穆顿（Mouton）提出一种二维的领导风格理论：管理方格论（图 6.1）。在管理方格论中，首先把管理人员按他们的绩效导向行为（称为对生产的关心）和维护导向行为（称为对人员的关心）进行评估，给出等级分值。然后以此为基础，把分值标注在两个维度坐标界面上，并在这两个维度坐标轴上分别划出 9 个等级，从而生成 81 种不同的领导风格。

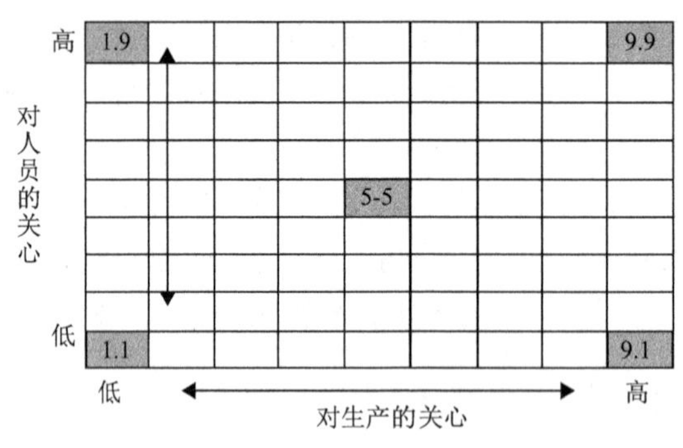

图 6.1　管理方格图

从图 6.1 中可以看到，比较典型的有五种领导风格。

（1.1）贫乏型领导风格：领导者仅付出最低限度的努力以完成任务和维系组织成员的关系，既不关心员工，也不关心任务，在这种领导风格之下，很难产生良好的绩效。

（1.9）乡村俱乐部型领导风格：对员工关怀备至，创造一种舒适、友好的组织环境和工作氛围，维持成员身份，但不关心任务和效率。

（9.1）任务型领导风格：领导者只重视任务效果，而不重视下属的发展和士气，对员工漠不关心。

（9.9）团队型领导风格：领导者对员工和任务都极为关心，把员工的利益和实现组织的目标高度地结合起来，大家齐心协力地完成工作。

（5.5）中庸型领导风格：力图取得这样的平衡，在完成工作的必要性和必要的员工满意水平下，维持员工的士气，使组织绩效目标能够得以实现。

布莱克和莫顿认为，（9.9）型领导风格是效率最高的领导风格，虽然这种领导风格对领导者要求比较高，但是可以通过接受一个（9.9）型领导人的培训来提高管理者的领导能力。应该指出，管理方格理论并未对如何培养管理者提供答案，只是为领导方式的概念化提供了框架，且在实践中很难出现纯之又纯的典型领导方式。被誉为最好的（9.9）型的领导风格并不是在任何时候都是最有效的，还要根据实际情况进行系统的分析和领导。

案例导入

世界顶级管理者平时都是怎么做管理的？

1. 第一时间里解决问题

管理者一定是一个反应速度很快的人，自己的工作及自己的上司和下属出现了问题，必须及时发现并查明原因，立即处理，给别人的答复永远都是“行”或“不行”，反应速度快我们才能走在别人前面。作为企业中的管理者，尤其是销售型企业，市场销售上的事是大事，哪怕一个看似很小的问题，处理不当都会造成大祸，如送货问题、产品出现问题及时答复等。

2. 矛盾处理有缓急

当发生矛盾时，作为管理者，一定要先处理好外部矛盾，即首先保证客户满意，然后再处理内部矛盾，分出轻重缓急，一定要减轻自己下属的思想负担和心理压力，让他们轻装上阵。

3. 引导下属提方案

自己的下属提出问题时，首先让其先拿出至少三种方案，并反复论证哪一个更合适，最后管理者加以引导并提出自己的建议，这样下属才能更快提高。

4. 从更大的层面去把握事情

我们为什么能做一个经理？是因为我们比下属懂得多，理解力强，思考问题比较全面，更能从公司的角度出发考虑问题，更能把握方向。比如，作为区域经理，首先，你必须熟练掌握公司的方针政策、销售制度和业绩计算方法，你自己都不懂如何教会自己的下属？要懂得如何分析市场，做好产品定位，懂得如何制订本区域的销售思路和销售方案，如果你每天去和下属共同开发客户，那公司给你的报酬岂不浪费，别忘了你是一个领头人，做一个好的销售方案比开发10个客户要强得多（当然新市场区域经理必须要事必躬亲不然无法了解市场无法制订销售方案）。

5. 果断做出决策，妥善处理问题

以市场为主导，以客户为中心，以员工为主体，处理事情既快又稳，公司、员工、客户都满意；一步实际行动比一大堆没用的企划更重要。

6. 员工也是公司的顾客

每一位员工都是公司宝贵的财富，让员工满意，让我们的顾客满意是一个优秀管理者最基本的工作，前提条件是不损害公司的利益，不能违反国家的法律。

7. 懂得授权，放权不是放纵

给下属一定的操作空间和决定事情的权利，这样当市场上出现问题时能第一时间处理好，在客户面前也能体现我们工作的效率和服务的水平，授权还能激发下属工作的积极性，当然授权还要看下属的能力大小决定授权多少，授权之后还要进行时时监督和控制，防止权力滥用，要充分信任自己的下属但是不能放任不管，有些权不能放。

8. 善于倾听下属的心声

要会聆听，优秀的管理者其实是一个好的聆听者，谈话是一门艺术，听人谈话则是一门学问，管理者一定要善于倾听下属的心声，管理者自然比下属高明这是不言而喻的，因此没有必要刻意去强调这一点，如果总是在员工面前显示自己的高明，反而是一种不智之举。当你为自己的全方位才能和优秀表现沾沾自喜时，你可知道，你已经超越了管理者的限度，不要轻易打断别人的说话，通过听别人说话你能了解一些事情的真相。

9. 多参考一线员工的意见

一线的销售人员是最了解市场和客户的，管理者要多参考他们的意见和建议，然后自己分析总结，确定更合适的方案，同时管理者还要有前瞻性，及时尽早发现未来可能发生的事件并提前做好准备，防患于未然。比如，我们产品有何变化，天气突变如何让客户做好准备工作。

10. 懂得激励，让员工始终都能有充沛的活力和旺盛的热情

让下属充满希望，尽最大能力为公司的发展充分发挥自己的智慧和才干，加薪不是唯一的办法，加薪并不是让员工的满意度提升，而是使他们的不满意度下降了而已，所以高薪不见得能留住人，可能还有出的比你更高的，员工需要受到精神奖励，如提职、榜样、被尊重、被信任、经常赞赏、改善工作环境等可减少员工抱怨。

11. 要有很强的团队意识，把所有的力量凝聚起来

每个成员都要以公司的整体利益为最高利益，不能为了个人利益而损害公司的利益，在做每件事之前首先获得胜利考虑公司整个团队的利益，做到精诚合作、利益共享、科学分工、团队制胜。

12. 能知人善任，了解每个人的优缺点

依据个人的特质安排在合适的位置上，给其充分展示自己的空间，让其自由自主地做事情，你会发现他们做出的成绩常常好得让你吃惊，世上没有全才，只有团队合作才能获得胜利。在一个优秀的管理者眼里，每个人都能用，只是摆放的位置不同，避其缺点，发挥其优点，如何用好一个人是优秀管理者一生为之努力的目标，“授人以鱼不如授人以渔”。

13. 善于沟通，成为下属与公司高层之间一个联系的纽带

使之上下通畅，使信息交流更加真实，使公司更能制订出合适的战略方案，使员工更能真实地理解公司的做法并贯彻执行。

（资料来源：世界最顶级管理者平时是如何做管理的？http://mt.sohu.com/20150531/n414168055.shtml[2015-05-31]）

（四）领导行为连续体理论

罗伯特·坦南鲍姆（Robert Tannenbaum）和沃伦·施密特（Warren H. Schmidt）于1958年提出了领导行为连续体理论（leadership continum）。他们认为，经理们在决定何种行为（领导作风）最适合处理某一问题时常常产生困难。他们不知道是应该自己做出

决定还是授权给下属做决策。为了使人们从决策的角度深刻认识领导作风的意义，他们提出了下面这个连续体模型。

领导风格与领导者运用权威的程度和下属在做决策时享有的自由度有关。在连续体的最左端，表示的领导行为是专制的领导；在连续体的最右端表示的是将决策权授予下属的民主型的领导。在管理工作中，领导者使用的权威和下属拥有的自由度之间是一方扩大另一方缩小的关系。

一个专制的领导掌握完全的权威，自己决定一切，他不会授权下属；而一位民主的领导在制定决策过程中，会给予下属很大的权力，民主与独裁仅是两个极端的情况，这两者中间还存在着许多种领导行为。

1. 领导行为连续体理论的七种主要的领导模式

在高度专制和高度民主的领导风格之间，坦南鲍姆和施密特划分出七种主要的领导模式（图 6.2）。

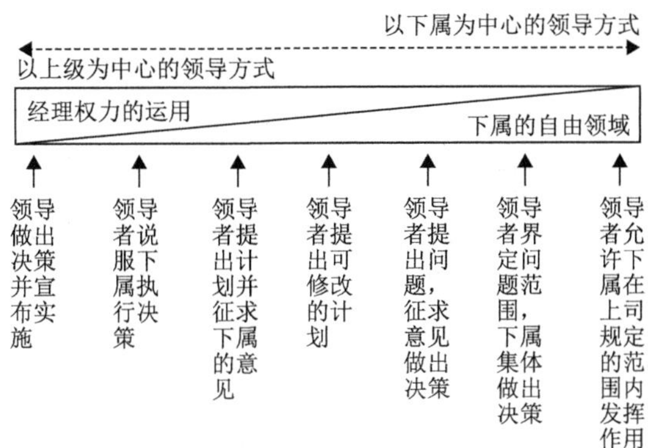

图 6.2 领导行为连续体理论

（1）领导做出决策并宣布实施。在这种模式中，领导者确定一个问题，并考虑各种可供选择的方案，从中选择一种，然后向下属宣布执行，不给下属直接参与决策的机会。

（2）领导者说服下属执行决策。在这种模式中，同前一种模式一样，领导者承担确认问题和做出决策的责任。但他不是简单地宣布实施这个决策，而是认识到下属中可能会存在反对意见，于是试图通过阐明这个决策可能给下属带来的利益来说服下属接受这个决策，消除下属的反对。

（3）领导者提出计划并征求下属的意见。在这种模式中，领导者提出了一个决策，并希望下属接受这个决策，他向下属提出一个有关自己的计划的详细说明，并允许下属提出问题。这样，下属就能更好地理解领导者的计划和意图，领导者和下属能够共同讨论决策的意义和作用。

（4）领导者提出可修改的计划。在这种模式中，下属可以对决策发挥某些影响作用，但确认和分析问题的主动权仍在领导者手中。领导者先对问题进行思考，提出一个暂时的可修改的计划，并把这个暂定的计划交给有关人员进行征求意见。

（5）领导者提出问题，征求意见做出决策。在以上几种模式中，领导者在征求下属意见之前就提出了自己的解决方案，而在这个模式中，下属有机会在决策做出以前就提出自己的建议。领导者的主动作用体现在确定问题，下属的作用在于提出各种解决的方案，最后，领导者从他们自己和下属所提出的解决方案中选择一种他认为最好的解决方案。

（6）领导者界定问题范围，下属集体做出决策。在这种模式中，领导者已经将决策权交给了下属的群体。领导者的工作是弄清所要解决的问题，并为下属提出做决策的条件和要求，下属按照领导者界定的问题范围进行决策。

（7）领导者允许下属在上司规定的范围内发挥作用。这种模式表示了极度的团体自由。如果领导者参加了决策的过程，他应力图使自己与团队中的其他成员处于平等的地位，并事先声明遵守团体所做出的任何决策。

在上述各种模式中，坦南鲍姆和施密特认为，不能抽象地认为哪一种模式一定是好的，哪一种模式一定是差的。成功的领导者应该是在一定的具体条件下，善于考虑各种因素的影响，采取最恰当行动的人。当需要果断指挥时，他应善于指挥；当需要员工参与决策时，他能适当放权。领导者应根据具体的情况，如领导者自身的能力、下属及环境状况、工作性质、工作时间等，适当选择连续体中的某种领导风格，才能达到领导行为的有效性。

2. 领导模式考虑因素

通常，管理者在决定采用哪种领导模式时要考虑以下几方面的因素。

管理者的特征——包括管理者的背景、教育、知识、经验、价值观、目标和期望等。

员工的特征——包括员工的背景、教育、知识、经验、价值观、目标和期望等。

环境的要求——环境的大小、复杂程度、目标、结构和组织氛围、技术、时间压力和工作的本质等。

根据以上这些因素，如果下属有独立做出决定并承担责任的愿望和要求，并且他们已经做好了这样的准备，他们能理解所规定的目标和任务，并有能力承担这些任务，领导者就应给下级较大的自主权力。如果这些条件不具备，领导者就不会把权力授予下级。

3. 领导行为连续体理论对管理工作的启示

首先，一个成功的管理者必须能够敏锐地认识到在某一个特定时刻影响他们行动的种种因素，准确地理解他自己、理解他所领导的群体中的成员、理解他所处在的组织环境和社会环境。

其次，一个成功的领导者必须能够认识和确定自己的行为方式，即如果需要发号施令，他便能发号施令；如果需要员工参与和行使自主权，他就能为员工提供这样的机会。

这一理论的贡献在于不是将成功的领导者简单地归结为专制型、民主型或放任型的领导者，而是指出成功的领导者应该是在多数情况下能够评估各种影响环境的因素和条件，并根据这些条件和因素来确定自己的领导方式和采取相应的行动。

4. 领导行为连续体理论的不足

坦南鲍姆和施密特的理论也存在一定的不足，这就是他们将影响领导方式的因素即领导者、下属和环境看成是既定的和不变的，而实际上这些因素是相互影响、相互作用的，他们对影响因素的动力特征没有进行足够的重视，同时在考虑环境因素时主要考虑的是组织内部的环境，而对组织外部的环境及组织与社会环境的关系缺乏重视。

三、领导权变理论

领导行为理论没有解决领导风格问题，即什么样的领导方式是有效的（促使员工产生高绩效）？为什么一种领导风格在一种特定的环境下有效，在另一种环境下失效？领导权变理论给出了比较满意的答案。

领导权变理论（contingency theories of leadership）又称领导情境理论。与之前领导风格理论相比，领导权变理论的优点在于其核心观点：在不同情境下，领导行为所发挥的作用效果是不同的。在某种特定的情境下，领导者应该具备恰当的领导风格，才能有效发挥领导作用。研究者认为，不同的环境要求运用不同的领导风格，所以领导者必须培养以多种方式开展工作，以及根据所面临的形势和员工而改变领导风格的能力。领导权变理论认为应该使用哪种领导风格完全取决于具体环境和追随者的性质。领导权变理论研究成果中以菲德勒的权变模型、领导生命周期理论和路径-目标理论最为典型。

（一）菲德勒的权变模型

菲德勒是最早承认有效领导取决于领导者的特点和他所处的情景特征的领导研究者之一。该模型解释了为什么在一种环境中是有效的领导者，在另一种环境中却成了低效的领导者。

菲德勒的权变模型将特质和行为理论结合起来。它假设个人特质影响着领导的有效性。他用领导风格来指代不同的领导行为特点，并将领导风格分为两类：关系导向和任务导向，而且领导无法做到在不同的环境中实行不同风格的领导（表 6.4）。

表 6.4 菲德勒模型

<table>
<tr><td>上下级关系</td><td colspan="4">好</td><td colspan="4">差</td></tr>
<tr><td>任务结构</td><td colspan="2">明确</td><td colspan="2">不明确</td><td colspan="2">明确</td><td colspan="2">不明确</td></tr>
<tr><td>职位权力</td><td>强</td><td>弱</td><td>强</td><td>弱</td><td>强</td><td>弱</td><td>强</td><td>弱</td></tr>
<tr><td>情境类别</td><td>1</td><td>2</td><td>3</td><td>4</td><td>5</td><td>6</td><td>7</td><td>8</td></tr>
<tr><td>领导所处的情境</td><td colspan="3">有利</td><td colspan="3">中间状态</td><td colspan="2">不利</td></tr>
<tr><td>有效的领导方式</td><td colspan="3">任务导向</td><td colspan="3">关系导向</td><td colspan="2">任务导向</td></tr>
</table>

菲德勒为研究领导者的基本领导风格，设计了一系列针对领导者维度的问卷来评价他们最难与之共事的同事（least-preferred co-worker，LPC）以此来测量领导者的风格。LPC 问卷含有一系列表示极端的形容词，分为八个等级。这些形容词包括自信、犹豫；开放、封闭；冲突、和谐等反义词。关系导向型领导倾向于用相对积极的语言来刻画最难共事的同事，因为他们对良好关系的关心促使他们从积极的方面看待别人；而任务导向型领导则倾向于用相对消极的语言来形容最难共事者，因为他们关心的是任务完成的情况，这使得他们总是从消极的方面看待那些难以完成工作的人们。因此，关系导向型

领导者和任务导向型领导者有时候也被称为高 LPC 领导者和低 LPC 领导者。值得注意的是，菲德勒认为个人的领导风格是固定的，它不随情境的变化而发生改变。

菲德勒提出了三种权变维度或称之为情境因素。

（1）领导者-成员关系：表示下属信任和尊重领导者的程度，以好和差两个维度来度量。

（2）任务结构：下属被分配工作的规范化和结构化程度，以高和低两个维度来度量。

（3）职位权力：领导者对下属在聘用、加薪、提拔、惩罚和解聘等方面的影响程度，有强和弱两个维度度量。

菲德勒将上述三种情境因素组合成八种情况。三种条件都具备或基本具备的，即领导成员关系良好、有任务结构（工作任务明确）、职位权力强，是有利的领导情境（情境 1、2、3）；三者有一项或两项具备，是领导的一般环境（情境 4、5、6）；三种条件都不具备，是不利的领导情境（情境 7、8）。在对领导者的行为变量和情境因素进行描述之后，菲德勒进一步定义了具体哪种情境对某一种领导者来说更加有效。他分析比较了八种情境下的关系导向型领导风格和任务导向型领导风格，并给出了这样的结论：任务导向型领导者在情境非常有利或非常不利的条件下，均表现出较高的有效性，而适中有利的情境条件下，关系导向型领导者则显得效果更好。

根据菲德勒的观点，要想实行有效的领导，就要把管理者放在适合他们领导风格的情境中，或是通过改变领导情境来适应管理者的风格。有效的领导者要学会根据所处环境的不同变换自己的领导风格和领导方式，从而去适应社会的变革和发展。

（二）领导生命周期理论

领导生命周期理论是由美国管理学家保罗·荷西（Paul Hersey）和肯尼斯·布兰查德（Kenneth Blanchard）在俄亥俄州立大学领导行为理论的基础上发展起来的（图 6.3）。

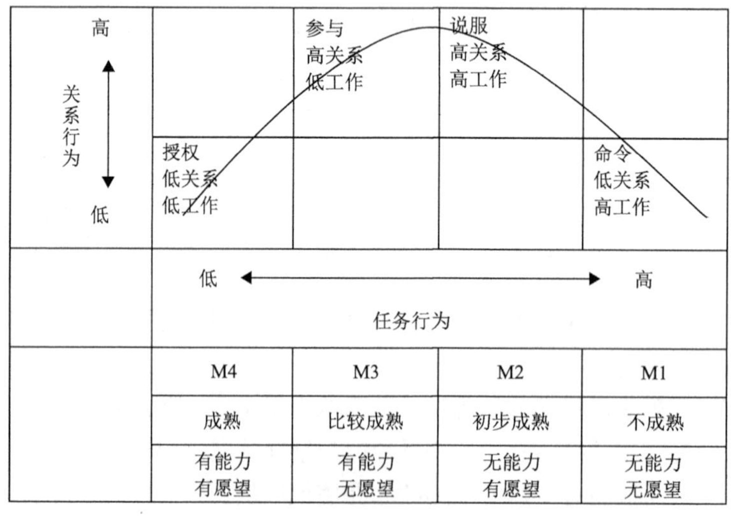

图 6.3　领导生命周期理论

在综合考虑对人的关心和对工作的关心后，该理论将领导方式分成四种：命令式领导、说服式领导、参与式领导和授权式领导。

1. 命令式

命令式（高工作-低关系）领导者对下属进行分工并具体指点下属应当干什么、如何干、何时干，它强调直接指挥。因为在这一阶段，下属缺乏接受和承担任务的能力和愿望，既不能胜任又缺乏自觉性。

2. 说服式

说服式（高工作-高关系）领导者既给下属以一定的指导，又注意保护和鼓励下属的积极性。因为在这一阶段，下属愿意承担任务，但缺乏足够的能力，有积极性但没有完成任务所需的技能。

3. 参与式

参与式（低工作-高关系）领导者与下属共同参与决策，领导者着重给下属以支持及其内部的协调沟通。因为在这一阶段，下属具有完成领导者所交任务的能力，但没有足够的积极性。

4. 授权式

授权式（低工作-低关系）领导者几乎不加以指导，由下属自己独立地开展工作，完成任务。因为在这一阶段，下属能够而且愿意去做领导者要他们做的事。

所谓“成熟度”是指人们对自己的行为承担责任的能力和愿望的大小。它取决于两个要素：工作成熟度和心理成熟度。工作成熟度包括一个人的知识和技能，工作成熟度高的人拥有足够的知识、能力和经验完成它们的工作任务而不需要他人的指导。心理成熟度指的是一个人做某事的意愿和动机。心理成熟度高的个体不需要太多的外部激励，它们靠内部动机激励。根据员工成熟度水平可以分为四个阶段：不成熟、初步成熟、比较成熟、成熟。面对分别处于这四个阶段的员工，领导行为不能一成不变，而应该随他们的成熟度的变化而变化。

（三）路径-目标理论

路径-目标理论是由加拿大多伦多大学的领导研究学者罗伯特·豪斯于 1971 年提出的。该理论认为，领导者的工作是帮助下属达到他们的目标，并提供必要的指导和支持，以确保各自的目标与群体或组织的总体目标一致。所谓“路径-目标”是指有效的领导者既要帮助下属充分理解工作目标，又要指明实现目标所应遵循的路径。

路径-目标理论被归为权变理论，因为它包含了三个权变因素：领导风格、情景因素、激励方式。

帮助下属实现目标所采取的激励措施和领导风格取决于以下两点。

（1）下属的特征：包括能力、技能、需要和动机等。

（2）工作环境特征：包括任务结构化的程度、规章制度对员工行为的约束程度、员工与同事之间的关系等。

有效领导通过以下几种方式来激励下属实现目标。

（1）明确下属希望从他们所从事的工作和所在的组织中得到哪些结果。这些结果包括令人满意的薪酬、工作保障、合理的工作时间及富有挑战性的工作安排等。

（2）用其期望的结果来奖励那些取得高绩效和达成工作目标的下属。

（3）为下属指明完成工作目标的途径，清除任何有碍取得高绩效的障碍。这意味着管理者应该确保下属清楚自己应该努力完成的目标是什么，确保他们拥有取得成功所需要的能力、资源和信心。

路径-目标理论区分了四种领导风格（图 6.4）。

（1）指导型：帮助下属设定目标、布置工作、明确对下属的期望和要求。

（2）支持型：考虑下属的需要，对他们的切身利益表示关切，并努力营造和谐的组织氛围。

（3）参与型：领导者经常与下属沟通信息，商量工作，虚心听取下属的意见，让下属参与决策，参与管理。

（4）成就导向型：制定具有挑战性的目标，相信下属有能力完成任务。管理者使用何种行为取决于下属和工作。

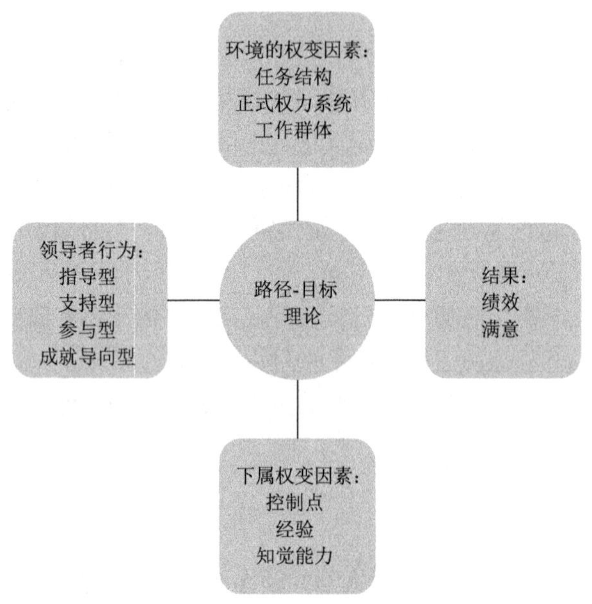

图 6.4　路径-目标理论

如果下属是教条的和权力主义的、任务是不明确的、组织的规章制度和程序是不清晰的，那么，指导型领导风格最合适。对于结构层次清晰、令人不满意或是令人感到灰心的工作，领导者应该使用支持型领导风格。当下属从事于机械重复性的和没有挑战性的工作时，支持型领导风格能够为下属提供工作本身所缺少的“营养”。当任务不明确时，参与型领导风格效果最佳，因为参与活动可以澄清达到目标的路径，帮助下属懂得通过什么路径和实现什么目标。另外，如果下属具有独立性，具有强烈的控制欲，参与型领导风格也具有积极影响，因为这种下属喜欢参与决策和工作建构。如果组织要求下属履行模棱两可的任务，成就导向型领导风格效果最佳。在这种情境中，激发挑战性和设置高标准的领导者，能够提高下属对自己有能力达到目标的自信心。事实上，成就导向型领导可以帮助下属感受到他们努力将会导致有效的成果。

本章小结

领导是一门科学，也是一门艺术，一个组织绩效的高低与领导行为有很大关系。从表面上看，领导者只是驾驭者、指挥者，实际上，一个领导者并不只是一个权力的管理者，他们用其经历、智慧、成就、人品、风度、魅力影响和带领下属为实现组织的目标而努力。

（1）领导的含义：领导是领导者为了实现预定目标，运用其法定权力和自身影响力，采用一定的形式和方法，率领、引导、组织、指挥、协调、控制其被领导者以完成既定的总任务的过程。

（2）长期以来，人们认为领导就是管理，领导者就是管理者，其实领导不等同于管理，领导与管理之间既相互联系，又相互区别，在组织中必须处理好二者的关系。

（3）领导就是指挥、带领、引导和鼓励下属为实现目标而努力的过程，因此，领导的作用归纳起来主要体现在指挥作用、激励作用、协调作用和沟通作用四个方面。

（4）权力是一种无形的力量，它看不到，摸不着，但是在工作中我们可以切实感受到权力对我们的影响。领导的核心在于权力。所谓领导权力，就是领导者（权力所有人），遵循相关的法律法规，运用多种方法与手段，在实现特定目标的过程中，对被领导者（权力相对人）做出一定行为与施行一定影响的能力。根据法兰西和雷恩等的研究，领导的权力有法定性权力、奖赏性权力、惩罚性权力、感召性权力、专长性权力五种来源。

（5）在组织中，不同的领导者有着不同的领导风格。按权力运用方式划分为集权式领导者和民主式领导者；按创新方式划分为魅力型领导者和变革型领导者；按思维方式划分为事务型领导者和战略型领导者。

（6）有效领导者具有的共同特性：合作精神、决策能力、组织能力、精于授权、善于应变、敢于求新、勇于负责、敢担风险、尊重他人、品德高尚。

（7）密歇根大学的研究将领导行为分为两个维度：工作导向和员工导向。员工导向型领导行为，这种领导者表现为关心员工，重视人际关系，考虑下属的需求和人与人之间的关系，关注的焦点是对员工的监管，而不是生产率的提高上。工作导向型领导行为，这种领导者关心工作的过程和结果，把员工当成达成任务和目标的工具，群体任务的完成情况是领导行为的中心，很少关心员工及其需求。

（8）俄亥俄州立大学的研究者发现领导者的行为可以分为定规和关怀两个维度，这个理论也被称为俄亥俄理论或二维构面理论。定规维度代表领导者构建任务、明察群体之间的关系和明晰沟通渠道的倾向，它强调的是组织任务的完成；关怀维度代表领导者对员工及领导者与追随者之间的关系，对相互信任、尊重和友谊的关注，它强调的是个人和人际关系。根据这样的分类进一步将领导者分为以下四种类型：高关怀-高定规、高关怀-低定规、低关怀-高定规、低关怀-低定规。

（9）美国心理学家勒温根据领导者如何运用职权，把领导者在领导过程中表现出来的极端的工作作风分为专制型、民主型和放任型三种类型。

（10）管理方格理论将领导行为按照“关注员工”和“关注生产”两个维度，并以1～9来评价领导者在各维度表现出的相应的领导行为。其中比较典型的有五种领导风格：（1.1）贫乏型领导风格；（1.9）乡村俱乐部型领导风格；（9.1）任务型领导风格；（9.9）团队型领导风格；（5.5）中庸型领导风格。

（11）领导权变理论又称领导情境理论。与之前领导风格理论相比，领导权变理论的优点在于其核心观点：在不同情境下，领导行为所发挥的作用效果是不同的。在某种特定的情境下，领导者应该具备恰当的领导风格，才能有效发挥领导作用。

（12）菲德勒的权变模型将特质和行为理论结合起来。它假设个人特质影响着领导的有效性。他用领导风格来指代不同的领导行为特点，并将领导风格分为两类：关系导向和任务导向，而且领导无法做到在不同的环境中实行不同风格的领导。他提出了三种权变维度或称之为情境因素；领导者-成员关系、任务结构、职位权力。他分析比较了八种情境下的关系导向型领导风格和任务导向型领导风格，并给出了这样的结论：任务导向型领导者在情境非常有利或非常不利的条件下，均表现出较高的有效性，而适中有利的情境条件下，关系导向型领导者则显得效果更好。

（13）领导生命周期理论，在综合考虑对人的关心和对工作的关心后，该理论将领导方式分成四种：命令式领导、说服式领导、参与式领导和授权式领导。

（14）路径-目标理论理论认为，领导者的工作是帮助下属达成他们的目标，并提供必要的指导和支持，以确保各自的目标与群体或组织的总体目标一致。所谓“路径-目标”是指有效的领导者既要帮助下属充分理解工作目标，又要指明实现目标所应遵循的路径。路径-目标理论区分了四种领导风格：指导型、支持型、参与型、成就导向型。

案例分析

张瑞敏：中国管理的创新引领者

日前，著名管理类杂志《世界经理人》推出——“15年对中国管理影响最大的15人”，海尔集团首席执行官张瑞敏荣列其中。同时当选的还有改革开放的总设计师邓小平、知识经济的代表比尔·盖茨、管理学的发明者彼得·杜拉克等。华人企业家除张瑞敏外，还有施振荣、李嘉诚等。张瑞敏入选“15年对中国管理影响最大的15人”，又一次引起了社会对张瑞敏创新管理的深刻思考。

《世界经理人》杂志于1992年创办，隶属环球资源。据BPA国际发行认证机构审核，《世界经理人》杂志发行量超过18万册，其中68%以上为企业高层。无论是发行量、影响力，还是品牌知名度、读者忠实度及内容专业化，《世界经理人》均处于业界顶尖地位。

“15年对中国管理影响最大的15人”以关键人物为主线，梳理和回顾中国自1992年改革开放以来，中国管理思想飞速发展的15年，每年推出一位关键人物。张瑞敏被评为1999年影响中国管理的关键人物，在管理创新方面深刻影响了中国企业，为中国管理写下“关键”的一笔。

《世界经理人》杂志认为，张瑞敏是管理的学习者和创新者，在管理创新领域有重要影响。杂志评论：“1999 年，张瑞敏入选英国《金融时报》‘全球 30 位最具声望的企业家’，位列第 26 名，这是当时中国企业家在世界范围内获得的最高声誉。同年，在《财富》全球论坛上，他是指定发言的唯一一位中国企业家。在此之前，张瑞敏在国内的影响力已达到顶峰，从此以后，他是国际公认的最优秀的中国内地企业家，在国际管理界显露峥嵘。”

海尔集团之所以能从一个资不抵债亏空 147 万元的小厂发展到为全球营业额超过 1000 亿元的跨国企业，管理的创新发挥了重要的作用。在名牌战略阶段，张瑞敏砸冰箱，抓全面质量管理，创出中国冰箱业历史上第一枚质量金牌；在多元化扩张阶段，张瑞敏创出“日事日毕、日清日高”的 OEC 管理模式，并把这种管理文化作为基因注入兼并的 18 个企业，使之全部扭亏为赢；在国际化战略阶段，张瑞敏进行以市场链为纽带的业务流程再造，并创新探索出全员 SBU 的管理理论；在全球化品牌战略阶段，张瑞敏探索出海尔“人单合一”信息化管理，海尔“人单合一”发展模式为解决全球商业的库存问题和员工企业“双赢模式”提供了创新思维。

1992～2007 年也正是海尔二次创业、从中国名牌向世界名牌冲击的 15 年。15 年来，随着海尔全球化品牌的树立，张瑞敏的管理能力和创新思想越来越得到国内外管理学界的认可和推崇。1993 年由当时任国务院副总理的朱镕基、李岚清、吴邦国三位副总理联名签署重要批示：在全国范围内推广海尔 OEC 管理模式，掀起全国各界学习海尔管理的高潮。目前，平均每年约 40 万人次到海尔参观交流；海尔 SBU 管理模式更是引起国际管理学界的关注，沃顿商学院的马歇尔教授说，如果海尔能够做到全员 SBU，海尔在全世界将是独一无二的；日本能率协会综合研究所所长高地评价，海尔的 SBU 理论不但对海尔有贡献，而且对整个人类都做出了贡献；进入全球化和信息化的时代，海尔创新发展“人单合一”发展模式，被国际管理界誉为“号准全球商业脉搏”的管理。1998 年，张瑞敏应邀登上了哈佛大学的讲坛，成为登上哈佛大学讲坛的中国企业家第一人。“海尔文化激活休克鱼”的管理案例被写进哈佛大学教材，海尔成为第一个进入世界顶级工商管理学院案例库的中国企业。到目前为止先后有美国的哈佛大学和南加利福尼亚大学、瑞士洛桑国际管理学院、法国欧洲管理学院、日本神户大学等七所商学院共做了 16 个案例，涉及企业兼并、财务管理、企业文化方方面面。

管理大师德鲁克指出：管理是一种实践，其本质不在于“知”而在于“行”；其验证不在于逻辑，而在于成果。张瑞敏和海尔人创造的管理哲学，其验证也在于海尔的市场成果。创立于 1984 年的海尔集团，经过 20 多年的持续稳定发展，已成为世界第四大白色家电制造商。产品从单一的冰箱发展到拥有白色家电、黑色家电、米色家电在内的 96 大门类 15 100 多个规格的产品群，并出口到世界 100 多个国家和地区。海尔在全球 30 多个国家建立了本土化设计中心、制造基地和贸易公司，全球员工总数超过 5 万人。

问题：

1. 海尔在发展过程中，张瑞敏扮演了怎样的角色，发挥了怎样的作用？
2. 对一个企业来讲，什么样的领导是成功的领导？

实务训练

［实训项目］

凭直觉挑选出三位你认为优秀成功的领导者（如朋友、亲属、政府官员、知名公众人物等），分析与探讨你觉得这些人是优秀成功领导者的原因。

［实训目标］

1. 比较凭直觉得出的领导特质和领导理论中的领导特质。
2. 具备良好特质的人不一定会成为优秀的领导者，但优秀的领导者都具有一些良好的特质，让学生初步培养并养成一些良好的特质。

［实训形式］

1. 实地调查与访问。
2. 网上搜集资料进行分析。

［实训要求］

1. 对挑选出的三位杰出领导者，分别列举出你认为他们优秀的原因。
2. 将三个人的特质列表进行比较，如果有的话，那些特质是三个人共同具备的？
3. 针对相应列表展开关于领导特质的讨论。学生讲出自己的看法。
4. 思考要想成为一名杰出的领导者，该如何培养一些良好的特质。

［成果与检测］

列表内容记录结束后，组织一次课堂讨论。讨论需澄清下列问题，教师根据学生表现进行评估打分。

1. 哪些特质总是出现在学生的列表中？
2. 这些特质更多的是行为导向还是特质导向？
3. 在何种情境下，这些特质是有用的？
4. 如果有的话，这项练习表明了领导的哪些特性？

以上问题均以学生个体为单位进行，让部分学生代表口头述评，教师最后点评，在讨论的基础上，每个同学把自己概括提炼的文字材料信息汇总之后交老师存档。

思考与练习题

一、填空题

1. 领导的作用包括________、_________、_________和_________。
2. 领导是领导者为了_________，运用其_________和_________，采用一定的形式和方法，率领、引导、组织、指挥、协调、控制其被领导者以完成既定的总任务的过程。

3. 领导的本质是_________。
4. 领导权力，就是_________，遵循相关的法律法规，运用多种方法与手段，在实现特定目标的过程中，对_________做出一定行为与施行一定影响的能力。
5. 领导的权力有_________、_________、_________、_________和_________五种来源。
6. 按领导者权力运用方式，可以将领导风格划分为：_________和_________。
7. 按领导者在领导过程中进行制度创新的方式，可以将领导者划分为：_________和_________。
8. 按领导者在领导过程中的思维方式，可以将领导者划分为：_________和_________。
9. 管理方格理论中比较典型的有五种领导风格是_________、_________、_________、_________和_________。
10. 路径-目标理论区分了_________、_________、_________和_________四种领导风格。

二、选择题

1. 下列理论不属于领导权变理论的是（　　）。
   A. 菲德勒权变理论 B. 路径-目标理论 C. 领导生命周期理论 D. 管理方格论
2. 乡村俱乐部型的领导方式位于管理方格图的（　　）格。
   A. 9.1　B. 1.9　C. 5.5　D. 9.9
3. 下列选项中属于领导者关注点的是（　　）。
   A. 开发　B. 执行　C. 控制和结果　D. 正确地做事
4. 下列选项中，（　　）不是领导权力的来源。
   A. 法定权　B. 奖赏权　C. 感召权　D. 专长权
5. 在菲德勒模型中，下列哪种情况属于较好的领导环境（　　）。
   A. 人际关系差，工作结构复杂，职位权力强
   B. 人际关系差，工作结构简单，职位权力强
   C. 人际关系好，工作结构复杂，职位权力弱
   D. 人际关系好，工作结构复杂，职位权力强
6. （　　）领导者，也可以称之为维持型领导者。这种领导者通过明确角色和任务要求，激励下属向着既定的目标活动，并且尽量考虑满足下属的社会需要，通过协作活动提高下属的生产率水平。
   A. 事务型　B. 战略型　C. 魅力型　D. 变革型
7. 在路径-目标理论中，领导者经常与下属沟通信息，商量工作，虚心听取下属的意见，让下属参与决策，参与管理的是以下哪一种管理类型（　　）。
   A. 指导型　B. 支持型　C. 参与型　D. 成就导向型
8. 卡尔以前只有宾馆经验而无航运管理经验，但被聘为美国泛美航空公司的总裁后，短短三年，就使这家亏本企业成为高盈利企业。你认为下述四种说法中有明显错误的是（　　）。
   A. 最高管理者不需要专业知识，只要善于学习、勤于思考就够了
   B. 成功的管理经验具有一定普遍性，所以可以成功移植
   C. 成功管理的关键是人，只要搞好人的管理，就可取得成功
   D. 这仅仅是一种巧合，只说明卡尔有特别强的环境适应能力

9. 张教授到某企业进行管理咨询，该企业总经理热情地接待了张教授，并介绍了公司的具体情况，才说了 15 分钟，就被人叫了出去，10 分钟后回来继续，不到 15 分钟，又被叫了出去。这样整个下午 3 小时，总经理一共被叫出去 10 次之多，使得企业情况介绍时断时续。这说明（　　）。

A. 总经理不重视管理咨询　　B. 该企业可能这几天遇到了紧急情况

C. 总经理可能过度集权　　D. 总经理重视民主管理

10. 某技术专家，原来从事专业工作，业务精湛，绩效显著，近来被提拔到所在科室负责人的岗位。随着工作性质的转变，他今后应当注意把自己的工作重点调整到(　　)。

A. 放弃技术工作，全力以赴，抓好管理和领导工作

B. 重点仍以技术工作为主，以自身为榜样带动下级

C. 以抓管理工作为主，同时参与部分技术工作，以增强与下级的沟通和理解

D. 在抓好技术工作的同时，做好管理工作

三、简答题

1. 领导的定义说明领导必须具备哪些要素?
2. 什么是领导权力？其来源有哪些?
3. 简述路径-目标理论中“路径-目标”的含义及该理论的主要观点。
4. 权变理论认为领导方式由哪三个因素决定?
5. 领导者在带领、引导和鼓舞部下为实现组织目标而努力的过程中，应该起到什么样的作用?
6. 领导和管理是一回事吗？如果不是，区别在哪里?
7. 专长权是什么权力?
8. 根据密歇根大学的研究，什么是员工导向型的领导行为?
9. 成熟度的定义是什么？包括哪几个方面?
10. 传统的领导特性论认为有效的领导应该有共同的特性，这种特性是什么?

参 考 文 献

杜拉克. 2002. 杜拉克管理应用词典. 北京: 九州出版社.

郭咸纲. 2003. 西方管理学说史. 北京: 中国经济出版社.

哈罗德・孔茨. 1998. 管理学. 10 版. 北京: 经济科学出版社.

斯蒂芬・罗宾斯. 2004. 管理学. 大连: 东北财政大学出版社.

约翰・科特. 1997a. 权力与影响. 孙琳，朱天昌译. 北京: 华夏出版社.

约翰・科特. 1997b. 现代企业的领导艺术. 史向东，颜艳译. 北京: 华夏出版社.

张兰霞. 2001. 新管理理论丛林. 沈阳: 辽宁人民出版社.

周三多. 2003. 管理学——原理与方法. 上海: 复旦大学出版社.

第七章 激 励

许多人告诉我，我应该做什么以及我应该怎样去做，但很少有人了解我想做什么。

——玛丽·帕克·福列特

你可以买到一个人的时间，你可以雇一个人到固定的工作岗位，你可以买到按时或按日计算的技术操作，但你买不到热情，你买不到创造性，你买不到全身心的投入，你不得不设法争取这些。

——弗朗西斯

教学目标

学完本章后，你应该能够：

1. 理解激励的含义及本质。
2. 理解激励在管理过程当中的重要性。
3. 理解激励的过程。
4. 掌握常用的激励理论。
5. 掌握激励的原则及方法。

技能目标

1. 能根据被激励者的不同特征，选择适当的激励方式。
2. 能运用激励的相关理论，对企业的激励体制进行分析及评价。

第一节 激励概述

案例导入

丰田英二的“动脑筋创新”建议制

日本汽车巨子，曾任丰田汽车公司总经理和社长一职长达40余年的丰田英二于1951年在丰田公司实施了“动脑筋创新”建议制度，收到了很好的效果。

丰田公司的做法是首先建立动脑筋创新委员会，决定了建议规章、审查方法、奖金等。其范围是，机械仪器的发明改进、作业程序的新方法、材料消耗的节减，并且围绕着车间作业程序方面的问题征集了新的办法。车间到处都设有建议箱，不论谁都可以自由地、轻松愉快地提建议。各部门（工厂）也分别设立了建议委员会、事务局，把提建议的方针贯彻到工厂的各个角落。同时各车间组成了"动脑筋创新"小组，组长以上对提建议的人，一定要有计划地给予协助，所以设有建议商谈室。一个有经验的老工人曾经说过："开始实行动脑筋创新，我们就对车间眼前接触到的所有事情、东西、工作及机器，总是抱着追求'更好'的态度。不管见到什么，总是在探求有没有更好的方法，更上算的做法、节省时间和工时的方法、消除使用材料等方面的担心和使之更便宜的方法。"

该制度实施不久，根据斋藤尚一的建议，征集了对全公司具有代表性的口号。结果，"好产品好主意"这一条当选了。从 1954 年起，丰田公司就把这条口号在工厂用横写的荧光揭示牌悬挂起来。看到这种情况的一个外国人说道："在芝加哥机场，向导牌都是挂在越过人头的上空，使人们看得清楚。所有的机场都采用这个方式。你们厂的荧光揭示牌也类似这种做法。"

提建议的人，就自己的建议，可以和上司商谈。通过提建议，领导能够听到生产现场生气勃勃的声音，也能了解员工掌握技术能力的程度。由于这样不断地反复，个人和小组都被发动起来了。提建议所得的奖金，在很多的时间，把它作为亲睦会的进修费和研究会的基金。同时它也成为同事之间相互谈心，以产生新动脑筋创新所需的食粮。该制度的建立，既提高了员工的思想和团结的气氛，也加强了上下级之间的联系。员工们利用这个制度，找到了创新的乐趣，从而充分发挥自己的能力，特别是看到自己的提议得到承认而感到满足。

丰田公司的建议制度，并不单纯地作为管理手段，而是与企业及个人的不断成长紧密联系起来。该制度的审查标准划分为有形效果、无形效果、利用的程度、独创性、构想性、努力的程度、职务减分（专属业务的减分）等 7 个项目，每个项目是以 5～20 分的评分等级来评定分数，满分为 100 分。当然，从技师方面来说，分数没有上限。奖金最高为 20 万日元，最低则为 500 日元。对于特别优秀的建议要向科学技术厅上报，每月的建议件数按车间分别发表。同时，还按各车间、工厂、全厂等单位，举办大小不同规模的展览会，在展览会大会上，企业最高层领导出席并进行评议。

"动脑筋创新"建议制度实施的第一年，征集建议 183 件，到 1955 年，达到 1000 件，而到 1970 年，则达到了 5 万件。可见员工们的参与程度呈上升趋势，大大调动了员工的积极性，促使企业不断发展。

（资料来源：丰田英二："动脑筋创新"建议制. http://news.eastday.com/epublish/gb/special/class000000123/1/hwz15758.htm[2011-04-01]）

激励，就其本质来讲，它是表示某种动机所产生的原因，即发生某种行为的动机是如何产生的？在什么环境中产生？激励在管理学意义上，通常是和动机联系在一起的。从个人角度而言，激励是一种个人状态，可以激发个人追求目标的动力。个人激励影响了起始状态、方向、强度和持久力。从管理者角度而言，激励是使人追逐目标的过程。

这两种理解之间既有区别又相互联系。总而言之，激励是为了达到某种结果而花费的努力，而这种努力来自个人的内在动力。所以作为管理者或者是管理团队，我们需要考虑的就是如何帮助个人去激发这种动力。

一、激励的概念

“激励”从字面上看是“激发”和“鼓励”的意思。在管理工作中，激励可以被认为是一种心理的力量，它决定了组织中人的行为方向、努力程度，以及在困难面前的耐力，即管理者通过各种手段和方式刺激、激发人的动机，使其产生内在动力，从而调动其积极性，努力朝着有利于组织期望的目标前进的一种管理活动。

从企业的角度看，当一个人受到激励时通常表现出以下推动力。

（1）努力。这是指组织成员在工作中表现出来的工作行为的强度。一个人在工作上尽职尽力，积极主动，那么这个人一定是受到了高度的激励。

（2）持久。这是组织成员在努力完成工作任务方面表现的长期性。这就是说，我们不可能认为卖力干了两小时工作闲逛了三小时的人是受到高度激励的人。

（3）朝向组织目标。努力和持久仅仅指一个人将完成的数量，而一个人的工作的质量更为重要。如果这种努力不指向有利于组织的方向，则高努力水平未必会产生令人满意的工作业绩。只有指向组织目标并与组织目标始终保持一致的努力才是组织所希望的。

因此，激励的目的在于从既定的组织目标出发，着眼于成员个人或群体，通过使用某种手段，寻求组织与个人在目标、行动上的内在一致性，从而达到两者之间在行动与效果上的良性循环。

激励具有以下几个方面的特性。

（1）激励的目的性。任何激励行为都有其明确的目的性，这个目的可能是组织期望成员的一个行为结果，也可能是一个行为过程，但必须是一个现实的、明确的目的。通过激励，在实现组织目标的同时，也应最大限度地满足组织成员的个人需要与个人目标。

（2）激励的相容性。激励是以组织成员的需要或动机为出发点，通过对人的需要或动机施加影响，从而强化、引导或改变人们的行为，同时满足组织成员的合理需要，并且这些需要有的是与组织的需要相兼容的。

（3）激励反复持续的过程性。激励是一个由多种复杂的内在、外在因素交织起来产生持续作用和影响的复杂过程，而不是一个互动式的即时过程。

（4）激励的多样性。人们在组织及社会实践活动中形成了多种多样的需要，除基本的物质生活需要外，还有安全、社会交往、尊重、自我实现、认知与审美等多方面的需要，因此，对人的激励的作用点及其采用的激励手段与方式应是多种多样的。

（5）激励的可变性。由于人的需要及行为受多种因素的影响，同一激励措施所产生的行为表现在同一组织成员身上并不是固定不变的。同样，不同人员的需要及行为存在着差异，同一激励导致的行为在不同的人身上也有着不同的反应。因此，激励应因人、因地、因时、因事的不同而调整。

二、激励的过程

激励是一个极其复杂的过程，其实质就是通过影响人的需求或动机而达到引导人行为的目的，它实际上是一种对人的行为的强化过程。它从个人的需要出发，到实现目标和满足需要而结束，中间涉及许多因素，如图 7.1 所示。在了解激励过程的同时，还必须对与激励过程相关的重要因素进行分析，从大的方面看，激励过程主要有三个部分：需要、动机、目标。

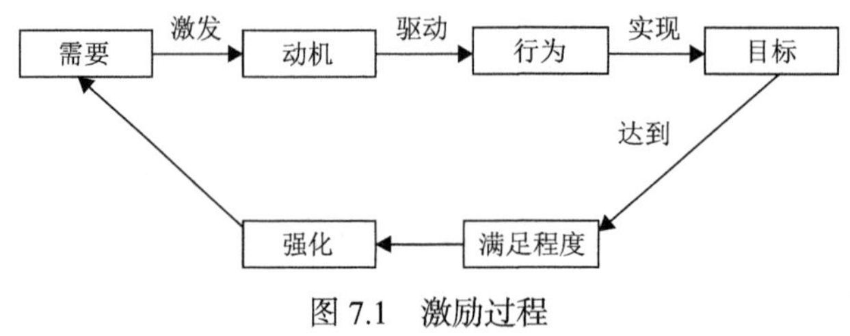

图 7.1　激励过程

（一）需要

一般而言，需要是有机体内部的一种不平衡状态，是某种客观要求和必然性的反映。它是人对某种事物的追求或欲望。当人们缺乏所需事物从而产生生理或心理紧张现象时，需要就产生了，与此同时为了满足需要，人们会采取相应的行动。因此，需要是一切行为的原动力。

人的需要有三个主要来源：①生理状态的变化引起的需要，如饥饿时对食物的需要等；②外部影响诱发的需要，如新款式的物品引起的购物需要等；③心理活动引起的需要，如为了了解人的心理活动，产生对心理学进行学习的需要。例如，想成为一个组织者、领导人，就有学习管理学的需要等。

人的需要是多种多样的。按照需要的起源来划分，可以分为自然需要和社会需要。自然需要是一个人生而具有的，它反映了人对延续和发展自己生命所必需的客观条件的需求，包括衣、食、住、行、性等需要。只有自然需要得到满足后，才能进行正常的工作和学习。社会需要是为了维持与推动社会发展所必需的，如对知识的需要、文艺的需要、道德的需要、实现理想的需要等。这些需要是在维持人们的社会生活、进行社会生产和社会交际的过程中形成的。不同的历史时期、不同的文化条件、不同的政治制度、不同阶级和不同民族，以及不同的风俗习惯，使得人们的社会需要也大不相同。

按照需要的对象划分，可以分为物质需要和精神需要。在物质需要中，既反映着人们对自然界产品的需要，也反映着人们对社会文化用品的需要，因此在物质需要中既包括自然需要，也包括社会需要。精神需要是人们对自己的智力、道德、审美等方面的发展条件需求的反映，这是属于对观念对象的需求。学习的需要和参加社会活动的需要，在精神需要中占重要地位。

（二）动机

动机是在需要的基础上产生的，引起和维持着人的行为，并将其导向一定目标的心理机制。当人的某种需要没有得到满足时，人们就会去寻找满足需要的对象，从而产生进行活动的动机。需要推动着人们去活动，并把活动引向某个目标。需要体现一种主观感受，动机则是为使需要获得满足而支配行为表现的内心活动。

动机产生依赖于两个条件：一个是个体生理或心理需要；二是能够满足需要的客观事物，又称为外部诱因。动机在需要的基础上也可分为不同类型。从动机起源上分，有自然动机和社会动机。自然动机由自然需要引起，并为满足自然需要而产生动机。社会动机是以个体的社会需要为基础的动机，如交往动机、成就动机和劳动动机等。

在组织中，职工的各种积极或消极行为受到各种动机的支配。运用激励手段调动职工的积极性就是利用动机对行为的这种驱动和支配作用，通过外部诱因激发动机，直接引导职工产生积极行为。

（三）目标

目标是行为所要实现的结果。人们采取的一切行为总是指向特定的目标。目标在行为过程中具有双重意义：一方面，目标表现为行为的结果，目标达到，需要得到满足，行为即结束；另一方面，目标又表现为行为的诱因。在管理实践中利用目标对行为的诱导作用，通过合理选择和设置目标，可以有效地激励和改善员工的行为。

为了达到激励的目的，设置目标时必须符合下列各点。

（1）设置目标，不仅是为了满足组织成员的个人需要，而是为了完成最终的组织目标。因此，在设置目标时，必须将组织目标纳入其中或将组织所希望出现的行为列为目标导向行动，使成员只有在完成组织目标后才能达到个人的目标。

（2）目标的设置必须是受激励者所迫切需要的。已经满足了的需要不可能激发出动机或者激发出来的动机强度不高。

（3）目标的设置要适当，既不能唾手可得，又不能高不可攀，应是通过努力可以达到，而不努力则达不到的。

（4）设置目标时最好让员工参与讨论，这样不仅可以使目标定得合理，还有利于对目标导向行动的深刻理解，同时又满足了职工的参与感，使职工工作更努力。

需要、动机和目标作为激励的三大主要要素分别处于行为的不同阶段。三者既彼此独立，又相互依存，依次对行为发挥激励功能，由此构成一个完整的激励过程。处于激励过程起点的是人的各种需求。当需求萌芽而未得到满足时，会产生一种紧张不安的心理状态，从而激发寻求满足需要的动机，在动机的驱使下人们采取相应的行动，去实现预定的目标，使需要得到满足。一旦目标实现，生理或心理得到满足，紧张不安的心理状态就会消失。这时就会促进新的需要产生，而新的需要又会导致新的激励过程的开始。

三、激励的作用

职工的激励和组织的绩效之间是密切相关的，它是提高生产率和绩效的一种重要的有利因素。当然除激励之外，绩效还受到能力、技能和合适的设备等因素的影响。例如，某个财务人员渴望自己能在三年内成为公司的财务总监。尽管受到了很强的激励，但仍然没有达到目标。阻碍他达成目标的因素可能包括：缺乏丰富的工作经验；基本技能不足；高级财务知识匮乏；现任的财务总监暂时并没有打算离开该职位。因此，职工的激励与组织绩效之间，实际上可以通过以下公式来表示：

$$绩效=f（能力，激励，环境）$$

也就是说，组织的绩效本质上取决于组织成员的能力，被激励的情形和工作环境条件。人们要有效的工作，先要明白如何做该项工作（能力），并要有工作的意愿，即要做该工作（激励），还必须有从事该工作所需的材料、工具、适当的环境。如果缺少这些要素，或这些要素不充分，就不可能使员工取得卓有成效的业绩。

因此，有效的激励具有以下作用。

（1）充分挖掘员工的潜力，保证工作的有效性和高效率。通过激励能使工作的人变消极为积极，从而保持工作的有效性和高效率。美国哈佛大学的心理学家威廉•詹姆斯教授（W.James，1842～1910）在《行为管理学》一书中阐述了对员工激励研究中的发现：按时计酬的分配方式仅能让员工发挥 20%～30%的能力；但如果以满足人的需要作为主要的经营战略来提高生产率，并非是以 10%或 20%的小幅度增长，而是以 200%乃至更大幅度的飞跃。

（2）激发员工的创造性和创新精神。创造性是当今世界竞争制胜的利器。通过激励可以进一步激发员工的创造性和创新精神。例如，日本丰田汽车公司采用合理化建议奖的办法鼓励员工提建议，无论建议是否被采纳，提出建议的员工都会得到奖励和尊重。结果该公司的员工曾一年就提出了 165 万条建设性建议，累计带来的利润为 900 亿日元，相当于公司全年利润的 18%。可见激励员工群策群力，不仅增强了他们的责任心、主观能动性，还对公司的发展有着不可低估的影响。

（3）吸引优秀人才。那些竞争力强、实力雄厚的企业，常常通过各种优惠政策、丰厚的福利待遇、快捷的晋升途径来吸引企业需要的人才，尤其是美国的企业特别注重这点。例如，著名的 IBM 公司就有许多具有吸引力的激励方法：提供养老金、集体人寿保险、优厚的医疗待遇，还给工人兴办了每年只需交几美元会费就能享受带家属到乡村疗养的乡村俱乐部，减免那些愿意重返校园提高知识和技能的员工的学费，筹办了学校和各种培训中心，让员工到那里学习各种知识。

（4）留住优秀人才。在经济全球化的今天，企业之间的竞争日趋激烈，组织为了生存和发展需要不断地提升自身的竞争力，其中优秀的人才便成为企业核心竞争力所在。将优秀的人才吸引到企业当中来并不是最终的目的，作为企业，我们要考虑的是如何留住这些优秀的人才。但在信息爆炸的时代，不断的“跳槽”成为一种普遍现象，如何让优秀员工能够抵制住外界的诱惑，其关键还是要看公司的激励机制是否具有诱惑力。彼得·德鲁克（Peter F. Drucker，1909～2005）认为，每一个组织都需要三个方面的绩效：直接的成果、价值的实现和未来的人力发展。缺少任何一方面的绩效，组织非垮不可。因此，每一位管理者都必须在这三个方面做出必要的努力。而在这三个方面的贡献当中，对“未来的人力发展”的贡献就是来自激励工作。

（5）造就良性的竞争环境。科学的激励制度包含有一种竞争精神，它的运行能够创造出一种良性的竞争环境，进而形成良性的竞争机制。在具有竞争性的环境中，组织成员就会受到环境的压力，这种压力将转变为员工努力工作的动力。正如道格拉斯·麦格雷戈（Douglas M.Mc Gregor，1906～1964）所说："个人与个人之间的竞争，才是激励的主要来源之一。"在这里，员工工作的动力和积极性成了激励工作的间接结果。

第二节　激励理论

案例导入

林肯电气公司的激励机制

林肯电气（Lincoln Electric）是一家拥有2400名员工、90%的销售额来自弧焊设备和物资的公司。公司创建于1895年，公司传奇式的利润分享激励机制和最终的生产率记录为制造业同行所钦羡。

林肯电气公司采取没有最低小时工资保证的计件工资制。工作两年后，员工有资格参与年终奖金计划。奖金的数额是根据一个公式计算出来的，这个公式考虑到公司的总利润、员工基本的计件报酬和绩效评估结果。这可能是美国制造业中最有利于工人的奖金体系。在过去的55年中，奖金额一直是基本工资的95.5%。

公司有一项1958年制定的职业保障政策，此后公司没解雇一个员工。为回报工作的稳定性，员工同意公司所做的决策。在经济萧条时期，他们会接受压缩工作时间的方案，也会接受工作调动的决定。有时为了维持每周至少30个工作小时的最低工作量，员工甚至愿意被调到报酬低的工作岗位。

你可能会认为林肯电气公司会吸引优秀人才，事实也确实如此。例如，公司最近雇佣了4名哈佛大学的MBA毕业生，准备填充以后的管理职位上的空缺。但是按照公司的传统，他们也像其他人一样，从装配线上的计件工作开始做起。

林肯电气公司的利润分享激励机制不但给员工也给公司带来了积极效果。公司的一名执行官估计，林肯电气公司的总体生产率大约是美国国内竞争者的两倍。自20世纪30年代的经济危机以后，公司每年都有盈利，而且从未错过任何一个季度的分红；同时，该公司还是美国产业界员工流动率最低的公司之一。

[资料来源：刘广灵. 林肯电气公司管理模式的理论分析. 中国软科学，2009，1(1): 129-138]

20世纪30年代以来，国外许多管理学家、心理学家和社会学家就从不同的角度，就如何激励人的问题展开了大量的研究和调查。那么，到底如何激励人的行为呢？根据人的行为模式、激发动机，调动人的工作积极性主要有三个途径：一是了解与满足需要相关的途径；二是设置有吸引力的目标；三是强化行为。根据这三种激励的途径，与此相对应的有三种激励理论，分别是内容型激励理论、过程型激励理论和行为改造型激励理论，除此之外将这三种途径综合起来进行考虑，就称之为综合型激励理论。

一、内容型激励理论

内容型激励理论也称为需要理论，这类理论主要着重突出被激励对象的未满足的需要或其最关心的问题，以此对激励的内容进行研究，并采取适当的方法进行有效的激励。内容型激励理论的基本前提是当人们在工作中取得满足他们需要的结果时就会受到激励。需要理论认为，为了激励人们投入到工作中，并有好的业绩，管理者必须弄清楚员工工作是为了满足哪些需要，并且要保证使那些有很好业绩的员工能够得到满足他们需要的结果，帮助组织实现目标。有代表性的理论主要有：需要层次理论、ERG 理论、成就需要理论和双因素理论。

（一）需要层次理论

关于激励最简单的解释之一是：人们愿意花更多的精力来实现目标，因为该目标满足了他们某些重要的需求。以其临床心理医生的工作经验为基础，亚伯拉罕·马斯洛（A. H. Maslow，1908～1970）在 1943 年出版的《人的动机理论》一书中提出了需要层次理论，他认为：人类都是有需要的，其未满足的需要是人们产生工作动机的根本原因，也是激励人们工作的因素。然而这些需要又是以分层次的形式出现的，由低级到高级分为五个层次。

1. 需要层次理论的主要内容

马斯洛将人的需要安排在一个金字塔的模型当中，底层为生理的需要，顶层为自我实现的需要，如图 7.2 所示。低层需要，又称为缺乏需要，是保证人类存在、安全和人类沟通需要所必须满足的需求。高层需要，或称为成长需求，是关心个人的发展和实现个人的潜能。

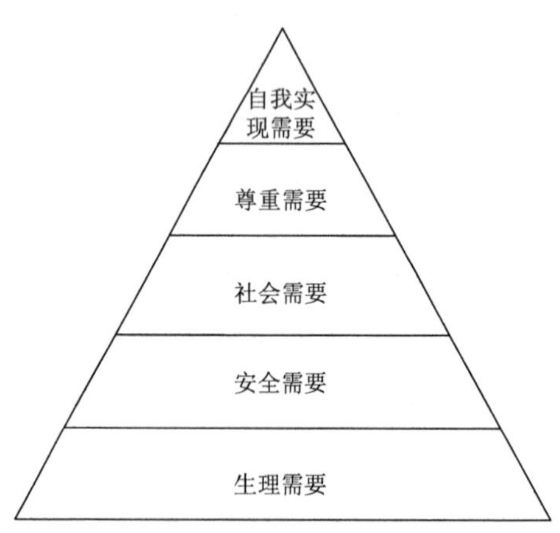

图 7.2　马斯洛的需要层次

下面对五种需要进行描述。

（1）生理需要。生理需要即人类对食物、水、服装、空气和住房等的需要。按照马斯洛的观点，生理需要是在一切需要之中最占优势的需要，因为这是人类最基本和最原始的需要。具体来说，这意味着对一个生活中一无所有的人来说，他的最主要的动机可能是满足其生理需要而不是其他需要。生理需要的满足是其他需要产生的基础，只有当生理需要满足之后，其他更高级的需要才会产生。但必须强调的是，人们长期处于生理需要得不到满足的时候很少。

（2）安全需要。它是指身体和精神免受伤害的愿望，可以概括为人类对生命安全、财产安全、劳动安全和就业安全（工作稳定）等方面的需要。人们的生理需要得到满足后，安全需要就会产生。例如，希望生命不会遭受疾病的威胁；财产不会遭受他人的侵犯；能有一份稳定的工作，不会失业；在工作中能有安全的工作环境；希望生病时能有医疗保险；退休时能享受退休福利待遇；等等。

（3）社会需要。它是指对爱情、归属和被接纳的需求。在生理需要和安全需要满足之后，社会需要就会出现，成为激励人们产生某种行为的主导因素。社会需要与前面两个层次的需要性质不同。生理需要和安全需要主要表现为人类对物质方面的追求，而社会需要则表现为人们对心理层面和精神层面的需要。例如，很多员工把自己的工作看成满足自己社会需求的主要来源。

（4）尊重需要。分为内部尊重和外部尊重。内部尊重因素包括自尊、自主和成就感；外部尊重因素包括地位、认可和关注或者说受人尊重。自尊是指在自己去的成功时有一股自豪感，它是驱使人们奋发向上的推动力。受人尊重，是指当自己做出贡献时，能够得到他人的承认。

（5）自我实现需要。这是指成长与发展、发挥自身潜能、实现理想的需要。这是一种追求个人能力极限的内趋力。这种需要一般表现在两个方面：一是胜任感方面，有这种需要的人力图控制事物或环境，不是等事物被动地发生与发展，而是希望在自己控制下进行。二是成就感方面，对有这种需要的人来说，工作的乐趣在于成果和成功，他们需要知道自己工作的结果。成功后的喜悦要远比其他任何报酬都重要。

马斯洛认为，上述五种需要是按次序逐级上升的。当下级需要获得基本满足后，追求上一级的需要就成了驱动行为的动力。

除此之外，马斯洛还将上述五种基本需要分为高低两级，其中生理需要、安全需要、社会需要属于低级需要，这些需要通过外部条件使人得到满足，如借助于工资收入满足生理需要，借助于法律制度满足安全需要等。尊重需要、自我实现需要是高级需要，它是从内部使人得到满足的，而且一个人对尊重和自我实现的需要是永远不会感到完全满足的。因此，通过满足员工的高级需要来调动工作积极性，具有更稳定、更持久的力量。

2. 对需要层次理论的评价

马斯洛的需要层次理论简单明了，易于理解、具有内在的逻辑性，因而得到了管理实践者的普遍认可。其贡献在于从人类需要出发来研究人的行为，将人类千差万别的需要归纳为五类，揭示了一般人在通常情况下的需要与行为规律，指出了人们的需要从低级向高级发展的趋势，这符合心理发展的过程，对激励实践很有实用价值。同时，该理论还揭示出人的需要是多种多样的，激励方式也是多种多样的，不仅要给人以物质满足，而且要给人以精神的满足。特别是低级需要得到一定的满足以后，精神需要更为重要，因为满足人的高级需要将具有更持久的动力。

需要层次理论也存在一些缺陷与不足。该理论对于需要层次的划分过于简单、机械，因为人的需要并不一定完全依等级层次而循序上升，且人的需要是随着环境和个体情况的变化而同时存在着若干种。他没有提出衡量各层次需要满足程度的具体标准，也没有考虑到一种行为的结果可能会满足一种以上需要的情况（如适当的薪酬不仅能满足生理和安全需要，也能满足尊重的需要）。最主要的一点是该理论缺乏实证基础，众多的研究并未对他的理论提供实证性的支持,仅有的几项支持其理论观点的研究也缺少说服力。

3. 需要层次理论的应用

根据需要层次理论，我们可以通过满足团队成员的不同层次的需要来持续激励，以达到较高的工作绩效。

由表 7.1 可以看出：①通过工资收入和良好的工作条件来满足生理需要；②通过安全的工作环境和稳定的政策来满足安全需要；③通过与团队其他成员合作、发展友谊、参加社交活动来满足社会需要；④通过得到表扬、提拔、承认工作业绩、受到重视来满足尊重需要；⑤通过完成能够为个人带来满足感的工作来满足自我实现需要。

表 7.1　需要层次与管理措施相关表

需要层次	诱因（追求的目标）	管理制度与措施
生理需要	薪酬、健康的工作环境、各种福利	身体保健（医疗设备）、工作时间（休息）、住宅设施、福利措施
安全需要	职位的保障、意外的防止	雇佣保证、退休金制度、健康保险制度、意外保险制度
社会需要	友谊、良好的人际关系、团队的接纳、与组织的一致	协商制度、利润分配制度、团体活动制度、互助金制度、娱乐制度、教育训练制度
尊重需要	地位、名分、权力、责任与他人薪水之相对高低	人事考核制度、晋升制度、表彰制度、选拔进修制度、委员会参与制度
自我实现需要	能发展个人的特长、具有挑战性的工作	决策参与制度、提案制度、研究发展计划、劳资会议

将马斯洛的需要层次理论应用到工作环境中时，应该记住以下两点。

一是不能假定每个人都希望通过工作来满足这些需要，并因此做出相应的举动。一些人把工作作为一种谋生的手段，然后用工作以外的方法，如通过对兴趣爱好的追求、志愿工作等，来满足他们的高层次需要。

二是人们对不同的需要重视程度不一样。例如，对于有些人来说，自信心比其他任何社会性需要都重要；而对于另外一些人来说，自我实现可能才是最紧迫的需要。

（二）ERG 理论

耶鲁大学著名学者阿尔德弗（C. Alderfer）重组了马斯洛的需要层次，使之和现实研究更加一致，说明员工的工作动机产生于他们的某些需要。他将马斯洛的需要层次理论分为三个一般的大类——生存、关系和成长，简称 ERG 理论。

1. ERG 理论的主要内容

（1）生存的需要是人最基本的需要，它包括人全部的生理需要和物质需要，与需要层次论中的全部“生理”需要和部分“安全”需要相对应。例如，人的衣食住行、报酬、工作环境等方面的需要。

（2）关系需要主要是指人在工作中相互间的关系和交往的需要，与需要层次论中的部分“安全”需要、全部“社会”需要和部分“尊重”需要相对应。例如，安全感、归属感、友情、受人尊重等方面的需要。

（3）成长需要主要指个人自我发展和自我完善的需要，与需要层次论中的部分“尊重”需要和全部“自我实现”需要相对应。例如，使自己在事业、能力上有所成就和提高的需要。

2. ERG 理论与需要层次理论的比较

马斯洛的需要层次是一个严格的阶梯式序列，ERG 理论却不认为必须在低层次需要获得满足后才能进入高层次的需要。例如，甚至在生存和关系需要没有得到满足的情况下，一个人也可以为成长需要而工作，或者三种需要同时起作用。

除此之外，ERG 理论还包括挫折——倒退维度。马斯洛认为，一个人会滞留在某一个特定的需要层次直到这一需要得到满足。ERG 理论却认为，当一个人较高层次的需要不能得到满足时，较低层次的需要强度会增强。例如，无法满足社会需要可能会带来对更多的工资或更好的工作条件的需求，所以受挫可以导致倒退到较低层次的需要。

总之，ERG 理论像马斯洛的理论一样，认为较低层次需要的满足会带来满足较高层次需要的愿望；但是同时也认为多种需要作为激励因素可以同时存在，并且，满足较高层次需要的努力受挫会导致倒退到较低层次的需要。

3. ERG 理论对管理实践的启示

ERG 理论比马斯洛理论更新、更有效地解释了组织中的激励问题。它更加侧重体现除了个体需求之间的差异性，而马斯洛需求层次理论只是揭示了人类需求的一般规律。但是对于管理者而言，从 ERG 理论得到的信息和从马斯洛需要层次理论中得到的信息是一样重要的。了解下属在工作中努力需要满足的需要，并使他们相信，只要他们相信，只要他们工作卖力，帮助组织实现了目标，他们就会得到能使他们的需要获得满足的结果，如表 7.2 所示。

表 7.2　ERG 理论

需求的层次	需要	描述	管理人员如何帮助人们在工作中满足这些需要
高层次的需要 ↑	成长的需要	对自我发展、创造性和有成果的工作的需要	允许人们不断提高他们的技巧和能力，从事有意义的工作
↕	关系的需要	对好的人际关系、想法和感情的共享，以及双向交流的需要	促进好的人际关系和提供准确的反馈
↓ 低层次的需要	生存的需要	对食物、水、衣服、住所及稳定和安全的生存环境的基本需要	提供足够的报酬，使人们具有生活和安全工作环境的必需品
在低层次的需要得到满足后，人们会被激励去满足高层次的需要。当一个人不能满足高层次的需要时（或受到挫折），满足低层次需要的动机就增强了			

（三）成就需要理论

美国哈佛大学教授戴维·麦克利兰（David McClelland，1917～1998）通过对人的需求和动机进行研究，于20世纪50年代提出了成就需要理论，该理论又称为“三种需要理论”。成就需要理论认为，在人的一生中，有些需要是靠后天获得的。换句话说，人们不是生来就有这些需要的，而是通过生活经验能够学习的。有三种需要的研究最多，分别是：成就需要、权力需要和社交需要。他认为人的很多工作行为可以用这三种需要来进行解释。

1. 成就需要理论的主要内容

（1）成就需要，即争取成功，希望做得最好的需要。具有高成就需要的人往往渴望将事情做得更为完美，工作效率更高，获得的成就更大。成就需求强烈的人，他们追求的是在争取成功的过程中克服困难、解决难题、努力奋斗的乐趣，以及成功之后的个人成就感，他们并不看重成功所带来的物质奖励。通过大量研究麦克利兰发现，高成就需要的人有以下主要特征：第一，有个人承担责任、解决问题、寻求答案的需要；第二，寻求挑战，趋向于寻求适度困难的目标，即既有风险，但又是现实的、能达到的目标；第三，需要具体的即时的反馈；第四，对工作热诚，执著于自己所从事的工作。

（2）权力需要，即影响或控制他人且不受他人控制的需要。不同的人对权利的渴望程度也有所不同。权力需求较高的人对影响和控制别人表现出很大的兴趣，喜欢对别人“发号施令”，注重争取地位和影响力。他们常常表现出喜欢争辩、健谈、直率和头脑冷静；善于提出问题和要求；喜欢教训别人、并乐于演讲。他们喜欢具有竞争性和能体现较高地位的场合或情境，他们也会追求出色的成绩，但他们这样做并不像高成就需求的人那样是为了个人的成就感，而是为了获得地位和权利或与自己已具有的权利和地位相称。权力需求是管理成功的基本要素之一。

（3）社交需要，即与他人建立友好亲密的人际关系的需要。高社交需要的人更倾向于与他人进行交往，至少是为他人着想，这种交往会给它带来愉悦感。高社交需要的人渴望亲和，喜欢合作而不是竞争的工作环境，希望彼此之间的沟通与理解，他们对环境中的人际关系更为敏感。有时，社交需要也表现为对失去某些亲密关系的恐惧和对人际冲突的回避。社交需要是保持社会交往和人际关系和谐的重要条件。麦克利兰的社交需要与马斯洛的感情上的需求、阿尔德弗的关系需要基本相同。麦克利兰指出，注重社交需求的管理者容易因为讲究交情和义气而违背或不重视管理工作原则，从而导致组织效率下降。

2. 成就需要理论对管理实践的启示

在大量的研究基础上，麦克利兰对成就需求与工作绩效的关系进行了十分有说服力的推断。首先，高成就者喜欢能独立负责、可以获得信息反馈和中度冒险的工作环境。他们会从这种环境中获得高度的激励。麦克利兰发现，在小企业的经理人员和在企业中独立负责一个部门的管理者中，高成就需求者往往会取得成功。其次，在大型企业或其他组织中，高成就需求者并不一定就是一个优秀的管理者，原因是高成就需求者往往只

对自己的工作感兴趣，并不关心如何影响别人去做好工作。再次，社交需求和权力需求与管理的成功密切相关。麦克利兰发现，最优秀的管理者往往是权力需求很高而社交需求很低的人。如果一个大企业的经理，他的权力需求与责任感、自我控制相结合，那么他就很有可能成功。最后，可以对员工进行训练来激发他们的成就需求。如果某项工作要求高成就需求者，那么，管理者可以通过直接选拔的方式找到一名高成就需求者，或者是通过培训的方式培养自己原有的下属。

因此，麦克利兰的成就激励理论在企业具有极高的应用价值。首先，在人员的选拔和安置上，通过测量和评价一个人动机体系的特征对于如何分派工作和安排职位有重要的意义。其次，由于具有不同需求的人，其需要的激励方式也不相同，了解员工的需求和动机有利于建立合理的激励机制。最后，麦克利兰认为动机是可以激发和训练的，因此，可以训练和提高员工的成就动机，从而提高生产效率。

相关链接

什么能够激励你？

对下面的15句话，每一个都圈出和你的感觉最接近的数字（表7.3）。结合你现在的现状或过去的经历思考一下你的答案。

表7.3 激励因素法

问题	非常不同意				非常同意
1.我非常努力改善我以前的工作以提高工作绩效。	1	2	3	4	5
2.我喜欢竞争和获胜。	1	2	3	4	5
3.我常常发现自己和周围的人谈论与工作无关的事情。	1	2	3	4	5
4.我喜欢有难度的挑战。	1	2	3	4	5
5.我喜欢承担责任。	1	2	3	4	5
6.我想让其他人喜欢我。	1	2	3	4	5
7.我想知道在我完成任务时是如何进步的。	1	2	3	4	5
8.我能够面对与我意见不一致的人。	1	2	3	4	5
9.我乐意和同事建立亲密的关系。	1	2	3	4	5
10.我喜欢设置并实现比较现实的目标。	1	2	3	4	5
11.我喜欢影响其他人以形成我自己的方式。	1	2	3	4	5
12.我喜欢隶属于一个群体或组织。	1	2	3	4	5
13.我喜欢完成一项困难任务后的满足感。	1	2	3	4	5
14.我经常为了获得更多的对周围事情的控制权而工作。	1	2	3	4	5
15.我更喜欢和其他人一起工作而不是一个人单独工作。	1	2	3	4	5

评分标准：为了确定你的主导需要，即什么能够激励你，将你的答案的得分分别填入下面题目标号后面（表7.4）。

表 7.4　得分汇总表

成就	权力	需要
1	2	3
4	5	6
7	8	9
10	11	12
13	14	15

然后把每一栏的得分汇总，每一项的最终得分会在 5～25 分，得分高的那项便是你的主导需要。

（四）双因素理论

20 世纪 50 年代后期，美国心理学家弗雷德里克·赫茨伯格（F.Herzberg，1923～2000）与他的同事，在匹兹堡地区的 11 个工商业机构中，向近 200 名白领工作者进行访谈调查，这一调查研究的重点是组织中个人与工作的关系问题，试图证明个人的工作态度在很大程度上决定任务者的成败。通过对调查结果进行研究，赫茨伯格发现，引起人们不满意的因素往往是一些工作的外在因素，大多数同他们的工作条件和工作环境有关；而能给人们带来满意的因素通常都是工作内在的因素，是由工作本身所决定的。在此结论基础上，赫茨伯格提出了双因素理论，又称“保健-激励理论”。

1. 双因素理论的主要内容

赫茨伯格认为，使员工感到满意的因素与使员工感到不满意的因素是大不相同的。使员工感到不满意的因素往往是由外部环境引起的，使职工感到满意的因素通常是与工作中的生理和心理内容相关的。赫茨伯格发现，造成员工非常不满的原因有：公司政策、行为管理和监督方式、工作条件、人际关系、地位、安全和生活条件。这些因素改善了，只能消除员工的不满，但并不会导致高水平的激励或者高水平的工作满意度，也不能激发他们工作的积极性，促使生产增长。赫茨伯格把这一类因素称为保健因素。

此外，赫茨伯格还发现，使职工感到满意的原因有：工作成就感、工作成绩能得到认可、工作本身具有挑战性、负有较大的责任、在职业上能得到发展等。这类因素的改善，能够激励员工的工作热情，从而提高生产效率。如果处理不好，也能引起员工的不满，但影响不是很大。赫茨伯格将这类因素称为激励因素。两类因素如表 7.5 所示。

表 7.5　保健因素与激励因素

保健因素（环境）	激励因素（工作本身）
金钱、监督、地位、安全、工作环境、政策与行动、人际关系	工作本身、赏识、进步、成长的可能性、责任、成就

赫茨伯格还指出，与传统看法不同，调查数据表明满意的对立面不是不满意。也就是说，消除了工作中的不满意因素并不一定能让工作令人满意。赫茨伯格提出了二维连续体的存在：“满意”的对立面是“没有满意”，“不满意”的对立面是“没有不满意”。

赫茨伯格的双因素理论和马斯洛的需要层次理论是兼容并蓄的。只不过马斯洛的理论是针对需要和动机而言的，而赫茨伯格的理论是针对满足这些需要的目标和诱因而言的。

2. 对双因素理论的评价

赫茨伯格的双因素理论对激励的贡献是显而易见的。他把传统的满意-不满意的观点进行了拆解，认为传统的观点中存在双重的连续体：满意的对立面是没有不满意，而不是不满意；同样不满意的对立面是没有不满意，而不是满意。把影响人的行为的因素分为保健因素与激励因素，对理解激励大有裨益：第一，指明要调动和维持员工的积极性，首先要注意保健因素，以防止不满情绪的产生，但更重要的是要利用激励因素去激发员工的工作热情，努力工作，创造奋发向上的局面，因为只有激励因素才会增加员工的工作满意感；第二，帮助管理者和研究人员来研究职业应该如何设计和再设计，使这些职业具有内在的激励性。

但该理论仍存在其不足之处，主要包括以下几点。

第一，该理论研究方法的可靠性令人怀疑。首先，他在研究过程中调查取样的数量和对象缺乏代表性。样本仅有 200 多人，数量较少，而且对象是工程师、会计师，他们在工资、安全、工作条件等方面都比较好，因此，这些因素对他们自然不会起到激励作用，但不能代表一般职工的情况。其次，应用这一理论时，评估者必须要进行解释，但他们可能会对两种相似的回答做出不同的解释，因而使调查的结果掺杂偏见。

第二，该理论缺乏普遍适用的满意度评价标准。人们对任何事物的看法总是不那么绝对，即要么满意，要么不满意，因为一个人很可能对工作一部分满意一部分不满意，或者是比较满意，这在双因素理论中也是无法反映的。

第三，双因素理论将保健因素和激励因素截然分开是不妥的，且忽视了情境变量。实际上，保健因素和激励因素、外部因素和内部因素都不是绝对的，它是相互联系并可以相互转化的，保健因素也能够产生满意，激励因素也能够产生不满意。例如，在经济水平不同的地区，奖金既可以成为保健因素，也可以成为激励因素，工作成绩得不到承认也可以使人闹情绪以致消极怠工。

第四，赫茨伯格认为满意度和生产率之间存在一定的关系，但所使用的研究方法只考察了满意度，而没有涉及生产率。为了使这一研究更为有效，人们必须假定生产率与满意度之间关系十分密切。但实际上，满意并不等于劳动生产率的提高，这两者并没有必然的联系。

3. 双因素理论的应用

根据双因素理论，要调动职工的积极性，首先要注意保健因素，使员工不致产生不满情绪，但是更重要的是要利用激励因素去激发员工的工作热情，创造高绩效。领导者是创业者、开拓者，如果只顾及保健因素，仅满足于员工没有什么意见，大家相安无事，是不能创造出第一流的工作成绩的。

在管理实践中，根据双因素理论，可以采用扩大员工的工作范围、使员工在工作计划和管理中负有更大的责任等激励措施来调动员工的积极性。具体做法有工作丰富化、工作扩大化、弹性工时等。

（1）工作丰富化。就是让员工有机会参加工作计划和设计，得到信息反馈，估计和修正自己的工作，使员工对工作本身产生兴趣，获得责任感和成就感。

（2）工作扩大化。就是让员工增加工作的种类，同时承担几项工作或完成更长的工作链，以增加其对工作的兴趣，克服因精细专业化和高度自动化带来的工作单调和乏味。

（3）弹性工时。这种制度规定员工除一部分时间必须按规定时间上班外，其余时间在一定范围内可以让员工自行安排，以提高员工的工作情绪和工作效率。

二、过程型激励理论

过程型激励理论着重对行为目标的选择，即对动机的形成过程进行研究，试图说明员工面对激励措施，将选择一定的行为方式去满足他们的需要，以及确定其行动方式的选择是否成功。它主要包括期望理论、公平理论和目标设置理论。

（一）期望理论

1. 期望理论的主要内容

期望理论是由美国心理学家维克多·维鲁姆（V.H·Vroom）于1964年提出的。该理论立足于提高员工实现行为目标的动机水平上。期望理论认为，在较高的动机水平下，员工能够自动产生高强度的行为动力，进而形成强大的激励动力。而提高动机水平的主要途径在于提高适宜的目标诱因，使员工能够选择符合自身需要并更具有成功可能性的目标，以便为实现该目标采取相应的行动。该理论可以用公式表示为

$$M = V \times E$$

其中，M表示激励力；V表示效价；E表示期望值。

激励力M，是指调动一个人的积极性、激发人内部潜力的强度。

效价V，是指一个人对这项工作及其结果（可实现的目标）能够给自己带来满足程度的评价，即对工作目标有用性（价值）的评价。同一目标，由于各个人所处的环境不同，需求不同，其需要的目标价值也就不同。同一个目标对每一个人可能有三种效价：正、零、负。如果个人喜欢其可得的结果，则为正效价；如果个人漠视其结果，则为零值；如果不喜欢其可得的结果，则为负效价。效价越高，激励力量就越大。

期望值E，是指人们对自己能够顺利完成某项工作可能性的估计，即对工作目标能够实现概率的估计。目标价值大小直接反映人的需要动机强弱，期望概率反映人实现需要和动机的信心强弱。维鲁姆认为，人总是渴求满足一定的需要并设法达到一定的目标。这个目标在尚未实现时，表现为一种期望，期望的概念就是指一个人根据以往的能力和经验，在一定时间里希望达到目标或满足需要的一种心理活动。

效价和期望值的不同结合会产生不同的激励力量，一般存在以下几种情况：

$$高E \times 高V = 高M$$

$$中E \times 高V = 中M$$

$$低 E\times低 V=低 M$$

$$高 E\times低 V=低 M$$

$$低 E\times高 V=低 M$$

这表明，组织管理要收到预期的激励效果，要以激励手段的效价（能给激励对象带来的满足）和激励对象获得这种满足的期望值都同时足够高为前提。只要效价和期望值中有一项的值较低，都难以使激励对象在工作岗位上表现出足够的积极性。

在实际生活中，每个目标的效价与期望常呈现负相关。难度大、成功率低的目标既具有重大社会意义，又能满足个体成就需要，具有高效价；而成功率很高的目标则会由于缺乏挑战性，做起来索然无味，从而导致总效价降低。因此，设计与选择适当的外在目标，使其既给人以成功的希望，又使人感到值得为此奋斗，就成了激励过程中的关键问题。

但这里需要强调的一点，期望值与效价在实际操作过程中是两个非常容易混淆的概念。期望值是指人们判断自己达到某目标及这一目标满足需求的可能性的概率，也就是说"期望值=目标实现的可能性+目标满足需要的可能性"；而效价则是指达到目标对于满足个人需要的价值，也就是说追求一个目标值不值得。而追求一个目标值不值得应包括两个方面的评价标准：一是追求目标付出的代价是否值得；二是目标满足需求的程度是否值得，这也就是目标满足需求的判断评价。也就是说"效价=目标满足需求的程度+目标满足需求的可能性"。综上所述，期望值与效价相互间在"目标满足需要的可能性"评价判断上是相互重叠的。例如，这样的表述："升职、加薪等与个人利益直接相关的事情，就容易使人产生较高的期望值。因为受工资、奖励总额与比例的限制，人们的期望值是不可能都实现的。对于未能实现者，就会期望越高，失望越大，挫折感也会越强烈。"这里所说的期望值既有"目标满足需要的可能性"评价，但也含有"目标满足需求的程度"的判断。

期望理论提出了目标设置与个人需求相统一的理论。期望理论假定个体是有思想、有理性的人。对于他们生活和事业的发展，他们有既定的信仰和基本的预测。因此，在分析激励雇员的因素时，我们必须考察人们希望从组织中获得什么以及他们如何能够实现自己的愿望。

因此，期望理论的关键是正确识别个人目标和判断三种联系，即努力与绩效、绩效与奖励、奖励与个人需要的关系。

2. 期望理论的应用

根据前文所述，为了有效地激发员工，需要处理好以下三种关系。

（1）努力-绩效关系。其包括两个方面：一方面，是个人认为通过一定努力会带来一定绩效的可能性。如果他认为通过努力有能力达成目标，就会有信心，激发出强大的力量。但如果他认为目标高不可攀、可望而不可即，或者是目标太低、唾手可得，就会鼓不起干劲，失去内部的动力。另一方面，就是这种努力是否会在绩效评估中体现出来。组织的绩效评估体系的设计可能是为了评估一些非绩效因素，如忠诚感、创造性或勇气等，这意味着更多的努力并不一定带来更高的绩效评估结果，还有一种可能是员工认为其上司不喜欢他（这种知觉有可能是对的，也有可能是错的），结果是，不管他的努力程度如何，他也会预期得到一个不好的评估结果。因此，员工的信念将影响其激励水平。

（2）绩效-奖励关系。人总是期望在达到预期的成绩后能得到适当的、合理的奖励。这种奖励包括内部报酬（如成就感、同事的新人、威望的提升）和外部报酬（如奖金、升职、表扬）。如果只要求员工作贡献，而没有行之有效的奖励进行强化，时间一长，人们被激发起来的内部力量就会逐渐消退。另外，如果员工认为在他们的工作中绩效-奖励的关系并不明确，也会降低激励水平。例如，当员工工资奖金的分配基于资历、合作性、巴结上司等因素时，员工可能会认为绩效-奖励是弱相关的，进而会降低激励水平。

（3）奖励-个人需要关系。其是指组织奖励满足个人需要的程度及这些潜在的奖励对个人的吸引力。如果员工努力工作以期获得晋升，但得到的却是加薪，或者员工希望得到比较有趣和具有挑战性的工作，但得到的仅是几句表扬的话。这些忽视差别化奖励的激励效果，会使员工的激励水平低于最高水平。

因此，期望理论的关键是了解个人目标，以及努力与绩效、绩效与奖励、奖励与个人需要之间的关系。

（二）公平理论

公平理论又称社会比较理论，由其代表人物美国行为科学家亚当斯（J.Stacey Adams）于 1963 年正式提出。该理论侧重于研究工资报酬分配的合理性、公平性及其对员工工作积极性的影响。在日常工作和生活中，人们通常都有一种要求受到公平对待的需求。人们不仅会把自己的努力与所得报酬作比较，而且还会将自己和其他人进行比较，并通过增减自己付出的努力或投入的代价，来取得他们所谓的公平与平衡。

1. 公平理论的主要内容

公平理论的基本观点是：一个人的工作动机，不仅受其所得到报酬的绝对值的影响，而且受到报酬的相对量的影响。因此，他会将同事、同行、邻居、亲友或自己以前的情况作为参考依据，来评价自己是否得到了公正的待遇，每个人都会把自己所得到的报酬与付出的劳动之间的比率同其他人的比率进行横向比较，也会把自己现在的投入报酬比率同自己过去的状况进行纵向比较。在比较中，他对所得到的报酬与付出的劳动的知觉至关重要，并且将根据比较的结果来决定自己今后的行动。

横向比较是将自己获得的“报酬”（包括金钱、工作安排及获得的赏识等）与自己的“投入”（包括教育、努力及耗用在职务上的时间等）的比值与组织内其他人进行比较，只有相等时，他才认为公平，如下所示：

$$o_p / i_p = o_c / i_c \tag{7.1}$$

其中，o_p 表示自己对所获报酬的感觉；o_c 表示自己对他人所获报酬的感觉；i_p 表示自己对个人所作投入的感觉；i_c 表示自己对他人所作投入的感觉。

当式（7.1）为不等式时，可能出现以下两种情况。

（1）$o_p / i_p < o_c / i_c$，在这种情况下，他会感觉组织对他的激励措施不公平。一种办法是他可能要求增加自己的收入或减少自己今后的努力程度，甚至离职，以达到心理上的平衡；另一种办法是他可能要求组织减少比较对象的收入或者让其今后增大努力程度，此外，他还可能另外找人作为比较对象，以便达到心理上的平衡。

（2）$o_p / i_p > o_c / i_c$，在这种情况下，则说明他得到了过高的报酬或付出的努力较少。一般情况下，他不会要求减少自己的报酬，但在开始时会自动多做些工作，但久而久之，他会重新估计自己的技术和工作情况，终于觉得他确实应当得到那么高的待遇，于是产量便又会回到过去的水平。

除了做横向比较之外，人们也经常会做纵向比较，即把自己目前投入的努力与目前所获得报酬的比值，同自己过去投入的努力与过去获得的报酬比值进行比较。只有相等时他才会认为公平，如下所示：

$$o_p / i_p = o_h / i_h \tag{7.2}$$

其中，o_p 表示自己对现在所获得报酬的感觉；o_h 表示自己对过去所获得报酬的感觉；i_p 表示自己对个人现在投入的感觉；i_h 表示自己对个人过去投入的感觉。

当式（7.2）为不等式时，也可能出现以下两种情况。

（1）$o_p / i_p < o_h / i_h$，当出现这种情况时，人也会有不公平的感觉，这可能导致工作积极性下降。

（2）$o_p / i_p > o_h / i_h$，当出现这种情况时，人不会因此产生不公平的感觉，但也不会觉得自己多拿了报酬，从而主动多做些工作。

2. 公平理论的应用

公平理论把激励与报酬分配联系在一起，说明人是要追求公平的，这一观点在现实中普遍存在，但是在实际运用中很难把握。因为公平感是一种主观体验，由于价值观、比较对象、比较标准等因素的不同，以及何种因素属于投入、何种因素属于产出的归属不同，公平与否的判断差异很大，人们总是倾向于过高估计自己的投入量，而过低估计自己所得到的报酬，对别人的投入量及所得报酬的估计则与此相反。因此，管理者在运用该理论时应当更多地注意实际工作绩效与报酬之间的合理性。此外，管理者在运用过程当中，还应注意以下几点。

（1）影响激励效果的不仅有报酬的绝对值，还有报酬的相对值。

（2）激励时应力求公正，使等式在客观上成立，尽管有主观判断的误差，也不致造成严重的不公平感。

（3）在激励过程中应注意对被激励者公平心理的疏导，引导其树立正确的公平观：使大家认识到绝对的公平是没有的，不要盲目攀比，多听听别人的看法，也许会客观一些。

（4）不要按酬付劳，按酬付劳是在公平问题上造成恶性循环的主要杀手。

（三）目标设置理论

目标设置定理论关注如何激励员工对他们的工作和组织做出贡献，从这个意义上讲，它与期望理论和公平理论相似，但是目标设置理论进一步考虑了管理者如何来确保组织成员投入到高业绩和组织目标实现的方向上。

1. 目标设置理论的内容

目标设置理论是由美国心理学家艾德文·洛克（E.A.Locke）于 1967 年提出的。洛克认为，目标本身就具有激励作用，目标是引起行为的最直接的动机。因此，设置合适的目标会使人产生想要达到该目标的成就需要，从而使人们的行为朝着一定的方向努力，并将自己的行为结果与既定的目标相对照，及时进行调整和修正，从而能实现目标。所以，目标对人有强烈的激励作用，重视并尽可能设置合适的目标是激发动机的重要过程。

通过大量的研究发现，目标设置与工作表现之间存在以下相关性。

（1）明确的目标往往比普通的目标得到更高的绩效。告诉某个人“尽全力”是一个普通目标。一个明确的目标可以是“将顾客调查的周期缩短为两个工作日”。

（2）绩效通常与目标的困难程度正相关。一个人的目标越困难，他所达成的目标也就越多。但是，如果目标极其困难，便会出现意外。目标困难导致沮丧，沮丧反过来又会降低绩效。另外，崇高的目标能够激发人的斗志。尼古拉斯说过，现实的目标导致无聊的、安逸的生活。即使你现在不能实现你的梦想，你可以先设定一些低级目标以获得进步。

（3）只有那些员工能够接受的目标才能够提高绩效。如果你拒绝接受某个目标，你就不会把它放入你的计划。正出于这个原因，与员工讨论目标才更有帮助，而不能将目标强加在员工身上。参与目标设定，对工作绩效的水平并没有多大影响，除非它能够提高目标的可接受性。但是参与目标设定也有一定的价值，因为人们在目标设定过程中能获得更大的满足。

（4）当目标可以用来评价绩效时将更为有效。当员工得知他们的绩效将采用他们达到目标的程度来进行评价时，目标的影响将增加。

（5）目标应该与反馈和奖励联系起来。员工如果有所进步，应得到一定的反馈，如因他们实现目标而获得一些奖励。奖励那些实现目标的人可能是很容易被接受的管理原则。反馈也很重要，因为它本身就是一种激励理论。接受肯定的反馈可以鼓励人们继续重复该行为；接受否定的反馈，则是告诉人们不要再继续这种行为。在目标设定过程中加入更多的反馈，可以通过设定一些可实现的短期的目标。通过这种方式，可以更频繁地衡量进展程度，能够为目标设定者提供定期的反馈。由于很多人缺乏耐心和自我约束力，所以如果他们不能在短期内看到结果，就不能坚持长期努力的工作。所以说，短期目标可以增强激励作用。

（6）团队的目标设定与个人的目标设定同等重要。让员工为实现团队目标而工作比仅仅为自己的个人目标而工作更能提高生产率。另外，将团队和个人目标连接在一起比单纯的团队目标或个人目标更为有效。

2. 目标设置理论对管理人员的启示

（1）目标设置必须符合激励对象的要求。激励对象的工作成就应同其正当的获得期望相联系，使激励对象表现出积极的目的性行为。员工只有真正认识到设置的目标合乎自己的期望和需要时，才会在目标实现的过程中付出大量而有效的努力，否则不会对员工的工作产生激励作用。

（2）注意目标设置的具体性。目标的内容要具体明确，能够有定量要求的目标更好，切忌笼统抽象。具体的目标更接近员工自己的利益，并使员工在不断的反馈中体验到成就感。但过于具体的目标又显得组织混乱，造成管理上的困难，也不利于企业对目标的宏观调控。因此，企业只有在某个整体目标的指导下，设置适当的具体的目标，这样更能提高工作绩效。

（3）鼓励员工参与个人目标和企业目标的设置。参与目标设置的员工比被领导者分配目标的员工更能建立较高的目标并取得较高的工作绩效，因为参与目标设置本身就增强了员工对目标的承诺，而员工被动地接受目标会导致出现设置的目标与自身需要不一致的地方。因此，可能影响工作效率和目标的实现。

（4）注意目标大的阶段性。实现一个短期目标可以使人较快地看到自己的进步，看到自己的努力和成绩之间的关系，并产生不断进取以达到下一个目标的愿望。目标制定的时间上，既有近期目标，又要有远期目标。应将长远目标分解为阶段目标，要把长远目标与阶段性目标有机结合起来，将长远的理想同近期的需要结合起来，掌握工作节奏，分段达到预期的目标。

（5）目标的难度拟定要适当。设置的目标既要切实可行，又要振奋人心。同一目标对不同人有着不同的难度，企业员工可以根据不同的任务难度调整自己的努力程度。针对不同岗位上的员工及员工能力间的差异设置合适的目标，将目标难度的设立与员工能力的高低和目标承诺结合起来，即有足够的能力和高度的目标承诺时，可以设置难度较大的目标，否则要做出适当调整。

（6）合理运用反馈机制。从心理学上分析，取得结果被承认后反馈给劳动者，可以使其产生积极的情绪反应，进而激励个人持续不断的，以更高的热情进行工作。其结果形成一个正反馈的连锁反应和产生性循环，使两终端互为能量补充。如果不让员工意识到他们的工作绩效并没有达到预期绩效的要求，则绩效不会有所改善，有效的管理者应当以一种能够诱发积极的行动反应的方式来向员工提供明确的绩效反馈。

（7）目标设置应注重对员工努力程度的反映，进行个性化的工作衡量。员工存在着能力、资历、性格等各方面的个体差异，所以目标设置应具有个性化。而要达到目标设置的个性化，就应注意对各个员工进行工作的努力程度的衡量，而不是用一个尺子去衡量所有的人，这样才能最大限度上激发每个员工的工作积极性。

相关链接

SMART 原则

制定目标看似一件简单的事情，每个人都有过制定目标的经历，但是如果上升到技术的层面，必须学习并掌握SMART原则。

所谓SMART原则，即：①目标必须是具体的（specific）；②目标必须是可以衡量的（measurable）；③目标必须是可以达到的（attainable）；④目标必须和其他目标具有相关性（relevant）；⑤目标必须具有明确的截止期限（time-based）。

无论是制定团队的工作目标还是员工的绩效目标都必须符合上述原则，五个原则缺一不可。

SMART原则一：S（specific）——明确性

所谓明确就是要用具体的语言清楚地说明要达成的行为标准。明确的目标几乎是所有成功团队的一致特点。很多团队不成功的重要原因之一就因为目标定得模棱两可，或没有将目标有效地传达给相关成员。

实施要求：目标设置要有项目、衡量标准、达成措施、完成期限及资源要求，使考核人能够很清晰地看到部门或科室的计划内容、计划的完成程度等。

SMART原则二：M（measurable）——衡量性

衡量性就是指目标应该是明确的，而不是模糊的。应该有一组明确的数据，作为衡量是否达成目标的依据。

如果制定的目标没有办法衡量，就无法判断这个目标是否实现。例如，领导有一天问"这个目标离实现大概有多远？"团队成员的回答是"我们早实现了"。这就是领导和下属对团队目标所产生的一种分歧。原因就在于没有给他一个定量的可以衡量的分析数据。但并不是所有的目标可以衡量，有时也会有例外，如大方向性质的目标就难以衡量。

实施要求：目标的衡量标准遵循"能量化的量化，不能量化的质化"。使制定人与考核人有一个统一的、标准的、清晰的、可度量的标尺，杜绝在目标设置中使用形容词等概念模糊、无法衡量的描述。对于目标的可衡量性应该首先从数量、质量、成本、时间、上级或客户的满意程度五个方面来进行，如果仍不能进行衡量，其次可考虑将目标细化，细化成分目标后再从以上五个方面衡量，如果仍不能衡量，还可以将达成目标的工作进行流程化，通过流程化使目标可衡量。

SMART原则三：A（attainable）——可接受性

目标是要能够被执行人所接受的，如果上司利用一些行政手段，利用权力性的影响力一厢情愿地把自己所制定的目标强压给下属，下属典型的反映是一种心理和行为上的抗拒：我可以接受，但是否完成这个目标，有没有最终的把握，这个可不好说。一旦有一天这个目标真完成不了的时候，下属有一百个理由可以推卸责任：你看我早就说了，这个目标肯定完成不了，但你坚持要压给我。

"控制式"的领导喜欢自己定目标，然后交给下属去完成，他们不在乎下属的意见和反映，这种做法越来越没有市场。今天员工的知识层次、学历、自己本身的素质，以及他们主张的个性张扬的程度都远远超出从前。因此，领导者应该更多地吸纳下属来参与目标制定的过程，即便是团队整体的目标。

实施要求：目标设置要坚持员工参与、上下左右沟通，使拟定的工作目标在组织及个人之间达成一致。既要使工作内容饱满，也要具有可达性。可以制定出跳起来"摘桃"

的目标，不能制定出跳起来“摘星星”的目标。

SMART 原则四：R（relevant）——实际性

目标的实际性是指在现实条件下是否可行、可操作。可能有两种情形：一方面领导者乐观地估计了当前形势，低估了达成目标所需要的条件，这些条件包括人力资源、硬件条件、技术条件、系统信息条件、团队环境因素等，以至于下达了一个高于实际能力的指标。另一方面，可能花了大量的时间、资源，甚至人力成本，最后确定的目标根本没有多大实际意义。

有时实际性需要团队领导衡量。因为有时可能领导说投入这么多钱，目的就是打败竞争对手，所以尽管获得的并不那么高，但打败竞争对手是主要目标。这种情形下的目标就是实际的。

实施要求：部门工作目标要得到各位成员的通力配合，就必须让各位成员参与到部门工作目标的制定中去，使个人目标与组织目标达成认识一致，目标一致，既要有由上到下的工作目标协调，也要有员工自下而上的工作目标的参与。

SMART 原则五：T（time-based）——时限性

目标特性的时限性就是指目标是有时间限制的。例如，我将在 2016 年 5 月 31 日之前完成某事。2016 年 5 月 31 日就是一个确定的时间限制。没有时间限制的目标没有办法考核，或带来考核的不公。上下级之间对目标轻重缓急的认识程度不同，上司着急，但下面不知道。到头来上司可以暴跳如雷，而下属觉得委屈。这种没有明确的时间限定的方式也会带来考核的不公正，伤害工作关系，伤害下属的工作热情。

实施要求：目标设置要具有时间限制，根据工作任务的权重、事情的轻重缓急，拟定出达成目标项目的时间要求，定期检查项目的完成进度，及时掌握项目进展的变化情况，以方便对下属进行及时的工作指导，以及根据工作计划的异常情况变化及时地调整工作计划。

总之，无论是制定团队的工作目标，还是员工的绩效目标，都必须符合上述原则，五个原则缺一不可。制定的过程也是对部门或科室先期的工作掌控能力提升的过程，完成计划的过程也就是对自己现代化管理能力历练和实践的过程。

三、行为改造型激励理论

行为改造型激励理论着重研究如何通过激励来调整和转化人们的行为，这种理论观点主张对激励进行有针对性的刺激，只看员工的行为与其结果之间的关系，而不是突出激励的内容和过程。如果这种激励对他有利，则这种行为就会重复出现；若对他不利，则这种行为就会减弱直至消失。这里我们主要介绍强化理论。

强化理论，又称为行为修正理论或行为矫正理论。该理论是有美国的心理学家和行为科学家斯金纳所提出的。该理论认为在操作条件作用的模式下，如果一种反应之后伴随一种强化，那么在类似环境里发生这种反应的概率就增加。而且，强化与实施强化的环境一起，都是一种刺激，人们可以以此来控制反应。因此，管理人员就可以通过强化的手段，营造一种有利于组织目标实现的环境和氛围，以使组织成员的行为符合组织的目标。

（一）强化理论的主要内容

根据强化的性质和目的可把强化分为正强化和负强化。在管理上，正强化就是奖励那些组织上需要的行为，从而加强这种行为；负强化就是惩罚那些与组织不兼容的行为，从而削弱这种行为。正强化的方法包括奖金、对成绩的认可、表扬、改善工作条件和人际关系、提升、安排担任挑战性的工作、给予学习和成长的机会等。负强化的方法包括批评、处分、降级等，有时不给予奖励或少给奖励也是一种负强化。

强化的具体方式有四种。

（1）正强化。正强化是指奖励那些符合组织目标的行为，以便使这些行为进一步加强，重复出现。

（2）惩罚。当员工出现一些不符合组织目标的行为时，采取惩罚的办法，可以约束这些行为少发生或不再发生。惩罚是力图使所不希望的行为逐渐削弱，甚至完全消失。

（3）负强化。负强化强调的是一种事前的规避。俗语“杀鸡儆猴”形象说明了两者的联系与区别。对出现了违规行为的“鸡”加以惩罚，意欲违规的“猴”会从中深刻地意识到组织规定的存在，从而加强对自己行为的约束。

（4）忽视。忽视就是对已出现的不符合要求的行为进行“冷处理”，达到“无为而治”的效果。

强化的主要功能，就是按照人的心理过程和行为规律，对人的行为予以导向，并加以规范、修正、限制和改造。它对人的行为的影响，是通过行为的后果反馈给行为主体这种间接方式来实现的。人们可根据反馈的信心，主动适应环境，不断调整自制的行为。

（二）强化的原则

（1）要依照强化对象的不同，采用不同的强化措施。人们的年龄、性别、职业、学历、经历不同，需要就不同，激励员工最好的方法是为他们提供他们所希望得到的奖励。

（2）分阶段设立目标，并对目标予以明确规定和表述。对于人的激励，首先要设立一个明确的、鼓舞人心而又切实可行的目标，只有目标明确而具体时，才能进行衡量和采取适当的强化措施。同时，还要将目标进行分解，分成许多小目标，完成每个小目标都及时给予强化，这样不仅有利于目标的实现，而且通过不断的激励可以增强信心。如果目标一次定得太高，会使人感到不易达到或者说能够达到的希望很小，这就很难充分调动人们为达到目标而做出努力的积极性。

（3）及时反馈。所谓及时反馈就是通过某种形式和途径，及时将工作结果告诉行动者。要取得最好的激励效果，就应该在行为发生以后尽快采取适当的强化方法。一个人在实施了某种行为以后，即使是领导者表示“已注意到这种行为”这样简单的反馈，也能起到正强化的作用。如果领导者对这种行为不予注意，这种行为重复发生的可能性就会减小以致消失。所以，必须利用及时反馈作为一种强化手段。

（4）正强化比负强化更有效。负强化及惩罚可以引起一定副作用。斯金纳通过系统的实验观察得出一条重要结论：惩罚就是企图呈现消极强化物或排除积极强化物去刺激某个反应，仅是一种治标的方法，它对被惩罚者和惩罚者都是不利的。他的实验证明，惩罚职能暂时降低反应率，而不能减少消退过程中反应的总次数。

（5）不固定时间和频率间隔的强化效果好。因为有机体在强化到来之前的反应率会有所提高。在这样的强化程序下，个体不知道什么时候会出现强化，但总有一种强化即将出现的期待。长此以往自然会形成习惯。也就是说，全部强化的结果，如果不继续强化，反应就消失了。反过来，部分强化的，即使后来不强化时，反应仍不会减弱。显然不强化竟会起积极作用。也就是说不强化会起着警戒作用，即遇到没有强化的条件时，不强化会使人学习到，一时没有结果以后还是有结果的。所以不强化同样可以收到学习的效果。全部强化，没有失败的教训，遇到挫折便不会继续努力，反而起到消极的作用。

（三）强化理论对管理者的启示

（1）应以正强化方式为主。在企业中设置鼓舞人心的安全生产目标，是一种正强化方法，但要注意将企业的整体目标和员工个人目标、最终目标和阶段目标等相结合，并对在完成个人目标或阶段目标中做出明显绩效或贡献者，给予及时的物质和精神奖励，以求充分发挥强化作用。

（2）采用负强化（尤其是惩罚）手段要慎重。负强化应用得当会促进安全生产，应用不当则会带来一些消极影响，可能使人由于不愉快的感受而出现悲观、恐惧等心理反应，甚至发生对抗性消极行为。因此，在运用负强化时，应尊重事实，讲究方式方法，处罚依据准确公正，这样可尽量消除其副作用。将负强化与正强化结合应用一般能取得更好的效果。

（3）注意强化的时效性。采用强化的时间对于强化的效果有较大的影响。一般而论，强化应及时，及时强化可提高安全行为的强化反应程度，但必须注意及时强化并不意味着随时都要进行强化。不定期的非预料的间断性强化，往往可取得更好的效果。

（4）因人制宜，采用不同的强化方式。由于人的个性特征及其需要层次不尽相同，不同的强化机制和强化产物所产生的效应会因人而异。所以，在运用强化手段时，应采用有效的强化方式，并随对象和环境的变化而相应调整。

（5）利用信息反馈增强强化的效果。信息反馈是强化人的行为的一种重要手段，尤其是应用安全目标进行强化时，定期反馈可使职工了解自己参加安全生产活动的绩效及其结果，既可使职工得到鼓励，增强信心，又有利于及时发现问题，分析原因，修正行为。

相关链接

皮格马利翁效应

在希腊神话里，皮格马利翁是赛普洛斯的国王，他雕了一尊少女的雕像，并爱上了这座少女雕像，后来女神被他的真情打动，赋予雕像生命，使皮格马利翁美梦成真，有情人终成眷属。英国剧作家萧伯纳以这个故事为蓝本，创作了喜剧《皮格马利翁》，在剧中，一个人以期望和耐心改变了另一个人的行为——伊莱扎从一个粗鲁、大嗓门的卖花女变成一个优雅、轻声细语和吸引人的淑女。“淑女与卖花女之间的区别，不在于其行为举止如何，而在于人们如何对待她”这句话成为至理名言。在心理学里，把这种在有目的的情境中，个人对自己或别人对自己的期望，在自己以后的行为结果中应验的现象，称为“皮格马利翁效应”或自验预言。

四、综合型激励理论

上述各种激励理论对激励实践都有指导意义，但是孤立地看待每种理论的做法是不恰当的。事实上，许多理论观点是相互补充的，只有将各种理论融会贯通，才会加深对任何激励个体的理解。美国行为科学家波特（L.W.Porter，1947～）和劳勒（E.E.Lawler），以期望理论为基础，于 1968 年提出了更完备的激励模式，较好地说明了整个激励过程，如图 7.3 所示。该理论以期望理论为基础，又将双因素理论、公平理论和强化理论融入了其中。

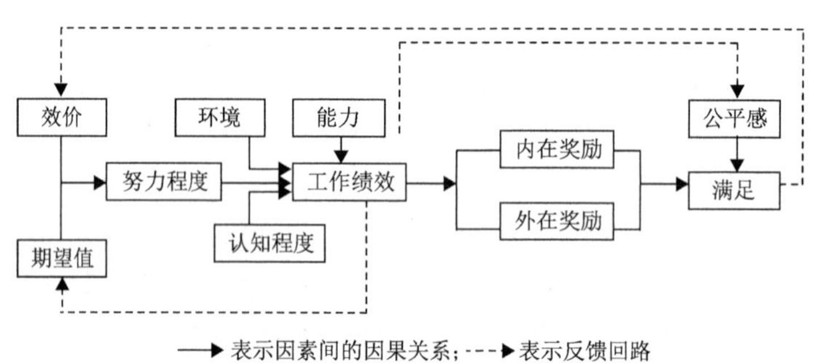

图 7.3 波特-劳勒综合激励模型

在此模型中，各种因素之间的主要关系是：员工的努力程度取决于员工对内在和外在奖励价值的认识和对努力导致奖励概论的估计，努力程度的大小影响其工作绩效，而工作绩效将使员工获得组织给予的内在和外在奖励，各种奖励影响员工的满足感。在该模式中的“内在奖励”与“外在奖励”则是在赫茨伯格的双因素理论基础上发展起来的，对影响员工激励效果的不同激励因素的激励措施。而这些激励措施又强化了员工个人的努力行为和结果（达成的绩效），“公平感”是公平理论所关注的要点。公平理论认为，人们对组织奖励资源的分配是否公正、合理做出个人判断，并产生相应的心理感受并影响到个体以后的努力程度。“能力”影响着每个人努力的效果和工作质量。而对“认知程度”则包含员工个人对自己的自我定位于评价和个人对组织对他的认可和期望的领会，它们都直接影响员工个人的工作绩效。个人是否满意及满意的程度将会回馈到其完成下一个任务的努力程度中。满意会导致进一步的努力，而不满意则会导致努力程度下降甚至离职。

波特和劳勒的综合激励模型，是对激励系统比较全面和恰当的描述，它告诉我们，激励和绩效之间并不是简单的因果关系。要使激励能产生预期的效果，必须考虑到奖励的内容、奖励制度、组织分工、目标导向行动的设置、公平考核等一系列的综合因素，形成奖励目标—努力—绩效—奖励—满意及从满意反馈回努力这样的良性循环。

第三节 激励原则与方法

导入案例

宏基公司的人员管理与激励

在中国台湾，有一个响彻全球的著名品牌，它就是宏基电脑（Acer）。宏基的发展与其创业者施振荣所提倡和实施的企业文化与管理方式有重大关系。

为了让员工将个人利益与公司利益紧密地联系在一起，将眼前利益与长远利益结合在一起，宏基在创立的第三年推出员工入股制度。施振荣认为，要让员工有信心入股，财务透明化是第一前提。于是公司设计了一套制度，包括每季公布财务报表，以净值作为买回离职员工股票的价格等，因此，在宏基电脑股票上市之前，内部就已经有公平的交易市场。

除了财务透明化之外，公司领导也想到，大多数同仁没有足够的钱入股，于是公司就采取贴钱的方式。早期，因为有股东撤股，公司就买下这部分股权，推动员工入股的时候，打 8 折卖给公司，公司再对折卖给员工，差价由公司吸收。就这样 ，宏基员工入股制跨出了第一步。

在施振荣的理念里，“人性本善”是最终要的核心价值观，他相信，当同仁被尊重、被授权的时候，就会将潜力发挥出来。这一点，他还真不是光说不练。施振荣对同仁一向客气，并尽可能向下授权。开会时，施振荣通常不会先发言，而是让同仁充分表达意见之后，才提出他的看法，有时，他和同仁的想法并不相同，但如果同仁坚持按照自己的方案，他会尊重同仁，让他们去试。同仁会非常珍惜这样的机会，非常努力去印证自己的看法，同仁独立自主的责任感也因此从中培养出来。特别是新进同仁，总会有些顾忌，放不开，但在主管愿意主动授权给他们之后，胆子一大，能力就施展出来了。

因为宏基的授权管理，同仁对公司的决策介入极深，所以难免出现不同的意见。施振荣很能包容同仁提出不同的意见，当少数有异议的同仁，被其他人“围剿”时，他还会劝大家：“公司能有不同的声音是件好事。”有人就称他是“刻意容忍异己”。

也因为这个风气的养成，施振荣在面对同仁的挑战时，就必须以沟通、说服来代替命令。最典型的例子就是 1989 年宏基将组织改成分散式多利润中心。在此之前，总部对转投资事业的股权比例都相当高，因此关系企业的收益都是统筹分配，但是因为关系企业的表现互有高低，于是获利状况较好的明基就坚持分家，不吃大锅饭。这个主张出现之后，有些事业的负责人很不以为然，因为每一家公司都是有起有落，为什么钱赚得少的时候不提分家，钱多了就要分家？站在公司领导人的角色，施振荣可以采取强制拒绝的做法，但是他觉得伙伴会这样想，其实也是人之常情，而且，让表现好的公司和表现不好的公司齐头分享利润，也不公平，所以就发展出各事业单位独立核算利润的架构。这个看法，最初是为了解决利润分配的争执，后来却促进各事业的经营绩效，并且奠定了宏基主从架构的基础。

多年来，施振荣一直把培养人才当成最重要的事，如今也有了成绩。他的许多部下现在都已经具备了独当一面的大将之风，施振荣常说，他以宏基的第二代接班人为荣，其实，不管是接班、授权、员工入股，或是建立人性本善的文化。都反映了施振荣的个性——看重人性的价值，而看淡钱财与权力，他曾经说过："只要看这个世界上有那么多财大势大的人，行为乱七八糟，道德还不如普通百姓，就会觉得仅仅追求财势真的没什么价值。"

（资料来源：宏基公司的人员管理与激励. http://www.chinacpx.com/zixun/115246.html [2011-06-01]）

管理者以科学的方法激励人内在的潜力，发展人的能力，充分发挥人的积极性，从而使组织成员为有效地实现组织目标而努力工作，不仅需要了解和研究激励理论，还要在运用这些理论的同时，掌握好激励的原则与方法。

一、激励的原则

激励是一门科学，其理论基础是马斯洛的需要层次理论。正确的激励应遵循以下原则。

（一）组织目标与个人目标相结合的原则

在激励机制中，设置目标是一个关键环节。目标设置必须同时体现组织目标的要求，否则激励将偏离实现组织目标的方向。目标设置还必须能满足员工个人的需要，否则无法提高职工的目标效价，达不到满意的激励程度，只有将组织目标与个人目标结合好，使组织目标包含较多的个人目标，使个人目标的实现离不开为实现组织目标所做的努力，这样才会收到良好的激励效果。

（二）物质激励与精神激励相结合的原则

人们进行社会生活，都是直接或间接地和物质利益联系在一起的。物质利益除了经济方面的重要作用外，还是人的安全、自尊的不可缺少的依据，因此，在员工的物质利益未得到充分满足时，对员工的激励应注重物质利益原则。鉴于物质需要是人类最基础的需要，但层次也最低，因此，物质激励的作用是表面的，激励深度有限。因此，随着生产力水平和人员素质提高，应该把重心转移到可以满足较高层次需要即社交、自尊、自我实现需要的精神激励上去。换句话说，物质激励是基础，精神激励是根本，在两者相结合的基础上，逐步过渡到以精神激励为主。

（三）公平原则

根据公平理论，人们是需要公平的，而公平是在比较中获得的，人们注重的不只是所得的绝对量，更注重的是可比的相对量，因此管理者应充分考虑一个群体内及群体外相关人员激励的公平性。"按劳分配"的原则就是为了体现公平性，但公平理论中的公平原则与"按劳分配"相比，则考虑到个人的主观感受，因而显得更加实际。

（四）差异化和多样化原则

所谓差异化就是针对不同的个人采用不同的激励方式；所谓多样化就是不应拘泥于一种方式，而应该视情况不同，灵活运用多种激励方法。这是从激励的本质出发，既然激励的本质就是满足个人的需要，而人的需要又是多种多样的，不断发展变化的，那么激励方式也就必须是多种多样的、彼此差异的。针对不同的人员的不同需要，可以采用创造工作环境的外在激励或针对工作本身的内在激励；既要有对复合组织目标要求行为的正向激励，又要有与组织要求相悖的行为的负向激励。事实证明，在激励工作中，只有坚持差异化和多样化原则，才能保证激励的有效性。

二、激励的方法

激励问题是一个复杂的、因人而异的问题，在实践中不存在唯一的最佳的激励方法。根据前述激励理论，常用的激励方法有以下几种。

（一）形象激励

这里所说的形象激励包括组织中领导者、模范人物的个人形象与优秀团队的集体形象等。无论哪一种形象，都能激发员工的荣誉感、成就感和自豪感，从而达到激励人的作用。为此，企业的领导者应把自己的学识水平、品德修养、工作能力、个性风格贯穿于自己的日常工作之中，以自己良好的个人形象对被领导者的思想和行为进行激励。同时，对于在工作表现中表现突出，具有代表性的新人、优秀员工、劳动模范及工作团队等，采用照片、资料张榜公布，开会表彰并发放荣誉证书，在电视、互联网上宣传等精神奖励方式，深入宣传和展现其良好的形象，号召和引导员工模仿学习。

（二）感情激励

感情是人们对外界刺激所产生的喜怒哀乐等心理反应，包括情绪和情感两种类型。感情需要是人类最基本的需要，也是影响行为最直接的因素之一。人与人之间的感情联系蕴藏着无限的潜能，可以超越物质利益、精神理想和外部压力的影响，产生“士为知己者死”的激励力量。因此，现代领导者不仅要注意以理服人，更要强调以情感人。感情激励就是加强与员工的感情沟通，从员工思想、生活、工作等各方面给予诚挚的关怀，想人所想，急人所难，与员工建立平等、亲切的感情，让员工感受到领导的关心和企业的温暖，以此来激发其积极性、主动性和创造性。

（三）信心激励

期望理论告诉我们，一个人在工作中受到的激励程度与个人对完成工作的主观性评价及工作报酬对自己的吸引力等有很大关系。当个人认为自己无论付出多大的努力都不能完成工作时，其工作的积极性肯定很低。出现这种情况，有些时候是因为工作确实超出了个人的能力范围，但更多的时候是由于个人对自己缺乏信心所致。他们往往不能清楚地认识和评价自己，不清楚自己的优势和劣势所在，怀疑自己的能力，因而错误判断了实现目标的可能性大小。这时就需要管理者在相信自己的员工的基础上，及时进行心理疏导，让他们充分认识到自己的优点和潜力，给予充分的鼓励，让他们看到未来的机会和希望，帮助他们树立“我能做好”的信心。员工有了良好的心态、必胜的信念和动力，就能激发出巨大的创造力。正像广告词说的那样：“只要有激情，一切皆有可能。”

（四）目标激励

目标激励是指设置适当的目标来激发人的动机和行为，达到调动人的积极性的目的。目标激励要求以明确的组织目标为依据，对其进行纵向和横向的层层分解，形成各层次、各部门乃至每一位员工的具体目标，各层次、各部门及每一位员工都以目标为标准，在实施目标的过程中，实行自我激励和自我控制。在目标激励过程中，要特别注意以下几点：第一，员工个人目标的设置，应结合其岗位工作的特点，充分考虑员工个人的特长、爱好和发展，将个人目标与组织目标相结合，使组织目标包含较多的个人目标，使个人目标的实现离不开为实现组织目标所做的努力。第二，目标必须具有明确性、可达性、挑战性和连续性，借以培养员工创造价值的成就感。第三，无论是组织目标还是个人目标一经确定，就应大张旗鼓地进行宣传，让全体员工深刻认识到自己工作的意义和前途，激发员工强烈的事业心和使命感，使员工在工作过程中达到自我激励、相互激励。第四，在目标考核和评价上，要在员工自我评价的基础上，从德、能、勤、绩等方面，定性和定量相结合，客观公正地进行评价，及时进行奖惩，并做到赏罚分明。

（五）绩效薪金制

这是一种最基本的激励方法，其要点就是将绩效与报酬相结合，完全根据个人绩效、部门绩效和组织绩效来决定各种工资、奖金、利润分成和利润分红等的发放。实行绩效薪金制能够减少管理者的工作量，使员工自发努力工作，不需要管理者的监督。现在许多企业对上至总经理下至普通员工的薪金报酬，都采用了底薪（月薪或年薪）加提成的方式，其结果既增加了营业额，也增加了个人收入，充分体现了绩效薪金制的优越性。在实施绩效薪金制时，需要注意以下几点：第一，必须明确组织、部门和个人在一定期限内应达到的绩效水平；第二，必须建立完善的绩效监督、评价系统，以正确评价实际绩效；第三，严格按照绩效来兑现报酬，所给报酬必须尽可能满足员工的需求。

（六）肯定与赞美

心理学家、哲学家威廉·詹姆斯曾说过：“在人类所有的情绪中，最强烈的莫过于渴望被人重视。”哈佛大学教授康特进一步指出：“薪资报酬只是一种权利，只有肯定才是一个礼物。”松下幸之助相信，许多员工都非常注意如何在工作中进步，并希望得到老板的承认，于是，他在带来访客人参观工厂时，会随便指着一位员工说，“这是我最好的主管之一”，从而使被指者倍感自豪。因此，员工最想从工作中得到的是，希望和尊重自己的人一起工作，当工作表现好时能受到表扬，以及对所发生的情况感受到一种了解的满足。

一个有效的管理者必须破除对金钱的迷信，随时了解和掌握员工的工作情况，及时给予承认和肯定，送上一声谢谢，给予一句赞美，充分满足员工的尊重需要。同时肯定和赞美员工必须怀有真诚之心，情真意切，发至内心地赞赏，充分发挥员工身上蕴藏的神秘潜能，激励员工进步；不能怀有笼络人心的目的，花言巧语，虚情假意，这样做不但不能激励人，反而会使人感到讨厌。

相关链接

赞美是激励下属最有效的方式

美国玫琳凯公司的总裁玫琳凯认为，“赞美是激励下属最有效的方式”，也是上下沟通中最有效果的手段，因为每位员工都需要赞美，只要你认真寻找就会发现，许多运用赞美的机会就在你面前。“凡是在玫琳凯公司员工生日的那天，都会受到玫琳凯的一份生日卡和一张祝福卡；每个新导公司的员工，第一个月内都会获得玫琳凯的亲自接见；每一个成绩突出的员工，都会受到玫琳凯的格外看待。每次她真诚赞美都会深得人心，这主要得益于她有效的赞美方法。”

在玫琳凯公司，当每个员工取得比上次更优秀的成绩时，就会获得一条缎带作为纪念。公司总部每年举行一次“年度讨论会”，参加的员工都是从公司选拔出来成绩优秀的员工代表，在会议中，公司会要求一些代表身穿象征荣誉的红色礼服上台发表演说，介绍他们的成功之道。

玫琳凯公司的做法很是可取的。因为任何公司的效益都是员工的积极工作所产生的结果。如果通过强权、金钱或者个人魅力来维持企业，那么危机将始终存在，爆发只是时间问题。要想使员工主动把工作做好，只有对自己的员工多些肯定、理解与赞美，少些怀疑、批评，他们才会更加尽心尽责，达成你的预期目标。

很多时候，企业中上司与下属之间的关系就像父母和孩子的关系——每个父母都希望自己的孩子越来越出色，但这离不开在孩子的成长过程中父母不断肯定与称赞。同样，如果员工的正确行为得不到上司的及时肯定，那么他在向正确方向迈出更大的步子之前，会有所顾忌，唯唯诺诺。《一分钟管理》的作者肯·布兰查德常常推荐管理者使用“一分钟赞美”，他说：“抓住人们恰好做对了事的一刹那进行赞美，你经常这么做，他们会觉得自己称职，工作有效益，以后他们很可能不断重复这些来博得赞美。”

（七）工作丰富化

日本著名的企业家稻山嘉宽在回答“工作报酬是什么”时指出：“工作的报酬就是工作本身！”深刻地指出了内在激励的无比重要性。与之相关的激励方式包括工作扩大化、工作轮换和工作丰富化。工作扩大化是指横向水平上增加工作内容，但工作难度和复杂程度并不增加，以减少工作的枯燥单调感；工作轮换是在同一层次和能力要求的工作之间进行调换，以培养员工多方面的能力；工作丰富化是在纵向层次上赋予员工更复杂、更系列化的工作，让员工参与工作规则的制定、执行和评估，使员工获得更大的自由度和自主权，满足其成就需要。三种方式中工作丰富化的激励作用最大。

工作丰富化的具体方式包括：让员工完成一件完整的、更有意义的工作；让员工在工作方法、工作程序、工作时间和工作进度等方面拥有更大的灵活性和自主性；赋予员工一些原本属于上级管理者的职责和控制权，促进其成就感和责任感；及时评价与反馈，让员工对工作进行必要的调整；自建自主性工作团队，独立自主完成重大的、复杂的工作任务。

现在，企业在解决了员工的温饱问题后，员工更为关注的是工作本身是否具有乐趣、意义、挑战性、创新性和成就感，是否能够实现自我价值等。要满足员工的这些高层次的需要，就必须实行工作扩大化、工作轮换和工作丰富化，实现内在激励。

（八）参与管理

参与管理就是让下级员工在一定层次和程度上分享上级的决策权，以激发员工的主人翁精神，形成员工对企业的归属感、认同感，进一步满足员工自尊和自我实现的需要。参与管理的具体方式有如下：做出一项牵涉面广的重大决策时，必须听取来自下家、基层和第一线的意见和建议；组建各层次代表参加的质量监督小组，定期检查和讨论质量方面的难题，查找原因，提出解决方案，监督实施修正计划；授予下级、基层和第一线员工更大的现场决策权，让其有权迅速处理各种突发问题。

（九）教育培训

在知识经济时代，知识更新速度不断加快，社会对企业和员工提出了更高的要求，企业和员工必须不断学习才能跟上时代的步伐。教育培训作为一种重要的学习方式，不仅能提高员工的知识水平，适应企业的发展需要，更能使员工以最大的热情奉献企业，实现员工个人的全面发展。教育培训既要抓员工的思想教育，以树立员工崇高的理想和职业道德；又要抓专业教育，以提高员工的工作能力。常见的教育培训方式是：在工作实践中“随时随地”地学习，不断丰富和积累知识；组织内部定期培训，提高员工的职业技能；脱产学习、参观考察、进高等院校深造等，让员工开阔视野，增加知识，更好地适应时代的需要；倡导和实施工作学习化、学习工作化，构建学习型组织，全面提升个人价值和组织绩效。通过以上多种方式，不断提高员工的思想品德素质、科学文化素质、社会活动素质、审美素质和身心素质，使其成为适应时代需求的人才。

实际上，激励的具体方式远远不止本书所介绍的这些，还有很多，这里只是介绍了其中最基本的、主要的方法。但有一点是肯定的，无论什么激励方法，都不是最有效或最无效的。有效的激励是和需要相联系，各种激励方法综合运用的结果。因此，在激励工作中必须坚持以需要作为激励的起点，在物质激励的基础上，重点进行精神激励。此外，必须充分考虑员工的个体差异，激励方式因人而异；必须结合不同时间和地点的具体条件和具体情况，进行激励；必须坚持以正面激励为主，通过表扬、奖励等激励始终保持员工队伍的蓬勃朝气，形成团结向上、奋发有为、开拓进取的良好局面；必须处理好个体激励与团队激励的关系，在个体激励的基础上，加强对团队的激励，充分发挥个体和团队的积极性、主动性和创造。

本章小结

激励就是激发人的动机，使人产生内在动力的过程，激励的首要目的是调动组织员工的积极性，激发组织成员的主动性和创造性，以提高组织的效率和企业的效益。管理者激励人们对组织有所贡献，将他们的投入集中到对组织有高业绩的方向，保证使高业绩者获得他们所期望的结果。

本章重点内容简要概括如下。

（1）激励的含义：激励可以被认为是一种心理的力量，它决定了组织中人的行为方向、努力程度，以及在困难面前的耐力，即管理者通过各种手段和方式刺激、激发人的动机，使其产生内在动力，从而调动其积极性，努力朝着有利于组织期望的目标前进的一种管理活动。

其中包括三个要素：努力、持久、朝向组织目标。

（2）激励的特性：目的性、相容性、反复持续的过程性、多样性及可变性。

（3）激励的过程：通过影响人的需求或动机而达到引导人行为的目的，是一种对人的行为的强化过程。它从个人的需要出发，到实现目标和满足需要而结束。激励过程主要有三个部分：需要、动机、目标。

（4）激励的作用：①充分挖掘员工的潜力，保证工作的有效性和高效率；②激发员工的创造性和创新精神；③吸引优秀人才；④留住优秀人才；⑤造就良性的竞争环境。

（5）内容型激励理论也称为需要理论，该理论主要着重突出被激励对象的未满足的需要或其最关心的问题，以此为激励的内容进行研究，并采取适当的方法进行有效的激励。有代表性的理论主要有：需要层次理论、ERG 理论、成就需要理论和双因素理论。

（6）过程型激励理论着重对行为目标的选择，即对动机的形成过程进行研究，试图说明员工面对激励措施，将选择一定的行为方式去满足他们的需要，以及确定其行动方式的选择是否成功。有代表性的理论有：期望理论、公平理论和目标设置理论。

（7）行为改造型激励理论着重研究如何通过激励来调整和转化人们的行为，该理论观点主张对激励进行有针对性的刺激，只看员工的行为与其结果之间的关系，而不是突出激励的内容和过程。如果这种激励对他有利，则这种行为就会重复出现；若对他不利，则这种行为就会减弱直至消失。有代表性的理论有：强化理论。

（8）激励的原则：激励的原则为管理者对员工进行激励，提供了基本的指导思想。激励原则主要包括以下四条：①组织目标与个人目标相结合的原则；②物质激励与精神激励相结合的原则；③公平原则；④差异化和多样化原则。

（9）激励的方法：激励的方式主要包括三大类。一是物质激励，即以物质利益为诱因，通过调节被管理者的物质利益来刺激其物质需要，以激发其动机的方式与手段。二是精神激励，即对员工精神上的一种满足和激励，让员工能够感受到来自企业的关怀。三是工作激励，即从工作本身出发，通过设置合理的目标、丰富的工作内容和形式，鼓励员工参与管理，以激发其动机的方式与手段。常用的方法有以下几种：形象激励、感情激励、信心激励、目标激励、绩效薪金制、肯定与赞美、工作丰富化、参与管理、教育培训等。

案例分析

山西焦化集团有限公司的“三严”“三化”兴厂之路

山西焦化集团有限公司（以下简称“山焦”）前身是山西洪洞焦化厂，1970年开工建设，1982年全面竣工验收，经过十几年的发展建设目前已形成固定资产原值4.49亿元，职工7100人，生产冶金焦、尿素、焦化苯、焦油、洗精煤等50余种产品的大型化工企业，其中省优产品占总产值的93.54%，公司连续10年实现利润、上缴利税每年递增10%以上，一直保持山西省利税大户和创收大户的地位，成为“全国现场管理先进企业”“全国化工优秀企业”和“山西省管理示范企业”。

治厂靠“三严”坚持不懈，10年前“山焦”曾经是山西省有名的亏损大户，职工人心浮动，多次被报上点名批评，如何扭转这种被动局面呢？以薛佩珍、李学桂为首的新一届领导班子自1985年上任以后，决心改变这种局面，他们首先从基础工作抓起，在学习当时化工企业的标兵——吉林化学工业公司企业管理经验的基础上，结合本厂实际，首先从严制定各种管理标准，根据本厂生产工艺特点，先后制定出179项管理制度，327个岗位责任条例，85种技术操作规程，234种管理标准和479种工业标准（以后经过归纳、整理、提炼共形成1730个管理标准）要求全公司上至领导，下到一般职工，必须严格遵守，执行各项规范的第一年有一次公司有位副经理上班迟到一分钟，立即在全厂进行通报批评，并处以罚款。这件事对全体职工震动很大，他们看到领导动了“真格”，对“严字当头”加深了认识，“按标准办事”在全厂上下逐渐形成一种共识。

为了严格劳动纪律，工艺纪律和安全纪律。1990年7月，“山焦”专门成立了岗位检查处，进一步加强对标准执行情况的检查。在劳动纪律方面，把迟到、早退、脱岗、串岗、睡岗、干私活、看与工作无关的书、报、杂志等七种现象规定为违纪行为。其中违纪一次，当月扣除奖金，年累计违反两次下调半级浮动工资。全年累计6次，予以除名。作为化工企业，防火十分重要。“山焦”规定在生产区吸烟一次罚款50元，中层以上干部吸烟一次罚款100元。岗检处建处6年来，共查处违反“三纪”人员6503人次（其中违反劳动纪律3216人次，工艺纪律2415人次，安全纪律1962人次）。1990年以来，“山焦”共开除违纪人员12名，留察违纪人员12名。

在惩罚从严的同时，“山焦”也特别注意重奖和表彰企业中遵章守纪、有突出贡献的职工。质监处青年助理工程师谢合理自行设计并制成尿素自动取样器，填补了国内外同行业的空白，被评为优秀科技干部，一次性奖金相当于当年公司职工的人均收入总和。合成车间青年女焊工郭晴霞，炼焦车间热修工段长贺兰根也都由于在工作中的出色表现，被授予多种荣誉称号，并获得相应的物质、精神奖励。总之，“山焦”就是靠着标准严、检查严、奖惩严、迈出了兴厂之路。

一、管理靠：“三化”精雕细刻

“山焦”通过十几年的摸索，不断地把企业纳入规范化管理，他们的做法如下。

第一，抓小事，职工行为规范化。为了建设文明、高效、安全、优良的企业形象，他们按照生产车间、后辅助车间，先现场、后办公室的顺序，对公司的各个岗位、各个库房、各类物品、各个区域全部实行定置管理，以各岗位更衣柜、工具柜按统一标准绘制并张贴物品定置图，职工存取物品依图办事，整个生产工作现象清洁、美观，人人感到心情舒畅。根据化工生产工艺连续性强的特点，在全公司生产岗位实行工艺巡检顶牌制，1992 年起在全公司设置大小标牌 700 个，牌上标注巡检时间、检查内容、操作工。生产技术处、公司调度室以及岗检处每天都坚持在 24 小时内定期与不定期检查，并做出检查记录。通过实行工艺巡检顶牌制，使许多潜在于工艺和设备上的问题得以及时发现，许多故障和隐患得以及时消除。备煤车间操作工陈福顺在巡回检查中，发现翻车机支架根部出现裂纹，立即上报，经公司组织人员抢修后避免了一起大型恶性事故。合成氨分厂合成车间操作工马洪喜在巡回检查时，发现油管堵塞，果断采取措施，使化肥系统生产运行正常，为公司挽回了一大笔经济损失。

第二，抓内涵、管理内容专业化。专业管理是企业管理的主要内容。“山焦”充分发挥专业管理处室的职能作用，使专项管理各具特色。在质量管理上，通过严格执行“质量三法”即投入产出法、质量否决法、优质优奖法，严把原料选购关、产品生产关、质量控制关。把产品质量和每个工作环节紧密联系起来，使企业主导产品冶金被评为“世界级民优产品”和“中华国产精品”。在节能管理上，坚持开发与节约并重的原则，认真落实 23 种共计 200 余条人员考核制度。进入 20 世纪 90 年代以后，各类产品消耗、指标逐年下调，“山焦”综合能耗比国际水平和国内先进水平实际分别低了 33.74 千克标煤和 43.74 千克标煤，成为山西省节能先进企业。在技术管理方面，坚持科技兴化的方针，自 1989 年以来先后完成重大科技攻关项目 52 公斤，其中尿素自动取样器和生化回水净化循环系统，以及 512 循环机减震装置均为国内首创。在财务管理方面，推行目标（费用）管理，设立内部银行，严格财务制度，保证上缴国家税费任务的完成，成为 AAA 信誉度企业。此外，山焦在安全管理、环保管理、营销管理、干部管理、后勤管理方面都各具特色，为“山焦”的不断发展和建设做出了贡献。

第三，抓落实，专业考核一体化，经过多年的经验总结，“山焦”认识到为了使党政工团工作紧紧围绕生产经营这个中心，使各项管理达到整体运行，全面发展的目的，他们推行了“全方位管理一体化”考核办法。具体的做法是：在统一时间内，按规定的检查标准，用统一的考核方法，对公司各单位的管理工作进行统一的检查和考核，每月初用一周时间，有公司领导带队，会同管理部门正职，按约定的顺序听汇报、实地检查、综合讲评并打分。考核得分，在月度综合奖金中兑现，并对前三名予以不同嘉奖。发现重大问题，责令限期解决。一体化考核，不仅使“山焦”在管理上精益求精，同时也避免了以往各生产部门为应付各种检查疲于奔命的状态，使企业纳入了程序化规范化管理，程序井然，生产稳定。

二、严中有爱、严中有情、增加企业的凝聚力

“山焦”在严字上铁面无私，但同时也注意到正确处理严与爱的辩证关系。在物质生活上，尽量想办法让职工安心、舒心。特别是对倒班的一线职工，提供免费夜餐，长期倒班的职工将工资上浮一级，目前全厂已有 380 名职工享受这种待遇。“山焦”每年

还投入大量资金用于职工教育。497名职工们通过自学，进修取得大专以上文凭，其中3名优秀科技人员由企业出资去国外深造。目前全公司仍有近400余名职工在国内大专院校进修和参加自学考试。在干部选拔上，公司领导鼓励职工毛遂自荐，对于符合后备干部条件的121人，进行跟踪考察，每年接受一次群众评议，目前已有48人被提拔进入领导岗位。山焦地处洪洞郊区，职工子女上学，是每位家长关心的大事。公司设身处地为职工着想，主动与50千米以外的省重点中学，临汾一中建立联系，凡考入该校的职工子弟，都由企业给予资助。每逢周末还派专车接送。子女顶替，往往也是每位退休职工的心愿。为了满足他们的愿望，凡体检和文化考试合格者，都予以录用。对于文化程度达不到初中毕业程度的，由企业负责出资培训，合格后再予以录用。

多年来，公司还组织大批职工前往北戴河、山西忻州和太原晋祠疗养院和旅游，使他们在紧张的劳动之余得缓解和休息。

“山焦”严爱结合，不断地造就着一大批爱岗敬业的山焦人。老知识分子吴永忠虽然年过七旬，仍然坚持跋山涉水到省外调查研究，他提出的炼焦方案实施后，每年为公司节约300余万元，光荣地出席了全国化工劳模大会。青年工程师吕旭芒设计的改造尿素生产中解吸气相带液方案，实施每年为公司增加经济效益150余万元，这样的例子，在山焦还有很多。正是这样一大批具有奉献精神的普通人，使公司的活力和生机不断增加，使生产经营活动得到不断发展。

“山焦”人在生产管理上的成功经验是显而易见的，但是他们没有以此为满足，公司的领导们深刻地意识到，随着市场经济和企业深化改革，“山焦”生产的产品面对着国际和国内市场的激烈竞争，如何使生产和经营活动更上一层楼，“山焦”将面临着更大的挑战！

（资料来源：山西焦化股份有限公司的“三严”“三化”兴厂之道. 现代企业管理案例. 太原：山西大学出版社，2012）

问题

1. 从激励方法看，“山焦”主要采用的激励手段是什么？
2. “山焦”“三严”“三化”从管理理论看，更倾向于哪种理论？
3. 从人性假设的理论分析，“山焦”的管理措施更倾向于哪种假设？
4. 从“山焦”的做法分析，你认为他们最成功的经验是什么？

实务训练

管理中常用的激励方式有目标激励、物质激励、信任激励、情感激励、行为激励、竞争激励、赞美激励、奖惩激励、危机激励。大家看一个如何运用激励方式的故事。

南山坡住着一群兔子。在蓝眼睛兔王的精心管理下，兔子们过得丰衣足食，其乐也融融。可是最近一段时间，外出寻找食物的兔子带回来的食物越来越少。为什么呢？

兔王发现，原来是一部分兔子在偷懒。兔王发现，那些偷懒的兔子不仅自己怠工，对其他的兔子也造成了消极的影响。那些不偷懒的兔子也认为，既然干多干少一个样，

那还干个什么劲呢？也一个一个跟着偷起懒来。于是，兔王决心要改变这种状况，宣布谁表现好谁就可以得到他特别奖励的胡萝卜。

一只小灰兔得到了兔王奖励的第一根胡萝卜，这件事在整个兔群中激起了轩然大波。兔王没想到反响如此强烈，而且居然是效果适得其反的反响。

有几只老兔子前来找他谈话，数落小灰兔的种种不是，质问兔王凭什么奖励小灰兔？兔王说："我认为小灰兔的工作表现不错。如果你们也能积极表现，自然也会得到奖励。"

于是，兔子们发现了获取奖励的秘诀。几乎所有的兔子都认为，只要善于在兔王面前表现自己，就能得到奖励的胡萝卜。那些老实的兔子因为不善于表现，总是吃闷亏。于是，日久天长，在兔群中竟然盛行起一种变脸式（当面一套背后一套）的工作作风。许多兔子都在想方设法地讨兔王的欢心，甚至不惜弄虚作假。兔子们勤劳朴实的优良传统遭到了严重打击。

为了改革兔子们弄虚作假的弊端，兔王在老兔子们的帮助下，制定了一套有据可依的奖励办法。这个办法规定，兔子们采集回来的食物必须经过验收，然后可以按照完成的数量得到奖励。

一时之间，兔子们的工作效率为之一变，食物的库存量大有提高。兔王没有得意多久，兔子们的工作效率在盛极一时之后，很快就陷入了每况愈下的困境。兔王感到奇怪，仔细一调查，原来在兔群附近的食物源早已被过度开采，却没有谁愿意主动去寻找新的食物源。

有一只长耳朵的大白兔指责他唯数量论，助长了一种短期行为的功利主义思想，不利于培养那些真正有益于兔群长期发展的行为动机。兔王觉得长耳兔说得很有道理，他开始若有所思。有一天，小灰兔素素没能完成当天的任务，他的好朋友都都主动把自己采集的蘑菇送给他。兔王听说了这件事，对都都助人为乐的品德非常赞赏。过了两天，兔王在仓库门口刚好碰到了都都，一高兴就给了都都双倍的奖励。

此例一开，变脸游戏又重新风行起来。大家都变着法子讨好兔王，不会讨好的就找着兔王吵闹，弄得兔王坐卧不宁、烦躁不安。有的说："凭什么我干得多，得到的奖励却比都都少？"有的说："我这一次干得多，得到的却比上一次少，这也太不公平了吧？"时间一长，情况越演越烈，如果没有高额的奖励，谁也不愿意去劳动。可是，如果没有人工作，大家的食物从哪里来呢？兔王万般无奈，宣布凡是愿意为兔群作贡献的志愿者，可以立即领到一大筐胡萝卜。布告一出，报名应征者好不踊跃。兔王心想，重赏之下，果然有勇夫。谁也没有料到，那些报名的兔子之中居然没有一个如期完成任务。兔王气急败坏，跑去责备他们。他们异口同声地说："这不能怨我呀，兔王。既然胡萝卜已经到手，谁还有心思去干活呢？"

问题

请大家基于此上的激励故事，讨论如何在不同的环境下，合理地运用不同的激励手段。

思考与练习题

一、单项选择题

1. 麦克利兰的理论认为，对管理人员而言最终要的是（　　）。

   A. 权利　　B. 社交　　C. 成就　　D. 安全

2. 马斯洛提出的需要层次理论属于哪种类型的激励理论（　　）。

   A. 归因性激励理论　　B. 过程型激励理论

   C. 强化型激励理论　　D. 内容型激励理论

3. 表扬、奖励员工，让他们参与管理，给他们提供培训机会，能满足员工的（　　）。

   A. 尊重需要　　B. 交往需要　　C. 安全需要　　D. 生理需要

4. 商鞅在秦国推行改革，他在城门外立了一根木棍，声称有将木棍从南门移到北门的，奖励 500 金，但没有人去尝试。根据期望理论，这是由于（　　）。

   A. 500 金的效价太低　　B. 居民对完成要求的期望值很低

   C. 居民对得到报酬的期望很低　　D. 枪打出头鸟，大家都不敢尝试

5. 以下各项表述正确的是（　　）。

   A. 保健因素和激励因素通常都与工作条件和工作环境有关

   B. 保健因素和激励因素通常都与工作内容和工作本身有关

   C. 保健因素通常与工作条件和工作环境有关，而激励因素与工作内容和工作本身有关

   D. 保健因素通常与工作内容和工作本身有关，而激励因素与工作条件和工作环境有关

6. 张宁在大学计算机系毕业以后，到了一家计算机软件公司工作。三年来，他工作积极，取得了一定的成绩。最近他作为某项目小组的成员，与组内其他人一道奋战了三个月，成功地开发了一个系统，公司领导对此十分满意。这天张宁领到项目经理亲手交给他的红包，较丰厚的奖金令小张十分高兴，但当他随后在项目小组奖金上签字时，目光在表上注视了一会儿后，脸便很快阴沉了下来。对于这种情况，下列哪种理论可以较恰当地给予解释？（　　）

   A. 双因素理论　　B. 期望理论　　C. 公平理论　　D. 强化理论

7. 以期望理论为基础的波特-劳勒模型表明：职务工作中的实际成绩（　　）。

   A. 主要取决于所作的努力

   B. 主要取决于一个人做该项工作的能力（知识和技能）

   C. 主要取决于一个人对所做工作的理解力（对目标、所要求的活动及任务的其他要素的理解程度）

   D. 在很大程度上受所作的努力的影响

8. 有这样一个小企业的老板，他视员工如兄弟，强调“有福共享，有难同当”，并把这种思路贯穿于企业的管理工作中。当企业的收入高时，他便多发奖金给大家；一旦企业产品销售状况不好，他就少发甚至不发奖金。一段时间后，却发现大家只是愿“有福共享”，而不愿“有难同当”。在“有难”时甚至还有员工离开公司，或将联系到的业务转给别的企业，自己从中拿提成。这位老板有些不解，你认为这是为什么？（　　）

A. 这位老板在搞平均主义　　B. 这位老板把激励因素转化成了保健因素
C. 员工们的横向攀比　　D. 这位老板对员工激励缺乏系统规划

9. 临时检查卫生、学生抽查考试，属于什么样的强化方式？（　　）
A. 固定比例的强化　　B. 可变比例的强化
C. 可变间隔的强化　　D. 固定间隔的强化

10. 如果职工 A 认为和职工 B 相比，自己报酬偏低，根据公平理论，A 会采取以下哪种行为？（　　）
A. 增加自己的投入　　B. 减少自己的投入
C. 努力增加 B 的报酬　　D. 使 B 减少投入

二、多项选择题

1. 某民营企业一位姓姚的车间主任，手下有十几个工人，他对自己“独有”的领导方式感到颇为自豪。他对手下人常说的一句口头禅就是：“不好好干回家去，干好了月底多拿奖金。”可以认为，姚主任把他手下的工人都看成是（　　）。
A. 生理需要的人　　B. 归属需要的人
C. 安全需要的人　　D. 尊重需要的人

2. 赫兹伯格提出的双因素理论中，被称为保健因素的是（　　）。
A. 薪金　　B. 人际关系　　C. 赏识　　D. 职业安定

3. 某市市委和市政府最近准备表彰全市 10 名“人民最满意的公务员”，但表彰意见并不统一。市委的表彰方案是：在市日报和电视台上宣传他们的事迹并报上级组织；送他们到省党校和行政学院学习，这是他们日后晋升的重要基础；可以作为市人大代表的候选人。市政府的方案是：每人奖励一套两室一厅的住房；组团到日本的友好城市学习并参观；每人可以要求解决一些具体的问题。事后的反馈发现，最受欢迎的是到党校和行政学院学习，其次是住房。某食品公司年终对 5 位表现最佳的部门经理的奖励是：每人奖给公司的 10 000 元股份；送往美国学习新的技术；在适当的时候，可以休假 15 天；可以到车间和行政上挂职。事后的反馈发现，最受欢迎的是到美国学习技术，其次是作为股份的奖金。针对 10 名“人民最满意的公务员”和 5 位部门经理对各项奖励措施的欢迎程度，说法正确的是（　　）。
A. 无论是公共部门的行政人员，还是企业部门的技术人员，作为优秀的人才，他们都愿意学习新知识，他们都具有“自我实现的需要”，是“自我实现的人”
B. 这些人都有晋升的需要，是注重权力和尊重的人
C. 他们对金钱并不看重
D. 他们有着各种各样的需求，是“复杂人”

4. 下面对马斯洛的需要层次理论的描述中，正确的是哪一项？（　　）
A. 人的需要可以分成五个层次
B. 人的需求是由低到高逐级向上发展的
C. 人在某个低层次的需要得到完全满足时，才会关注更高一级的需要
D. 人在某个阶段，通常有一个主导需要，可以针对这个主导需求对他进行激励

5. 2002 年 8 月北京大学五名登山爱好者在攀登西藏雪峰时，遇到雪崩不幸遇难，人们在赞扬他们精神的同时，也在思考如下问题：是什么力量鼓舞他们不畏艰险，努力攀登？

你认为主要的因素有（　　）。

A. 外在性激励，如领导的鼓励、支持、表扬等

B. 内在性激励，如目标任务的巨大吸引力

C. 内在性激励，如完成任务的自豪感，自尊感

D. 外在性激励，如物质利益的奖励与满足

6. 双因素理论中的“双因素”分别具有如下特征（　　）。

A. 激励因素与工作内容和工作本身有关

B. 保健因素与工作环境和工作条件有关

C. 保健因素能够起到直接激励的作用

D. 激励因素可以产生使职工满意的效果

E. 保健因素的改善只能防止职工的不满情绪

7. 对待马斯洛提出的需要层次理论，人们有着不同的理解和评价，请指出以下哪些属于需要层次理论的基本看法与观点？（　　）

A. 人有五种基本需要，它们之间是一个由低级向高级发展的过程

B. 人在不同的时期和发展阶段，一般总有一种需要发挥主导作用

C. 人的未满足的需要对人的行为具有驱动作用

D. 当较高层次的需要无法得到满足时，人们会出现需求倒退现象

E. A + D

8. 强化理论是指人的行为结果对动机的反作用，经理人运用强化理论时，哪些做法是不可取的？（　　）

A. 无论正负强化，均应强调及时性，且以正强化为主

B. 正强化强调及时性，负强化应尽量淡化和冷处理

C. 两种强化处理是否及时，应由环境决定

D. 正强化和负强化，要根据组织主管人员的意图决定

E. 正强化不仅包括物质奖励，而且包括精神激励

9. 以奖励作为激励手段时要做到（　　）。

A. 物质奖励与精神奖励结合起来

B. 奖励与思想政治工作结合起来

C. 奖励方式固定不来

D. 奖励与惩罚结合起来

E. 频繁地奖励

10. 人们受到刺激所做出的反应取决于多种因素，主要有（　　）。

A. 他们的个性

B. 对报酬的看法

C. 对任务的看法和期望

D. 他们的个人素质与知识结构

E. 组织结构

三、简答题

1. 什么是激励？简述激励的过程。

2. 需要层次理论的主要内容是什么？该理论对实际工作有什么启发？
3. 双因素理论对我们的管理工作有何意义？目前，奖金在我国大多数企业中是保健因素，还是激励因素？为什么？
4. 解释公平理论、强化理论的主要观点，谈谈他们对实际工作的启发。
5. 阐述波特-劳勒的综合激励模型。

参 考 文 献

陈嘉莉, 伍硕, 马慧敏. 2014. 管理学原理与实务. 北京: 北京大学出版社.
范逢春. 2013. 管理心理学. 北京: 中国人民大学出版社.
冯国珍. 2006. 管理学. 上海: 复旦大学出版社.
克雷纳. 2013. 管理百年. 钟秀斌译. 北京: 中国人民大学出版社.
罗宾斯, 库尔特. 2004. 管理学. 孙健敏译. 北京: 中国人民大学出版社.
彭新敏. 2010. 管理学. 上海: 复旦大学出版社.
文新. 2012. 有效激励员工的 N 个方法. 北京: 中国纺织出版社.
邢以群. 2005. 管理学. 杭州: 浙江大学出版社.
张满林. 2010. 管理学理论与技能. 北京: 中国经济出版社.
张扬, 侯建军. 2006. 管理学. 成都: 西南财经大学出版社.
周菲. 2007. 组织行为学. 北京: 机械工业出版社.
周三多, 陈传明. 2015. 管理学. 4 版. 北京: 高等教育出版社.

第八章 沟 通

如果你是对的，就要试着温和地、技巧地让对方同意你；如果你错了，就要迅速而热诚地承认。这要比为自己争辩有效和有趣得多。

——卡耐基

假如人际沟通能力也是同糖或咖啡一样的商品的话，我愿意付出比太阳底下任何东西都珍贵的价格购买这种能力。

——洛克菲勒

教学目标

学完本章后，你应该能够：

1. 掌握沟通的概念，了解沟通的基本过程。
2. 掌握沟通的渠道的分类标准、类型及其优缺点。
3. 了解正式沟通与非正式沟通的区别。
4. 了解人际沟通中可能存在的障碍。
5. 了解有效沟通的原则。
6. 掌握沟通的技能。

技能目标

1. 具备良好的人际沟通与交往能力。
2. 具备有效的沟通技巧，能在工作、人际交往过程中灵活运用。

案例导入

美国沃尔玛——企业成功源于沟通

美国沃尔玛公司总裁萨姆·沃尔顿曾说过：“如果你必须将沃尔玛管理体制浓缩成一种思想，那可能就是沟通。因为它是我们成功的真正关键之一。”

沟通就是为了达成共识，而实现沟通的前提就是让所有员工一起面对现实。沃尔玛决心要做的，就是通过信息共享、责任分担实现良好的沟通交流。

沃尔玛公司总部设在美国阿肯色州本顿维尔市，公司的行政管理人员每周花费大部分时间飞往各地的商店，通报公司所有业务情况，让所有员工共同掌握沃尔玛公司的业务指标。在任何一个沃尔玛商店里，都定时公布该店的利润、进货、销售和减价的情况，并且不只是向经理及其助理们公布，也向每个员工、计时工和兼职雇员公布各种信息，鼓励他们争取更好的成绩。

沃尔玛公司的股东大会是全美最大的股东大会，每次大会公司都尽可能让更多的商店经理和员工参加，让他们看到公司全貌，做到心中有数。萨姆·沃尔顿在每次股东大会结束后，都和妻子邀请所有出席会议的员工约2500人到自己的家里举办野餐会，在野餐会上与众多员工聊天，大家一起畅所欲言，讨论公司的现在和未来。为保持整个组织信息渠道的通畅，他们还与各工作团队成员全面注重收集员工的想法和意见，通常还带领所有人参加"沃尔玛公司联欢会"等。

萨姆·沃尔顿认为让员工们了解公司业务进展情况，与员工共享信息，是让员工最大限度地干好其本职工作的重要途径，是与员工沟通和联络感情的核心。而沃尔玛也正是借用共享信息和分担责任，适应了员工的沟通与交流需求，达到了自己的目的，使员工产生责任感和参与感，意识到自己的工作在公司的重要性，感觉自己得到了公司的尊重和信任，积极主动地努力争取更好的成绩。

沟通的管理意义是显而易见的。如同激励员工的每一个因素都必须与沟通结合起来一样，企业发展的整个过程也必须依靠沟通。可以说，没有沟通企业管理者的领导就难以发挥积极作用，没有顺畅的沟通，企业就谈不上机敏的应变。

因此，在管理过程当中，不可轻视信息沟通。从某种意义上讲，沟通已成为现在员工潜意识的重要部分，是员工激励的重要源泉。重视每一次沟通所产生的激励作用，企业管理者会发现对员工的最大帮助就是心存感激。"士为知己者死"，企业管理者的"理解、认同"的"知遇之恩"也必将换来员工的"涌泉回报"。

作为一名企业管理者，要尽可能地与员工们进行交流，使员工能够及时了解管理者的所思所想，领会上级意图，明确责权赏罚。避免推卸责任，彻底放弃"混日子"的想法。而且，员工们知道得越多，理解就越深，对企业也就越关心。一旦他们开始关心，他们就会爆发出数倍于平时的热情和积极性，形成势不可挡的力量，任何困难也不能阻挡他们。这正是沟通的精髓所在。

如果企业管理者不信任自己的员工，不让他们知道公司的进展，员工就会感觉自己被当成"外人"，轻则会打击员工士气，造成部门效率低下；重则使企业管理者与员工之间产生严重隔阂，无法达成共识。当然，管理中的沟通误会，并非都出自企业管理者与员工之间的隔阂，缺乏共同的沟通平台往往也会造成沟通误会。

由此可见，理解、认同、适应对方的语言方式和行为习惯，是强化管理沟通最基本的内在条件。

（资料来源：沃尔玛——企业成功源于沟通. http://www.comme.com.cn/new-2392-1.html [2013-08-30]）

第一节　沟通的概述

交流沟通对于组织而言至关重要，很多管理者将其比喻成组织紧密结合在一起的黏合剂。缺乏沟通是大多数组织面临的首要问题，也是其他许多问题发生的诱因之一。除非管理者与其他人有所沟通，否则他们无法顺利地实施管理的职能。例如，一个管理者缺乏超凡的沟通能力，那么他也很难有先见之明。在管理、专业技术和销售等方面的工作中，面对面沟通在很大程度上如同篮球和网球中的跑步一样关键。此外，有效的沟通能力对员工的晋升也会产生至关重要的影响。一般情况下，缺乏沟通能力的员工常常与晋升无缘，特别是当他们的工作与人际交往非常密切的时候。因此，沟通不但对于管理人员，对于员工自身也是非常重要的。

一、沟通的含义

“沟通”是一个经常使用的字眼。但究竟什么是沟通，却是众说纷纭。《大英百科全书》认为，沟通就是用任何方法，彼此交换信息。即指一个人与另一个人之间以视觉、符号、电话、电报、收音机、电视或其他工具为媒介，达到信息交换的目的。

《韦氏大辞典》认为，沟通就是为了一个设定的目标，将文字、图片、声音等信息在个人或群体间传递，并且达到共同协议的过程。

西蒙认为，沟通可视为任何一种程序，借此程序，组织中的每一成员，将其所决定的意见或前提，传递给其他有关成员。

在英文中，communication 这个词既可以译作沟通，也可以译作交流、交际、交往、通信、交通、传达、传播等。这些词在中文中的使用尽管会有些微差异，但它们本质上都涉及了信息交流或者交换的意思。本书综合有关沟通的各种定义，将沟通定义为：

沟通是借助一定手段把可理解的信息、思想和情感在两个或两个以上的个人或群体中传递或交换的过程，目的是通过相互间的理解与认同来使个人或群体间的认知及行为相一致。

沟通是人与人之间转移信息的过程，有时人们也用交往、交流、意义沟通、信息传达等术语，它是一个人获得他人思想、感情、见解、价值观的一种途径，是人与人之间交往的一座桥梁，通过这座桥梁，人们可以分享彼此的感情、知识，也可以消除误会，增进了解。

为了更好理解沟通的概念，以下几点需要大家注意。

首先，沟通是意义上的传递。如果信息和想法没有被传递到，则意味着沟通没有发生。也就是说，说话者没有听众或写作者没有读者都不能构成沟通。

其次，要使沟通成功，意义不仅需要被传递，还需要被理解。例如，朋友写的一封信使用的是信息接受者一窍不通的法语，那么不经翻译就无法称之为沟通。沟通是意义的传递与理解。完美的沟通，如果其存在的话，应是经过传递后被接受者感知到信息与发送者发出的信息完全一致。尤为重要的是，一个观念或者一项信息并不能像有形物品一样由发送者传送给接受者。在沟通过程中，传递的只是一些符号，而不是信息本身。语言、身体动作、表情等都是一种符号。传递者首先把要传送的信息“翻译”成符号，而接受者则进行相反的“翻译过程”。由于每个人“信息-符号储存系统”各不相同，对同一符号（如身体语言）常存在不同的理解。例如，在美国，用拇指和食指捏成一个圈向别人伸出时，象征“OK”这个词；而在日本，表示的却是钱。

最后，良好的沟通常被错误地理解为沟通双方达成协议，而不是准确理解信息的意义。例如，当意见产生分歧时，不少人常常将分歧归因于对方未能完全领会自己的看法，他们认为良好的沟通是使别人接受自己的观点。但是，你可以非常明白对方的意思，却不同意对方的看法。事实上，沟通双方能否达成一致协议，别人是否接受自己的观点，往往并不是由沟通良好与否这个因素决定的，它还涉及双方根本利益是否一致、价值观是否类同等其他关键因素。例如，在谈判过程中，如果双方存在着根本利益的冲突，即使沟通过程中不存在任何噪声干扰，谈判双方沟通技巧十分娴熟，往往也不能达成一致协议，但是沟通双方每个人都已充分理解了对方的观点和意见。困难重重的巴以和谈就是典型的例子。

二、沟通的过程

沟通过程就是发送者将信息通过一定的渠道给接受者的过程。该沟通过程涉及发送者、接受者、通道与噪声、反馈等要素，以及两个子过程：一个是发送者对信息的编码过程；另一个则是接受者对信息的解码过程。这两个过程之所以被视为黑箱过程，是因为无法监测而且难以控制这两个过程，这是人脑的思维和理解过程。前者是反映事实、事件的数据和信息如何经过发送者的大脑处理、理解并加工成双方共知的语言的过程，而后者是接受方如何运用自己已有的知识，将其理解，还原成事实、事件的过程，如图8.1所示。

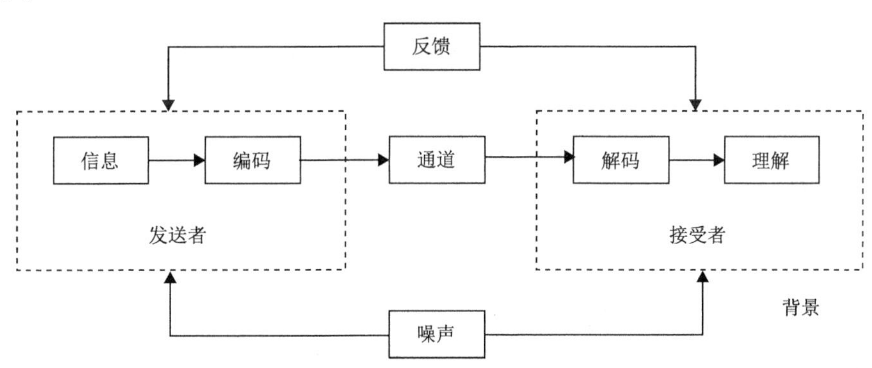

图 8.1 沟通过程模型

发送者把意图编码成信息，通过媒介物——通道传送至接受者；接受者对接收到的信息加以解码，并对发送者做出相应的反应，成为反馈；在沟通过程中不可避免地会存在各种噪声干扰，导致沟通效果不理想，同时由于每次沟通都处于一定的环境背景当中，不同的时空背景下，沟通效果也会有所不同。从沟通过程图中可以总结出，沟通包括七大要素。

（一）发送者和接受者

沟通的主体是人，任何形式的信息交流都需要两个或两个以上的人参加。由于人与人之间的信息交流是一个双向互动的过程，所以把一方定义为信息的发送者，而另一方定义为信息的接受者，但需要指出的是，信息的发送者与接受者是相对而言的。双方身份是可以相互转换的。发送者作为信息的传递者，是整个沟通过程的起点，在沟通过程当中其作用是提供用于交流的信息，处于主动地位。而接受者是信息接受的客体，是被告知的对象，处于被动地位。发送者和接受者这种地位对比的特点对于信息交流有着至关重要的影响。

（二）编码与解码

将所要传递的信息、思想与情感等内容转化成相应的语言、文字、图形或者其他非语言形式表达出来就构成了编码的过程。因此，沟通过程中信息是否能够被接受者所正确理解，这个环节是非常重要的，如果信息发送者编码清晰、逻辑严谨，那么信息接受者能够正确理解信息的概率就高。

如何评价信息发送者编码能力高低，一般有三个标准：一是认知，即“对不对”的问题；二是逻辑，即“通不通”的问题；三是修辞，即“美不美”的问题。也就是说，发送者在信息编码过程中，必须系统分析、充分考虑接受者的情况，注重所传递信息内容的可读性。接受者在解码信息的过程中，也必须考虑到信息发送者本身的能力，从而更加准确地去把握对方所传递的意图。

解码也称为译码，即信息接受者对所获取的信息（包括中性信息、思想、情感）的理解过程。简单来说，就是信息接受者将信息传递者所传递的内容转化成自己理解内容的过程。例如，将一种语言转化为另外一种语言，也可以是他人的一种肢体语言，如招手代表打招呼、你好，这实际上就是信息解码的一个过程。要指出的就是，信息传递者与接受者之间文化水平、价值观、生活背景的差异，往往会导致双方信息传递失误，导致信息被误解或曲解。而沟通的目的是希望接受者对发送者所发出的信息做出真实的反应及采取正确的行动，如果达不到这个目的，就说明沟通不灵，产生了沟通障碍。

编码和解码两个过程是沟通成败的关键。最理想的沟通，应该是通过编码和解码两个过程后接受者形成的信息与发送者的意图完全吻合，也就是说，编码和解码完全“对称”。“对称”的前提条件是双方拥有类似的知识、经验、态度、情绪和感情等。如果双方对信息符号和内容缺乏共同经验，则容易缺乏共同的语言，那么无法达到共鸣，从而使双方在编码和解码过程中不可避免地出现误差和障碍。

（三）信息

信息是沟通传递的客体。接受者并不能直接领会发送者内心的思想、观点和想法，他只有通过发送者所传递的信息来领会对方的情感、想法及观点。因此，实际上信息是传递者真正意图的物化。在沟通过程中，人们只有通过“符号—信息”的联系，才能理解传递内容的真正含义。由于不同的沟通主体所建立起来的“符号—信息”系统有所差异，接受者与传递者之间的沟通才会存在偏差。

在一种认知体系中，符号本身是可以代表一定的意义的，可以是图形图像、文字组合，也可以是声音信号、建筑造型，甚至可以是一种思想文化。所有的沟通信息都可以由两种符号组成：语言符号和非语言符号。人类所面对的客观事物几乎是无限的，可人类只能用有限的词汇和抽象的概念工具来描述无限的事物。每个人都可以根据自己的阅历、经验、知识、能力对语言进行联想，并赋予它独特的定义，正是如此，人与人之间的沟通才会出现误解。

（四）通道

通道，也称渠道或是沟通媒介，是信息传递的媒介物。例如，声音、电子邮件、肢体语言等。一般而言，信息传递的媒介物分为两种：一种是语言符号；另一种是非语言符号。其中，语言符号又可以分为口头和书面两种形式。非语言符号可以通过人的眼神、表情、动作和空间距离等来进行人与人之间的信息交流。

一般来说，更加情感化的、敏感的，以及负面的话题最好要面对面地交流。比如，给一个员工升职或惩罚。要告诉同事他的衣服破了，最好就是直接告诉他，如果用电子邮件、眼神的方式就不合适了。组织中的许多沟通是依靠非语言符号来进行的。例如，在会议当中，员工在表达个人意见时，领导的微笑点头传递的就是“我同意你的说法”。

因此，信息发送者要根据信息的性质选择合适的传递渠道。传达政府报告、员工绩效评估等正式、严肃和权威的事情，宜用书面形式。在各种通道中影响最大的仍是面对面的原始沟通方式，因为它可以最直接地发出及感受到彼此对信息的态度和情感。

（五）背景

沟通都是在某种特定的环境下进行的，同样的一次沟通在不同的时空、环境背景下，那么导致的沟通效果是不一样的，正是由于沟通双方所处的环境是动态变化的，彼此之间的沟通效果也是动态变化的。一般而言，沟通背景大致包括四个方面，分别是心理背景、社会背景、文化背景和物理背景。

1. 心理背景

心理背景是指沟通主体相互之间的情绪和态度。主要包括两个方面：一是沟通双方本身内在的情绪。沟通者处于兴奋、激动状态时与处于悲伤、焦虑状态时的沟通意愿和行为是截然不同的，后者往往思维处于抑制和混乱的状态，沟通意愿不强烈，编码和解码的过程也会受到干扰。二是沟通双方的关系。如果沟通双方彼此对立或关系冷漠，其沟通常常由于存在偏见而出现误差，双方都较难理解对方的意思。

2. 社会背景

社会背景是指沟通双方的社会类别及其社会地位。人们之间的社会类别和社会地位可以根据两种尺度予以度量：一是人们之间由于相对权力差异而产生的“决定者”和“从属者”的区分；二是人们之间由于相对距离的差异而产生的“亲密者”和“疏远者”的区分。例如，上级与下级的关系是一种“决定者”和“从属者”的关系；而朋友之间更多的是一种平等的关系。所以上级与下级之间在工作场合可能表现出与“疏远”关系相适应的行为，但是朋友之间则表现出的是与“亲密”关系相适应的行为。因此，特定的社会地位及其关系，决定了他们在沟通的过程中有一定的模式。例如，上级可以拍拍下级的肩膀，告知下属干得不错。但一般情况，下级不会采用相同的模式与上级进行沟通。因此，人们之间为了达成良好的沟通，在沟通时必须选择切合自己与对方的沟通方法和模式。

3. 文化背景

文化背景是人们生活在一定的社会文化传统中所形成的价值取向、思维模式、心理结构的总和。文化背景影响着沟通的每一个环节。一般而言，文化背景分为两个方面：一是长期的文化积淀，它是人们思考行动的内在依据。当两个不同文化背景的人发生碰撞、交融时，就能体会这种隐性的影响。例如，东西方之间由于文化差异，在沟通方式上也就存在着较大的不同。例如，东方人重礼仪，因此在沟通上强调的是委婉；而西方人重效率，因此在沟通上强调的是直接。二是文化教育，也即一个人所受的教育程度不同，对其沟通的模式也会产生内在的影响。例如，受过高等教育的人与一个仅仅只接受过九年义务教育的人相比较，他们的思维方式、表达方式也都会存在极大差异。

4. 物理背景

物理背景是指沟通发生的时间、地点。不同的地点所造成的沟通氛围是不一样的。例如，在一个富丽堂皇的大礼堂做报告跟在办公室与下属高谈阔论，其沟通的气氛、表达方式是完全不同的。此外，沟通的时间不同，沟通效果也会大相径庭。比如，一种情况是某位公司职员刚与妻子吵架之后与其沟通工作绩效问题，另一种情景是在员工获得公司嘉奖之后与其沟通绩效问题，你觉得在哪种情况下沟通效果会比较好呢？当然是第二种。因此，选择合适的时间进行沟通是非常重要的。

（六）噪声

噪声是沟通过程中对信息传递和理解产生干扰的一切，存在于沟通过程的各个环节。根据噪声的来源，可以将噪声分为内部噪声、外部噪声、语义噪声。内部噪声来自沟通主体身上，如注意力分散、存在某些信念和偏见等，态度、技能、知识和社会文化系统都会造成内部噪声。外部噪声是指来源于环境的各种阻碍接受和理解信息的因素。常见的外部噪声是声音的骚扰，例如，和亲密的朋友推心置腹地交流时，周围突然有人大声喊叫。不过外部噪声不单指声音，还可能是光线、冷热等。教室的光线不好，会使学生不能看清黑板上的授课内容；在上课的时候，教室过分闷热，同学们难以集中精力学习。还有一种是信息经过沟通渠道时出现信息的损失和破坏，如用电话沟通时，电话线路不好；又如，用电子邮件进行沟通时，电子邮件设置出现问题，对方无法按时收到自己的电子邮件。语义噪声指的是沟通的信息符号系统差异所引发的沟通噪声。人们个体的差异往往会导致人们内在的信息符号代码系统不能完全一致，因此也就在客观上留有产生系统差异噪声的可能性。

（七）反馈

反馈是指接受者把收到并理解了的信息返送给发送者，以便发送者对接受者是否正确理解了信息进行核实。通过反馈，双方才能真正把握沟通的有效性，可以让沟通的参与者知道思想和情感是否按照他们计划的方式分享，有助于提高沟通的准确性，减少出现误差的概率。为了检验信息沟通的效果，反馈是必不可少和至关重要的。与信息的传递一样，反馈的发生有时是无意的。例如，不自觉地流露出的表情等方式，会给发送者返回许多启示。面对面交谈的参与者可以获得最大的反馈机会，而且交流中包含的人越少，反馈的机会越大。获得反馈的方式可以是提问、观察面部表情及肢体动作等。

三、沟通的作用及意义

沟通的作用

电影《荒岛余生》中汤姆·汉克斯扮演的男主人公被困在孤岛上，因为孤独，把一个排球作为最好的朋友和精神寄托。当他的排球朋友 Wilson 消失在大海中，他奋力去救但没办法救回来，大喊“I’m sorry”。这镜头感动得让人流泪。我们离不开别人，更离不开沟通。

（一）沟通的在组织中的作用

在人们的生活中，沟通无处不在。在企业管理中更是如此。通过沟通可以交流感情，获取信息。人们在工作、娱乐、居家时，或者希望和一些人的关系更加稳固和持久时，都可以通过交流、合作、达成协议来达到目的。

而在组织管理中，沟通的作用主要表现在四个方面。

1. 沟通是组织与外部环境之间建立联系的桥梁

任何组织都是在一定社会环境中生存的，一个好的组织一定是一个适应环境的组织。在生产经营活动中，组织必然要与政府管理部门、供应商、客户、投资者、行业相关组织等发生各种各样的联系。组织必须了解他们的需要，然后才能采取措施予以满足，而这些必须通过沟通才能实现。而且，由于外部环境总是处于不断的发展变化中，为了适应环境，组织必须与外界保持持久的沟通。

2. 沟通是组织协调每个员工、各要素之间关系，实现科学管理的手段

要达到科学管理，管理者一方面必须充分了解组织内部的信息，另一方面还必须及时将组织的决策、计划、发展状况等及时通报员工，只有这样，组织才能有效控制、指挥整个组织的活动，协调各环节的关系。而如果没有科学、有效的沟通网络，这些工作是无法实现的。

3. 良好的沟通可以消除矛盾，有效激励下属

通过沟通，领导者可以充分了解下属的生活、工作情况，发现问题及时解决；同时有效的沟通可以使员工更多地参与企业管理，激发员工的工作热情。

4. 沟通有利于满足员工的心理需要，形成良好的人际氛围

有效的沟通可以加深人们之间的了解，增进友谊，消除彼此的隔阂和误会，解决矛盾与纠纷，从而形成良好的人际关系；同时，良好的沟通也可以满足人们的情感需要、归属需要等。

这四种功能无轻重之分。要使群体运转良好，就需要在一定程度上控制员工，激励员工，提供情绪表达的手段，并做出决策。在群体或组织中几乎每一次沟通都能实现这四种功能之中的一种或几种。

（二）沟通的意义

沟通是人类组织的基本特征和活动之一。没有沟通，就不可能形成组织和人类社会。家庭、企业、国家都是十分典型的人类组织形态。沟通是维系组织存在，保持和加强组织纽带，创造和维护组织文化，提高组织效率、效益，支持、促进组织不断进步发展的主要途径。

有效的沟通可以使一件事情高效率地完成，让我们享受更美好的生活。善于沟通的人懂得如何维持和改善相互关系，更好地展示自我需要、发现他人需要，最终赢得更好的人际关系和成功的事业。

有效沟通的意义可以总结为以下几点：①满足人们彼此交流的需要；②使人们达成共识、更多地合作；③降低工作的代理成本，提高办事效率；④能获得有价值的信息，并使个人办事更加井井有条；⑤使人进行清晰的思考，有效把握所做的事。

第二节　沟通的方式

案例导入

IBM 内部的沟通

IBM 内部的人事沟通渠道可分为三类：员工—直属经理；员工—越级管理阶层；其他渠道。“员工—直属经理”的沟通是很重要的一条沟通渠道。

“员工—直属经理”的沟通是很重要的一条沟通渠道。其主要形式是：每年由员工向直属经理提交工作目标，直属经理定期考核检查，并把考评结果作为员工的加薪依据。IBM 的考评标准有五级：未能执行的是五级；达到既定目标的是四级；执行过程中能通权达变、完成任务的是三级；在未执行前能预知事件变化并能做好事前准备的为二级；一级的考绩，不但要达到二级的工作要求，其处理过程还要能成为其他员工的表率。

“员工—越级管理阶层”的沟通有四种形态：其一是“越级谈话”，这是员工与越

级管理者一对一的个别谈话；其二是人事部安排，每次由 10 名左右的员工与总经理面谈；其三是高层主管的座谈；其四是 IBM 最重视的“员工意见调查”，即每年由人事部要求员工填写不署名的意见调查表，管理幅度在 7 人以上的主管都会收到最终的调查结果，公司要求这些主管必须每 3 个月向总经理禀报调查结果的改进情况。

其他沟通渠道包括“公告栏”、“内部刊物”、“有话直说”和“申述制度”等。IBM 的“有话直说”是鼓励员工对公司制度、措施多提意见的一种沟通形式（一般通过书面的形式进行），员工的建议书会专门有人搜索、整理，并要求当事部门在 10 天内给予回复。IBM 的“内部刊物”的主要功能是把公司年度目标清楚地告诉员工。IBM 的“申诉制度”是指在工作中，员工如果觉得委屈，他可以写信给任何主管（包括总经理），在完成调查前，公司注意不让被调查者的名誉受损，不大张旗鼓地调查以免当事人难堪。

为了确保沟通目标得以实现，IBM 制定了一个“沟通十诫”：一是沟通前先澄清概念；二是探讨沟通的真正目的；三是检讨沟通环境；四是尽量虚心听取别人的意见；五是语调和内容一样重要；六是传递资料尽可能有用；七是应有追踪、检讨；八是兼顾现在和未来；九是言行一致；十是做好听众。

沟通是一门实践的艺术。不同的环境，采用的沟通方式应有所差异。在具体的沟通实践中，不同的沟通方式都遵从沟通的基本技巧，但因为各自有不同特点，所以有自己的沟通要求。实践中，因为不同情景要求采用不同的沟通方式，主要的沟通方式分为书面语言沟通、口头语言沟通和非语言沟通三大类。

[资料来源：龚文. IBM 的员工沟通方式. 科学大观园，2008，（22）：77]

沟通的方式主要是指沟通的形式，即信息通过什么媒介进行传递并被接受者理解。采取不同的信息媒介，即形成不同的沟通方式。沟通的方式主要分为口头语言沟通、书面沟通、非语言沟通和网络沟通四大类。

一、口头语言沟通

口头语言沟通，是指用口头语言作为信息媒介来传递信息的沟通方式。口头语言沟通可以是两个人面对面的会谈，也可以是管理者面对广大听众进行演讲，它可以是正式的，也可以是非正式的，主要包括面谈、会议、电话、演说、讨论等。

与其他沟通方式相比较，口头沟通具有全面、直接、互动、及时反馈的特点。

（1）全面：沟通者在口头沟通中传递了包含文字语言、声音语言、肢体语言的全面信息，而这些全面信息又被沟通对方接收到。

（2）直接：沟通双方不需要借助其他信息渠道，双方通过自己的视觉器官、听觉器官及心灵直接接收感知到对方发出的信息。

（3）互动：双方在沟通中进行信息发送、接收、发送的传递过程，即双方是互动的。

（4）及时：双方的信息发送、接收、发送过程是立即开展的。这就要求沟通者在口头沟通中尤其要遵守沟通规律，以达成沟通效果。

在口头沟通过程中，应遵循：先远观、后近看、再言听，然后是沟通者把听到的文字信息与声音信息、看到的肢体语言信息进行综合感知，形成对沟通者、沟通信息的综合评判，再互动反馈。也就是沟通者先从较远处观察沟通对方的形象仪态、后在近处细细地察看沟通对方的行为礼仪与表情、再听沟通对方的招呼与开场白，接收综合信息以感知沟通对方是否热情、可亲，形成第一印象，构建亲和力；然后是在口头表达的过程中，通过伴随传递的声音语言、肢体语言信息继续加强亲和力；通过观察、询问、聆听来察知沟通对方心理需求，针对心理需求进行有效表述，在恰当时机进行有效促成，同时化解异议，如此达成有效沟通。

综上所述，口头沟通与其他沟通方式相比较，其优点是：沟通过程中，信息发送者与信息接受者当面接触，有亲切感，并且可以运用一定的肢体语言、表情和语气等增强沟通的效果，使信息接受者能更好地理解、接受所沟通的信息。其不足之处在于：沟通范围有限；沟通过程受时间和空间的限制；沟通完成后缺乏反复性；同时对信息传递者的口头表达能力要求比较高；并且口头沟通的信息难以保存。

应聘游戏中考核听、问、说三结合表现

一家著名的公司在面试员工的过程中，经常会让 10 个应聘者在一个空荡的会议室里一起做一个小游戏，很多应聘者在这个时候都感到不知所措。在一起做游戏的时候主考官就在旁边看，他不在乎你说的是什么，也不在乎你说的是否正确，他是看你这三种行为是否都出现，并且这三种行为是有一定比例出现的。如果一个人要表现自己，他的话会非常得多，始终在喋喋不休地说，可想而知，这个人将是第一个被请出考场或者淘汰的一个人。如果你坐在那儿，只是听，不说也不问，那么，也将很快被淘汰。只有在游戏的过程中你说你听，同时你会问，这样就意味着你具备一个良好的沟通技巧。

所以每个人在沟通的时候，都必须养成良好的沟通习惯，除了要锻炼自身的表达能力，学会如何说之外，还要懂得如何倾听别人的意见、如何表达出自己的困惑和不解，以此提高沟通的效率。简而言之，就是在沟通的过程当中，除了说，还要有听和问两种行为，这三者之间的比例要协调。

二、书面沟通

书面沟通是指采用书面文字形式进行的沟通，书面沟通包括信函、各种出版物、传真、平面广告、浏览网页、电子邮件、即时通信、备忘录、报告和报表等任何传递书面文字或符号的手段。

与其他沟通方式相比，书面沟通具备以下特点：①保存信息。文字信息存于纸质载体，可留存信息。②信息单一。只有文字信息。③互动慢。不是即时反馈，反馈速度慢。④正式。作为正规信息资料，内容严谨、有条理，内容组织格式清晰。

作为一种正式的、用于信息留存的沟通方式，沟通者以书面信息进行沟通时，同样经历亲和力（对文章的第一印象）、问题与目的是否明确、是否有效表述、有否提出有效建议的心理感知，尤其对于材料的视觉观感、内容的逻辑性与有效性、段落格式的规范性、抬头与落款的礼貌用语等方面，相比较其他沟通方式更加敏感与高要求。不管是作为学生还是员工，不管是作为普通员工还是管理者，不管是服务员还是销售员，书面沟通都是生活与工作中不可或缺的沟通方式，不但可以帮助达成有效沟通，同时体现了自己的综合素养。

书面沟通的优点：首先，书面沟通是切实的和可检验的。典型情况是，发送者和接受者都有沟通的记录，消息可以被储存保留很长时间，如果对消息的内容存在疑问，记录作为物理依据可供以后参考。这一特性对于内容复杂及长篇大论的沟通尤其重要。新产品的市场计划很可能包含大量的任务，通常要延续好几个月。通过以书面的形式将计划记录下来，在计划生命期内执行计划者可以很方便地查阅该记录。书面沟通的最后一点好处来自沟通本身。人们的书面表达往往比口头表达更为仔细。与传递口头消息相比，书面沟通更完善、更有逻辑性、更清晰。

当然，书面沟通也有缺点。这种方式太费时间。例如，与一小时的笔试相比，通过一小时的口试，大学指导老师可以获得更多的有关考生的信息。事实上，如果一件事情要用一小时才能写下来，你只需花 10～15 分钟就能够口头说明白。因此，虽然书写更精确，但同时会消耗大量的时间。另一个主要缺陷是反馈慢或缺乏反馈。通过口头沟通人们能够对所想的和所听到的做出迅速反馈，但书面沟通没有这种内在的反馈机理。其结果是，邮寄一份备忘录并不能确保接收，而且，即使收到，也不能保证接受者准确理解发送者的意图。口头沟通很方便，要求接受者重复你所说的内容，正确地重复，提供反馈证据表明消息被准确无误地接收并理解。

三、非语言沟通

非语言沟通指的是通过人的动作和行为等非语言来传递信息的沟通方式。它包括动作、表情、体态、声调等。

有研究表明，在面对面的沟通中，三种信号源在信息解释过程中的相对重要性如下：言语（实际说出的语言）影响力 7%、声音（音调、音高、音质）影响力 38%、面部表情和体态影响力 55%。因此，每当我们向某人传递语言消息时，同时也在发送非语言消息。任何关于沟通的讨论，如果忽视了非语言沟通，都是不完整的。因此，非语言沟通方式对语言沟通效果的影响是非常重要的。

作为信息的接受者，对于非语言方面保持警惕是非常重要的。在听取发言者话语的字面意义的同时，还需要留意非语言的暗示。你尤其必须了解信息之间的矛盾。例如，在礼节性拜访中，主任一边说“热烈欢迎”，一边不停地看手表，客人便知道起身告辞的时间到了。事实上，在言语只是一种烟幕的时候，非语言的信息往往能够非常有力地传达“真正的本质”。扬扬眉毛、有力地耸耸肩、突然离去能够交流许多具有价值的信息。

非语言沟通的优点在于：适当的非语言沟通能够强化语言沟通的效果，并且更加生动和直接。比如，教师上课时，看到学生们的眼神无精打采或者有人开始打瞌睡，无需语言说明，学生们已经告诉他，他们厌倦了。同样，当纸张沙沙作响，笔记本开始合上时，所传达的信息已十分明确——该下课了。

非语言沟通的缺点在于：单独使用非语言沟通形式容易导致错误或模糊的信息传递，比如，在下班时遇见一言不发、脸色阴沉的老板，员工就会猜疑是否自己犯了错误，但实际上老板只是牙痛病犯了；不当的非语言沟通形式还可能起到削弱沟通效果的作用。比如，一位管理者一边宣称自己非常愿意听取下属的建议，一边又让秘书替自己会见来访下属，这就给人造成言行不一的感觉；非语言沟通的应用范围较窄，往往只是在面对面的沟通中使用。

四、网络沟通

随着时代的进步，信息技术的发展，网络的流行，改变了人们原有的沟通方式。网络沟通现在变成了最常用的一种沟通方式。什么是网络沟通？简单讲，网络沟通是指在网络上以文字符号为主要语言信息，以交流思想和抒发感情为主要目的的一种沟通手段，常见的网络沟通方式有电子邮件（E-mail）、网上论坛（BBS）、网上聊天（IRC）、虚拟社区发表评论等，其中运用最多的就是 E-mail 和网上聊天。

E-mail，即电子邮件，这是目前使用频率较高的一种网络沟通方式，这种沟通方式类似于传统的信件沟通。但它又与传统的信件沟通有所不同。与传统的信件沟通相比较，电子邮件具备它自己独有的特性：速度快、没有空间制约；可以传递数字化的多媒体，包括文字信息、声音信息、图像信息；传递的都是数字化信息，那么背景信息就缺乏，如真实字迹都不知道，这样会影响到整体的沟通质量。电子邮件是简易版的信件，对其文字组织的要求与信件基本相同，只不过要简洁。另外，要非常注意礼貌用语与请求语句，如尊称、请求、谢谢、祝福与敬语、署名。最后，还要有明确的主题，如“张三致李四的……”。

网上聊天，是基于网络平台如聊天室、QQ 进行一对一交流的沟通方式，它与口头沟通的聊天有很大区别。网上聊天主要通过文字语言信息进行传递，无法传递声音语言、肢体语言信息，无法感知到对方的情绪反馈；而文字语言信息是可以有意识加工的，所以网上聊天的信息有极大的不真实性、不全面性。但文字信息交流有利于理清思路，有助于加强交流的深度。网上聊天需要即时反馈，会不耐烦于迟钝的反应；匿名状态下的沟通有两种极端，或者克服羞涩心理完全本色沟通，或者以非真实身份来参与聊天；不一定会有共识，但可以享受聊天这一过程的乐趣，有人会因此乐此不疲、深陷其中。好坏掺杂，莫衷一是。要达到较顺畅的网上聊天，有很多讲究，随着网络世界的发展，一切都在变化中。

各种沟通方式的比较见表 8.1。

表 8.1　各种沟通方式比较

沟通方式	举例	优点	缺点
口头	交谈、讲座、讨论会、电话	传递速度快、反馈及时、信息量大	传递中经过的层次越多，信息失真越严重、核实越困难
书面	报告、备忘录、信件、文件、内部期刊、布告	持久、有形、可以核实	效率低、缺乏反馈
非语言	声、光信号、体态、语调	信息意义十分明确，内涵丰富，内容可以复制传播，十分有利于大规模长久的传播	传递距离有限，界限模糊，只能意会，不能言传
网络沟通	计算机网络、电子邮件、社交软件	信息传递速度快、信息容量大、远程传递信息、效率高、成本低	单向传递，电子邮件、社交软件可以交流，但看不见表情

第三节 沟 通 类 型

案例导入

沟　通

美国知名主持人林克莱特一天访问一名小朋友，问他说："你长大后想要当什么呀？"小朋友天真地回答："我要当飞机的驾驶员！"林克莱特接着问："如果有一天，你的飞机飞到太平洋上空所有引擎都熄火了，你会怎么办？"小朋友想了说："我会先告诉坐在飞机上的人绑好安全带，然后我挂上我的降落伞跳出去。"当在现场的观众笑得东倒西歪时，林克莱特继续注视这孩子，想看他是不是自作聪明的家伙。没想到，接着孩子的两行热泪夺眶而出，这才使得林克莱特发觉这孩子的悲悯之情远非笔墨所能形容。于是林克莱特问他："为什么要这么做？"小孩的答案透露出一个孩子真挚的想法："我要去拿燃料，我还要回来！"

从这个故事当中，给我们的提示是：你真的听懂了下属的话了吗？你是不是习惯性地用自己的权威打断下属的语言？我们经常犯这样的错误：在手下还没有来得及讲完自己的事情前，就按照自己的经验大加评论和指挥。反过来想一下，如果你不是领导，你还会这么做吗？打断下属的语言，一方面容易做出片面的决策，另一方面使员工缺乏被尊重的感觉。时间久了，下属将再也没有兴趣向上级反馈真实的信息。反馈信息系统被切断，领导就成了"孤家寡人"，在决策上成了"睁眼瞎"。与下属保持通畅的信息交流，将会使你的管理如鱼得水，以便及时纠正管理中的错误，制订更加切实可行的方案和制度。

（资料来源：http://www.360doc.com/content/13/0829/16/2036792_310745742.shtml [2013-08-29]）

在企业管理过程中，组织内部沟通的类型多种多样，按照划分标准的不同，可以划分出多种不同类型的沟通渠道。根据沟通信息的流向划分，可以分为下行沟通、上行沟通、横向沟通和斜向沟通；按照信息沟通的可逆性划分，可以分单向沟通和双向沟通；按照信息沟通的网络划分，可以分为正式沟通网络和非正式沟通网络。

一、根据沟通信息的流向分类

信息在企业当中传递有多个流向，既有自上而下的流动，也有自下而上的流动，还有水平或交叉的流动。在中国由于崇尚礼仪，中国人的人际关系实际上是一种人伦关系，而人伦是有大有小，又上有下的，不能以大欺小，也不能以下犯上。但事实证明，如果在沟通中只有自上而下的沟通就会出问题，因为这种形式的沟通忽视了沟通的另一主体，即信息的接受者。管理大师彼得·德鲁克曾经说过，信息沟通应该是从接受者开始，也就是说信息的流向主要应当是自下而上的。

（一）下行沟通

下行沟通，又称为向下沟通，是指信息自上而下的沟通，也就是信息从组织的较高层次向组织较低层次传递的过程。是位居高位者向下属传达意见、发号施令等，即通常所说的上情下达。因此，在下行沟通当中，“上”应是主体。要想沟通顺畅，上司要降低自己的姿态，不要一副高高在上的样子，使下属畏惧，产生不愿意沟通的反感。中国人重视身份地位，所谓的“大人不计小人过”，就是“大人”不愿意放下身份去同“小人”斤斤计较。所以，越是位高权重的人，越会表现出平易近人的样子，同下属说话的时候就如同仁慈长者，多数是谆谆教导的口吻。凡是那些动不动就大发雷霆、咄咄逼人的上司，一般在与下属沟通方面都会存在各种各样的问题。下行沟通这种方式通常在充满专制气氛的组织中使用较为频繁。自上而下的口头沟通采用较多的媒介形式，包括命令、指示、谈话、会议等。

自上而下的沟通方式一般用来传递这样几种信息。

一是组织目标和战略的实施，即就组织下阶段的新的战略和目标进行沟通，提供相关信息，为下属指明发展目标。例如，“明年我公司计划通过一系列的营销活动和政策倾斜，增加华东地区的市场份额”。

二是工作指令，即告诉某人应该开展哪些工作及该工作和组织内其他活动的关系如何。例如，“请将上个月的超市销售情况分析本周五交至采购部，下一季度的采购计划急需这份材料”。

三是程序与惯例，即对组织的政策、规定、规章、福利、组织结构等做出详细说明。例如，“在本公司工作满五年，即可享受无息住房贷款 50 万元”。

四是绩效反馈，即对员工或部门的工作效果的考评情况进行转达。例如，“刘梅在客户服务上的出色表现为公司赢得了良好的声誉”。

五是教化，即通过各种形式向员工灌输企业的文化，并通过参加各种形式的仪式活动来鼓励他们，如表彰大会、野餐会、公司庆典、晚宴等。例如，“公司去年在同仁们的共同努力下获得了前所未有的发展，为了感激诸位的努力，拟于 1 月 20 日举行盛大的新年宴会”。

自上而下的沟通方式能够加强上下级之间的联系，其主要优点有：第一，可以帮助下级主管部门和组织成员明确工作的任务、组织的目标要求和领导的意图，增强员工的责任感和归属感。第二，他可以增强上下级之间的联系，协调组织内部各个层次的活动，加强组织原则和纪律性，使组织各项工作正常地进行下去。同样，该种沟通方式的缺点也是显而易见的。下行沟通过程中，信息在传递时，往往会发生信息的遗漏和曲解，最高管理层发布的命令和知识有时根本没有被下属接受和理解，发下去的文件下属可能看也不看。因此，在进行下行沟通时，建立有效的反馈系统是非常有必要的。此外，采用下行沟通传递信息，一般需要花费的时间比较长，时间上的延误可能会耽误工作的最佳时机。所以为了快速传递信息，有些高层领导人采取直接把信息交给接受者的办法，绕开不必要的中间环节，以此来提高信息传递的效率和准确性。

（二）上行沟通

上行沟通，又称为向上沟通，即信息自下而上的传递过程。在这种沟通形式下，信息沿着组织层次向上流动。居下者向居上者陈述实情、表达意见，即人们通常所说的下情上达，如下级向上级反映意见、汇报工作情况、提出意见和要求、解决与客户或同事发生的纠纷等。在向上沟通中，“下”应是主体。上行沟通，应是尊重而不吹捧、请示而不依赖、主动而不越权。在向上沟通时，下属应该谨记“上下”观念，安守本分，小心自己的言行，让上司感受到尊重。积极的向上沟通可以提供员工参与管理的机会，减少员工因不能理解下达的信息而造成的失误，营造开放式氛围，提高企业的创新能力，缓解工作压力。

上行沟通有两种表达形式：一是层层传递，即依据一定的组织原则和组织程序逐级向上级反映，即下属和自己的直接上级领导进行沟通。二是越级反映，是指组织员工向比自己职位高两级或两级以上的领导反映。

自下而上的沟通方式容易提高员工的工作积极性，其主要优点有：员工可以通过上行沟通的方式直接把自己的意见向领导反映，获得一定程度的心理满足，并且使问题得到实际的帮助和解决；此外，管理者也可以利用这种方式了解企业的经验状况，与下属形成良好的关系，改进自己的工作，提高管理水平。

但由于上级和下属之间思考问题的方式及地位差别，这种信息沟通方式容易受到身份差别和其他一些人为因素的影响。上行沟通的不足之处主要表现在：在沟通过程中，下属因级别差异造成的心理距离，从而在沟通过程中形成了一些心理障碍，在沟通过程中不能畅所欲言；还有些员工由于担心自己的意见会遭到领导的嘲笑或打击报复，不愿反映工作中出现的各种问题。有时，由于特殊的心理因素，经过层层过滤，大致信息严重失真甚至扭曲，出现适得其反的结果。因此，上行沟通常常效果不佳。只有上行沟通畅通无阻，各层次管理人员才能及时了解工作进展的真实情况，了解员工的需要和要求，体察员工的不满和怨言，了解工作中存在的问题，从而有针对性地做出相应的决策。因此，上行沟通过程中，应防止信息层层“过滤”，尽量保证信息的真实性和准确性。

（三）横向沟通

为了使组织能够有效运行，除了部门内部之间需要沟通之外，部门与部门之间、相同层级的员工同样需要进行沟通，也就是说，在企业内部除了下行沟通和下行沟通之外，还需要横向沟通，才能有效保证企业目标的实现。

横向沟通又称为平行沟通，是指同阶层人员的横向联系，如公司内部同级部门之间都需要平行沟通，以促进彼此的了解、加强合作，免得产生隔阂、影响团结。横向沟通是在分工基础上产生的，是协作的前提。做好横向沟通工作，在规模较大、层次较多的组织中尤为重要，它有利于及时协调各部门之间的工作，减少矛盾。横向沟通的目的是交换意见，以求心意相通。横向沟通与下行沟通、上行沟通有所不同，不管是下行沟通还是上行沟通，沟通主导者明确。而横向沟通，由于是平级之间的沟通，大家一样大，很容易产生“谁怕谁”的心态，对沟通十分不利。在这种情况下，要想进行顺利的沟通，要先从自己做起，尊重对方，对方才会用同样的态度对待你。

横向沟通主要有以下三种形式。

（1）解决部门内部的问题。这种沟通通常在部门内部的员工之间进行，常常与工作的进程有关。例如，“小王，你的报表已经提交了吗？”

（2）促进部门之间的协作。这种沟通通常在部门之间进行，常常与合作项目或任务完成有关。例如，“张三，今天下午销售部和市场部有一个会议请你通知一下，是关于新产品促销的问题”。

（3）提高积极性和改进工作。这种沟通通常在部门内部或部门之间进行，常常与信息分享、组织变革及成长改进有关。例如，“李四，这个季度我们奶粉的销售额又增加了5%，你觉得我们可以在哪些方面再做些努力以维持这个增长势头呢？”

在企业管理过程中，横向沟通是必不可少的，其优点有：第一，横向沟通可以使办事程序、手续简化，节省时间，提高工作效率；第二，横向沟通可以加强各部门之间的联系、了解、协作与团结，减少各部门之间的矛盾和冲突，有助于培养整体观念和合作精神；第三，横向沟通可以增加员工之间互谅互让，培养员工之间的友谊，改善人际关系，满足职工的社会需求，使员工提高工作兴趣，改善工作态度。其不足之处在于：横向沟通头绪过多，信息量大，易于造成混乱；此外，横向沟通，尤其是个体之间的，也可能成为员工发牢骚、传播小道消息的一条途径，容易使企业内部士气涣散，不利于团结。

二、按照信息沟通的可逆性分类

根据信息沟通的可逆性可将信息分为单向沟通和双向沟通。

（一）单向沟通

单向沟通，是指信息沟通时，一方发出信息，一方接受信息，不反馈意见，这就是单向沟通。如图8.2所示。例如，上级发文件、作报告，组织向外单位发信函等即属此类。

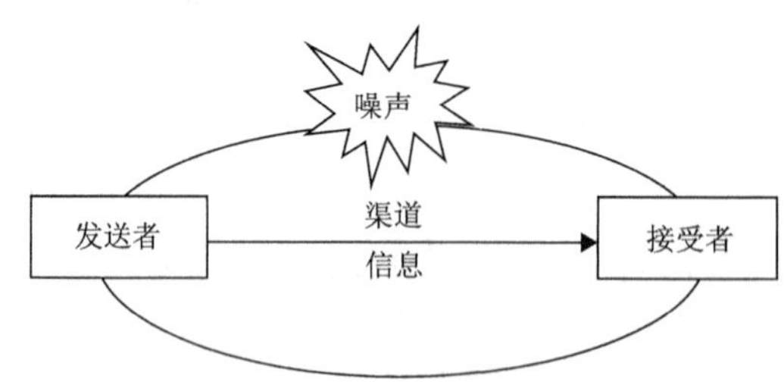

图8.2　单向沟通

单向沟通一般比较适合以下情况：一是沟通的内容简单，并要求迅速传递的信息；二是下属易于接受和理解解决问题的方案；三是下属没有了解问题的足够信息，反馈不仅无助于澄清事实反而容易出现沟通障碍；四是情况紧急而又必须坚决执行的工作和任务。单项沟通的优点是信息传递速度快、信息的权威性高。但是由于没有信息的反馈，较难把握沟通的实际效果，沟通者的积极性会受影响。

（二）双向沟通

双向沟通，是指信息沟通时，接收人接收到信息后，再把自己的意见反馈给发送者。如图 8.3 所示。双向沟通是发送者和接受者相互之间进行信息交流的过程，在沟通中双方位置不断变换，沟通双方往往既做发送者同时又是接受者。双向沟通中的发送者以协商和讨论的姿态面对接受者，信息发出以后还需及时听取反馈意见，必要时双方可进行多次重复商谈，直到双方共同明确和满意为止。双向沟通比较适合以下情况：第一，沟通时间充裕，沟通的内容复杂；第二，下属对方案的接受程度非常重要；第三，上级希望下属对管理中的问题提供有价值的信息和建议；第四，除了前述的一些原因外，领导者个人的素质对单项沟通和双向沟通的选择也有影响。

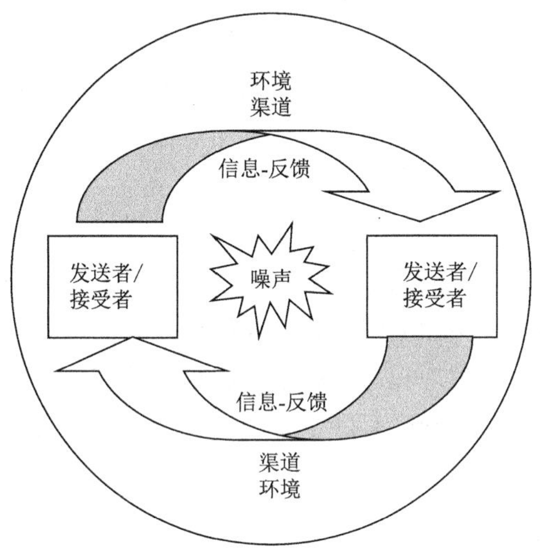

图 8.3 双向沟通

双向沟通的优点：一是反馈及时，信息准确性较高；二是沟通双方有较高的参与感，易形成良好的人际氛围，有助于解决问题。但是，由于在双方沟通中，沟通双方必须对信息做出积极回应，沟通双方的心理压力较大，要求较高；同时，这种沟通方式比较费时、费力，信息传递速度也较慢。

（三）单向沟通与双向沟通的比较

著名心理学家莱维特（M.J.Leavitt）曾对单向和双向沟通做过比较研究，发现：①从沟通速度来说，单向沟通比双向沟通快；②从信息准确性来说，双向沟通比单向沟通好；③从工作秩序来说，双向沟通易受干扰，单向沟通较有秩序；④从参与度来看，双向沟通参与性高，沟通双方较为积极，对自己的判断较有信心；⑤从心理压力来说，双向沟通心理压力比单向沟通大。具体比较如表 8.2 所示。

表 8.2 双向沟通与单向沟通的比较

项目	比较
时间	双向沟通比单向沟通耗费更多的时间

续表

项目	比较
信息准确度	双向沟通中，信息发送和接收的准确性大大提高
沟通者的自信度	双向沟通的接受者产生平等感和参与感，增加自信心和责任心
满意度	双向沟通的满意度一般更高
噪声	双向沟通中与主题无关的信息较容易受到外界的影响

由于单向沟通和双向沟通特点各不相同，所适用的范围也不同，管理者要学会在不同情景下选择不同的沟通方式。一个组织如果只重视工作的快速与成员的秩序，宜用单向沟通；大家熟悉的例行公事、低层的命令传达，可用单向沟通；如果要求工作的正确性高、重视成员的人际关系，则宜采用双向沟通；处理陌生的新问题、上层组织的决策会议，双向沟通的效果较佳。从领导者个人来讲，如果经验不足，无法当机立断，或者不愿下属指责自己无能，想保全权威，那么单向沟通对他有利。

三、根据沟通网络分类

沟通网络指的是信息流动的通道。在组织中，员工与员工之间、员工与管理者之间、管理者与管理者之间由于种种原因都要建立并保持联系。也就是说，每个人在企业中都会参与沟通网络。管理者在管理沟通网络中起着重要的作用，同时网络也会给管理者的管理带来许多影响。管理沟通网络有助于管理者获得许多信息，也有助于管理者和员工改善人际关系。沟通网络可以分为两大类：正式沟通网络和非正式沟通网络。

（一）正式沟通网络

所谓正式沟通，就是按照组织结构所规定的路线和程序进行的信息传递和交流，如组织间的信函往来、组织内部的文件传达、汇报制度等。一般将官方、有组织或书面的沟通视为正式沟通，它具有精确、内敛、技术性和逻辑性强、内容集中、有条理、信息量大、概括性强、果断、着重于行动、重点突出、力度大等特点。沟通越正式，对内容的精准性和对听众定位的准确性要求就越高。但是正式沟通往往比较刻板，沟通速度很慢，层层传递之后存在着信息失真或扭曲的可能。

惠普公司的组织沟通

上对下的沟通：公司新闻发布、部门回顾、产品介绍、内部新闻信、技术杂志录像带杂志、报告栏、管理人员会议公告。

下对上的沟通：部门工作进展报告、工作计划、产品介绍计划、职工调查。

混合式沟通：员工会议（每周）、换班前的总结（每天，用以操作员及技术员）、电子信件、绩效评估。

非正式沟通：众所周知，小道消息、日常的咖啡时间（一天两次）电子信件等。
（资料来源：陈海国. 组织行为学. 2版. 北京：清华大学出版社）

正式沟通网络就是通过正式沟通渠道建立起来的网络，它反映了一个组织的内部结构，通常同组织的职权系统和指挥系统相一致。组织内部的正式沟通渠道有以下五种形态，分别是链式、环式、Y式、轮式和全通道式。

1. 链式沟通网络

链式沟通网络呈现链条形状，是一种平行沟通网络，如图8.4所示。其中居于两端的人只能与内侧的一个成员联系，居中的人则可分别与两人沟通信息。在一个组织系统中，它相当于一个纵向沟通网络，代表一个五级层次，逐渐传递，信息可自上而下或自下而上进行传递。在这个网络中，信息经层层传递，筛选，容易失真，各个信息传递者所接收的信息差异很大，平均满意程度有较大差距。此外，这种网络还可表示组织中主管人员和下级部属之间中间管理者的组织系统，属控制型结构。

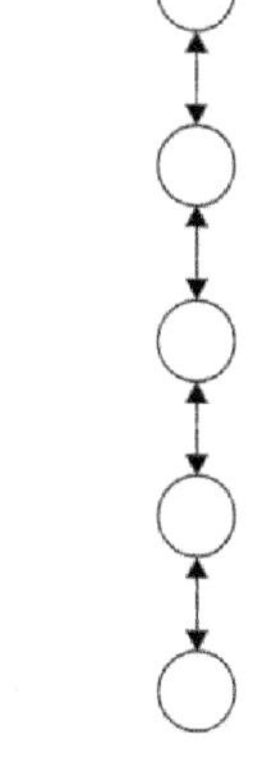

图8.4 链式沟通网络

在管理中，如果某一组织系统过于庞大，需要实行分权授权管理，那么，链式沟通网络是一种行之有效的方法。

2. 环式沟通网络

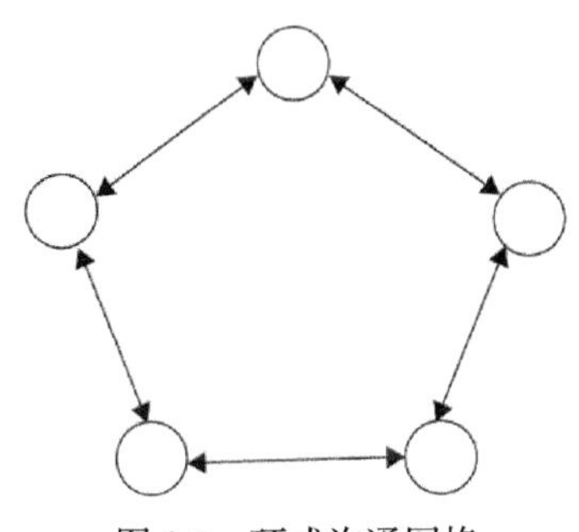

图8.5 环式沟通网格

环式沟通网络可以看成是链式形态的一个封闭式控制结构，如图8.5所示。表示5个人之间依次联络和沟通。其中，每个人都可同时与两侧的人沟通信息。在这个网络中，组织的集中化程度和领导人的预测程度都较低；畅通渠道不多，组织中成员具有比较一致的满意度，组织士气高昂。如果在组织中需要创造出一种高昂的士气来实现组织目标，环式沟通是一种行之有效的措施。这种沟通网络适合于分散小组，经常用于突击队、智囊咨询机构或特别委员会等组织形式之间的沟通。

3. Y式沟通网络

Y式沟通网络呈现大写英文字母Y的形状。它是在链式沟通网络的基础上发展而来的。同样，这也是一个纵向沟通网络，如图8.6所示。信息在不同层次之间逐级进行沟通，两位领导者通过一个人或一个部门进行沟通。该沟通网络的效率特征与链式沟通网基本相似，只是Y式沟通网络容易产生多头领导的局面，同时面对两个上级指令的下属，当上级所发指令不一致时，下属容易陷入左右为难的困境。因此，组织内部的正式沟通一般不采用Y式沟通网络来进行。

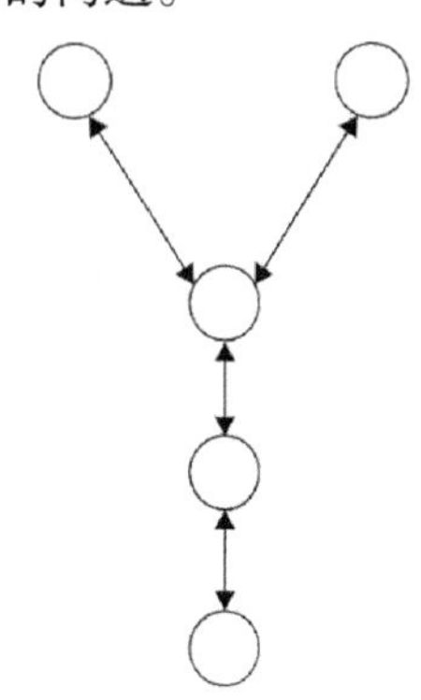

图8.6 Y式沟通网络

4. 轮式沟通网络

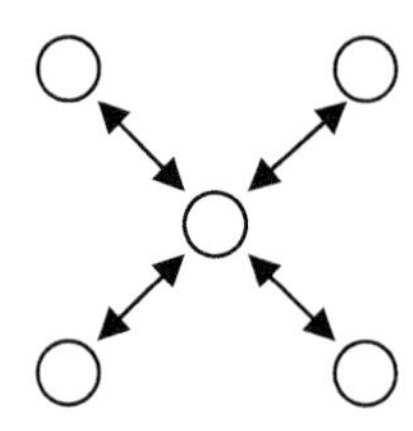
图 8.7 轮式沟通网络

轮式沟通网络的形状呈现出车轮状，属于控制型网络，如图 8.7 所示。其中只有一个成员是各种信息的汇集点与传递中心。该成员与其他 4 个成员之间保持双向沟通，而另外 4 个成员之间没有相互沟通的现象。在组织中，大体相当于一个主管领导直接管理几个部门的权威控制系统。此网络集中化程度高，解决问题的速度快。主管人的预测程度很高，而沟通的渠道很少，组织成员的满意程度低，士气低落。轮式网络是加强组织控制、争时间、抢速度的一个有效方法。如果组织接受紧急攻关任务，要求进行严密控制，则可采取这种网络。

5. 全通道沟通网络

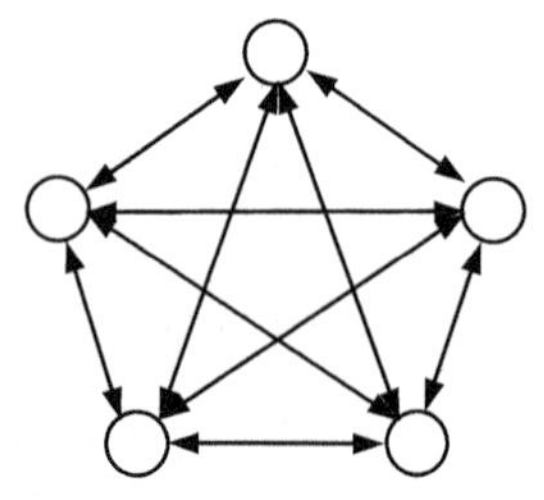
图 8.8 全通道式沟通网络

全通道沟通网络，是一个开放式的网络系统，这种网络允许所有成员之间彼此进行沟通，是一种没有正式机构，也没有以某种领导者的身份处于网络中心位置的沟通，如图 8.8 所示。这种沟通不受任何限制，所有成员都是平等的。在这种网络中，集中化程度很低，可能采取的沟通渠道很多，各个沟通者之间是完全开放的，因此，成员的平均满足程度很高，团体民主气氛浓厚，士气高昂，合作精神强。在组织中，如果需要加强民主气氛和合作精神，采取全通道式网络是行之有效的方法。但是这种网络沟通渠道太多，易于造成混乱，而且很费时，影响工作效率。

上述五种沟通网络，各有其优缺点。作为一名主管人员，在管理工作实践中，要进行有效的人际沟通，就需发挥其优点，避免其缺点，使组织的管理工作水平逐步提高。

（二）非正式沟通网络

所谓非正式沟通，就是运用组织结构以外的渠道所进行的信息传递与交流，如员工私下交谈、朋友聚会时的议论及小道消息等。一般地，随意、口头或即兴的沟通被视为非正式沟通。非正式沟通具有迅速、交互性强、反馈直接、有创造力、开放、流动性强、较灵活等特点，可以提供正式沟通难以获得的“内幕新闻”。其缺点是沟通难以控制，传递信息不确切，容易失真，而且有可能导致小集团、小圈子的滋生，影响组织的凝聚力和向心力。

群体中信息的传播，不仅通过正式沟通渠道进行，还通过非正式渠道进行。美国心理学家戴维斯曾在一家皮革制品公司专门对 67 名管理人员进行调查研究，发现非正式沟通途径有四种传播方式，如图 8.9 所示。

（1）单线式。通过一长串的人把信息传给最终的接受者。

（2）流言式。一个人主动地把信息传递给其他许多人。

（3）偶然式。传播小道消息。

（4）集束式。把小道消息有选择地告诉自己的朋友或有关人。集束式又称葡萄藤式。

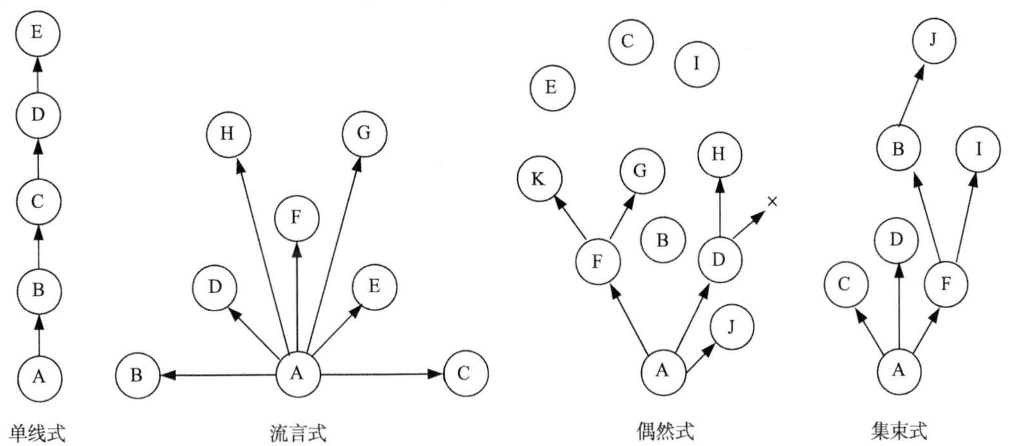

图 8.9 非正式沟通渠道

非正式沟通几乎存在于所有的正式组织之中，一个组织的正式沟通渠道越是有限，小道消息越可能盛行。戴维斯的研究表明，小道消息有五个特点：第一，新闻越新鲜，人们议论越多；第二，对人们工作越有影响，人们议论越多；第三，越为人们熟悉的，人们议论越多；第四，人与人在生活上有关系者，最可能牵涉到同一谣传中去；第五，人与人在工作中常有接触者，最可能牵涉到同一谣传中去。

小道消息由于均以口头传播为主，易于形成，也易于迅速消失，一般没有永久性的结构和成员。对小道消息的准确性，有人曾做了统计。赫尔希对 6 家公司的 30 件小道消息做了调查分析，发现有 16 件毫无根据，5 件有根据也有歪曲，9 件真实。

在怎样评价非正式沟通渠道的问题上，不同的人有着不同的见解。一些人认为传播小道消息是散布流言蜚语，应该加以禁止。另一些人则认为小道消息的传播可以满足组织内成员的需要，而且有助于弥补正式沟通渠道不灵活的缺陷。需要指出的是，非正式沟通的性质具有双重性：一方面领导者通常可以从非正式沟通中了解正式沟通渠道中所不能了解的情况，可通过其来了解下属的心态；另一方面非正式沟通中带有明显的失真现象及浓厚的感情色彩，容易在组织中增加矛盾，影响群体的团结。

一般来说，在一个企业里小道消息盛行是不正常的，会破坏企业的凝聚力，不利于企业的管理。研究表明，小道消息盛行常常是大道消息不畅的结果。因此，完善和疏通正式沟通渠道是防止小道消息传播的有效措施。另外，小道消息常常是组织成员忧虑心理和抵触情绪的反映。所以管理者应该通过谣传间接地了解员工的心理状态，研究造成这种状态的原因并采取措施予以解决。

案例导入

小道消息的传播

斯塔福德航空公司是美国北部一家发展迅速的航空公司。然而，最近在其总部发生了一系列的传闻：公司总经理波利想出卖自己的股票，但又想保住自己总经理的职务，这是公开的秘密了。他为公司制订了两个战略方案：一个是把航空公司的附属单位卖掉；

另一个是利用现有的基础重新振兴发展。他自己曾对这两个方案的利弊进行了认真的分析，并委托副总经理本杰明提出一个参考意见。本杰明曾为此起草了一份备忘录，随后叫秘书比利打印。比利打印完后即到职工咖啡厅去，在喝咖啡时比利碰到了另一位副总经理肯尼特，并把这一秘密告诉了他。

比利对肯尼特悄悄地说："我得到了一个极为轰动的最新消息。他们正在准备成立另外一个航空公司。他们虽说不会裁减职工，但是，我们应该联合起来，有所准备啊！"这话又被办公室的通讯员听到了，他立即把这消息告诉他的上司巴巴拉。巴巴拉又为此事写了一个备忘录给负责人事的副总经理马丁，马丁也加入了他们的联合阵线，并认为公司应保证兑现其不裁减职工的诺言。

第二天，比利正在打印两份备忘录又被路过办公室的探听消息的人摩罗看见了。摩罗随即跑到办公室说："我真不敢相信公司会做出这样的事来。我们要被卖给联合航空公司了，而且要大量削减职工呢！"这消息传来传去，3 天后又传回到总经理波利的耳朵里。波利也接到了许多极不友好，甚至敌意的电话和信件。人们纷纷指责他企图违背诺言而大批解雇工人，有的人也表示为与别的公司联合而感到高兴。而波利则被弄得疑惑不解。

最后波利左思右想，终于知道事情是怎么一回事了：比利太爱造谣，搬弄是非，这次趁着向员工解释清楚的同时，一定要把比利给解雇了，以安定军心。

（资料来源：斯塔福德航空公司. http://www.doc88.com/p-5408712197087.html [2013-06-02]）

第四节　沟通障碍及其克服方法

案例导入

沟 通 障 碍

2011 年 7 月，小张研究生一年级课程结束，为丰富自身的社会实践和阅历，经由校园招聘，被录入当地区文化广播和新闻出版局进行为期两个月的学习实践。

初来乍到，经局领导根据自身专业性质和学历水平，小张被安排在了政策法规和行政审批科学习实践，协助曹科长宣传政策法规、净化群众文化环境并负责网络与文化经营许可证的审批和换发。而目前小张跟着曹科长做得最多的就是整个区内网吧文化经营许可证的换发工作。

经过一段时间的学习和融合，小张渐渐地熟悉了网络文化许可证审批与发放的整个流程，曹科长也放心地把这部分的工作交给小张去做。为了响应市里将全市所有网吧纳入连锁经营的政策要求，全区 126 家网吧加入了连锁公司以便统一管理，为此要对 126 家网吧的许可证进行重新的换发工作。

一日，曹科长把小张叫过来说：小张啊，有一个网吧的许可证在省厅那里打印出来了，你下午去把它领回来，我已经和省厅的小魏在 QQ 上联系过了，跟她说好了，你下午去了给她打个电话，找到她把证领回来就行了。小张连连点头，收拾东西就赶去了省厅。

等到了省厅，小张见到了小魏，待表明了身份说明了来意，小魏说：曹姐跟我说过了，不过刚我们王主任说过了，你需要给曹姐打个电话，让曹姐给市局的陈主任打个电话，让陈主任再给我们王主任打个电话，我们王主任说了可以打证了我才可以把证给你打印出来。小张照小魏说的给曹科长打了个电话说明了情况，曹科长就说我明白了，我给陈主任打电话。过了一小时，小魏说我们王主任在开会，等他过来了再说吧。小张又耐心地等了一个多小时，王主任来到了办公室，对小张说：你先回去吧，明天让陈主任过来一趟。小张无奈地回去了。

第二天，曹科长对小张说：我和市局陈主任已经联系过了，你今天去市局找陈主任，然后你们两个一起去省厅一趟把证取回来。小张点了下头又收拾东西去了市局。到了市局小张见了陈主任，陈主任对小张说：你昨天去省厅取证怎么不先给我通个气啊？小张说：我们曹科长跟省厅那边联系好了，那个证的工商核名马上就到期了，所以让我抓紧去省厅取。陈主任说：不管怎样，你们也要先给市局这边打个招呼，现在我们都不好跟省厅交代。小张诺诺地点头，然后两人一起去了省厅。

到了省厅，见了王主任，互相寒暄几句后，陈主任为昨天的事情表达了歉意，小张在一旁也很尴尬，无所适从。王主任倒也热情，笑了一下，坐到了电脑前亲自把那个证给打了出来交给陈主任。陈主任转身把证交到小张的手里说：我把证给你了，你回去交给曹科长，以后让她提前联系好，不要再出现这种情况了，我先回市局了。

陈主任走后，王主任叫住小张说：小张啊！你看看，本来是很简单的一件事情让你们弄得这么复杂，你说你们曹科长也是，你们区里的怎么能直接来省厅来拿证的，就算你们给小魏联系好了她也没权给你们这个证啊，这个事情本来是该市局的人来做的，市局把证领走了。你们再去那里领，不能直接跨过市局直接来拿，我想这个道理你们曹科长应该懂吧？你以后要在单位工作，这些道理你慢慢就懂了，你看你们离这里这么远，事先不联系好，一天天地跑也是白跑，所以以后一定要注意，不要再出现这种情况了。小张想说些什么，但想了一下还是收回来了，跟王主任点了点头就回去了。

在回来的路上，小张想了半天，有些事情他想不通，为什么要这么复杂呢？为什么不直接给他，是什么原因造成了这种结局呢？慢慢地他想通了，可能是沟通上出了问题，也许本来就该这样吧！

（资料来源：机关沟通障碍案例．http://www.360doc.com/content/14/1207/18/20842542_431087547.shtml[2014-12-01]）

一、沟通障碍

在社会生活中，我们每天都需要与社会上的各种人打交道，中间就存在人际关系中沟通的问题。有些人能够自如应对各种人，很快与人建立良好的融洽的人际关系。但是，更多的人觉得与人沟通是一件很困难的事。在管理的全过程中，沟通都是不可或缺的，无论计划、组织、决策、领导、监督、协调等管理职能，都须以有效的沟通作为前提。沟通中遇到障碍是在所难免的。通过找出障碍的成因，就能对症下药，帮助我们克服沟通中存在的一些问题，提高组织和团队的工作成效。

从 19 世纪 50 年代开始，许多管理学者就开始研究组织和团队沟通。最早的相关研究可追溯到威廉·大内。在《Z 理论》一书中，作者对“日本式”团队运作模式做了大量研究，并提出许多精辟的观点。其后，阿尔钦和德姆塞茨提出了团队生产理论。他们认为现代化的生产是各种生产要素投入的合作，任何成员的行为都将影响组织整体的生产效率，组织和团队成员间有效的沟通对于提高企业的生产效率尤为重要，有助于防止员工消极怠工、缺勤和离职行为的产生。信息时代，组织方式和组织活动不断改变，各类组织活动将更多地依赖说服教育，而非强制命令，沟通基于成员之间共享信息、交流情感、协调行动，有助于提升团队绩效、实现组织目标。总体而言，导致沟通障碍的因素主要来自两个方面：一方面是个人因素；另一方面是组织因素。

（一）影响沟通的个人因素分析

在任何沟通系统中，都存在沟通的障碍。其中，认知和任务因素、人际沟通因素、态度与个性因素和跨文化因素是沟通过程中的沟通主体。

1. 认知因素偏差

人的认知因素直接影响沟通的效果，在沟通过程中，需要对信息进行“译码”。这时，信息发送者和信息接受者的自我认知的不同会对沟通效果造成显著影响。人们的背景、经历、价值取向等也会影响对信息的解释。

（1）语言的表达和理解的障碍。语言是人们交流思想最重要的工具。但语言不是思想，而是表达思想的符号系统。人的语言修养不同，同一思想有的人能表达清楚，有的人则表达不清楚。如果一个领导者不能清理地传达上级决策的内容和要求，下属听了以后模糊不清，自然会影响沟通效率。另外，听众不能正确地理解上级的意图和精神，也会造成沟通上的障碍。误解和曲解上级领导者的意图常是造成这种沟通障碍的原因。误解可能是信息发出者表达不清，也可能是信息接受者听错了、理解错了。曲解可能是随着时间的流逝，记忆模糊不清了，或者有意无意地断章取义，使原来的意义变形。

（2）人们的判断和思维能力差别。由于同样的词语对于不同的人员可能具有不同的“语义”，对“同样的语言”容易给予不同的信息加工或在编码与解码之间不兼容，从而造成沟通偏差。当发送者与接受者在知识经验水平上相距太大时，有些在发送者看来很简单的内容，接受者却由于知识经验、水平太低而理解不了。因为双方没有“共同的经验区”，接受者不能理解发送者的信息含义，所以无法沟通信息。各人的参照框架会有较大的差异，处于第一线的员工、主管等具有不同于中高层经理的参照框架，因而产生内隐性的沟通歪曲和偏差。

（3）知觉的选择性障碍。人们在沟通中倾向于表现出某种“选择性倾听”，以至于阻碍新的似乎有所冲突性的信息加工，并且在上行沟通中起到“过滤”的作用，例如，下属对上级保留不利信息。各级员工不同的选择性注意和知觉水平会在很大程度上制约沟通者对于信息的选择、筛选、搜寻、加工和反馈，也会由于经验不同，对于相同沟通信息做出不同的解释。

2. 个人经验的影响

作为组织内部成员，遇到问题时不能常常说这是我的经验。什么是经验？哲学上指的是人的感觉，是人们在实践过程中，通过自己的感官直接接触客观外界而获得的对客观事物的表面现象的认识。辩证唯物主义认为，经验是一切认识的起点，但只有上升为理性认识，才能把握事物的本质，更正确地认识世界和指导改造世界。过去的经验不见得是正确的，也有错误的经验。过去的经验就常常使我们心理上产生依赖感，而不是根据具体情况，根据事务的发展和变化来进行沟通处理事情，从而造成沟通的障碍。有些经验还很顽固。现在流行一句话叫成功不能复制，如果开会可以解决问题，那每个单位只要开会就可以解决问题了，很多行政组织部门都有许多会，哪家单位不开会？如果开会真能解决问题，有些单位还工作做不好吗？其实那只是过去的经验，解决不了新的内外环境下产生的问题。

3. 信息的过滤

过滤是指在信息的传递过程中，由于人为故意的操纵，信息的接受者解码的信息与发出者所编码的信息不一致，产生信息过滤的原因是多方面的。就信息上行而言，员工在向上传递信息的时候会自觉地过滤信息，一方面是由于主观原因，员工不愿意让主管了解真实的情况，而人为地将重要的信息隐瞒，只报告自己想要传达的信息；另一方面，员工在向上级报告的过程中会根据自己对于情况的理解进行加工，把个人感兴趣的和自己认为重要的向上传递。再有，客观上讲，由于信息泛滥，员工不可能把所有的信息都直接向上报告，那样只会自讨没趣，必须进行适当的过滤，员工在信息过滤的过程中，还会受到组织文化和沟通方式的影响，表现出不同的过滤程度。信息在下行的过程中也会发生过滤，原因很简单，信息是种权力，根据组织行为学的观点，凡是群体中能够让其他人羡慕的东西都能给个体带来非正式的地位，掌握信息将会使个体在群体中获得影响力，所以就发生了我们经常听到的故事，总经理讲了 100%，副总只讲 80%，到经理那只剩下 60%，到主管那 40%，最后员工就得到了 20%，大部分信息都给过滤掉了，这种现象在提倡个人主义的民族中很常见。

4. 态度与个性因素

人们的态度、观点、信念等会造成沟通过程中的障碍。例如，上行沟通中，发送者往往会有“打埋伏”的现象，报喜不报忧，夸大成绩，缩小缺点等。下行沟通传达指示时，接受者对于这些指示会做出各自的加工，符合心愿的就传达、贯彻、执行，不符合心愿的就封锁、扣压，后患无穷。说明人们在沟通信息时，往往会把自己的主观态度掺杂进来，影响了沟通的质量。人们的个性因素也会极大地影响信息沟通的模式。各人有各人的人格特征，人格差异常常也是意见沟通的障碍。例如，善于抽象思维的人与善于形象思维的人在互相交流与沟通时就可能发生障碍。自我中心、优越感强的人，很少主动地与他人沟通。如果经理或厂长具有自我中心的人格特征，不愿意倾听职工意见，不让别人把话讲完，就指手画脚地发议论、作指示，职工也就不想对他反映什么情况，从而造成沟通上的障碍。人格特征可以影响意见沟通效率。一个品格高尚的管理者所传达的信息，人们容易相信，乐于接受，一个品格低劣的人所传达的意见，人们往往不轻易相信，甚至采取排斥态度。

（二）影响沟通的组织因素分析

1. 地位的差异

地位的差异造成心理的沟通障碍，特别是组织中上下级之间非常明显。根据行政沟通的方向性，分为向下、向上和平行三个方向，一般来说向上沟通在实际中有不少障碍，心理研究表明，下级在向上级汇报工作或主动沟通中，常常带有担心说错、怕承担责任、焦虑等心理，致使沟通不常常是在宽松流畅的氛围中进行，形成沟通障碍。而在向下沟通的过程中，主动沟通的是上级，虽然会受到欢迎拥护，但毕竟有时会居高临下，造成下属的压迫感和紧张，也会形成沟通障碍，从而引发心理障碍，造成沟通的不畅。

2. 任务因素与环境因素

沟通的时机、通道特点和所使用的媒体，对于沟通质量影响很大。同时，任务特征是决定沟通网络模式的关键因素。如果群体的主要任务是决策，就需要采用全通道沟通网络，以便为评价所有备择方案提供所需要的信息；如果群体的任务主要是执行，则需要构建链式网络或轮式网络，群体成员之间的充分沟通对于完成任务并不重要。在时间的压力下，很容易做出仓促的决定。即管理学上的“芝麻绿豆原理”，对于重要的事情两三天就下决定了，而对于芝麻绿豆的小事情却拖了两个月都没有下决定。重大决策有时太过于仓促就下决定了，而芝麻绿豆的事却要搞半天，在沟通中经常会发现这种情况。群体成员的工作环境也会对沟通的维度和互动类型产生巨大的影响，这些因素包括工作场所、地理位置、办公地点等。

3. 准备的不足

行政沟通前必须要有所准备，组织沟通中要做到有备无患，这是一个任何场合都适用的原则。沟通前要做好充分的收集情况的工作。要做到信息的畅通，首要的是信息要充分准确，适当的准备才可保证沟通的有效和成功，防止沟通中拙劣的表现。

4. 缺乏必要的维护

所有的关系都需要维护，代表性的维护方式是私人接触，如果组织中的个体与自己的部属、合作伙伴没有经常性的接触，那就不要指望一切都很顺利，忽视是最常见的关系障碍之一。严格意义上的关系维护离不开系统和责任承担制的运用，没用系统会自行运转，但如果没有系统，关系所有者就必然会忽视一些关系维护的细节。为了使关系所有者真正地负起责任，你必须拥有既支持他们又能追踪到他们努力的信息管理系统，联系日程系统和反馈系统。最后严格意义上的维护还要求保持收益和交流。

案例导入

汉莎航空：言无不尽

汉莎航空公司大中国区董事在接受《财富》（中文版）采访时指出，中国和德国的员工有很多共同的特质。比如，在工作和会面的准时性等细节上，都有共同的优点。不同在于沟通方式：德国员工习惯于开放式的沟通；相比之下中国员工和上级沟通时相对保守。我们试图打破这种拘束，因为只有这样才能让中国员工言无不尽，才能真正了解组织机构中亟待解决的问题。

由于需要开放、民主的气氛，我们不断鼓励中国员工表达自己的想法。到现在，信息传递已经很顺畅，有越来越多的中国员工进入管理岗位。比如，南京的主管就是一位来自北京的女士。这当中，沟通能力和方式上的突破至关重要。

二、有效沟通的原则

（一）信息传递要贯彻多快好省的原则

所谓“多”，是就数量而言，即在单位时间内传递的信息数量要多；“快”，是针对速度而言，即信息传递要迅速、及时，一条很有价值的信息，如果传递速度过慢，就可能变得毫无价值；“好”是针对质量而言，即要消除信息传递中的种种干扰，保持信息的真实性；“省”是针对效益而言，要求在较短的时间内，花较少的费用，达到良好的沟通效果。在信息传递中，这几方面互相联系、互相制约，要加以协调。

（二）传递信息要区分不同的对象

一方面是指在传递信息时的目的性，另一方面又指信息传递的保密性。信息是有价值的，但是，价值的大小却因人而异，同一信息对不同的人，价值不同。因此，要研究不同对象的不同需要，要注意信息传递的目标，确保信息的效用。此外，在提高信息传递的针对性时，也要注意信息的适用范围，考虑到信息的保密度，防止信息大面积扩散、泛滥，给员工造成不必要的心理负担，影响组织成员士气。

（三）要适当控制信息传递的数量

在管理中，由于各级主管部门的角色不同，每个组织成员所考虑的问题不同，在信息传递时，要适当注意量的控制。这就是说，应该让下级知道的信息必须尽快传递，适用范围有限的信息则力求保密。在这方面，要注意两种倾向：一是信息过分保密的倾向。同行各企业、各部门或同班组的员工之间相互保密，妨碍了彼此了解和相互协调。有些本应共有的信息材料，没有向下级部门及时传达，从而使信息阻塞，出现了无端猜疑，影响了个人社会需求的满足。二是随意扩散信息的倾向。在传递信息时，不考虑信息的保密程度，不选择信息传递的对象，将所收集的信息随意扩散，导致信息混乱。对于管理者来说，也要注意信息的审查与清理，不能将所有信息全部捅到会议上，增加会议负担，引起心理疲劳。总之，这两种倾向都会导致谣言和小道消息，不利于组织的团结，影响团队士气和工作效率。

（四）要控制使用越级传递

所谓越级传递，撇开管理信息系统的层级关系，使沟通双方直接交流。在管理中，不能过多采用这种方式，但在某些特殊情况下可以控制使用。比如，上级想了解下属的情况；为了迅速处理管理中的重大问题；由于上级主管部门官僚主义严重，会妨碍时效；时效性特别强的信息需要立即向决策者汇报；涉及个人隐私，需要保密的材料，等等。例如，有些企业设立总经理接待日、总经理信箱就是为了了解下属的情况，减轻沟通者的心理压力，以便对信息传递进行控制。

（五）合理利用非正式沟通

非正式沟通对于组织活动有有利的一面，也有不利的一面，在一些情况下，非正式沟通往往能够达到正式沟通难以达到的效果，但是，它也可能成为散布谣言和小道消息的渠道，产生副作用。对于非正式沟通，管理者应合理利用，实施有效的控制。例如，组织重要决策要使用正式渠道传递，不能用非正式渠道传递，否则会造成混乱；而宣传理念、相互了解等则可以充分利用非正式渠道。

（六）在信息加工处理过程中也需要信息反馈

这是确保信息准确性的一条可靠途径。这种反馈要求是双向的，即下级主管部门经常给上级领导提供信息，同时接受上级领导的信息查询；上级领导也要经常向下级提供信息，同时对下级提供的信息进行反馈，从而形成一种信息循环流。一般来说，无论什么信息，在加工处理后，都需做出反馈，只是方式可以不同。有实际价值的信息可以进行决策，采取行动；没有实际价值或暂时用不上的信息必须及时答复，加以反馈。一条简单有效的控制办法是要把信息加工处理的情况定期反馈给信息提供者。这样做，一方面可以提高针对性，减少信息提供部门的盲目性；另一方面可以加强信息发送者和接受者之间的心理沟通，提高团队士气，调动员工参与管理的积极性。

三、有效沟通的技巧

（一）选择合适的沟通方式

根据沟通的内容和特点，选择不同的沟通方式。如果所要沟通的内容是上级的命令、决策或者是规章制度，则适宜选择正式沟通和书面沟通。若沟通内容属于规章制度以外的问题，或属于组织成员的琐碎小事，则选择非正式沟通或口头沟通效果可能更好。有些人看重制度和程序，与这些人进行沟通，最好选择正式的和书面的沟通方式。而有的人比较注重目的和结果，如能达到目的，可以不顾制度和程序的约束，这些人在进行沟通时，倾向于采取非正式和口头的沟通方式。

（二）提高表达能力

由于语言可能成为沟通障碍，管理者应该选择合适的措辞并组织信息，以使信息清楚明确，易于接受者理解。管理者不仅需要简化语言，还要考虑到信息所指向的听众，以使所用的语言适合于接受者。有效沟通不仅需要信息被接受，更需要信息被理解。通过简化语言并注意使用与听众一致的言语方式可以提高理解效果。比如，软件公司的技术总监在向客户传递信息时所用的语言应和专业技术人员不同。对客户应该尽量选择清晰易懂的词语，而与专业技术人员的交流中则会选择专业术语。在所有的人都理解其意义的群体内，专业语言会提高沟通的效率，但在本群体之外使用专业语言则会造成无穷问题。这要求管理者要不断培养自身说话技巧，提高表达能力。在信息传递之间，管理人员首先应理清自己的思路，要了解接受者的喜好，根据其喜好选择合适的表达方式，同时，要注意自己在表达过程中的非语言信息，要善于利用非语言信息。在传递重要信息时，为了使语言问题造成的不利影响减少到最低程度，管理者可以先把信息告诉不熟悉这一内容的接受者。比如，在正式沟通之前让接受者阅读会议文件是一种十分有效的手段，有助于确认含混术语、不清楚的假设或不连续的逻辑思维。

（三）学会积极倾听

积极主动的倾听可以使人们在沟通过程中获取重要的信息；可以掩盖自身的弱点；善听才能善言；可以使你获得友谊和信任。所以在倾听时，要注意以下几点。

（1）鼓励对方先开口。首先，倾听别人说话本来就是一种礼貌，倾听表示我们愿意客观地考虑别人的看法，这会让说话的人觉得我们很尊重他的意见，有助于建立融洽的关系，彼此接纳。其次，鼓励对方先开口可以降低谈话中的竞争意味。我们的倾听可以培养开放的气氛，有助于彼此交换意见。说话的人由于不必担心竞争的压力，也可以专心掌握重点，不必忙着为自己的矛盾之处寻找遁词。最后，对方先提出他的看法，你就有机会在表达自己的意见之前，掌握双方意见一致之处。倾听可以使对方更加愿意接纳你的意见，让你再说话的时候，更容易说服对方。

（2）使用并观察肢体语言。当我们在和人谈话的时候，即使我们还没开口，我们内心的感觉就已经通过肢体语言清清楚楚地表达出来了。听话者如果态度封闭或冷淡，说话者很自然地就会特别在意自己的一举一动，比较不愿意敞开心胸。从另一方面来说，如果听话的人态度开放、很感兴趣，那就表示他愿意接纳对方，很想了解对方的想法，说话的人就会受到鼓舞。而这些肢体语言包括：自然的微笑，不要交叉双臂，手不要放在脸上，身体稍微前倾，经常看对方的眼睛，并时时点头示意。

（3）非必要时，避免打断他人的谈话。善于听别人说话的人不会因为自己想强调一些枝微末节、想修正对方话中一些无关紧要的部分、想突然转变话题，或者想说完一句刚刚没说完的话，就随便打断对方的话。经常打断别人说话就表示我们不愿意听人说话、个性激进、礼貌不周，很难和人沟通。虽然说打断别人的话是一种不礼貌的行为，但是如果是“乒乓效应”则是例外。所谓的“乒乓效应”是指听人说话的一方要适时地提出许多切中要点的问题或发表一些意见和感想，来响应对方的说法。还有一旦听漏了一些地方，或者是不懂的时候，要在对方的话暂时告一段落时，迅速地提出疑问之处。

（4）反应式倾听。反应式倾听是指重述刚刚所听到的话，这是一种很重要的沟通技巧。我们的反应可以让对方知道我们一直在听他说话，而且听懂了他所说的话。但是反应式倾听不是像鹦鹉一样，对方说什么你就说什么，而是应该用自己的话，简要地述说对方的重点。比如，“你说你住的房子在海边？我想那里的夕阳一定很美”。反应式倾听的好处主要是让对方觉得自己很重要，能够掌握对方的重点，让对话不至于中断。

（5）弄清楚各种暗示。很多人都不敢直接说出自己真正的想法和感觉，他们往往会运用一些叙述或疑问，百般暗示，来表达自己内心的看法和感受。但是这种暗示性的说法有碍沟通，有时他们话中的用意和内容往往被人所误解，最后就可能会导致双方的失言或引发言语上的冲突。所以一旦遇到暗示性强烈的话，就应该鼓励说话的人再把话说得清楚一点。

（6）暗中回顾，整理出重点，并提出自己的结论。当我们和人谈话的时候，我们通常都会有几秒钟的时间，可以在心里回顾一下对方的话，整理出其中的重点所在。我们必须删去无关紧要的细节，把注意力集中在对方想说的重点和对方主要的想法上，并且在心中熟记这些重点和想法。

（7）接受说话者的观点。如果我们无法接受说话者的观点，那我们可能会错过很多机会，而且无法和对方建立融洽的关系。尊重说话者的观点，可以让对方了解，我们一直在听，而且我们听懂了他所说的话，我们还是很尊重他的想法。即使说话的人对事情的看法与感受，甚至所得到的结论都和我们不同，他们还是坚持自己的看法、结论和感受，我们也应该理解他们。若是我们一直无法接受对方的观点，我们就很难和对方彼此接纳，或共同建立融洽的关系。除此之外，也能够帮助说话者建立自信，使他更能够接受别人不同的意见。

本章小结

（1）沟通的含义：沟通是借助一定手段把可理解的信息、思想和情感在两个或两个以上的个人或群体中传递或交换的过程，目的是通过相互间的理解与认同来使个人或群体间的认知及行为相一致。

（2）沟通的过程：沟通过程就是发送者将信息通过一定的渠道给接受者的过程。该沟通过程涉及两个子过程：一个是发送者对信息的编码的过程；另一个则是接受者对信息的解码过程。

（3）沟通包括七大要素：发送者和接受者、编码与解码、信息、通道、背景、噪声、反馈。

（4）沟通的作用：一是组织与外部环境之间建立联系的桥梁；二是组织协调每个员工、各要素之间关系，实现科学管理的手段；三是良好的沟通可以消除矛盾，有效激励下属；四是有利于满足员工的心理需要，形成良好的人际氛围。

（5）沟通的方式主要是指信息通过什么媒介进行传递并被接受者理解。沟通的方式主要分为口头语言沟通、书面沟通、非语言沟通和网络沟通四大类。

（6）组织内部沟通的渠道多种多样，按照划分标准的不同，可以划分出多种不同类型的沟通渠道。根据沟通信息的流向划分，可以分为下行沟通、上行沟通、横向沟通；按照信息沟通的可逆性划分，可以分为单向沟通和双向沟通；按照信息沟通的网络划分，可以分为正式沟通网络和非正式沟通网络。

（7）正式沟通网络的主要类型有五种：链式、轮式、Y 式、环式和全通道式沟通。

（8）非正式沟通的主要类型有四种：单线式、流言式、偶然式、集束式。

（9）信息沟通中的障碍主要存在于：认知和任务因素、人际沟通因素、态度与个性因素和跨文化因素、地位的差异、任务因素与环境因素、准备的不足、缺乏必要的维护。

（10）有效沟通的原则：信息传递要贯彻多快好省的原则；传递信息要区分不同的对象；要适当控制信息传递的数量；要控制使用越级传递；合理利用非正式沟通；在信息加工处理过程中也需要信息反馈。

（11）提高信息沟通技巧的方法主要有：选择合适的沟通方式；提高表达能力；学会积极倾听。

案例分析

韩鹏的竞聘

韩鹏，2001 年 7 月毕业于辽宁工业大学电子工程专业，应聘到了大连 MV 商业集团公司工作。由于在三个月的试用期内，韩鹏工作有激情，并且具有较强的交际能力，很快便得到集团领导的赏识。2001 年 10 月，新入职员工的岗位分配时，按照韩鹏的第一志愿，他竞聘到了集团营销部工作，负责集团内部报刊和广告方面的工作。

进入营销部后，韩鹏一如既往地努力工作，善于钻研，经常向部门内部的前辈和其他科室的领导请教工作方法及业务方面的问题，从而使其业务能力不断提升，工作开展得有声有色，业绩也很突出，受到了营销部主管领导的好评。 随着工作时间的延续，韩鹏觉得目前的机关工作不利于自己以后的职业发展，于是他协调各方面关系，终于得到了集团下属公司领导的认可，也得到了一次工作调动的机会。

2005 年 2 月，韩鹏调至集团下属最大的分公司营业部大连 A 区营业部担任服务经理助理职务。韩鹏在这个职务上如鱼得水，很快便成为营业部的骨干。2005 年 10 月，韩鹏被任命为营业部服务经理，全面负责营业部的顾客服务工作。一直积极要求上进的他工作更加努力，希望自己能够得到更大的提升。

正在韩鹏希望自己能够有更大的发展空间时，2007 年 3 月，MV 集团公司决定拓宽业务领域，成立国际名品经营公司，面向集团内部招聘一名总经理和两名业务经理。韩鹏认为自己的工作能力和经验能够适合国际名品公司业务经理的要求，决定再一次挑战自己，便报名参加竞聘业务经理。2007 年 3 月 20 日，MV 集团国际名品公司岗位竞聘大会在集团总部大楼会议室举行，集团总裁、总部机关各部门的领导和集团各分公司总经理出席了会议。参加业务经理竞聘的，除了韩鹏外，还有 MV 集团大连 B 营业部的业务经理徐志强和 2004 年刚刚加入 MV 集团的国内某名牌大学毕业生王嘉实。由于认真准备了讲稿，加之对自己的沟通能力、应变能力及工作经验充满自信，韩鹏认为此次竞聘成功的概率很大，至少自己比入职不满三年的王嘉实的工作经验丰富很多，胜算也大得多。

由于竞聘的顺序是按照姓名的拼音排序，韩鹏第一个走上了讲台。整个演讲过程都很顺利，下一个环节是答辩。为了给自己原来的部下鼓劲，营销部的孟总第一个提问：“韩鹏，你在刚才的演讲中提到自己工作能力很强，能讲一讲你是如何提升自己的工作能力的吗？”

“作为入职集团近五年的大学生，我对领导安排的每一项工作都仔细思考，认真执行，同时经常到图书馆借阅各种与工作相关的业务书籍，时常向老领导和经验丰富的员工请教工作方法，从理论和实践两个方面不断提升自己的业务能力，所以即使我不是业务能力最强的一个，但我一定是进步最快的一个!”韩鹏满怀信心地答道。

“你刚才提到零售企业的顾客服务工作十分重要，甚至对公司的经营业绩起到举足轻重的作用，能深入地说一说服务的主要作用吗？”为进一步考察韩鹏的工作能力，集团总裁继续提问。

“我从 2005 年 2 月到现在一直从事服务工作，处理的棘手问题很多，我认为服务工作开展得好坏将直接影响公司的经营效益,同时对公司的持续发展起着很重要的作用。就拿我工作的大连 A 营业部来说吧，两年内我处理的顾客投诉问题我自己都不知道有多少起了，客服部的工作很重要，工作开展也很难，有些顾客如不给予经济补偿就百般纠缠。我们营业部 2006 年因顾客投诉而给予经济补偿的有 28 起之多，全年因为顾客投诉造成的经济损失达 238 230 元！”为了增强说服力，韩鹏在回答过程中还举出了自己工作中的实例，并采用了精确的数据，希望展现出自己对工作的认真和业绩情况的准确把握能力，能得到集团总裁及评委的认可。

“真的有这么多顾客投诉需要经济补偿吗？每年的损失有这么多？”集团总裁似乎半信半疑，在问韩鹏的同时转过脸看了一眼大连 A 营业部的总经理。“这些数据是我去年工作中总结出的，这些数据足以说明顾客服务工作的重要性。”韩鹏并没有意识到集团总裁所持疑问的真实意图，依然按照自己的思路回答问题。其实，集团总裁掌握的顾客服务方面的损失数据与他讲的“精确”数据差距很大。最终，出乎韩鹏意外的是他竞聘失败。

问题

1. 韩鹏竞聘失败意味着这次沟通没有达成其目标，那么韩鹏竞聘失败的原因是什么?

2. 从竞聘的角度分析，韩鹏要想获得成功应从哪些方面进行调整和改进?

3. 韩鹏应如何提高自我沟通能力?

实务训练

团队沟通促进法

何时使用：当在一个团队环境中寻找提升沟通技能的时候，可采用此方法。

收获什么：关于个体如何为了提升在团队和可能的区域中进行沟通的个性化反馈。

所用时间：通常 2～4 小时。

参与人数：一般由10～16人组成。

准备装备：钢笔和纸，还包括一个待讨论的项目主题或待解决的问题。

方法：

1. 充分解释将要在会议中处理的主题或问题。

2. 每位参与者都需要找到一个搭档，这会让他得到搭档的反馈。成对地获取其他人对会议主题材料的认识，以专注于寻找强有力的见解、更多的事实和期望的结果。

3. 在每一对里一个人需要加入A组，且第二个人加入B组。

4. A组形成一个内圈去开展讨论，而B组创建一个外圈成为第一个观察员。

5. 在讨论上设置的时间限制为20分钟，这段时间内，观察员需要记录他们的搭档是如何参与的，记录下具体的实例和事例。具体寻找的领域有：结构的透明度、其他人的卷入、对他人观点的接受度、受到质疑时的客观性、提出的问题和听力技巧。

6. 重返到你的搭档身上，并做一个5～10分钟的观测复查。

7. A组回到讨论中，同时B组再观察10～15分钟。然后重复这个聚焦行为变化的复查过程。

8. 让B组重复中间的步骤4～7，A组改换为观察。

9. 所有人都成为一个整体团队一起工作，并继续这个讨论。

10. 为了最后一次复查会议打破和搭档们的关系。

举例：

下面提供了一份从反馈会议中的摘录。

"在这点上，当乔谈到他的方法时，我看到你脱离了状态，你开始看向窗外并显得焦躁不安。作为对比，当克莱尔谈论时，你就更多地参与其中。当质疑你的方法时，我认为你似乎变得很防备，且开始回到主题。"

练习：

你决定周末开个Party，并向你的好友征询意见。

关键点：

当得到反馈后，要很客观地去分析你目睹到的内容。

接收反馈可以说是相当痛苦的，认真聆听反馈，而不是试图替你的行为辩护。

在一个组中，没有正确或错误的行为方式，这个练习是一种提高团队协作的方法。

思考与练习题

一、单项选择题

1. 管理需要信息沟通，而信息沟通必须具备的三个关键要素是（　　）。

   A. 传递者、接受者、信息渠道　　B. 发送者、传递者、信息内容

   C. 发送者、接受者、信息内容　　C. 发送者、传递者、接受者

2. 比较链式与全通道式两种信息沟通网络的各自特点，可以得出（　　）。

   A. 链式网络采取一对一的信息传递方式，传递过程中不易出现信息失真情况

B. 全通道式网络由于采取全面开放的信息传递方式，具有较高的管理效率
C. 全通道式网络比链式更能激发士气，增强组织的合作精神
D. 链式网络比全通道式网络更能激发士气，增强组织的合作精神

3. 关于组织中的沟通，下列说法中错误的是（ ）。
A. 组织沟通的目的是分享信息，使组织的所有行动在既定目标上保持一致
B. 良好的沟通可以使组织迅速、准确、及时地掌握组织内外部各种信息，重新思考和确定组织的使命和战略目标等
C. 良好的沟通能保证组织内部所有活动和行为与组织的使命和目标保持一致
D. 组织中的沟通只要下行沟通

4. 如果一个组织中小道消息很多，而正式渠道的消息较少，这是否意味着该组织（ ）。
A. 非正式沟通渠道中信息传递很通畅，运作良好
B. 正式沟通渠道中信息传递存在问题，需要调整
C. 其中有部分人特别喜欢在背后乱发议论，传递小道消息
D. 充分运用了非正式沟通渠道的作用，促进了信息的传递

5. 根据资料表明，语言表达作为管理沟通的有效手段，可分为三种类型：体态语言、口头语言、书面语言。它们所占的比例分为：50%、43%、7%。根据这一资料，你认为下述哪种观点正确（ ）。
A. 这份资料有谬误，因为文件存档时，最常用的是书面语言
B. 体态语言太原始，大可不必重视它
C. 人与人之间的沟通，还是口头语言好，体态语言太费解
D. 在管理沟通中，体态语言起着十分重要的作用

二、多项选择题

1. 信息沟通的基本要素为（ ）。
A. 信息发送者　B. 信息接受者　C. 信息传递者　D. 传递的信息　E、噪声

2. 下面叙述正确的是（ ）。
A. 双向沟通比单向沟通需要更多的时间
B. 双向沟通提高了接受者理解信息和识别发送者意图的准确程度
C. 双向沟通的噪声比单向沟通小
D. 发送者喜欢用双向沟通，接受者喜欢用单向沟通
E. 在双向沟通中，发送者和接受者都比较满意对信息的理解

3. 以下选项中，体现沟通作用的有（ ）。
A. 知己知彼，百战不殆
B. 做正确的事，正确地做事
C. 良好的人际关系
D. 组织成员统一思想和行动的工具

4. 下面属于非正式沟通特点的有（ ）。
A. 信息传递速度快　B. 比较规范、约束力强　C. 信息量大、覆盖面广
D. 易于保密　E. 具有强制性

三、判断题

1. 书面沟通相较于口头沟通更易于保存。 ( )
2. 沟通双方文化的差异也会成为有效沟通的障碍。 ( )
3. 面部表情和体态属于沟通的方式。 ( )
4. 沟通是达到某种效果的过程，不是单方面的行为。 ( )
5. 有效的沟通一般指的是互相理解和接受的沟通。 ( )

四、简答题

1. 简述沟通的含义和作用。
2. 沟通的形式主要有哪些？它们的优缺点分别是什么？
3. 有效沟通的障碍主要有哪些？

参 考 文 献

陈嘉莉, 伍硕, 马慧敏. 2014. 管理学原理与实务. 北京: 北京大学出版社.
凡禹. 2010. 沟通技能的训练. 北京: 北京工业大学出版社.
范逢春. 2013. 管理心理学. 北京: 中国人民大学出版社.
范晟晟. 2011. 有效沟通的艺术. 长春: 吉林出版社.
冯国珍. 2006. 管理学. 上海: 复旦大学出版社.
克雷纳. 2013. 管理百年. 邱琼译. 北京: 中国人民大学出版社.
罗宾斯, 库尔特. 2004. 管理学. 邱琼译. 北京: 中国人民大学出版社.
彭新敏. 2010. 管理学. 上海: 复旦大学出版社.
邢以群. 2005. 管理学. 杭州: 浙江大学出版社.
张满林. 2010. 管理学理论与技能. 北京: 中国经济出版社.
张扬, 侯建军. 2006. 管理学. 成都: 西南财经大学出版社.
周菲. 2007. 组织行为学. 北京: 机械工业出版社.
周三多, 陈传明. 2015. 管理学. 4 版. 北京: 高等教育出版社.

第九章 控　制

一件事情无论计划做得多么完善，如果没有令人满意的控制系统，在实施的过程中仍然会出问题。因此，对于有效的管理，必须考虑到设计良好的控制系统所带来的好处。

有效的管理者应该始终督促他人，以保证应该采取的行动事实上已经在进行，保证他人应该达到的目标事实上已经达到。

——斯蒂芬·P. 罗宾斯

教学目标

学完本章后，你应该能够：

1. 理解控制的概念、作用和重要性。
2. 理解控制与其他管理职能之间的关系。
3. 理解有效控制的基本原则。
4. 掌握控制的过程各阶段的主要内容和基本要求。
5. 掌握控制的分类和类型。
6. 掌握控制的基本方法。

技能目标

1. 能根据管理的性质和情况，选择适当的控制方法。
2. 能运用控制方法实施具体的管理控制。
3. 能根据控制的一般原理，对管理控制过程进行分析。

在现代管理系统中，人、财、物等要素的组合关系是多种多样的，时空变化和环境影响很大，内部运行和结构有时变化也很大，加上组织管理错综复杂，随机因素很多，处在这样一个十分复杂的系统中，要想实现既定的目标，执行为此制订的计划，求得组织在竞争中的生存和发展，不进行控制工作是不可想象的。

第一节 控制概述

案例导入

一切伟大的治理都是从学习控制开始的

1959 年，哈罗德·杰林被聘用为 ITT 公司的总裁。在第一次董事见面会上，这位乐观而倔强的经营奇才便向董事们承诺，他有办法让 ITT 成为全世界最大的联合企业。

杰林的办法就是收购、收购，再收购。在他的领导下，ITT 购买公司就像伊梅尔达买鞋一样上瘾。在以后的 10 年时间里，杰林一口气在 70 个国家买下了 400 家公司，平均每年要买 40 家，ITT 真的在杰林的手里变成了当时世界上最大的、令人畏惧的巨无霸企业。

如何管理好这样的巨型企业，对几乎所有的企业家来说，都是不可思议的，然而在杰林看来却未必。他以旺盛的精力和热情管理着它们，像一只尽职的老母鸡管理一大群嗷嗷待哺的小鸡。在一份年度报告中，他这样描述自己的工作："每天办公超过 10 小时，一年超过 200 天投身于全世界不同管理层面的管理会议，这些在纽约、布鲁塞尔、香港、布宜诺斯艾利斯召开的会议，决策基于推理而产生——商业推理影响决策的制定，而因为所有决策必须依赖的事实都是存在的，所以做出的决策几乎都是必然的。计划和会议的作用是把推理硬性地推到前面，使它的价值和需要被大家所认同。"

正是依靠这种近乎疯狂的工作热情和以直觉、经验判断为主的"推理式决策"，ITT 取得了令人瞠目的成长。公司销售额从杰林上任初始的 7 亿美元剧增到 280 亿美元，赢利从 2900 万美元增长到 5.62 亿美元，在华尔街股市上，ITT 股票的每股赢利从 1 美元增加到 4.20 美元。哈罗德·杰林成为全美最具传奇色彩的企业家。《商业周刊》在一篇对他的专访中，直截了当地以"巨大的神话"为标题，称颂他是一个"伟大的传奇综合体"。

1979 年，68 岁的杰林在一次凯旋式的聚会中辞去董事长职务。然而，可怕的事情很快就在杰林尚未淡远的身影后面发生了。杰林辞职后的第二年，ITT 惊报巨额亏损，他的继任者显然无法承受像他一样疯狂的工作方式，ITT 大厦发出了吓人的呀呀声响。在以后的 10 多年里，老杰林无可奈何地目睹这座由他亲手打造并投注终身精力和智慧的帝国是如何江河日下的。1997 年，一代商界枭雄哈罗德·杰林在一间酒店里落寞去世。同年，昔日四处侵吞、不可一世的 ITT 被兼并。

杰林的悲剧，是一个关于控制的故事。任何企业决策都可以被还原为控制，而不同的控制技巧和理念则会产生不同的经营风格。

可口可乐是全球专业化做得最成功的公司之一。它的一位总裁曾经夸过海口：哪怕某一天，可口可乐在全世界的工厂被一夜烧毁，但就凭可口可乐这个品牌，它第二天就能重新站立起来。

说这句话的，是一个叫罗伯特·戈伊祖塔的古巴人。在 20 世纪 80 年代到 90 年代的 16 年间，正是在他的领导下，可口可乐成功地实现了全球化营销，公司市值从 40 亿美元增加到 1500 亿美元——在同时代的企业家中，其创造的增长奇迹或许唯有 GE 的 CEO 杰克·韦尔奇可与其媲美。而杰克·韦尔奇还比他多花了 4 年时间。

在戈伊祖塔上任伊始，他就向董事会承诺：“要积极扩展到那些我们现在还没有进入的产业部门去，只有具有国内增长力的市场才有吸引力。”在再三斟酌之后，戈伊祖塔斥巨资收购了著名的哥伦比亚影业公司。然而，1989 年，他突然宣布把哥伦比亚影业公司卖给日本索尼公司。

他的这个决定引起了轩然大波。其实，当时哥伦比亚影业公司并没有发生什么危机，它每年出品的影片都还算卖座，而且还向可口可乐贡献可观的利润。但是，戈伊祖塔却有了异于他人的感觉。他在向董事会解释这次出售行为时说，放弃的原因是，“我无法控制哥伦比亚”。

他说，影业公司达不到我们所要求的“每个季度必须有可预见与可靠的稳定收入”，然而，并非娱乐业的利润就不能做到“可预见与可靠”，而是因为一个不懂它的人在经营。不懂，就没有控制感，而没有控制感的经营注定会失败，其区别仅仅是时间的早晚而已。

企业决策，特别是资本活动，在很多状态下是很难进行量化判断的，企业家的决策在相当程度上取决于他对市场、公司走向的判断；另外一个很重要的考量依据就是，你对自己的经营行为有没有足够的“控制感”。在这个意义上，我们再来解读 ITT 的案例便可以有新的认识。哈罗德·杰林之所以是天才，是因为他确乎能控制住一个由数百家公司组成的大怪物，而他的继任者则不能。

近 10 多年来，中国商界风云诡谲，每隔一两年便有一些庞大而知名的企业轰然倒地。在《大败局》的众多案例中，那些曾经不可一世的企业家们缺乏现实的控制感和控制艺术大概是最为致命的弱项——仰融无法控制华晨、唐万新无法控制德隆、顾雏军无法控制科龙、宋如华无法控制托普、李经纬和赵新先无法控制他们一手创办的健力宝和三九等，一切悲剧都潜伏着惊人一致的逻辑。1981 年，当有点口吃的杰克·韦尔奇被任命为 GE 新总裁后，他跑到洛杉矶附近的一个小城市去拜访当世最伟大的管理学家彼得·德鲁克，他问的第一个问题就是：“我怎么控制 GE 下面的上千家公司？”一切伟大的治理都是从学习控制开始的。

[资料来源：杨吉. 伟大的治理始于学会控制. 东方企业文化，2011,（1）：94]

控制是组织行为的规则，它可以使某些影响绩效的因素被维持在可以接受的范围内。没有这一规则，组织就缺少绩效的衡量指标。就像船的方向舵一样，控制可以使企业按正确的方向前进。在任何时点上，它都会用绩效指标（财务、生产力等）来衡量企业的状况。当组织的绩效滑出可接受的区域时，控制为组织提供了一种调整路线的机制。

一、控制的概念

“控制”一词最初来源于希腊语“掌舵术”，意指领航者通过发号施令将偏离航线的船只拉回到正常的轨道上来。由此可知，维持朝向目的地的航向，或者说维持达到目标的正确行动路线，就是控制概念的核心含义。

从传统的意义方面来说，控制就是“纠偏”，即按照计划标准衡量所取得的成果，并纠正所发生的偏差，以确保计划目标的实现。所有的管理者都应当承担这个职责，即使他的部门完全按照计划行动着，因为管理者在对已经完成的工作与计划所应达到的标准进行比较之前，他并不知道部门的工作进行得是否正常。

广义上，控制与计划相对应，控制是除了计划以外的所有保证计划实现的管理行为，包括组织、领导、监督、测量和调解等一系列环节。控制工作应包括纠正偏差和修改标准这两方面的内容，即控制工作不能仅限于针对计划执行中的问题采取“纠偏”措施，还应能促使管理者在适当的时候对原定的控制标准和目标做出适当的修改，以便把不符合客观需要的活动拉回正常的轨道上来。这种引致控制标准和目标发生调整的行动简称为“调试”，它是现代意义下的企业控制工作的有机组成部分。

狭义上，控制是指继计划、组织、领导职能之后，按照计划标准衡量计划完成情况和纠正偏差，以确保计划目标实现的一系列活动。即控制是指组织在动态环境中，管理者为了有效实现组织的目标而从事的致力于实际工作与计划或标准相一致的活动过程。

二、控制的必要性

斯蒂芬·罗宾斯曾这样描述控制的作用：“尽管计划可以制订出来，组织结构可以调整得非常有效，员工的积极性也可以调动起来，但是这仍然不能保证所有的行动按计划执行，不能保证管理者追求的目标一定能达到。”理想的状态是不可能成为企业管理的现实的，无论计划制订得如何周密，由于各种各样的原因，人们在执行计划的活动中总会或多或少出现与计划不一致的现象。管理控制的必要性主要是由以下原因决定的。

（一）环境的变化

如果企业面对的是一个完全静态的市场，其中各个影响企业活动的因素永不发生变化，如市场供求、产业结构、技术水平等，那么，企业管理人员便可以年复一年、日复一日地以相同的方式组织企业经营，工人可以以相同的技术和方法进行生产作业，因而，不仅控制工作，甚至管理的计划职能都将成为完全多余的东西。事实上，这样的静态环境是不存在的，企业外部的一切每时每刻都在发生着变化。这些变化必然要求企业修改原先制订的计划，进而对企业经营的内容做出相应的调整。

（二）管理权力的分散

只要企业经营达到一定的规模，企业主管就不可能直接地、面对面地组织和指挥全体员工的劳动，时间与精力的限制要求委托一些助手代理部分管理事务。由于同样的原因，这些助手也会再委托其他人帮助自己工作。这便是企业管理层次形成的原因。为了使助手们有效地完成受托的部门管理事务，高一级的主管必然要授予他们相应的权限。因此，任何企业的管理权限都制度化或非制度化地分散在各个管理部门和层次。企业分权程度越高，控制就越有必要。每个层次的主管都必须定期或非定期地检查直接下属的工作，以保证授予他们的权力得到正确的利用，且利用这些权力组织的业务活动符合计划与企业目的的要求。如果没有控制，没有为此而建立的相应控制系统，管理人员就不能检查下级的工作情况。即使出现权力的滥用或活动不符合计划要求等其他情况，管理人员也无法发现，更无法采取及时的纠正行动。

（三）工作能力的差异

即使企业制订了全面完善的计划，经营环境在一定时期内也相对稳定，对经营活动的控制也仍然是必要的。这是由不同组织成员的认识能力和工作能力的差异造成的。完善计划的实现要求每个部门的工作严格按计划的要求来协调地进行。然而，由于组织成员是在不同的时空进行工作的，他们的认识能力不同，对计划要求的理解可能发生差异，即使每个员工都能完全正确地理解计划的要求，但由于工作能力的差异，他们的实际工作结果也可能在质和量上与计划要求不符。某个环节可能产生的这种偏离计划的现象，会对整个企业的运行造成冲击。因此，加强对这些成员的工作控制是非常必要的。

（四）授权中责任的体现

组织的各项工作是由各阶层的管理者共同完成的，管理者在授权过程中，其所承担的责任并不因授权而解除或减轻，因此在授权的过程中应建立一个控制系统以控制工作分进程。要使人们负责，就必须要确切知道他们的职责是什么，他们的绩效是如何考核的，以及评估过程中绩效标准是什么。如果没有一个有效的控制系统，管理者就无法检查下属工作的进程和结果，就可能失控。

三、控制的特点

（一）控制具有整体性

控制的整体性包括三层含义：一是控制的对象是组织的各个环节，确保组织各部门和单位彼此在工作上的均衡与协调是管理工作的一项重要任务，为此必须了解、掌握各部门和单位的工作情况并予以控制；二是管理控制是组织全体成员的职责，完成计划是组织全体成员共同的责任；三是控制必须是一个系统，不能分割，否则就达不到预期的控制效果或增加控制成本。

（二）控制具有动态性

管理工作中的控制不同于冰箱的温度调控，后者的控制过程是高度程序化的，具有静态的特征。而组织不是静态的，其内部环境和外部环境都在不断地发生变化，因而控制标准和方法也不同，管理控制也就应该具有动态的特征，这样不仅可以提高控制的适应性，也可以提高控制的有效性。

（三）控制的主体是人

管理控制是保证工作计划顺利实施并最终完成的条件。在这个过程中，人一直都是活动的主体，因此，管理控制首先是对人的控制；其次，管理控制者也是人，是由人来执行控制。所以，人是控制的主体，控制要充分认识人的个性特点。

（四）控制是提高职员工作能力的重要手段

控制不仅是监督，更重要的是指导和帮助。管理者可以制订偏差矫正计划，这种计划要依靠职工去实施，只有员工认识到矫正偏差的必要性并具备矫正能力时，偏差才会真正被矫正。通过控制工作，管理者可帮助员工分析偏差的原因，端正员工的工作态度，指导他们采取矫正措施。这样，既能达到控制目的，又能提高员工的工作质量和自我控制能力。

四、控制的作用

组织在运行过程中，存在许多可控或不可控的因素，导致其实际活动偏离预期轨道。为了纠正实际结果与计划或标准的偏差，组织的控制工作发挥着重要作用。

（1）控制是完成计划、实现组织目标的基本手段。计划是组织的首要职能。而各种计划能否如期完成则取决于控制工作是否有效。计划是控制的目标和依据，控制是完成计划任务的手段。

（2）控制是企业标准实施的重要保证。标准化管理是现代企业制度的一个重要特征。标准覆盖企业整个生产经营过程，是管理的依据和目标。标准的实施过程就是管理者将实际绩效与标准对照并对差异采取纠正措施，即控制过程。

（3）控制是组织授权管理的基本途径。组织发展到一定规模，就必须实现授权管理。授权后上级要通过控制保证下级有效地执行上级决定和履行职责。离开了一定形式的控制，组织授权管理将无法进行。

（4）控制可以实行纠正，避免和减少管理失误造成的损失。由于受组织内外环境及相关因素影响，实际工作绩效可能与计划或标准不一致，进而影响到组织目标的实现。控制正是管理者致力实现组织目标的过程。

五、有效控制的基本原则

控制不是确保目标实现的唯一或最好的方法，我们还要了解怎样激励员工、怎样的领导方式最好，或者怎样使员工负起责任。事实上，管理者并不能仅仅通过控制来保证目标的实现。这是因为即使采用先进的信息管理技术，也不可能让管理者跟踪和监督组织中的每一项工作；另外，不管一个组织的控制系统多么有效，总会有人反对或抵制组织的控制。

控制是管理实践中比较容易出现问题的一项工作，在许多情况下，管理者制订了良好的计划，也建立了适当的组织，但由于没有把握住控制这一环节，最后仍达不成预期目标，无效控制会引起计划无效和组织无效。为保证对组织活动进行有效的控制，控制工作必须遵循以下原则。

（一）有计划地控制原则

有效控制不是在行动过程中随机产生的，必须是预先安排、按计划行事的。察觉自已经常在"补漏洞"的管理者，不断做出以前曾经做过的同类校正，都说明缺乏预先安排，控制行动必须是有计划地进行的。

有计划地控制的关键是提高控制的预先性。由于控制中的信息反馈存在着时滞问题，管理者要特别重视预先控制。即使在同步控制和反馈控制中，也要充分注意预见性问题，要尽可能早地获得信息，发现偏差，并尽快纠正。有效的控制应有预见性，按照既定标准、程序来进行控制。

（二）控制关键点原则

要使控制有效率，就必须抓住关键因素加以控制。关键因素主要有三种类型。

（1）出现偏差的可能性大的因素。在一些控制因素中，往往有特定因素有非常高的偏差可能率，并对工作影响较大。那么就要把这些因素作为关键因素，来加以重点控制。如在生产中对事故发生概率大的环节，就必须重点控制。

（2）直接决定工作成效的重点因素。当某些因素对取得工作成功至关重要的时候，就应对其给予高度重视。例如，企业的新产品开发与市场开拓，是企业构建竞争优势、促进企业长期发展的关键环节，必须集中力量抓好。

（3）能使控制最有效又最经济的因素。这一点与前两点相联系。一些因素对全局举足轻重，而又便于控制，花费较少，那么就可以把它们作为控制的关键因素，以期大大提高控制效率。最有效与最经济二者是统一的，需要兼顾。

（三）控制趋势原则

对控制全局的管理者来说，重要的是现状所预示的趋势，而不是现状本身。控制变化的趋势比仅仅改变现状要重要得多，也困难得多。一般来说，趋势是多种复杂因素综合作用的结果，是在一段较长的时期内逐渐形成的，并对管理工作的成效起着长期的制约作用。趋势往往容易被现象所掩盖，控制趋势的关键在于从显著中揭示倾向，特别是在趋势刚刚显露苗头时就觉察，并给予有效的控制。

（四）例外原则

有效的管理者要把控制力量集中在例外情况上。即只有实际工作脱离计划的重大偏差，才应当由领导处理，而一些不重要的问题要用已经制定的有关管理规范去解决，这样，领导者才能实施更有力的控制。它的具体含义包括以下内容。

（1）假定某些偏差的发生是预料之中的，只要活动是在允许的范围之内，那就可以将其看成是处于控制之中的。有些工作标准允许存在一定的限度的变化量。这些规定幅度内的偏差能通过预定政策加以调整，它不会危及整个系统的行为。

（2）主要出现重大偏差，而没有处理它的既定规范时，才由领导者去处理。

（3）领导者要为下级明确提供能够用来处理偏差的既定原则、政策、程序、规范和措施，以保证他们有效、独立地解决那些例行问题。

（4）管理部门应对调整标准做好准备，必须根据情况的变化对过时的目标或规范加以修正。

六、控制与其他职能的关系

控制是管理的一项重要的职能，它与计划、组织、领导等基本管理职能相辅相成，共同构成管理的四个主要环节。计划提出了管理者追求的目标，组织提供了完成这些目标的结构、人员配备和责任，领导者提供了指挥和激励的环境，而控制则提供了有关偏差的信息及确保与计划相符的纠偏措施。控制以计划、组织、领导等职能为基础，并对其有着积极的影响。

（一）控制与计划的关系

由控制的概念可知，控制职能几乎包括了管理人员为保证实际工作与计划一致所采取的一切活动。要全面理解控制，需要把控制与企业计划活动联系起来，如图 9.1 所示。

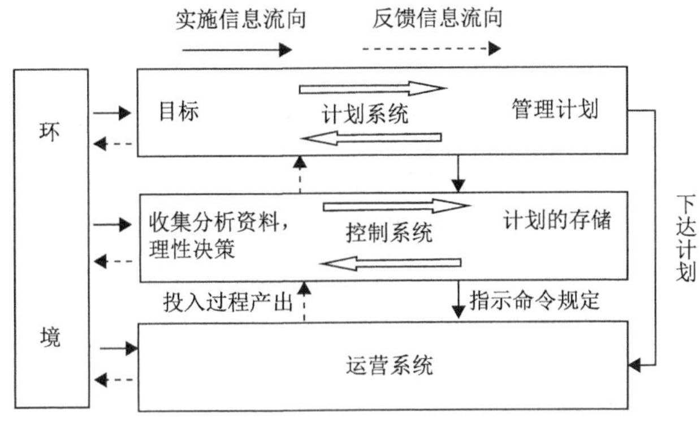

图 9.1 控制与计划的关系

企业中最高层领导首先根据组织所面临的内外环境来设置企业目标，计划系统根据目标和环境状况制订管理计划。这些计划一方面下达给运营系统，付诸实施；另一方面要送达控制系统储存起来，以供日后与实际绩效比较。营运系统将有关投入、运行过程及产品的信息反馈给控制系统，控制系统在收集了这些资料及外部环境的资料后进行分析，并同所存储的计划进行比较，最后决策是更正运行活动或是提出修正计划。

由此可见，控制和计划的关系相当密切。

（1）计划起着指导性作用，管理者在计划的指导下领导各方面工作以便达成组织目标，而控制则是为了保证组织的产出与计划相一致而产生的一种管理职能。

（2）计划预先指出了所期望的行为和结果，而控制则是按计划指导实际的行为的结果。

（3）只有管理者获得关于每个部门、每条生产线及整个组织过去和现在状况的信息才能制订出有效的计划，而这些信息中的绝大多数都是通过控制过程得到的。

（4）如果没有计划来表明控制的目标，管理者就不可能进行有效的控制，计划和控制都是为了实现组织的目标，两者是相互依存的。

（5）广义的控制活动实际上也包括了对计划在其执行期间内的修订或修改。

因此，计划和控制是同一事物的两面。有目标和计划而没有控制，人们可能知道自己干了什么，但无法知道自己干得怎样、存在哪些问题、哪些地方需要改进。反之，有控制而没有目标和计划，人们将不会知道要控制什么，也不知道怎么控制。计划和控制二者密不可分。计划、控制、再计划、再控制，管理工作的过程就是如此不断地循环往复下去。

（二）控制与组织的关系

组织职能是通过建立一种组织结构框架，为组织成员提供一种合适默契配合的工作环境。因此，组织职能的发挥不但为计划的贯彻执行提供了合适的组织结构框架，为控制职能的发挥提供了人员配备和组织机构，而且组织结构的确定实际上也规定了组织中信息联系的渠道，为组织的控制提供了信息系统。如果目标的偏差产生源于组织中的问题，则控制的措施就是要涉及组织结构的调整、组织中的权责关系和关系的重新确定等方面。

（三）控制与领导的关系

领导职能是通过领导者的影响力来引导组织成员为实现组织的目标而做出积极的努力。这意味着领导职能的发挥影响组织控制系统的建立和控制工作的质量，反过来，控制职能的发挥又有利于改进领导者的领导工作，提高领导者的工作效率。

总之，控制工作中的纠偏措施可能涉及管理的各个方面，要把那些不符合要求的管理活动引导到正常的轨道上来。

七、控制系统的构成要素

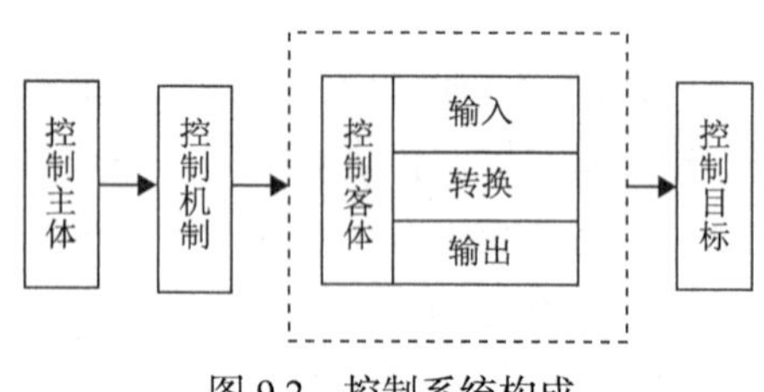

图 9.2　控制系统构成

组织的控制活动是通过控制系统实现的。控制系统是为了完成控制任务，由控制主体、控制客体、控制目标、控制目标和控制机制构成的有机整体。根据定义，控制系统最简单的结构模式如图 9.2 所示。

控制的主体是管理者，控制的依据是计划或标准，控制的对象是实际工作中的人、物或事。控制是一个活动过程，控制的目的是有效实现组织目标。在控制过程中，计划或标准（要求）是至关重要的，控制的实质是管理者致力于满足这些计划与要求的活动。

（一）控制的对象：控制什么

要建立控制系统，首先必须明确控制的对象，即明确要控制什么。

控制对象可从不同的角度进行划分。从横向看，组织内的人、财、物、时间、信息等资源都是控制的对象；从纵向看，组织中各个层次，如企业中的部门、车间、班组、各个岗位都是控制对象；从控制的阶段看，组织内不同的业务阶段和业务内容也是控制对象，如企业中供、产、销三个阶段都需要控制；从控制的内容看，能力、行为、态度、业绩等都可以成为被控制的对象。因此，组织的控制应该是全面的控制，组织控制系统的控制对象原则上应是整个组织的各个方面。

不仅如此，组织的控制还应是统一的控制，即在控制活动中要把组织的各个方面当成一个整体来控制。只有统一控制才能使组织协调一致，达到整体的优化，从而有效地实现组织目标，否则就会顾此失彼。例如，在企业组织控制中，如仅仅着眼于对物的控制而忽视对人的行为的控制，就不可能收到良好的控制效果。

（二）控制目标体系：要求控制在怎样的范围之内

任何控制活动都是有一定的目标取向的，无目的的控制是不存在的。要建立控制系统，除要明确控制对象外，还要明确控制的目标体系，即要求控制在怎样的范围之内。

在一个组织中，控制的目标体系常常以各种形式的控制标准体现出来，如时间标准、质量标准、行为准则等。控制应服从于组织发展的总体目标和理念，因此，控制标准往往是根据总目标派生出来的分目标及各项计划指标或制度要求来确定的。也就是说，控制目标体系是与理念体系、组织、目标体系和计划体系相辅相成的。

（三）控制的方法和手段系统：怎样确定实际达到控制目标的程度

为了了解控制对象实际达到控制目标的程度，我们还需要明确衡量控制对象实际状况与控制目标之间差距的方法和手段。

控制的方法和手段多种多样，只要控制对象确定、控制目标要求明确，就一定可以找到相应的衡量指标和衡量方法。下文将介绍各种不同的控制类型和控制方法，每个组织应视其不同的情境选用相应的控制方法和手段。

（四）控制的主体：谁来履行控制的职责

为了落实对各控制对象根据控制目标要求进行有效控制的职责，控制系统必须明确各项工作的控制主体。

组织内的控制活动是由人来执行和操纵的，因此，组织控制系统的主体是各级管理者及其所属的职能部门。控制系统以各层次的管理者为主体，根据变化了的环境有意识地调节自己的活动。

在控制主体中，由于管理者所处的地位不同，其控制的任务也不同。一般而言，中、低层管理者执行的主要是例行的、程序性的控制，而高层管理者履行的主要是例外的、非程序性的控制。控制主体控制水平的高低是控制系统能发挥多大作用的决定性因素。

（五）控制机制

控制机制是控制主体驱动控制对象（客体）的属性特征，使之符合控制标准的同态调整过程。该过程能够将客体的某些属性特征限定在一个规定范围内。控制的核心任务就是通过信息流将控制主体与控制对象联系起来，通过一定的方式方法测量和纠正客体属性的实际值与计划目标或标准之间的偏差，确保客体符合要求。

如图 9.3 所示，控制主体包括控制机构、执行机构和检测机构。同态调整表现为测量、分析、纠正和反馈的循环过程。当控制客体的属性特征的实际值与计划或标准一致时，控制目标实现。

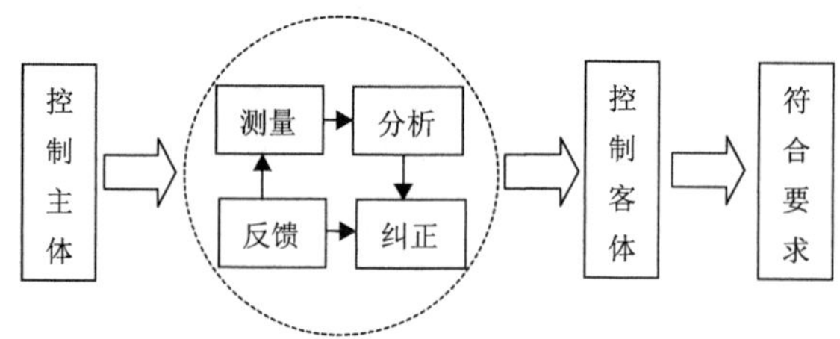

图 9.3　管理控制机制

管理者进行控制的根本目的在于保证目标的最终实现，即保证组织活动的过程和实际绩效与计划内容及计划目标相一致。控制职能无疑是十分重要的，但控制本身不是目的，它仅仅是保证目标实现的手段之一，必须将其放在整个管理过程之中，才能发挥其应有的作用。

第二节　控 制 过 程

案例导入

汤姆的目标与控制

汤姆担任这家工厂的厂长已经一年多了。他刚看了工厂有关当年实现目标情况的统计资料，厂里各方面工作的进展出乎意料，他为此气得说不出一句话来。他记得就任厂长后的第一件事情就是亲自制定了工厂一系列计划目标。具体地说，他要解决工厂的浪费问题、要解决职工超时工作的问题、要减少废料的运输问题。他具体规定：在一年内要把购买原材料的费用降低 10%～15%；把用于支付工人超时工作的费用从原来的 11 万美元减少到 6 万美元，要把废料运输费用降低 3%。他把这些具体目标告诉了下属有关方面的负责人。

然而，他刚看过的年终统计资料却大大出乎他的意料。原材料的浪费比上一年更为严重，原材料的浪费竟占总额的 16%；职工超时费用也只降低到 9 万美元，远没有达到原定的目标；运输费用也根本没有降低。

他把这些情况告诉了负责生产的副厂长，并严肃批评了这位副厂长。但副厂长争辩说："我曾对工人强调过要注意减少浪费的问题，我原以为工人也会按我的要求去做的。"人事部门的负责人也附和着说："我已经为消减超时的费用作了最大的努力，只对那些必须支付的款项才支付。"而负责运输方面的负责人则说："我对未能把运输费用减下来并不感到意外，我已经想尽了一切办法。我预测，明年的运输费用可能要上升 3%～4%。"

在分别和有关方面的负责人交谈之后，汤姆又把他们召集起来布置新的要求，他说："生产部门一定要把原材料的费用降低 10%，人事部门一定要把超时费用降到 7 万美元；即使是运输费用要提高，但也决不能超过今年的标准，这就是我们明年的目标。我到明年年底再看你们的结果！"

一、有效控制的要求

（一）适时控制

企业经营活动中产生的偏差只有及时采取措施加以纠正，才能避免偏差的扩大，或防止偏差对企业不利影响的扩散。及时纠偏，要求管理人员及时掌握能够反映偏差产生及其严重程度的信息。如果等到偏差已经非常明显，且对企业造成了不可挽回的影响后，反映偏差的信息才姗姗来迟，那么，即使这种信息是非常系统、绝对客观、完全正确的，也不可能对纠正偏差带来任何指导作用。

纠正偏差的最理想方法应该是在偏差未产生以前，就注意到偏差产生的可能性，从而预先采取必要的防范措施，防止偏差的产生；或者企业由于某种无法抗拒的原因，偏差的出现不可避免，那么这种认识也可以指导企业预先采取措施，消除或遏制偏差产生后可能对企业造成的不利影响。

预测偏差的产生，虽然在实践中有许多困难，但在理论上是可行的，即可以通过建立企业经营状况的预警系统来实现。我们可以为需要控制的对象建立一条警报线，反映经营状况的数据一旦超过这条警戒线，预警系统就会发出警报，提醒人们采取必要的措施防止偏差的产生和扩大。

（二）适度控制

适度控制是指控制的范围、程度和频度要恰到好处。这种恰到好处的控制要注意以下几个方面的问题。

1. 防止控制过多或控制不足

控制常给被控制者带来某种不愉快，但是缺乏控制又可能导致组织活动的混乱。有效的控制应该是既能满足对组织活动监督和检查的需要，又能防止与组织成员发生强烈的冲突。适度的控制应能同时体现这两个方面的要求：一方面，要认识到，过度的控制会对组织中的人造成伤害，对组织成员行为的过多限制，会扼杀他们的积极性、主动性和创造性，会抑制他们的首创精神，从而影响个人能力的发展和工作热情的提高，最终会影响企业的效率；另一方面，也要认识到，过少的控制，将不能使组织活动有序地进行，不能保障各部门活动进度成比例的协调，将会造成资源的浪费，过少的控制还可能使组织中的个人无视组织的要求，我行我素，不提供组织所需的贡献，甚至利用在组织中的便利地位谋求个人利益，最终导致组织的涣散和崩溃。

控制程度适当与否，受许多因素的影响，判断控制程度或额度是否适当的标准，通常要随活动性质、管理层次及下属受培训程度等因素而变化。一般来说，科研机构的控制程度应小于生产劳动组织；企业中对科室人员工作的控制要少于现场的生产作业；对受过严格训练从而能力较强的管理人员的控制要低于那些缺乏必要训练的新任管理者或单纯的执行者。此外，企业环境的特点也会影响人们对控制严格程度的训练：在市场疲软时期，为了共渡难关，部分职工会同意接受比较严格的行为限制；而在经济繁荣时期则希望工作中有较大的自由度。

2. 处理好全面控制与重点控制的关系

任何组织都不可能对每一个部门、每一个环节的每一个人在每一个时刻的工作情况进行全面的控制。由于存在对控制者的再控制的问题，这种全面控制甚至会造成组织中控制人员远远多于现场作业者的现象。值得庆幸的是，并不是所有成员的每一项工作都具有相同的发生偏差的概率，并不是所有可能发生的偏差都会对组织带来相同程度的影响。有一个事实，企业的工资成本超出计划的 5%对经营成果的影响要远远高于行政系统的邮资费用超过预算的 20%。这表明，全面系统的控制不仅代价极高，而且是不可能的，也是不必要的。适度的控制要求企业在建立控制系统时，利用 ABC 分析法和例外原则等工具，找出影响企业经营成果的关键环节和关键因素，并据此在相关环节上设立预警系统或控制点，进行重点控制。

3. 使花费一定费用的控制得到足够的控制收益

任何控制都需要一定的费用。衡量工作成绩、分析偏差产生的原因，以及为了纠正偏差而采取的措施，都需要支付一定的费用；同时，任何控制，由于纠正了组织活动中的偏差，都会带来一定的收益。一项控制，只有当它带来的收益超出了其所需的成本时，才是值得的。控制费用与收益的比较分析，实际上是从经济角度去分析上面考虑过的控制程度与控制范围的问题。

（三）客观控制

控制工作应该针对企业的实际状况，采取必要的纠偏措施，或促进企业活动沿着原先的轨道继续前进。因此，有效的控制必须是客观的、符合企业实际的。客观的控制源于对企业经营活动状况及其变化的客观了解和评价。为此，控制过程中采用的检查测量的技术与手段必须能正确地反映企业经营在时空上的变化程度与分布状况，准确地判断和评价企业各部门、各环节的工作与计划要求的相符或相背离程度，这种判断和评价的正确程度还取决于衡量工作成效的标准是否客观和恰当。为此，企业还必须定期地检查过去规定的标准和计量规范，使之符合现实的要求。另外，由于管理工作带有许多主观评定，所以，对一名下属人员的工作是否符合计划要求，不应不切实际地加以主观评定。没有客观的标准和准确的检测手段，人们对企业工作就不易有一个正确的认识，从而难以制定出正确的措施，进行客观的控制。

（四）弹性控制

企业在生产经营过程中经常可能遇到某种突发的、无力抗拒的变化，这些变化使企业计划与现实条件严重背离。有效的控制系统应在这样的情况下仍能发挥作用，维持企业的运营，即应该具有灵活性或弹性。

弹性控制通常与控制的标准有关。比如，预算控制通常规定了企业各经营单位的主管人员在既定的规模下能够用来购买原材料或生产设备的经营额度。这个额度如果规定得绝对化，那么一旦实际产量或销售量与预测数值存在差异，预算控制就可能失去意义：经营规模扩大，会使经营单位感到经费不足；而销售量低于预测水平，则可能使经费过于富绰，甚至造成浪费。有效的预算控制应能反映经营规模的变化，应该考虑到未来的企业经营可能呈现出的不同水平，从而为经营规模的参数值规定不同的经营额度，使预算在一定范围内是可以变化的。

一般地说，弹性控制要求企业制订弹性的计划和弹性的衡量标准。

除此之外，一个有效的控制系统还应该站在战略的高度，抓住影响整个企业行为或绩效的关键因素。有效的控制系统往往集中精力于例外发生的事情，即例外原则，凡已出现过的事情，皆可按规定的控制程序处理，第一次发生的事例，需要投入较大的精力。

二、控制的步骤

控制的过程都包括四个基本环节的工作：确定控制标准；衡量实际成效；分析偏差原因；采取纠偏措施，如图 9.4 所示。也有将控制过程分为三个环节：确定标准；衡量成效；纠正偏差。

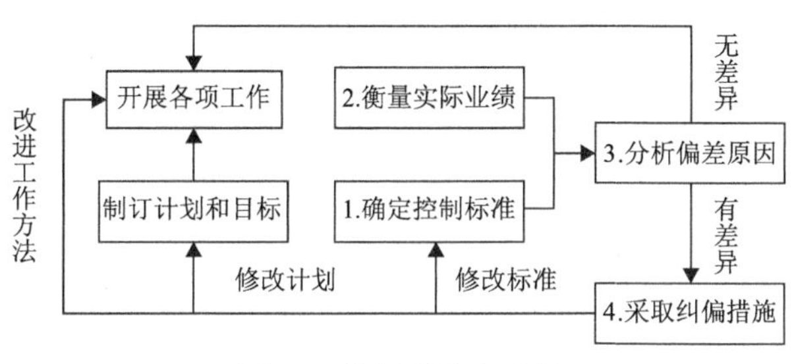

图 9.4　控制的基本过程

（一）确立控制标准

标准是人们检查和衡量工作及其结果（包括阶段结果与最终结果）的规范。制定标准是进行控制的基础。没有一套完整的标准，衡量绩效或纠正偏差就失去可客观依据。

1. 控制标准的类型

企业的计划活动和标准化管理涉及不同的指标和标准，在管理控制活动中常见的标准大致有以下几种。

（1）时间标准，指规定经营活动的时间要求，如标准中有关生产周期、生产间隔期和提前期的规定等。

（2）数量标准，指以工作成果的数量作为控制标准，如产量、原料消耗量、库存量等。

（3）质量标准，指规定产品或服务的质量要求，如产品的物理、化学、机械、安全等方面的性能要求，主要以性能参数的形式表现出来。

（4）价值标准，表现为企业生产经营过程中的价值量指标，如计划的销售额、成本、费用、利润、资产、负债和权益等指标。

（5）无形标准，是管理者评价控制对象优劣好坏的标准，如工作能力、态度、责任心、企业知名度、美誉度等指标。

（6）程序标准，指组织中的各种具体工作流程所依据的标准，如采购程序标准。

2. 制定标准的基本原则

（1）法治化原则。控制标准必须符合国家法律法规和强制性标准。

（2）市场化原则。充分考虑顾客和市场对企业生产经营的需要，将顾客的期望和要求转化为企业控制的标准，积极采用国家标准和国外先进标准。

（3）可行性原则。标准的水平一定要考虑组织和工作人员的实际能力，不能过高或过低，保持挑战性和可实现性的平衡。标准应该根据实际情况在内容和水平上有所区分。

（4）适应性原则。标准要适应环境的变化适时修订或重新制定。此外，制定标准还要坚持公平性、可衡量性等原则。

3. 制定标准的过程与方法

1）制定标准或指标的过程

第一，确定控制对象。“控制什么”是制定标准首先要考虑的问题。部门不同，岗位不同，控制的对象要有所差异。

第二，调查研究，收集信息。调查了解国家政策、竞争者状况、顾客的需要、组织和员工的实际能力及企业的战略计划等各类信息，以此为直接依据确定指标和制定标准。

第三，制定标准。将调研信息进行加工整理，结合控制的上位目标和相关目标，转化为控制的指标和标准。

2）制定标准或指标的方法

第一，统计计算方法。即用统计学知识对调查数据进行计算。该方法适用于调查数据完整可信的情形。标准所选择的具体统计数字可能是平均数，也可能是高于或低于重点的一个定点。

第二，经验估计方法。对于新事物或缺乏统计资料的控制对象，可以由管理人员或对该项工作熟悉的基层工作者凭经验确定，通过征求意见或修改完善，制定出一个相对先进合理的标准。这种方法主要运用主观判断能力。

第三，工业工程方法。综合运用系统理论、运筹学和工序分析等多种科学技术，通过“方法研究”和“作业测定”制定工作标准。科学管理的实践者泰勒等最先应用这种方法从事“时间和动作研究”。虽然该方法一般更科学、更可靠，但有些实际工作测量的难度是很大的。

（二）衡量实际绩效

绩效反映的是组织或个人在一定时期内投入产出之间的对比。投入指的是人力、物力、时间等资源要素，产出指的是工作任务在数量、质量及效率方面的完成情况。实际绩效是组织运营的结果，也就是计划指标或标准的执行结果。它包括个人绩效和组织绩效两个方面。

1. 衡量的要求

（1）明确衡量的对象。衡量“什么”要与“控制什么”相对应。重点控制的对象同时也是重点衡量的内容。

（2）选择衡量的主体。不同的控制对象，衡量的主体不同。例如，产品出产量，一方面由车间计划人员完成自我衡量；另一方面由计划部门从外部衡量。而工序质量保障能力则主要由车间技术人员独立完成。

（3）确定衡量的时间与频度要求。衡量最基本的要求就是及时准确：①时间要求。最好的情形是能事先预见可能出现的偏差，至少应该做到及早监测，尽早发现偏差的苗头，以便及时采取有力措施。②频度要求。即间隔多长时间衡量一次。频度过高会增加控制成本，引起相关人员的不满；频度过低，又会造成失控现象，出现问题不能及时采取纠正措施。另外，控制对象不同，频度也应有所差别。

（4）测量的公正性和准确性。衡量必须客观公正、真实准确，否则会直接影响到决策的质量。公正是指不受测量者主观好恶及有关私利的影响，严肃地对待测量工作。实现准确性的基本途径包括：一是测量的定量化和标准化，尽量避免主观臆断等人为因素的影响；二是让测量者做到态度端正、认真负责，在业务上真正具备测量所需要的技能与经验；三是要确保测量设备与工作的完备性、程序与方法的科学性。

2. 衡量的方法

（1）亲自观察。管理者到工作现场观察被控制对象及相关人员的实际情况和工作表现。观察可以为控制者提供一手资料和信息。尤其是高层管理者，深入一线和基层，能够体察民情、了解民意，检验并修正自己的决策。国外企业管理中的“走动管理”方法就是亲自观察的典型形式。

（2）统计图表。利用控制对象的过程和输出结果资料——各种统计图和表进行衡量，其优点是一目了然，便于对比。例如，企业财务指标衡量可以利用资产负债表、利润表、现金流量表、成本费用明细表和股东权益变动表等财务报表获取信息。

（3）工作汇报。工作汇报包括口头汇报和书面汇报两种形式。口头汇报可以面对面地单独进行，也可以通过开会的形式集体进行。书面汇报则更加系统和规范，便于存档和查找。汇报衡量方式的优点是了解信息快捷，可以互动交流，缺点是信息经过过滤可能失真。

（4）会计核算。会计核算指借助会计手段获得企业生产经营业绩数据（包括收入、成本费用和利润等）。会计核算的优点是数据准确可靠，但数据的获得受到会计核算周期的影响，影响发现和解决问题的及时性。

（5）调查研究。从广义上调查研究包括亲自观察和工作汇报，此处特指利用调查表或问卷进行访谈调查、普查、抽样调查、典型调查或个案调查等。调查研究要求事先设计调查提纲和调查表或问卷。调查的结果还要经过整理和分析，才能成为决策的依据。

无论采取什么方法，其结果都要获得实际绩效与计划或标准之间存在的偏差，其计算公式如下：

偏差=计划（指标）或标准–实际绩效

（三）分析偏差原因

实际绩效的结果如果发现了偏差，就要分析产生偏差的原因。原因分析是否正确，决定了所采取的纠偏措施是否得当，如图 9.5 所示。

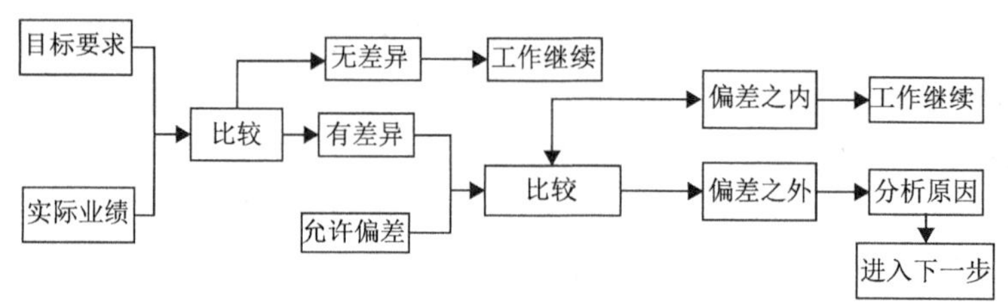

图 9.5　差异分析的过程

目标要求和允许偏差都应是事先确定的控制标准

1. 基本思路

对偏差原因的分析主要围绕计划或标准及员工的工作等方面来进行。

1）计划或标准有问题

这是指计划或标准脱离了实际：一方面，计划的目标或标准太高，执行的结果根本达不到；另一方面，计划目标或标准的水平过低，执行的结果轻易地达到或超过了计划目标或标准。

2）工作的过程有问题

如果分析的结果显示计划或标准没有问题，那么就应该对员工的工作过程（5M1E）进行分析：一是员工的努力程度；二是设备设施；三是使用的材料；四是工作方法；五是环境条件；六是测量的准确度。针对不同的问题采取相应的改进措施。

3）计划或标准、工作过程都有问题

在特殊情况下，无论是标准，还是工作过程可能都存在问题，此时需要分别对两类因素进行评估和分析。

差异分析的目标在于确定是否有必要采取纠偏措施。若实际业绩与目标要求之间无差异，工作按原计划继续进行；若有差异，则首先要了解是否在实现确定的允许范围之内。若差异在允许范围之内，则工作继续进行，但也要分析偏差产生的原因，以便改进工作，并把问题消灭在萌芽状态；若差异在允许的范围之外，则应及时深入分析产生偏差的原因。

2. 分析方法

分析方法总体上分为定性分析和定量分析两大类。

1）定性分析

定性分析是指分析者凭借直觉、经验，根据控制对象的历史信息及最新资料，利用相应的理论知识，对存在问题的性质、特点、发展变化规律和原因做出判断的一种方法。管理控制中常用的分析方法有：归纳分析法、演绎分析法、比较分析法和结构分析法等。此外还可以应用一些工具来进行辅助分析，如分层法、关系图法、矩阵法、因果图、KJ 法、5M1E 分析法都是常用的分析工具。

因果图又称为石川图、特性要因分析图、树枝图和鱼刺图等，是一种分析工具缺陷与影响因素之间关系的示图。该方法由日本质量管理专家石川馨发明，主要应用于质量管理领域。因果图由问题（偏差）、原因、枝干组成。第一，问题，指要通过管理措施予以解决的问题。第二，原因，即产生特性的原因，包括大原因、中原因和小原因等。第三，枝干，即表示特性与原因关系的箭头，其中，把全部原因与特性连接起来的是主干；把个别愿意与主干连接起来的是大枝；把逐层细分的因素与各个原因连接起来的是中枝、小枝和细枝。以运营管理控制中的质量偏差为例，因果图分析法的基本模式如图 9.6 所示。

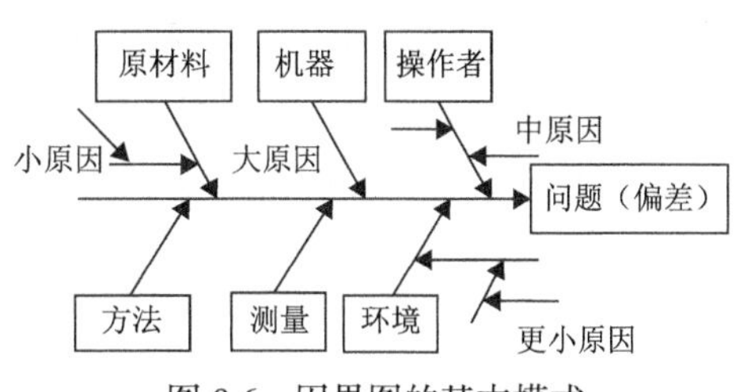

图 9.6 因果图的基本模式

2）定量分析

定量分析是分析者依据数学方法，对出现问题的原因、问题与影响因素及各影响因素之间的数量关系进行分析的方法。管理控制中常用的定量分析方法有统计方法（统计指数分析法、描述统计和推断统计）、实验法和质量管理工具法（如排列图、直方图、散布图和矩阵数据分析法）等。例如，管理者可利用统计指数方法分析生产成本增加和销售收入减少的影响因素。

（四）采取纠偏措施

根据偏差的程度和性质，在全面深入地分析偏差产生原因的基础上，管理者就要采取措施，实施纠偏行动。

1. 改进工作

如果是员工工作过程方面的原因，管理者要根据不同情况采取不同的措施。

（1）员工努力问题。加强员工教育，完善激励与制约机制，加大激励或惩罚力度，改变领导方式，进行工作轮换，加强文化建设等。

（2）设备设施问题。设立维修基金，进行更新改造，加强维修保养。

（3）使用材料问题。严格选择供应商，完善采购检验工作。

（4）工作方法问题。规范岗前培训，加强工作过程中的技术指导，同时要加大对工作失误的处罚力度。

（5）环境条件影响问题。制定环境管理标准，加强环境管理，通过 5S 管理、目视管理等方法改进工作环境条件。

（6）测量不准确问题。对测量人员培训，改进测量技术、手段和方法，更新测量工作。

2. 修订目标或标准

一般来说，计划指标和标准应当具有稳定性和连续性。但是，如果组织的外部环境或内部条件发生了变化，计划或标准就可能出现问题，这时必须对计划或标准进行调整，使之符合企业生产经营的实际需要。

（1）调高。针对原计划或标准水平低的情况，提高标准时应注意提高额度要充分考虑影响因素对计划指标和标准的影响。

（2）调低。针对原计划指标或标准水平定高的情况，降低的水平也要参照员工的平均技能水平，考虑各种可能不利因素，具体确定。

（3）修订目标或标准，同时改进工作

当组织处在一种较为复杂的环境下，上述两类因素交互影响时，则应对标准与工作同时进行调整，促使二者趋于一致。

第三节　控 制 类 型

案例导入

人人贷：从模式选择到风险控制管理

目前P2P行业主要分为三种模式：一是纯线上模式；二是以线下为主；三是像人人贷目前采用的线上线下相结合的模式。为了创造交易资金，人人贷采用与第三方小贷、担保机构合作的模式。

杨一夫介绍，选择此模式有两方面原因。一是我们国家的个人征信体系基础薄弱，信息碎片化严重，缺乏整合通道，征信体系也没有实现有效的商业化，这些原因导致国内P2P机构无法完全依靠互联网收集到用户的信用信息。二是我们的目标借款用户呈现出个体分散性的特点，有很多人不熟悉互联网借贷的操作行为，落地式的服务能够最大限度发掘此类客户。人人贷与小贷机构合作，小贷机构负责收集用户信息，将符合标准的用户推荐给人人贷，双方协作为这类人群提供借贷服务。

5月22日，招商银行前行长马蔚华在讲解“互联网时代下的金融创新”时有这样一句很深刻的话，“在互联网时代，面对新的商业规律和游戏规则，过去的做法和熟悉的管理办法已经不再灵验，所有行业和企业都做好颠覆与被颠覆的准备，于是，加快创新变革变得至关重要”。

杨一夫认为，金融的本质是风险管理风险控制，涉及本质的创新才具有颠覆性意义。“目前为止，P2P对互联网金融创新更大程度上停留在服务方式或者资金渠道上，并没有真正的直击金融的本质——对风险管理的创新。未来则有机会通过技术去改变这样的现状，令风控变得更有效率、更准确。”杨一夫表示。

风险控制问题也是整个P2P行业面临的最大的问题，在人人贷风控管理的历史上，有两件事不得不提。

第一件事，据杨一夫回忆，在产品问世初期遭遇第一笔逾期时，杨一夫曾率领员工赶赴上海。来到借款人家楼下，他立刻发觉人人贷的风控有漏洞，因为楼下还有好几名其他银行催缴人员，这名借款人显然有不良信用记录。杨一夫赶到借款人父母家、前妻家，各种办法用尽后，给借款人停机的电话充了钱，意外地得到了他的新住址，追回了一部分款项。

催缴之后，杨一夫回到公司，随即在借款人审核资料中增加了提供央行征信报告的要求，并得出结论：必须建立从头至尾的风控体系，包括重点信息核实、催收流程等环节。

第二件事，是银监会监管“风波”——即人人贷历史上的“黑色星期四”。

事情是这样的，2011 年 8 月 25 日，人人贷公司收到了银监会发布的《关于人人贷有关风险提示的通知》，三位创始人经了解后才发现银监会的通知缘于一个月之前，一家名为哈哈贷的 P2P 信贷网站关闭，而文件中只是用“人人贷”来指代 P2P 信贷这个行业。他们着实虚惊了一场。

“银监会通知对行业存在的合理性还是有一定认可的，从监管方面，我们也没有得到更进一步的负面态度。紧接着坏事变成好事了，因为人人贷这个词变得更热了。”杨一夫事后表示。

那么现在人人贷的风险控制环节是如何管理的呢？据杨一夫介绍，人人贷采取的是“前端销售+后端审核”模式，在信息公开透明的基础上，人人贷建立了系统的风险管理机制，具体来说包括以下几个方面。

第一，贷款额度控制。严格控制借款客户的借款额度，从而在一定程度上控制风险，目前借款客户的件均借款额为 3 万～5 万元。

第二，分散的出借模式。出借客户的资金会分散出借给若干借款人，有效分散资金的风险。

第三，全流程风险管理体系。据杨一夫介绍，人人贷有一整套的从美国等西方发达国家引入的科学的信用审查及风险控制机制。通过多年摸索将其完善并适用于中国的情况，形成了一整套贯穿于产品设计、前端销售、贷前审核、贷中跟踪、贷后管理的全面而严密的服务流程；对于借款人的历史信用、还款能力、还款意愿等加以严格审核，最大限度保障出借人的资金安全。

第四，风险备用金制度。人人贷专门设置了风险备用金，用以作为出借客户的风险缓冲。风险备用金按照借款金额的一定比例逐笔提取，一旦发生坏账，网站将会自动通过风险备用金进行相应的垫付，从而降低了出借人出借资金面临的还款风险。同时，人人贷与招商银行上海分行签署了风险备用金托管协议。由招商银行上海分行对人人贷的风险备用金专户资金进行独立托管，对风险备用金专户资金的实际进出情况每月出具托管报告，使用户能够清晰地了解风险备用金的使用情况。截至 2014 年 5 月，人人贷的风险备用金余额超过了 3500 万元人民币。

据人人贷 2014 年一季度的业绩报告数据，人人贷累计交易已经突破 25 亿元，一季度成交 7849 笔，成交金额为 4.91 亿元，同比增长 145%，平均投标利率 12.89%，不良率为 0.6%。人人贷出色的成绩离不开其良好的模式选择和风控管理。

（资料来源：人人贷：从模式选择到风险控制管理. http://finance.china.com/fin/lc/201407/08/7162546.html[2014-07-08]）

对于以上各种控制方法，可以从不同的角度出发，划分成不同的控制类型。其中最常见的划分方法是按照控制点、控制性质、控制方式划分。

一、按照控制点（时间点）划分：事前控制、事中控制和事后控制

事前控制（又称为事先控制或前馈控制），是指一个组织在一项活动正式开始之前所进行的管理上的努力。事前控制主要是对活动最终产出的确定和对资源投入的控制，其重点是防止组织行为偏离目标，防止所使用的资源在质和量上产生偏差。事先控制是一种面向未来的控制，强调“防患于未然”。事前控制的基本目的是：保证某项活动有明确的绩效目标，保证各种资源要素的合理投放。可以说，计划是典型的事前控制，市场调查和可行性分析、入学考试和体检、对投入要素的检验等，均属于此类。

事中控制（又称为过程控制、现场控制、实时控制）是在某项活动或工作进行过程中的控制，如管理者在现场对正在进行的活动给予指导与监督，以保证活动按规定的政策、程序和方法进行。事中控制的目的是及时处理例外情况，纠正工作中发生的偏差。它是一种面对面的领导，由于一般在现场进行，信息的及时反馈、管理者的工作作风和领导方式对事中控制效果有很大的影响。生产过程中的进程控制和生产表表、课堂上教师的提问检查、学生的家庭作业和期中考试等均属此类控制。

事后控制（反馈控制）发生在行动或任务终了之后，关注组织的产出。这是历史最悠久的控制类型，传统的控制方法几乎都属于此类。例如，传统的质量控制往往局限于成品的检查，把次品和废品调出来，以保证出厂的产品都符合质量标准。事后控制的主要特征是根据事先确定的控制标准对实际工作进行比较、分析和评价。事后控制的最终目的是把最后一道关，并根据对实际工作绩效的评价，为未来的事前控制和事中控制打下基础。

不同的控制方法按照控制点分类见表 9.1。

表 9.1　不同的控制方法可按照控制点分类

控制类型	事前控制	事中控制	事后控制
资金控制	预算编制	使用审核	财务报表分析
时间控制	计划制定	进度控制	计划调整
质量和数量控制	标准确定	过程控制	统计分析、考核评价
安全控制	体验、警卫、归档	检查	整改
人员控制	理念引导	规章约束	行为评价、绩效考核
信息控制	密级划分、制度建立	审批、权限	定期检查分析

二、按照控制性质划分：预防性控制和纠正性控制

预防性控制是在事情发生之前所进行的管理上的努力。采取预防性控制是为了避免产生错误，尽量减少今后的纠正活动，防止资金、时间和其他资源的浪费。例如，国家强调法制，制定较详细的法律条文并大力宣传，就是预防性控制措施，人人知法、人人懂法，可最大限度地减少那些由于不知法、不懂法而导致的违法行为。一般而言，规章制度、工作程序、上岗培训等都起着预防控制的作用。在设计预防性控制措施时，人们

所遵循的原则都是为了更有效地达成组织目标，但要使这些预防性的规章制度等能真正被遵从，还要有良好的监控机构加以保证。使用预防性控制，要求对整个活动的关键点有比较深刻的理解，能事先预见到问题并提出相应的对策措施。

纠正性控制是在事情发生之前所进行的管理上的努力。在实际管理工作中，纠正性控制使用得更普遍。采用纠正性控制往往是由于管理者没有预见到问题，其目的是，当出现偏差时采取措施使行为或活动回到事先确定的或所希望的水平。例如，根据审计制度对企业定期进行检查，以便及时发现问题、解决问题等。

三、按照控制方式划分：集中控制、分层控制和分散控制

集中控制就是在组织中建立一个控制中心，由它来对所用的信息进行集中统一的加工、处理，并由这一控制中心发出指令，操纵所有的管理活动。如果组织的规模和信息量不大，且控制中心对信息的取得、存储、加工效率及可靠性都很高时，采用集中控制的方式有利于实现整体的优化控制。企业中的生产指挥部、中央调度室都是集中控制的例子。

当组织十分庞大、规模和信息量都极大时，就难以在一个控制中心进行信息存储和处理。在这种情况下，集中控制会拉长信息传递时间，造成反馈时滞，使组织反应迟钝、决策延误时间，并且一旦中央控制发生故障或失误，整个组织就会陷入瘫痪。由于无其他替代系统存在，风险很大，在这种情况下就宜采用分散控制方式。

分散控制对信息存储和处理能力的要求相对较低，易于实现；由于反馈环节少，反应快、时滞短、控制效率高、反应能力强；由于采用分散决策方式，即使个别控制环节出现了失误或故障，也不会引起整个系统的瘫痪；但分散系统可能会带来一个严重后果，即难以取得各分散系统的相互协调，难以保证各分散系统的目标与总体目标的一致性，从而会危及整体的优化，严重的甚至会导致失控。

分层控制，又被称为系统控制，它是一种把集中控制和分散控制结合起来的控制方式。它有两个特点：一是各子系统都具有各自独立的控制能力和控制条件，从而有可能对子系统的管理实施独立的处理；二是整个管理系统分为若干层次，上一层次的控制机构对下一层各子系统的活动实行畸形指导、导向性的间接控制。在分层控制中，要特别注意防止缺乏间接控制、自觉不自觉地滥用直接控制，并多层次地向下重叠实施直接控制的弊病。

上述三种控制类型之间的关系如图 9.7 所示，在某种程度上，这些控制类型之间是相互关联的。例如，预防性控制通常在事先或事中进行，纠正性控制一般在事中或事后进行，并都可以采取集中、分层、分散型控制方式，不同的是划分或认识的角度。

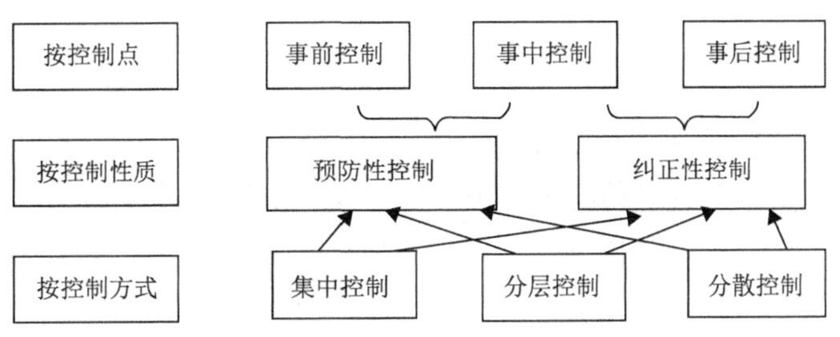

图 9.7 三种控制类型之间的关系

四、按照组织系统的层次划分：战略控制、结构控制、运营控制和财务控制

按照组织系统的层次划分，控制的层次如图 9.8 所示。

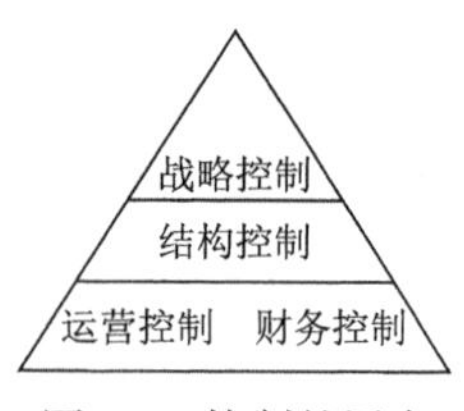

图 9.8　控制的层次

（1）战略控制。它关注组织的公司层战略、业务层和职能层战略如何协助组织实现其目标。例如，组织未能成功地实施其相关多样化战略，那么管理者就需要找出原因，或者改变战略，或者重新努力执行这一战略。

（2）结构控制。它关注组织架构的各要素如何为其既定目标服务，有两种结构控制的类型：官僚控制和分权控制（图 9.9）。官僚控制是以刻板、机械为特征的组织设计方式；而分权控制是以随机、有机的、扁平的结构安排为特征的组织控制方式，它在很大程度上依赖于团队规范和强烈的企业文化，并要求员工进行自我控制。

（3）运营控制。它关注组织将资源变成产品或服务的过程，包括采购控制、库存控制、维护控制和质量控制。

（4）财务控制。它关注组织的财务资源，财务控制主要是指预算控制。

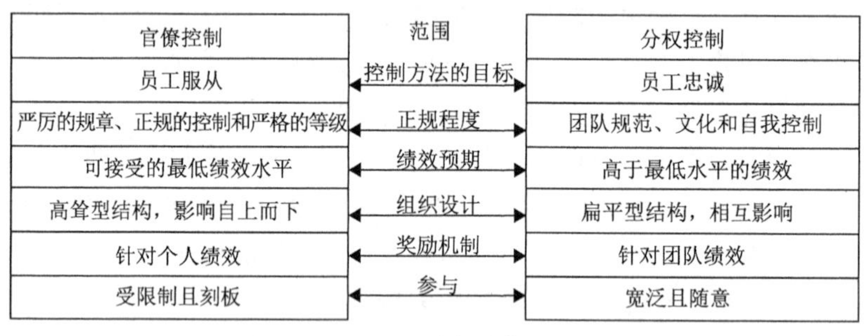

图 9.9　结构控制

五、按照采用的手段划分：直接控制和间接控制

就管理工作本身来看，间接控制和直接控制的区别如下：①间接控制着眼于发现管理者所管理的各项工作中出现的偏差，分析产生的原因，并追究其个人责任，使之今后改进管理工作；②直接控制着眼于培养更好的主管人员，使他们能熟悉地应用管理的概念、技术和原理，直接以系统的观点来进行和改善他们的管理工作，从而防止出现因管理不善而造成的不良后果。

（一）直接控制

控制工作所依据的是这样的事实，即计划的实施结果取决于执行计划的人。销售额、利润率、产品质量等这些计划目标的完成情况，主要取决于对这些计划目标负责的管理部门的主管人员。因此，通过遴选、进一步的培训、完善管理工作成效的考核方法等改变有关主管人员的未来行为，是对管理工作质量进行控制的关键所在。

直接控制具有两个明显特点：一是它的行政强制性，即以行政命令和行政措施作为

主要控制手段，对被控对象具有强制性的约束力；二是它的直接性，即控制指令不会经过任何中间转换环节，直接下达给被控对象，直接约束被控对象的行为。

直接控制的指导思想认为，合格的主管人员出的差错最少，他能觉察到正在形成的问题，并能及时采取纠正措施。所谓“合格”就是指他们能熟练地运用相关的管理概念、原理和技术，能以系统的观点来进行管理工作。因此，直接控制的原则也就是：主管人员及其下属的质量越高，就越不需要进行间接控制。

这种控制方法的合理性是以下三个假设基础上为依据的：①合格的管理人员所犯的错误最少；②管理工作的成效是可以计量的；③管理的基本原理的应用情况是可以评价的。

直接控制的优点有以下几个方面。

（1）在对个人委派任务时能有较大的准确性。同时，为使主管人员合格，对他们经常不断地进行评价，实际上也必定会揭露出他们工作中存在的缺点，并为消除这些缺点而进行专门培训提供依据。

（2）直接控制可以促使主管人员主动地采取纠正措施并使其更加有效。它鼓励用自我控制的方法进行控制。由于在评价过程中会揭露出工作中存在的缺点，所以也就会促使主管人员去确定他们应负的职责并自觉纠正措施。

（3）直接控制还会获得良好的心理效果。主管人员的素质提高后，他们的威信也会得到提高，下属对他们的信任和支持也会增加，这样就有利于整个计划目标的顺利实现。

（4）由于提高了主管人员的素质、减少了偏差的发生，也就可能减轻间接控制造成的负担，节约经费开支。

直接控制的缺点有以下几个方面。

（1）如果控制指令不符合客观实际规律，则可能代表了员工的愿望和利益，无法统一和协调员工的行为，造成人力、财力、时间的损失和浪费，无法达到经济合理的目标。

（2）如果计划不符合客观实际，又没有考虑好员工的利益，则会导致“瞎指挥”，束缚人们的积极性。

（二）间接控制

所谓间接控制，是通过考核绩效而不是考核素质来对主管人员进行控制，即根据计划执行的结果，通过分析偏差（包括相对于机会收益的偏差）产生的原因和追究责任来控制主管人员的管理水平和领导能力。

间接控制存在着许多缺点，最显而易见的是间接控制是在出现了偏差、造成了损失之后才能采取措施，从而有可能失去解决问题的最佳时机，导致本来完全可以避免的严重后果，因此，它的费用支出是比较大的。此外，由于间接控制是在整个过程结束以后进行的，这使得调查发生偏差或损失的原因非常困难。

间接控制的方法是建立在以下五个假设之上的：①工作成效是可以计量的；②人们对工作成效具有个人责任感；③追查偏差原因所需要的时间是有保证的；④出现的偏差

可以预料并能及时发现；⑤有关部门或人员将会采取纠正措施。

然而，这些假设有时却不能成立。

（1）有许多管理工作中的成效是很难计量的。例如，主管人员的决策能力、预见性和领导水平是难以精确计量的；对完成计划起关键影响作用的部门的工作成效是不能和非关键部门的工作成效相比拟的，即便是前者的工作成效大，也不能说明后者的工作难度一定低于前者。

（2）责任感的高低也是难以衡量的，有许多地方，其成效不高，却与个人责任感关系不大或无关。例如，由于缺乏廉价燃料而不得不使用另一种昂贵的能源而使费用支出增加。

（3）有时主管人员可能会不愿意花费时间和费用去调查分析造成偏差的事实真相，这往往会阻碍对明显违反标准的原因进行调查。

（4）有许多偏离计划的误差并不能预先估计到或及时发现，而往往是发现太迟以致难以采取有效的纠正措施。

（5）有时虽能够发现偏差并能找到产生的原因，却没有人愿意采取纠正措施，大家相互推卸责任，或者即使能把责任固定下来，当时的主管人员却固执己见，不愿纠正错误。由此看来，间接控制并不是普遍有效的控制方法，它还存在着许多不完善的地方。

六、按照控制活动的来源划分：正式组织控制、群体控制和自我控制

正式组织控制，又称为社群控制，是由管理人员设计和建立起来的一些机构或规定来进行控制。例如，组织可以通过规划来指导组织成员的活动，通过预算来控制消费，通过审计来检查各部门或各成员是否按规定进行活动，对违反规定或操作规程者给予处分等。

群体控制是基于非正式组织成员之间的不成文的价值观念和行为准则进行的控制。非正式组织尽管没有明文规定的行为规范,但组织中的成员都十分清楚这些规范的内容，都知道如果自己遵守这些规范，就会得到其他成员的认可，可能会强化自己在非正式组织中的地位；如果违反这些行为规范就会遭到惩罚，这种惩罚可能是遭受排挤、讽刺，甚至被驱逐出该组织。群体控制在某种程度上左右着职工的行为，处理得好有利于组织目标的实现，如果处理不好会给组织带来很大危害。

自我控制即个人有意识地按某一行为规范进行活动。自我控制能力取决于个人本身的素质。据统计，需求层次较高的人比需求层次较低的人有更强的自我控制能力。自我控制得以实现有以下前提：首先，人们都是靠内部激励的，能够自我控制和自我监督；其次，人们在执行任务时，能为组织的利益而努力，能自动地把个人目标与组织目标统一起来；最后，组织的结构和领导作风最好采取参与式领导的方法，这样比较有利于开展自我控制。

作为管理者，不仅应当正确认识每种控制类型的特点和作用，而且应当能够结合组织的特点对各种控制类型进行有效的运用和协调。

第四节 控 制 方 法

案例导入

为什么我们学不会华为的管理精髓？

国内许多企业学习华为已经持续多年了。华为一有新故事，大家津津乐道；任正非每有新文章，必定广为流传。有关华为的培训课程，始终是企业培训市场上的热门产品。但令人奇怪的是：真正学到华为精髓的企业似乎并不多见。问题在于：华为的哪些方面和做法“学不会”？为什么“学不会”？

很多人在学习华为，但一些企业“学不会”甚至“不愿学”的，恰恰是华为所遵循的管理普遍规律和原理。

一本总结、分析华为公司及其创始人任正非管理思想的书《下一个倒下的会不会是华为》十分畅销，笔者见到不少企业界的朋友，包括老板和高管，都在认真阅读、撰写心得或组织讨论。更有不少人千里迢迢前往华为总部“朝圣”，现场体验华为的氛围和气质，思考、探究华为成长的奥秘。

但令人奇怪的是：真正学到华为精髓的企业似乎并不多见。有的企业家直言：华为，我们学不了、学不会。问题在于：华为的哪些方面和做法“学不会”？为什么“学不会”？套用一本管理畅销书的书名，笔者总结了许多企业“学不会”的若干华为经验。

第一，坚定的战略导向。无论是业务领域的选择和转换（做什么、不做什么），还是竞争策略的组合和展开、竞争优势的形成和扩大（如何做、如何赢），以及竞争能力的积累和提升（凭借什么成长）等，华为始终有清晰的认知、明确的方向和管理逻辑。尤其在我国企业界普遍存在机会主义的背景下，华为基于宗旨使命和长远目标的战略导向就显得更加难能可贵。

华为的战略导向有三点值得我们注意：一是在对市场、行业、技术等形势、大局、趋向准确判断的基础上，思考并形成整体性、系统性战略框架；二是居安思危，进行动态的战略调整和变革；三是坚持不懈地建设能力体系和平台，打造企业长治久安的能力基石。

具有“战略导向”理念和行为的关键在于强烈的使命意识——它是“战略导向”的前提和源泉，不竭的组织智慧和正确的战略思维方式。更为重要的，它是组织智慧生成的机制、程序和手段，这才是竞争能力的内核所在。

第二，惠及广大员工的利益分享机制。众所周知，华为创始人持有的公司股份比例很小。华为大范围地吸纳员工入股，形成开放、共享的利益结构。华为坦率地承认，企业是一个利益共同体（事业共同体、命运共同体是在此基础上形成的）。组织成员共同的愿景、协同的愿望，以及组织的合力要以利益机制为基础。华为重视企业文化，但从不用虚头巴脑的“理念”来替代利益。

华为以“奋斗者”对企业的贡献和自身的人力资本为尺度，通过产权和利益分配制度的创新，使员工对企业发展产生真正的关切，让员工分享企业成长的收益；同时保持了高效、统一的治理结构。从效率角度看，形成了“高能力、高报酬、高绩效”之间的良性循环。

华为的利益机制是部分民营企业难以企及的：一方面许多企业创始人和控制人缺乏与员工分享利益的胸怀和境界；另一方面，客观地说，许多企业领导人缺少基于能力、人格魅力的权威，只能以产权控制为依托保持在组织中的领导和权威地位。

第三，大规模企业的内部“组织化”。国外及国内均有管理学家认为，由于中国人的“国民性”和文化传统——“宁为鸡头，不为牛尾”的小生产式的自我中心倾向，以及对纵向权力关系的认同和追求，中国企业组织内部很难形成“大规模的合约”（有的学者干脆直呼“中国人为什么组织不起来”），只能分化为权责边界清晰的小型主体（如事业部、事业部中的二级事业部等），它们以结果为导向独立运作。

这种体制，虽有灵活、敏捷、快变的优点，但非常不利于构建统一的能力平台和发挥组织的协同效能，有可能导致企业内部的离心倾向和“诸侯化”局面。华为不迁就所谓的“文化宿命”，坚决倡导内部的合作，坚持客户导向的流程化管理，以复杂的矩阵式组织结构，将内部不同机构、不同职位及不同人员，编织成一张整体性的、纵横交错的协同之网。这种结构将事业（业务）分工和专业职能分工有机结合起来，兼顾平台能力打造和市场快速反应，充分体现组织的作用和力量。

华为汇集了大量的高素质人才，但并没有出现各自为战的个人主义，而是彰显出以对人格尊重为前提的团队精神。“组织化”的难点在于合作文化、流程文化的塑造和延续，也在于流程建设的决心。

第四，知识型员工的管理。华为的主体是来源于一流大学的知识型员工。对这类员工的管理，长期以来是我国企业的管理难题。他们思想活跃、个性鲜明、渴望尊重、注重公正、向往公平、希冀参与，有强烈实现自我价值的愿望。关键在于：既要充分保证和发挥其自主性、创造性，又要使其认同组织、融入团队、乐于合作。不能使人才成为“原子化”的个体，更不能使人才成为奴才。

华为将他山之石和自身实际结合起来，经过长期积累，形成了知识型员工管理的结构化体系：以能力为核心，以任职资格为基础，招录、培养、使用等多个模块相互衔接；以体现公正原则的价值评价为中心，考核激励、职业发展等多个环节联为一体，同时注重企业文化和组织氛围管理，营造员工满意度高的文化环境。

从华为的经验看，知识型员工管理的关键在于：是否真正重视人力资本，是否真正尊重和理解知识型员工，是否坚守客观、公正的组织规则，是否愿意投入资源长期进行体系建设，是否具备对知识分子的领导力，以及与其沟通的能力等。

除了以上几点，“不易学会”的华为经验还包括民主决策机制（如最近实行的轮值CEO制），以及科学决策程序（如“红军”“蓝军”的设置）。尤其需要指出的是，华为长期遵循和践行核心价值理念（如以客户为中心、以奋斗者为本、天道酬勤、艰苦奋斗等），使之成为重要的组织制约和牵引机制。

文化即传统和习惯，文化需长期积累，文化建设需多管齐下、长期不懈。华为这方面的做法，学起来也殊为不易。一方面，有的企业价值观本身就是混乱的、模糊的；另一方面，有的企业领导人只想用企业文化规范他人，自己不受企业文化的制约，更谈不上自觉践行。

有的朋友也许会说，“学不会”的地方大部分具有华为的特殊性。这种说法固然有一定道理，但一些企业“学不会”甚至“不愿学”的，恰恰是华为所遵循的管理普遍规律和原理。规律和原理，具有普遍的适用性和可复制性，怎么会“学不会”呢？有的企业长期沉溺于自身特殊的经验之中，总是幻想通过超越客观规律的方式赢得竞争，投机、走捷径的心理难改。

其实，学习规律和原理，需要有谦虚、冷静的心态，需要有求真务实、客观理性的科学精神，需要有走出个人迷思的清醒态度，需要有平等、公开讨论的胸怀，需要有循序渐进、跬步千里的韧劲和耐力——在喧嚣、浮躁、投机及迷信未曾绝迹的环境中，这些素质难道不稀缺吗？

（资料来源：打死咱也学不会的华为管理精髓. http://news.ittime.com.cn/news/news_5236.shtml[2015-07-02]）

在组织系统控制的构建过程中，由于控制的对象、内容、性质不同，可采用多种方法和手段，这些控制手段和方法又可以从不同的角度出发划分为不同的控制类型。要进行有效的控制，就应了解控制的方法和类型，以根据实际情况做出合适的选择。

一、按照控制主体的不同分为：传统控制方法和自我控制法

控制方法是指管理者在对控制对象实施控制的过程中所采用的方法和手段。从总体上看，根据控制主体的不同，控制方法可分为两大类：传统控制方法（组织控制方法）和基于责任感的控制方法（自我控制法）。

传统控制方法通常是管理者以某种方式从外部施加影响来保持员工的行为协调一致。组织中最常见的传统控制方法按控制对象的不同，可分为资金控制、时间控制、数量控制和质量控制、安全控制、人员控制和信息控制。

（一）传统控制方法

1. 资金控制

在一个组织中，业务活动的开展几乎都伴随着资金的运动，因此，管理状态中最广泛运用的一种方法就是资金控制。资金控制是通过对一个组织中资金运动状态的监督和分析，来对组织中各个部门、人员的活动和工作实施控制。最常见的资金（财务）控制方法有预算控制、财务审计、财务报表分析等。

（1）预算是一种以货币和数量表示的计划，是关于为完成组织目标和计划所需资金的来源和用途的一项书面说明。预算可以控制各项活动的开展，并为工作效果评价提供检验标准。

（2）财务审计是通过对财务成本计划和财务收支计划的审查，以及对会计凭证和账表的复核，发现会计中存在的问题，以便及时采取纠正措施。审计可分为内部审计和外部审计。外部审计是由组织雇用的外部专家对组织会计、财务和运营系统的独立评估，

重点在于确定组织的跨级程序和财务报表编制是否以客观的和可核实的方式合法进行。内部审计由组织内部员工进行，审计目的的和外部审计相同。

（3）财务报表是用于反映组织期末财务状况和计划期内的经营成果的数字表。几乎所有的组织都会使用的最基本的财务报表是资产负债表、现金流量表和损益表。财务分析就是以财务报表为依据来判断组织的经营状况，从中发现问题。其中最常见的财务报表分析就是财务比率分析。

2. 时间控制

时间是一种重要的资源，从某种意义上来说，时间是比人、财、物等更加重要的资源。任何组织的活动都是在一定的时间内进行的，对时间进行控制的目的是使组织对其实现目标过程中的各项工作做出合理的安排，以求按期实现组织目标。因此，时间控制是管理控制的一个重要方法。

时间控制的关键是要确定各项活动的进行是否符合预定进度表中的时间安排。在时间控制中，甘特图和网络图是最常用的工具，它们都有助于物资、设备、人力等在指定的时间到达预定的地点，使之紧密地配合以完成任务。

3. 数量控制和质量控制

管理人员只有心中有“数”，才能纵观全局。绝大多数组织的投入和产出都可以以各种数量和质量指标来衡量，因此，加强对数量和质量的控制对于控制活动十分重要。

控制数量和质量，关键是要事先确定数量和质量的控制标准。数量控制标准的制定可通过当地平均生产力水平和生产单位产品所需时间研究、过去的经验、同业的资料比较等来确定，质量标准则可从工作需要和顾客需要来确定。

数量和质量是一个问题的两个方面，对数量的控制很重要，但其前提是要有一定的质量水平。质量尚不合格的次品是不能计入产品产量的。因此，通常而言，数量和质量相比较，质量更加重要。

常用的数量和质量控制方法是统计分析法，即通过对以前发生的情况的数字进行统计分析，制定相应的控制措施。

4. 安全控制

安全控制包括人身安全、财产安全、资料安全等方面的内容，由于这些直接关系到组织人心的稳定、财产的保障、组织的运营，因此安全控制也是经营控制中的一个重要方面。

人身安全控制的核心是控制各种工伤事故和职业病的发生。在我们的社会财富中，人是最宝贵的，作为管理者有责任保证组织成员的人身安全。为此，要努力营造安全的工作环境，建立定期体检制度，设置安全控制保护系统，采取措施消除可能产生的各种隐患；要加强对全体人员的安全教育，使之遵守安全操作流程；对于已发生的事故，应做好调查和记录工作，深入分析原因，防止重犯。

组织中的各种财产是组织各项工作得以开展的物质保证，对于组织中的各种物资要进行妥善的保管。要建立适当的保管制度，根据不同物资的特性确定不同的保存要求，

要建立检查制度，定期或不定期地清点各类物资，做到账物相符，并检查各种设备是否保持正常状态，以便在需要时能及时投入使用。

各种文件、资料、档案、数据库，都是对历史、商业情报和组织知识的记录，对于组织工作和各类问题的处理极为有用。有些资料在不同的时期对不同的人具有一定的机密性，或因为时机不成熟不宜公开，或因可能产生副作用而需加以保密，或因竞争需要而需实施封锁。因此，对于各种文件档案资料，均应通过制度力求妥善地加以保管。有些资料对于知道的人而言似乎微不足道，而对想了解的人来讲则可能举足轻重，由于思想麻痹、言行随意而泄露机密，会造成许多意想不到的损失，因此，组织中的各级人员都要注意资料的安全控制。

5. 人员控制

控制工作从根本上来说是对人的控制，因为任何工作活动的开展都有赖于员工的努力，其他方面的控制也都要靠人来实行和推行。怎样选择员工和怎样使员工的行为更有效地趋向于组织目标，涉及对员工行为的控制问题。由于人的行为是由人的价值观、性格、能力、社会背景等多种因素综合作用的结果，而这些因素本身又很难用精确的方法加以描述，这就使得对员工行为的控制成了控制中最复杂和困难的部分。

在员工行为控制中最常用到的控制方法是理念引导、规章约束和工作表现鉴定。

文化理念表明了一个组织对组织运作过程中所涉及的各方面的主张和组织的共同价值观，通过明晰和强化企业文化理念，有助于引导员工的思想趋向于组织所希望的方向。

规章制度规定了在一个组织中员工必须遵守的行为准则。无论是上班迟到还是工作不尽力，都会给组织目标的实现带来麻烦，正因为如此，绝大多数组织都有一整套的规章制度，表明组织可以接受的行为限度和组织倡导与鼓励的行为，并认真地考核员工遵守规章制度的情况，以规范员工的行为。

对员工的工作表现制定评价标准，定期鉴定，并根据鉴定结果进行奖惩，是最重要的组织控制手段之一。常用的绩效评价方法有鉴定式评价法和指标考核法。

鉴定式评价法是最简单、最常用的人员绩效评价方法，其具体做法是：由评价人写出一份针对被评价者长处和短处的鉴定，管理者根据这种鉴定给予被鉴定者一个初步的估计。采用这种方法的基本条件是评价人确切地知道被评价者的优缺点，对其有很好的了解，并能客观地撰写鉴定。

为了克服偏见和主观臆断，就必须建立比较客观的评价标准。指标考核法就是通过事先建立一系列评价指标，由管理者列出每一指标的评价标准，然后由评价者在评价标准中选择最合适被评价者的条目并打上标记，最后由管理者据此加权评分，根据得分的高低评定员工的表现。对于这种评价方法，如果评价标准客观，则评价结果相对比较准确客观。

6. 信息控制

任何组织的活动在现实中一般表现为三种运动方式：物流、资金流和信息流。

物流是指物品从供应地向接收地的实体流动过程。物流是反映组织活动的基本运动过程，由于物流运动纷繁复杂，通过直接控制物流的方式来加强管理有可能使管理者陷入日常事务中无法脱身，不过物联网技术的发展将会改变这种状况。

资金流是组织中物流的反映，通过资金流来控制物流，有助于摆脱物流中具体形态的纠葛，从而提高管理的效能。但资金流的控制并不能完全替代物流的控制，而能够综合反映物流和资金流的是信息流。

信息流可以表现为各种文件、指示、合同、制度、报告等。信息流一方面伴随着物流和资金流的运动而产生，另一方面又对物流和资金流的方向、速度、目标起着规划和调解的作用，是按一定的目的和规则运动。通过掌握和控制信息，就可以掌握和控制物流和资金流的情况，分析和掌握物流和资金流的运动规律，从而实现对物流和资金流的控制。

常见的信息控制有管理信息系统、会议和报告制度、合同评审等。

在经济全球化时代，距离的增加导致了行为控制的难度加大，而太多的外部控制则可能导致相反的结果。事实上，管理者并不能仅仅依靠外部的控制来保持员工的工作协调有序。随着员工越来越多地得到管理者的授权，在复杂多变的环境中，基于责任感的控制方法得到越来越多的重视。

（二）自我控制法

自我控制法，即基于责任感的控制方法是通过员工的责任感和自我控制来保持对事务的控制。它强调的是自我控制，前提假设是员工自己想要正确地工作。管理者通常通过使用激励方法、倡导正确的信仰和价值观、建立员工责任感来培养自我控制。受到高度激励的员工通常会更自觉地做好他们的工作；而员工树立了“每件事都要做好”的价值观时，他在工作中也一定会尽力往“做得最好”的方向努力；当员工确定感受到公司的使命就是自己的使命，或拥有一个团结协作的团队时，员工也会自觉努力工作。

传统控制方法和自我控制法的比较如表 9.2 所示。

表 9.2　传统控制方法与自我控制法的比较

传统的控制方法	自我控制法
依据详细的规章、程序和标准	依靠价值观、团队和成员的自我控制能力
用可衡量的标准定义最低的工作要求	强调目标和结果，鼓励创新
运用正式的权力系统进行监督检查	柔性权力、扁平结构、专家权力、人人参与
强调外部的激励方式：薪资、福利、地位	外部激励和内部激励相结合
有限的、拘于形式的员工参与	员工广泛参与各项活动，从确定目标到纠偏

二、按照与计划的紧密程度分为：预算控制与非预算控制

在管理控制中使用最广泛的一种控制方法就是预算控制。预算控制最清楚地表明了计划与控制的紧密关系。预算是计划的数量表现。预算的编制就是计划过程的开始，而

预算本身又是计划过程的重点，是一种转化为控制标准的计划。

除预算控制方法以外，管理控制工作中还采用了许多不同种类的控制手段和方法。此外，许多控制方法同时也是计划方法，如盈亏平衡分析法、计划评审法等。这就再一次说明了一个客观事实，即控制和计划是一个问题的两个方面，控制的任务是使计划得以实现。

（一）预算控制

1. 预算的定义

预算是一种计划技术，是指用数字，特别是财务数字的形式来描述企业未来的活动计划，它预估了企业在未来时期的经营收入或现金流量，同时也为各部门或各项活动规定了在资金、劳动、材料和能源等方面的支出不能超过的额度。

预算控制是指通过编制预算并根据预算规定的收入或支出标准为基础，来检查、监督组织各个部门的活动，在活动过程中比较预算和实际的差距及原因，以保证各种活动或各个部门在充分达成既定目标的过程中对资源的利用，从而使费用支出受到严格有效的约束。预算控制是管理过程中最基本、运用最广泛的方法。

2. 预算的分类

预算的分类如表 9.3 所示。

表 9.3 预算的分类

划分依据	类别	含义	适用范围
预算控制的力度不同	刚性预算	在执行过程中没有变动余地的预算	重点项目或特殊时期
	弹性预算	指标留有一定余地，执行者灵活掌握	主要用于成本预算和利润预算
预算控制的内容不同	经营预算	对企业日常基本经营活动的预算	企业采购、生产、销售等
	投资预算	对固定资产的购置、扩建、改造、更新等的预算	固定资产投资
	财务预算	在财务管理活动中，对收入、成本、费用和利润等指标的预算	财务管理
预算控制的范围不同	总预算	以组织整体为范围，由最高领导机构批准的预算	整个组织
	部门预算	以总预算为基础，对各部门的预算	组织各部门
预算的依据不同	增量预算	以上一年度的实际发生数为基础，再结合预算期的情况编制本期预算	预算改革前我国的公共财政
控制	零基预算	不受前一年度预算水平的影响，只根据预算期的具体情况来编制预算	部分企业、预算改革后我国的公共财政

此处将重点解释经营预算、投资预算和财务预算三类。

（1）经营预算。其是指企业日常发生的各项基本活动的预算。它主要包括销售预算、生产预算、直接材料采购预算、直接人工预算、制造费用预算、单位生产成本预算、推销及管理费用预算等。其中最基本和最关键的是销售预算，它是销售预测正式的、详细的说明。由于销售预测是计划的基础，加之企业主要是靠销售产品和劳务所提供的收入来维持经营费用的支出和获利的，因而销售预算也就成为预算控制的基础。生产预算是根据销售预算中的预计销售量，按产品品种、数量分别编排的。在生产预算编制好后，还应根据分季度的预计销售量，经过对生产能力的平衡，排出分季度的生产进程日程表，或称为生产计划大纲，在生产预算和生产进度日程表的基础上，可以编排直接材料采购预算、直接人工预算和制造费用预算。这三项预算构成对企业成产成本的统计。而推销及管理费用的预算，包括制造业务范围以外预计发生的各种费用明细项目，如销售费用、广告费、运输费等。对于实行标准成本控制的企业，还需要编制单位生产成本预算。

（2）投资预算。对企业固定资产的购置、扩建、改造、更新等，在可行性研究的基础上编制的预算。它具体反映在何时进行投资、投资多少、资金从何处取得、何时可获得收益、每年的现金净流量为多少、需要多少时间回收全部投资等。由于投资的资金来源往往是任何企业的限定因素之一，面对厂房和设备等固定资产的投资又往往需要很长时间才能回收，因此，投资预算应当力求和企业战略及长期计划紧密联系在一起。

（3）财务预算。其是指企业在计划期内反映有关预计现金收支、经营成果和财务状况的预算。它主要包括“现金预算”“预计收益表”“预计资产负债表”。必须指出的是，前述的各种经营预算和投资预算中的资料，都可以折算成金额反映在财务预算内。这样，财务预算就成为各项经营业务和投资的整体计划，故亦称“总预算”。

第一，现金预算，主要反映计划期间预计的现金收支的详细情况。在完成了初步的现金预算后，就可以指导企业在计划期间需要多少资金，财务主管人员就可以预先安排和筹措，以满足资金的需求。为了有计划地安排和筹措资金，现金预算的编制期应越短越好。西方国家有不少企业以周为单位，逐周编制预算，甚至还有按天编制的。我国最常见的是按季和按月进行编制。

第二，预计收益表（或称为预计利润表），是用来综合反映企业在计划期间生产经营的财务情况，并作为预计企业经营活动最终成果的重要依据，是企业财务预算中最主要的预算表之一。

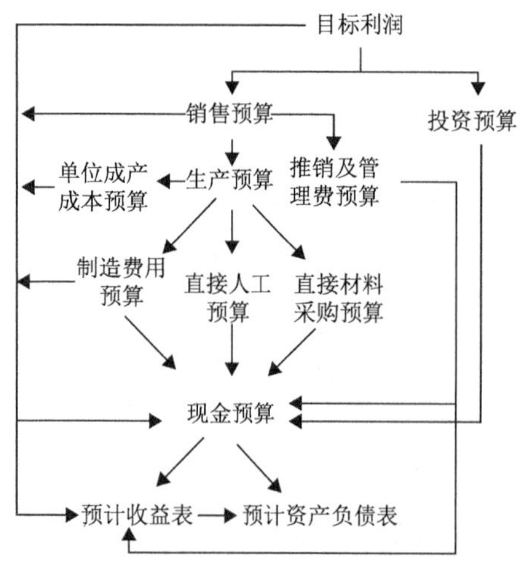

图 9.10　企业预算的主要相互关系

第三，预计资产负债表，主要用来反映企业在计划期末预计的财务状况。它的编制需以计划期间开始日的资产负债表为基础，然后根据计划期间各项预算的有关资料进行必要的调整。

综上所述，企业的预算实际上是包括经营预算、投资预算和财务预算三大类，以及各种不同的个别预算所组成的预算体系。各种预算之间的主要关系如图 9.10 所示。

3. 预算控制的程序

不同的组织，不同类型的预算控制方式，其预算控制的程序会有所不同。但大多数的预算控制具有共性，一般需要进行如下程序。

（1）由组织的高层管理人员向主管预算编制的部门提出组织在一定时期内的发展战略、计划和目标。

（2）主管预算编制的部门根据组织发展战略、计划与目标，向组织各部门的主管人员提出有关编制预算的建议和要求，并提供必要的资料。

（3）各部门的主管人员依据组织计划与目标的要求，结合本部门的实际情况，编制本部门的预算，并与其他部门相互协调。在此基础上，将本部门预算上报主管部门。

（4）主管编制预算的部门将各部门上报的预算进行汇总，在认真协调的基础上，编织出组织的各类预算和总预算草案。

（5）组织的各类预算和总预算草案上报组织的高层管理层进行审核批注，然后颁布实施。

4. 预算编制的潜在不足

作为控制方法，预算也有其不足，这是管理者必须了解的。预算控制的不足之处在于以下几个方面。

（1）编制预算时通常参照上期的预算项目和标准，从而会忽视本期活动的实际需要，因此会导致这样的错误：上期有的而本期不需的项目仍然沿用，而本期必需的上期没有的项目会因缺乏先例而不能增设。

（2）企业活动的外部环境是不断变化的，这些变化会改变企业获取资源的支出或销售产品实际的收入，从而使预算变得不合时宜。因此，缺乏弹性、非常具体特别是涉及较长时期的预算可能会过度束缚决策者的行动，使企业经营缺乏灵活性。

（3）预算，特别是项目预算或部门预算，组织往往将这些费用规定了限度。这种规定可能使主管们在活动中精打细算，谨慎地遵守不得超过支出预算的准则，从而过分强调预算而忽视了部门活动的本来目的。

（4）在编制费用预算时通常会参照上期已经发生过的本项目费用，同时，主管人员也知道，在预算获得最后批准的过程中，预算申请多半是要被削减的。因此，他们的费用预算申报数要多于其实际需要数，特别是对那些难以观察、难以量化的费用项目更是如此。所以，费用预算总是具有按先例递增的习惯，如果在预算编制的过程中，没有仔细复查相应的标准和程序，那么，预算可能成为低效的管理部门的保护伞。

（5）只能帮助企业控制那些可以用货币计量的、特别是可以用货币单位计量的业务的活动，而不能对那些不能计量的企业文化、企业形象、企业活力的改善加以重视。

（二）非预算控制

1. 比率控制

比率控制，即财务比率控制，是通过对财务比率的计算、对比、分析和纠正来实现企业经营活动控制的方法。比率控制主要围绕偿债能力、运营能力和获利能力三方面的财务指标计算分析来进行。常用的财务比率指标如表 9.4 所示。

表 9.4　比率控制方法中常用的财务比率指标

类型	指标	公式	意义
偿债能力比率	流动比率	流动资产/流动负债	衡量企业使用流动资产偿付短期债务的能力
	速动比率	（流动资产-存货）/流动负债	衡量企业使用除存货以外的流动资产偿付短期债务的能力
	资产负债率	负债总额/资产总额	衡量企业长期偿还债务能力和财务风险
	到期债务本息偿付比率	经营活动现金净流量、（本期到期债务本金+现金利息支出）	衡量企业利用现金偿付到期债务能力
营运能力比率	应收账款周转率	赊销收入净额、应收账款平均额	衡量应收账款周转速度
	存货周转率	销售成本/存货平均余额	衡量存货的周转速度
	流动资产周转率	销售收入/流动资产平均余额	衡量流动资产的周转速度
	固定资产周转率	销售收入/固定资产平均净值	衡量固定资产的周转速度
	总资产周转率	销售收入/总资产平均值	衡量总资产的周转速度
获利能力比率	毛利率	（销售净额-销售成本）/销售净额	衡量企业产品或商品销售额的最初指标
	销售利润率	净利润/销售收入净额	衡量企业通过销售的获利能力
	投资回报率	净利润/资产平均总额	衡量总资产的获利能力
	净资产收益率	净利润/平均净资产	衡量股东权益资金的获利能力
	每股收益	（净利润-优先股股权）/发行在外的普通股平均数	衡量股份公司每股股票的盈利能力
	市盈率	每股市价/每股收益	衡量上市公司获利能力和股价水平

比率控制并不只是对企业的偿债能力、营运能力和获利能力进行控制，而是通过这三方面比率的计算和分析，获得企业生产经营过程中存在的相关问题信息，然后提出解决措施。例如，存货周转率作为营运能力指标，最直接的作用是控制存货周转的速度，还可以间接控制销售收入水平和存货数量。根据指标偏差情况，管理者可以采取促进销售或加强库存管理等措施，通过提高库存周转率，改善企业销售和库存管理工作。

2. 审计控制

审计是专门的机构接受委托对组织资金的运动过程及其结果的会计记录和财务报表进行审核并发表意见。

1）外部审计

外部审计是由外部机构，如国家审计部门、第三方会计事务所对本组织的财务报表和其他资料及其所反映的财务活动进行独立的审核评价。①国家审计，一般是指国家利用专设的审计机关或委托社会审计机构进行的审计。国家审计由国家审计机关或有关部门根据相关规定主动实施，其特征是强制性和权威性。②社会审计，是指由社会上的第三方中介机构，即会计事务所所进行的独立审计。社会审计是由企业根据国家规定和自身需要主动提出，其目的是满足法律法规的要求，向合作方提供真实准确的信息。第三方中介机构审计的特点是独立性和公正性。

外部审计实际上是对企业内部虚假、欺骗信息进行的一个重要的、系统的检查，因此起着鼓励诚实的作用：由于知道外部审计不可避免地要进行，企业就会努力避免做那些在审计时可能会发现的不光彩的事。

外部审计的优点是审计人员与管理当局不存在行政上的依附关系，不需看企业经理的眼色行事，只需对国家、社会和法律负责，因而可以保证审计的独立性和公正性。但是，由于外来的审计人员不了解内部的组织结构、生产流程和经营特点，对具体业务的审计过程中可能产生困难。此外，处于被审计地位的内部组织成员可能产生抵触情绪，不愿积极配合，这也可能增加审计工作的难度。

2）内部审计

内部审计是指企业内部审计机构或财务部门的专职人员依据国家有关法律法规、财务会计制度和企业内部管理规定，对本企业及其子企业（单位）财务收支、财务预算、财务决断、资产质量、经营绩效，以及建设项目或有关经济活动的真实性、合法性和效益性进行的监督和评价工作。内部审计工作要评估财务资源的利用效率，检查和分析企业控制系统的有效性，而且要提供改进建议。

内部审计有助于推行分权化管理。从表面上看，内部审计，作为一种从财务角度评价各部门工作是否符合既定规则和程序的方法，加强了对下属的控制，似乎更倾向于集权化管理。但实际上，企业的控制系统越完善，控制手段越合理，越有利于分权化管理。因为主管知道，许多重要的权力授予下属后，自己可以很方便地利用有效的控制系统和手段来检查下属对权力的运用状况，从而可能及时发现下属工作中的问题，并采取相应措施。内部审计不仅评估了企业财务记录是否健全、正确，而且为检查和改进现有控制系统的效能提供了一种重要的手段，因此有利于促进分权化管理的发展。

虽然内部审计为经营控制提供了大量有用的信息，但在使用中也存在不少局限性，主要表现在：①内部审计可能需要很多的费用，特别是进行深入、详细的审计。②内部审计不仅要搜集事实，而且需要解释事实，并指出事实与计划的偏差所在。要能很好地完成这些工作，而又不引起被审计部门的不满，需要对审计人员进行充分的技能训练。③即使审计人员具有必要的技能，仍然会有许多员工认为审计是一种“密探”或“侦查性”的工作，从而在心理上产生抵触情绪。如果审计过程中不能进行有效的信息和思想沟通，那么可能会对组织活动带来负激励效应。

3）管理审计

外部审计主要核对企业财务记录的可靠性和真实性；内部审计在此基础上对企业政策、工作程序与计划的遵守程序进行测定，并提出必要的改进企业控制系统的对策建议；管理审计的对象和范围则更广，它是一种对企业所有管理工作及其绩效进行全面系统的评价和鉴定的方法。管理审计虽然也可由组织内部的有关部门进行，但为了保证某些敏感领域得到客观的评价，企业通常聘请外部的专家来进行。管理审计的方法是利用公开记录的信息，从反映企业管理绩效影响因素的若干方面将企业与同行其他企业或其他行业的著名企业进行比较，以判断企业经营与管理的健康程度。

反映企业管理绩效及其影响因素主要有：企业的经济功能、企业组织结构、收入合理性、研究与开发、财务政策、生产效率、销售能力、对企业管理人员的评估。

管理审计在实践中遇到了许多批评，其中比较重要的意见是认为，这种审计过多地评价组织过去的努力和结果，而不至于预测和指导未来的工作，以至于有些企业在获得了极好评价的管理审计之后就遇到了严重的财政困难。尽管如此，管理审计不是在一两个容易测量的活动领域进行比较而是对整个组织的管理绩效进行评价，因此可以为指导企业在未来改进管理系统的结构、工作程序和结果提供有用的参考。

3. 体系控制

管理体系是指建立方针和目标并实现这些目标的体系。一个组织的管理体系可以包括若干具体的管理体系，当前在企业普遍应用的管理体系有质量管理体系、环境管理体系和职业健康和安全管理体系等。在当前市场环境下，为了生存和发展的需要，企业等各类组织通过管理体系认证已经成为一种趋势。

1）质量管理体系控制的模式和方法

质量管理体系是当前企业应用最广泛的管理体系。以过程为基础的质量管理体系模式如图 9.11 所示。质量管理体系控制的基本模式：从以相关方要求作为输入，到满足相关方要求作为输入，以产品实现作为核心过程，以管理职责、资源管理、测量、分析和改进，以及持续改进作为支持过程，形成完善的质量控制体系。

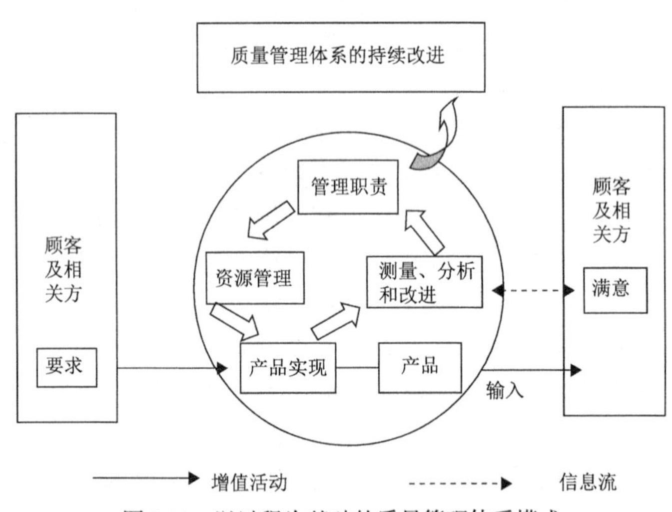

图 9.11　以过程为基础的质量管理体系模式

2）质量管理体系控制的主要方法

根据 ISO9000 质量管理体系的要求，组织要对产品、过程能力、顾客满意和质量管理体系有效性进行确认、审核、评价、监视、测量、分析和改进。为此，组织要规定测量活动的内容、频次和必要的记录，包括应用适当的统计技术达到持续改进的目的。与质量管理体系相关的控制形式主要包括企业的内部审核、管理评审，以及来自外部的第二方（需方）和第三方（中介机构）审核等。

4. 现场观察

管理人员不应忽视通过亲自观察来进行信息搜集的重要性。预算、图标、比率、审计人员的建议及其他信息获得方法对控制都是重要的，但管理者如果完全依赖这些信息收集方法，如坐在隔音的控制室中看看仪表和按按键钮，是很难指望他们能够完全做好控制工作的。作为管理者，为了保证组织目标的实现，必须了解下属的工作情况。尽管有许多科学方法可帮助管理者了解人们正在从事的已纳入计划的工作，但要客观地衡量人的活动还是十分困难的。而通过现场观察，即使是偶然到车间和办公室走马观花地转一圈，也能得到相当多的信息，这就是所谓的“走动式管理”。

现场观察可以为管理者提供关于实际工作的最直接和最深入的第一手资料。现场观察的显著优势是可以获得面部表情、员工情绪等其他手段容易被忽视的信息。通过现场观察法，可以及时察觉基层的情况，从而进行有效的过程控制。缺点是需要花费较多的时间，因为走马观花式的“走动式管理”只能看到一些表面现象。

5. 口头或书面汇报

管理者所需的大量信息是通过口头和书面报告的形式获得的。会议、电话交谈、一对一面谈等口头汇报方法的优点和缺点与现场观察基本相似。尽管口头汇报的信息可能是经过过滤的，但是它快捷、有反馈，同时可以通过言语词汇和身体语言来扩大信息，还可以录制下来，和文字一样永久保存。

书面汇报在形式上比口头报告要显得正式一些。书面汇报形式相对比较精确和全面，方便安排时间阅读，且易于分类存档和查找。但在时间上不如口头汇报来得及时，在信息的获取上也不如口头汇报来得直接，如果下属不善于书面表达则难以准确传递信息。

6. 统计分析方法

统计分析方法是运用各种数量分析方法，对有关的历史数据进行统计分析，从而了解有关因素的发展情况，并据此进行趋势预测的方法。信息技术的广泛运用使统计分析日益方便，对组织运作和管理的各个方面进行数量化统计分析及趋势预测，对于管理者进行控制来说是十分重要的。根据分析的结果，管理者可以采取相应的措施，纠正已经发生的错误，预防可能发生的偏差。

用容易理解的方式编排统计资料和制定比较标准，是运用统计方法的关键，因为用图表等方式所表示的相互关系和趋势可使人一目了然。而要使统计资料有用，就必须要用与事先确定的标准相比较的方式来系统地阐述，否则，像销售额达到了 2000 万元，成本上升或下降 500 元的含义是什么就很不清楚。

此外，既然没有一个管理者能够改变既成事实，那么，就有必要用统计报表来表明趋势，以便使阅读者能够推断出现有的工作进展情况。也就是说，大多数用图表来表示的统计数据都应该按时间来提供。

尽管统计数据可以清楚有效地显示各种数据之间的关系、各种数据的变化和发展趋势，但他们对实际工作提供的信息是有限的。许多不能用数据传递的重要信息在统计分析中很容易被忽视。

7. 专题报告和分析

专题报告是向计划负责人阐明计划执行进度及效果、存在问题及原因、采取的应对措施及结果等情况的一种形式。专题报告和分析对于具体问题的控制是非常有用的,因为专题报告和分析具有非理性工作的特点,使人们能高度重视非一般性的问题,这样可以揭示出对效率有重大意义的关键之处。在特定问题范围内,专题报告也是很有用的。日常的会计和统计报表虽然能提供大量必要的信息,按它们同时在许多方面并不一定适用。一位从事极其复杂的管理工作的有成就的主管,往往聘请一些训练有素的分析人员,并由他们组织一个参谋小组,但不委派他们固定的任务,只是让他们在自己的控制下,从事研究和分析工作。经由这一分析小组的调查所揭示出来的可能存在的问题及有关降低成本或更好地运用资本的可能性,是任何统计图表方法都做不到的。

8. 制度规范

制度规范就是要有一套完整的制度准则,并且严格执行一些例行工作的运行程序、工作标准,一些人员的行为规范、责任制度,靠制度体系进行控制。同时,对人员进行培训,使他们掌握组织规范,并全面提高其素质,这也是有效控制的一种根本性举措。此外,制度规范应该与奖励制度挂钩,对表现突出的人员进行奖励,这可以起到示范作用。

9. 资料统计

资料统计是反映受控系统历史活动状况的原始记录,也可以用来推断事物变化趋势。它基本上用表格和图标两种形式,为管理者提供控制组织运行的依据。多数人都不容易从表格上看出数据的趋向和关系,而比较容易理解图标或曲线图形显示的统计数据的分析,因为图表具有形象直观性。统计资料要有针对性,有效地为管理控制服务,除了适应管理者的情况外,还应注意保证它的及时性和科学性。具体而言,就是要保证它定期地以某种规范形式呈报给管理层,这样可以排除由于季节性、财务调整等因素引起的变化,有助于管理者对变化趋势采取相应的控制手段。

10. 程序控制

程序是对控制或实务流程的一种描述、计划和规定。它通过文字说明、格式说明和流程图等方式,把每一项业务的处理方法规定得一清二楚,也就是我们常说的标准化,从而既便于执行者遵守,也便于管理人员进行检查和控制。组织中常见的程序很多,如决策程序、投资审批程序、主要管理活动的计划与控制程序、会计核算程序、操作程序、工作程序等。凡连续进行的、由多道工序组成的管理活动或生产技术活动,只要它具有重复发生的性质,就都应当为其制定程序。

三、管理信息系统

(一)管理信息系统的发展阶段

管理信息系统是随着电子计算机技术、现代通信技术的不断完善和系统理论发展,并结合管理现代化的客观要求而逐渐发展起来。在过去的 50 多年里管理信息系统走过了一个漫长的道路。表 9.5 描述了管理信息系统演变的四个阶段。

表 9.5 管理信息系统的演变

阶段	时期	说明
1. 集中数据处理	1954～1964 年	会计和事务应用
2. 面向管理的数据处理	1965～1979 年	直接支持管理和作用职业
3. 交互式终端用户计算	1980～1985 年	在用户直接控制下的个人计算机
4. 交互网络	1986 年至今	联结个人最终用户

（二）管理信息系统的定义

目前国内外学者给管理信息系统所做的定义至今不统一，还没有一个公认的关于管理信息系统的定义，这一现象反映出人们对管理信息系统的认识在逐步加深，其定义也同样在逐渐发展和成熟。大体上管理信息系统的概念可从狭义和广义两方面叙述。

狭义的管理信息系统是指按照系统思想建立起来的以计算机为工具，为管理决策服务的信息系统。它体现了管理信息中现代管理科学、系统科学、计算机技术及通信技术，向各级管理者提供经营管理的决策支持，强调了管理信息系统的预测和决策功能，是一个综合和人-机系统。

管理信息系统既能进行一般的事务处理工作，以代替管理人员的繁杂工作，又能为组织决策人员提供辅助决策功能，为管理决策科学化提供应用技术和基本工具。因此，也可以把管理信息系统理解为一个以计算机为工具，具有数据处理、预测、控制和辅助决策功能的信息系统。管理信息系统首先是一个信息系统，具备信息系统的基本功能，同时，管理信息又具有它特有的预测、计划、控制和辅助决策功能。可以说，管理信息系统体现了管理现代的特征，即系统的观点、数学的方法和计算机的应用。

广义的管理信息系统是指从系统论和管理控制论的角度来看，是存在于任何组织内部，为管理决策服务的信息收集、加工、存储、传输、检索和输出系统，即任何组织和单位都存在一个管理信息系统。

（三）管理信息系统的结构

1. 管理信息系统的概念结构

管理信息系统的总体结构由信息源、信息处理系统、信息用户和信息管理者组成。信息源是信息的来源或者说是以各种不同的方式存在的信息；信息处理系统负责信息的传输、加工、存储；信息用户是系统的使用者；信息管理者负责系统设计、实现、运行和维护。

一个管理信息系统大概包括下面几个子系统：数据的收集、整理系统、输入系统、加工系统、传输系统、检索系统和输出系统等。以企业生产管理信息系统为例，管理信息系统的基本框架如图 9.12 所示。

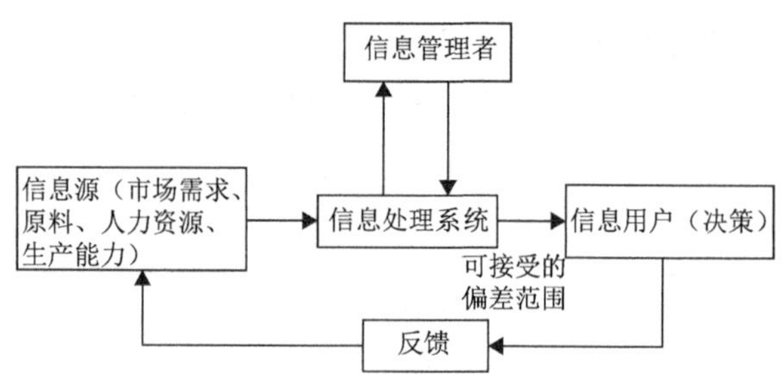

图 9.12　管理信息系统的基本框架

2. 管理信息系统的层次结构

由于一般的组织管理信息均是分层次的，如战略管理、管理控制、作业管理等，为其服务的信息处理与决策支持也相应分为三个层次，构成管理信息系统的纵向结构。从横向结构看，任何部门可按照各个管理组织或机构的职能，组成管理信息系统的横向结构，如销售与市场、生产管理、物资管理、财务与会计、人事管理等。从处理的内容及决策的层次来看，信息处理所需资源的数量随着管理任务的层次而变化。一般来说基层管理的业务信息处理量较大，随着层次的增高，信息量逐渐减小，形成了金字塔式的管理信息系统结构。管理信息系统按照自下而上的层次结构，可以分为事务处理、作业管理、管理控制和战略管理四个层次。

事务处理主要处理日常工作中的各类统计报表、信息查询和文件档案管理等。

作业管理主要是协助管理，合理安排各项业务活动的短期计划，如生产日程安排等，根据计划实施情况进行调度与控制，对日常业务活动进行分析、总结与提出报告等。其主要信息来源是企业的内部环境信息，特别是反映当前业务活动情况的信息。

管理控制是根据企业的整体目标和长期规划，制定中期生产、供应和销售活动，运用各种计划、预算、分析、决策模型和有关信息，协助管理者分析问题，检查和修改计划与预算，分析、评价并且预测当前活动及其发展趋势，以及对企业目标的影响等。管理控制需要利用大量的反映业务活动状况的内部信息，也需要大量反映市场情况、原材料供应者和竞争者状况的外部信息。

战略管理是指协调管理者根据外部环境信息和有关模型方法确定和调整企业目标，制订和调整长期规划、总行动方针等活动。战略管理需要利用各层次信息处理的结果，也要使用大量的内、外信息，如用户、竞争者、原材料供应者的情况，国家和地区社会经济状况与发展趋势，国家和行业管理部门的各种方针与政策。此外，政治、心理、民族、文化背景等因素对战略管理也有重要影响。

四、PDCA 循环

PDCA 循环是美国统计学家戴明发明的，因此也称之为戴明环，是管理控制中应用较广泛的一种方法。PDCA 循环的工作程序是：计划（plan）—执行（do）—检查（check）—处理（action）。PDCA 工作方法的四个阶段，在具体工作中进一步分为八个步骤。

第一阶段：P 阶段有以下四个步骤。

（1）分析现状，找出所存在的问题的质量问题。对找到的问题要弄清以下三个方面。

这个问题可不可以解决?

这个问题可不可以与其他工作结合起来解决?

这个问题能不能用最简单的方法解决而又能达到预期的效果?

（2）找出产生问题的原因或影响因素。

（3）找出原因（或影响因素）中的主要原因（影响因素）。

（4）针对主要原因制订解决问题的措施计划。措施计划要明确采取该措施的原因（why）、执行措施预期达到的目的（what）、在哪里执行措施（where）、由谁来执行（who）、何时开始执行和何时完成（when）及如何执行（how），通常简称为要明确5W1H问题。

第二阶段：D阶段有一个步骤。

（5）按制订的计划认真执行。

第三阶段：C阶段有一个步骤。

（6）检查措施执行的效果。

第四阶段：A阶段有两个步骤。

（7）巩固提高，就是把措施计划执行成功的经验进行总结并整理成为标准，以巩固提高。

（8）把本工作循环没有解决的问题或出现的新问题，提交下一工作循环去解决。

PDCA循环的特点如下。

（1）PDCA 循环一定要顺序形成一个大环，接着四个阶段不停地转，如图 9.13 所示。

（2）大环套小环，互相促进。如果把整个企业的工作作为一个大的PDCA循环，那么各部门、小组的工作形成各自小的PDCA循环，大环带动小环，一级带一级，大环指导和推动着小环，小环又促进着大环，有机地构成一个运转的体系，如图9.14所示。

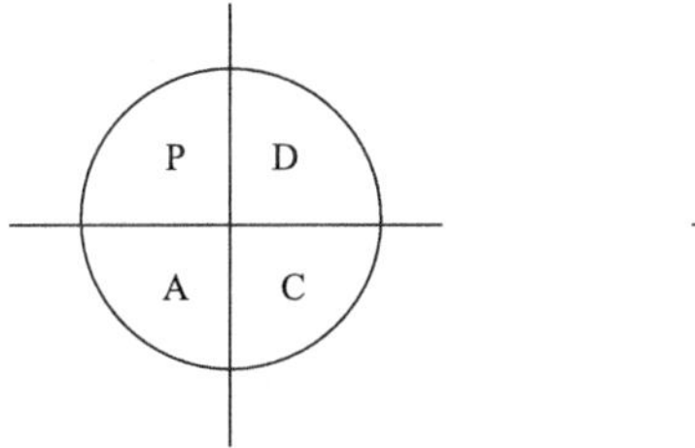

图9.13 PDCA循环图

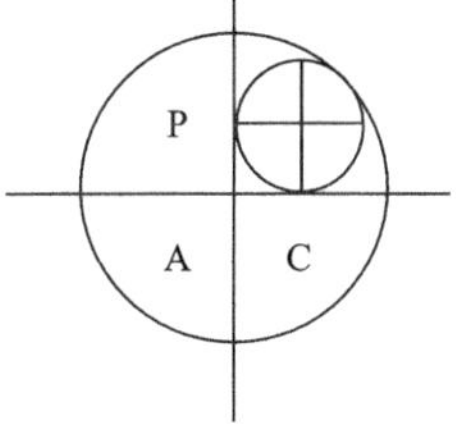

P
A
C

图9.14 大PDCA环套小PDCA环

（3）循环上升。PDCA循环不是到A阶段结束就终止了，而是要回到P阶段开始新的循环，如此不断旋转。PDCA每转一圈都有新的计划和目标，犹如爬楼梯不断登高。

PDCA循环实际上是有效进行任何一项工作都可遵循的程序，之所以被称为PDCA循环，是因为这四个过程不是一个循环就完结，而是要周而复始地进行。一个循环结束，解决了一部分问题，可能还有其他问题尚未解决，或者又出现了新的问题，于是再进行下一个循环。在解决问题过程中，常常不是一次PDCA循环就能解决问题的，需要将循环持续下去，直到彻底地解决问题。

第五节　现代控制模式与方法

案例导入

玩转社群经济的三要素

社群真的有这么大的力量？它在未来商业中究竟会扮演怎么样的角色？

一、一群人团结起来占其他人便宜

在 PC 互联网时代的社群，主要的形态是社区，如天涯社区、百度贴吧等，到了移动终端时期，互联网就是我们身体的一部分，是肢体和思想的延伸，几乎可以做到无时无刻、随时随地在线。而你的朋友圈在移动互联中的关系，也许相互之间远隔千里，但基本上是你的朋友或朋友的朋友，也就是说，彼此之间是通过某种纽带而连接在一起的。

形成社群的基础是什么？克莱·舍基在《无组织的组织》中讲得很明白：①共同的目标，或者是纲领，通俗说叫调性、逼格，人群通过纲领、调性已经做了有效的区隔，基本上能做到让对的人在一起。②高效率的协同工具。这也是为什么在 PC 时代社群比较难以建立的原因，微信、微博这些实时工具，使得协同变得非常容易。③一致行动。因为前面两个原因，一致行动变得比较容易，而这个一致行动也反过来促进了社群的稳固。

一旦一群人聚集起来，他们就会产生占便宜的能力，这就是商业利益的来源。很多人不信任品牌，媒体捧出来的品牌毫无意义，但会信任朋友的推荐，推荐和信任将构成未来互联网社会的基本组织形态，因为交流的成本越来越低。

有了移动互联网对媒体的解构，人人皆媒体，有魅力人格的人和事，这个时代就特别容易凸显出来。所以，移动互联网时代，态度也是生产力了。

二、未来的商业核心动力是社群

那每个品牌都要有自己的社群吗？一定是的。这个问题的要点在于，并不是所有的用户都可以成为社群成员的。星巴克有 3300 万粉丝，这些粉丝之间围绕某一个店或某一个具体的纲领可以形成不同的社群，但这 3300 万人不是一个大的社群。

工业社会的逻辑是规模化，做饮料就要做可口可乐，把一罐汽水卖到全世界，因为规模才能产生效能，这是工业的基本规律。但未来商业的增长方式会出现变化。

工业社会在未来十年内就会全面终结，只不过很多人意识不到这种摧毁性的力量正在地平面上崛起。未来的竞争不是同行竞争，而是跨界混搭穿越竞争。为什么小米毛利那么高？因为它把传统包袱全扔了，不需要渠道铺货、不需要给渠道商回款、不需要设维修网点，通过互联网把交易成本拉到最低。做了十几年手机的老牌企业看得目瞪口呆。

三、社群经济的三要素

1. 极致的产品+用心的宣传

企业如何建立自己的社群？两句话：以求道的精神做产品，用求爱的方式做传播。怎么讲？产品不极致，什么都是虚的。

把产品和体验做到极致还不够，你还得学会传播。很多人天然地反感传播，把会传播当成是投机取巧，总是抱着酒香不怕巷子深的态度，等着别人来发现你。不要说在大众媒体时代这种观念就是错误的，在移动互联网时代，那就连生存的机会都没有。

移动互联网正带来另外一个新的巨大的机会，我们把它称为“社交红利时代”。在这个时代，谁懂得社交，懂得传播，就能够掌握商业的先机。移动互联网时代的商业一个很重要的特性是“市场即对话”，就是我们必须说人话。

2. 不玩粉丝经济，只挑对的人

粉丝经济就是社群经济吗？显然不是的。任何品牌都要有自己的粉丝，但如果仅仅停留在粉丝这个层面，无非是把以前的忠实用户换了个新名词而已。“无粉丝不品牌”，这句话没错，但反过来，哪一个品牌没有自己的粉丝呢？

所以，永远不要提粉丝这个词。只说用户、会员、朋友、伙伴，没有粉丝。因为粉丝就是中心化，对偶像的崇拜。

只有当你的客户变成用户，用户变成粉丝，粉丝变成朋友的时候，才算得上是社群。用社群的方法挑对的人，然后“期待”产生奇妙的结果。

在互联网冲击下，许多大组织都在飘摇，身处其中的人该用一种什么样的姿态来立身呢？就是利用现在的组织给你提供的资源，做一件让整个市场都看见的事，完成个人在原组织中的崛起，这也是对你现任老板最负责的做法。

3. 社群的价值在于运营

现在的世界充满不确定性，各种因素随机组合，机遇、勤奋、忍耐、关系链，恰好配对了，一朵花就开了，此外没有任何标准能够确定谁胜谁败。所以重复创业者反而吃香，因为他经历过反复失败，解除了很多不确定性。而以下几个因素似乎更容易组合出成功配方。

第一是小，只做点，不再试图做线和面。很多大组织都在考虑互联网怎么转型，转型的第一件先把自己做小，小到一个人格或者一个人格体，因此在未来世界做自己几乎是唯一的选择，也就是魅力人格体。

魅力人格体对社群的意义，相当于就是舍基协同三原则里面的共同纲领。不管是个人还是一个公众号，都会在不知不觉中形成了自己的态度和主张，这个态度和主张就是魅力人格体，粉丝因为认同才会聚集在一起。

第二是连接，你判断未来互联网的生意就看他是阻碍了连接还是促进了连接，谁阻碍连接就不得好死，谁促进连接就将拥有一切。比如，Google Glass 就是个好产品，因为它让人随时随地在线。

第三点是通过连接形成社群。社群的价值在于运营，一群人聚集起来之后可能是乌合之众，也可能做成大事，最重要的是干什么。明确知道把这群人聚起来要干什么，如做基金、做风投，甚至可能去做互联网金融。不能光把人聚一块就完了，是打麻将还是下象棋，取决于决策者。

（资料来源：罗振宇，项建标. 玩转社群经济的三要素. http://www.shichangbu.com/article-20858-1.html[2014-06-24]）

前面介绍的控制方法，属于以权威为核心，以程序化、规范化为特征的传统型控制。而随着时代的发展、管理的日趋复杂，这些控制方法在应用上受到一定程度的限制。重视市场机制与文化机制的现代新型控制方式应运而生。战略地图、市场控制与社群控制就是几种重要的现代控制方法。

一、社群控制

（一）社群控制的含义

社群控制是指以一定文化为基础，一定社会群体依靠共同价值观和群体规范引导与约束其成员的一种社会控制方式。显然这是一种倚重文化力的、人本式、柔性化的现代控制模式，同传统的垂直式、倚重权威的行政控制模式有着本质区别。同时，这也反映了控制理念的现代化。

（二）组织文化是社群文化的基础

社群控制的本质是倚重文化力进行控制。组织文化是组织全体成员共同创造并共同信奉的信念与价值观。组织文化对组织及其成员具有巨大的导向与规范作用，而且这种导向与规范作用是内在的，比传统控制的外在作用的力度要大得多，持续的时间要长得多。这就使建立在组织文化基础上社群控制具有其他控制所不具备的优势。

不同组织的文化有强有弱，进而对组织的控制产生不同的影响。有强的健康文化，表现为组织的全体成员都充分理解并相信组织的共同价值、组织的目标、工作重心和惯例，从而自觉地为实现组织目标而奋斗；如果有强的落后文化，则会同样有力地阻碍组织的发展。弱文化的特征表现为：组织成员各有不同的价值观，公司的目标不清，行为缺乏依据，很难形成巨大的合力。管理者应努力建设健康的强文化，以实现有效的社群控制。

（三）授权是社群控制的必要条件

实行社群控制，就必须充分信任员工，对员工进行授权，给予员工必要的决策权，相信他们会从组织的利益出发处理问题。在价值观指导的框架中，激励员工培养和运用判断能力，自主、负责、灵活地处理工作。

（四）建立自我指导型团队

在社群控制的体系下，不再倚重传统控制手段，如监督、检查、干预，代之的则是自我指导型的团队。即在组织内，重建激励机制，强化责任感和团队精神，实行建立在相互尊重、高度自觉基础上的自我控制。

（五）实施实时控制

由于社群控制是一种充分授权与高度自觉的控制，每个成员都能独立自主地、随时处理各类问题，所以，完全可以实行真正的实时控制，这对于解决紧急而复杂的经营管理问题，具有得天独厚的优势。

二、市场控制

（一）市场控制的含义

市场控制与传统的行政控制相对应，反映了一种现代控制理念。市场控制是指在企业内部管理过程中，借用市场与市场价值体系进行评估与控制的方式。在企业内部的管理中，将市场机制引入，直接使用市场竞争的一些指标对企业内部部门或个人进行评价；模拟市场交易机制，使企业内部各部门之间提供产品或服务的过程转化为以市场价格为媒介的市场交易行为。

（二）市场控制的不同层次

在企业内部，应建立从公司最高层到事业单位（部门）层次，再到管理者与员工个人层次的分级控制体系。

（1）公司层次上的市场控制。现代大公司大多进行多极化经营，设置独立面向不同市场面的事业部，公司高层不可能进行传统意义上的控制。通常采取盈利率、市场占有率等市场指标进行控制与评价。这既有利于激励事业部的独立经营，又保证了公司高层的有效控制。

（2）事业单位层次的市场控制。为了有效控制事业单位内部各部门与职能的高效运作，可以模拟市场交易机制的运行。对内部各部门之间提供产品或服务，参照市场价格制定内部转移价格或内部结算价格。这样，各事业单位可以在内部单位与企业外部的市场上进行多种选择，迫使各单位降低成本，提高质量，真正将市场的竞争机制引进企业内部，从而保证控制目标的实现。理想的转移价格应能真实地反映市场上该种产品或服务的价格。

（3）个人层次上的市场控制。即通过人才市场的价格与同绩效挂钩的奖惩体系衡量员工价值来加以控制的方式，主要包括以下内容。

一是通过招聘薪金衡量员工价值。不同水平的管理者和不同技能的员工，其在招聘过程中的薪金水平会有明显不同。可以通过薪金来控制聘用人才的质量，并进而激励企业员工培训与提高；

二是建立与绩效挂钩的奖惩体系。通过这一体系，将员工的工作数量与质量同奖惩紧密挂钩，就会有效地控制员工的工作状况与效果；

三是股东与董事会对经营管理者的控制。经营管理者对企业绩效具有至关重要的作用，因此，股东与董事会对经营管理者的激励与控制也就显得极为重要。对经营管理者的市场控制主要表现为：通过职业经理人市场，挑选与淘汰经营管理者；通过建立与绩效紧密挂钩的奖惩体系来加以控制。一般有两种典型的激励方法：短期激励，即经营者的奖金与短期利润目标直接挂钩，包括年薪制；长期激励，即经营者奖惩的相当部分取决于他所管理的公司的长期绩效，通常为股票期权。

市场控制的层次结构可以概括为一个理论模型，如图 9.15 所示。

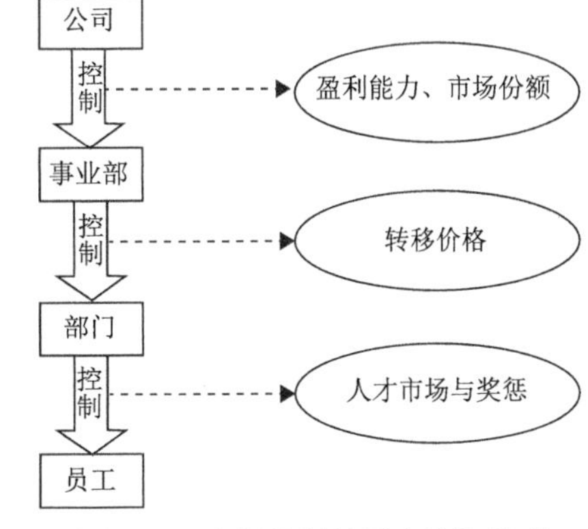

图 9.15 市场控制的层次结构模型

三、战略地图

战略地图是一种战略描述工具，它是在平衡积分卡基础上发展起来的一种全面控制系统。首先，它澄清了战略执行过程中所需解决的一系列因果关系，包括各级目标间的因果关系和改进措施与期望结果间的因果关系。其次，战略地图把战略放在管理活动的中心位置，而生产运作管理、人力资源管理、信息技术开发等管理活动围绕战略开展，推动了整个组织向其战略目标迈进。战略地图为企业描述了可以达到既定目标的各条路径，它的标准模版包括四个角度，财务、客户、内部流程、学习与成长，其与平衡计分卡的四个维度一一对应，如图 9.16 所示。

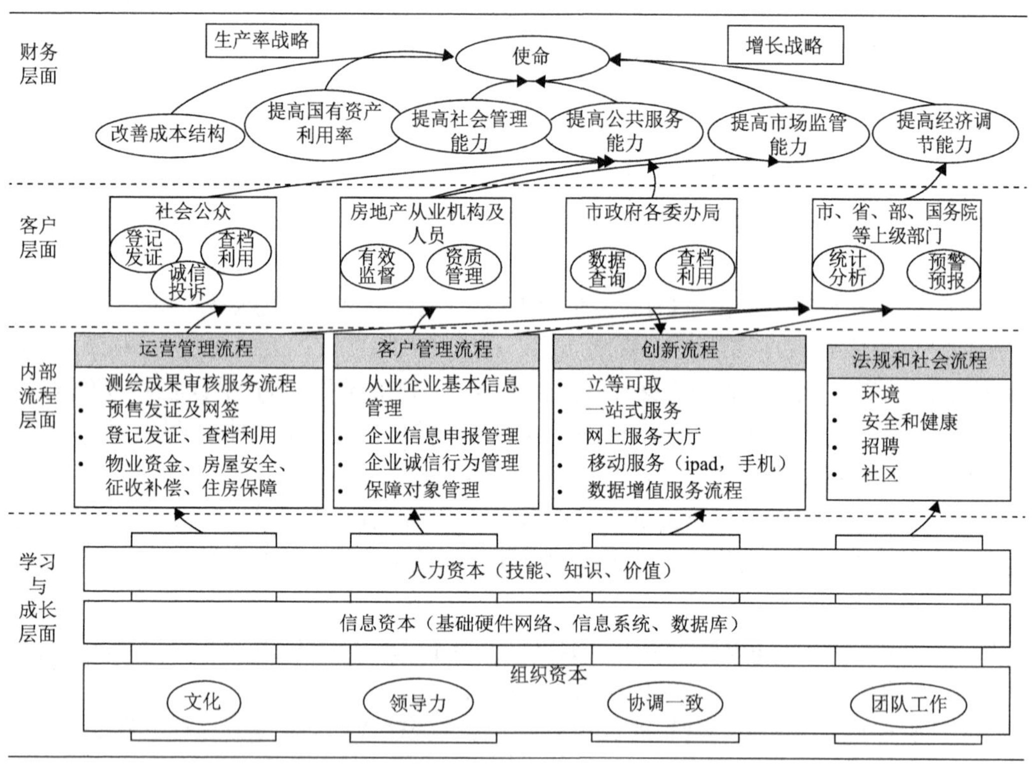

图 9.16　某房地产公司战略地图的层次结构

作为一种阐述工具，战略地区从四个维度描述战略，把企业的无形资产与有形产出有机结合起来。它通过逐层分解组织的战略目标，让员工清楚地看到他们的工作与组织的总体目标有何联系，并能使他们在工作中协调合作，朝着公司既定的目标前进。战略地图可以直观地展现公司的关键目标，以及这些目标间的主要联系——正是这些联系保证了组织绩效的取得。同时战略地图显示了特定的改善措施与期望间的因果关系。

战略地图的作用主要体现在以下三个方面。

（一）使战略由一种模糊的、有弹性的语言表达转变为一种规范明晰的层次体系

在战略地图出现以前，大多数企业战略经常都是一种目标堆积，或是一种含义有很大弹性的原则、方针这类的表述。这就极大地限制了战略对企业整体行为的导向作用。而战略地图提供了一个标准的战略描述框架，这个框架用大家都能准确理解的语言把企

业的战略目标用四个层次清楚地表达出来。换句话说，战略地图就是按一种明确的层次逻辑，把企业的战略目标按财务角度、客户角度、内部流程角度、学习与成长角度分解为具体化的管理目标。根据战略地图，企业管理者和员工可以清晰而一致地理解实现战略目标的路径。

（二）使企业可以有效地开发利用战略无形资源

在工业时代，企业通过把原材料转变为产品来创造价值，整个经济主要基础是有形资产——存货、土地、工厂和设备。而在信息时代，公司越来越依赖于各种各样的无形资产——客户关系、员工知识与技能、信息技术、创新能力和企业文化等。在现代经济中，无形资产发挥着比有形资产更重要的作用。

另外，无形资产还具有一个与有形资源的显著差异：由这种资源所创造的竞争优势不像有形资产创造的那样容易被竞争对手模仿。综合来讲，无形资产已成为现代企业核心竞争力的主要来源之一。而实践中的一个迫切问题是，人们缺乏对无形资源拥有量、所发挥的作用等问题进行有效识别、鉴定的办法，这就导致了一个更为重要的管理问题：企业无法确定为了创造竞争优势，自己究竟需要什么类型的无形资源？需要多少（多大规模）的战略无形资源？这些问题无法确定，那么企业组织也就无法选择最合理的方式来开发无形资源。这使对企业的战略优势至关重要的管理问题，即战略无形资源的管理问题基本处于失控状态。

根据战略地图的结构特征，我们可以利用这种工具来评估无形资产聚焦于战略的程度。无形资产的战略准备度越高，它们创造收入的速度也越快。在此基础上，企业组织可以分析确认其战略无形资源的需求之所在，进一步，可以据此选择实施开发战略无形资源的途径、策略。

（三）使企业管理层次确认实现战略目标的关键路径，从而发现关键控制点

战略地图帮助管理者更好地管理战略的执行。这主要体现在该工具可以帮助企业管理层确定其实现战略目标的瓶颈环节，据此及早地采取针对性措施。战略地图按照因果关系把四个维度的目标统一起来，绘制企业总的战略地图。在总图的基础上，企业的各业务或服务部门可以针对各自的运营特点，制定出部门的战略地图。当战略在组织的底层实施时，管理者可根据各部门地图上所标识的战略要点对现状进行评估，然后把企业、部门和个人现在的能力与战略地图上所列出的要求做比较，以确定在执行战略过程中可能出现的瓶颈或缺陷。企业应集中精力和资源消除这些瓶颈和缺陷，确保战略成功实施。

本章小结

本章重点内容简要概括如下。

（1）控制的概念：广义上，控制与计划相对应，控制是除了计划以外的所有保证计

划实现的管理行为，包括组织、领导、监督、测量和调解等一系列环节；狭义上，控制是指继计划、组织、领导职能之后，按照计划标准衡量计划完成情况和纠正偏差，以确保计划目标实现的一系列活动。

（2）控制的特点：①整体性；②动态性；③控制的主体是人；④控制是提高职员工作能力的重要手段。

（3）控制的作用：①控制是完成计划、实现组织目标的基本手段；②控制是企业标准实施的重要保证；③控制是组织授权管理的基本途径；④控制可以进行实行纠正，避免和减少管理失误造成的损失。

（4）有效控制的基本原则：①有计划地控制原则；②控制关键点原则；③控制趋势原则；④例外原则。

（5）计划和控制是同一事物的两面。有目标和计划而没有控制，人们可能知道自己干了什么，但无法知道自己干得怎样、存在哪些问题、哪些地方需要改进。反之，有控制而没有目标和计划，人们将不会知道要控制什么，也不知道怎么控制。计划和控制二者密不可分。计划、控制、再计划、再控制，管理工作的过程就是如此不断地循环往复下去。

（6）组织职能的发挥不但为计划的贯彻执行提供了合适的组织结构框架，为控制职能的发挥提供了人员配备和组织机构，而且组织结构的确定实际上也规定了组织中信息联系的渠道，为组织的控制提供了信息系统。如果目标的偏差产生源于组织中的问题，则控制的措施就是要涉及组织结构的调整、组织中的权责关系和关系的重新确定等方面。

（7）领导职能的发挥影响组织控制系统的建立和控制工作的质量，反过来，控制职能的发挥又有利于改进领导者的领导工作，提高领导者的工作效率。

（8）组织的控制活动是通过控制系统实现的。控制系统是为了完成控制任务，由控制主体、控制客体、控制目标、控制方法和控制机制构成的有机整体。

（9）有效控制的要求：①适时控制；②适度控制；③客观控制；④弹性控制。

（10）控制的步骤：①确定控制标准；②衡量实际成效；③分析偏差原因；④采取纠偏措施。

（11）采取纠偏措施：①改进工作；②修订目标或标准；③修订目标或标准，同时改进工作。

（12）控制的分类：①按照控制点（时间点）划分，事前控制、事中控制和事后控制；②按照控制性质划分，预防性控制和纠正性控制；③按照控制方式划分，集中控制、分层控制和分散控制；④按照组织系统的层次划分，战略控制、结构控制、运营控制和财务控制；⑤按照采用的手段划分，直接控制和间接控制；⑥按照控制活动的来源划分，正式组织控制、群体控制和自我控制。

（13）控制的方法：①按照控制主体的不同分为传统控制方法和自我控制法。传统控制方法有财务控制、时间控制、数量控制和质量控制、安全控制、人员控制和信息控制。②按照控制与计划的联系紧密程度分为预算控制与非预算控制。非预算控制有比率控制、审计控制、体系控制、现场观察、口头或书面汇报、统计分析方法、专题报告和分析、制度规范、资料统计和程序控制等。

（14）狭义的管理信息系统是指按照系统思想建立起来的以计算机为工具，为管理决策服务的信息系统。它体现了管理信息中现代管理科学、系统科学、计算机技术及通信技术，向各级管理者提供经营管理的决策支持，强调了管理信息系统的预测和决策功能，是一个综合和人-机系统。

广义的管理信息系统是指从系统论和管理控制论的角度来看，是存在于任何组织内部，为管理决策服务的信息收集、加工、存储、传输、检索和输出系统，即任何组织和单位都存在一个管理信息系统。

（15）管理信息系统的结构：一个管理信息系统大概包括数据的收集、整理系统、输入系统、加工系统、传输系统、检索系统和输出系统等几个子系统。管理信息系统按照自下而上的层次结构，可以分为事务处理、作业管理、管理控制和战略管理四个层次。

（16）PDCA 循环的工作程序是：计划（plan）—执行（do）—检查（check）—处理（action）。

思考与练习题

一、单项选择题

1. 管理控制系统实质上也是一个（　　）。

A. 完全封闭系统　　B. 信息反馈系统

C. 完全开放系统　　D. 自动控制系统

2. 在管理工作中，若控制的对象是质量，那么这种控制就叫（　　）。

A. 生产控制　　B. 成本控制　　C. 财务控制　　D. 质量控制

3. 要确定控制标准，首先要明确（　　）。

A. 控制对象　　B. 控制方法　　C. 控制过程　　D. 控制者

4. 从逻辑上将，控制过程的第一步是（　　）。

A. 拟定标准　　B. 衡量绩效　　C. 纠正偏差　　D. 分析原因

5. 控制活动应该（　　）。

A. 与计划同时进行　　B. 先于计划工作

C. 在计划工作之后进行　　D. 与计划工作结合进行

6. 下列有关控制工作的重要性的描述不正确的是（　　）。

A. 任何组织，任何活动都需要进行控制

B. 主管人员的预测可以做到完全正确

C. 控制工作与其他四个管理职能紧密结合在一起，使管理过程形成一个相对封闭的系统

D. 控制工作有可能导致确定新的目标，提出新的计划

7. 不适合进行事后控制的产品是（　　）。

A. 相机　　B. 胶卷　　C. 水泥　　D. 洗发精

8. 下面有关控制工作的描述，哪一种更合适？（　　）

A. 控制工作主要是制定标准以便和实际完成情况进行比较

B. 控制工作主要是纠正偏差，保证实际组织的目标

C. 控制工作是按照标准衡量实际发生情况和纠正偏差以确保计划目标的实现，或适当修改计划，使计划更加适合于实际情况

D. 控制工作是收集信息、修改计划的过程

9. 为了企业生产经营进行控制，必须制定绩效标准作为衡量的依据，这个标准（　　）。

A. 应该有弹性，以适应情况的变化

B. 越高越好，从严要求

C. 一旦制定便不能改动

D. 应尽量具体，最好用数量来表示

10. 控制工作得以开展的前提条件是（　　）。

A. 建立控制标准　　B. 分析偏差原因

C. 采取矫正措施　　D. 明确问题性质

11. 一般而言，预算控制属于（　　）。

A. 反馈控制　　B. 前馈控制　　C. 现场控制　　D. 实时控制

12. “根据过去工作的情况，去调整未来活动的行为。”这句话是对下述哪种控制的描述？（　　）

A. 前馈控制　　B. 反馈控制　　C. 现场控制　　D. 实时控制

13. 外科实习医生在第一次做手术时需要有经验丰富的医生在手术过程中对其进行指导，这是一种（　　）。

A. 预先控制　　B. 事后控制　　C. 随机控制　　D. 现场控制

14. 在现代管理活动中，管理控制的目标主要是（　　）。

A. 纠正偏差　　B. 修订计划

C. 保持组织这一系统的稳定运行　　D. 以上都对

15. 按控制的时机分类，可把控制方法分为（　　）。

A. 预先控制、持续控制、现场控制　　B. 预先控制、持续控制、结果控制

C. 预先控制、现场控制、结果控制　　D. 持续控制、现场控制、结果控制

16. 影响控制对象确定的因素是（　　）。

A. 员工的活动　　B. 外部环境的变化预期及发展趋势

C. 资源的投入　　D. A、B、C

17. 主管人员应遵循控制关键点原理，是因为（　　）。

A. 注重每一个细节通常是浪费和没有必要的

B. 关键点都是例外情况

C. 关键点容易出问题

D. 计划是根据关键点制订的

18. 下列说法正确的是（　　）。

A. 有的偏差不影响组织运行的最终结果

B. 所有的偏差都是不利的

C. 同类偏差发生的原因都是共同的

D. 偏差都反映了计划和执行之间存在的严重问题

19. 下列不属于反馈控制方法的是（　　）。

A. 资本预算　B. 财务报告分析　C. 标准成本分析　D. 质量控制分析

二、多项选择题

1. 控制工作的原理有（　　）。

A. 反映计划要求的原理　B. 组织适宜性原理　C. 控制关键点的原理
D. 例外情况的原理　E. 直接控制原理

2. 控制过程的基本步骤包括（　　）。

A. 拟订标准　B. 认清现状　C. 衡量成效
D. 分析偏差　E. 纠正偏差

3. 纠正偏差是（　　）。

A. 控制的关键
B. 是整个管理系统中的部分工作内容
C. 是控制过程的一个重要步骤
D. 是其他各项管理职能发挥作用的关键环节
E. 是制定控制标准的前提

4. 主管人员通过对获得的偏差信息进行分析，就可以找出（　　）。

A. 哪些方面出现偏差　B. 偏差的大小　C. 偏差出现的原因
D. 应该负责的人员　E. 需要采取的措施

5. 控制系统是由（　　）组成的具有自身目标和功能的系统。

A. 控制主体　B. 控制客体　C. 控制信息　D. 控制措施

6. 为了保证对组织工作进行有效的控制，管理者应遵循以下基本原则（　　）。

A. 目标明确原则　B. 控制关键点原则　C. 刚性原则
D. 及时性　E. 经济性原则

7. 控制的关键环节是采取切实可行的纠偏措施，一般而言，主要的纠偏措施有（　　）。

A. 改进工作方法　B. 改进组织工作和领导工作
C. 调整或修正原有计划　D. 调整或修正原有标准

8. 预算的不足包括（　　）。

A. 容易导致控制过细　B. 容易导致本位主义
C. 容易导致掩盖效能低下的缺点 D. 缺乏灵活性　E.标准模糊

9. 有效的现场控制，需要具备一定的条件，如（　　）。

A. 较高素质的管理者　B. 下属人员的积极参与和配合
C. 很强的预测能力　D. 适当的授权

10. 根据不同的分类标准，预算可以划分为不同的类别，包括（　　）。

A. 刚性预算和弹性预算　B. 采购预算和成本预算
C. 收入预算和支出预算　D. 总预算和部门预算

三、判断题

1. 有效的控制只能针对关键项目，抓住活动过程中的关键和重点进行局部的和重点的控

制，这就是控制的目标原则。 (　　)

2. 一般来说标准必须从计划中产生，计划必须先于控制。 (　　)

3. 只要控制工作做得好，完全可以防止管理失误。 (　　)

4. 反馈控制最大的缺点是，在管理者实施纠偏措施之前，偏差已经产生，损失已经造成，对工作没有任何意义，所以我们没有必要进行反馈控制。 (　　)

5. 当组织已经进行前馈控制，不需要再进行反馈控制。 (　　)

6. 零基预算通过不断评价组织现有预算来提高组织生存能力。 (　　)

7. 前馈控制是以计划为导向的控制。 (　　)

8. 控制，是组织在动态变化的环境中，为了确保实现既有的组织目标而进行的检查、监督、纠正偏差等管理活动的统称，它是一种动态的、适时的信息处理过程。 (　　)

9. 控制的实质就是使实践符合计划，计划就是控制的基础。 (　　)

10. 全面质量管理强调的是主要人员参与和主要过程的质量管理。 (　　)

四、简答题

1. 控制的作用有哪些？
2. 控制同其他管理职能的关系怎样？
3. 控制的类型有哪些？
4. 控制的方法有哪些？
5. 预算和非预算控制各包括哪些具体方法？

参 考 文 献

格里芬. 2007. 管理学. 8 版. 刘伟译. 北京：中国市场出版社.

何尔锦，沈雯敏，钟杭州. 2014. 管理学——知识与技能. 北京：高等教育出版社.

焦树斌，杨文士. 2014. 管理学. 4 版. 北京：中国人民大学出版社.

刘东. 2008. 管理学——理论、方法、工具. 北京：科学出版社.

马义飞. 2008. 管理学. 北京：清华大学出版社.

单凤儒，金彦龙，张凤海，等. 2015. 管理学——互联网思维与价值链视角. 北京：高等教育出版社.

谢默霍恩. 2005. 管理学原理. 甘亚平译. 北京：人民邮电出版社.

刑以群. 2012. 管理学. 2 版. 北京：高等教育出版社.

袁凌，吴文华，熊勇清. 2015. 组织行为学. 北京：高等教育出版社.

郑文哲. 2012. 管理学原理. 2 版. 北京：科学出版社.

周临健. 2008. 管理学教程. 上海：上海财经大学出版社.

周三多. 2015. 管理学. 4 版. 北京：高等教育出版社.

第十章 管理创新

我认为有时候成功恰恰是失败之母。因为成功容易使人陶醉沉浸其中，并视之为经验。用经验去处理对待事物，在市场经济条件下，常常令你走进一个误区，束缚了发展。海尔的竞争优势在于创新。

——张瑞敏

教学目标

学完本章后，你应该能够：

1. 理解创新的概念、特点和作用。
2. 掌握创新的基本内容及实施过程。
3. 掌握创新的模式及方法。
4. 掌握创新的策略与风险防范。

技能目标

1. 提升创新精神。
2. 学习创新方法。

案例导入

从华为、小米看“中国式创新”

在“大众创业、万众创新”的浪潮下，创新成为推动我国经济转型升级的重要支撑。然而，由于受社会环境等各种因素的影响，中国很难复制西方国家的创新模式。在自主创新的过程中，企业如果获得成功，将带来巨大经济和社会效益，但创新失败的风险也令很多企业对创新望而生畏。在本案例中，笔者探讨了华为和小米的创新经历，希望能为其他中国企业提供参考和借鉴。

一、创新模式各有不同

相关数据显示，在 2014 年全球手机品牌排名前十位企业中，中国手机厂商占据了半壁江山，除了中兴通讯、华为、酷派、联想外，还有小米。以华为为代表的传统创新模式和以小米为代表的新兴创新模式孰优孰劣？

华为的核心竞争力是对技术孜孜不倦的追求，技术创新是华为不断增强自身竞争力的关键。2005～2015 年，华为的研发投入累计超过 1900 亿元人民币。咨询机构 Strategy 发布的一项全球研发费用报告显示，华为 2015 年的研发投入与大众、三星、英特尔等行业巨头相差无几。

在坚持自主创新的同时，华为还善于借助外部资源不断完善自己的产品。华为由内向外的转变实际上是由封闭式创新向开放式创新演进。因此，华为不仅自主量化生产手机芯片，而且还积极在竞争对手研发的前沿技术的基础上进行再创新。经过十几年的积累，华为形成了以核心技术和标准专利为核心的竞争资源。

小米起步较晚，但其以“互联网+手机”的模式一举打破了中兴通讯、华为、酷派、联想相对稳定的市场结构。2014 年前，小米的专利授权量较少，因此，小米采取了与华为完全不同的创新模式。从“粉丝经济”到“饥饿营销”，小米的创新更多集中在品牌和营销方面，而互联网的宽容和开放又为小米的商业模式创新插上了翅膀。这种全新的商业模式为小米带来了巨大的商业价值，事实证明，相比技术创新的贡献度，小米的商业模式创新对自身发展同样具有巨大贡献。

二、依然面临创新困境

在互联网的冲击下，包括华为在内的手机生产商发现商业模式创新可以独立于技术创新之外，过去靠知识产权制度构建的市场准入壁垒正在被逐渐打破，完全依靠知识产权的垄断性获取竞争优势已难以抑制业界新贵的崛起。微信、淘宝、滴滴打车及小米都是借助互联网平台发展壮大的企业。

国内外都不乏在硬件上投入大量资金却遭遇发展瓶颈的企业，如诺基亚，大多数消费者称赞诺基亚过硬的技术和质量，但却不再购买诺基亚手机。与华为并驾齐驱的中兴通讯，虽然手里掌握着大量的核心技术和专利储备，但中兴通讯智能终端的市场占比却不断下降。目前，华为与酷派痛定思痛后，开始向“互联网+”前进，通过互联网对传统产业进行改造，谋求转型升级。

小米创造的“硬件+软件+服务”的商业模式让小米赚足了风头。以现在小米的发展势头，2015 年小米继续领跑国内手机市场。小米模式并非那么容易复制，如凡客在模仿小米的过程中越走越远，小米互联网电视也没能重复小米手机的成功。在开拓海外市场的过程中，2014 年小米刚踏进印度就被爱立信盯上，并被申请禁令。可以说，小米在专利储备方面的薄弱，导致小米开拓海外市场时遭遇困局。

小米在智能手机上的技术创新远不及传统的手机厂商，却分得了国内市场最大的蛋糕，长此以往，小米有可能遭遇知识产权诉讼。目前，小米已经意识到自身发展的困境，为了改变这种尴尬的局面，正积极展开专利布局，其提交专利申请的技术领域涵盖了手机操作、数字传输、图像处理及无线通信网络等方面。

由此可见，小米的知识产权战略是通过市场领先反哺技术创新，在商业模式取得阶段性成功以后，将商业上取得的优势资源用于弥补技术创新的不足，逐渐缩小甚至消除专利壁垒。

三、“中国式创新”的思考

华为和小米代表着两种不同的创新模式，华为是技术创新的模范，而小米则是商业模式创新的榜样。两种模式本身没有优劣之分。技术创新与商业模式创新两者相互独立，商业模式成功并不一定需要以技术创新成功为基础，但是两者却可以同时采用。技术创新较强的企业可以尝试新的商业模式，而商业模式创新较成功的企业可以以市场领先反哺技术创新。

华为与小米的商业模式创新各有所长，从市场的占有情况看，两者都取得了成功。技术创新固然重要，但是技术创新需要持续的资金投入，并且技术创新的回报受限于较长的研发周期。初创公司在创业初期，可能难以将太多的资源投入到技术研发。从这个层面看，小米的商业模式值得国内企业借鉴。

中国有大量像小米一样白手起家的企业，他们需要通过商业模式和产品的迭代式创新获取市场领先地位，赚到钱后再加强技术创新。例如，一个高端手机的成功主要体现在品牌影响力、供应链优势、工艺设计和生态系统的构建。当下的手机市场，除了供应链优势属于三星之外，其他三项都被苹果包揽。对于华为来讲，其专利储备可以与全球手机巨头抗衡，而对于小米来讲，这却成为其难以逾越的鸿沟，移动互联网则给了小米另一个成功的路径。

那么，专利对于企业创新又起着怎样的作用？对于企业来说，要正确认识知识产权在商业中的价值，不能高估，也不能低估。在一个成功的商业生态系统中，技术、产品、营销、市场和客户等，每个因素都是非常重要的构成要素，只有认识到这个层面，知识产权在技术创新和商业模式的构建中才能更好地发挥其作用。

（资料来源：从华为、小米看“中国式创新”. http://www.iprchn.com/Index_NewsContent.aspx?newsld=85974[2015-05-27]）

第一节　创新与管理创新概述

组织、领导与控制是保证计划目标实现所不可缺少的。从某种意义上来说，它们同属于管理的“维持职能”。其任务是保证系统按预定的方向和规则运行。但是，管理是在一个不断发展变化的动态环境之中的，仅有维持职能还远远不够，还必须不断调整内容和目标以求适应环境的发展，这就迫切需要管理的“创新”职能保驾护航。

一、创新概述

（一）创新的含义

创新是一种思想及在这种思想指导下的实践，是一种原则及在这种原则指导下的具体活动。美国的经济学家约瑟夫·熊彼特于 1912 年在其成名作《经济发展理论》一书中首次提出来创新的概念。他认为，创新是对“生产要素的重新组合”，具体来说，包括以下五个方面：①生产一种新产品，也就是消费者还不熟悉的产品，或是已有产品的一种新用途和新特征。②采用一种新的生产方法，也就是在有关的制造部门中未曾采用的方法。这种方法不一定非要建立在科学新发现的基础上，它可以是以新的商业方式来处理某种产品。③开辟一个新市场，就是使产品进入以前不曾进入的市场，不管这个市场以前是否存在过。④获得一种原料或半成品的新的供给来源，不管这种来源是已经存在的还是第一次创造出来。⑤实现一种新的企业组织形式，如建立一种垄断地位或打破一种垄断地位。

之后，许多研究者也对创新进行了定义。有代表性的定义有以下几种：①创新是一种开发新事物的过程。这一过程从发现潜在的需要开始，经历新事物的技术可行性的检验，到新事物的广泛应用为止。创新之所以被描述为是一个创新性过程是因为它产生了某种新的事物。②创新是运用知识或相关信息创造和引进某种有用的新事物的过程。③创新是对一个组织或相关环境的新变化的接受。④创新是指新事物的本身，具体来说就是指被相关使用部门认定的任何一种新的思想、新的实践或新的制造物。⑤创新是新思想转化为具体行动的过程。

由此可见，创新概念所包含的范围很广，涉及许多方面。比如，有的东西之所以被称为创新，是因为它提高了工作效率或巩固了企业的竞争地位；有的是因为它改善了人们的生活质量；有的是因为它对经济有根本性的提高。但值得注意的是，创新并不一定是全新的东西，旧的东西以新的形式出现或以新的方式结合也是创新。从管理的角度来看，我们说，创新一般定义为是对原有事物的改变或新事物的引入，是创造新的理念并将其付诸实践的过程。从这个意义上讲，创新首先是一种思想及在这种思想指导下的实践，是一种原则及在这种原则指导下的具体活动，是管理的一种基本职能。创新工作作为管理的职能，表现在它本身就是管理工作的一个环节，它对于任何组织来说都是一种重要的活动；创新工作也和其他管理职能一样，有其内在逻辑性，建构在其逻辑性基础上的工作原则，可以使得创新活动有计划、有步骤地进行。

（二）创新的特征

1. 创新的不确定性

（1）市场的不确定性。市场的不确定性主要是指不易预测市场未来需求的变化。外界因素如经济环境、消费者的偏好都会对市场变化产生影响。当出现根本性创新时，市场方向无从确定，也就无法确定需求。市场不确定的来源，还可能是不知道如何将潜在的需要融入创新产品中去，以及未来产品如何变化以反映用户的需要。当存在创新竞争时，市场的不确定性还指创新企业能否在市场竞争中战胜对手。

（2）技术的不确定性。技术的不确定性主要指不确定如何用技术来体现、表达市场中消费者需要的特征；能否设计并制造出可以满足市场需要的产品和工艺。有不少产品构思，按其设计的产品要么无法制造要么制造成本太高，因此这种构思和产品都没有什么商业价值。新技术与现有技术系统之间的不一致性也是一个重要的不确定来源。

（3）战略的不确定性。战略的不确定性主要是针对重大技术创新和重大投资项目而言的。它指一种技术创新的出现使已有投资与技能过时的不确定性，即难以判断它对创

新竞争基础和性质的影响程度，以及面临新技术潜在的重大变化时企业如何进行组织适应与投资决策。当出现重大技术创新时，战略不确定性常常因严重的战略性决策失误导致产业竞争领先地位的交替。

2. 创新的保护性与破坏性

不同创新对企业产生影响的范围、程度和性质是不同的。两个极端的情况是：保护性的创新和破坏性的创新。保护性的创新，会提高企业现有技术能力的价值和可应用性。破坏性的创新则使企业现有的技能和资产遭到破坏，新的产品和工艺会使企业现有的资源、技能和知识只能低劣地满足市场的需要，或者根本无法满足市场要求，从而降低现有能力的价值，在极端情况下，会使现有能力完全过时。

3. 创新的必然性和偶然性

必然性是由管理的不可复制性产生的。管理的不可复制性客观上要求管理创新，从泰罗制管理到丰田生产方式，再到现代流行的虚拟系统、电子商务、网络营销等，可以说任何一种新的管理模式、方法的产生都和时代发展、科技进步密切相关。很多情况下，创新是在大量的实验、调研、严谨思考的背景下产生的。然而，另一种创新方式对管理人员来说也是丝毫不能忽视的，那就是偶然性创新。就像牛顿从苹果落地而发现万有引力定律一样，一些偶然的事件也可以引发创新。

4. 创新的被排斥性

创新活动常常受到来自各方面的排斥和压力。习惯于原有生活方式的人们往往不欢迎任何改动和变革。形象地说，创新恐惧症已成为现代组织——企业、学校、政府的一种通病。因为在原有状况下，没有麻烦，没有威胁，也没有紧迫感，一切都显得平平稳稳。所以一项新产品的创新就其本质而言，是一场推进创新力量和排斥、抵制创新力量之间的激烈斗争，管理者所面临的挑战就是如何在这些力量中间保持平衡。需要注意的是：我们应该对华而不实的或仅仅是象征意义的新产品，以及与新产品的战略目标不相一致的新产品持抵制态度，这种抵制不应受到阻挠。

5. 创新的复杂性

创新的过程是一条长链，增加上游的基础研究投入，可以直接增加下游的新技术、新产品的产出。但在实际的经济活动中，创新有很多的起因和知识源，它可以在研究、开发、市场化和应用等任何阶段发生。创新是诸多因素之间一系列复杂的、相互渗透并且共同作用的结果。创新不是一个独立的事件，而是由很多事件组成的一个螺旋式上升的轨迹，是一个复杂的系统过程。

6. 创新的时效性

对企业而言，创新一般总是从产品的创新开始的。一种市场需求总是表现为一种产品需求，所以在创新初期，企业的创新活动主要是产品创新。一旦新产品被市场接受，企业就会把注意力集中在过程创新上，其目的是降低生产成本、改进品质、提高生产效率。当产品创新和过程创新进行到一定程度时，企业的创新注意力又会逐渐转移到市场营销创新上，目的是提高产品的市场占有率。在企业创新发展的不同阶段，还会伴随必要的组织创新。在新产品投放市场一定时间以后，又会被更新的产品所代替，这表明创新具有时效性。更新的产品出现的理由：一是消费者的喜好发生了变化；二是产品的技术含量得到了提高。正是因为创新的时效性，所以在进行创新决策时，要考虑三个方面的问题：消费者对创新产品需求的持续时间有多长、被其他产品替代的可能性有多大及创新所处的是什么时间段。

7. 创新的动态性

事物总是不断发展变化的，不仅组织的内外部环境发生变化，而且组织的创新能力也是不断积累和发展的，因此创新要素也有必要进行动态调整。从企业间的竞争来看，随着企业创新能力的扩散，企业的竞争优势将会消失，这就需要推动一轮又一轮的创新，以便持续保持企业的竞争优势。所以，创新绝不是静态的，而是动态的。不同发展时期，企业创新的内容、方式、水平是不同的。从企业发展的总趋势看，前一时期低水平的创新，总是要被后一时期高水平的创新所替代。创新活动的不断开发和创新水平的不断提高，是推动企业发展的不竭动力。

案例导入

犹太人的智慧

很多年以前，在奥斯维辛集中营里，一个犹太人对他的儿子说：现在我们唯一的财富就是智慧，当别人说一加一等于二的时候，你应该想到大于二。纳粹在奥斯维辛毒死了几十万人，父子俩却活了下来。

1946 年，他们来到美国，在休斯敦做铜器生意。一天，父亲问儿子一磅铜价格是多少？儿子答 35 美分。父亲说：对，整个得克萨斯州都知道每磅铜的价格是 35 美分，但作为犹太人的儿子，应该说 3.5 美元。你试着把一磅铜做成门把看看。

20 年后，父亲死了，儿子独自经营铜器店。他做过铜鼓，做过瑞士钟表上的簧片，做过奥运会的奖牌。

他曾把一磅铜卖到 3500 美元，这时他已是麦考尔公司的董事长。然而真正使他扬名的，是纽约州的一堆垃圾。

1974 年，美国政府为清理给自由女神像翻新扔下的废料，向社会广泛招标。但好几个月过去了，没人应标。正在法国旅行的他听说后，立即飞往纽约，看过自由女神下堆积如山的铜块、螺丝和木料后，未提任何条件，当即就签了字。

纽约许多运输公司对他的这一愚蠢举动暗自发笑。因为在纽约州，垃圾处理有严格规定，弄不好会受到环保组织的起诉。

就在一些人要看这个犹太人的笑话时，他开始组织工人对废料进行分类。他让人把废铜熔化，铸成小自由女神；把水泥块和木头加工成底座；把废铅、废铝做成纽约广场的钥匙。最后，他甚至把从自由女神身上扫下的灰包装起来，出售给花店。

不到 3 个月的时间，他让这堆废料变成了 350 万美元现金，每磅铜的价格整整翻了 1 万倍。

生在犹太家庭里的孩子在他们的成长过程中，负责启蒙教育的母亲们几乎都要求他们回答一个问题："假如有一天你的房子被烧了，你的财产就要被人抢光，那么你将带着什么东西逃命？"

孩子们少不更事，天真无知，自然会想到钱这个好东西，因为没有钱哪能有吃的穿的玩的？也有孩子说要带着钻石或者其他珍宝出逃，有了它，还愁缺啥？

可这些显然不是母亲们所要的答案。她们会进一步问："有一种没有形状、没有颜色、没有气味的宝贝，你知道是什么吗？"

要是孩子们回答不出来，母亲就会说："孩子，你要带走的不是钱，也不是钻石，而是智慧。因为智慧是任何人都抢不走的。"

你只要活着，智慧就永远跟着你。

在聪颖、精明的犹太人眼里，任何东西都是有价的，都能失而复得，只有智慧才是人生无价的财富。

犹太人并不是天生比任何种族的人聪明，但他们更懂得怎样去铸造这枚无价的金币。

当他们的孩子刚懂事时，母亲们就会将蜂蜜滴在书本上，让孩子去舔书上的蜂蜜，其用意是想告诉孩子：书本是甜的。

智慧是永恒的财富，它引导人通向成功，而且永不会贫穷。

我们不会因为有知识获得财富，而是我们必须将所获得的知识，经过思考与运用使其成为智能，才能创造出利润。

"智识经济"最主要的内涵就是创新，它是一种智能资本，通过创新才可以制造财富。

（资料来源：陈龙海，韩庭卫. 思维创新的故事. 深圳：海天出版社，2007）

从案例中我们可以看到，人一旦突破思维的禁区，掌握了创新思维的秘诀，就会像麦考尔公司的董事长那样，实现"1+1>2"的跨越。案例告诉我们，一个企业只有管理者思维不断创新，才能使企业充满生机，走向辉煌。现代管理是在新的科学技术迅猛发展和社会进步、人们的观念变革日新月异的条件下的管理。它要求管理者比以往任何时候都更需要有强烈的创新意识，时时把握内外环境变化的趋势，创造性地进行管理。管理的实质在于创新，管理创新是组织生存和发展的根基。

二、管理创新

（一）管理创新的含义

管理活动必须有创新相伴而随，因为管理活动每时每刻都处在变化着的内外环境中，必须以创新来适应和迎接这些变化。而且管理活动又是最富于综合性的社会活动，受到国内外政治、经济、文化、社会等各种因素的影响，而这些因素在管理活动中的交汇，就需要管理者的创新举措来加以回应。再者，管理历来都是管理者施展才华、发挥创造性的舞台。管理是一门艺术，在这个领域中，必须不断地进行创新，才可能获得生存的价值。

管理创新就是指创造一种新型的、有更高效率的资源整合范式，它可以是指有效整合各种资源以达到组织目标的全过程管理，也可以是指某一方面的细节管理。管理创新是一种有目的的实践活动，不是一种自发性的随机事件，人们完全能够根据客观情况的变化和自身的实际，有计划、有步骤地开展管理创新活动。

不论是中高层管理者，还是基层管理者，都是管理创新的主体。管理创新贯穿于管理者的所有管理活动中。

管理创新的实质是创立一种新的更有效的资源整合和协调范式，包括创立一种新的管理理论、采用一种新的管理方法、运用一种新的管理手段等。只要这种新的资源整合和协调范式能够使管理活动更加有效，都属于管理创新。

管理创新的目的在于能动地适应环境的变化，达到提高企业整体效率和效益的目标。环境变化是客观的，它不以人们的意志为转移，企业要在动态多变的环境中发展壮大，就必须适应环境的变化，而管理创新正是企业适应环境变化的基本途径。

（二）管理创新的模式

管理创新的模式是指企业实施管理创新的方式。按照管理创新的定义，管理创新的关键是创造新的管理模式，目标是提高企业的工作效率和经济效益、增强企业的竞争力。按照管理创新形成的管理模式新颖程度的不同，可以将管理创新的模式分为三种类型。

一是跟踪创新。企业学习和模仿同行业中相互竞争企业已经应用甚至已经得到比较广泛应用的管理模式，改变本企业传统的管理模式，在本企业内应用新的管理模式。从新颖程度上看，这种新的管理模式只对本企业而言是新的，对本行业而言不具有新颖性。

二是带头创新。企业学习和模仿其他行业企业的有效管理模式，在本行业相互竞争的企业中带头学习和运用新的管理模式。从新颖程度上看，这种新的管理模式不仅对本企业而言是新的，而且对本行业而言也是新的。

三是原始创新。企业从自身实际管理的需要出发，在全球范围内率先创造出新的管理模式，并在本企业运用，形成不仅在本行业而且在全世界范围内独一无二的管理模式。从新颖程度上看，这种新的管理模式不仅对本企业和本行业而言是新的，而且对全世界而言也是新的。

管理创新的定义还表明，企业通过管理创新形成新的管理模式，一方面是要提升企业的工作效率和经济效益；另一方面是要增强企业的核心竞争力。显然，不同的管理创新模式可以实现的目标是明显不同的。成功的跟踪创新可以提升企业的工作效率和经济效益，但是很难帮助企业增强核心竞争力，形成竞争优势。而成功的带头创新和原始创新，不仅可以提升企业的工作效率和经济效益，而且可以支持企业增强核心竞争力和形成竞争优势。

（三）管理创新的特点

根据管理创新的定义，深入分析可以发现，企业管理创新有多方面的特点。

1. 管理创新的必然性

任何企业都必须加强管理，任何企业都必须随着外部环境和内部条件及发展战略的调整进行管理创新，与技术创新是企业可以选择也可以不选择的战略不同，几乎所有企业都离不开管理创新，其是企业无法回避的问题。

2. 管理创新的复杂性

当今企业的管理创新，既要运用先进的理论方法和技术，又要结合本企业及积累形成的管理经验，还必须考虑本企业独特的文化，需要专业人士在广泛调查、深入分析、精心设计的基础上才可能有效推进。显然，管理创新是高度复杂的。

3. 管理创新需要科学性和艺术性的高超结合

管理既具有科学性，又具有艺术性，管理创新也是如此。管理创新方案的设计和实施，既要充分考虑科学性，又要有良好的艺术把握。只有这样，才能提升管理创新的成功率。

4. 管理创新的路径依赖性

管理创新通常是路径依赖的，具有组织性和经验性，有一定的发展轨迹。创新轨迹的体现是企业的惯例，企业选择解决什么样的新的管理模式，往往是遵循一定的惯例进行，这使得管理创新形成了一定的轨迹。

5. 管理创新能力的累积性

企业管理创新能力是在一定的规范下沿着一定的路径经过一段时间的创新过程学习形成的，管理创新能力具有累积性，也就是说，管理创新能力是通过一系列的创新实践逐步积累形成的。企业不通过开展一系列的管理创新活动，是很难形成比较强的管理创新能力的。

6. 管理创新的高风险性

管理创新形成新的管理模式，往往意味着对相关人员的工作分工、责职、权力等进行调整，这就意味着是利益的再调整，管理创新往往会面临比较大的阻力。管理创新的阻力太多，或者会导致新的管理模式很难有效推进实施，或者会使得新的管理模式在实施过程中变样，不能按预先的设计推进。这样，都可能导致管理创新的失败，管理创新具有比较大的风险。变革的程度越大，实施过程的不确定性就越大，同时组织内部化解问题和有效应用变革的能力也会削弱，这种高度的不确定性就带来了风险。

案例导入

微信 O2O：6 个传统行业如何使用微信赚钱

一、酒店：维也纳酒店——微信 1 年订房 1 个亿

案例亮点：网络预订酒店拥有十年以上传统刚性需求，移动化时代彻底颠覆 PC 端。

案例描述：作为全国中档连锁酒店第一品牌，维也纳酒店微信最初就看到了服务号强大的智能服务接口，并果断升级为服务号，申请并使用微信各大高级接口开发功能服务客户。移动端更多注重的是客户体验，维也纳通过自定义菜单的深度优化和闭环管理思维，不断提升平台的客户体验，有效激活了平台会员的消费黏性和活跃度。首先，预订系统的开发，与 PC 官网进行打通实现微信预订，通过“微信预订立减 20 元”差异待遇进行流量引导和转化。其次，每日签到的闭环设计，娱乐和让利的双重驱动，让维也

纳的会员留在微信平台上，并得到愉快和实惠。微信的自助服务使维也纳订房各环节实现信息一体化和智能化，有效提高客户体验和平台消费黏性。目前维也纳通过微信日均订房超过1000间，结合维也纳服务号的关注量来讲，这一转化率目前在业内也是位居前茅的。

二、商场：天虹——每天微信接待8000人次

案例亮点：零售O2O模式转型，实现微信逛街。

案例描述：用过微信“打飞机”聊天，有没有用过微信逛街？天虹的微信商城系统微信率先实现，而且还是微信支付第一开通者。便捷的自助服务满足了粉丝对于品牌检索和优惠查询的需求，关注天虹微信、点击购物搜索某类品牌，屏幕中瞬间给顾客展示商场内品牌，随即打开一个品牌链接，该品牌的优惠活动、折扣数量、单品售价范围就展示出来，给客户很好的体验感，你不需要走到门店就能知道优惠活动，省得一个个去逛，省力省时间。最后，便捷的支付模式，你可以直接通过微信购买商品或礼品卡，或者看好了去门店买，可以选择在线支付，也可以选择货到付款。天虹商场试水微信开启零售O2O模式，其微信平台通过腾讯微生活，实现了个性化信息订阅、会员系统无缝对接、一对一互动等。当其与微信合作消息传出后，天虹的股价连续三日累计上涨近三成，天虹参与微信平台，提升了品牌知名度，吸引客群，给天虹带来了持续的关注和购物转化，客户黏性得到极大程度的提升。目前，天虹微信已有数千商品在微信销售，拥有40多万粉丝，每天在微信上接待顾客8000人次！

三、餐饮：海底捞火锅——每日微信预订100万

案例亮点：海底捞生意太火爆了，与其来了排队，不如提前微信预约，省得商户和客人双重尴尬。

案例描述：作为国内最具口碑的餐饮连锁服务机构，海底捞是较早试水O2O营销的餐饮连锁服务企业之一，凭借在微博、点评网站等互联网平台的口碑，海底捞迅速聚焦起了大量忠实粉丝。加强客户关系管理一直是海底捞的追求，特别是移动互联网时代，新技术手段层出不穷，对经营者而言如何选择更好的管理方式是他们需要思考的问题。首先，创意活动吸引，你一关注海底捞火锅的微信，就会收到一条关于发送图片可以在海底捞门店等位区现场免费制作打印美图照片的消息，是不是瞬间就有吸引力？其次，自助服务全，通过微信可实现预订座位、送餐上门甚至可以去商城选购底料，你想要外卖简单输入送货信息，你就坐等美食送到嘴边吧！当然，其设计的菜品图案也是看着就有流口水的欲望，最后，加上线下优质的服务配合，同时享受“微信价”，怎么能没有吸引力？据悉，海底捞每日通过微信预定量高达100万。

四、手机：华为荣耀3X——30万人微信抢购

案例亮点：微信预约，活动引流带来粉丝关注，实现后续精准营销。

案例描述：华为通过微信做的荣耀3X的预约活动也称得上是微信营销的经典案例。首先，活动前华为通过微信内容推送和微博进行宣传预热，并联合易迅将活动信息大量曝光；活动前期，华为荣耀、华为商城、花粉俱乐部等官方微博都对此次活动进行大量

曝光并用图解的方式说明了具体操作流程，易迅也尝试在微信上做出精选商品的经典案例，当时的微信正想着怎么让更多的用户绑定银行卡，就这样一拍三和达成合作，本次活动得到大范围的持续曝光，粉丝们蠢蠢欲动准备准备开抢。其次，预约界面加入奖品驱动，即预约用户关注华为荣耀公众账号后可参与抽奖活动，开放预约时用微信支付 1 分钱即可完成预约。最后，付款的灵活便利，预约成功后进入原预约页面即可购买，支付方式也支持微信支付和货到付款。本次活动也取得了良好的效果，荣耀 3X 的总预约量达到 30 万人。

五、电影院：万达影院——微信渠道日均出票 8000 张

案例亮点：快捷购票，实现多功能自助服务

案例描述：作为传统行业的电影院，万达影院的做法也值得我们借鉴学习。首先要说的是万达影城的微信开发系统；万达影院最值得一提的是其便捷的票务服务，关注了万达影院微信公众号，可以简单实现在线预订、在线选座、查询热映影片、待上映影片等信息、评价分享等，足不出户轻松预订。试想一下，你和女朋友在附近吃饭突然想看电影了，马上掏出手机订好票，还是你们想要的位子，吃完东西就不慌不忙慢慢过去，不用排队，不担心没票，不担心座位不好，影院微信还会不定期针对会员做一些活动，增强粉丝黏性。虽说其微信开发上的体验没有自身 APP 的好用，但是作为会员管理、活动营销及简单的在线订票选择已经基本够用。其次，对于二维码的推广，万达影院也是有自己的一套做法，通过出票的票面上印上二维码，使得凡是看电影的都可以随机扫其二维码，配合其强大的服务体系，能很好地抓住粉丝。同时，万达也会为了吸引粉丝开展一些活动，如关注微信可一分钱看电影（限场次）、送可乐爆米花等，对于影院而言，闲时会有很多空位，不如索性拿来回馈一下粉丝，这种回馈带来了非常可观的效果，现万达影城微信渠道日均出票 8000 余张。

六、KTV：宝乐迪量贩式 KTV——黏性高让 15 万粉丝欲罢不能

案例亮点：线上线下无缝交融，维护专属品牌会员，实现良好会员管理。

案例描述：对于网购达人而言，一想到去 KTV 唱歌，就会想起团购，但是也有通过微信建立自身会员管理体系和黏性的，今天我们要说的就是宝迪乐 KTV。首先，服务为王。宝乐迪微信公众渠道交融了“曲库”“预订”“会员卡”等功用，用户可经过微信检查新歌榜、热歌榜、创立我的歌单，还可以经过预订功能，获取包房信息、检查最新活动及订房，宝乐迪会员卡实现了全国范围歌曲查询、线上订房、电子会员卡功用，宝乐迪的微信可以精准地查询某座城市分店某个包厢的状况，经过线上线下无缝交融，不论是门店查询、曲库查询、预订包房、文娱花费，线上线下的立体化服务网络最大极限地满意用户需求。其次，微生活会员卡的运用。每一个宝乐迪微信公众渠道的会员，还可专享一张宝乐迪“微生活会员卡”，使用时向服务员出示此卡可享用套餐优惠及“开卡礼”，预订有优惠，而且经常有免费送唱的活动，再加上服务好，能持续维护好会员，让 15 万会员欲罢不能。

（资料来源：http://www.iyiou.com/p/4916/[2014-05-03]）

（四）管理创新的作用

作为管理的基本内容，管理创新对组织的存在和发展都是十分重要的。

1. 提高资源使用的效率和效益

管理创新能使企业资源的效率和效益得到明显的改善和提高。效率的提高可以在众多指标上得到反映，如劳动生产率的提高、资金消耗系数减少、人力资源的投资回报率增加等。但效率并不等于效益，效率仅仅是实现效益的条件和手段，效益才是管理创新要达到的最终结果。管理创新在提高企业经济效益上，不仅要注重提高眼前效益，如组织结构优化和管理方法创新等，而且要注重利用管理创新实现未来效益，如战略创新等。但不论是提高当前效益还是长远效益，其目的都在于增强企业生命力，以促进企业不断发展壮大。

2. 推动企业稳定健康地发展

企业生产经营活动的协调性、有序性是推动企业稳定健康发展的重要力量。管理创新通过创立新的更有效的资源整合的方式与方法，不仅能为企业的健康发展奠定坚实的基础，而且能使企业产生更强大的合力，从而为促进企业的快速成长创立条件。

3. 增强企业核心竞争力

随着科学技术的进步和信息技术的发展，企业之间的技术差异越来越小。在这种情况下，企业增强核心竞争力的关键不再像过去那样仅仅依赖于技术，而是越来越依赖于管理。谁能够在管理上做到别人做不到的，能够创新管理方式和方法，谁就拥有了别人不具备的竞争优势。例如，麦当劳的生产技术并不复杂，生产过程也很简单，但麦当劳之所以能够把简单的快餐生产变成一种工业化的生产方式，依靠的就是其标准化的管理流程，这也正是麦当劳管理创新的结果。

4. 形成企业家阶层

职业经理人及企业家阶层的形成是现代企业管理创新的直接成果之一。这一阶层的产生，一方面是企业的管理实现了由技术专家向管理专家的转变，从而提高了企业资源的配置效率；另一方面是使企业的所有权与经营管理权发生分离，推动了企业更健康的发展。职业经理层的形成对企业的发展具有很大的作用，因为对职业企业家而言，企业的存续对其职业有至关重要的作用，他们“宁愿选择能促使公司长期稳定和成长的政策，而不贪图眼前的最大利润”。从这一角度出发，职业企业家必然更进一步关心创新，关心管理创新，因为他们知道管理创新的功效。

案例导入

你所不知道的德国制造业强大的真相

套用今年最流行的一个句式“制造虽易，质量不易，且行且珍惜”。庞大的市场占有率是“中国制造”引以为豪的发展名片，但如此快速的“中国速度”与市场美誉度之间所形成的隐形落差需要用“中国质量”来补位。反观 2013 年，欧债危机下的欧洲各国经济哀鸿遍野，唯有德国一家成为欧元区屹立不倒的“定海神针”。究其根本，德国制

造业的长盛稳定，无疑是其抵御欧债危机的铜墙铁壁。“他山之石，可以攻玉”，透过行业视角解析“德国品质”的精髓所在，小编带你一同揭秘“德国制造”强大的真相。

如下三则小故事或许有助于我们理解什么是“德国制造”。

（1）帐篷的故事：2008 年中国汶川地震后，灾区陆续收到各国援助的帐篷等救灾物资。有记者在采访中了解到，灾民们相互打听住的是哪个国家的帐篷，而住德国帐篷的灾民往往引来周遭羡慕，因为德国的帐篷质量是最好的。

（2）钟表的故事：德国殖民时期在青岛江苏路修建的基督教堂的钟表迄今运转正常。2010 年，在华投资生产大型齿轮的一名德国商人陪父亲在青岛游览时看见了这座钟表，老人顿时认出了钟表所用的齿轮便是由他的家族企业供应的。在接受记者采访时，该德国商人表示：“根据目前的使用情况，这些齿轮没有任何问题，还能再用上 300 年，真要维修时，恐怕要到我的曾孙一代了。”

（3）桥梁的故事：1906 年，德国泰来洋行承建甘肃兰州中山桥，1909 年建成。合同规定，该桥自完工之日起保证坚固 80 年。在 1949 年解放兰州的战役中，桥面木板被烧，纵梁留下弹痕，但桥身安稳如常。1989 年，距桥梁建成 80 年之际，德国专家专程对该桥进行了检查，并提出加固建议，同时申明合同到期。如今，中山桥仍然照常使用，并被列为市级文物保护单位。

无论是帐篷、钟表、桥梁，还是汽车、火车、轮船，“德国制造”大致具备了五个基本特征：耐用、务实、可靠、安全、精密。

但“德国制造”的光环并非与生俱来，从历史上看，“德国制造”经历了由弱到强、由辱到荣的“灰姑娘”式的蜕变进程。

“德国制造”之所以能够迄今长盛不衰，并在全球化时代始终保持领先地位，主要得益于德国制造业科技创新、标准化建立的体系保障。

一是科技创新体系。德国历届政府十分重视制造业的科研创新和成果转化，着力建立集科研开发、成果转化、知识传播和人力培训为一体的科研创新体系。它的最大特色是个人、企业和政府的统一：科研人员出成果、企业出资本、国家出政策并负责对企业和科技界进行沟通和协调。德国企业对研发投入毫不吝啬，研发经费约占国民生产总值 3%，位居世界前列。据统计，欧盟企业研发投资排名中，前 25 位有 11 家德国公司，排名第一的德国大众汽车公司年度研发费高达 58 亿欧元。

二是标准化和质量认证体系。德国长期以来实行严谨的工业标准和质量认证体系，这为德国制造业确立在世界上的领先地位做出了重要贡献。首先是建立完善、统一的行业标准，德国标准化学会（Deutsches Institutfuer Normung，DIN）所制定的标准涉及建筑、采矿、冶金、化工、电工、安全技术、环境保护、卫生、消防、运输和家政等几乎所有领域，每年发布上千个行业标准，其中约 90%被欧洲及世界各国采用。其次是建立公正、客观的质量认证和监督体系。既有效协调了本土企业间的竞争，又确保了“德国制造”的质量，还整体提升了“德国制造”的竞争力。

一、是什么制造了“德国制造”

德国制造企业采取了增加创新投资的措施，进而占领技术制高点，提高了产业竞争力。

德国产品的核心竞争优势在于其过硬的产品质量，而过硬的产品质量源于持续不断的技术创新。在德国制造业公司的营业额中，27%以上是来源于创新产品。这些创新产品无论对于企业还是市场来说都是新颖的。尖端技术产品的营业额中，7%以上用于研发。而高科技产品的研发预算则在全部收入的 2.5%～7%。通过快速实施最新的创新技术，公司能够迅速在各领域中占据主导地位。

二、德国制造文化内涵及关键因素

德国人“理性严谨”的民族性格，是其精神文化的焦点和结晶，更是“德国制造”的核心文化。其在制造业的具体表现，则可归纳为五大行业文化。

1. 专注精神

在德国，“专注”是其“理性严谨”民族性格的行为方式。德国制造业者，“小事大作，小企大业”，不求规模大，但求实力强。他们几十年、几百年专注于一项产品领域，力图做到最强，并成就大业。“大”并不是目的，而是“强”的自然结果。这恰恰印证了老子的哲学：“天下大事必作于细……圣人终不为大，故能成其大。”

中国制造业乃至各行业，目前还普遍存在“超常规、跨越式放量发展”的浮躁现象，耐不住寂寞和诱惑，缺乏专注精神。

2. 标准主义

德国人“理性严谨”的民族性格，必然演化为其生活与工作中的“标准主义”。德国人生活中的标准比比皆是，如烹饪佐料添加量、垃圾分类规范、什么时间段居民不可出噪声、列车几点几分停在站台的哪条线。他们是一个离开标准寸步难行的民族。这种标准化性格也必然被带入其制造业。全球 2/3 的国际机械制造标准超过 3 万项来自 DIN，其是“德国制造”的基础。

3. 精确主义

德国人做事讲究精确，无论是工作还是生活上，都很突出。德国人不精确的话不说，不精确的事情不做。据《欧洲时报》报道，德国制衣业委托一家研究所重新测量和统计有关德国人身材的数据，目的是为了获得更准确的制衣尺寸。精确主义直接给德国制造带来了精密的特性。

相比之下，中国语言中的高频词汇“差不多”，在表现中国人驾驭“不确定性”功力的同时，则也显示了一种负面的不求精确的模糊性和随意性。中国制造普遍精度不高的文化原因，就包括这个“差不多”文化。

4. 完美主义

“完美主义”，是“专注精神、标准主义、精确主义”的综合表现；而“完美至臻”则是德国制造的根本特征。

追求完美的工作行为表现是“一丝不苟、做事彻底”，也就是“认真”。这已经是德国人深入骨髓的性格特征。德语有一谚语：“犯错误，都要犯得十全十美。”德国人做什么都要彻底到位，不论是否有人监督，也不论是职业工作还是做家务，做不完美、有瑕疵就深感不安。

5. 秩序（程序）主义

“标准主义”的时间维度表现是“程序主义”，其空间表现则是“秩序主义”。德国人严守秩序。有一谚语："秩序是生命的一半。"德国人特别依赖和习惯于遵守秩序，离开了秩序就会感到焦虑和寸步难行。

这个秩序感首先体现在时间管理上。德国人不分男女老幼，人手一册《日程日历》，每天各时段的活动，乃至圣诞节做什么，一切日程提前计划，而不是临时即兴决定。

秩序主义在具体工作中则主要表现为流程主义，其空间表现，则是物品放置的条理性。无论是家庭中的杯子、碟子，还是领带、衬衣，乃至工作场所的文件、工具等物品，都摆放井然有序；否则便找不到东西。所以，加上德国人的洁癖，在德国企业无需推行5S（整理、整顿、清扫、清洁、素养），一切都在自觉之中。

今天的中国，尽管已经成为"世界工厂"和制造业大国，但距离制造业强国甚远。面对诸多挑战，吸取德国制造业的精华，加上中国人的聪明与勤劳，相信，中国品质必将成为中国响当当的名片！他山之石可以攻玉，小编整理这些内容，就是为了让大家更好地学习德国的先进之处，提升我国的制造水平。

（资料来源：德国制造业强大的真相 你所不知道的那些秘密. http://keji.xilu.com/20151215/1000010000914606_4.html[2015-12-15]）

第二节 管理创新的内容和实施过程

一、管理创新的基本内容

系统在运行中的创新要涉及许多方面。在此，我们主要以社会经济生活中大量存在的企业系统来介绍创新的内容。

（一）观念创新

管理观念又称为管理理念。它是指管理者或管理组织在一定的哲学思想支配下，由现时条件决定的经营管理的感性知识和理性知识构成的综合体。一定的管理理念必定受到一定的社会政治、经济、文化的影响，是企业战略目标的导向、价值原则，同时管理的理念又必定折射在管理的各项活动中。20 世纪 80 年代以来，经济发达国家的优秀企业家提出了许多新的管理理念，如知识增值观念、知识管理观念、全球经济一体化观念、战略管理观念持续学习观念等。在我国，企业的经营观念存在着经营不明确、理念不当、缺乏时代创新等问题，因此，应该尽快适应现代社会的需要，结合自身条件，构建自己独特的经营管理理念。

（二）目标创新

我们知道，知识经济时代的到来导致了企业经营目标的重要定位。为什么？原因很简单：一是企业经营观念的革命，要求企业经营目标的重新定位；二是企业内部结构的变化，促使企业必须重视非股东主体的利益；三是企业与社会的联系日益密切、深入，社会的网络化程度大大提高，企业正成为这个网络中重要的联结点。因此，企业经营的社会性越来越突出，从而要求企业高度重视自己的社会责任，全面修正自己的经营目标。众所周知，美国曾经最为推崇利润最大化，盈利能力曾经是评价美国企业好坏成败的唯一标准，可是就在那里，今天评价企业的标准已经发生了巨大的变化。适应知识经济时代的多元目标、相互协调的企业经营目标观念被广为接受。例如，在全世界享有盛誉的美国《财富》杂志最近评选最优秀企业时，采用了创新精神、总体管理质量、财务的合理性程度等多项指标。从这些带有导向性的指标中我们看到，企业对员工、对社会、对用户的责任等指标在整个指标体系中占了相当的分量。所以，在新的经济背景下，我国企业要生存，目标就必须调整为，“通过满足社会需要来获得利润”。

（三）技术创新

技术创新是企业创新的主要内容，企业中出现的大量创新活动是有关技术方面的。技术水平高低是反映企业经营实力的重要标志，企业要在激烈的市场竞争中处于主动地位，就必须不断进行技术创新。由于一定的技术都是通过一定的物质载体和利用这些载体的方法来实现的，所以企业的技术创新主要表现在产品创新、工艺创新、材料创新和手段创新几个方面。

1. 产品创新

对企业而言，产品是企业生存与发展的根本，一个企业的产品在市场上的受欢迎程度是企业市场竞争成败的主要原因。产品创新包括品种和结构创新。品种创新要求企业根据市场需要的变化，根据消费者偏好的转移，及时地调整企业的生产方向和生产结构，不断开发出用户欢迎的产品；结构创新在于不改变原有品种的基本性能，对现有产品结构进行改进，使其生产成本更低、性能更完善、使用更安全，更具市场竞争力。产品创新是企业技术创新的核心内容。它既受制于技术创新的其他方面，又影响其他技术创新效果的发挥；新的产品和产品的新结构，往往要求企业利用新机器设备和新工艺方法；而新机器设备、新工艺的运用又为产品的创新提高了更优越的物质条件。它可以是利用新发明、新技术开发出一种全新的产品，也可以是在原有产品的基础上部分采用新技术生产出来的适合新用途、满足新需要的换代型产品，还可以是对原有产品的性能、规格、款式、品种进行完善。产品创新是技术创新的主要内容，其他创新都围绕着产品创新来进行。

2. 工艺创新

工艺创新是指生产工艺的改革和操作方法的改进。生产工艺是企业生产产品的总体流程与方法，包括工艺过程、工艺参数和工艺配方等。操作方法是指劳动者利用生产设备在个体生产环节中对原材料、零部件或者半成品进行加工的方法。泰罗在工时研究中的工具使用是操作创新的一种方式。

3. 材料创新

材料是企业产品和生产手段的基础，也是生产工艺和加工方法作用的对象。目前企业所用的材料，一方面是由大自然提供的原材料；另一方面是经过加工的半成品材料。

材料创新一方面是指寻找和发现现有材料的新用途，生产出新的产品满足社会的需要；另一方面是指利用新技术与新知识制造新的合成材料，这种材料创新有着广泛的应用前景。例如，陶瓷材料、记忆合金的研究和应用为新产品开发提供了可能。

4. 手段创新

手段创新是指企业生产的物质条件的改造与更新。一般产品的生产都需要借助一定的生产工具，企业生产工具的水平决定着产品的质量，所以企业应当注重生产手段的创新。生产手段的创新主要包括两个方面：一是将先进的科学技术用于改进或者革新现有的设备；二是用更先进、更经济的生产手段取代现有的陈旧的、效率低下的生产手段。

技术创新的几个方面的创新既相互区别，又相互联系。例如，材料的创新会带来产品质量的提高和性能的改进，但是也会带来生产手段的创新，因为新材料一般会要求使用新的生产手段；新材料的应用也会要求工艺的创新。

（四）制度创新

制度是组织运行方式、管理规范等方面的一系列的原则规定，制度的基础含义是指要求大家共同遵守的办事规程和行为准则。其目的是为约束、规范与企业有关的组织和个人的行为。制度创新从社会经济角度来分析企业系统中各成员间的正式关系的调整和变革。企业具有完善的制度创新机制，才能保证技术创新和管理创新的有效运行。如果旧的、落后的企业制度不进行创新，就会成为严重制约企业创新和发展的桎梏。

企业制度主要包括产权制度、治理结构和规章制度三个方面的内容。

产权制度就是规范企业财产权利的制度。企业产权制度规定了对企业财产的所有权及相关权利的占有、使用及收益和处理的方式，它是企业最基本的制度。

治理结构规范了企业运作的基本形式，即企业是通过什么样的结构来运作的。企业的治理结构应当规范企业运作的基本方式、规范企业的管理人员在管理过程中应该遵循的标准和准则、规定对企业高层管理人员的监督与约束，是企业管理的根本性制度。

规章制度是企业用以约束和规范全体员工行为的。制度的制定必须被员工认可和接受。例如，海尔集团在创业伊始，制定了“管理 13 条”，这是召开全体员工大会讨论通过的。随着企业不断发展，海尔人对自己的要求越来越高、越来越多。现在的规章制度已经形成了几百页、几百条的手册。

企业制度创新就是实现企业制度的变革，通过调整和优化企业所有者、经营者和劳动者三者的关系，使各个方面的权利和利益得到充分的体现；不断调整企业的组织结构和修正、完善企业内部的各项规章制度，使企业内部各种要素合理配置，并发挥最大限度的效能。

（五）结构创新

这里的结构创新是指组织结构创新。组织结构的发展史就是组织结构的创新史，因为发展的过程就是不断创新的过程。进入 20 世纪 80 年代以来，企业组织结构创新进入了一个新的阶段，许多大型企业根据自己的实际情况开展了组织结构创新。在工业化社会的时代，市场环境相对稳定，企业为了实现规模经济效益，降低成本，纷纷以正规化、集权化为目标。但随着企业规模的不断发展，组织复杂化程度越来越高，信息社会的到来，使环境不稳定因素越来越多，竞争越来越激烈。管理者意识到传统的组织结构不适应现代环境的多变性便会实施创新。一个有效的企业应当是能随着环境的变化而不断调整自己的结构，使之适应新的环境的企业。根据这一认识，现代企业组织正不断朝着灵活性、有机性方向发展。

（六）环境创新

环境是企业经营的土壤，同时也制约着企业的经营。环境创新不是指企业为适应外界变化而调整内部结构或者活动方式，而是指通过企业积极的创新活动去改造环境，去引导环境朝着有利于企业经营的方向变化。例如，通过企业的公关活动，影响政府的政策制定，从而改善环境；通过企业的技术创新，影响行业技术发展的方向，从而改变环境。对企业而言，市场创新是环境创新的主要内容。市场创新是指通过企业的活动去引导消费、创造需求。人们一般认为新产品的开发是企业创造市场需求的主要途径。其实，市场创新的更多内容是通过企业的推销活动来进行的，即在产品的材料、结构和性能不变的前提下，或者通过市场的地理转移，或者通过揭示产品的使用价值来开发新的客户；或者通过广告宣传、降价优惠等促销活动来赋予产品一定的意义，从而影响人们的某种消费行为，诱导、强化消费者的购买动机，增加产品的销售量。

（七）文化创新

企业文化在企业管理中的重要性越来越受到企业管理者的重视，现代管理发展到文化管理阶段，已经到了管理的最高境界。然而，企业文化的发展是一个过程，不是一成不变的，它要随着时代的发展而发展，它要随着企业的发展而发展。

企业文化是指企业所特有的并为企业成员所广泛接受的价值观念，以及由这种价值观念所决定的行为准则和行为方式。现代企业都很重视企业文化建设，企业在对员工的教育中常常将企业文化的教育作为主要内容，以得到全体员工的认可，并希望落实到员工的行动中。企业文化已经成为企业竞争优势的重要支柱。

企业文化的核心是企业的价值观，所以企业价值观的确立对于企业的发展具有十分重要的意义。人是企业管理中最重要的因素，企业文化的中心是形成以人为主体的人本文化，企业文化对人的影响最终体现在员工的行为上。海尔集团在企业文化建设中取得了巨大的成就，海尔企业文化的核心是创新，创新构成了海尔的核心价值观。海尔精神是：敬业报国，追求卓越。敬业报国的核心是回报，就是用最好的产品来回报用户、回报社会、回报国家；追求卓越的核心是创新，它体现了海尔人永不满足、永远进取、永远创新的精神。在这样的企业精神指导下，海尔集团实现了质的飞跃，成为中国家电企业当之无愧的第一品牌。海尔集团以“海尔文化激活休克鱼”的卓越表现被写进哈佛大学教材，其总裁张瑞敏先生也作为中国企业家第一次登上哈佛讲台。

企业文化创新的表现形式主要有三个方面。

（1）企业经营理念创新。企业经营理念是指导和支配企业生产经营活动理念、准则的总称，是企业精神文化的主要组成部分。企业经营理念是决定企业发展全局的根本性理念，是指导企业全面发展的战略指导思想。企业经营理念创新是企业适应市场环境变化的先导，没有企业经营理念的创新就没有企业主动适应市场变化的具体行动，企业就无法在复杂的环境变化中生存。

（2）企业形象创新。企业形象是企业文化理念及企业经营政策在消费者心目中的反映，是社会对企业认识的体现。消费者的要求随着社会的变化而不断变化，所以企业形象也必须跟上时代发展的步伐。当今世界企业之间的竞争不再单靠技术竞争，而是通过产品、服务等多方面的因素综合进行，因此企业有必要通过企业形象的创新，在消费者心中不断树立新形象，以占据主动地位。

（3）企业品牌创新。企业品牌是企业文化的外在体现，也是企业文化的重要组成部分。现实中不存在与企业文化无关的企业品牌，也不存在脱离品牌的企业文化。企业品牌是企业产品的质量、用途、性能、特色等综合因素在消费者心目中的反应，它是企业文化和企业精神的精髓。所以企业一方面要设计具有自身特色的、易于为消费者识别的品牌形象；另一方面要加重品牌的文化内涵，并且随着社会的发展而不断丰富品牌的内在价值，使之历久弥新。

一般来说，人们把技术创新以外的创新都称为管理创新。这是因为产品开发出来以后，接下来的生产、销售及经营都和企业管理相关。在管理创新中，重点是制度创新、结构创新和文化创新。

案例导入

乔布斯是这样开会的

省时省钱，乔布斯有三个方法让开会的效率最大化。

一、开小会，越小越好

在关于乔布斯和苹果公司的《疯狂的简洁》（*Insanly Simple*）一书中，曾和乔布斯合作多年的肯·西格尔详细地描写了与乔布斯共事时的情境。其中一个故事就讲了乔布斯和广告公司开会的事儿。

在和广告公司的例行会议上，乔布斯突然发现了通常不会出现在那个会上的一位名叫 Lorrie 的女职员，乔布斯指着 Lorrie 问道："请问您是哪位？"

那位名叫 Lorrie 的职员解释说因为这个案子和她所在的市场部项目之间有关联，所以她也被叫来开会。听完这些，乔布斯礼貌地请 Lorrie 小姐离开了。"我不觉得你有必要参加这个会议，Lorrie 小姐，谢谢。"乔布斯说。

听起来很是无情对不对？但"非直接负责人不参会"和"不去参加没必要的会议"是乔布斯开会的第一法则。乔布斯就连对自己也是这么要求的——比如，他就曾拒绝美国总统奥巴马为科技界大佬举办的小型聚餐，让世人一时惊诧。

《乔布斯传》里也曾提到，乔布斯每年都要带着他最有价值的员工进行一次"百杰"外出集思会议，决定公司每年最重要的事情。

首先，乔布斯要挑选他认为最优秀的100名员工。怎样挑选？就问：假如你只能带上100人跳上求生船去创办下一家公司，你会带上谁？

然后，当关于当前重要工作的讨论结束后，乔布斯会站在白板前问："我们下一步应该做的十件事情是什么？"

大伙会相互争论，希望自己的建议能被采纳。乔布斯会把这些建议写下来，然后再删掉那些他认为愚蠢的。几轮辩论之后，他们会最终确定前十大"最应该做的事"。

乔布斯会把最后七件全部划掉，然后宣布：我们只做三件。

总结来说就是：挑选最优秀的人参加会议；让最优秀的人集思广益，讨论出足够多（至少十个）高质量备选方案；从十个备选方案中精选出最重要的三个去执行。

事实上，这一决策流程，或者说会议方式并不只适用于决定公司未来最重要的几件事情。在苹果公司，进行产品和工业设计走的也是同样的流程。据了解，苹果产品的设计有一个非常重要的流程，即十到三到一。

详细说来就是，对于任何一项新的设计，苹果的设计师们首先要拿出十种完全不同的模拟方案，这不仅是为了让其中七个显示出剩下三个看起来还不错，要求设计师拿出十个方案，是为了让设计师们有足够的空间和压力去思考，放开了所有的限制去思考，这样往往能带来更好的主意。

然后，他们才会从十个不错的方案中挑选出三个最好的，再花几个月的时间仔细研究这三个方案，最终才得出一个最好的设计方案。

二、直接负责人制度

2011年，*Forbes*杂志曾经发表了一篇关于苹果公司企业文化的文章，记者亚当·拉辛斯基详细地讲解了乔布斯打造苹果公司背后的那些事。

在乔布斯的头脑里有一个严格的"责任制"——这意味着每个人在自己的名字下面都有详细的责任安排，公司的任何事情都需要责任到人。

拉辛斯基这样写道："苹果内部将负责人叫做'DRI'（direct responsible individual），也就是'直接负责人'。通常，项目开会的时候，只会召集每个相关事务的直接负责人，同时人们也可以知道某个环节出现问题的时候应该找谁。

苹果内部的每个高效会议都有一个"行动表"，每个行动事项后面都会有一个这样的DRI。所以，在苹果，每个员工需要学会的技能是——寻找正确的DRI。

当Gloria Lin从苹果公司IPod项目辞职去Flipboard做产品的时候，她就将这个DRI责任制带到了新公司，当然也带走了不少DRI们。

而这个方法收效颇为显著，帮当时还在起步阶段的Flipboard迅速确立了制度化的管理。"在一个超快速成长的公司，很多事情摊在桌子上无人打理不是因为大家不负责任，而是因为大家真的太忙了。"

Gloria Lin在Quora（美国职业版知乎）写道。"当你觉得这个产品是你的孩子一样的时候，你当然是在乎它的好坏的。"

三、开会"不插电"

沃尔特·艾萨克松，乔布斯自传的作者曾说："乔布斯讨厌正式的演讲，他更喜欢

随性的面对面聊事情。”

每周三下午，乔布斯都会跟市场部还有广告部开个计划外的会。在计划外的会议上，乔布斯不喜欢部门用PPT，相反，他喜欢在周三下午的这个会上和员工一起没边儿地头脑风暴、充分地辩论，“不插电”地想所有事情。

乔布斯本人长期修禅，因此禅宗的极简主义主张深刻影响着他工作和生活的方方面面，从产品设计到会议演示。

你看他在产品发布会中用的PPT，其风格都是极为简约的，很多时候就是一句话或一张图片，甚至他还故意留出一些空白PPT，让自己可以即兴发挥，与听众互动。

乔布斯曾经对艾萨克松说：“我很不喜欢人们用那些幻灯片讲事情，他们宁愿用一个PPT去解释问题，也不愿意直接用嘴阐述他们的想法。

我需要交流，碰撞，在会议桌上直接把问题抛出来，而不是给我一堆PPT。

如果你确实想清楚了要讲什么，有没有PPT应该是无关紧要的；如果你在陈述中离不开PPT，说明你还想得不够清楚。”

（资料来源：乔布斯是这样开会的. http://www.sino-manager.com/3869.html[2015-12-24]）

二、管理创新的主体

创新不仅是管理者的工作，管理者应该对自己的工作进行创新，以提高组织工作的整体效率，但更重要的工作是要充分调动全体员工参与创新的工作热情，为组织内部的创新活动提供条件。

（一）全体员工是创新活动的源泉

管理创新活动的源泉在于全体员工的积极性、智慧和创造力的发挥，因此，管理者要创造出鼓励创新的氛围，依靠全体员工开展管理创新活动。这样才能不断涌现新的创意，管理创新活动的推行才更容易得到支持。当然，作为个人的员工很难成为管理创新的主体，因为其操作性质属于操作层，且受到上司多方面的控制，虽有创意也很难在工作中进行实践。但作为群体的员工却往往能成为管理创新的主体，这是因为群体中可以包容大量的创意，当这些创意得到企业家认可并付诸实施时，这些员工们就成了真正的管理创新主体，他们在每天的工作过程中就可以进行亲身实践。比如，日本企业通过成立各种小组，全员性的参与管理创新，如合理化建议制定、零缺点运动、质量管理小组、创意发明委员会等。它创造出的许多广为流传的管理创新成果，像著名的全面质量管理、即时生成体制等，为企业创造了大量的财富。

（二）管理者是管理创新的中坚力量

许多管理者是在专业分工的条件下对自己职责范围内的事务、人员、资源进行管理的。这些管理领域如人事、财务、生产、营销等都存在着大量的创新空间，因此，这些管理者如果提出创意并加以有效实施的话，就能成为管理创新的主体。当然，这一阶层的管理者受到上级和自身权限的约束，其创意往往需要得到上级的认可才能转变为创新活动。如果在企业家的鼓励下，一个企业中许多管理人员都在进行管理创新的探索，那么这种企业必定是充满活力的。例如，在福特"让工薪阶层都有一部福特车"的创新思维指导下，生产部门的管理人员会同技术人员经过艰苦努力，不断修改创意，设计实施方案，最后终于提出了"生产流水线"这一生产流程方面的重大创新，极大地扩张了生产规模，降低了产品成本，成为工业革命以来足以同其他重大科技发明创造相提并论的一项管理创新。

（三）管理专家和研究机构是管理创新的辅助力量

在复杂、多变和激烈的竞争环境中求生存，单凭企业家和几个管理人员知识、智慧、经验是不够的，还需要借助一些专门的管理专家、参谋机构的理论和智慧，依靠他们来分析收集信息，制订创新方案，并帮助企业家付诸实施。这种利用"外脑"的方式对管理创新是非常重要的。据资料表明，国外一些企业的重大创新成果很多是由专家组成的"智囊团"和研究机构搞出来的。因此，管理创新也要充分发挥这部分力量的作用。

（四）创新型企业家是管理创新的关键

由于企业家在整个企业发展中所处的特殊地位和管理支配力，他们或亲自提出创意并付诸实施，或对管理创新活动产生重大影响。因此，企业家是管理创新成败的关键人物。企业要想不断创新，首先必须有锐意进取的创新型企业家。

企业家应始终寻求变化，对变化做出及时反应，并把变化作为创新机会予以利用。企业家的创新精神要求他们必须具备一定的心智特征和能力结构。

1. 创新型企业家的心智特征

心智特征是指由于过去的经历、素养、价值观等形成的基本固定的思维方式和行为习惯。作为管理创新主体的企业家应具备下面一些心智特征。

（1）善于学习，具有广博的知识。这是产生对某一问题有超越常人看法或认识的基础。因为新的知识和信息是对过去知识体系的一种冲击和发展，可以使人们从过去无法解决的问题中得到新的启迪，也是保证管理创新的主体具备较高的思维起点的关键。

（2）善于思考，具有系统的思维方式。这是一种发散式的思维，同平常人的线性思维方式不同。创新型企业家通常采取一种系统性全方位思维方式，即从具体到综合、从局部到全局、从现象到原因的思考方式，对问题的相关方面都考虑到。许多管理上的创意都是这样产生的。

（3）勇于进取的价值取向。只有具备强烈的事业心、高度的责任感、永不满足的价值观，他们才能对创新的追求永无止境，不断攀登管理的高峰。

（4）健全的心理素质。这是确保企业家创新活动成果的重要心理特征。它包括自知与自信、理智的情绪、坚强的意志、雄伟的胆略、宽容的心态、对挫折的忍耐、敢于冒险等多项素质。

（5）优秀的品质。使命感、信赖感、责任感、诚实、公平、勇气、热情等，都是创新型企业家应具备的优良品质。

2. 创新型企业家的能力结构

作为管理创新主体的企业家必须具备一定的能力才可能完成管理创新的过程。这些能力可以分为三个层次：核心能力、必要能力和增效能力。核心能力突出地表现为创新能力；必要能力包括转化、管理和应变能力；增效能力则表现为组织协调能力。

（1）创新能力。创新能力表现在企业家善于敏锐地观察事物的缺陷，准确地捕捉新生事物的萌芽，提出大胆新颖的推测和创意，继而进行周密的论证，拿出可行方案并付诸实施。它基于个人的创新意识，是管理创新主体最重要的能力，不具备这种能力的管理创新就无从谈起。

（2）转化能力。转化能力是指管理创新主体将创意转化为可操作的具体方案的能力。转化能力表现为企业家要善于在转化过程中运用综合、移植、改造、重组、创新等技法，来保证好的创意能够转化为可实施的方案。

（3）管理和应变能力。管理创新本身就是应变的事物，应变是主观思维的一种"快速反应能力"，是创新能力的基础。应变能力表现为能审时度势，能在复杂的变化中辨明方向，产生应对的创意和策略。

（4）组织协调能力。管理创新需要投入相当多的资源，需要一定的周期，而且可能面临来自各方面的阻力。只有管理创新主体具备较强的组织协调能力，才能够有效地安排所投入的资源，在改变原来的管理模式、推行新的管理程式时，使企业依然有效运转；才能使创新行为得到各方的合作与支持，从而提高管理创新成功的可能性。

日本著名企业家稻盛和夫认为：管理者只要做好"六项精进"，就能搞好企业，并拥有美好人生。这"六项精进"是：①付出不亚于任何人的努力；②要谦虚，不要骄傲；③要每天反省；④活着，就要感谢；⑤积善行，思利他；⑥忘却感性的烦恼。每一条都散发着创新的味道，不信可以试一试，没有创新，能够做到哪一条，并且坚持下去？稻盛和夫 27 岁开始创办"京瓷"公司，当时他连经营的经都不认识，但心里只有一个想法，不能让公司倒闭，不能让支持他、出钱帮忙办公司的人遭殃。为此，他拼命工作，常常从清晨工作到凌晨，不断改进产品、服务和经营思路，才能有今天"京瓷"的辉煌。

三、管理创新的动因

创新随着人们的实践活动的开展而越来越受到重视，在管理活动中，常常需要进行创新性的思考和实践。任何社会系统都是一个由众多要素构成的，与外部不断发生物质、信息、能量交换的动态、开放的非平衡系统。而系统外部环境是在不断地发生变化的，这些变化必然会对系统的活动内容、活动形式和活动要素产生不同程度的影响；同时，系统内部的各种要素也是在不断发生变化的。系统内部某个或某些要素在特定时期的变化必然要求或引起系统内其他要素的连锁反应，从而对系统原有的目标、活动要素间的相互关系等产生一定的影响。因此，管理创新的驱动力来自内部动因及外部动因的驱使，内部动因和外部动因共同发挥作用。

（一）管理创新的外部动因

对某个具体的组织来说，管理创新的外部动因有以下四个方面。

1. 社会文化环境的变迁

人们的价值观念、兴趣、行为方式、社会群体，随着时间的延续，都在变化之中，这要求社会组织的行为必须随之作相应调整，以适应这些变化。如果墨守成规、故步自封，就会落伍，甚至被淘汰。

2. 经济的发展变化

经济的发展最直接地影响着人们的生活方式、消费选择，呼唤着消费者对各种新产品、新服务、新时尚、新款式、新功能的追求。这极大地促使人们发挥创新的才智，发展生产力以满足上述丰富多彩的企盼。因此，也就需要不断进行管理创新，来推动生产力的发展。

3. 自然条件约束

人们越来越重视自然条件的挑战，自然资源日益短缺，运营成本日趋提高，环境污染日益严重，政府对自然资源的干预、对生态环境的治理不断加强，这些对企业都形成巨大压力，迫使企业进行管理创新，以适应严峻的形势。

4. 科学技术的发展

一方面，科学技术的进步为人类开辟了更广阔的新天地。作为管理主体，管理者有责任通过不断创新，来引导和加快科学技术的进步。另一方面，科技的进步对管理主体形成强有力的挑战：大部分产品的生产周期有明显缩短的趋势；技术与信息贸易的比重加大；劳动力密集型产业面临更大的压力，我国劳动力费用低廉的优势将逐步减弱；流通方式向更加现代化的方向演进；互联网对经济和管理方式的冲击。这些对社会组织的领导结构和人员素质提出了更高的要求。

（二）管理创新的内部动因

管理创新的内部动因包括以下三个方面。

1. 人的心理活动需求

创新心理需求是由创新主体对成就、自我价值、社会责任、企业的责任等的追求而产生的，而这些本身也是创新行为的动因。由生理需要、安全需要、社会交往需要、尊重的需要、自我价值实现的需要分别产生的具体欲望都是无穷无尽的，这成为人们不断追求创新的不竭动力。

2. 实现自我价值的愿望

创新主体对成就的追求、对自我价值实现的向往、对社会责任的道义渴望，更强化了他们创新的冲动，成为他们追求创新的动力。创新一旦成功可以提升创新主体自身的价值，创新主体也可以从中获得成就感，得到一种自我满足。自我价值的实现伴生的是对社会、对组织强烈的责任感，这会在创新主体的思想上产生强大的激励力量，促使其付出不懈的努力去从事创新活动。

3. 经济因素

创新主体对收入报酬的追求和需要往往也是创新行为的动因之一，不然就不必有专利保护、专利转让费的获取。

案例导入

为跨越“七年之痒” 今年天猫“双 11”有何创新?

2015 年是阿里巴巴的“双 11”的第七个年头。

距离 2015 年的“双 11”还有将近一个月，阿里已经动作频频、摩拳擦掌。前瞻网带你来看这次网购，天猫又有什么新搞作?

一、2015 年“双 11”总部移师北京 主打全球化

在 10 月 13 日天猫“双 11”启动仪式现场阿里巴巴集团 CEO 张勇史无前例地用英文宣布，2015 年的“双 11”的指挥部将移师北京。他表示：“今年的‘双 11’会正式迈向全球化，向着我们服务 20 亿全球消费者的目标迈进。北京是中国的首都，具有国际影响力，‘双 11’的全球化和阿里巴巴的全球化，必须从北京开始。”

与往年大肆宣传“五折”“最低价”，大打低价牌不同，2015 年的“双 11”将主打全球化战略。张勇强调“双 11”全称是“天猫双 11 全球狂欢节”，与以往相比，多了“全球”二字。

欧美上百家顶级零售商已与阿里巴巴集团达成独家战略合作，在“双 11”前夕大规模集结入驻天猫国际。届时在“双 11”中将可以买到美国梅西百货、英国 House of Fraser、日本松本清等领衔欧美最老牌零售商的产品。

除此之外，2015 年“双 11”“全球买”打出了“全球最低价”“全球包邮包税”的口号，由来自美国、欧洲、日本、韩国等 25 个国家和地区的 5000 多个海外大牌领衔。

二、首次接入蚂蚁花呗支付 发 5000 万元红包

为缓解 2015 年“双 11”支付压力问题，蚂蚁金服将联合天猫投入 5000 万元红包，鼓励用户使用蚂蚁花呗，最大封的红包更是达到 1111 元。消费者在 10 月 15 日至 11 月 10 日，通过手机淘宝和支付宝钱包进入蚂蚁花呗抢红包页面，红包可在 11 月 11 日当天当现金抵扣使用。

蚂蚁花呗避开了银行间的交易链路，在“双 11”的交易洪流中，可最大限度地保障用户支付流畅性。在稳定性和支付成功率方面，蚂蚁花呗跟余额宝相当，均达到 99%以上。

三、联合芒果台、冯小刚 打造“双 11 春晚”

值得注意的是，阿里巴巴宣布 2015 年“双 11”将联手芒果台打造属于消费者的“双 11 春晚”。知名导演冯小刚将会坐镇晚会总导演，世锦赛 100 米自由泳冠军宁泽涛也会到场，奉献出他的电视首秀。

晚会全程 4 小时，全球同步直播，将会从 11 月 10 日 20：30 开始，并会在倒计时中迎接 2015 年“双 11”零点的到来。

为打造全球化的“双 11”，该次晚会的相关负责人表示“在邀请明星方面会考虑更

具国际化因素，力争把“双 11”晚会办成全球消费者喜闻乐见的文化盛典。”

从目前来看，这场“双 11 春晚”是一场融入综艺内容、明星游戏、移动购物等元素的娱乐盛宴，通过多场景互动，实现消费者一边看节目一边购物。

（资料来源：为跨越“七年之痒”今年天猫“双 11”有何创新？http://www.qianzhan.com/analyst/detail/463/151015-b4bf733a.html[2015-10-15]）

四、管理创新的过程

一般而言，管理创新过程主要包含这样几个阶段；一是分析企业管理创新的需求；二是确定企业管理创新的目标和任务；三是设计新的管理模式；四是实施新的管理模式；五是评估新的管理模式的实施效果。需要强调的是，由于管理创新是一项非常复杂的任务，往往很难一次就能完成任务和实现预定的目标，需要进行多次的反馈和优化调整，不断修改完善管理创新的目标、模式和实施，直到满足管理创新的需求为止。

（一）分析企业管理创新的需求

任何企业的任何管理创新，都不会是无缘无故产生的，都有一定的原因。理清企业管理创新的动因，确定企业管理创新的需求，是推进企业管理创新的基础和前提。一般而言，企业管理创新需求的产生，可能来自三个方面：一是企业面临的发展环境，如市场环境、法律和政策环境等发生了显著的变化，迫使企业进行技术创新；二是企业的发展战略需要进行调整，引发企业的管理创新；三是企业现有的管理模式不能满足要求，带动企业的管理创新。

（二）确定企业管理创新的目标和任务

一般情况下，企业管理创新的需求是非常旺盛和多样的，在一定的时期内，并不是企业的任何一项管理创新需求都能得到满足，企业的管理创新需要循序渐进和稳步推进。为此，企业需要综合考虑多方面的因素确定未来一段时间管理创新的目标和任务。

企业确定未来一段时间内管理创新的目标和任务，首先需要充分考虑企业管理创新的动因和需求，明确各项管理创新需求的轻重缓急，从需求出发确定管理创新的重点。

其次，由于管理创新具有很强的路径依赖性，必须充分考虑企业管理的现状及管理创 新的条件、已积累的经验和承受能力。管理创新上的故步自封可能会延误企业的发展，管理创新的操之过急也可能直接葬送企业的良好发展前景。

最后，企业确定管理创新的目标和任务时，还要考虑能够运用的科学管理理论、方法和技术，如果管理创新完成没有先进的理论、方法和技术的支撑，其创新的目标很可能很难实现，管理创新的任务可能很难完成。企业确定管理创新的目标和任务，一方面需要明确其管理创新的对象和主要内容，另一方面需要确定管理创新过程中需要创新性地运用哪些方法和技术。

（三）设计新的管理模式

明确了企业管理创新的目标和任务后，需要设计企业新的管理模式。所谓设计企业新的管理流程，就是根据管理创新的目标和任务，研究新的管理职责分工、岗位设置和管理流程，构建与新的管理流程相对应的管理组织结构，设计相应的运行机制，确保管理目标的实现和管理任务的完成。

针对不同的管理创新任务，新的管理模式的设计理念，可以采用不同的思路和做法。一般而言，新的管理模式的设计思路主要有两种；一种是系统化的改造法，即在辨析理解现有的管理模式的基础上，根据管理目标和管理任务，通过在现有管理模式基础上的系统化改进形成新的管理模式；另一种是全新的设计法，从根本上重新考虑实现管理目标和完成管理任务对管理模式的要求，零起点设计新的管理模式。

（四）实施新的管理模式

设计产生新的管理模式后，接着就是要把新的管理模式加以实施。具体而言，就是要进行相应人员的调配，围绕新的岗位职责、管理流程和新的组织管理架构，保障职能的履行和管理任务的完成。由于实施新的管理模式和推进管理创新，往往会直接影响一部分人的权力和责任，或是一部分人员的切身利益，会直接给新的管理模式的实施和管理创新带来阻力。这样，即使企业设计出了很好的新的管理模式，如果不精心和有效组织新的管理模式的实施，也可能会使新的管理模式不能得到有效实施，或者使新的管理模式在实施中变样，不能产生预期的效果。

为保障新的管理模式的有效实施，在推动新的管理模式实施之前，一定要对管理创新的重大意义进行广泛的宣传，对实施新的管理模式的必要性和紧迫性进行深入的分析和说明，尽可能争取新的管理模式实施的各利益相关方的大力支持。同时，对新的管理模式实施可能受到负面影响的相关人员，必须注意做出合理的安排和进行必要的利益补偿，尽可能减少新的管理模式的实施面临的阻力。

（五）评估新的管理模式的实施效果

企业新的管理模式实施后，还需要对其实施效果及时进行评价，分析新的模式的实施实现管理创新目标和完成管理创新任务的程度，特别重要的是要评估新的管理模式的实施对企业的工作效率、经济效益和核心竞争力产生的影响。在此基础上，根据评估结果，调整和优化管理创新的目标、新的管理模式及其实施方式，不断提升新的管理模式的运用成效，更好地发挥新的管理模式的作用，最终形成适应企业实际特点、比较好地满足企业管理创新需求的新的管理模式。

第三节　管理创新方法

一、鱼骨图

鱼骨图（cause & effect/fishbone diagram）是由日本管理大师石川馨先生所发展出来的，故又名石川图。鱼骨图是一种发现问题“根本原因”的方法，它也可以称之为“因果图”。鱼骨图原本用于质量管理。

（一）鱼骨图定义

问题的特性总是受到一些因素的影响，我们通过头脑风暴找出这些因素，并将它们与特性值一起，按相互关联性整理而成的层次分明、条理清楚，并标出重要因素的图形就叫特性要因图。因其形状如鱼骨，所以又叫鱼骨图，它是一种透过现象看本质的分析方法（图 10.1）。同时，鱼骨图也用在生产中，来形象地表示生产车间的流程。

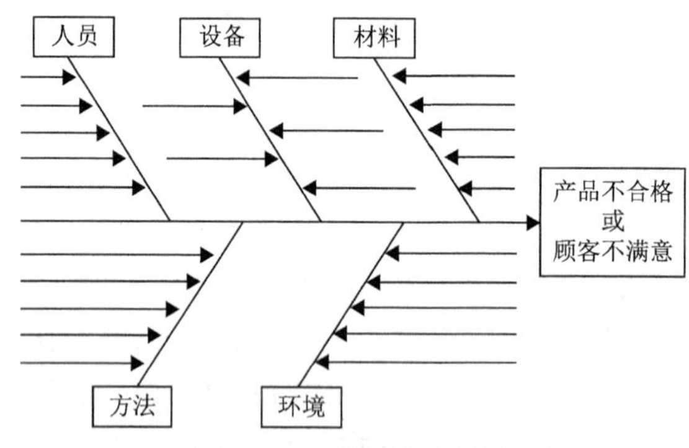

图 10.1　鱼骨图基本结构

头脑风暴法是一种通过集思广益、发挥团体智慧，从各种不同角度找出问题所有原因或构成要素的会议方法。头脑风暴法有四大原则：严禁批评、自由奔放、多多益善、搭便车。

（二）鱼骨图的三种类型

（1）整理问题型鱼骨图（各要素与特性值间不存在原因关系，而是结构构成关系，对问题进行结构化整理）。

（2）原因型鱼骨图（鱼头在右，特性值通常以“为什么……”来写）。

（3）对策型鱼骨图（鱼头在左，特性值通常以“如何提高/改善……”来写）。

（三）鱼骨图制作

制作鱼骨图分两个步骤：分析问题原因/结构、绘制鱼骨图。

1. 分析问题原因/结构

（1）针对问题点，选择层别方法（如人机料法环测量等）。

（2）按头脑风暴分别对各层别、类别找出所有可能原因（因素）。

（3）将找出的各要素进行归类、整理，明确其从属关系。

（4）分析选取重要因素。

（5）检查各要素的描述方法，确保语法简明、意思明确。

分析要点如下。

（1）确定大要因（大骨）时，现场作业一般从“人机料法环”着手，管理类问题一般从“人事时地物”层别，应视具体情况决定。

（2）大要因必须用中性词描述（不说明好坏），中、小要因必须使用价值判断（如……不良）。

（3）脑力激荡时，应尽可能多而全地找出所有可能原因，而不仅限于自己能完全掌控或正在执行的内容。对人的原因，宜从行动而非思想态度面着手分析。

（4）中要因跟特性值、小要因跟中要因间有直接的原因-问题关系，小要因应分析至可以直接下对策。

（5）如果某种原因可同时归属于两种或两种以上因素，请以关联性最强者为准（必要时考虑三现主义，即现时到现场看现物，通过相对条件的比较，找出相关性最强的要因归类）。

（6）选取重要原因时，不要超过 7 项，且应标识在最末端原因。

2. 绘图鱼骨图

（1）填写鱼头（按为什么不好的方式描述），画出主骨。

（2）画出大骨，填写大要因。

（3）画出中骨、小骨，填写中小要因。

（4）用特殊符号标识重要因素。

要点：绘图时，应保证大骨与主骨成 60°夹角，中骨与主骨平行。

（四）鱼骨图使用步骤

（1）查找要解决的问题。

（2）把问题写在鱼骨的头上。

（3）召集同事共同讨论问题出现的可能原因，尽可能多地找出问题。

（4）把相同的问题分组，在鱼骨上标出。

（5）根据不同问题征求大家的意见，总结出正确的原因。

（6）拿出任何一个问题，研究为什么会产生这样的问题。

（7）针对问题的答案再问为什么，这样至少深入五个层次（连续问五个问题）。

（8）当深入到第五个层次后，认为无法继续进行时，列出这些问题的原因，而后列出至少 20 个解决方法。

二、ABC 分类法

ABC 分类法（activity based classification）又称帕累托分析法或巴雷托分析法、柏拉图分析、主次因素分析法 、ABC 分析法、ABC 法则、分类管理法、重点管理法、ABC 管理法、ABC 管理、巴雷特分析法，它是根据事物在技术或经济方面的主要特征，进行分类排队，分清重点和一般，从而有区别地确定管理方式的一种分析方法。由于它把被分析的对象分成 A、B、C 三类，所以又称为 ABC 分析法。

ABC 分类法是由意大利帕累托首创的。1879 年，帕累托在研究个人收入的分布状态时，发现少数人的收入占全部人收入的大部分，而多数人的收入却只占一小部分，他将这一关系用图表示出来，这就是著名的帕累托图。该分析方法的核心思想是在决定一个事物的众多因素中分清主次，识别出少数的但对事物起决定作用的关键因素和多数的但对事物影响较少的次要因素。后来，ABC 分类法被不断应用于管理的各个方面。

（一）ABC 分类法应用说明

ABC 分类法是根据事物在技术、经济方面的主要特征，进行分类排列，从而实现区别对待、区别管理的一种方法。ABC 分类法是帕累托 80／20 法则衍生出来的一种法则。所不同的是，80／20 法则强调的是抓住关键，ABC 分类法强调的是分清主次，并将管理对象划分为 A、B、C 三类。

1951 年，管理学家戴克首先将 ABC 分类法用于库存管理。1951～1956 年，朱兰将 ABC 分类法运用于质量管理，并创造性地形成了另一种管理方法——排列图法。1963 年，德鲁克将这一方法推广到更为广泛的领域。

1. ABC 分类法与效率

面对纷繁杂乱的处理对象，如果分不清主次，鸡毛蒜皮一把抓，可想而知，其效率和效益是不可能高起来的。而分清主次，抓住主要的对象，却一定可以事半功倍。比如，在库存管理中，这一分类法的运用就可以使工作效率和效益大大提高。

在一个大型公司中，库存存货的种类通常会很多，动则就可能是十几万种甚至几十万种。鸡毛蒜皮一把抓的管理把管理者累得直不起腰，其收效却甚微，而且可能出现混乱，进而造成重大损失。

第一，盘点清查非常困难，而且难以确保准确性。对于非重要的材料，如低值易耗品，可能影响还不大，但对于重要材料，如产品关键部件，如果计数错误，却可能导致缺料，生产自然也就不可避免地受到影响，进而不能满足市场需求，丧失市场机会，失去客户。

第二，存量控制困难。重要材料的存量应该作为重点监控，确保不断料又不积压，非重要材料由于其重要性不高和资金占用量小，则可以按一定的估计量备货。如果实行一把抓式的管理，就可能将目光集中在大量非重要材料上，而疏忽了对重要材料的控制。

有一句俗话，是“捡了芝麻，丢了西瓜”，说的就是不会应用 ABC 分类法的人。在处理日常事务上，ABC 分类法的效率和高回报也是显著的。面对众多的问题，如果进行 ABC 分类，然后处理主要问题，次要的和不重要的问题常常也会迎刃而解。

2. 如何进行 ABC 分类

我们面临的处理对象，可以分为两类：一类是可以量化的；一类是不能量化的。

对于不能量化的，我们通常只有凭经验判断。对于能够量化的，分类就要容易得多，而且更为科学。现在我们以库存管理为例来说明如何进行分类。

第一步，计算每一种材料的金额。

第二步，按照金额由大到小排序并列成表格。

第三步，计算每一种材料金额占库存总金额的比率。

第四步，计算累计比率。

第五步，分类。累计比率在 0～60%的，为最重要的 A 类材料；累计比率在 60%～85%的，为次重要的 B 类材料；累计比率在 85%～100%的，为不重要的 C 类材料。

通常情况下，我们使用 ABC 分析表来进行上述步骤。从表 10.1 可以看出，A、B、C、D、E 为 A 类，F、G、H、I、J、K、L、M、N、O 为 B 类，P、Q、R 为 C 类。

表 10.1 库存 ABC 分析表 单位：%

材料名称	料号	年使用量	单价	使用金额	占总金额比率	累计比率	分类
A					25	25	A 类
B					16	41	
C					8	49	
D					6	55	
E					5	60	
F					2	62	B 类
G					1.8	63.8	
H					1.5		
I					1.4		
J					1.3		
K							
L							
M							
N							
O						85	
P							C 类
Q							
R						100	
合计					100		

对于不同的对象，分类时采用的指标是不一样的。库存管理，采用的是存货价值指标。对于客户管理，可以采用客户进货额或者毛利贡献额为指标。对于投资管理，可以采用投资回报额作为指标。

应用时机：该工具经常被用于库存管理，实际上，它和 80/20 法则一样，是一个无处不在的管理工具，企业各项事务都可能用到它。

（二）ABC 分类法的基本程序

1. 开展分析

这是“区别主次”的过程，它包括以下步骤。

（1）收集数据。即确定构成某一管理问题的因素，收集相应的特征数据。以库存控制涉及的各种物资为例，如拟对库存物品的销售额进行分析，则应收集年销售量、物品单价等数据。

（2）计算整理。即对收集的数据进行加工，并按要求进行计算，包括计算特征数值、特征数值占总计特征数值的百分数、累计百分数，因素数目及其占总因素数目的百分数、累计百分数。

（3）根据一定分类标准，进行 ABC 分类，列出 ABC 分析表。各类因素的划分标准，并无严格规定。习惯上常把主要特征值的累计百分数达 70%～80%的若干因素称为 A 类，累计百分数在 10%～20%区间的若干因素称为 B 类，累计百分数在 10%左右的若干因素称 C 类。

（4）绘制 ABC 分析图。以累计因素百分数为横坐标，累计主要特征值百分数为纵坐标，按 ABC 分析表所列示的对应关系，在坐标图上取点，并联结各点成曲线，即绘制成 ABC 分析图。除利用直角坐标绘制曲线图外，也可绘制成直方图。

2. 实施对策

这是“分类管理”的过程。根据 ABC 分类结果，权衡管理力量和经济效果，制定 ABC 分类管理标准表，对三类对象进行有区别的管理。

三、战略地位与行动评价矩阵

战略地位与行动评价矩阵（strategic position and action evaluation matrix，SPACE）主要是分析企业外部环境及企业应该采用的战略组合。

SPACE 矩阵有四个象限分别表示企业采取的进取、保守、防御和竞争四种战略模式（图 10.2）。这个矩阵的两个数轴分别代表了企业的两个内部因素——财务优势（FS）和竞争优势（CA）；两个外部因素——环境稳定性（ES）和产业优势（IS）。这四个因素对于企业的总体战略地位是最为重要的。

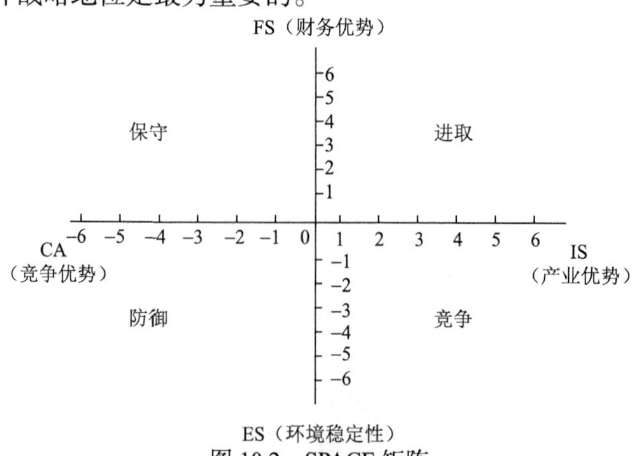

图 10.2　SPACE 矩阵

建立 SPACE 矩阵的步骤：①选择构成 FS、CA、ES 和 IS 的一组变量。②对构成 FS 和 IS 的各变量给予从+1（最差）到+6（最好）的评分值。而对构成 ES 和 CA 的各变量从–1（最好）到–6（最差）的评分值。③将各数轴所有变量的评分值相加，再分别除以各数轴变量总数，从而得出 FS、CA、IS 和 ES 各自的平均分数。④将 FS、CA、IS 和 ES 各自的平均分数标在各自的数轴上。⑤将 *X* 轴的两个分数相加，将结果标在 *X* 轴上；将 *Y* 轴的两个分数相加，将结果标在 *Y* 轴上；标出 *X*、*Y* 数轴的交叉点。⑥自 SPACE 矩阵原点到 *X*、*Y* 数值的交叉点画一条向量，这一条向量就表示企业可以采取的战略类型：进取、竞争、防御或保守。

SPACE 矩阵要按照被研究企业的情况而制定，并要依据尽可能多的事实信息。根据企业类型的不同，SPACE 矩阵的轴线可以代表多种不同的变量，如投资收益、财务杠杆比率、偿债能力、流动现金、流动资金等（表 10.2）。

表 10.2　SPACE 矩阵的轴线代表的多种不同变量

内部战略处理	外部战略处理
财务优势（FS）	环境稳定性（ES）
——投资收益	——技术变化
——杠杆比率	——通货膨胀
——偿债能力	——需求变化性
——流动资金	——竞争产品的价格范围
——退出市场的方便性	——市场进入壁垒
——业务风险	——竞争压力
	——价格需求弹性
竞争优势（CA）	产业优势（IS）
——市场份额	——增长潜力
——产品质量	——盈利能力
——产品生命周期	——财务稳定性
——客户忠诚度	——专有技术知识
——竞争能力利用率	——资源利用
——专有技术知识	——资本密集性
——对供应商和经销商的控制	——进入市场的便利性
	——生产效率和生产能力利用率

向量出现在 SPACE 矩阵的进取象限时，说明该企业正处于一种绝佳的地位，即可以利用自己的内部优势和外部机会选择自己的战略模式，如市场渗透、市场开发、产品开发、后向一体化、前向一体化、横向一体化、混合式多元化经营等。

向量出现在保守象限意味着企业应该固守基本竞争优势而不要过分冒险，保守型战略包括市场渗透、市场开发、产品开发和集中多元化经营等。

当向量出现在防御象限时，意味着企业应该集中精力克服内部弱点并回避外部威胁，防御型战略包括紧缩、剥离、结业清算和集中多元化经营等。

当向量出现在竞争象限时，表明企业应该采取竞争性战略，包括后向一体化战略、前向一体化战略、市场渗透战略、市场开发战略、产品开发战略及组建合资企业等。

四、变革五因素

变革五因素工具是战略学家安德鲁·M.佩蒂格鲁和费普提出来的，发现成功的战略变革需要五个相互联系的因素，如图 10.3 所示。

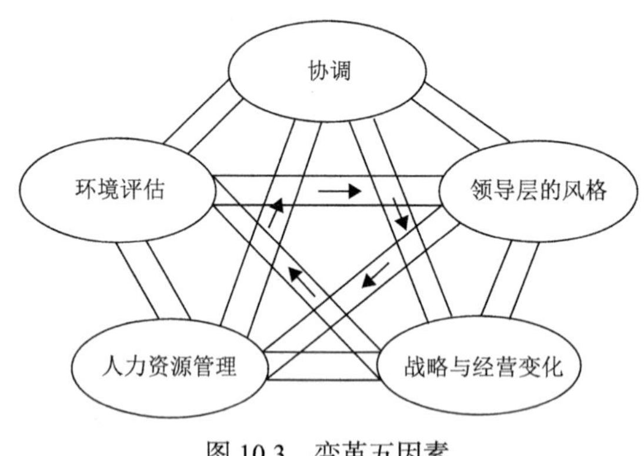

图 10.3　变革五因素

（一）因素一：环境评估

这一因素不是一个具有独立功能的因素，因为企业所有环节和经营活动都应不断地评估环境。战略的创造性通常产生于内外环境的评估过程中。

（二）因素二：领导层的风格

领导风格只有与企业特定的环境联系起来才可以进行评价，没有一般意义上的好领导和坏领导，最好的领导也要受公司实际情况的制约。他们在推动企业以适当的步伐向前发展时，通常是最有效的，大胆的、激进的推动可能反而不利于发展。

（三）因素三：战略与经营变化

从一些特定战略的意义上来说，战略与经营的变化可能是常规性的，也可能是自发性的，它允许战略随时间的推进而发展。

（四）因素四：人力资源管理

人力资源可以说是企业最重要的资源或资本，这些资源包括知识、技能、忠诚度等。应该认识到的是，一些人比另一些人更适合于领导管理变革，一些人比另一些人更支持管理变革。

（五）因素五：协调

这是五个因素中最复杂的因素，它试图将上述四个因素连成一个整体，并且通过建

立四个支持机制来强化自己。协调包括：①一致性，使组织的目标不会相互冲突；②共鸣，使整个过程能很好地适应环境；③确立竞争优势，保持协调，形成新的优势；④战略的可行性战略不能提出无法解决的问题。

五、六顶思考帽

六顶思考帽（six thinking hats）是英国学者爱德华·德·波诺（Edward de Bono）博士开发的一种思维训练模式，或者说是一个全面思考问题的模型。它提供了“平行思维”的工具，避免将时间浪费在互相争执上。强调的是“能够成为什么”，而非 “本身是什么”，是寻求一条向前发展的路，而不是争论谁对谁错。运用波诺的六顶思考帽，将会使混乱的思考变得更清晰，使团体中无意义的争论变成集思广益的创造，使每个人变得富有创造性。

六顶思考帽是管理思维的工具、沟通的操作框架、提高团队 IQ 的有效方法。

六顶思考帽是一个操作极其简单经过反复验证的思维工具，它给人以热情、勇气和创造力，让你的每一次会议、每一次讨论、每一个决策都充满新意和生命力。这个工具能帮助我们：增加建设性产出；充分研究每一种情况和问题，创造超常规的解决方案；使用“平行”思考技能，取代对抗型和垂直型思考方法；提高企业员工的协作能力，让团队的潜能发挥到极限。

六顶思考帽为何有效？

任何人都有能力进行以下六种基本思维功能，这六种功能可用六顶颜色的帽子来做比喻（图 10.4）。

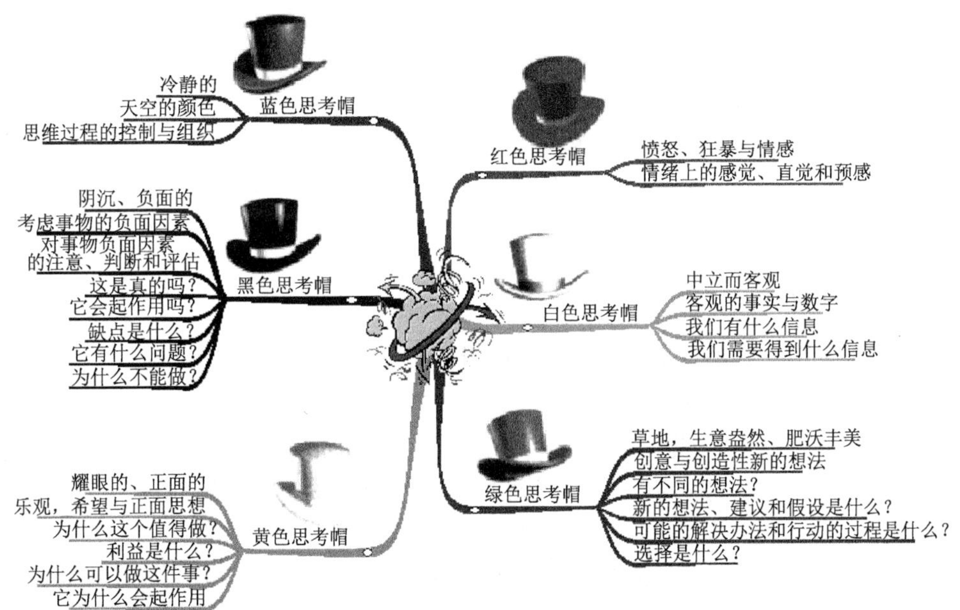

图 10.4 六顶思考帽

白帽子：白色是中立而客观的。代表着事实和资讯。中性的事实与数据帽，处理信息的功能。

黄帽子：黄色是顶乐观的帽子。代表与逻辑相符合的正面观点。乐观帽，识别事物的积极因素的功能。

黑帽子：黑色是阴沉的颜色。意味着警示与批判。谨慎帽，发现事物的消极因素的功能。

红帽子：红色是情感的色彩。代表感觉、直觉和预感。情感帽，形成观点和感觉的功能。

绿帽子：绿色是春天的色彩。是创意的颜色。创造力之帽，创造解决问题的方法和思路的功能。

蓝帽子：蓝色是天空的颜色，笼罩四野。控制着事物的整个过程。指挥帽，指挥其他帽子，管理整个思维进程。

但我们往往不知道什么时候该戴哪顶帽子。一个团队的成员常常在同一时刻戴着不同颜色的帽子，因此导致我们的大量思想混乱、相互争吵和做错误的决策。

“六顶思考帽”思维方法使我们将思考的不同方面分开，这样，我们可以依次对问题的不同侧面给予足够的重视和充分的考虑。就像彩色打印机，先将各种颜色分解成基本色，然后将每种基本色彩打印在相同的纸上，就会得到彩色的打印结果。同理，我们对思维模式进行分解，然后按照每一种思维模式对同一事物进行思考，最终得到全方位的“彩色”思考。

六顶思考帽的应用如下：在多数团队中，团队成员被迫接受团队既定的思维模式，限制了个人和团队的配合度，不能有效解决某些问题。运用六顶思考帽模型，团队成员不再局限于某一单一思维模式，而且思考帽代表的是角色分类，是一种思考要求，而不是代表扮演者本人。六顶思考帽代表的六种思维角色，几乎涵盖了思维的整个过程，既可以有效地支持个人的行为，也可以支持团体讨论中的互相激发。

一个典型的六顶思考帽团队在实际中的应用步骤：①陈述问题事实（白帽）；②提出如何解决问题的建议（绿帽）；③评估建议的优缺点，即列举优点（黄帽）、列举缺点（黑帽）；④对各项选择方案进行直觉判断（红帽）；⑤总结陈述，得出方案（蓝帽）。

六、科学管理技术

当今企业的科学管理，不仅可以大量运用各种先进的理论和方法，还可以充分运用以信息技术为核心的各种先进技术，通过开发各种类型的计算机管理信息系统，支持企业更好地开展管理活动，提升管理水平。

目前企业管理过程中可以运用的信息系统类型非常丰富，常见的包括事务处理系统、管理信息系统、决策支持系统、办公自动化系统、电子商务系统等。

企业开发和运用各类信息系统，需要运用多种类型的技术。一般而言，主要包括计算机网络技术、数据库技术、软件开发工具、信息检索技术、数据挖掘技术、信息系统分析和设计方法等。

本 章 小 结

组织、领导与控制是保证计划目标实现所不可缺少的。从某种意义上来说，它们同属于管理的“维持职能”。其任务是保证系统按预定的方向和规则运行。但是，管理是在一个不断发展变化的动态环境之中的，仅有维持职能还远远不够，还必须不断调整内容和目标以求适应环境的发展，这就迫切需要管理的“创新”职能保驾护航。

（1）创新的含义：创新一般定义为是对原有事物的改变或新事物的引入，是创造新的理念并将其付诸实践的过程。

（2）创新具有不确定性、保护性与破坏性、必然性和偶然性、被排斥性、复杂性、时效性、动态性。

（3）管理活动必须有创新相伴而随，因为管理活动每时每刻都处在变化着的内外环境中，必须以创新来适应和迎接这些变化。管理创新就是指创造一种新型的、有更高效率的资源整合范式，它可以是指有效整合各种资源以达到组织目标的全过程管理，也可以是指某一方面的细节管理。管理创新是一种有目的的实践活动，不是一种自发性的随机事件，人们完全能够根据客观情况的变化和自身的实际，有计划、有步骤地开展管理创新活动。

（4）创新随着人们的实践活动的开展而越来越受到重视，在管理活动中，常常需要进行创新性的思考和实践。任何社会系统都是一个由众多要素构成的，与外部不断发生物质、信息、能量交换的动态、开放的非平衡系统。而系统外部环境是在不断地发生变化的，这些变化必然会对系统的活动内容、活动形式和活动要素产生不同程度的影响；同时，系统内部的各种要素也是在不断发生变化的。系统内部某个或某些要素在特定时期的变化必然要求或引起系统内其他要素的连锁反应，从而对系统原有的目标、活动要素间的相互关系等产生一定的影响。因此，管理创新的驱动力来自内部动因及外部动因的驱使，内部动因和外部动因共同发挥作用。

（5）作为管理的基本内容，管理创新对组织的存在和发展都是十分重要的。管理创新有利于提高资源使用的效率和效益、推动企业稳定健康地发展、增强企业核心竞争力、形成企业家阶层。

（6）系统在运行中的创新要涉及许多方面。管理创新包括观念创新、目标创新、技术创新、制度创新、结构创新、环境创新、文化创新。

（7）管理创新的主体有：创新型企业家、有创新精神的管理者、有创新精神的员工，此外，管理专家和研究机构也是管理创新的辅助力量。

（8）创新作为一个过程要经历以下几个阶段：一是分析管理创新需求；二是确定管理创新的目标和任务；三是设计新的管理模式；四是实施新的管理模式；五是对新的管理模式的实施效果进行评价。

（9）管理创新的方法主要有：鱼骨图、ABC 分类法、SPACE 矩阵、变革五因素、六顶思考帽、科学管理技术。

案例导入

谷歌：独特管理模式激发企业创新活力

职业社交网站领英网发布“全球100家最受欢迎雇主”年度报告，谷歌公司连续第三年高居榜首。这是谷歌坚持自由开放的企业文化、特有的时间和项目管理模式及公平合理的激励模式和考核机制的结果。

领英网发布的这份报告分析了网站用户和公司之间的100多亿个数据点，并对数以千计的用户进行了调查，最终确定某家公司在员工亲和度和工作参与等方面的得分。作为市值近3700亿美元的互联网行业巨头，谷歌公司采取了有别于传统企业的管理方式，为员工提供优越的工作环境、丰厚的薪酬待遇和福利及个性化的工作安排，独特的管理方式使得谷歌能够吸引各领域的人才集聚，从而保证企业的创新活力，实现跨越式发展。

一、自由开放的企业文化

谷歌是以研发人员为中心的公司，以提供最佳的用户体验为核心任务，谷歌有所谓的谷歌十诫，即最核心的十个价值观，其中第一诫就是“一切以用户为中心，其他一切纷至沓来”。这使其倡导并鼓励一种创新、民主的企业文化，并注重员工的工作体验以保障员工的创造力。具体而言，这种企业文化渗透在工作环境、员工交流和人才观等诸多方面。

近年来，谷歌不断购置土地、建设或优化办公场所、改善员工工作环境。2006年谷歌曾斥资3.19亿美元买下山景城总部所在地97.8万平方英尺（9.1万平方米）的土地用于建设总部。2013年2月，谷歌又宣布采用绿色建筑设计风格，对总部进行大规模扩建。谷歌还在办公楼内配置了健身设施、按摩椅、台球桌、帐篷，装修风格很人性化，且每名新员工还可获赠100美元用于装饰自己的办公室。

同时，谷歌的企业文化倡导员工间的自由沟通交流。公司创始人会和员工共进午餐，并满足员工私人化的需求，自由的办公模式和畅所欲言的环境激励出创新和效率，新的创意在成员间迅速交流并投入实际应用。每位员工每周还向其所在工作组发送电子邮件，汇报上周工作成绩，以便每个人都能简单地跟踪其他成员的工作进度并同步工作流程。同时，谷歌还成立了谷歌文化委员会，在督导文化推广的同时，也倡导一些活动主题，由员工来组织社区活动、环保活动和资助残疾人活动等。

此前在接受媒体采访时，谷歌联合创始人兼CEO拉里·佩奇表示，公司要像家一样，让员工觉得自己是公司的一部分。如果公司能这样对待员工，员工的生产效率就会得到提高。“我们不应该只关心工作时间的长短，而更应该关心工作的成果。我们应该发挥创意，不断创新公司与员工之间的互动关系，找出最符合员工利益的事情。我们始终关心员工的健康，如确保能帮助他们成功戒烟。正因为如此，我们在医疗保健开支方面的增长幅度比其他公司都要高。但是我们的员工心情更舒畅，生产效率更高，而这才是最重要的。”

此外，在人才观方面，谷歌一直秉承“只雇用最聪明的人”的人才宗旨，吸收所有领域的人才而不是仅局限于互联网领域，现在谷歌员工中就包含有火箭领域的科学家和脑外科医生。通过自由开放的企业文化，谷歌团队形成了一种非框架、非结构、非固定、

高效率的团队，并且实现了高度的稳定。

在全球众多企业中，谷歌在人力资源工作方面是最为依赖数据分析技术的。通常来说，谷歌的大部分决定都是基于数据分析完成的。在谷歌，有一个团队专门致力于人才分析，而这方面的工作标准跟搜索引擎方面没有任何的不同。这个团队的负责人凯瑟琳·德卡表示，谷歌把这个标准要求做到了极致，所有人事相关的工作都要有数据作为基础。

通过数据分析的手段，而不是人为决定的方法，谷歌已经能够分析出传统方法中的问题，并生成一个新的团队建设的方法。以谷歌选聘新员工为例，目前谷歌已经积累了上万份的候选人面试记录，通过对这些数据统一进行分析，应聘者面试的表现和入职后的工作表现之间的关系就会很清晰地显现出来。

二、公平合理的激励模式与绩效管理

谷歌的薪酬体系是吸引人才的重要因素。在谷歌，员工享有丰厚的年薪且都持有公司的股票。据美国著名雇主评价网站 Glassdoor 调查显示，谷歌软件工程师当前的平均基本年薪为 12.8 万美元，位居美国公司 2014 年度薪酬和福利待遇榜单首位。

同时，谷歌还为所有正式员工发放股票期权，并且每年都会根据员工上一年度的业绩表现再授予股票期权。业绩表现越好的员工，会得到更高的工资、奖金和股票期权，从而保障员工的收入与绩效充分接轨。

在奖金体系方面，公司的奖金并不根据工作量分配，而是依赖于项目的重要程度。员工即使负责一个很小的产品，甚至暂无应用前景，但是只要能证明自我的想法正确，同样能够获得不菲的奖金，这保障了员工开发新项目的利益，避免了员工的经济损失。

在经济收益激励的同时，谷歌还实行了一套特有的奖励机制。每个季度末，公司会将每一个项目向所有员工公示，并贴上每个人的名字和照片，以尊重肯定员工的工作价值，激发员工的积极性。此外，公司还为员工提供多样、丰厚的福利，表现在：对员工供应免费美食，24 小时开放的健身房，享受医疗服务及瑜伽课，安排演讲、咨询营养师，提供干衣机、按摩服务、游泳池和温泉水疗，为员工提供班车等。

据介绍，谷歌员工还能享受到公司提供的“遗嘱福利”。谷歌公司首席人力官拉兹洛·博克此前在接受媒体采访时表示，谷歌公司的员工如果在职期间死亡，其配偶或伴侣将在接下去的十年中，获得此人原本薪水的 50%。除了去世员工十年薪水的 50%，配偶还可以获得该员工在公司里的股份。如果他们有孩子，这些孩子将每月获得 1000 美元，直至 19 岁。如果孩子是全日制的学生，则可以一直领到 23 岁。

“我们意识到，虽然这个事实很残酷，但是不可避免的是，我们中绝大多数人都可能会遭遇到伴侣离世的情况。对于符合某些条件的人，比如有年迈的父母要赡养，或者有子女或者孙辈需要抚养，无论他们的需求是什么，我们都会尽力找出最好的福利方案来满足他们。”博克在采访时说道。

谷歌多样化的福利体系充分保证了员工的积极性和创造力，使得每位员工所在团队的业绩更加出色，从而提高公司的整体收益。来自美国的一份调查数据就显示，在员工福利计划中每投入 1 美元，就能促进公司经济效益增长 6 美元，这从数据角度说明了员工福利和企业效益之间存在的相关联系。

三、特有的时间和项目管理预防“大企业病”

在谷歌最初发展的那几年，其公司创始人拉里·佩奇和谢尔盖·布林就开始探索在谷歌公司实行组织管理模式。通过取消工程师管理者的职位，营造类似于大学氛围的企业环境等举措，来尝试消除级别障碍，提升员工创造力。

但这也带来了一些问题，很多员工会针对一些诸如项目开支或个人矛盾之类的小事，来直接向佩奇汇报情况，这既增加了管理者额外的工作负担，又影响了公司运行效率。随着公司不断壮大，创始人很快意识到管理者在谷歌的多方面重要性，如战略沟通、帮助员工确定优先项目、促进协作、为员工职业发展提供支持及制定符合公司发展目标的流程和体制。

作为一家拥有逾4万余名员工的大公司，谷歌已经开始有了一些组织层级，公司经理、主管、总裁等管理层人数数量并不多，但一位工程师经理手下有30名直接下属。谷歌软件工程师福莱特表示，这是为了防止过度管理而专门设计的。“当你的团队有30个人时，你所拥有的干预空间并不多，因此为确保团队正常运转，你必须想方设法为工程师们创造最佳工作环境。”福莱特说。

对于工作时间，谷歌采取弹性工作制，并没有对员工的时间进行明确的规定，工作时间的掌控权交由员工，由员工根据自己的喜好自由安排时间，保障员工自觉自律高效的工作。

谷歌员工在上班时也不用统一制服，而且可以带孩子或者宠物来上班，并配有高档的员工子女托管中心。因编写程序等工作很辛苦，员工可随时安排休息，在办公楼打台球或到按摩休息室按摩，抑或到户外公园散步、到游泳池游游泳，选择多样。此外，谷歌还建有豪华餐馆，并有免费美食可随意取用。

在项目管理方面，鼓励创新、允许犯错是谷歌管理的一大特点。谷歌希望创造一个百家争鸣的氛围，使大家能够和敢于发表自己的看法，给各种创意一个去试验的机会。

创办了在线视频租房网站“真租网”的互联网从业者王立强就表示，谷歌的这种管理特点值得借鉴并给了自己很多启示，在互联网行业，产品必须聚焦客户多样化、个性化的需求，这就要求公司不能形成“领导说不可以就不可以”的项目管理氛围，要鼓励员工去尝试、允许他们犯错并给他们以实现自己想法的资源。

英国《经济学人》杂志网络版近日撰文称，谷歌最看重的是有野心的想法，在硅谷，这被称为“登月”。谷歌领导者经常会努力纠正员工的方向，让他们不再纠结于10%的提升，转而把目光放到10倍的改善上去——这就需要他们采取全新的模式，而不只是对现有内容进行优化。多数“10倍”项目都会失败，但这种概率完全可以接受。

同时，在谷歌的发展过程中，其“自由时间”的管理方式也给公司带来诸多益处。该管理方式允许员工使用20%的工作时间自由发挥、自由创造。而不是要求员工将所有工作时间都投入到自己手头的任务中。谷歌许多优秀的产品和服务，如谷歌广告、谷歌邮箱、谷歌新闻等，都是员工利用20%的个人时间设计完成的，这些产品都非常成功。

“我们鼓励员工，在常规项目之外，能花20%时间去从事他们认为对谷歌最有益的事。这将带来更多的创造性和创新。我们许多重要成就都将以这种方式实现。”谷歌创始人此前在致潜在投资者的邮件中强调了这一管理方式的重要性。

随着市场环境的变化和企业规模的扩大，谷歌也适时调整管理方式以适应新的发展趋势，使企业业务运营更流畅，适时停止“自由时间”管理规定也是其中的一部分。据媒体此前报道，在谷歌这种工程师数量过万人的超大型公司中，“20%时间”这类宽松的政策在上万工程师中继续实施，容易造成员工精力和资源的浪费，大量项目不了了之。由此可见，管理制度的适时变化也是防止“大企业病”的重要举措。

如今，谷歌业务已经由之前的搜索、在线广告等逐步扩展到移动终端、通信、互联网服务等诸多领域，这需要公司提供更规范化的工作环境来保证员工的工作精力和工作效率。在谷歌，公司遵循“70 / 20 / 10 法则”，即投入 70%的工程资源用于基本业务的增长，20%集中于与公司核心相关的业务，剩下 10%分配给一些边缘创意。相关人士表示，包括互联网公司在内的诸多企业都可以从中借鉴管理经验，以实现“他山之石，可以攻玉”的效果。

（资料来源：谷歌：独特管理模式激发企业创新活力. http://finance.youth.cn/finance-gdxw/201412/t20141205_6169707.htm[2014-12-05]）

案例分析

不一样的日企管理哲学

除在日本制造业盛行多年的精益生产以外，还有哪些极不寻常的管理哲学？

你能想象企业高管会为新入社的员工举行盛大的欢迎晚宴，为连续工作 20 年的资深员工举办庆典，由社长亲自给员工发放功勋奖章和奖金吗？

真实的情况告诉你：在许多日本企业，高管对员工“以礼相待”是普遍做法。在这样的企业氛围里，员工能够真切地感受到自己被重视，就会觉得这样的企业值得他们定下心来努力工作。试问，中国企业可有这样的举措？恐怕是凤毛麟角。

日本企业普遍认为，人与人一起工作时会产生一个“活力场”。作为企业的管理者，最重要的任务就是将全体员工的活力激发出来，使他们朝着同一个方向工作，从而焕发出不寻常的创造力。

一、客户不满时，主动提高标准

日本企业对质量精益求精的追求到了令人惊讶的程度，这么说一点都不夸张。

日本一家著名的电子制造企业中曾发生过这样一件事：市场反馈表明，有一个编码器可能属于不良产品。按该企业规定，该产品先被放入自动性能识别装置里做不良品测试，经过三次全方位测试都没发现任何问题，又经人工进行检测，也未发现任何异常。于是进行第二步——解体分析，由特别有经验的检查员进行解体检测，结果，也未发现任何瑕疵，与优良品几乎一模一样。凭经验，该企业得出最终结论：这是一个质量虽然合格却只算勉强合格的产品。

于是，该企业高管果断拍板：为满足经销商和下游企业的要求，企业主动提高合格标准。他们甚至认为，为了满足客户的要求，必须由企业来做出牺牲，从而把绝对可靠的产品踏踏实实地交到经销商手中。

所以，在日本企业里走访时常听到这样一句话：用二流的材料制造不出一流的产品，用二流的态度也制造不出一流的产品!日本企业在判断是否该进行工作改善时，往往坚持一个根本原则——改善的结果是否对客户有利。只要改善的结果对客户有明显的好处，那就绝对要改!这便是一种“一流的态度”。

这种做事态度源于他们拥有一颗“至诚心”。很多日企高管认为，只有真诚地对待员工、对待客户、对待工作，才能做到既不会“自欺”，也不会“欺人”，同时也不会“被人欺”。在这一过程中，尤其是高层管理者，应该以“至诚心”来保证产品质量的稳定和不断提升。

二、员工休息时，管理者顶上

在企业里，中层管理者的作用是非常关键的。他们不但要像高层管理者那样，了解企业的总体规划和战略，还要知行合一，探讨怎样才能将企业的理念和宗旨化为具体的行动；他们不但要告诉员工应该做什么，还要亲自示范，教给他们具体怎样做。所以，作为日本企业的中层管理者，需要“身心并用”，真正给员工做出表率。

就笔者曾经工作过的一家生产塑料食品袋的日本公司来看，该公司每天上午和下午各有10分钟的员工休息时间，但在此期间所有的机器都不能停下来。那怎么办呢？该公司的做法是：普通员工都休息，管理者顶上!

那是一个容纳20台机器的车间，各台机器类型不同，性能也不同，对于这20台各不相同且高速运转的机器设备，这个车间的负责人不但仅凭一己之力就轻松保证正常的生产，而且还能在仅有的10分钟内把所有的机器和产品质量都检查一遍。

当然，这位负责人在员工休息完毕上岗后，自己仍然不休息，还要继续巡视和指导整个车间的业务，直到下班为止……

与高层管理者相比，中层管理者的这种做事精神对员工产生的影响和带动作用往往更大、更直接，也更具体、更实在。所以在日本企业里，这些“身心并用”的中层管理者经常被誉为“既善于燃烧自己的激情，又善于点燃别人的激情”。

日本企业为什么能大量涌现这样的中层管理者？这源于从一开始便坚持“举直措诸枉”（可译为：把贤明的人选拔出来，不贤明的人自然就远离了）的干部选拔原则。他们认为，将正直有德之人置于众人之上，整个团队或组织都会有一种积极向上的士气。但如果“举枉错诸直”，也就是说不重德行、只重才干来选拔干部，就会从根本上动摇一个组织的基础，特别是由于这样的人难以服众，很容易使组织陷入人心不稳的困境。

三、“定心”练就一手绝活儿

在某日本大企业设在中国大连的工厂里，有位负责产品质量检测的女工，由于多年在一个岗位上工作，久而久之竟然练就了一手“绝活儿”——在检测零部件时，只要用双手里里外外摸几下，就知道质量过不过关!有一次，经过自动生产线检测合格的一个圆柱形零件竟然被这位女工“摸”了出来。经过更精密的检测，发现其内面的一层错圈比规定的标准高出2毫米，确实超出了所允许的误差范围。所有人都为此惊呆了。

最后，日方管理层重重地奖励了这位女工。他们坚定地认为，女工能创造这样的奇迹绝非运气使然，而是凭着对工作高度负责、高度专注的一颗“定心”。

为了使员工都能怀着充实而愉快的一颗“定心”工作，日本企业往往会下很大工夫，通常有三大举措：一是推行“5S”（即 5S 现场管理）创造家一般的工作环境，让企业真正变成员工乐意来、乐意待的地方。二是管理者只有亲临一线，亲自教员工，才能真正实现“道”的传承，而“再详尽、再高明的操作手册，也不可能让新员工学到企业的优良传统和精髓”。三是提前一步为员工“打气”或“减压”。日本企业认为，“防患未然”比“治病救人”更重要，也更有效，所以会在企业内设专职咨询员，密切关注员工的身心健康，而且管理者也会不定期地到现场与员工面对面沟通。

有一颗“定心”，无论对企业还是对员工个人，都有莫大的好处。日本企业一线员工的“定心”在于，能够遵循企业内的基本制度和基本做法，时时达到企业对工作的基本要求，并在此基础上练就熟能生巧的工作技能，在看似平凡的岗位上做出不平凡的业绩。这就是我们常说的“定能生慧”。

（资料来源：不一样的日企管理哲学. http://www.sino-manager.com/3632.html[2015-12-21]）

问题

1. 日企的管理创新主要体现在哪些方面？
2. 案例中“定心”的举措有哪些？你如何评价这一管理方式？

实务训练

[实训项目]

模拟分析企业管理创新的内容和程序。

[实训目标]

增强学生对企业改革创新的感性认识，培养和提高学生对管理创新内容的分析能力，培养学生按创新程序办事的能力。

[实训形式]

1. 中小企业实地调查与访问。
2. 网上搜集资料进行分析。

[实训要求]

1. 以模拟公司为单位拟定调查提纲，调查内容主要包括企业创新的特点和核心要素、企业创新的动因、管理创新的主体、制度创新、技术创新和管理方式创新的情况。
2. 要求学生自行联系企业进行调查。
3. 每组组长首先要搞好走访企业的调查与活动策划，做好组内成员的分工。
4. 调查分析报告必须按照调查提纲的脉络和要求撰写，并且要结合企业的实际情况。

[成果与检测]

1. 每组提交一份调查报告，对管理创新的状况进行详细分析。

2. 每组报告应包含：调查方式、调查的企业名称、经营范围、企业类型、调查的管理者职位、管理创新的内容等。

3. 组长对每一个同学的表现进行评议，并分析成功与不足，或者小组内部互评综合得分。

4. 各组派代表发言，各组分别对其他各组评分，并指出成功与不足。

思考与练习题

一、填空题

1. 创新一般定义为是对________的改变或________的引入，是创造新的理念并将其付诸实践的过程。
2. 创新具有_________、_________、_________、_________、_________、_________、_________的特征。
3. 管理创新就是指创造一种_________、有_________的资源整合范式，它可以是指有效整合各种资源以达到组织目标的全过程管理，也可以是指某一方面的细节管理。
4. 管理创新的内部动因包括_________、_________、_________。
5. 管理创新的基本内容包括_________、_________、_________、_________、_________、_________、_________。

二、选择题

1. 下列理论不属于创新特征的是（　　）。
   A. 确定性　　B. 复杂性　　C. 时效性　　D. 动态性
2. 管理创新模式包括（　　）。
   A. 跟踪创新　　B. 带头创新　　C. 原始创新　　D. 内部创新
3. 管理创新的外部动因包括（　　）。
   A. 社会文化环境的变迁　　B. 经济的发展变化
   C. 自然条件约束　　D. 科学技术的发展
4. 管理创新对企业来说有（　　）作用。
   A. 提高资源使用的效率和效益　　B. 推动企业稳定健康地发展
   C. 增强企业核心竞争力　　D. 形成企业家阶层
5. 管理创新的主体有（　　）。
   A. 创新型企业家　　B. 有创新精神的管理者
   C. 有创新精神的员工　　D. 管理专家和研究机构

三、简答题

1. 什么是管理创新？创新对企业的生存与发展起什么作用？
2. 管理创新有何特点？
3. 管理创新的主体有哪些？
4. 管理创新要经历哪些过程？

5. 企业文化创新的表现形式有哪些？
6. 管理创新的方法有哪些？在实践中应该如何运用？
7. 生活中，你是一个具有管理创新意识的人吗？你有哪些好的创新方法可以给大家分享？

参考文献

彼德·杜拉克. 2000. 创新与企业家精神. 海口：海南出版社.
陈伟. 1996. 创新管理. 北京：科学出版社.
MBA 必修核心课程编译组. 2002. 管理创新. 北京：中国国际广播出版社.
普华永道变革整合小组. 2003. 管理悖论——高绩效公司的管理革新. 北京：经济日报出版社.
芮明杰. 1999. 管理学：现代的观点. 上海：上海人民出版社.
托马斯·卞明斯. 2003. 组织发展与变革精要. 北京：清华大学出版社.
亚当斯·乔利. 2003. 创新. 海口：海南出版社.
俞文钊. 2003. 管理的革命. 上海：上海教育出版社.